मृत्यु की दस्तक

मृत्यु की दस्तक

प्राचीन शास्त्र एवं आधुनिक ज्ञान

संपादक
बैद्यनाथ सरस्वती
रामलखन मौर्य

डी॰ के॰ प्रिंटवर्ल्ड (प्रा॰) लि॰
नई दिल्ली

निर्मल कुमार बोस स्मारक प्रतिष्ठान
वाराणसी

Cataloging in Publication Data — DK
[Courtesy: D.K. Agencies (P) Ltd. <docinfo@dkagencies.com>]

Saṅgoshṭhī: Mṛtyu kī Avadhāraṇā : Prācīna Śāstra aur Ādhunika Jñāna (2002 : Varanasi, India)
Mṛtyu kī dastaka : prācīna Śāstra evaṁ ādhunika jñāna / sampādaka, Baidyanātha Sarasvatī, Rāma Lakhana Maurya.
p. 23 cm.
In Hindi.
Seminar papers on the concept of death according to the various religions and sacred works; mostly in Indian context.
Includes bibliographical references.
ISBN 8124603146

1. Dealth — Congresses. 2. Death — Religious aspects — Congresses. 3. Philosophy, Indic — Congresses.
I. Sarasvatī, Baidyanātha. 1932- II. Maurya, Rāmalakhana.
III. Title.

DDC 291.564 24 21

ISBN 81-246-0314-6

प्रथम संस्करण, 2005

प्रकाशक –

डी॰ के॰ प्रिण्टवर्ल्ड (प्रा॰) लि॰

पंजीकृत कार्यालय : 'श्री कुञ्ज', एफ–52 बाली नगर,
नई दिल्ली - 110 015
दूरभाषः (011) 2545 3975, 2546 6019; फैक्सः (011) 2545 5926
ई-मेल : dkprintworld@vsnl.net
वेब : www.dkprintworld.com

एवं

निर्मल कुमार बोस समारक प्रतिष्ठान

बी - 8/9, बाड़ा गम्भीर सिंह, वाराणसी - 221 001 (उ. प्र.)
दूरभाषः (0542) 2275289
ई-मेल : nkbfoundation@yahoo.com

मुद्रक : डी॰ के॰ प्रिण्टवर्ल्ड (प्रा॰) लि॰, नई दिल्ली

विषय-सूची

प्रस्तावना

– बैद्यनाथ सरस्वती
– राम लखन मौर्य

वाराणसी, 1-3 नवम्बर 2002। निर्मल कुमार बोस प्रतिष्ठान की ओर से बोस स्मृति संगोष्ठी का आयोजन। विषय था "मृत्यु की अवधारणा : प्राचीन शास्त्र और आधुनिक ज्ञान।" विभिन्न विद्याओं के चालीस विद्वानों ने इस संगोष्ठी में भाग लिया। उनमें से कुछ ने आंग्ल भाषा में अपने विचार प्रस्तुत किये, जिन्हें अलग से "Voice of Death : Traditional Thought and Modern Science" शीर्षक के अन्तर्गत प्रकाशित किया है। प्रस्तुत अंक में हिन्दी भाषा के 27 लेखों का संकलन है।

विषय प्रतिपादन

मृत्यु सार्वभौमिक है। जन्म भी सार्वभौमिक है। किन्तु तात्त्विक दृष्टि से क्या ये दोनों समान हैं? अथवा मृत्यु के अपने सिद्धांत हैं और जीवन के इससे भिन्न? क्या इन दोनों का प्रारम्भ एक साथ हुआ था? अथवा एक दूसरे के बाद? ये किसमें स्थित हैं? किस प्रकार प्रकट होते हैं? मीमांसा की दृष्टि से क्या ये दोनों एक ही प्रकार के सत्य हैं? क्या ये ब्रह्माण्ड की उत्पत्ति की प्रक्रिया में समान रूप से आवेष्टित हैं? जीवन और मृत्यु से परे क्या कोई तीसरा भी सत्य है? यदि हां तो क्या मनुष्य उस तीसरे सत्य का अनुभव कर सकता है? क्या सिर्फ मनुष्य को ही इसकी अनुभूति हो सकती है? अथवा अन्य प्राणियों को भी? क्या अमरत्व का बोध मरणोपरान्त ही होता है? कैसे? क्या जीवन और मृत्यु का चक्र एक दिन अपने आप सदा-सर्वदा के लिए समाप्त हो जायेगा? इस प्रकार की परिकल्पनाओं का आधार क्या है?

परम्परागत संस्कृतियों ने मृत्यु से सम्बन्धित अनेक प्रकार के प्रश्न उठाये हैं। समीचीन उत्तर देने का प्रयास भी किया है। हिन्दू धर्मशास्त्र के अनुसार मृत्यु किसी पाप का परिणाम नहीं है। अपितु प्रत्येक जीव की यह एक अपरिहार्य अवस्था है। ऐसा कहा गया है कि मृत्यु प्रकाश में आप्लावित है। मृत्यु से ही जीव अमरत्व प्राप्त करता है। पार्थिव शरीर में अमरत्व प्राप्त नहीं हो सकता। मृत्यु अपने आप में अनिष्टकारी नहीं है। यह मनुष्य को देवलोक और

देव को मनुष्यलोक में पहुंचाती है। हिन्दुओं में एक और लोक की कल्पना है। वह है पितरलोक। पारमार्थिक दृष्टि से मृत्यु विश्व-व्यवस्था को उजागर करने वाली द्विगुण सत्य है। यह पार्थिव मार्ग की विपदा का अन्त करती है और आकाशीय मार्ग का द्वार खोलती है। मृत्यु एक ऐसा दृश्य-प्रपंच है जिससे समस्त विश्व में नैसर्गिक एकत्वता बनी रहती है। विश्व के रूपान्तरण में भी इसकी अहम् भूमिका है। यह परिवर्तन के द्वारा निरन्तर नवजीवन प्रदान करती रहती है। बौद्ध और जैन धर्मों में भी मृत्यु के इस पक्ष पर गहन विचार किया गया है। इसी आधार पर इन धर्मों का वैदिक, औपनिषदिक और पौराणिक परम्पराओं से सामंजस्य स्थापित होता है।

यहूदी, ईसाई और इस्लाम धर्मों ने भी मृत्यु का रहस्योद्‌घाटन किया है। इनके अनुसार ईश्वर (गॉड) में स्थित रहकर ही मनुष्य मृत्यु पर विजय प्राप्त कर सकता है। ईश्वर का अवतार लेना और दुःख एवं मृत्यु को वरण करना ऐसी घटना है जिससे यह रहस्य स्पष्ट होता है। सूली पर चढ़कर ईसा मसीह ने मानव मृत्यु का हरण किया था। ऐसा कहा जाता है कि मनुष्य को पाप से मुक्त करने के लिए वे स्वयं पुनर्जीवित हुए। सेमाइटी में यह आम विश्वास है कि ईश्वर मनुष्य के जीवनकाल में भी विद्यमान रहता है। हिन्दू धर्म भी इस अवधारणा को स्वीकार करता है। इसके अनुसार ईश्वर समय-समय पर मनुष्य ही नहीं बल्कि पशु के रूप में भी अवतरित होता है। सभी धर्मों में शरीर और आत्मा का भेद दर्शाया गया है तथा एक अथवा एक से अधिक ईश्वर के अवतरित होने की बात कही गयी है।

आदिमजातीय संस्कृति में मृत्यु की कल्पना अन्य संस्कृतियों से भिन्न है। उनकी ऐसी मान्यता है कि पार्थिव जीवन और मरणोपरान्त की अवस्था में कोई बहुत बड़ा (मौलिक) अन्तर नहीं है। वे यह भी मानते हैं कि परलोक का जीवन पृथ्वीलोक के जीवन से अधिक सुखद और सुन्दर है। उनकी दृष्टि में मृत्यु की स्थिति जीवन के अन्य परिवर्तनों से कुछ अधिक भिन्न नहीं है। भिन्नता है नाममात्र की। पार्थिव शरीर परिवर्तनशील है। जीवात्मा मृत्यु से सातत्य बनाये रखती है। आदिमजातीय जीवन में समयबद्धता की प्रधानता है। व्यक्ति प्रत्येक संयोजन में स्वभावतः परिवर्तित होता रहता है। इस प्रकार की विश्वदृष्टि में यह मान्य है कि प्रत्येक जीव को मृत्यु और पुनर्जन्म का जोखिम बना रहता है। इस तथ्य को आध्यात्मिक सिद्धांत के आधार पर ही स्वीकार किया जा सकता है। आदिम संस्कृतियों की दृष्टि में मृत्यु जीव का निरन्तर साथी है। इनमें कर्मकाण्ड का महत्त्व है। मरणोपरान्त जीवन की कल्पना ऐसी है जो मनुष्य को अन्य प्राणी से अभिन्न तथा समस्त ब्रह्माण्ड के बीच उसे एकत्वता का बोध कराती है।

सिद्धान्ततः आधुनिक संस्कृति ऐहलौकिक जीवन पर ही केन्द्रीभूत है। इसमें मरणासन्न एवं मृतक के लिये किसी प्रकार की सम्बद्धता नहीं है। आधुनिकता की मनोवृत्ति वाले लोग परम्परागत समाज के विचार-व्यवहार से सर्वथा भिन्न हैं। प्राचीन समाज के लिये जन्म और

मृत्यु दोनों ही अपरिहार्य अनुष्ठान हैं। आधुनिकतावाद में ऐहिक व्यवस्था की प्रधानता है। इसमें शरीर का मोल है। आजकल अस्पतालों में मृतक शरीर को कृत्रिम रूप से "जीवित" रखने की व्यवस्था की जाती है। ऐसा करने का उद्देश्य क्या है? क्या अमरत्व का अर्थ है शरीर से चिपके रहना? यदि मृत्यु नहीं तो जीवन कैसा? अंधकार नहीं तो प्रकाश कैसा?

"मृत्यु" जीवन से कहीं अधिक व्यापक है। हिन्दू धर्मशास्त्र में इसके अनेक पर्यायवाची शब्द हैं, जैसे "शिव", "शुभ", "महाकाल" (प्रलय के देवता)। मृत्यु एक निरपेक्ष सिद्धांत है, आकस्मिक घटना है। "महाकाल" अपनी "तीसरी आंख" से सृष्टि का अन्त करते हैं। चीनी भाषा के शब्द "शिः" काल के लिये प्रयुक्त होता है। इसका तात्त्विक अर्थ है गुणात्मक काल। सृष्टि का प्रारम्भ और अन्त निर्दिष्ट काल से ही होता है। सृष्टिकर्ता ब्रह्मा का काल, विष्णु और महेश के काल से छोटा है। इस प्रकार का विश्वबोध सेमाइटी धर्मों तथा विकासवादी सिद्धांतों से सर्वथा भिन्न है।

विकास वैज्ञानिक और अनास्थावादी विद्वान् दोनों ही जन्म और मृत्यु के प्रश्न को अनासक्त भाव से देखते हैं। सृष्टि के विकास के क्रम में मनुष्य एक नवीन जीव है। अनास्थावादियों ने मनुष्य को संसार का सम्राट् मान लिया है। वे यह भी मानते हैं कि यह सम्राट् अस्थायित्व को प्रोत्साहित करता है। अर्थात् वे भौतिक वस्तु की क्षणभंगुरता को स्वीकार करते हैं। परस्पर व्यवहार में मानवीय सम्बन्ध भी क्षणिक हैं। इधर कुछ वैज्ञानिक निर्वापण (एक्सटिंग्विशन) के सिद्धांत की चर्चा करने लगे हैं। इनके अनुसार बहुतेरे प्राणी काल-क्रम से सदा-सर्वदा के लिए विलुप्त हो चुके हैं। प्रश्न उठता है – ऐसा क्यों? इनके निर्वापण का क्या कारण था? क्या खराब जीन (जीवाणु कोशतत्त्व)? अथवा कुछ और? क्या "निर्वापण" शाश्वत् विधान है? यदि हां, तो इस प्रकार प्राणियों में अस्तित्व (जीने की क्षमता अथवा आयु का) भेद क्यों? क्या यह भिन्नता दैहिक (फिजियोलॉजिकल) है अथवा आकृतिक (मारफोलॉजिकल) कारणों से है? क्या पेड़, पौधे, पक्षी एवं अन्य प्राणियों का जीवनकाल उसकी संरचना पर ही आधारित है? हिन्दू धर्म के अनुसार जन्म और मृत्यु दोनों ही काल और स्थान की विशेषता से जुड़े हुए हैं। इसमें शुभ और अशुभ का भी विचार किया गया है। इस प्रकार की धारणा का जैविकी से क्या सम्बन्ध है? धर्म और विज्ञान एक-दूसरे से कितना दूर और कितना निकट हैं?

उपरोक्त प्रश्नों के संदर्भ में विद्वान् लेखकों ने जो अपने-अपने विचार प्रस्तुत किये हैं उसे तीन खंडों में प्रस्तुत किया गया है – धर्म, शास्त्र और आधुनिक ज्ञान। प्रायः सभी लेख सिद्धांत प्रधान हैं।

प्रथम खण्ड – धर्म

प्राचीन लोगों के विचार में, "मृत्यु" धर्म की धारणा से सम्बन्धित है। प्रथम आठ निबन्धों में वीरशैव, बौद्ध, जैन, सिख और इस्लाम की दृष्टि से मृत्यु की अवधारणा को समझने का

प्रयास किया गया है। प्रस्तुत आठों लेख धर्म, ग्रन्थ और धर्माचार प्रवर्त्तकों के विचार पर आधारित हैं।

वीरशैव धर्म (लिंगायत सम्प्रदाय) के आचार्य श्री चन्द्रशेखर महास्वामी जी ने शैव सिद्धांत के आधार पर मृत्यु की व्याख्या की है। वीरशैव के प्रमुख ग्रंथ *श्री सिद्धांतशिखामणि* के अनुसार जीव के जन्म और मरण की निरन्तर आवृत्ति ही संसार-चक्र है। षडविधा विकारों से जीव निरन्तर चलायमान होता रहता है। *स्कन्द पुराण* में भी उल्लेख है कि जीवात्मा को अपने प्रारब्ध कर्म के भोग के लिये चौरासी लाख योनियों में भ्रमण करना पड़ता है। प्रारब्ध कर्म का क्षय होते ही जीवात्मा शरीर का त्याग करता है, जिसे मरण कहते हैं। अट्ठाइस शैवागमों पर आधारित वीरशैव सिद्धांत पारमेश्वरागम में पुनर्जन्म का निषेध है। एक सौ एक स्थलात्मक साधना द्वारा साधक परशिव ब्रह्मा के साथ समरसता अनुभव करने लगता है, जिसके फलस्वरूप वह जीवनमुक्त हो जाता है। इस प्रकार साधक का पुनर्जन्म नहीं होता।

श्री रामशंकर त्रिपाठी ने बौद्ध दृष्टि में मृत्यु की अवधारणा का सांगोपांग वर्णन प्रस्तुत किया है। आत्मा और आत्मीय के अस्तित्व को नकारते हुए उन्होंने मरण के भेद एवं मृत्यु के कारणों (आयुःक्षय, कर्मक्षय, उपभयक्षय एवं उपच्छेदक कर्म) की विषद् चर्चा की है। लेख के अन्त में, मृत्यु के समय होने वाले किसी भी प्रकार के भय एवं कष्ट से मुक्ति के लिये मरणानुस्मृति की भावना करने का निर्देश एवं भावना विधि का उल्लेख किया गया है।

सुश्री मुन्नी पुष्पा जैन ने जैन धर्म में मृत्यु महोत्सव की चर्चा की है। इसमें शरीर त्याग जैसे अटल सत्य के तीन भेद किये गये हैं – (1) *च्युत* – आयु पूर्ण होने पर शरीर छूटना, (2) *व्यक्ति विषय क्षण* – निमित्त कारणों से शरीर छोड़ना अर्थात् आत्मघात, और (3) *त्यक्त* – विवेक सहित संन्यासस्य परिणामों से शरीर छोड़ना। इनमें त्यक्त को ही सल्लेखनापूर्वक मरण कहते हैं। जीवन जीना ही कला नहीं, मृत्यु के क्षणों में विवेकपूर्वक स्वयं को सम्भाले हुए धर्म के साथ मरना उससे भी बड़ी कला है। जैन शास्त्रों में सल्लेखना द्वारा समाधिमरण को शाश्वत् सुख देने वाला कल्पवृक्ष के समान बताया गया है। इसमें जीवन का मोह, मरण का भय दोनों समाप्त हो जाते हैं। लेखिका ने सल्लेखना के साधक की मानसिक तैयारी तथा पुण्य यज्ञ में सहायकों की महत्ता पर प्रकाश डाला है।

श्री अनेकान्त जैन ने जैन धर्म द्वारा स्वीकृत मृत्यु के स्वेच्छाकरण के संप्रत्यय संथारा अथवा सल्लेखना पर प्रकाश डाला है। मृत्यु अवश्यमभावी है। धैर्यवान, अधैर्यवान दोनों को मरना है। शीलवान भी मृत्यु को प्राप्त होंगे और अशीलवान भी। मृत्यु की अवश्यंमभावी स्थिति में धैर्य और शीलपूर्वक मृत्यु का वरण करना सल्लेखना का वैचारिक आधार है। आत्मा को दुःख देने वाले चार कषायों (क्रोध, मान, माया, और लोभ) का क्षरण करना सल्लेखना का व्युत्पत्तिमूलक अर्थ है। अतः सल्लेखना द्वारा मृत्यु को प्राप्त करना एक धार्मिक साधना है। जैन धर्म ने उपसर्ग, दुर्भिक्ष, ज़रा अथवा रूग्ण स्थिति में (जब मृत्यु प्रतिकाररहित और

असाध्य हो तो) साधक को सल्लेखना करने का निर्देश दिया है। आत्महत्या और सल्लेखना में अन्तर स्पष्ट करते हुए लेखक ने मृत्यु के इस स्वेच्छावरण को परम आध्यात्मिक भावपरिष्कार की चिकित्सा की संज्ञा से अभिहित किया है।

श्री सुधीर कुमार राय ने जैनाचार्य शिवार्थ रचित *भगवती आराधना* के आधार पर समाधि-मरण की व्याख्या प्रस्तुत की है। इसके अनुसार मरते समय की आराधना ही यथार्थ आराधना है। मरते समय जो आराधक होता है उसके सम्यग्दर्शन, सम्यग्ज्ञान, सम्यग्चारित्र और तप की साधना को "आराधना" कहा जाता है। तीर्थंकरों द्वारा *जिनागम* में उल्लेखित मरण के सत्रह प्रकार बताये गये हैं जिन्हें संक्षिप्त कर *भगवती आराधना* के ग्रंथकार ने पांच तक सीमित किया है। *व्याख्या प्रज्ञप्ति* तथा *स्थानांग* में मरण के दो-दो भेद बताये गये हैं। इन मरण प्रकारों के क्रमशः बारह तथा अन्त में दो की भी चर्चा की गयी है। अन्त में लेखक ने सल्लेखना के विधि-विधानों का विस्तार से उल्लेख किया है।

श्री सियाशरण पाण्डेय ने चिकित्सा विज्ञान एवं जैन धर्म की दृष्टि से जन्म और मृत्यु की प्रक्रिया पर प्रकाश डाला है। विज्ञान आत्मा की मरणता और पुनर्जन्म को स्वीकार नहीं करता तथा मृत्यु को जीवन का सर्वथा अन्त मानता है। धार्मिक आध्यात्मिक दृष्टि में मृत्यु जीवन का अन्त नहीं, मात्र शरीर का परिवर्तन है। जैन धर्मानुसार आत्मा और पुद्गल का संयोग ही जीवन का मूल तत्त्व है। पुद्गल द्वारा जीव को आवृत्त कर लेना ही बंधन है, तथा इनका संबंध-विच्छेद ही मृत्यु। ओज-आहार और आयुष्य का क्षीण होना मृत्यु है। लेखक ने अन्त में पुनर्जन्म की जैन अवधारणाओं पर प्रकाश डाला है। प्राणी के तीन शरीर – औदारिक, तेजस और कार्मण में अंतिम दो सूक्ष्म हैं जो मृत्यु के पश्चात् भी रहते हैं। इनसे युक्त रहते हुए आत्मा को औदारिक (स्थूल) शरीर को त्यागकर पुनर्जन्म लेना पड़ता है।

सुश्री रेणु द्विवेदी ने सिख धर्म में मृत्यु के स्वरूप पर प्रकाश डाला है। जीवन मृत्यु की सत्ता का आधार है। जन्म और मृत्यु के चक्र में फंसे इस संसार में मृत्यु अवश्यंभावी है। किन्तु मृत्यु पंचभौतिक शरीर की होती है, जीव तो अविनाशी है। धर्मशास्त्रों की आध्यात्मिक दृष्टि को सिख धर्म में भी मान्यता मिली है। लेखिका ने जीव की अमरता तथा पूर्व एवं पूर्व जन्म की अवधारणा को रेखांकित करते हुए सिख धर्म के आदि प्रवर्तक गुरु नानक की रचनाओं में जन्म और मृत्यु के विचार की तलाश का प्रयास किया है। सिख धर्म गुरुओं का विचार है कि जीव अपने "किरत धर्म" अर्थात् किये गये कर्मों के अनुसार ही जन्म ग्रहण करता है और मृत्यु को प्राप्त करता है। माया के कारण कर्मोपभोग के लिए जीव शरीर धारण करता है, कर्मोपभोग पूर्ण हो जाने पर शरीर का त्याग कर देता है। मृत्यु के निश्चित् होने पर भी जो ईश्वर की कृपा प्राप्त कर लेता है वह मृत्यु पर विजय प्राप्त कर लेता है, और जन्म-मरण के चक्र से छूटकर ईश्वर में समा जाता है। सिख धर्म में इसी अवस्था को जीव की अमरत्व प्राप्ति की संज्ञा से अभिहित किया गया है।

श्री मुक्तदा हसन अज़हरी ने *कुरआन* और *हदीस* के आधार पर मृत्यु की विवेचना प्रस्तुत की है। इनके अनुसार मृत्यु अपरिहार्य सत्य है और उसके बाद नये जीवन का आगमन होता है। उन्होंने मृत्यु के बाद आत्मा की अवस्था, कब्र की अवस्था तथा सकयत् (मरणासन्न) अवस्था के प्रत्ययों की विवेचना करते हुए इमामगज़ाली, शाहवलीउल्लाह, और इमामइब्न कय्यूम के कथनों को उद्धृत किया है। इस्लाम की आस्था है कि मृत्यु के पश्चात् जब न्याय का दिन स्थापित होगा तब सम्पूर्ण मानव एवं जिन्न को जीवित करके उन्हें एकत्र किया जायेगा और उनके कर्मों के अनुसार स्वर्ग या नर्क का अधिकारी बनाया जायेगा, जहाँ मनुष्य दण्ड या अच्छा प्रतिफल भोग करेगा।

द्वितीय खण्ड – शास्त्र

दूसरे खंड में धर्म की धारणा को स्पष्ट करने के लिये प्राचीन शास्त्रों, विशेषकर उपनिषद्, पुराण, तंत्र, ज्योतिष और कर्मकाण्ड, के आधार पर मृत्यु-सम्बन्धी विचार प्रतिपादित किये गये हैं।

तंत्र विद्या के आचार्य श्री व्रजबल्लभ द्विवेदी ने शास्त्रों में मृत्यु के नाना प्रकार की व्याख्या की ओर ध्यान आकर्षित किया है। *नित्याषोडशिकार्णव* नामक त्रिपुरा-तेज की टीका के आधार पर बताया गया है कि काल, मृत्यु, यम और व्याधि वास्तव में एक ही तत्त्व के पर्यायवाची शब्द हैं। *कठोपनिषद्* में यम और नचिकेता का संवाद है। इसमें मृत्यु को ही वैवस्वत और अंतक भी कहा गया है। ये दोनों यम के ही नाम हैं। *योग शांस्त्र* में भी काल शब्द मृत्यु का ही सूचक है। मृत्यु के रहस्य को जानने की नचिकेता की उत्कट अभिलाषा को देखकर यमराज इस पूरे उपनिषद् में इसके रहस्य को समझाते हैं। यहां स्पष्ट बताया गया है कि जो परलोक को नहीं मानता, वह जन्म-मृत्यु के निरन्तर गतिशील चक्र में चक्कर काटता रहता है। आगे इस पूरे उपनिषद् में मृत्यु पर विजय प्राप्त करने की पद्धति वर्णित है। पूरा उपनिषद्-साहित्य मनुष्य की मृत्यु पर की गई विजय-यात्रा का दस्तावेज है। समस्त उपनिषदों में भारतीय दर्शनों एवं धर्मशास्त्र के ग्रन्थों में धर्म, अर्थ, काम और मोक्ष नामक पुरुषार्थों की विशद् व्याख्या मिलती है। मुक्त जीव किस शाश्वत् स्थिति में रहता है, इस विषय पर प्रत्येक दर्शन की अपनी-अपनी मान्यता है, किन्तु मृत्यु के पाश से वह सदा-सदा के लिये मुक्त हो जाता है, इस विषय में सभी दर्शन एकमत हैं। जन्म और मृत्यु का चक्र सदा-सर्वदा के लिये कभी नहीं रुकता।

श्री प्रभुनाथ द्विवेदी ने उपनिषदों और *श्रीमदभगवदगीता* के आधार पर मृत्यु की अवधारणा पर प्रकाश डाला है। *छान्दोग्योपनिषद्* में एक आख्यान के आधार पर यह सिद्ध किया गया है कि सभी इन्द्रियों में प्राण श्रेष्ठ है। ब्राह्मण ग्रन्थों और उपनिषद् ग्रन्थों में मृत्यु को नाना रूपों में परिभाषित किया गया है – अग्नि मृत्यु है, प्राण मृत्यु है, अवांग प्राण मृत्यु है, संवत्सर मृत्यु है, बुभुक्षा मृत्यु है, प्रजापति मृत्यु है, श्रम मृत्यु है, आदित्य भी मृत्यु है, दिन

और रात्रि मृत्यु हैं, अग्नि, वायु, सूर्य और चन्द्रमा मृत्यु हैं। यहां जिसे मृत्यु कहा गया है वे मृत्यु के हेतु हैं। कारण और कार्य में अभेद मानकर उनकी मृत्यु रूपता प्रतिपादित की गयी है। *कठोपनिषद्* में मृत्यु को परमेश्वर (अनिर्वचनीय देवी) के उपसेचन (भोज्य वस्तु के साथ लगाकर खाने वाला व्यंजन) कहा गया है। *ऐतरेयोपनिषद्* में मृत्यु को अपान रूप कहा गया है। भगवान कृष्ण ने स्वयं को यम, काल और मृत्यु कहा है।

श्री कपिलदेव पाण्डेय ने *विष्णु पुराण* तथा *अग्नि पुराण* में विद्यमान यम गीताओं के संदर्भ में मृत्यु की व्याख्या की है। आयुष्य-समाप्ति का नाम मृत्यु है। मृत्यु के देवता यम माने गये हैं। यम के चौदह पर्यायवाची शब्दों में तीन विशेष महत्त्वपूर्ण हैं – यम, काल और वैवस्वत। विद्वान् लेखक ने इसकी व्याख्या की है। यमराज अर्थात् मृत्यु देवता को सूर्य का पुत्र वैवस्वत बताया गया है। काल का एक अर्थ समय भी होता है, जो सूर्य से ही उद्भूत होता है। सूर्य की गति से ही दिन-रात, सौरमास, संक्रान्ति, वर्ष, अयन्, युग और कल्प बनते हैं। लोक व्यवहार में मृत्यु को व्यक्ति विशेष के कायाजीव का काल आ जाने की बात कही जाती है। परिवर्तन की प्रक्रिया के अन्तर्गत शरीरापचय हेतु काल उपस्थित होने पर मृत्यु हो जाती है। मृत्यु के दो पर्याय हैं – मरण और यम। इस लोक में जो कुछ भौतिक या स्थूल है उसकी मृत्यु होती है तथा जो देश-काल एवं कारण-कार्य-नियम से परे है उसकी कभी मृत्यु नहीं होती, वह मृत्युरहित है, वह अमर है। शरीर की मृत्यु होती है, आत्मा की नहीं। *यमगीता* में बताया गया है कि विष्णु की भक्ति ही जन्म-मृत्यु के चक्र से किसी को मुक्ति दिला सकती है और अन्तिम पुरुषार्थ मोक्ष की ओर प्रवृत्त कर सकती है।

श्री बंशीधर त्रिपाठी ने *गीता* के संदर्भ में प्रकृति, पुरुष एवं मृत्यु की व्याख्या की है। *गीता* स्वयं उपनिषद् है, विद्या है, योगशास्त्र है। *गीता* में जहां कहीं भी आत्मतत्त्व का विवेचन किया गया है, उसमें बार-बार यह बात कही गयी है कि आत्मतत्त्व नित्य है, अविनाशी है, अप्रमेय है, अछेद्य है, अजर है, अमर है, त्रिगुणातीत है, किंवा स्वयं परमात्म तत्त्व है। जीव रूप में देह में स्थित है। आत्मतत्त्व का ही दूसरा नाम पुरुष है। प्रकृति आत्मतत्त्व से भिन्न सत्ता है। पुरुष जब प्रकृति से संयोग की स्थिति में आता है तो वह देहगत हो जाता है। जब पुरुष अथवा जीव देह से पृथक् होता है तो इस स्थिति को ही मृत्यु कहते हैं। पार्थक्य के इस क्रम में मृत्यु देह की होती है, जीव की नहीं, देह की मृत्यु भी देह के विनाश के अर्थ में नहीं होती। मृत्युक्रम में पंचभूतों से निर्मित देह तत्त्व भूतों में लौट जाते हैं। भूतों का लौटकर अपनी मूल स्थिति में जाना ही मृत्यु है। मृत्यु की घटना पुराने वस्त्रों को उतारने जैसी है। पुनर्जन्म की घटना नये वस्त्रों को धारण करने जैसी है। गोस्वामी तुलसीदास जी *मानस* में जीव और देह के सम्बन्ध को लेकर जो रूपक बांधते हैं, उसका स्वर *गीता* से भिन्न है। गोस्वामी जी मानते हैं कि प्रकृति जड़ है और जीवन चेतना। इन दोनों के बीच मिलन की एक गांठ बन गयी है। यह गांठ इतनी उलझ गयी है कि इसे सुलझाना सब जीवों के बस की बात नहीं है। गोस्वामी जी के अनुसार देह में जीव की स्थिति वही है

जैसी पिंजड़े में तोते और मदारी की डोर से बंधे बन्दर की होती है। *गीता* का जीव ऐसी दासता की स्थिति में नहीं है। कबीर देह को घट और जीव को घटजल के रूप में प्रस्तुत करते हैं। घटजल का दृष्टान्त और *गीता* का जीव एक-दूसरे से भिन्न हैं। घटजल में पुरुषार्थ का नितान्त अभाव रहता है जबकि *गीता* के देहस्थित जीव में पुरुषार्थ की प्रधानता रहती है। *गीता* में जीव और देह की जो संकल्पना की गयी है, वही जन्म एवं मृत्यु की गुत्थियों को सुलझाने में सक्षम है।

श्री रघुनाथ गिरि ने भारतीय दर्शन के परिप्रेक्ष्य में मृत्यु की अवधारणा पर विचार किया है। *ऋग्वेद संहिता* के नासदीय सूक्त में यह उल्लेख मिलता है कि एक समय ऐसा भी था जब न असत् था और न सत् था, न मृत्यु थी और न अमृत था, न दिन था और न रात्रि थी। इस कथन से तार्किक दृष्टि से एक और तथ्य उद्घाटित हो रहा है कि मृत्यु और जीवन में तार्किक विरोध नहीं है, अपितु मृत्यु एवं अमृतत्त्व में तार्किक विरोध है। *श्रीमद्भगवद्गीता* में यह स्पष्ट निर्देश है कि जो जन्म लेता है उसकी मृत्यु अवश्य होगी और जो मरेगा उसका जन्म होना अनिवार्य है। इस कथन का पूर्वार्द्ध सार्वभौम और निर्विवाद है किन्तु अन्तरार्द्ध शास्त्र प्रमाण या श्रद्धा एवं विश्वास के आधार पर ही मान्य हो सकता है, साथ-साथ यह निर्विवाद भी नहीं है क्योंकि विश्व में अनेक ऐसी धार्मिक एवं दार्शनिक मान्यतायें हैं जिनमें मृत्यु के बाद जन्म होने की बात स्वीकृत नहीं है। भारतीय चिन्तन में उस पद, स्थिति, अवस्था का निर्देश किया जाने लगा कि मृत्यु के प्रभाव से सदा के लिये विनिर्मुक्ति है जिसे मोक्ष, मुक्ति, अपवर्ग, परमपद, निर्वाण, निःश्रेयस आदि शब्दों के द्वारा अभिहित किया जाने लगा और उसकी प्राप्ति के उपायों पर चिन्तन, आचरण एवं अनुष्ठान का आरम्भ हुआ। यह पद आकर्षक तो है किन्तु श्रद्धा, विश्वास एवं शास्त्र प्रमाण के अतिरिक्त इसको मानने के लिये कोई दृढ़ आधार नहीं है। जिसकी मृत्यु होती है उसका तात्त्विक स्वरूप क्या है? इस स्वाभाविक प्रश्न के उत्तर के लिये भारतीय तत्त्व मीमांसा की दो धारायें हैं – एक है नित्यवादी और दूसरी अनित्यवादी। दोनों धाराओं में मृत्यु के अस्तित्व एवं महत्त्व को स्वीकार किया गया है। विश्व में एक ओर ऐसे प्राणी हैं जिनकी आयु कुछ क्षण से कुछ माह तक सीमित होती है, और दूसरी ओर कुछ ऐसे प्राणी हैं जिनकी आयु कुछ वर्षों से लेकर हजारों वर्ष तक की होती है। दर्शन-शास्त्र इसका कारण भोग की मात्रा को मानता है। भारतीय दर्शन में मृत्यु से सदा के लिये छुटकारा प्राप्त होने वाली जिस स्थिति की चर्चा की जाती है वह मुक्ति, मोक्ष, निर्वाण, अपवर्ग, निःश्रेयस् आदि नामों से जाना जाता है।

श्री वशिष्ठ नारायण सिन्हा के अनुसार मृत्यु की अवधारणा निरूपित करना कठिन है क्योंकि मृत्यु-सम्बन्धी न तो कोई अनुभव होता है और न किसी प्रकार की अनुभूति ही। इसका अनुमान भी नहीं किया जा सकता क्योंकि अनुमान उसी का होता है जिसका कभी-न-कभी प्रत्यक्षीकरण हुआ रहता है। पाश्चात्य दार्शनिक सार्त्र ने कहा है कि "आदमी की कोई अवधारणा नहीं बनती है क्योंकि मनुष्य सदा होने की स्थिति में रहता है। अव-

धारणा तो उसी की बनती है जो पूरा हो चुका होता है।" सबसे विचारणीय बात तो यह है कि मृत्यु होती किसकी है? क्योंकि शरीर जड़ होता है और आत्मा अभय। अतः विद्वान् लेखक को ऐसा नहीं लगता है कि मृत्यु की कोई अवधारणा बनती भी है। फिर भी उन्होंने मृत्यु-सम्बन्धी कई आयाम उपस्थित किये हैं, जैसे मृत्यु के लिए प्रयुक्त प्रमुख शब्द महाप्रयाण, विदेह-मुक्ति, चिरनिद्रा, स्वर्गवास, मरना-मारना। प्राण के दस भेद, मृत्यु की कामचलाऊ अवधारणा, मृत्यु के चार प्रकार, जीवन और मृत्यु एक-दूसरे के पूरक, मृत्यु निश्चित् अथवा अनिश्चित् तथा मृत्यु साध्य या साधन। दार्शनिक लेखक ने इस प्रकार के कई प्रश्न उठाये हैं।

श्री त्रिलोकनाथ मिश्र ने ज्योतिष-शास्त्र के अनुसार मृत्यु पर विचार किया है। ज्योतिष के दो प्रमुख विभाग हैं। एक गणित और दूसरा फलित इन दोनों का वही सम्बन्ध है जो शब्द और अर्थ का। *सूर्य सिद्धांत* ज्योतिष का आर्स ग्रन्थ है। इसके अनुसार मृत्यु के कई प्रसंग और पक्ष हैं। शुभ और अशुभ ग्रहों के अस्तित्व के अनुसार मृत्यु का विचार किया जाता है। जैसे जातक के जन्म अनुसार माता और पिता की मृत्यु का समय, स्त्री की मृत्यु, सन्तान की मृत्यु, ग्रह-स्थिति के अनुसार अल्पायु का विचार, मारकेश का विचार, मृत्यु समय के लग्न का ज्ञान, मृत्यु का स्थान, ग्रहयोगानुसार मृत्यु कारण तथा ग्रहों से मृत्युकारी रोगों का अनुमान। ज्योतिष से भिन्न अन्य शास्त्रों में भी मृत्यु पर विचार किया गया है। *गरुड़ पुराण* में मृत्यु के अंतिम क्षण तथा मृत्यु के पश्चात् मृतक की आत्मा की यात्रा और तत्सम्बन्धी अनुभव का विषद् वर्णन है। ज्योतिष-शास्त्र में मृत्यु की अवधारणा दैहिक स्तर तक ही सीमित है। उपनिषद् और पुराण ने इसकी अवधारणाओं को और अधिक व्यापक बनाया है। *गरुड़ पुराण* मृत्यु के कर्मकाण्ड का एक आवश्यक अंग है। ज्योतिष भी कर्मकाण्ड का अंग है।

श्री संतोष कुमार मिश्र ने मृत्यु के कर्मकाण्ड पर प्रकाश डाला है। मृत्यु सार्वभौमिक है, अपरिहार्य है। मोक्ष (मुक्ति) दुर्लभ है। किसी को ही मिलता है, इसके लिये प्रभुकृपा तथा कठिन तपस्या की अपेक्षा है। मृत्यु के बाद जन्म लेने की बाध्यता है। मोक्ष जन्म-मरण दोनों से मुक्ति है। हिन्दू संस्कार मोक्ष के साधन हैं। इस लोक की अपेक्षा परलोक का मूल्य अधिक है। मरणोत्तर संस्कार परलोक में मृतक के भावी सुख एव कल्याण के धारक हैं। इसीलिये इनका मूल्य है। मृत्यु के पश्चात् अपने विशिष्ट स्थान की प्राप्ति में मृतक की सहायता करना जीवित सम्बन्धियों का पावन कर्त्तव्य है। मृत्यु संस्कार – पूर्वा, मध्यमा तथा उत्तरा – तीन चरणों में सम्पन्न होते हैं। लेखक ने इसकी सविस्तार प्रस्तुति की है। पूर्वा में वैतरणी, भूमियोग, शवयात्रा, सभी विधि के दाह संस्कार से लेकर अशौच, अस्थि संचय, दशगात्र, श्राद्धकर्म तथा पंचनख तक समाहित किया गया है। दशगात्र के पश्चात् सपिण्डीकरण तक के श्राद्ध कर्मों का उल्लेख मध्यमा क्रिया में वर्णित है। उत्तर क्रिया व्यापक है। इसमें सभी श्राद्ध कर्मों का विस्तार से वर्णन है। अन्त में लेखक ने पितरों से सम्बन्धित पर्वों का भी उल्लेख किया है।

तृतीय खण्ड – आधुनिक ज्ञान

तीसरे खंड में चिकित्सा विज्ञान, समाज विज्ञान और सांस्कृतिक विश्लेषण के आधार पर मृत्यु की अवधारणा को सहज रूप से प्रस्तुत किया गया है।

काशी के प्रसिद्ध चिकित्सक श्री भानुशंकर मेहता यह मानते हैं कि आधुनिक विज्ञान ने बड़ी प्रगति की है, बहुत से रहस्य खुले हैं, जीवन की अवधि बढ़ी है, अकाल मृत्यु की घटनाएं कम हुई हैं फिर भी मृत्यु कब, क्यों और कैसे आयेगी, कोई नहीं जानता। नास्तिक और विज्ञानवादी के लिये मृत्यु का अर्थ है जीवन के हलचल की परिसमाप्ति, सांस के चरखे का रुक जाना। मृत्यु कब होती है? अनुसंधान से ज्ञात होता है कि मृत्यु एक क्षण नहीं होती है। चिकित्सा विज्ञान की दृष्टि से मस्तिष्क मूल (ब्रेनस्टेम) के कार्यकलाप बंद होने को मृत्यु कह सकते हैं क्योंकि इसी क्षेत्र में श्वास और हृदय संचालन, रक्त-संचार के केन्द्र होते हैं, यही वह केन्द्र है जो चेतना का द्वार है। यह बंद हुआ तो अटूट बेहोशी हो जाती है। शरीर में स्वचालित तंत्रिका (सिम्पैथेटिक) प्रणाली है जो शरीर के सभी कार्य संपादित करती है। वह भी इसी मार्ग में है। मस्तिष्क मूल ठप्प हुआ तो चेतना, बुद्धि, ज्ञान सभी का संयास हो जाता है। यह "मूल" क्यों काम बंद करता है इसका विस्तृत अध्ययन किया गया है। अब "हार्ट लंग" मशीन बन गयी है। रोगी को इस मशीन से जोड़ देने पर वह "जीवित" रहता है। (वर्षों जीवित रह सकता है)। मस्तिष्क के कोष बिना रक्त के, बिना ओषजन के तीन मिनट जीवित रहते हैं। अतः रक्त-संचार पुनः प्रारम्भ करने, हृदय की धड़कन में इससे अधिक विलम्ब हुआ तो रोगी जीवित तो हो जाता है पर चेतना- रहित, उद्भिज जैसा हो जाता है (वेजिटेटीव लाइफ)। हवा, पानी, भोजन देते रहे तो वह जीवित रहेगा पर निष्क्रिय। अब इसे मृत्यु कहें या जीवन? विद्वान् लेखक ने मृत्यु से सम्बन्धित अनेक नये और पुराने प्रश्न उठाये हैं। अपने लेख के अन्त में कहते हैं – जीवन-मरण का खेल समझने में पुरातन और मूल का नहीं चश्मे का फर्क है। आइये कबीर के शब्दों में ललकारें "हम न मरै मरिहै संसारा" और नाटक में अपनी भूमिका निभाने के बाद महानिद्रा में खो जायें। यह लेख एक कार्य-वैज्ञानिक और दार्शनिक के चिन्तन का निचोड़ है।

गणित के अध्यापक श्री विजय कुमार राय ने प्रश्न उठाया है – मृत्यु सच्ची या झूठी? उनका मानना है कि जन्म और मृत्यु परस्पर विरोधी नहीं हैं। जीवन जीव की अपरिमित यात्रा है। सजीव का प्रारम्भिक छोर जन्म और अंतिम सिरा है मृत्यु। न्याय-दर्शन तथा आधुनिक प्राणि-विज्ञान की जीन्स और गुण-सूत्रों के सिद्धांत के आधार पर लेखक ने आत्मा की अमरता, कर्मवाद तथा पुनर्जन्म के भारतीय मत को पुष्ट करने का प्रयास किया है। कर्मवाद और जन्मान्तरवाद एक-दूसरे के पूरक हैं। जन्म-मृत्यु, कर्म, कर्मफल तथा आत्मा की अमरता संबंधी पूर्वी देशों की सदियों पुरानी धारणा को आज की आधुनिक जननिक एवं आनुवंशिक विद्या सत्य सिद्ध कर रही है। इस संबंध में भारत के पुनर्जन्मवादी और आधुनिक

विकासवादी एक मत के हैं। इनके अनुसार हमारे अनुभव नष्ट नहीं होते। अपने परिणाम से प्रवृत्ति का रूप धारण कर प्रकट हो जाया करते हैं। प्रवृत्ति और कुछ नहीं, पिछले जन्मों की कृतियों के संस्कार हैं। यह लेख जीवन और मृत्यु की गुत्थी को उनकी समग्रता में सुलझाने का एक वैज्ञानिक किन्तु भावपूर्ण प्रयास है।

सुश्री मिनती ने आध्यात्मिक विज्ञान के दृष्टिकोण से मृत्यु पर विचार किया है। यह ध्रुव सत्य है कि शरीर क्षणभंगुर है, विनाशी है। जिसका जन्म होता है उसकी मृत्यु भी निश्चित् है। मृत्यु जीवन का आधार है, नींव है। मृत्यु नहीं तो जीवन कहां? जिस प्रकार हम गाढ़ी नींद में अपने शरीर एवं सम्पूर्ण संसार को एकदम भूल जाते हैं – जिसे हम छोटी मृत्यु कहते हैं, उसी प्रकार मृत्यु को मृत्यु की "लम्बी नींद" कह सकते हैं। संसार का विस्मरण ही मृत्यु है न कि चेतन सत्ता का अभाव। मृत्यु का भय अन्य किसी भी भय से अधिक बलवान है। *योगवाशिष्ठ* के अनुसार कीट और इन्द्र की जीने की आकांक्षा तो समान है ही, उनमें मृत्यु का भय भी समान है। मृत्यु की भावना या भय से मुक्त होने के हेतु गुरुदेव रविन्द्रनाथ ठाकुर का कहना है कि हमें उस महान् पुरुष को जानना होगा जो अंधकार से सर्वथा परे है, परम ज्योतिर्मय है, नित्य है और शाश्वत् है। कबीरदास जी ने कहा था – "जे ही डर को सब लोग डरे है, सो डर हमरे नाहिं"। क्या मृत्यु-चिन्ता महामुक्ति का मार्ग है? मृत्यु-चिन्ता से कई बड़े एवं महान् सन्तों का आविर्भाव हुआ। मृत्यु-चिन्ता से ही वैराग्य प्राप्त कर सिद्धार्थ को "बुद्धत्व" प्राप्त हुआ। मृत्यु-चिन्ता से ही शंकर बाल्यकाल से ही संन्यासी हुए और इस मृत्यु से ही रमण महर्षि सत्रह साल में ही महान् सन्त के रूप में जाने गये। डॉक्टर सर्वपल्ली राधाकृष्णन ने लिखा है – "आदि से अंत तक हमारा जीवन एक प्रकार की मृत्यु है।" योगी श्री अरविन्द ने अपनी अमर कृति *सावित्री* में सांकेतिक रूप से कहा है – "मृत्यु संग एकाकी निकट विनाश होड़ के, अप्रतिम महिमा उसकी, अंतिम रौद्र दशा में करना होगा पास उसे ही निपट अकेले।" मृत्यु का ध्यान आध्यात्मिक उन्नति के लिये मुख्य साधनाओं में से एक है। कबीर स्पष्ट रूप से कहते हैं –

> जे ही मरने से जग डरे, मेरे मन आनन्द।
> कब मरिहा कब पाइयो, पूरन परमानन्द।।

सुकरात को ज़हर दिये जाने के समय उसके सभी सगे-सम्बन्धी वहां आँसू बहा रहे थे, जबकि कटुतारहित उनके मुख-मण्डल पर प्रसन्नता, प्रफुल्लता परिलक्षित हो रही थी। ऐसा लगता था कि मानो अंतस् में किसी प्रियजन से मिलने की उमंगें उठ रही हों।

श्री अजय कुमार श्रीवास्तव ने अमृत शब्द के वास्तविक अर्थ पर प्रकाश डाला है। शास्त्रों का मत है कि आत्मा ही अमृत है। अर्थात्, अमृत कहते हैं मृत्यु के अभाव को, मृत्यु ही जीव के लिये सबसे बड़ा भय है। *गीता* के अनुसार यह आत्मा न तो किसी काल में जन्म लेती है और न मरती ही है तथा यह न उत्पन्न होकर फिर होने वाली है क्योंकि यह

अजन्मी, नित्य, सनातन और पुरातन है, शरीर के मारे जाने पर भी यह नहीं मारी जाती। परन्तु अनादि अविद्या के वशीभूत हुई यह अपने वास्तविक स्वरूप को भूल बैठी है और इस पंचभौतिक शरीर में ही – जो प्रकृति का कार्य होने के कारण परिणामी और नश्वर है – उसकी अहं बुद्धि हो रही है। यही कारण है कि यद्यपि शास्त्र के अनुसार शरीर के साथ आत्मा का नाश नहीं होता, फिर भी अज्ञानवश शरीर के नाश को अपना नाश मानने लगी है, शरीर के सुख को अपना सुख और शरीर के कष्ट को अपना कष्ट मानती है। लेखक ने अमृतत्त्व की प्राप्ति के लिये शास्त्र में बताये गये अनेक उपायों का उद्धरण दिया है।

श्री हेतुकर झा ने मैथिल परम्परा के आधार पर मृत्यु की व्याख्या की है। मैथिल कवि विद्यापति ने *कीर्तिलता* में प्रश्न उठाया है – किसी व्यक्ति के अस्तित्व का सार क्या है? इसका उत्तर देते हैं कि किसी व्यक्ति के अस्तित्व का सार उसका मान है। पाश्चात्य विद्वान् मार्टिन ब्यूबर के अनुसार व्यक्ति के अस्तित्व का सार समाज में इस बात पर निर्भर करता है कि उसके अस्तित्व को दूसरे व्यक्तियों द्वारा जिस स्थिति में है, और भविष्य में वह जिस स्थिति में हो सकता है, स्वीकार किया जाए। विद्यापति मानते हैं कि हर व्यक्ति का अस्तित्व समाज में उसके मान या इज्जत रहने से है। देह का अन्त होना व्यक्ति के अस्तित्व के एक दृष्टिगत आयाम का अन्त है। उसके अस्तित्व का दूसरा आयाम है उसकी कीर्ति जिसकी आयु उसके देह की आयु से बहुत ज्यादा होती है, और वह भी दृष्टिगत है। ये दोनों आयाम काल के घेरें में हैं लेकिन दोनों के काल में बहुत बड़ा अन्तर है। व्यक्ति के अस्तित्व का तीसरा आयाम है उसकी आत्मा जो अमर-अजर है। इस तरह मृत्यु प्रसंग काल की गति अविच्छिन्न है। व्यक्ति के अस्तित्व के एक आयाम का काल निश्चित् है, दूसरे आयाम का काल अनिश्चित् है और तीसरा आयाम काल के घेरे से मुक्त है।

सुश्री कुसुम गिरि ने सामाजिक मृत्यु के सम्बन्ध में अपनी बातें रखी हैं। समाज-शास्त्र में गंभीरतापूर्वक दो महत्त्वपूर्ण विषयों पर चर्चा होती है – पहला है आत्महत्या और दूसरा विचलनकारी व्यवहार या विसंगति। आधुनिक समाज के संदर्भ में आतंकवाद भी एक महत्त्वपूर्ण सामाजिक समस्या के रूप में उपस्थित है। दुर्खीम सबसे पहले व्यक्ति थे जिन्होंने आत्महत्या के मूल में निहित वैयक्तिक कारणों का खंडन कर आत्महत्या को विशुद्ध रूप से एक सामाजिक तथ्य या घटना कहा है। उसके आंकड़ों से स्पष्ट होता है कि आत्महत्या से पूर्व व्यक्ति किसी-न-किसी रूप में अपने को समाज में पूर्ण रूप से त्यक्त हुआ पाता है और उसका अस्तित्व ही समाप्त हो जाता है। ये स्थितियां उसकी सामाजिक मृत्यु की द्योतक हैं। इसी प्रकार मर्टन, पार्सन्स, मैकाइवर आदि सामाजिक विचारकों ने भी व्यक्ति के विचलनकारी व्यवहारों या नियमहीनता के कारणों की व्याख्या प्रस्तुत की है, जिससे यह निष्कर्ष निकलता है कि इस स्थिति में व्यक्ति और समाज के बीच जो समन्वयात्मक प्रकार्यात्मक सम्बन्ध होना चाहिए, वह नहीं रह जाता और यह स्थिति भी उसकी सामाजिक

मृत्यु का द्योतक है। निष्कर्ष में यह कहा जा सकता है कि जिन समाजों की संरचना जितनी ही जटिल होगी उनमें सामाजिक मृत्यु की संभावनायें भी उतनी ही अधिक होंगी।

सुश्री सुषमा खन्ना ने भी अस्तित्ववादी परिप्रेक्ष्य में मृत्यु की अवधारणा पर प्रकाश डाला है। उनका कहना है – अस्तित्ववाद बीसवीं शताब्दी के संकट का संदर्श है। यह दर्शन न होकर एक प्रकार की दार्शनिक प्रवृत्ति है। प्रश्न उठता है – मनुष्य का अस्तित्व क्या है? इसका उत्तर खोजना आवश्यक है। अस्तित्ववादी डेकार्ट कहता है – "मैं सोचता हूँ, इसलिये मेरा अस्तित्व है।" मार्टिन हाइडेगर इस विचार के पोषक थे कि हमारा अस्तित्व मृत्योन्मुख सत् है। प्रमुख अस्तित्ववादी चिंतक सार्त्र के मृत्यु-सम्बन्धी विचार का विकास हाइडेगर के मृत्यु दर्शन के विरोध में हुआ। सार्त्र मृत्यु को एक आकस्मिक तथ्य मानते हैं। उनके अनुसार जन्म की तरह मृत्यु भी एक तथ्य है जो बाहर से मेरे निकट आता है। जिस पर मेरा बस नहीं है। मृत्यु सम्पूर्ण मानव सम्भावनाओं का निरर्थक विकास है, मानव अहम् की अर्थहीन अंत्येष्टि। यह अर्थहीन है कि हम पैदा हुए थे और यह भी अर्थहीन है कि हम मरते हैं।

श्री राघवेन्द्र प्रताप सिंह "मेलान" नामक एक लोक-प्रचलित अवधारणा को प्रकाश में लाये हैं। इसमें व्यक्ति किसी तांत्रिक द्वारा अपने शत्रु के ऊपर अभिचार करवाता है, जिससे लक्षित व्यक्ति की मृत्यु हो जाती है। मेलान में व्यक्ति मृत्यु का अनुभव करता है।

श्री दीनानाथ झुनझुनवाला ने अपने लेख में जन्म, जीवन एवं मृत्यु की सातत्यता पर प्रकाश डाला है। जन्म के सात भेद हैं, उसके शारीरिक एवं पारिवारिक आधार पर। इसी प्रकार जन्म के बाद जो जीवन हमने पाया है उसी जीवन में जितने मनुष्य हैं उनमें भिन्नता मिलेगी। जीवन की समाप्ति की अवस्था का नाम मृत्यु है। जन्म और मरण के बीच की अवस्था का नाम जीवन है। जन्म, जीवन और मृत्यु एक चक्र है। जीवात्मा न कभी जन्म लेती है न कभी मरती है। यह अजन्मी, शाश्वत्, नित्य पुरातन है।

श्री रामप्रवेश शास्त्री ने जीवन को मृत्यु की सहेली कहा है। इसका अर्थ यह हुआ कि इन दोनों में कोई टकराव नहीं है। फिर भी मृत्यु की अवधारणा सारे संसार में एक-सी नहीं है। जीवन की लालसा सभी मनुष्यों में बनी है, किन्तु कुछ ऐसे भी संत और कवि हैं जिन्होंने जीवन और मृत्यु के बीच भिन्नता का सम्बन्ध माना है। कबीर, गांधी, विनोबा और कृष्णमूर्ति के विचार के साथ-साथ लेखक ने स्वरचित एक कविता से जीवन और मृत्यु की सातत्यता को स्पष्ट किया है।

श्री रमेश नारायण ने भी महात्मा कबीर के व्यक्तित्व पर प्रकाश डालते हुए मृत्यु के आनन्दमयी उत्तम स्वरूप पर प्रकाश डाला है। भारतीय वाङ्मय में मृत्यु की चर्चा कबीर के दोहे के बिना अधूरी है, क्योंकि अनपढ़ कबीर ने जो संसार को पढ़ा है "वह पढ़ना कुछ और"।

खण्ड 1
मृत्यु धर्म के परिप्रेक्ष्य में

1

वीरशैव धर्म में मृत्यु का विचार

– चन्द्रशेखर महास्वामी

जन्म और मरण की पुनरावृत्ति को संसार-चक्र कहा जाता है। प्रत्येक जीवात्मा जन्म से लेकर मरणपर्यन्त और मरण से लेकर जन्मपर्यन्त निरन्तर यात्रा करती ही रहती है। यह यात्रा अनादि काल से चली आ रही है। इसलिए *जन्म-मरण रूपी संसार* को शास्त्रकारों ने *अनादि प्रवाह रूप* माना है। इस संसार में प्रत्येक वस्तु में क्षण-क्षण में परिवर्तन होते रहते हैं। लेकिन उसका आभास जीवात्मा को नहीं होता। त्योहारों में हम लोग अपने इष्टदेव के सामने दीप जलाते हैं। दस दिन तक उसे यथावत् संभालते रहते हैं और उसे अखण्ड ज्योति मानते रहते हैं। वस्तुतः देखा जाए तो उस दीपक की ज्योति अखण्ड नहीं रहती। उस ज्योति के सजातीय ज्योति का प्रवाह निरन्तर ही ऊर्ध्व दिशा में बहता रहता है। सजातीय निरन्तर धारा के कारण हमें ज्योति के अखण्ड रूप का भ्रम हो जाता है। इसी प्रकार यह संसार. चक्र षडविध विकारों से युक्त होकर निरन्तर चलायमान होता रहता है।

शास्त्रकारों ने प्रत्येक वस्तु व व्यक्ति के लिए *अस्ति, जायते, विवर्धते, विपरिणमते, अपक्षयिते* और *विनश्यते* इस प्रकार षड्विध विकारों को माना है। माता के गर्भ में जब शिशु के अस्तित्व का आभास होने लगता है उसे *अस्ति* कहा गया है। नौ मास तक गर्भ में सभी अवयवों के विकास के बाद जब प्रसव होता है वही *जायते* नामक दूसरा विकार है। जन्म के बाद अन्न और पानी से शिशु का स्थूल शरीर धीरे-धीरे बढ़ते हुए एक निश्चित् सीमा तक पहुँच जाता है उसे *विवर्धते* विकार माना जाता है। उसके बाद शरीर के सभी धातु और अवयव परिपुष्ट हो जाते हैं उसे *विपरिणमते* नामक चतुर्थ विकार माना जाता है। परिपक्वता के बाद धीरे-धीरे क्षय होना प्रारम्भ हो जाता है इस स्थिति को *अपक्षयिते* नामक पाँचवां विकार माना जाता है। उसके बाद जब शरीर से प्राण आदि सूक्ष्म तत्त्व निकल जाते हैं तो उसे *विनश्यति* अर्थात् मरण-रूपी छठा विकार माना जाता है।

अब हमें जन्म और मरण के बारे में गम्भीर रूप से चिन्तन करना आवश्यक हो जाता है। *छान्दोग्योपनिषद्* में पंचाग्नि विद्या के द्वारा मनुष्य की उत्पत्ति की बात वैज्ञानिक ढ़ंग से

बताई गई है। उसके अनुसार *दश्युलोक* रूपी अग्नि में श्रद्धा का हवन करने से सोम की उत्पत्ति होती है। उसके बाद *परिर्जन्य* रूपी अग्नि में सोम का हवन करने से वर्षा होती है। पृथ्वी रूपी अग्नि में वर्षा का हवन करने से अन्न की उत्पत्ति होती है। पुरुष के जठराग्नि में अन्न का हवन करने से वह अन्न रस, रक्त, मांस, मज्जा, अस्ति 'शुक्र' मेधस के रूप में सप्त धातुओं में परिणत हो जाता है। उसमें वीर्य-रूपी धातु को स्त्री-रूपी अग्नि में हवन करने से गर्भ की उत्पत्ति होती है। वह गर्भ जरायु नामक कोश से आवृत्त हुआ माता के उदर में दस मास तक पूर्ण विकसित होकर, बाद में मनुष्यरूपेण जन्म लेता है।

उपनिषद् के इस कथन से यह सिद्ध होता है कि जन्म लेने वाले अनंत जीव जल के रूप में पृथ्वी पर आ जाते हैं। विराट् रूप से वह पानी बहते समय उसका उपयोग पशु, पक्षी, वनस्पति और मनुष्य करते रहते हैं। वह पानी जिसके भी शरीर में चला जाता है, उसके साथ अनंत जीव उस शरीर में प्रविष्ट हो जाते हैं। मनुष्य के शरीर में प्रविष्ट अन्न-जल के साथ प्रविष्ट अनेक जीव सप्त धातुओं में परिवर्तित होते हुए शुक्र-रूपी धातु में जन्म लेने वाले अनंत जीव वीर्याणु के रूप में संग्रह होते हैं। उन अनंत वीर्याणुओं में एक बार एक ही वीर्याणु माता के अण्डकोश में प्रविष्ट होकर गर्भ में बढ़ने लगता है। अवशिष्ट अनंत वीर्याणु नष्ट हो जाते हैं। उन नष्ट वीर्याणुओं को पुनः उसी प्रक्रिया से गुजरते हुए जन्म लेने के लिए आना पड़ता है। प्रपंच की यह सृष्टि और विनाश की प्रक्रिया भगवान की एक अलौकिक लीला ही मानी जाती है। इस लीला का सही-सही पता लगाना एक असंभव सी बात है। फिर भी मेधा सम्पन्न हमारे देश के महर्षियों ने मनुष्य के जन्म-मरण के बारे में और उसकी सद्गति के बारे में आयुष्य भर तपस्या करके जो कुछ भी संशोधन किया है वे दार्शनिक परम्परायें हो गयी हैं।

हमारे देश के विभिन्न दार्शनिक परम्परा में कुछ सैद्धान्तिक मतभेद हैं फिर भी प्रत्येक सिद्धान्त में जीवों के जन्म और मरण को सभी दार्शनिक मानते हैं। वीरशैव सिद्धान्त के प्रमुख ग्रंथ *श्रीसिद्धान्तशिखामणि* में –

> जातस्य हि ध्रुवो मृत्युध्रुवं जन्म मृतश्यच।
> जन्तुर्मरण जन्माध्याम् परिभ्रमति चक्रवत्।।

इस तरह जीवों के जन्म और मरण को चक्र के रूप में स्वीकार किया गया है। इस सृष्टि में चौरासी लाख प्रकार के जीव-जन्तु होते हैं। इनमें उद्बिज, स्वेदज, अण्डज और जरायुज ये प्रत्येक इक्कीस लाख प्रकार के होते हैं। सब मिलकर चौरासी लाख हो जाते हैं। *स्कंद पुराण* में चौरासी लाख योनियों का विभाजन दूसरे ही ढंग से किया गया है –

> देवाः षोडशलसाणि नवलसाणि मानुषाः।
> दशर्भिदशभिस्तद्वज्जलजा विहगा मृगाः।।
> सरीसृपास्तु लक्षाणि एकादश चरेतराः।
> अष्टौ च दशलक्षाणि सर्प जन्मान्यमूनि वै।।

इस श्लोक में देव, मानव, जलचर, विहंगम, पशु, सरीसृप और वृक्षादि वनस्पति इस प्रकार सात जन्मों का जिक्र करके इन सात जन्मों को चौरासी लाख योनियों में विभाजित किया गया है। उपरोक्त *स्कंद पुराण* के आधार पर देव योनि सोलह लाख, मानव योनि नौ लाख, जलचर योनि दस लाख, सर्प और सजातीय योनि ग्यारह लाख, विहंगम योनि दस लाख, चतुष्पाद योनि दस लाख और वनस्पतियों की योनि अट्ठारह लाख, इस प्रकार सब मिलकर चौरासी लाख प्रकार की योनि होती हैं। इन योनियों के द्वारा जीवात्मा को जीवन.यात्रा करनी पड़ती है। इन विभिन्न योनियों में जीवात्मा के जन्म लेने का मुख्य कारण होता है उसका प्रारब्ध कर्म। प्रारब्ध कर्म के भोग पूर्ण होने तक प्रत्येक जीव को उन-उन स्थूल शरीरों में रहना पड़ता है। प्रारब्ध कर्म का क्षय होते ही स्थूल शरीर को त्याग देना पड़ता है। स्थूल शरीर के इस त्याग को ही मरण कहते हैं।

मृत्यु के समय में प्रत्येक व्यक्ति के स्थूल शरीर से पंच कर्मेन्द्रिय, पंच ज्ञानेन्द्रिय, पंच प्राण, मन और बुद्धि इन सत्रह तत्त्वरूपी जो सूक्ष्म शरीर होता है उससे युक्त जीवात्मा स्थूल शरीर को छोड़कर चला जाता है। प्रत्येक मनुष्य स्थूल शरीर को बार-बार बदलता रहता है। लेकिन उसका जो सूक्ष्म शरीर होता है वह उसकी मुक्तिपर्यन्त एक ही रहता है। सूक्ष्म शरीर के सत्रह तत्त्वों में प्राण को ही मुख्य माना गया है। *छान्दोग्य उपनिषद्* में प्राण की ज्येष्ठता और श्रेष्ठता के बारे में एक सुंदर विश्लेषण, कथा के रूप में, किया गया है। पंच कर्मेन्द्रिय, पंच ज्ञानेन्द्रिय, मन और बुद्धि इन बारह तत्त्वों में से कोई भी तत्त्व दूसरे शरीर को छोड़ने पर शरीर का पूर्णरूपेण अमंगल नहीं दिखाई देता है, किंतु जब शरीर से पंच प्राण निकल जाते हैं तो सभी इन्द्रियों का व्यवहार बंद हो जाता है और शरीर भी अमंगल और अशुचि हो जाता है। इसलिए जीवन का आधार प्राण है, उस प्राण के विछोह को ही प्रायः मृत्यु मानते हैं। "प्राणानाम तनुनिष्क्रांतिर मरणं" प्राण वियोगः जीवात्मा के प्राण का संयोग और प्राण का वियोग ये दोनों उसके अदृष्ट अर्थात् प्रारब्ध कर्म के ऊपर निर्भर रहता है।

शास्त्रों के बताए गये जन्म-मरण, क्षुधा, तृषा और सुख-दुःख इन षड्रमियों में जन्म-मरण को स्थूल शरीर का धर्म मानते हैं। सुख-दुःख को अन्तःकरण का धर्म मानते हैं। इसी तरह क्षुधा और तृषा को प्राण के धर्म मानते हैं। अतः मृत्यु अथवा मरण यह स्थूल शरीर से ही सम्बन्ध रखता है। जन्मे हुए स्थूल शरीर का मरण तो स्वाभाविक होता है। अतः हमारे देश के दार्शनिकों ने मरण को सहज स्वीकार कर लिया है। *गीता* में तो भगवान् श्रीकृष्ण ने जीर्ण वस्त्र को छोड़ना जैसे एक सहज क्रिया है, उसी प्रकार शरीर को छोड़ना भी एक स्वाभाविक सहज घटना होने के कारण ही उसके बारे में चिन्तित न होने का उपदेश दिया है।

हमारे देश के अनेक मुनियों और तपस्वियों के अपनी तपश्चर्या के सामर्थ्य से अनेक जीवों को प्राण-दान देने की महिमा बताने वाली कथाएँ पढ़ने को मिलती हैं। एक आश्चर्य

की बात यह है कि दूसरों को प्राण-दान देने का सामर्थ्य वाले ऋषियों को भी अपना प्राण त्यागना पड़ा। इससे यह सिद्ध होता है कि मरण एक स्वाभाविक घटना है। यह हर एक स्थूल शरीर के साथ अवश्य घट जाती है, लोक-कल्याण के लिए अवतार लिए हुए भगवान् को भी अपने अवतारी शरीर को त्यागना ही पड़ा है। कोई एकाध योगी अपने योग सामर्थ्य से चिरंजीवी हो सकता है लेकिन स्थूल शरीर के साथ अज़र और अमर नहीं हो सकता है। बड़े-बड़े राक्षसों ने कठोर तपस्या करके अमरत्व का वर माँगा लेकिन ब्रह्मा जी ने किसी को नहीं दिया। इसका एक ही कारण है कि वह प्रकृति के नियम के विरुद्ध हो जाता है।

वीरशैव सिद्धान्त अट्ठाईस शैवागमों के सिद्धान्त पर आधारित है। *पारमेश्वरागम* में – एकेन जन्मना मुक्तिः वीराणान्तु महेश्वरी। इस प्रकार बताकर वीरशैव सिद्धान्त में पुनर्जन्म का निषेध किया गया है। इस सिद्धान्त में पूर्वजन्म अवश्य मानते हैं लेकिन पुनर्जन्म को नहीं मानते। इसका रहस्य यह है कि इस सिद्धान्त में एक सौ एक स्थलात्मक जो साधना पद्धति बताई गयी है उसके अनुसार जब साधक साधना करने लगता है तब वह अपने जीवित काल में ही परशिव बह्मा के साथ सामरस्य का अनुभव करने के कारण जीवनमुक्त हो जाता है। जब तक प्रारब्ध कर्म है तब तक उसका अपने स्थूल शरीर के साथ सम्बन्ध रहता है। प्रारब्ध क्षय होते ही उसके संचित कर्म भी पहले से ही नष्ट हो जाने के कारण उसका पुनर्जन्म नहीं होता है। प्रायः मनुष्य-जन्म का लक्ष्य भी यही होता है।

सूक्ष्म शरीर से युक्त जीवात्मा अपने कर्म के अनुसार किसी भी योनि के स्थूल शरीर में प्रवेश करती है। इस क्रिया को जन्म कहते हैं और जब स्थूल शरीर को छोड़कर चली जाती है तो उसे ही मृत्यु अथवा मरण कहा जाता है। स्थूल शरीर के बाल्यादि अवस्था बदलने पर जीव को जैसे दुःख नहीं होता है उसी प्रकार शरीर बदलने पर भी उसे दुःख नहीं मनाना चाहिए। मृत्यु के इस रहस्य को जो वास्तविक रूप से जान जाता है वह मृत्यु के परे की स्थिति में पहुँच जाता है। यह स्थिति सबको मिले यही हमारी मंगलमय कामना है।

2

बौद्ध धर्म
मृत्यु की अवधारणा

– रामशंकर त्रिपाठी

मृत्यु जीवन का अभिन्न अंग है। मृत्यु और जीवन एक ही सिक्के के दो पहलू हैं। जीवन नित्य (सर्वदा) परिवर्तनशील है। व्यक्ति की जीवन.धारा नदी की उदक.धारा की भाँति अनादि काल से बहती चली आ रही है। परिवर्तन तभी उत्पन्न हो सकता है, जब पूर्व स्वरूप का त्याग (विनाश) और अपर स्वरूप का उत्पाद हो। जैसे उदक का वर्तमान अंश आगे बढ़ता है, तभी उसके स्थान पर दूसरा अंश आ पाता है और उदक.धारा बन पाती है, उसी तरह जीवन का एक क्षण विनष्ट होता है और दूसरा क्षण उत्पन्न होता है और तभी परिवर्तनशील जीवन.धारा उत्पन्न होती है। यदि विनाश न हो तो जीवन स्थिर, नित्य और कूटस्थ हो जाएगा। तब न उसमें किसी तरह का परिवर्तन सम्भव होगा और न उससे किसी तरह की क्रिया सम्भव होगी, तथा न ही ऐसी स्थिति में किसी तरह का अस्तित्व ही सिद्ध हो सकेगा। अतः नाश जीवन का स्वभाव है। जैसे अग्नि का स्वभाव "जलाना" है, फलतः न तो उसके स्वभाव में कोई परिवर्तन सम्भव है और न ही कोई अग्नि को जलाने से रोक सकता है तथा न अग्नि को जलाने के लिए किसी हेतु की अपेक्षा होगी, अन्यथा वह अग्नि ही नहीं रहेगी। जीवन जिन कारणों से उत्पन्न होता है, वे कारण नाशवान जीवन को ही उत्पन्न करते हैं। अतः जीवन के उत्पाद के दूसरे क्षण में ही उसका नाश होता जाता है। बौद्ध दृष्टि में सभी वस्तुएं नाश-स्वभाव होती हैं, अतः उत्पाद के दूसरे क्षण में ही उनका नाश हो जाता है। इसीलिए बौद्ध क्षणिकवादी कहलाते हैं।

रूप, वेदना, संज्ञा, संस्कार और विज्ञान ये पाँच स्कन्ध व्यक्तित्व के उपादान हैं। रूपस्कन्ध जड़जातीय है तथा शेष चार स्कन्ध चेतनजातीय हैं, इन्हें "नाम" भी कहते हैं। अतः व्यक्ति नामरूपात्मक होता है। पाँचों स्कन्ध क्षणिक हैं। कर्म और क्लेशों (अविद्या, तृष्णा, आदि) की वजह से ये प्रतिक्षण उत्पन्न होते हैं और नष्ट होते रहते हैं। इस तरह व्यक्तित्व की धारा निर्वाणपर्यन्त नदी की धारा की भाँति या दीपक की लौ की भाँति सदा प्रवाहमान होती रहती है। निर्वाण प्राप्त होने पर इस धारा का निरोध हो जाता है।

व्यक्तित्व के उपादानों में कोई भी नित्य पदार्थ नहीं है, फिर भी अज्ञानवश लोगों ने पाँच स्कन्धों के अतिरिक्त एक आत्मा की कल्पना कर ली है तथा उस कल्पित आत्मा से सम्बद्ध वस्तुओं और प्राणियों के प्रति आत्मीय संज्ञा कर ली है। यद्यपि आत्मा और आत्मीय की सत्ता बिल्कुल भी नहीं है, फिर भी लोग उनकी सत्ता के प्रति अभिनिविष्ट हैं। हर व्यक्ति ने अपना एक स्वतंत्र संसार रच लिया है, जिसके प्रति वह आसक्त है। उसने किसी को शत्रु, किसी को मित्र आदि बना लिया है तथा सारे रिश्तों और सम्बन्धों को खड़ा कर लिया है। अतीत की सत्ता नहीं है, फिर भी उसके प्रति वह आसक्त है। भविष्य का अभी अस्तित्व ही नहीं है, फिर भी उसके दिमाग में अनेक महत्त्वाकांक्षी योजनाएं एवं अवधारणाएं हैं। वर्तमान सर्वथा क्षणिक है, फिर भी व्यक्ति में उसके प्रति अनेक नित्य, स्थिर एवं शुभ आदि विपरीत धारणाएं हैं। जैसे मकड़ी स्वयं जाल बुनकर उसमें फँस जाती है, उसी तरह व्यक्ति भी अपने बनाए संसार में बुरी तरह फँसकर दुःखी होकर भटक रहा है। बौद्ध लोग इन सारी बुराइयों की जड़ आत्मदृष्टि को मानते हैं और उस दृष्टि से मुक्त होने का उपदेश देते हैं। संसार में बौद्ध एकमात्र अनात्मवादी हैं। मृत्यु की अवस्था में अपने बनाए संसार से वियोग हो जाने की आशंका से व्यक्ति मृत्यु से भयभीत है। अन्यथा मृत्यु से भयभीत होने का कोई वास्तविक कारण नहीं है।

मरण के दो भेद

नाम और रूप धर्मों (पदार्थों) का प्रतिक्षण होने वाला विनाश "अप्रकट मरण" है। क्योंकि यह मरण सामान्य जनों को स्पष्ट रूप से अवबोधित नहीं होता क्योंकि क्षण का ज्ञान योगी जन ही कर सकते हैं, सामान्य जन नहीं कर सकते, अतः यह "अप्रकट मरण" कहलाता है। वर्तमान जन्म के अंत में नाम एवं रूपों का जो च्युतिकाल होता है, वह "प्रकट मरण" है। इसे ही सामान्यतया लोक में मरण कहा जाता है।

मृत्यु के चार कारण

आयुःक्षय, कर्मक्षय, उभय (दोनों का) क्षय तथा उपच्छेदक कर्म – इन चार कारणों से मृत्यु सम्पन्न होती है। जीवन के निश्चित् काल को आयुष् या जीवित कहते हैं। मनुष्यभूमि, देवभूमि आदि में निश्चित् आयुःप्रमाण होता है, जैसे मनुष्यभूमि में सामान्यतया आयु, आजकल, सौ वर्ष मानी जाती है। इसके अन्त में होने वाला मरण आयुःक्षय से "मरण" कहलाता है। इन चारों प्रकार के मरणों को हम दीपक के दृष्टान्त से इस प्रकार प्रदर्शित कर सकते हैं –

1. प्रज्वलित दीपक का बत्ती के क्षय से होने वाला निरोध।
2. तेल के क्षय से होने वाला दीपक का निरोध।
3. बत्ती एवं तेल दोनों से होने वाला निरोध।

4. बत्ती और तेल दोनों का क्षय न होने पर भी वायु या अन्य किसी आगन्तुक कारण से होने वाला निरोध।

1. आयुःक्षय

जिस प्रकार तेल रहने पर भी यदि बत्ती का क्षय हो जाता है तो दीपक की लौ का निरोध हो जाता है, उसी तरह जीवित रहने के लिए कर्म विद्यमान रहने पर भी आयुष् पूर्ण हो जाने से च्युति हो जाती है। यह आयुःक्षय निरोध है। कुछ पुण्यवान् व्यक्ति निश्चित् आयुःप्रमाण से अधिक भी जीवित रहते हैं।

2. कर्मक्षय

जीवन को धारण करने वाले कर्म ही यहाँ "कर्म" कहे गये हैं। उन कर्मों की शक्ति के क्षय को "कर्मक्षय" कहते हैं। यह कर्मक्षय उपर्युक्त उदाहरणों में से तेल के क्षय की तरह होता है। जिस प्रकार बत्ती के विद्यमान रहने पर भी तेल का क्षय हो जाने से दीपक का निरोध हो जाता है, उसी प्रकार आयुःप्रमाण अवशिष्ट रहने पर भी कर्मशक्ति का क्षय हो जाने से च्युति हो जाती है। जैसे 100 वर्ष आयुःप्रमाण होने पर भी किसी की 50 वर्ष में ही च्युति हो जाती है। इस कर्मक्षय को ही जब देव या ब्रह्माओं की अपने निश्चित् आयुःप्रमाण से पहले च्युति हो जाती है तो "पुण्यक्षय" भी कहते हैं।

3. उभयक्षय

आयुष् एवं कर्म दोनों के क्षय को "उभयक्षय" कहते हैं। यह तेल और बत्ती दोनों के क्षय से होने वाले दीपक के निरोध की तरह होता है।

4. उपच्छेदक कर्म

उपघातक कर्म को ही उपच्छेदक कर्म कहते हैं। आयुःप्रमाण एवं कर्म-शक्ति दोनों के विद्यमान रहने पर भी पूर्व-जन्म के या इसी जन्म के किसी एक कर्म द्वारा उपघात करने से जब च्युति होती है तो उसे "उपच्छेदक कर्म से च्युति" कहते हैं। इसे तेल एवं बत्ती दोनों के विद्यमान होने पर भी वायु या किसी अन्य आगन्तुक कारण से होने वाले दीपक के निरोध की तरह जानना चाहिए।

कालमरण एवं अकालमरण

मृत्यु के उपर्युक्त चार कारणों में से पूर्ववर्ती तीन कारणों से च्युति होना "कालमरण" तथा उपच्छेदक कर्म द्वारा च्युति होना "अकालमरण" कहलाता है। अकालमरण के प्रसंग में अन्य अनेक बातें भी हैं, यथा – भूख, प्यास, सर्पदंश, विष, अग्नि, जल एवं शस्त्र द्वारा भी अकाल मृत्यु होती है। वात, पित्त, श्लेष्मा, सन्निपात, ऋतु-विकार तथा स्वयं अपने द्वारा या दूसरों के द्वारा विषम प्रयत्न किये जाने से व्यक्ति अकालमरण को प्राप्त होता है। इस तरह अकालमृत्यु के अनेक कारण होते हैं।

मरणानुस्मृति

मरण चार प्रकार का होता है। ज्ञात है आयुष् को जीवित या जीवितेन्द्रिय भी कहते हैं। (1) एक भव (जन्म) में प्राप्त जीवितेन्द्रिय का उपच्छेदरूप मरण, (2) अर्हतों का सांसारिक दुःखों से सर्वथा समुच्छेद नामक समुच्छेद मरण, (3) संस्कारों (अपने हेतुओं से उत्पन्न पदार्थों) का क्षणभंग नामक क्षणिक मरण, तथा (4) वृक्षमरण, लौहमरण, पारदमरण आदि की तरह संवृत्तिमरण। इन चारों में से (अर्हतों के) समुच्छेदमरण का सम्बन्ध सर्वसाधारण से नहीं है, अपितु केवल अर्हतों से है। क्षणिक मरण की अनुस्मृति करना दुष्कर है, क्योंकि क्षण सर्वसाधारण को बोधगम्य नहीं है। (लौह, पारद, आदि का) संवृत्तिमरण संवेग (संसार से निर्वेद या वैराग्य) का उत्पादक नहीं होता। अतः ये तीन मरण यहाँ मरणानुस्मृति में अपेक्षित नहीं हैं। केवल जीवितेन्द्रिय का उपच्छेदरूपी मरण ही इस अनुस्मृति का विषय हो सकता है, अतः वही यहाँ अभिप्रेत है, क्योंकि वह सर्वसाधारण संवेद्य, सुकर एवं संवेगोत्पत्ति का कारण भी होता है।

भावनाविधि

मरणानुस्मृति की भावना के इच्छुक योगी को एकान्त में जाकर चित्त को अन्य आलम्बनों (विषयों) से हटाकर "मरण होगा, जीवितेन्द्रिय का उपच्छेद् होगा" अथवा "मरण, मरण" कहते हुए ठीक से मन में चिन्तन करना चाहिए।

चिन्तन प्रकार

भावना करते समय निम्न चार प्रकार से चिन्तन करना चाहिए – (1) जन्म के पश्चात् मृत्यु की निश्चितता, (2) मृत्यु के समय की अनिश्चितता, (3) मृत्यु के कारणों की अधिकता तथा (4) मृत्यु से कभी भी, कहीं भी छूट न सकना।

जन्म के पश्चात् मृत्यु की निश्चितता

सभी जीव जन्म के बाद एक क्षण भी बिना रुके मृत्युराज की ओर उन्मुख होकर दौड़ रहे हैं। हेतु-प्रत्ययों से उत्पन्न होने के बाद किसी वस्तु या व्यक्ति में (अपने उत्पाद के) द्वितीय क्षण तक भी स्थित रहने का सामर्थ्य नहीं होता। वे सतत् नष्ट होते रहते हैं। अतः "सभी संस्कार अनित्य हैं," ऐसा भगवान बुद्ध द्वारा कहा गया है।

मृत्यु के समय की अनिश्चितता

देहधारी प्राणियों के बीच – "यह पहले मरेगा, यह बाद में मरेगा" ऐसी कोई निश्चित् रेखा नहीं है। मरने की आशंका से रहित व्यक्ति भी बिजली गिरने से अकस्मात् मरते देखा जाता है। ऐसी परिस्थिति किसी पर भी, अपने ऊपर भी आ सकती है।

मृत्यु के कारणों की अधिकता

अनेकविध विघ्नों से घिरे प्राणियों की आयु वायु से बने पानी के बुलबुले की भाँति नितान्त अस्थिर है। तत्काल विलीन न होने पर भी लम्बे समय तक स्थित रहने की शक्ति न होने के कारण यह असार शरीर विश्वास करने लायक कतई नहीं है। मृत्यु के अत्यधिक कारण हैं।

मृत्यु से कहीं भी, कभी भी छूट न सकना

ऐसा कोई स्थान संसार में नहीं है, जहाँ मृत्यु न हो सके। आकाश में उड़कर दूर तक जा सकने में समर्थ ऋद्धिसम्पन्न ऋषि-महर्षि भी उस स्थान पर नहीं जा सकते, जहाँ मृत्यु न हो। ऐसा सोचना चाहिए कि जब वज्र के समान मजबूत बुद्ध का शरीर भी नष्ट हो जाता है तो हमारा यह निःसार शरीर क्योंकर नष्ट नहीं होगा।

उपर्युक्त प्रकार से चिन्तन करते हुए भावना से मरणानुस्मृति शीघ्र सम्पन्न होती है और मृत्यु के समय किसी प्रकार का भय एवं कष्ट नहीं होता।

3

मृत्यु-महोत्सव
जैन धर्म के परिप्रेक्ष्य में

– मुन्नी पुष्पा जैन

शीर्षक पढ़ते ही लोग आश्चर्य में पड़ जायेंगे कि अभी तक गर्भोत्सव, जन्मोत्सव, विवाहोत्सव, राष्ट्रीय उत्सव, सामाजिक उत्सव, धार्मिक उत्सव, इत्यादि उत्सवों के बारे में तो बहुत सुना और मनाये भी, शामिल भी हुए परन्तु मृत्यु का भी कोई उत्सव हो सकता है? उत्सव ही नहीं महोत्सव अर्थात् उपर्युक्त सभी उत्सवों से उत्कृष्ट विशेष खुशी का दिन जिसके आने के इंतजार में उसकी विशेष तैयारियाँ की जाती हैं। लोग मृत्यु को दुःख या उदासीनता का पर्याय मानते हैं, यह जगत् का व्यवहार है। जैन शासन में "मृत्यु" की विशेष परिभाषा है। मृत्यु अटल सत्य है, किसी के रोके नहीं रुकी है। सभी संसारी प्राणी इससे परिचित हैं, परन्तु फिर भी "भय" करते हैं। जैन धर्म इस अटल सत्य का स्वागत करने की विधि सिखाता है, जिसे सल्लेखना, समाधिमरण, संथारा, मृत्यु-महोत्सव, आदि नामों से जाना जाता है।

संसार का प्रत्येक व्यक्ति मुख्यतः क्रोध, मान, माया और लोभ इन चार कषायों में लिप्त रहता है। "कषाय" अर्थात् जो आत्मा को कसे या दुःख दे। सल्लेखना का व्युत्पत्तिमूलक अर्थ है सत् अर्थात् सम्यक प्रकार से लेखना – कषायों को कम करना, क्षीण करना। जैन ग्रन्थ *तत्त्वार्थ सूत्र* (7-22) में कहा है – "मरणान्तिकी सल्लेखना जोषिता" अर्थात् मरणकाल उपस्थित होने पर ग्रहस्थ को प्रीतिपूर्वक सल्लेखना करना चाहिए।

शरीर त्याग के तीन भेद आचार्य नेमिचन्द ने गिनाये हैं –

1. *च्यावित* – विषम क्षण, रक्तक्षय, शस्त्रघात, अग्निदाह, जल प्रवेश "गिरिपतन" आदि निमित्त कारणों से शरीर छोड़ना अर्थात् आत्मघात जो सर्वथा त्याज्य एवं पाप है, निंदनीय है।
2. च्युत – आय पूर्ण हो जाने पर शरीर का स्वतः छूटना।
3. *त्यक्त* – असाध्य रोगादि हो जाने पर, किसी आकस्मिक परिस्थिति के कारण मृत्यु

सन्निकट जान पड़ने पर या मरण की आसन्नता ज्ञात होने पर जो विवेक सहित सन्यासस्य परिणामों से शरीर छोड़ा जाता है वही "त्यक्त" है, सर्वश्रेष्ठ है। इसे ही सल्लेखनापूर्वक मरण कहते हैं।

जैन आगमों में मरण के प्रमुखतः सात और प्रकारान्तर से सत्रह भेद बताये हैं। विस्तार से इनका विवेचन इस प्रकार है – 1. बाल-बाल मरण, 2. बाल मरण, 3. बाल पंडित मरण, 4. भक्त प्रत्याख्यान पंडित मरण, 5. इंगिनी पंडित मरण, 6. प्रायोपगमन पंडित मरण, 7. पंडित-पंडित मरण। इनमें से आचार्य शिवार्य ने तीसरे, चौथे और सातवें को श्रेष्ठ मरण बताया है।

जैन मनीषी पं॰ सदासुखदास जी ने महत्त्वपूर्ण जैन ग्रन्थों *भगवती आराधना* और *रत्नकरण्ड श्रावकाचार* की वचनिकाओं में सल्लेखना के विषय में यथा-प्रसंग विशद् विवेचन किया है तथा सल्लेखना के बारे में जनसाधारण में फैली भ्रामक भ्रान्तियों का तर्कपूर्ण खण्डन किया है।

मृत्यु-महोत्सव को दृष्टान्त शैली में इस तरह समझाया गया है –

जैसे कोउ एक जीर्णकुटी में ते निकसि अन्य नवीन महल कूं प्राप्त होय सो तो बड़ा उत्सव अवसर है। तैसे ही यो आत्मा अपने स्वरूप में तिष्ठता ही जीर्ण देहरूप कुटी कूँ छोड़ि नवीन देह रूप महल को प्राप्त होने में महा उत्साह का अवसर है या में कुछ हानि नहीं जो भय करिये।

आचार्य सकलकीर्ति ने कहा है –

धीरत्वेन सतां मृत्युः कातरत्वेन चेद भवेत्।
कातरत्वं बलात्यक्त्वा, धीरत्वे मरणं वरम्।।

मृत्यु धीरता से भी प्राप्त होती है और कायरता से भी प्राप्त होती है। कायरता को छोड़कर साहस के साथ धीरतापूर्वक मरण करना श्रेष्ठ है क्योंकि संतजन धैर्य के साथ वीरता व धर्मध्यानपूर्वक मृत्यु का आलिंगन करते हैं।

समाधिकरण शाश्वत् सुख देने वाला या कल्पवृक्ष के समान बतलाया गया है, इस तरह के मरण से उत्तम गति प्राप्त होती है।

मृत्य-महोत्सव का आयोजन जीवन के जिस किसी भी समय में नहीं, अपितु अवस्था विशेष में किया जाता है। जब मनुष्य की इन्द्रियाँ थक जायें, शरीर जीर्ण हो जाये, बुढ़ापा चरम सीमा पार कर रहा हो तब इस "सल्लेखना" का विधान है। इसके अतिरिक्त आकस्मिक अवस्थाओं में जैसे किसी प्राणघातक रोग से ग्रसित हो गये हों, डॉक्टरों ने जवाब दे दिया हो कि अब दवा की नहीं दुआओं की जरूरत है, ऐसे समय में समाधिमरण का विधान है।

किसी परिस्थिति विशेष में जब मरण में संदेह हो तो दो प्रकार से समाधिमरण का नियम बतलाया है –

प्रथम – यदि इस विषम स्थिति में मेरी मृत्यु होती है तो मेरा यावज्जीवन के लिए आहार-पानी का त्याग है।

द्वितीय – कदाचित् किसी पुण्योदय से जीवित बच जाऊँगा तो थोड़े समय तक आहार आदि का त्याग है और शेष जीवन नियम, संयम, व्रत, उपवासादि के साथ धर्मध्यान से व्यतीत करूँगा।

मानसिक तैयारी

समाधिमरण का धारक सभी सम्बन्धियों से जाने-अनजाने में हुई गलतियों के प्रति मन, वचन, कर्म से क्षमा मांगें और अपने मन से भी सभी को क्षमा करें। कोई मलिनता मन में न रखें। क्षमाभाव रखने से मन हल्का हो जाता है। घर-गृहस्थी, व्यवसाय, आदि के भार से अपने को मुक्त करें। दान-पुण्यादि का व्यवहार पूरा कर लें। जीवन में अपने द्वारा किये गये कार्यों की समालोचना कर दोषों के लिए पश्चात्ताप करें। मोह-ममता से अपने को विलग कर जीवनरूपी नाव का भार हल्का करें, ताकि भवसागर से पार होने में सहयोगी बने।

आजकल के समय में दुर्घटनाओं के होने से दुर्भाग्य से कितने लोगों की आकस्मिक मृत्यु हो जाती है। यदि मनुष्य अपना जीवन पूर्ण रूप से जी ले और सहज स्वतः मृत्यु हो तो वह आज के समय में भाग्यशाली माना जाता है। अतः ऐसी मृत्यु का स्वागत करना चाहिए मृत्यु-महोत्सव मनाकर।

सल्लेखना में सहायकों की महत्ता

जब हम किसी महोत्सव का आयोजन करते हैं तो उसकी निश्चित् तिथि के बहुत समय पहले अनेक लोगों की सहायता लेते हैं। उन्हें उनकी क्षमतानुसार अलग-अलग कार्यों को सौंप देते हैं। सभी आयोजन सानन्द सफल होता है। इसी तरह मृत्य-महोत्सव करने वाले व्यक्ति के लिए सहायक लोगों का स्थान भी महत्त्वपूर्ण है।

सल्लेखनाधारी के पुण्य यज्ञ में सहायक जन सदैव उसे तत्वज्ञान पूर्ण मधुर उपदेश करते हैं तथा शरीर और संसार की असारता और क्षणभंगुरता का ध्यान दिलाते हैं, जिससे वह व्यक्ति राग-द्वेष, मोह को हेय समझकर छोड़ चुका है, या संकल्प कर रहा है वह उनमें पुनः लिप्त न हो। समाधिमरण पाठ, बारह भावना, स्तोत्रादि पाठ सुनाते हैं। आहारादि पर विजय प्राप्त करने के लिये क्रमशः धीरे-धीरे एक-एक वस्तु का त्याग करवाते हैं। उठने-बैठने-सोने, आदि में कोई परेशानी न हो इसमें पूरा सहयोग देते हैं। समाधिमरण धारक की संकल्प और दृढ़ता को पुष्ट करने में अपना कर्त्तव्य निभाते हैं। आत्मा व परमात्मा के मिलन

में बाधक सभी संसारी चीजों का परिहार करवाते हैं। संयम, स्वाध्याय, साधनापूर्वक निर्विकार रूप से मृत्यु को आलिंगन करने वाले साधक का देवता भी अभिनन्दन करते हैं।

इस सल्लेखना या मृत्यु-महोत्सव को आज भी जैन समाज में जीवंत रूप में देखा जा सकता है। इसे पूर्ण होने में आठ दिन से एक माह तक का समय लग जाता है। सल्लेखना के इन दिनों में पूरा समाज अभिभूत हो जाता है। देखने वाले अपने को धन्य मानते हैं व प्रेरणा लेते हैं – इस तरह का मरण हम भी वरण करें।

वस्तुतः जीवन जीना ही कला नहीं वरन् मृत्यु के क्षणों में विवेकपूर्वक स्वयं को सम्हाले हुए धर्म के साथ मरना उससे भी बड़ी कला है। सल्लेखना में जीवन का मोह, मरण का भय दोनों समाप्त हो जाते हैं। देह मुझे छोड़े इसके पहले मैं स्वयं इसे छोड़ता हूँ। ऐसा साहस, संकल्प सल्लेखनाधारी ही कर सकता है।

आत्मघात और सल्लेखना में जमीन-आसमान का अंतर है। आत्महत्या को घोर पाप, महापाप की संज्ञा देता है जैन धर्म। क्योंकि आत्महत्या, क्रोध, मान, माया, आदि लोभ कलुषित वृत्तियों से की जाती है। जबकि "सल्लेखना" इन सभी कषायों से मुक्त होकर निर्मल हृदय से, समतापूर्वक, मृत्यु की सन्निकट स्थिति में की जाती है। आत्मघात से आत्मा भटकती है। समाधिमरण से मुक्ति की प्राप्ति होती है। जैन धर्म में मनीषियों ने अटल सत्य मृत्यु का स्वागत करने हेतु उसे "मृत्यु-महोत्सव" का रूप देकर विश्व के सभी दर्शनों से अलग मृत्यु की अनोखी उपयोगिता सिद्ध की है जो सचमुच अद्वितीय है।

4

जैन दर्शन में मृत्यु विज्ञान
संथारा के परिप्रेक्ष्य में

– अनेकान्त कुमार जैन

सम्पूर्ण विश्व में विभिन्न धर्म हैं, सम्प्रदाय हैं। इन धर्मों और सम्प्रदायों के मध्य भी विभिन्न प्रकार के मतभेद हैं। जीवन को लेकर मतभेद हो सकते हैं – हमें क्या पालना चाहिए, हमें कैसे रहना चाहिए? हमें ईश्वर मानना चाहिए या नहीं? हमें खुदा की हुकूमत पर विश्वास है कि नहीं? पूजा-पाठ करना चाहिए या नमाज़ पढ़नी चाहिए? इत्यादि अनेकानेक बातें हमारे जीवन को लेकर मतभेद बनाये हुए हैं। पाश्चात्य दर्शनों व भारतीय दर्शनों में इस बात पर मतभेद रहा है कि आत्मा है अथवा नहीं? यदि है तो उसका स्वरूप क्या है? पुनर्जन्म होता है या नहीं? मनुष्य जन्म से पहले कहाँ था? मृत्यु के बाद स्वर्ग जाता है या जन्नत? मोक्ष होता है अथवा नहीं? इत्यादि अनेक अवधारणायें मतभेदों को लिए हुए सदा से चली आ रही हैं।

"जन्म से पहले और मृत्यु के बाद" इस विषय पर तो मतभेद हो सकते हैं क्योंकि यह विषय प्रत्यक्ष नहीं है। यह सारा विषय अनुमान और श्रद्धा का विषय है। किन्तु जन्म होता है और जिसका जन्म होता है उसकी मृत्यु भी होती है, इस विषय पर दुनिया के किसी भी व्यक्ति को कोई मतभेद नहीं है। अर्थात् मृत्यु की अनादिनिधनता, सार्वभौमिकता, असांप्रदायिकता स्वतःसिद्ध है।

जैन धर्म तथा दर्शन में मृत्यु को लेकर परम्परा के अनुरूप अत्यन्त वैज्ञानिक चिन्तन किया गया। जैनाचार्यों ने विचार किया कि यदि मृत्यु होनी ही है तो क्यों न वह सकारात्मक हो? जिस प्रकार हम जीवन में जन्म को मंगल मानते हैं उसी प्रकार हम मरण को भी मंगल मानें। फिर विचार किया गया किस प्रकार के मरण को मंगल मानें? और इसी विचार ने जैन धर्म को, त्याग और संयम के चरमोत्कर्ष स्वरूप "संथारा" को जन्म दिया। *मूलाचार* नामक प्राकृत, भाषा के एक प्राचीन ग्रन्थ में आचार्य बट्टकेर कहते हैं –

धीरेण वि मरिदव्वं णिद्धीरेण वि अवस्स मरिदव्वं।
जदि दोहिं वि मरिदव्वं वरं हि धीरक्षणेण मरिदव्वं।। (02/65)

अर्थात् जो धैर्यशाली है वह भी मरेगा और जो अधैर्यशाली है वह भी अवश्य मरेगा और यदि दोनों ही अवस्थाओं में मरना निश्चित् ही है तो क्यों न धैर्यपूर्वक मरा जाये?

इसी प्रकार वे आगे कहते हैं –

सीलेणवि मरिदव्वं णिस्सीलेणवि अदस्स मरिदव्वं।
जह दोहिं वि मरिदव्वं वरं हु सीलक्षणेण मरिदव्वं।। (2/66)

अर्थात् शीलवाला भी मरेगा, निःशील वाला भी अवश्य मरेगा। जब दोनों ही स्थितियों में मरना ही है तब क्यों न शीलपूर्वक मरा जाये।

सल्लेखना का अर्थ

"सल्लेखना" शब्द "सत्" और "लेखना" इन दोनों के संयोग से बना है। सत् का अर्थ है सम्यक् और लेखना का अर्थ है अपने बुरे भावों या कषायों को कृश करना।

सल्लेखना का काल

आचार्य समन्तभद्र ने लिखा है कि प्रतिकार रहित असाध्य दशा को प्राप्त हुए उपसर्ग, दुर्भिक्ष, जरा व रुग्ण स्थिति में या अन्य किसी कारण के उपस्थित होने पर साधक सल्लेखना करता है –

उपसर्गे दुर्भिक्षे जरसि रुजायां च निःप्रतीकोर।
धर्माय तनुविमोचनामाहु : सल्लेखनामार्या।।
- *समीचीन धर्मशास्त्र*, 6-1, पृ॰ 160

मूलाराधना में सल्लेखना के अधिकारी का वर्णन करते हुए कुछ मुख्य कारण बताये हैं – (*मूलाराधना* 2, पृ॰ 71,74)

1. *दुश्चिकित्स्याव्याधि* – संयम को परित्याग किये बिना जिस व्याधि का उपचार करना संभव न हो, ऐसी स्थिति उत्पन्न होने पर।
2. *वृद्धावस्था* – जो श्रमण जीवन की साधना करने में बाधक हो।
3. मानव, देव और ऋषि-सम्बन्धी कठिन उपसर्ग उपस्थित होने पर।
4. चारित्र विनाश के लिये अनुकूल उपसर्ग उपस्थित किये जाते हों।

सल्लेखना आत्महत्या नहीं है

वर्तमान समय में जैन दर्शन के भाव विज्ञान की गहराइयों को नहीं समझने वाले तथाकथित लोग इस परम आध्यात्मिक भाव परिष्कार की चिकित्सा को आत्महत्या जैसी तुच्छ व कायरतापूर्ण कृत्य का नाम देकर अपनी अल्पज्ञता का परिचय देते हैं।

सल्लेखना व संथारा के द्वारा जो समाधिपूर्वक मरण होता है, उसमें और आत्महत्या में मौलिक अंतर है :

आत्महत्या	सल्लेखना
1. आत्महत्या वह व्यक्ति करता है जो परिस्थितियों से उत्पीड़ित है, उद्विग्न है, जिसकी मनोकामनायें पूर्ण नहीं हुई हैं। वह संघर्षों से ऊबकर जीवन पलायन करना चाहता है या किसी से अपमानित होने पर, कलह होने पर, आवश्यकताओं की पूर्ति न होने पर, पारस्परिक मनो-मालिन्य होने पर, कुएँ में कूदकर, समुद्र में गिरकर, विष खाकर, फाँसी लगाकर अपना जीवन समाप्त करता है।	1. सल्लेखना या संथारा व्यक्ति द्वारा किसी परिस्थिति से घबराकर, निराशा में किसी निमित्त से मरने का प्रयास नहीं करता। बल्कि संयम की आराधना करते हुये स्वाभाविक मृत्यु से न भागकर उसका स्वागत करता है।
2. आत्महत्या में वीरता नहीं, वरन् कायरता है और जीवन से भागने का प्रयास है। आत्महत्या के मूल में भय और कामनायें रहती हैं, कषाय और वासना की तीव्रता और उत्तेजना है।	2. सल्लेखना में कषाय और वासना का, इच्छा का अभाव रहता है। इसमें साधक भयभीत नहीं रहता।
3. आत्महत्या करते समय व्यक्ति की मुख-मुद्रा विकृत होती है, उस पर तनाव होता है, उस पर भय की रेखायें झलकती रहती हैं।	3. सल्लेखना में साधक की मुख-मुद्रा पूर्ण शान्त होती है, उसके चेहरे पर किसी किस्म की आकुलता-व्याकुलता नहीं होती।
4. आत्मघात करने वाले का स्नायुतन्त्र तनावयुक्त होता है।	4. सल्लेखना करने वाले का स्नायुतंत्र तनावमुक्त होता है।
5. आत्मघात करने वाले की मृत्यु आकस्मिक होती है।	5. सल्लेखना स्वाभाविक मृत्यु को स्वीकारने की कला है। उसका आधार जीवन-दर्शन है।
6. आत्महत्या लुक-छिपकर की जाती है।	6. सल्लेखना का स्थल सभी को ज्ञात होता है।

7. आत्महत्या नकारात्मक है तथा समाज में निंदनीय है। धर्म-विरुद्ध है।	7. सल्लेखना सकारात्मक है। समाज में सम्माननीय है। धर्म-सम्मत है। समाधिस्थल बनाये जाते हैं। जबकि कोई आत्महत्या स्थल नहीं बनाये जाते हैं।
8. आत्महत्या में "हत्या" शब्द का प्रयोग है।	8. सल्लेखना में यह शब्द नहीं है।
9. आत्महत्या में बलात् मृत्यु को बुलाया जाता है।	9. सल्लेखना में आयी हुई मौत का स्वागत होता है।
10. आत्महत्या विवशता में की जाती है।	10. सल्लेखना स्ववशता में ली जाती है।
11. आत्महत्या अनायास होती है क्रमिक नहीं। ऐसा सुनने में नहीं आता कि अमुक व्यक्ति एक महीने से आत्महत्या कर रहा है।	11. सल्लेखना का एक वैज्ञानिक क्रम है जैसे 12 वर्षों की उत्कृष्ट नियम सल्लेखना। साधक बहुत समय से तथा बहुत समय तक सल्लेखना लिये रहता है।

इसके अलावा भी और अधिक महत्त्वपूर्ण तथ्य यहाँ प्रस्तुत किये जा सकते हैं। हम जब कभी भी किसी सिद्धान्त या आचार को देखते हैं तो उसके सत्य या असत्य का निर्णय बाहर से कर लेते हैं, उसकी आत्मा को देखने की कोशिश नहीं करते। तर्क से धर्म को नहीं समझा जा सकता। अध्यात्म तर्कातीत होता है। सल्लेखना को आत्महत्या कहना बहुत ही हल्का और स्थूल कथन है। कोई बिना एक्सीडेण्ट, हॉर्ट अटैक या किसी बीमारी के मरेगा तो लोगों को सिवाय आत्महत्या के कोई दूसरा कारण ही समझ में नहीं आयेगा। आत्महत्या शब्द प्रसिद्ध भी बहुत है इसलिये कई लोगों को "सल्लेखना" की अवधारणा में भी आत्महत्या ही दिखाई देती है। अतः हमें हर दृष्टि को समझने के लिए गहराई में अवश्य जाना चाहिए तभी हम जैन धर्म तथा संस्कृति की इस महत्त्वपूर्ण सच्चाई को समझ पायेंगे।

5

आराधना की जैन अवधारणा एवं सल्लेखना

– सुधीर कुमार राय

आचार्य शिवार्य रचित *भगवती आराधना* और अपराजित सूरि रचित इसकी टीका *विजयोदया* एक ऐसी परम्परा के ग्रन्थ हैं जिनमें श्वेताम्बर और दिगम्बर दोनों ही सम्प्रदायों के कुछ लक्षण विद्यमान हैं। श्वेताम्बर सम्प्रदाय साधुओं के वस्त्र-पात्रादि का समर्थक ही नहीं, अपितु पोषक भी है। किन्तु दिगम्बर सम्प्रदाय में यह स्वीकृत नहीं है। दूसरी ओर श्वेताम्बर सम्प्रदाय में आगम ग्रन्थ मान्य है, किन्तु दिगम्बर सम्प्रदाय में नहीं। *भगवती आराधना* और इसकी टीका से प्रकट होता है कि एक ओर इनके रचयिता वस्त्र-पात्र आदि के घोर विरोधी प्रतीत होते हैं दूसरी ओर आगम ग्रन्थों को मान्यता देते हैं। निश्चित् ही इनका सम्बन्ध उस परम्परा से है जो श्वेताम्बर और दिगम्बर सम्प्रदाय के भेद के पूर्व की है। प्रायः चन्द्रगुप्त मौर्य (ई०पू० चतुर्थ शताब्दी) का काल श्वेताम्बर-दिगम्बर के भेद का काल माना जाता है। इन सम्प्रदायों के विभक्त हो जाने के बाद भी पूर्ववर्ती मिली-जुली परम्परा आगे तक प्रचलित रही और इस परंपरा के अन्तर्गत *भगवती आराधना* एवं इसकी *विजयोदया* टीका की रचना हुई। इस दृष्टि से प्रस्तुत अध्ययन ई०पू० चतुर्थ शताब्दी से पूर्ववर्ती सल्लेखना सम्बन्धी जैन अवधारणा पर प्रकाश डालता है।

आराधना को परिभाषित करते हुए *भगवती आराधना* की दूसरी गाथा में कहा गया है कि सम्यग्दर्शन, सम्यग्ज्ञान, सम्यक्चारित्र और तप के उद्योतन, उद्यवन, निर्वहन, साधन और निस्तरण को आराधना कहते हैं। आराधना के दो भेद हैं – 1. सम्यक्त्वाराधना और 2. चरित्राराधना।

दर्शन की आराधना करने पर ज्ञान की आराधना नियम से होती है, किन्तु ज्ञान की आराधना करने पर दर्शन की आराधना भजनीय है, वह होती भी है और नहीं भी होती, क्योंकि सम्यग्दर्शन के होने पर सम्यग्ज्ञान नियम से होता है परन्तु ज्ञान के होने पर सम्यग्दर्शन के होने का नियम नहीं है।

संयम की आराधना करने पर तप की आराधना नियम से होती है, किन्तु तप की आराधना से चरित्र की आराधना भजनीय है, क्योंकि सम्यग्दृष्टि भी यदि अविरत है तो उसका तप हाथी के स्नान की तरह व्यर्थ है। अतः सम्यकत्व के साथ संयमपूर्वक ही तपश्चरण करना कार्यकारी होता है, इसलिये चरित्र की आराधना में सबकी आराधना होती है अर्थात् सम्यग्दर्शन सम्यग्ज्ञानपूर्वक ही सम्यक्चारित्र होता है। इसलिये सम्यक्चारित्र की आराधना में सबकी आराधना गर्भित है। इसी से आगम में आराधना को चरित्र का फल कहा गया है और आराधना परमागम का सार है क्योंकि बहुत समय तक ज्ञान, दर्शन और चरित्र का निरतिचार पालन करने पर भी यदि मरते समय उनकी विराधना कर दी जाये तो उसका फल अनन्त संसार है। इसके विपरीत अनादि मिथ्यादृष्टि भी चरित्र की आराधना करके क्षणमात्र में मुक्त हो जाते हैं। अतः आराधना ही सारभूत है।

ध्यातव्य है कि दर्शन, ज्ञान, चरित्र एवं तप का उल्लेख अन्य आगम साहित्य में भी हुआ है किन्तु वहाँ उनके लिए "आराधना" शब्दों का प्रयोग नहीं किया गया। *भगवती आराधना* में सर्वप्रथम इस प्रसंग में आराधना का उल्लेख हुआ है। इस ग्रन्थ में मुख्य रूप से मरण समाधि का कथन है। मरते समय की आराधना ही यथार्थ आराधना है, उसी के लिये जीवन भर आराधना की जाती है; उस समय विराधना करने पर जीवन भर की आराधना निष्फल हो जाती है और उस समय की आराधना से जीवन भर की आराधना सफल हो जाती है। अतः जो मरते समय आराधक होता है यथार्थ में उसी के सम्यग्दर्शन, सम्यग्ज्ञान, सम्यक्-चारित्र और तप की साधना को "आराधना" कहा जाता है।

जिनागम में तीर्थंकरों ने मरण के सत्रह प्रकार बताये हैं – 1. अवीचिमरण, 2. तद्भवमरण, 3. अवधिमरण, 4. आद्यन्तमरण, 5. बालमरण, 6. पंडितमरण, 7. आसण्णमरण, 8. बालपंडितमरण, 9. सशल्लमरण, 10. बलायमरण, 11. वसट्टमरण, 12. विप्पाणसमरण, 13. गिद्धपुट्ठमरण, 14. भक्तप्रत्याख्यानमरण, 15. इंगिनीमरण, 16. प्रायोपगमनमरण, और 17. केवलीमरण।

किन्तु *भगवती आराधना* के ग्रन्थकार ने संक्षेप में पाँच प्रकार के मरणों का उल्लेख किया है – पण्डित-पण्डितमरण, पण्डितमरण, बालपण्डितमरण, बालमरण और बाल-बालमरण। क्षीणकषाय और केवली का मरण पण्डित-पण्डितमरण है और विरता-विरत श्रावक का मरण बालपण्डितमरण है। अविरत सम्यग्दृष्टि के तीन भेद हैं – भक्तप्रतिज्ञा, प्रायोपगमन और इंगिनी। यह मरण शास्त्रानुसार आचरण करने वाले साधु का होता है।

व्याख्याप्रज्ञप्ति में मरण के दो भेद हैं – बालमरण एवं पण्डितमरण, जबकि *स्थानांग* में अप्रशस्तमरण और प्रशस्तमरण। बालमरण एवं अप्रशस्तमरण के बारह प्रकार बताये गये हैं –

1. *बलन्मरण* – परिषहों से पीड़ित होने पर संयम त्याग करके मरना।
2. *वशार्तमरण* – इन्द्रिय विषयों के वशीभूत होकर मरना।

3. *निदानमरण* – भावी जीवन में धन, वैभव, भोग आदि की प्राप्ति की इच्छा रखते हुए मरना।
4. *तद्भवमरण* – मरकर उसी भव में पुनः उत्पन्न होना और मरना।
5. *गिरिपतनमरण* – पर्वत से गिरकर मरना।
6. *तरुपतनमरण* – वृक्ष से गिरकर मरना।
7. *जलप्रवेशमरण* – नदी में बहकर या जल में डूबकर मरना।
8. *अग्निप्रवेशमरण* – आग में झुलसकर मरना।
9. *विषभक्षणमरण* – विषपान करके मरना।
10. *शस्त्रावपाटनमरण* – शस्त्र की सहायता से मरना।
11. *वैहायसमरण* – फाँसी की रस्सी में झूलकर मरना।
12. *गिद्धपट्ठ या गृद्धस्पृष्टमरण* – विशालकाय मृत पशु के शरीर में प्रवेश करके मरना।

पण्डितमरण अथवा प्रशस्तमरण के दो भेद हैं –

1. *भक्तप्रत्याख्यानमरण* – आहार-जल का क्रम से त्याग करते हुए समाधि-पूर्वक प्राण त्याग करने को भक्तप्रत्याख्यानमरण कहते हैं।
2. *प्रायोपगमनमरण* – कटे हुए वृक्ष के समान निश्चेष्ट पड़े रहकर प्राण त्यागने को प्रायोपगमनमरण कहते हैं।

भक्तप्रत्याख्यान एवं प्रायोपगमन दोनों ही प्रकार के मरण को उत्तम माना गया है जबकि अप्रशस्तमरण के बारहों प्रकार के मरण को अधम कोटि का माना गया है।

भगवती आराधना में भक्तप्रत्याख्यान के दो भेद किये गये हैं – सविचार एवं अविचार। यदि मरण सहसा उपस्थित हो तो अविचार भक्तप्रत्याख्यान होता है अन्यथा सविचार भक्तप्रत्याख्यान होता है। भक्तप्रत्याख्यान का उत्कृष्ट काल बारह वर्ष कहा गया है। साधक चार वर्ष तक अनेक प्रकार के कायक्लेश करता है। दूध, आदि रसों को त्यागकर चार वर्ष तक शरीर को सुखाता है। आचाम्ल और निर्विकृति के द्वारा दो वर्ष बिताता है। आचाम्ल के द्वारा एक वर्ष बिताता है। मध्यम तप के द्वारा शेष वर्ष के छह माह और उत्कृष्ट तप के द्वारा शेष छह मास बिताता है। इस प्रकार शरीर की सल्लेखना करते हुए वह परिणामों की विशुद्धि की ओर सावधान रहता है। एक क्षण के लिये भी उस ओर से उदासीन नहीं होता।

सल्लेखना के दो भेद हैं – बाह्य और आभ्यन्तर। शरीर को कृश करना बाह्य सल्लेखना है और कषायों को कृश करना आभ्यन्तर सल्लेखना है। बाह्य सल्लेखना के लिए छः प्रकार

के तप करने के लिये कहा गया है – अनशन, अवमौदर्य, रसों का त्याग, वृत्तिपरिसंख्यान, कायक्लेश और विविक्तशया। सल्लेखना के समय निम्न वस्तुओं के त्यागने की बात ग्रन्थकार ने कही है। दूध, दही, घी, तेल, गुड़ और घृत का पूर, पूवे, पत्रशाक, सूप और लवण, आदि सबका अथवा एक-एक का त्याग रस परित्याग है, अर्थात् सल्लेखना काल में दूध आदि सबका या उनमें से यथायोग्य दो-तीन-चार का त्याग रस परित्याग है। शरीर सल्लेखना करने वाले को यह रस परित्याग नामक तप विशेष रूप से सेवन करना चाहिये।

क्षपक सल्लेखना के लिये क्रम से आहार को कम करते हुए शरीर को कृश करता है और एक-एक दिन ग्रहण किये तप से, एक दिन अनशन, एक दिन वृत्तिपरिसंख्यान इस प्रकार सल्लेखना को करता है। विविध प्रकार के रसरहित भोजन, अल्प भोजन, सूखा भोजन, आचम्ल भोजन, आदि से और नाना प्रकार के उग्र नियमों से दोनों प्रकार के संयमों को नष्ट न करता हुआ अपने बल के अनुसार देह को कृश करता है।

इस प्रकार से सल्लेखना करने वाले या तो आचार्य होते हैं या सामान्य साधु होते हैं। यदि आचार्य होते हैं तो वे शुभ मुहूर्त में सब संघ को बुलाकर योग्य शिष्य पर उसका भार सौंपकर सबसे क्षमा याचना करते हैं और नये आचार्य को शिक्षा देते हैं। उसके पश्चात् संघ को शिक्षा देते हैं। इस प्रकार आचार्य संघ को शिक्षा देकर अपनी आराधना के लिये अपना संघ त्यागकर अन्य संघ में जाते हैं। समाधि का इच्छुक आचार्य निर्यापक की खोज में पाँच सौ-सात सौ योजन तक भी जाता है। ऐसा करने में उसे बारह वर्ष तक लग सकते हैं। इस काल में यदि इसका मरण भी होता है तो वह आराधक ही माना जाता है। योग्य निर्यापक को खोजते हुए जब वह संघ में जाता है तब उसकी परीक्षा की जाती है। आचार्य परीक्षा के लिये क्षपक से तीन बार उसके दोषों को स्वीकार कराते हैं। यदि वह तीनों बार एक ही बात कहता है तो उसे सरल हृदय मानते हैं किन्तु यदि वह उलटफेर करता है तो उसे मायावी मानते हैं और उसकी शुद्धि नहीं करते। इस प्रकार श्रुत का पारगामी और प्रायश्चित्त के क्रम का ज्ञाता आचार्य क्षपक की विशुद्धि करता है।

उपर्युक्त विवरण से यह भ्रान्ति हो सकती है कि यदि सल्लेखना ही सच्ची आराधना है, दूसरे शब्दों में मरते समय की आराधना सारभूत है तो मरने से पूर्व जीवन में चरित्र की आराधना क्यों करनी चाहिये? इसका उत्तर है, आराधना के लिये पूर्व में अभ्यास करना उचित है जो उसका पूर्वाभ्यासी होता है उसकी आराधना सुखपूर्वक होती है।

6

जैन धर्म में जन्म और मृत्यु

– सियाशरण पाण्डेय

जन्म एवं मृत्यु की प्रक्रिया मात्र एक जैव-वैज्ञानिक घटना ही नहीं है बल्कि इसका एक व्यापक धार्मिक, सांस्कृतिक एवं सामाजिक सन्दर्भ भी है। जैव-वैज्ञानिक घटना के रूप में जन्म एवं मृत्यु को हर्ष और विषाद का विषय नहीं बनाया जा सकता। यह दुःखद एवं सुखद व्यापक सामाजिक संदर्भों में ही होता है। इसके औचित्य एवं अनौचित्य तथा आधुनिक समाज में इससे सम्बन्धित भ्रूण-हत्या एवं इच्छामरण (युथेनेसिया) जैसे उग्र एवं विवादास्पद प्रश्नों पर व्यापक सामाजिक संदर्भों में ही विचार किया जा सकता है; केवल वैज्ञानिक दृष्टि ऐसी समस्याओं पर सम्यक् रूप से विचार करने के लिये पर्याप्त नहीं है। ऐसी संस्कृतियाँ जो जन्म और मृत्यु के एक ही अन्तराल में जीवन को देखती हैं और ऐसी संस्कृतियाँ जो आवागमन के चक्र के रूप में जीवन को समझाती हैं – दोनों के लिये जन्म और मृत्यु का सामाजिक सन्दर्भ अलग-अलग रूपों में प्रस्तुत होता है। भारतीय संस्कृति में तो जन्म-पूर्व संस्कार एवं मृत्योत्तर संस्कारों के इतने व्यापक रूप एवं संदर्भ देखे जा सकते हैं कि उनके बिना भारतीय परम्परागत समाज एवं जीवनदृष्टि से सम्बन्धित बहुत सी समस्याओं को समझा ही नहीं जा सकता। जन्म और मृत्यु की संस्कृति-सापेक्ष समझ आज के वैज्ञानिक युग में "युथेनेसिया", भ्रूण-हत्या, माँ बनने एवं माँ नहीं बनने के अधिकार की माँग, लिंग पहचानकर भ्रूण-हत्या के प्रयास, इत्यादि समस्याओं पर एक वैश्विक सामाजिक समझ के लिये जन्म और मृत्यु की संस्कृति-सापेक्ष समझ आवश्यक है।

प्रस्तुत आलेख में हम जैव-वैज्ञानिक एवं चिकित्सा विज्ञान की दृष्टि से मृत्यु की घटना से सम्बन्धित कुछ समस्याओं को रेखांकित करते हुए जैन धर्म के अनुसार जन्म और मृत्यु की प्रक्रिया को निरूपित करने का प्रयास करेंगे। वास्तव में विज्ञान मृत्यु की सम्यक् व्याख्या नहीं कर सकता, वह केवल मृत्यु की रिपोर्ट मात्र ही दे सकता है क्योंकि विज्ञान आज तक सनातन चेतन तत्त्व को स्वतन्त्र द्रव्य या स्वतन्त्र शक्ति के रूप में नहीं स्वीकार कर पाया है। विज्ञान पञ्चभौतिक शरीर को ही अन्तिम सत्ता मानकर मृत्यु के विषय में इतना ही कहता

है कि जब हृदयगति रुक जाती है तो मृत्यु समझी जाती है। लेकिन जीव-विज्ञान के अनुसंधानों से यह सिद्ध हुआ है कि यह मृत्यु नहीं – "कार्डिएक ऐरेस्ट्स" है। विज्ञान आज मानसिक विद्युत तरंगों का स्थगित होना ही मृत्यु का लक्षण बताता है अर्थात् जब मस्तिष्क को संवेदनायें प्राप्त नहीं होती हैं तो व्यक्ति की मृत्यु समझी जाती है। लेकिन जीव-विज्ञान के इन अपूर्ण और अतिक्रमित होने वाले निष्कर्षों से अन्ततः केवल मृत्यु की सूचना ही दी जा सकती है उसकी सम्यक् व्याख्या नहीं हो सकती। निकट भविष्य में बिजली के झटके या मालिश से हृदयगति और स्थगित मानसिक विद्युत तरंगों को पुनः चालित किया जा सकता है। लेकिन यहाँ एक प्रश्न हमसे तत्क्षण उत्तर की प्रतीक्षा करता है कि क्या विज्ञान प्राणी को मृत्यु की विभीषिका से बचा लेगा? यहाँ विज्ञान मौन हो जाता है। अन्ततः हमें दार्शनिक सत्य की शरण में जाकर कहना होता है – "जातस्य ही ध्रुवो मृत्युः ध्रुव जन्म मृत्युश्च"[1]। मृत्यु के पश्चात् विज्ञान का पञ्चभौतिक शरीर तो यथावत् होता है लेकिन जीवित अवस्था की वे शक्तियाँ जिनसे शरीर संवेदनशील था, सोचने-विचारने, निर्णय करने की विलक्षण क्षमता थी, अपने-पराये का भान था, प्रेम और घृणा के भाव होते थे, सब कुछ एकाएक लुप्त हो जाता है। जिस तत्त्व की उपस्थिति के कारण यह सब कुछ होता है, उसे विज्ञान जीवित अवस्था में नहीं जान पाया तो मरने के पश्चात् क्या जानेगा? हमें उस अदृश्य तत्त्व की उपस्थिति का ही केवल अनुभव होता है, वह इन्द्रिय ग्राह्य नहीं है जिसे बताया जा सके। *उत्तराध्ययन* में कहा गया है – "नो इन्दियगेज्झा अमुत्त भावा"। विज्ञान तो शरीर में "सेल्फ परपीच्युएटिव टेण्डेन्सी ऑफ प्रोटोप्लाज्मा" को भी सम्यक् रूपेण नहीं जान पाता है, क्योंकि यह एक चेतन क्रिया है। शरीर और औषधि विज्ञान में नोबेल पुरस्कार विजेता सर जेन्ट जोर्जोई ने कहा था "जीवन के रहस्यों की अपनी खोज में विज्ञान को केवल परमाणु और विद्युतकण ही हाथ लगे हैं जिसमें कोई जीवन नहीं है। इस राह में जीवन कहीं-न-कहीं अंगुलियों के बीच से बह गया है।"[2] वस्तुतः परमाणुओं के परस्पर व्यापार से चेतना के आविर्भाव को बताने में हमारी निष्ठा को बहुत बड़ी छलांग लगानी पड़ती है। डी॰एन॰ए॰ के सूत्रों से समस्त मानव प्रवृत्तियों की सम्यक् व्याख्या सम्भव नहीं है। जीवन और मृत्यु की सम्यक् व्याख्या के लिए भौतिक शरीर से स्वतन्त्र चेतन तत्त्व आत्मा को मानना आवश्यक है। स्वतन्त्र चेतन तत्त्व का शरीरस्थ होना ही जीवन का मूल तत्त्व है। इसी से भ्रूण पिण्ड में भी मन, बुद्धि, अहंकारत्व, शरीर के अङ्गों में समरस अन्तर्क्रिया देखी जाती है। स्वतन्त्र चेतन तत्त्व की मान्यता धर्म एवं दर्शन पराविज्ञान के क्षेत्र में आती है, रियल साइंस के क्षेत्र में नहीं।

---

1. *गीता*, 2 / 26.
2. द्रष्टव्य, *आज*, दैनिक वाराणसी, 19 अक्टूबर, पुनर्जन्म विषयक लेख।

विज्ञान मृत्यु को जीवन का सर्वथा अन्त मानकर एवं पुनर्जन्म को नकारकर, भौतिक शरीर को ही अमर बनाने का प्रयास करता है। लेकिन धर्म-दर्शन, जो अध्यात्म-विद्या (चेतना का विज्ञान) है, के अनुसार मृत्यु जीवन का अन्त नहीं मात्र शरीर का परिवर्तन है। वस्तुतः जीवन स्वतंत्र चेतन तत्त्व आत्मा की अहर्निष काल यात्रा है, जिसमें जन्म एवं मृत्यु पुनः-पुनः आने वाले संध्या और प्रभात हैं।[3] इसलिए धर्म-दर्शन इस भौतिक शरीर को अमर बनाने का प्रयास नहीं करता है? बल्कि उस महामरण का सहर्ष स्वागत करता है, जिसके बाद पुनर्जन्म न हो। यह चरम मृत्यु जैन धर्म के अनुसार आवरणों से मुक्त हो जाने पर प्राप्त होती है, यही सभी धर्मों में शाश्वत् शान्ति "मोक्ष" की अवस्था है।

जैन धर्म में मृत्यु के रहस्य के उद्घाटन का एक अनुभवसंगत, बुद्धिसंगत और विज्ञानसंगत प्रयास किया गया है। इसके अनुसार आत्मा और पुद्गल का संयोग ही जीवन का मूल तत्त्व है। इसी से शरीर-मन-प्राण का आविर्भाव होता है। आत्मा और पुद्गल का संयोग क्यों होता है? यह एक अनादि प्रश्न है, लेकिन बौद्धिक दृष्टि से "कर्म" को इसका हेतु माना जाता है। आत्मा और पुद्गल का संयोग हो जाने पर दोनों अपनी शुद्ध स्थिति में नहीं रहते हैं बल्कि एक-दूसरे को प्रभावित करने लगते हैं। पुद्गल से सम्बन्धित होने पर ही जीव में राग उत्पन्न होता है और कर्म व्यापार शुरु होता है। आत्मा की शुद्ध स्थिति में (पुद्गल वियुक्त) कर्म की कोई सम्भावना नहीं है।[4] हम जो भी कर्म करते हैं, वह सभी राग-द्वेषजन्य हैं। राग-द्वेषयुक्त जीव की प्रत्येक मानसिक-कायिक-वाचिक क्रिया के साथ एक पौद्गलिक द्रव्य, जिसे उनकी परम्परागत शब्दावली में कर्म पुद्गल कहा जाता है, जीव की ओर आता है, और जीव को आवृत्त कर लेता है।[5] वस्तुतः यही बन्धन है। स्पष्ट है जब आत्मा और पुद्गल का संयोग ही जीवन का मूल तत्त्व है, तो उनका सम्बन्ध-विच्छेद ही मृत्यु होगा। इस सम्बन्ध-विच्छेद की दो अवस्थायें हैं, प्रथम आत्यन्तिक-विच्छेद, जो मोक्ष है और दूसरा आंशिक विच्छेद जो सांसारिक मृत्यु है। प्रथम में आत्मा का पुनः पुद्गल संयोग नहीं होता है, दूसरे में कर्मावरण शेष होने से पुनः संयोग होकर शरीर बनता है और पुनर्भव होता है। सामान्यतया मृत्यु का मंतव्य इसी दूसरे प्रकार के आंशिक सम्बन्ध-विच्छेद से है। इसे जैन अपनी पारम्परिक शब्दावली में पुराने आयु-कर्म के दलिकों का क्षीण होना कहते हैं। इसलिए जैन धर्म में इस मृत्यु का अर्थ आत्मा का औदारिक शरीर से पृथक् होना है। इसका कारण ओज-आहार की प्रक्रिया का शरीर में रुक जाना है। ओज-आहार का अर्थ है, जीवन को धारण करने वाली पौद्गलिक शक्ति, जिसके द्वारा आत्मा तीन शरीर और छः पर्याप्तियों को ग्रहण करती है। प्राणी जब गर्भस्थ होता है तो प्रथम क्षण में वह जिन पुद्गलों-

---

3. *गीता*, 2/22/ और 6/3।
4. प्रवचनसार – उद्धृत, *भारतीय दर्शन*, डा॰बी॰एन॰ सिंह, पृ॰ 154।
5. *सर्वार्थसिद्धि*, पृ॰ 186।

अणुपिण्डों को ग्रहण करता है वही ओज-आहार कहलाते हैं। यही प्राणी के समूचे जीवन का आधार है। प्राणी के शरीर का निर्माण – श्वासोच्छ्वास – आंख, कान, आदि इन्द्रियों का निर्माण, वाक् सामर्थ्य का निर्माण यह सब बाद की क्रमशः निष्पत्तियाँ होती हैं। जैन धर्म में इन्हें छः पर्याप्तिगों के नाम से जाना जाता है। ये हैं – आहार-पर्याप्ति, शरीर-पर्याप्ति, श्वासोच्छ्वास-पर्याप्ति, भाषा-पर्याप्ति और मनःपर्याप्ति। जन्म के प्रारम्भ में जीव के द्वारा जो पौद्गलिक शक्ति का निर्माण होता है वह "पर्याप्ति" है – भवारम्भे पौद्गलिक सामर्थ्य निर्माणं पर्याप्तिः।[6] संस्कारात्मक राग-द्वेषयुक्त जीव का पुद्गल सम्बन्ध से सर्वप्रथम आहार-पर्याप्ति का निर्माण होता है, तत्पश्चात् अन्य पर्याप्तियों का निर्माण अंतर्मुहूर्त समय में क्रमशः होता है। आहार-पर्याप्ति के माध्यम से प्राणी आहार के योग्य पुद्गलों को ग्रहण करता है, और आहार के रूप में उनका परिणमन करता है। उसके पश्चात् क्रमशः शरीर-इन्द्रिय-श्वासोच्छ्वास-भाषा, मन के योग्य पुद्गलों का ग्रहण होता है। इस प्रकार से क्रमशः परिणमन और उत्सर्ग के द्वारा आहार-पर्याप्ति आदि छः पर्याप्तियों का निर्माण होता है।

इस प्रकार किसी भी प्राणी के सम्पूर्ण जीवन की रचना और क्रियायें इन्हीं पर्याप्तियों के आधार पर होती हैं। लेकिन यहाँ ध्यानाकर्षक बात यह है कि ये पर्याप्तियाँ मात्र पौद्गलिक शक्तियाँ हैं, इनमें संवेदनशीलता का सर्वथा अभाव होता है। अतः इनके संचालन और क्रियाशीलता का आधार कोई दूसरा तत्त्व है, जिसे धर्म में "प्राण तत्त्व" कहा गया है। प्राण का अर्थ है – जीवन – शक्ति जो चैतसिक होने से संवेदनशील होता है। प्राण अपनी अभिव्यक्ति पाने के लिए पर्याप्तियों की अपेक्षा रखता है और प्राण की ऐसी प्राकृतिक प्रवृत्ति ही जीव और पुद्गल के तादात्म्य का मूल कारक है।

प्राण और पर्याप्ति में मूल अन्तर यह है कि प्राण आत्मिक शक्ति है जबकि पर्याप्ति जीव के द्वारा ग्रहण की गयी पौद्गलिक शक्ति है। आत्मा की सभी कायिक, मानसिक प्रवृत्तियाँ बाह्य एवं शरीर सापेक्ष हैं, जो पुद्गल-द्रव्य के ग्रहण से निर्मित होता है। इन प्रवृत्तियों का सम्पादन करने वाली शक्ति का नाम "प्राण तत्त्व" है। जिन पौद्गलिक शक्तियों के माध्यम से ये क्रियायें सम्पादित होती हैं वही पर्याप्तियाँ हैं। पर्याप्ति और प्राण में कार्य-कारण का सम्बन्ध है। पर्याप्ति कारण है, और प्राण उसका कार्य। क्योंकि आत्मा का पुद्गल से संयोग होने पर ही पर्याप्ति का निर्माण होता है और आत्मा "प्राण तत्त्व" के रूप में पर्याप्तियों में अपनी अभिव्यक्ति पाती है। इसलिए प्राण का असाधारण कारण पर्याप्तियाँ ही है। पाँच इन्द्रियों का कारण इन्द्रिय-पर्याप्ति है। मनोबल, कायबल एवं वचनबल के कारण क्रमशः मनः-पर्याप्ति, शरीर-पर्याप्ति और भाषा-पर्याप्ति है। श्वासोच्छ्वास पर्याप्ति का कारण होता है – पान-अपान-व्यान-उदान, एवं आयुष्य प्राण का कारण है आहार पर्याप्ति। आहार पर्याप्ति के आधार पर ही

---

6. *सर्वार्थसिद्धि*, पृ॰ 197।

आयुष्य प्राण टिकता है, और इसकी समाप्ति ही मृत्यु है। शार्ङ्गधर का भी मत है – शरीर और प्राण का संयोग आयुष्य है, और इनका वियोग मृत्यु है।[7]

इस प्रकार जैन मान्यता के अनुसार आहार-पर्याप्ति के निर्माण समय में ग्रहण किया गया ओज-आहार और आयुष्य-प्राण ही प्राणी को शरीर विशेष में जीवित रखते हैं। इसका क्षीण हो जाना ही मृत्यु है। जब तक यह समाप्त नहीं होता, प्राणी का शरीर विगलित क्यों न हो जाये, शरीर के यंत्र – फेफड़े, हृदय-मस्तिष्क, क्यों न अपना काम बन्द कर दें, इन्द्रियाँ क्यों न शिथिल हो जाएं, श्वासोच्छ्वास भी स्थगित हो जाए, फिर भी प्राणी जीवित रहता है। दूसरी ओर शरीर-इन्द्रियाँ सब कुछ स्वस्थ क्यों न रहें, लेकिन यदि एक शरीर में ओज-आहार की शक्ति क्षीण हो जाना है। ऐसी ही मृत्यु यथार्थ मृत्यु होती है जो आजकल प्रायः होती ही नहीं। मृत्यु की सभी घटनाओं का कारण कोई-न-कोई व्याधि या बाह्य असंतुलन होते हैं। इस प्रकार हम कह सकते हैं कि श्वास या हृदयगति अथवा स्थगित मानसिकीय विद्युत तरंगों को विज्ञान पुनः संचालित करने में सफल क्यों न हो जाए, वह प्राणी को मृत्यु के पंजे से नहीं बचा सकता है।

मृत्यु का सम्यक् स्पष्टीकरण जैन धर्म में वर्णित शरीर विभाग के वर्णन से भी हो जाता है।[8] सामान्यतः प्राणी के तीन शरीर होते हैं – औदारिक, तेजस् और कार्मण।[9] स्थूल पुद्गलों से निर्मित शरीर, जिसका छेदन-भेदन सम्भव है, वह है औदारिक शरीर। जो शरीर तेजोमय होने से खाये हुए आहार के परिपाक का हेतु और दीप्ति का निमित्त होता है वह है तेजस् शरीर। जो शरीर कर्मजन्य है वही कार्मण शरीर कहलाता है। इसे कर्म-पिण्ड या कर्म-समूह भी कहते हैं।[10] व्यावहारिक जीवन में कर्म रूप, काम, क्रोध, राग, द्वेष, इच्छा, वासना, सभी संस्कार रूप में आत्मलिप्त रहते हैं, इससे ही कार्मण शरीर का निर्माण होता है। कार्मण और तेजस् शरीर सूक्ष्म होते हैं इसलिये मृत्यु के पश्चात् भी वे आत्मा के साथ रहते हैं। अतः जैन मान्यता के अनुसार मृत्यु का वास्तविक अर्थ – "आत्मा का अपने औदारिक शरीर से विलग होना है।"

मृत्यु के पश्चात् आत्मा अपने कार्मण और तेजस् शरीर से युक्त रहते हुए, ऋजु या विग्रह गति से अपने गन्तव्य स्थान पर पहुँच जाती है, जहाँ उसे पुनः जन्म लेना है। इस प्रकार प्राणी की मृत्युकर्म-संस्कार के अनुरूप ऋजु या विग्रह गति, स्त्री-पुरुष के रति-क्रिया से संसेचित भ्रूण में प्रवेश, गर्भ-काल और शिशु का जन्म यह नये शरीर के ग्रहण एवं विकास का क्रम है। यही आध्यात्मिक जीवन का रहस्य है।

---

7. *शार्ङ्गधर संहिता*, 5/45/।
8. जैन धर्म में प्राणी के पांच शरीर बताये गये हैं – देखें, *सर्वार्थसिद्धि*, 2/26।
9. *तत्त्वार्थ सूत्र*, पं॰ सुखलालजी, पृ॰ 79।
10. वही, पृ॰ 71।

पुनर्जन्म के नये स्थान – योनि का निर्धारण "कर्म" के आधार पर होता है। आधार का यहाँ मतलब पूर्वकृत कर्म (प्रारब्ध कर्म) से है – जो गुणात्मक दृष्टि से विविध प्रकार का है।[11] सुश्रुत का भी मत है – कर्मणा चेदितोयेन, तदाप्नोति पुनर्भव।[12] मृत्यु के पश्चात् प्राणी को भावी गन्तव्य स्थान तक पहुँचने में कम-से-कम एक समय और अधिक-से-अधिक चार समय लगता है। ऋजु गति से जाने में एक समय और विग्रह गति से जाने में एक मोड़, दो मोड़, तीन मोड़ होने पर क्रमशः दो समय, तीन समय और चार समय लगता है। पुनर्भव का स्थान कितना भी दूर क्यों न हो, प्राणी के पहुँचने में अधिक-से-अधिक चार समय लगता है। यह समय एक क्षण के शतांश से भी कम है। इसे जैन धर्म में "अन्तराल गति" कहा जाता है। इस अन्तराल गति के समय आत्मा के साथ औदारिक शरीर का अभाव होता है, लेकिन आत्मा सूक्ष्म शरीर अर्थात् तेजस्, आहारक और कार्मण शरीर से युक्त होती है। गन्तव्य स्थान पर पहुँचकर आत्मा सर्वप्रथम ओज-आहार का ग्रहण करती है जो उसके नये शरीर के निर्माण का आधार होता है। इस प्रकार आत्मा पुनः औदारिक शरीर या वैक्रय शरीर से युक्त होकर संसार के क्रियाकलापों में भाग लेती है। केवल मुच्यमान जीव तीनों शरीरों को छोड़कर ऋजुगति सिद्धिशिला तक पहुँच जाते हैं। बन्धन के कारण का अभाव होने से उनकी जन्म-मरण की प्रक्रिया समाप्त हो जाती है। संक्षेप में जैन धर्म के अनुसार यही जन्म-मरण की प्रक्रिया है।

---

11. *तत्त्वार्थसूत्र*, पृ॰ 65.
12. *सुश्रुत संहिता* 2 / 55 / ।

7

सिख धर्म में मृत्यु का स्वरूप

– रेणु द्विवेदी

"मृत्यु" जीवन का शाश्वत् सत्य है। जब तक जीवन है तब तक मृत्यु की भी सत्ता है। समस्त संसार जन्म एवं मृत्यु के चक्र में आबद्ध है। जिसका जन्म हुआ है उसकी मृत्यु अवश्यम्भावी है। इस शाश्वत् सत्य को स्वीकार करते हुए भी भारतीय परम्परा मृत्यु से अमरता की ओर चलने का संदेश देती है। भारतीय परम्परा अध्यात्मवादी है। असंतोष, पीड़ा, नश्वरता, सदा से ही भारतीय मनीषा को कचोटती रही है जिसके समाधान हेतु अध्येता मूल कारण के अन्वेषण में क्रियाशील रहे हैं। मैत्रेयी की जिज्ञासा – "किंऽहं तेन कुर्याम येनाऽमृतम् स्यात्" भारतीय चिन्तन यात्रा में मील का पत्थर है। भारतीय चिन्तक लघुता से पूर्णता की ओर जाने के लिए सतत् प्रयत्नशील रहा है, सीमा बन्धन है उन्मुक्तता मुक्ति है। "मुक्ति" की कामना समस्त भारतीय दार्शनिकों द्वारा समान रूप से स्वीकार की गयी है। मुक्ति के स्वरूप के विषय में दर्शनों में किञ्चित् भेद हो सकता है परन्तु समस्त धर्म-दर्शन "मुक्ति" को अपने जीवन का चरम लक्ष्य स्वीकार करते हैं। "मुक्ति" किससे हो? उत्तर स्पष्ट है सांसारिक दुःखों से। सांसारिक दुःख अनेक प्रकार के हैं जिसमें सर्वप्रमुख दुःख है जन्म-मरण का दुःख। इसी जन्म-मरण के चक्र से मुक्त होना भारतीय चिन्तकों का सर्वप्रमुख लक्ष्य रहा है। भारतीय चिन्तकों की अध्यात्मवादी दृष्टि केवल जगत् के क्रियाकलाप पर ही केन्द्रित न थी। संसार अतिशय दुःखमय है अतः दुःख के आत्यन्तिक निवारण का मौलिक उपाय खोज निकालना जीवन का चरम आदर्श है। यही कारण है कि *बृहदारण्यक उपनिषद्* (1.3.28) में प्रार्थना की गयी है – "असतो मा सद् गमय। तमसो मा ज्योतिर्गमय। मृत्योर्माऽमृतं गमय।"

असत् से सत् की ओर, अन्धकार से प्रकाश की ओर और मृत्यु से अमरता की ओर जाना ही मानव जीवन का उद्देश्य होना चाहिए। परन्तु मृत्यु तो शाश्वत् सत्य है। फिर मृत्यु से अमरता की ओर कैसे जाया जा सकता है? भारतीय चिन्तकों ने इस विषय पर सूक्ष्मता के साथ विचार किया है और जीव के वर्तमान जन्म के साथ-साथ पूर्वजन्मों एवं आगामी जन्मों के विषय में भी व्यापक विमर्श किया है तथा अमरता के मार्ग को ढूँढ निकाला है।

सिख धर्म भारतीय धर्म दर्शनों के विशाल उद्यान का एक सुवासित पुष्प है। यह धर्म प्रवृत्तिमूलक धर्म है। यहाँ जीवन एवं मृत्यु के विषय में गम्भीरतापूर्वक विचार किया गया है। सिख धर्म का पवित्र धार्मिक ग्रन्थ है *आदिग्रन्थ*। इसे हम सन्तमत का अद्भुत एवं प्रामाणिक संकलन कह सकते हैं। *आदिग्रन्थ* में सिख धर्म के दस गुरुओं के अतिरिक्त नामदेव, ज्ञानदेव, एकनाथ, तुकाराम, कबीर, दादू, धन्ना, मीराबाई, रैदास, शेखफरीद, आदि तत्कालीन लगभग सभी संतों की वाणी समान आदर के साथ संग्रहित है। इससे इस धर्म का व्यापक समन्वयात्मक रूप उजागर होता है।

सिख धर्म के आदि प्रवर्तक गुरु नानकदेव जी की रचनाओं में जन्म एवं मृत्यु के विषय में सहज जिज्ञासा प्राप्त होती है कि "जन्म-मरणशील जीव कहाँ से आता है? किस प्रकार उत्पन्न होता है? और किसमें जाकर समा जाता है?"[1] इसका समाधान भी वहीं अगले पद में प्राप्त हो जाता है कि – "जीव सहज ही जाता है। मन के संकल्प विकल्प से उत्पन्न होता है और आत्मज्ञान होने पर मन में ही समा आता है।"[2] मन के संकल्प-विकल्प से यहाँ तात्पर्य कर्म तथा कर्मगत संस्कारों से है।

भारतीय परम्परा में जीवन एवं मृत्यु का सीधा संबंध "कर्म" से जोड़ा जाता है। इसी परम्परा का अनुसरण करते हुए सिख गुरुओं ने भी जीव में जन्म एवं मृत्यु को उसके कर्मों का ही परिणाम माना है। सिख धर्म में मानवकृत कर्मों को "किरत-कर्म" कहा गया है। "किरत" संस्कृत भाषा के "कृत" शब्द का ही तद्भव रूप है जिसका अर्थ है किया हुआ। "किरत" शब्द के माध्यम से सिख गुरुओं ने गत-जन्मों में किए गये कर्मों के परम्परागत भावों को ही अभिव्यक्त किया हैं। जीव अपने "किरत-कर्म" के अनुसार ही जन्म ग्रहण करता है और मृत्यु को प्राप्त होता है।

"जातस्य हि ध्रुवं मृत्यु" *भगवद्गीता* के इस उद्घोष की ही भांति सिख धर्म में भी समस्त जीवधारी को मृत्यु के नियम के अधीन माना गया है। जो जन्म धारण करता है उसकी मृत्यु निश्चित् है –

जो उपजै सो कालि संधारिआ

– *गउडी*, अष्टपदी 14

प्रत्येक प्राणी इसे विधाता से लिखाकर आया है –

मरण लिखाइ मंडल महि आये

– *धनासरी* अष्टपदी 1/6

---

1. जातो जाइ कहा ते आवे, कह उपजे कह जाए समावै,
किउ बाँधिओ किउ मुकुति पावै, किउ अविनासी सहज समावै। – *गउडी* पदे 6/1

2. सहजै आवे सहजै जाइ, मन ते उपजे मन माँहि समाई।
गुरुमुखि मुकतो बंधु न पाई, सबदु वीचारी छुटै हरिनाई। – वही, 6/2

सभी जीवों को एक दिन इस संसार से बिछुड़ना ही है –

सभना मरणा बिछोड़ा सभनाह – *सोरठ* पदे 1/1

मृत्यु निश्चित् है परन्तु इसके विषय में कोई नहीं जानता कि कब, कहाँ और कैसे मृत्यु आ जाएगी। यह मृत्यु किसी से पूछकर नहीं आती और न ही यह राजा अथवा रंक में कोई भेद रखती है –

मराणी न मूरतु पुछिया, पूछी थिति न वार,
इकनी लदिया इकि लदि, चले इकती वधेभार।

– *सारंग,* श्लोक 26

परन्तु परमात्मा की कृपा जिस पर हो जाती है वह "मृत्यु" को भी जीत लेता है। मृत्यु उसका कुछ भी बिगाड़ नहीं पाती।

जिनु कउ आपि लए प्रभु मेलि, तिनु कउ कालुनसाके वेलि।

– *आसा,* पदे 15/2

इसीलिए सिख धर्म में ईश्वर भक्ति तथा नाम स्मरण का विशेष महत्त्व है। ईश्वर भक्ति द्वारा व्यक्ति ईश्वर की कृपा प्राप्त कर सकता है जिससे वह मृत्यु पर विजय प्राप्त कर लेता है। "मृत्यु" पर विजय प्राप्त करने का तात्पर्य यह नहीं है कि व्यक्ति की मृत्यु नहीं होगी क्योंकि मृत्यु तो निश्चित् है, अपितु इसका तात्पर्य मात्र इतना है कि मृत्यु के पश्चात् वह ईश्वर में समा जाता है और जन्म-मरण के चक्र से छूट जाता है फिर उसे पुनः जन्म धारण नहीं करना पड़ता और न ही वह मृत्यु का ग्रास बनता है। यही वास्तविक मुक्ति की अवस्था है। सिख धर्म में मृत्यु के पश्चात् के जीवन के विषय में दो ही सम्भावनाएं हैं या तो जीव कर्मोपभोग के लिए पुनः जन्म-ग्रहण करेगा या मुक्त हो ईश्वर का सानिध्य प्राप्त करेगा। बीच में पितरलोक अथवा स्वर्ग-नरक की कोई स्थिति सिख धर्म में स्वीकार नहीं की गयी है। मृत्यु के पश्चात् मुक्त जीव के विषय में दो सिद्धान्त पाए जाते हैं – 1. लय सिद्धान्त 2. संरक्षण का सिद्धान्त[3]। दोनों ही स्थितियों में मृत्यु के पश्चात् जीव ईश्वर में समा जाता है और उसे परमानन्द की प्राप्ति हो जाती है।

"मृत्यु" के विषय में चर्चा करते हुए एक प्रमुख समस्या उपस्थित होती है कि "मृत्यु" किसकी होती है, मरता कौन है? भारतीय परम्परा में जीव को अविनाशी माना गया है। वह न मरता है न मारा जाता है।[4] इसी परम्परा का अनुसरण करते हुए सिख धर्म में भी कहा गया है कि –

---

3. *The Sikh Review*, 1983, Chapter 18.
4. नायं हन्ति न हन्यते – *गीता* 2/19.

ना जीउ मरै न मारीआ जाई, करि देखे सबदि रजाई हो।

— *मारु* सोलहे 6

यदि जीव अमर है तो मरता कौन है? शरीर, जो कि पाँच भौतिक तत्त्वों का बना हुआ है वह तो जड़ है। चेतना उसमें जीव अथवा आत्मतत्त्व के कारण ही है तथा मृत्यु का सम्बन्ध तो चेतन तत्त्व से ही है। इस विषय पर स्पष्टीकरण करते हुए सिख धर्म में कहा गया है कि "माया" के कारण तथा कर्मोपभोग के लिए "जीव" शरीर धारण करता है तथा कर्मोपभोग हो जाने पर एवं माया का बंधन हट जाने पर शरीर का त्याग कर देता है। जीव द्वारा शरीर धारण करना जन्म है तथा शरीर का त्याग ही मृत्यु है। "माया" ग्रस्त होने पर तथा कर्मोपभोग के लिए जीव बार-बार जन्म ग्रहण करता है और मृत्यु को प्राप्त होता है। वर्तमान जन्म से पूर्व जीव को कितने जन्मों से जुड़ना पड़ा है यह कोई नहीं बता सकता –

जुड़ि जुड़ि बिछुड़ि जुड़े
जीवि जीवि मुए मुए जीवे।

केतिआ के बाप केतिया के बेटे केते गुरु चेले हुए,
आगै पाछै गणत न आवै किआ जाती किया हुणि हुए।

— *सारंग* श्लोक 4

कर्मों के अनुसार जीव अनेक योनियों में भटकते रहते हैं। कभी उन्हें सूखे वृक्ष की योनि धारण करनी पड़ती है, कभी पक्षियों की योनि में जाना पड़ता है।[5] सभी योनियों में जन्म एवं मृत्यु का चक्र चलता रहता है। परन्तु मनुष्य योनि प्राप्त होने पर जन्म-मृत्यु के चक्र से छुटकारा पाया जा सकता है। इसीलिए सिख गुरुओं ने इस शरीर को हरि का मन्दिर कहा है। इस शरीर में ही परम ज्योति स्थापित है –

काइआ महलु मंदरु घरू हरि का, तिसुमहि राखि ज्योति अपार

— *महारपदे* 5/4

यह शरीर परमात्मा का महल या मन्दिर है। सत्यस्वरूप परमात्मा ने शरीर रूपी गढ़ और फिर उस गढ़ के भीतर भवन की रचना की है और स्वयं ही उस भवन का स्वामी है। उस भवन में अपने बैठने के लिए परमात्मा ने दशम द्वार रूपी सच्चे तख्त की रचना की है।[6] *भगवद्गीता* में शरीर को नौ द्वारों वाला बताया गया है (5/13)। गुरु नानकदेव ने एक दशम द्वार की भी परिकल्पना की है। उनके अनुसार काया ही वास्तविक नगर है और गगनंदपुरी (दशम द्वार) में सच्चे हरि का निवास है।

---

5. केते रुख विरख हम चीने, केते पसू उपाए।
   केते नाग कुली महि आए, केते पंख उड़ाए।।
6. *मारु* सोलहे 18/12 (*नानकवाणी*, गउड़ी चेतह, सबद 17)।

वह स्थान स्थिर है और सदा निर्मल रहता है। शरीर रूपी गढ़ के अन्दर ज्ञान और कर्मेन्द्रियों का बाजार सजा हुआ है। दशम द्वार रूपी गुफा ही उसका निवास स्थान है।[7] उसे बाहर ढूँढ़ना व्यर्थ है। वह अमृत पदार्थ तो भीतर ही बसता है –

बाहरि ढूँढ़त बहुत दुःख पावहिं
हरि अमृतु घट माहि जीउ – *सोरठ*, पदे 9

उपनिषदों में भी शरीर को देवालय अथवा हरि का मंदिर कहा गया है।[8] यह मानव शरीर अत्यन्त दुर्लभ है, क्योंकि परमात्मा की उपासना, साधना का यह सर्वप्रमुख साधन है। यद्यपि यह शरीर नश्वर है, तथापि सिख गुरुओं ने कहीं भी शरीर को हेय नहीं माना है – उनका कहना है कि माणिक्य तथा हीरे जैसे मानव जन्म को व्यर्थ नष्ट नहीं करना चाहिए –

माणसु जनमु दुर्लभ गुरुमुखि पाइया,
हीरे जैसा जनमु है कउड़ी बदले जाइ

– *सूही अष्टपदी* 3/1

गुरु अमरदास ने भी मानव जन्म को पूर्वजन्मों के शुभ कर्मों का परिणाम मानते हुए इसे हरिभक्ति का सर्वोत्तम साधन कहा है।

इस दुर्लभ मानव जीवन की सार्थकता तभी है जब वह ईश्वर से अपनी लौ लगा ले और उसकी भक्ति में अपना सर्वस्व न्यौछावर कर दे। क्योंकि इस शरीर की महत्ता तभी तक है जब तक जीव का इससे सम्बंध है। जीव का शरीर से शाश्वत् संबंध नहीं है। जीव एवं शरीर के संबंध को रूपक के माध्यम से स्पष्ट करते हुए *आदिग्रंथ* में कहा गया है कि "जीवात्मा योगी पुरुष के समान है जो अहर्निश शरीर रूपी स्त्री के साथ आनन्दपूर्वक भोग करता रहता है और जब भोग पूर्ण हो जाता है तो चला जाता है।"[9] यही मृत्यु की अवस्था है।

मृत्यु की अवस्था का वर्णन करते हुए *आदिग्रंथ* में कहा गया है कि –

मृत्यु अवस्था में शरीर बड़ा भयावह हो जाता है। उसकी जीवन सत्ता रूपी प्रज्वलित अग्नि बुझ जाती है और बुझते समय धुआं तक नहीं निकलता।[10]

मृत्यु की भयावहता एवं मृत्यु के शोक से उबरने का एकमात्र उपाय सिख धर्म के अनुसार ईश्वर में एकनिष्ठ भक्ति है। यदि परमात्मा स्वयं प्राणी को अपने में मिला ले तो उसे काल से मुक्ति मिल सकती है –

---

7. *मारु* सोलहे 18212।
8. देवो देवालयः प्रोक्तः सजीवः केवलः शिवः।
9. काइआ हंस प्रीति बहुधारी ओहजोगी पुरुखु ओह सुंदर नारी, अहनिस भोगे चोज विनोदी। उठि उलतै मता न कीना है। – *मारु* सोलहे 8/6
10. *सिरी* पदे 14/1।

"जिउ कउ आपि लए प्रभु मेलि तिनु कउ कालु न साकै वेलि" – आसापदे 15/2

परमात्मा के अनुग्रह द्वारा जीव आवागमन के बंधन से छूट जाता है और उसे इस जन्म में प्रभु का अनुग्रह तथा मृत्यु के पश्चात् उसका सानिध्य प्राप्त हो जाता है।

सिख धर्म में मृत्यु के पश्चात् पितरलोक की कोई व्यवस्था स्वीकृत नहीं है और न ही वहाँ स्वर्ग का प्रलोभन है और न ही नर्क की भयावहता। वहाँ तो केवल हीरे जैसा जीवन है जिसे सफल बनाकर "मृत्यु" को जीता जा सकता है।

8

मृत्यु की अवधारणा
इस्लाम की दृष्टि में*

– मुक़तदा हसन अज़हरी

मुस्लिम दार्शनिकों ने मृत्यु पर धर्म एवं दर्शन, दोनों पहलुओं से प्रकाश डाला है तथा धार्मिक विद्वानों ने पवित्र *कुरआन* एवं *हदीस* के प्रकाश में इसकी विवेचना की है। इन विद्वानों ने इस तथ्य पर बहुत बल दिया है कि जब मृत्यु अपरिहार्य सत्य है और उसके बाद एक नये जीवन का आगमन है तब तो मनुष्य मात्र को उसकी तैयारी में पुण्य कार्य करना अति आवश्यक है जिससे उसकी आने वाली नयी जिन्दगी सुख-शान्तिमय हो।

जैसाकि पहले कहा गया है कि यह विषय बड़ा व्यापक है इसलिए संक्षेप की दृष्टि से मैंने निम्नलिखित तथ्यों पर ही प्रकाश डाला है –

मृत्यु की परिभाषा, "मृत्यु" शब्द का वर्णन पवित्र *कुरआन* में, मृत्यु से सम्बन्धित विभिन्न दृष्टिकोण, शाह वलीउल्लाह (एक महान् धार्मिक विद्वान्) का मत, मृत्यु के बाद आत्मा की अवस्था, कब्र की अवस्था, पवित्र *कुरआन* में मृत्यु का वर्णन, मृत्यु के स्मरण का लाभ, सकरात (मरणासन्न) की अवस्था, मृत्यु-सम्बन्धी विभिन्न विद्वानों का मत, अन्ततः मृत्यु एक कवि की दृष्टि में। आशा है कि इस लेख द्वारा मृत्यु-सम्बन्धी इस्लाम का दृष्टिकोण कुछ अवश्य स्पष्ट होगा।

मृत्यु की परिभाषा

मौत अरबी भाषा का शब्द है। शब्दकोष में इसे "हयात" अर्थात् जीवन का विलोम बताया गया है। पारिभाषिक अर्थ यह है कि आत्मा शरीर से पृथक् हो जाए। इमाम गज़ाली ने इसकी विवेचना करते हुए लिखा है कि शरीर आत्मा के अनुगमन से स्वतन्त्र हो जाता है। इसलिए अब शरीर से उसके उपभोग का क्रम समाप्त हो जाता है। (*अल मौसुअतुल फिकहीया,* 39 / 248)

---

* अनुवादक अहमद हुसेन

"मृत्यु" (मौत) शब्द का वर्णन कुरआन में

इस्लाम के निर्देश जीवन एवं मृत्यु दोनों से सम्बन्धित हैं। इस्लाम ने जीवन को दो भागों में विभाजित किया है और दोनों के मध्य मृत्यु की अवस्था है। दूसरा जीवन मृत्योपरान्त प्रारम्भ होता है। अतः दोनों जीवन की अवस्था एवं उससे सम्बन्धित निर्देश वर्णन के साथ-साथ मौत का विस्तृत वर्णन भी आवश्यक है। इसीलिए पवित्र *कुरआन* ने इस पर व्यापक प्रकाश डाला है। इस तथ्य पर *कुरआन* के विशेष ध्यान का अनुमान इस बात से होता है कि 'मौत' शब्द का वर्णन पवित्र *कुरआन* में विभिन्न प्रसंगों में लगभग पचास बार हुआ है, तथा लगभग एक सौ पैंतीस (135) भावों में इस शब्द का अर्थ व्यक्त किया गया है। इस प्रकार हम देख सकते हैं कि *कुरआन* इस तथ्य को मनुष्य के मस्तिष्क में सदैव जाग्रत् रखना चाहता है जिससे कि उसका परलोक जीवन शान्तिमय एवं मंगलमय रहे।

विषय की कठिनता

मनुष्य के ज्ञानार्जन स्रोत सीमित हैं। अभी तक बहुत से ज्ञान-विज्ञान-सम्बन्धी तथ्य उसकी बुद्धि से बाहर हैं। परन्तु यह उसकी त्रुटि नहीं है अपितु उसके महत्त्व की व्याख्या एवं अन्वेषण के उद्देश्य का महत्त्व उजागर करने का एक अच्छा उदाहरण है।

मौत भी एक ऐसी ही सच्चाई है जिसकी पूर्ण वास्तविकता और उसका रहस्योद्घाटन मनुष्य क्षमता से अभी परे है। इसका कारण यह है कि मृत्यु की वास्तविकता जानने के लिए जीवन का रहस्य जानना आवश्यक है। यह रहस्य, आत्मा का रहस्य समझे बिना समझ पाना असम्भव है।

आत्मा के सम्बन्ध में नवी स० को मात्र इतना कहने का निर्देश है कि आत्मा ईश्वर का एक अम्र (निर्देश) है। प्रसिद्ध विद्वान् इमाम गज़ाली ने इससे यह अर्थ लिया है कि आत्मा की वास्तविकता प्राप्त कर लेने के बाद भी किसी धार्मिक विद्वान् को यह अधिकार नहीं है कि वह उसका रहस्योद्घाटन करे। हां, मृत्योपरान्त आत्मा की अवस्था पर विचार व्यक्त कर सकता है।

मृत्यु-सम्बन्धी विभिन्न कथन

मृत्यु की वास्तविकता को समझने की कठिनाई का अनुमान विभिन्न लोगों के कथनों से होता है। कल्पना एवं अनुमान का सहारा लेकर विभिन्न विद्वानों ने इस समस्या का समाधान करने का प्रयत्न किया है। परन्तु वास्तविकता प्राप्त करने में सफल नहीं हो सके हैं। कुछ कल्पनाएं एवं अनुमान निम्नलिखित हैं –

1. मृत्यु की वास्तविकता अप्रत्यक्ष है अर्थात् मृत्योपरान्त नव जीवन, कोई परीक्षा तथा प्रतिफल नहीं, जिस प्रकार जानवर एवं वनस्पतियां नष्ट हो जाती हैं उसी प्रकार मनुष्य का भी अन्त हो जाता है।

2. मनुष्य मृत्यु के बाद विलीन हो जाता है। उसे कब्र में किसी भी प्रकार के सुख-दुःख का अनुभव नहीं होता है। हां, जब पुनः उसे जीवन प्राप्त होगा तब पूर्व कर्म का प्रतिफल भोगेगा।

3. आत्मा नष्ट नहीं होती है अर्थात् मृत्यु से उसका अन्त नहीं होता है। दंड और अच्छा प्रतिफल का सम्बन्ध इसी आत्मा से ही होता है, शरीर से नहीं। शरीर का कोई महत्त्व न होगा।

यथार्थ कथन

उपरोक्त तीनों कथनों को इमाम गज़ाली ने यथार्थ से परे समझा है तथा *कुरआन* व *हदीस* की रोशनी में सत्पथ प्रदर्शन करते हुए लिखा है कि "मृत्यु" एक अवस्था परिवर्तन मात्र है। शरीर से पृथक्ता के बाद भी आत्मा जीवित रहती है। उसे सुख-दुःख का सामना करना पड़ता है। शरीर और आत्मा के आपसी सम्बन्ध को स्पष्ट करते हुए इमाम गज़ाली ने लिखा है कि मानव शरीरांग आत्मा के यंत्र एवं माध्यम हैं उनका उपयोग आत्मा करती है। मृत्यु के बाद उसका सम्बन्ध शरीर से टूट जाता है परन्तु अब इस अवस्था में आत्मा को बिना किसी माध्यम के ज्ञान प्राप्त होता है। वह सुख-दुःख का अनुभव करता है। इस विवेचना से यह ज्ञात होता है कि आत्मा को अंग द्वारा जो कुछ अनुभूति होती है वह मृत्यु के बाद समाप्त हो जाती है तथा जो कुछ बग़ैर माध्यम के प्राप्त होता है उसका क्रम मृत्योपरान्त भी जारी रहता है। (*अहयाउल उलूम,* 4/612)

शाह वलीउल्लाह का कथन

आप हिन्दुस्तान के एक बहुत बड़े विद्वान् थे। धर्मशास्त्र का रहस्य, विषय पर उनकी पुस्तक *हुज्जतुल्लाहिलवालेगह* बहुत प्रसिद्ध है। इस पुस्तक में शाह साहब ने मृत्यु की वास्तविकता पर भी विचार व्यक्त किया है। उनकी भाषा-शैली कुछ कठिन है परन्तु तथ्य बहुत स्पष्ट हो जाता है। मृत्यु की अवस्था में आत्मा का शरीर से जिस प्रकार का सम्बन्ध होता है उसे स्पष्ट करते हुए लिखते हैं –

فمن قال بان النفس النطقية المخصوصة بالانسان عند الموت ترفض المادة مطلقا فقد خرص، نعم لها مادة بالذات، وهى النسمة، ومادة بالعرض، وهو الجسم الأرضى، فاذا مات الانسان لم يضر نفسه زوال المادة الأرضية، وبقيت حالة بمادة النسمة، ويكون كالكاتب المجيد المغوف بكتابنه اذ قطعت يداه، ملكة الكتابة بحالها."

अर्थात् यदि कोई यह कहता है कि आत्मा मृत्यु के समय पदार्थ को पूर्णतः छोड़ देता है तो वह झूठ कहता है। हां बात यह है कि उसका एक स्वयं का पदार्थ

अर्थात् प्राण है और दूसरा भौतिक पदार्थ अर्थात् शरीर है। जब मनुष्य मर जाता है तो भौतिक नश्वर पदार्थ के विनाश से आत्मा को कोई हानि नहीं होती है। इस अवस्था में आत्मा प्राण में विलीन रहता है, जैसेकि एक अच्छा लेखक जिसका हाथ काट दिया जाए, परन्तु लेखन की क्षमता प्रदर्शन का माध्यम न होने पर भी उसकी वह विशेषता विद्यमान रहे।

इसी बात को शाह साहब ने आगे भी दुहराया है। लिखते हैं कि लौकिक स्थिति में ह्रास उत्पन्न होता है (*हुज्जतुल्लहिलवालेगह,* 1/70)

मृत्योपरान्त आत्मा की स्थिति

इस्लामी विद्वानों का मत है कि मृत्यु का प्रभाव केवल शरीर पर पड़ता है और आत्मा मरणोपरान्त भी जीवित रहती है। हां यदि मनुष्य का व्यवहार अच्छा था तो आत्मा सुख भोग करती है और यदि बुरा था तो दंडित होती है। क्योंकि आत्मा में शरीर से पृथक् होने पर भी सुख-दुःख अनुभव की क्षमता रहती है। (*अलु मौसुअतुल फिकहीया,* 39/249)

इमाम गज़ाली ने मृत्यु के पश्चात् आत्मा की स्थिति स्पष्ट करते हुए लिखा है कि आत्मा नष्ट नहीं होती परन्तु उसकी स्थिति बदल जाती है। कब्र उसके लिए स्वर्ग का एक बगीचा बन जाती है या नर्क का एक टुकड़ा। (*अल मौसुअतुल फिकहीया,* 39/250)

मृत्यु के पश्चात् और क़यामत से पहले आत्मा का निवास

इमाम इब्न कय्यूम ने लिखा है कि ईश्वर ने तीन प्रकार का निवास बनाया है। पहला संसार का घर, दूसरा वरज़ख़ का घर और तीसरा एवं अंतिम स्थाई निवास का घर। प्रत्येक घर से सम्बन्धित नियम-निर्देश अलग-अलग हैं। उस (ईश्वर) ने मनुष्य को शरीर और आत्मा से बनाया है। संसार के निर्देश शरीर से सम्बन्धित किये हैं तथा आत्मा को उसका अनुयायी बनाया है। बरज़ख़ के निर्देश आत्मा से सम्बन्धित किये हैं और शरीर को उसका अनुयायी बनाया है। अतः जिस प्रकार सांसारिक निर्देश में आत्मा शरीर की अनुयायी है और उसका सुख-दुःख अनुभव करती है उसी प्रकार बरज़ख़ के निर्देशों में शरीर आत्मा की अनुयायी है और वहां का सुख-दुःख अनुभव करता है।

"बरज़ख़" उस जिन्दगी को कहते हैं जो मृत्यु के पश्चात् तथा क़यामत के दिन से पहले मनुष्य को प्राप्त होती है। *कुरआन* और *हदीस* में इसका स्पष्ट विवरण है। (*कितावुर्रुह,* पृ० 74)

कब्र की स्थिति

मनुष्य भौतिक एवं अनुभव होने वाली चीजों का पाबन्द है। जो कुछ वह ज्ञानेंद्रियों से ज्ञात नहीं कर पाता उसकी पुष्टि भी नहीं करता है। इसीलिए इस्लाम ने ईमान बिल ग़ैब (अदृश्य

पर विश्वास) पर बल दिया है जिससे कि मनुष्य ईश्वर आस्था में बुद्धि एवं विवेक के बन्धन से मुक्त हो जाए। मृत्यु के पश्चात् कब्र में या क़यामत से पहले जहां कहीं भी मृतक हो, उसे जो कुछ भी सामना करना पड़ता हो उसे अनुभव के प्रकाश में व्यक्त नहीं किया जा सकता है फिर भी तत्सम्बन्धी बहुत सी बातों को विद्वानों ने समझाने का प्रयत्न किया है और स्पष्ट किया है कि उसे स्वीकार किए बग़ैर कोई चारा नहीं है।

प्रामाणिक हदीसों में मृत्यु के पश्चात् की अवस्था का जो वर्णन है उसका सारांश यह है कि मनुष्य जब मर जाता है और उसे दफ़न कर दिया जाता है तब कब्र में उसके पास दो फरिश्ते आकर सवाल करते हैं। यदि मृतक उनके सवालों का ठीक उत्तर दे देता है तब उसे आराम से रख दिया जाता है और यदि वह ठीक उत्तर नहीं दे पाता तब उसे दंडित किया जाता है। दोनों प्रकार के मृतक अपनी इसी स्थिति में क़यामत तक रहते हैं। (*अहयाउल उलूम,* 4/624)

इब्न नबी दुनींया ने एक अपुष्ट (ज़ईफ रिवायत) *हदीस* वर्णित की है जिससे कब्र में मृतक की अवस्था पर प्रकाश पड़ता है। नबी स० ने फरमाया कि मृतक जब कब्र में रखा जाता है तो कब्र उससे कहती है इब्न आदम, अफसोस! मेरे बारे में तुम क्यों धोखे में थे, क्या तुझे मालूम नहीं कि मैं कष्टदायक, घोर अंधकारयुक्त, एकान्त एवं कीडे-मकोड़ों वाला घर हूं? मेरे निकट से तुम निकलते थे फिर भी कैसे धोखे में रहे? (*अहयाउल उलूम,* 4/618)

मृत्यु का आदेश ईश्वर की ओर से

कुरआन ने इस वास्तविकता को स्पष्ट कर दिया है कि मृत्यु का आदेश ईश्वर के द्वारा ही होता है। इसमें किसी अन्य का कोई हस्तक्षेप नहीं है। ईश्वर वाणी है – "अल्लाह के आदेश बिना कोई जीवधारी मर नहीं सकता, निश्चित् समय लिखा हुआ है।" (3 *अलइमरान* 145)

इस प्रसंग में उस आयत की व्याख्या भी दृष्टि में रखना लाभदायक होगा जिसमें वर्णित है कि पैगम्बर हज़रत इब्राहीम अ० ने अपने साथ तर्क करने वाले एक व्यक्ति से अल्लाह की यह विशेषता बताई कि वह जिलाता है और मारता है। उस व्यक्ति ने दावा किया कि मैं भी जिलाता और मारता हूं। इब्राहीम अ० ने कहा कि अल्लाह सूरज को पूर्व दिशा से ले आता है तू उसे पश्चिम दिशा से ले आ। (2 *अल वक़रह,* 258)

जीवन एवं मरण का स्वामी अल्लाह

इस विषय को *कुरआन* में अनेकों स्थानों पर वर्णित किया गया है कि मृत्यु एवं जीवन मात्र ईश्वर के हाथ में है। अन्य कोई न तो मार सकता है और न ही जीवित कर सकता है। ईश्वर वाणी है – (और यह वही है जो जिलाता और मारता है तथा रात और दिन के परिवर्तन का स्वामी भी वही है। क्या तुमको विवेक नहीं।) (23 *अल मोमेनून,* 80)

इसी तथ्य को एक प्रामाणिक *हदीस* में भी वर्णित किया गया है। उसामा विन ज़ैद वर्णन करते हैं कि नबी स॰ की एक बेटी ने आप स॰ के पास यह संदेश भेजा कि उसका बेटा मृत्यु के करीब है। नबी स॰ ने संदेशवाहक से कहा कि वापस जाकर मेरी बेटी से बता दो कि "जो लिया वह अल्लाह ही का था और जो दिया वह भी अल्लाह ही का था। उस (अल्लाह) के यहां प्रत्येक चीज का एक समय निश्चित् है। तुम उसे धैर्य धारण करने एवं सुफल प्राप्ति की आशा रखने का निर्देश दो।" (बुखारी मुस्लिम)

हश्र (निर्णय का दिन) आवश्यक है

इस्लाम की मूल आस्थाओं में एक आस्था यह है कि मृत्यु के पश्चात् जब न्याय का दिन स्थापित होगा तब सम्पूर्ण मानव एवं जिन्न को पुनः जीवित करके न्याय के लिए उन्हें एकत्र किया जाएगा। निर्णय के पश्चात् उन्हें स्वर्ग या नर्क का अधिकारी बनाया जाएगा।

यही वर्णन कुछ इस प्रकार है – (क्या तुम यह विश्वास किये हो कि हमने तुम्हें यूं ही निरर्थक उत्पन्न किया है, और यह कि तुम हमारे पास लौटाए ही न जाओगे।) अल्लाह वास्तविक शासक है तथा बहुत महान् है, इसके अतिरिक्त कोई उपास्य नहीं, वही अर्श (अल्लाह का विशिष्ट आसन) का स्वामी है। (23 *अल मोमेनून*, 115, 116)

मरने के पश्चात् पुनः जीवित किये जाने में जो लोग विश्वास नहीं रखते, पवित्र *कुरआन* ने उनका उत्तर दिया है कि मृत्यु के पश्चात् भी जीवन आवश्यक है क्योंकि उसी जीवन में मनुष्यों को उनके कार्यों का बदला दिया जाएगा। *कुरआन* कहती है – और उन्होंने कहा, क्या जब हम मिट्टी में मिल जाएंगे तो क्या पुनः जीवित होंगे। बल्कि (बात यह है कि) वह लोग अपने परवरदिगार (ईश्वर) से भेंट होने की आस्था को नकारते हैं। कह दीजिए कि तुम्हें मृत्यु का फरिश्ता मृतक करेगा जो इस कार्य के लिए नियुक्त है। पुनः तुम सब अपने पालनहार के पास लौटाए जाओगे। (32 *अस्सजह*, 10,11)

जीवन और मरण मात्र परीक्षा के लिए

सांसारिक जीवन अस्थाई है। जब मनुष्य मृतक हो जाएगा तब इस जीवन का अन्त होगा, पुनः एक स्थायी जीवन प्राप्त होगा, जिसमें मनुष्य दंड या अच्छा प्रतिफल भोग करेगा। इस संसार में जीवन एवं मरण का जो प्रबन्ध स्थापित है उसका उद्देश्य इस प्रकार वर्णित है – जिसने जीवन-मरण इसलिए व्यवस्थित किया कि तुम्हारी परीक्षा ले कि तुममें से कौन पुण्य कार्य करता है। (29 *अल मुल्क*, 2)

मृत्यु कहां होगी?

किसी की मृत्यु कैसे, कहां और कब आएगी? इसे कोई नहीं जानता है। इस तथ्य को *कुरआन* की एक आयत में व्यक्त किया गया है – निःसंदेह अल्लाह ही को क़यामत की जानकारी है। वह ही वर्षा करता है और माँ के गर्भ में जो कुछ है जानता है। कोई भी नहीं

जानता कि वह कल क्या करेगा? न किसी को यह मालूम है कि किस स्थान पर मरेगा। निःसंदेह अल्लाह ही सम्पूर्ण ज्ञान वाला और जानने वाला है। (21 *लुकम,* 34)

मौत सर्वव्यापी एवं सबके लिए

मनुष्य यह देखता है कि मृत्यु प्रत्येक के लिए है। वह कहीं भी रहे मृत्यु से बच पाना सम्भव नहीं। इस तथ्य को *कुरआन* में कई प्रसंगों द्वारा स्पष्ट किया गया है। *अलइमरान* में वर्णन है – प्रत्येक प्राणी को मृत्यु का स्वाद चखना है और क़यामत (निर्णय) के दिन तुम्हें अपने क्रिया-कलापों का पूरा प्रतिफल दिया जाएगा। (3 *अलइमरान,* 185)

सुरह निसा में है – तुम जहां कहीं भी रहो मृत्यु तुम्हें आकर पकड़ेगी, भले ही तुम अति सुरक्षित किलों में रहो। (4 *निसा,* 78)

इसी प्रकार अन्यत्र वर्णित है। कह दीजिए कि जिस मृत्यु से बचने के लिए तुम भागते फिरते हो, वह तुम्हें पकड़कर रहेगी। (28 *अल जुमह,* 8)

स्थायित्व नहीं

कुरआन की घोषणानुसार प्रत्येक मनुष्य के लिए मृत्यु आवश्यक है। उसके लिए पद एवं सम्मान का कोई महत्त्व नहीं। मनुष्यों में सबसे श्रेष्ठ ईशदूत होते हैं परन्तु *कुरआन* का स्पष्टीकरण है कि मृत्यु उनके लिए भी है। इस विषय से सम्बन्धित दो आयतों का अनुवाद प्रस्तुत है –

> आपसे पहले हमने किसी भी मनुष्य को स्थाई सांसारिक जीवन प्रदान नहीं किया। क्या यदि आप मृतक हो गये, तो वह सदैव जीवित रहेंगे?
>
> प्रत्येक जीवधारी को मृत्यु का स्वाद चखना है। हम तुम में से प्रत्येक को परीक्षार्थ पाप-पुण्य से गुज़ारते हैं और तुम सब हमारी ही तरफ लौटाए जाओगे। (23 *अल मोमेनून,* 115, 116)

यहां दूसरी आयत में एक तथ्य यह भी स्पष्ट किया गया है कि सांसारिक जीवन में दुःख-संकट तथा सुख-सम्पदा के द्वारा मनुष्य की परीक्षा होती है। इससे संकेत मिलता है कि मृत्यु भी एक परीक्षा है।

ईशदूत के लिए मृत्यु का स्पष्टीकरण

साधारणतया यह विचार पैदा होता है कि जो लोग अल्लाह की दृष्टि में महान् हैं और जिनको उसने पैगम्बरी (एक विशिष्ट पद), विलायत या बादशाहत आदि महान् पद एवं सम्मान से विभूषित किया है, हो सकता है कि उनके लिए मृत्यु-सम्बन्धी कोई छूट हो। इस विचार के खण्डन हेतु ईश्वर वाणी है – निःसंदेह आप को भी मृत्यु आयेगी और यह सब भी नश्वर हैं। (23 *अल ज़मर,* 30)

क्रमागत आयत में वर्णन है कि – फिर तुम सब क़यामत के दिन अपने पालनहार के सामने झगड़ोगे। (23 *अल ज़मर,* 31)

असंगत विचार का खण्डन

कुछ लोग संसार में ऐसे भी पाये जाते हैं कि जो मात्र सांसारिक जीवन को ही सब कुछ समझते हैं और मृत्यु को एक संयोग ही समझते हैं। – उन्होंने कहा कि हमारा जीवन तो मात्र सांसारिक जीवन ही है। हम मरते हैं और जीवित होते हैं। हमें केवल काल (समय का संयोग) ही मारता है। वास्तव में उन्हें इसका कुछ ज्ञान नहीं यह तो केवल अटकल से ही सोच रहे हैं। (25 *अल जासीय,* 24)

मृत्यु के स्मरण का लाभ

मृत्यु की वास्तविकता पर दृष्टि रखने वाला उसे कभी भूल नहीं सकता है। प्रत्येक मनुष्य का यह परिणाम है और वह उस सत्य को सदैव देखता रहता है। नाना प्रकार के मनुष्य उसके सामने इस संसार से प्रस्थान करते रहते हैं। ऐसी स्थिति में मृत्यु को भूलने का कोई प्रश्न ही नहीं।

विद्वानों ने मृत्यु के स्मरण से प्राप्त लाभों में से एक लाभ यह बताया है कि इस प्रकार मनुष्य नवजीवन की तैयारी करता है अर्थात् पुण्य कार्य की तरफ प्रेरित होता है तथा सांसारिक कष्ट सरल मालूम होने लगते हैं। हज़रत "कअब" कहा करते थे कि "जो मनुष्य मृत्यु की वास्तविकता भली-भांति समझ जाएगा उसके लिए सांसारिक दुःख-संकट सरल हो जायेंगे"। (*अहयाउल उलूम,* 4/560)

मृत्यु जब निकट हो

मृत्यु जब निकट आती है तब मनुष्य को "सकरात" (एक विशेष स्थिति) में घोर पीड़ा का अनुभव होता है। विद्वानों का मत है कि इससे बढ़कर कोई पीड़ा नहीं है। इससे कोई भी व्यक्ति उबर नहीं सकता कि दूसरों से अपना अनुभव व्यक्त करे, फिर भी कुछ महान् विद्वानों के कथनों द्वारा मृत्यु के संकट का अनुमान लगाया जा सकता है।

1. हज़रत आयशा कहती हैं कि नबी स॰ पर मृत्यु का संकट देखने के पश्चात् किसी की मृत्यु में आसानी पर मुझे लोभ नहीं आ सकता।
2. इमाम अवज़ाई कहते हैं कि "कब्र से उठने तक मृतक को मौत की तकलीफ का आभास शेष रहता है"।
3. शदाद बिन अवस कहते हैं कि "मोमिन के लिए मृत्यु यह लोक और परलोक में सबसे भयानक कष्ट है। यह आरा से चीरने, कैंची से काटने और हांडी में पकाने जैसी तकलीफ से भी अधिक भयानक है"।

मृत्यु-सम्बन्धी विचार

जिन महापुरुषों ने मृत्यु की वास्तविकता को समझा और तत्सम्बन्धी अपने विचार प्रकट किए उससे भी मृत्यु की स्थिति का अनुमान लगाया जा सकता है तथा विश्वास होता है कि धनवान एवं निर्धन और छोटे-बड़े सबका यही परिणाम है।

1. उमवी ख़लीफा उमर बिन अब्दुल अज़ी बड़े सज्जन एवं न्यायप्रिय ख़लीफा थे। जब मृत्यु का समय हुआ तो रोने लगे। लोगों ने पूछा अमीरुल मोमिनीन! आप क्यों रो रहे हैं? आपको तो प्रसन्न होना चाहिए कि आपके माध्यम से अल्लाह ने पैगम्बर का आदर्श पुनः स्थापित किया तथा जनसाधारण तक न्याय पहुंचाया। यह सुनकर रोते हुए बोले, "मुझसे प्रजा के सम्बन्ध में प्रश्न पूछा जाएगा। यदि मैंने पूर्ण न्याय स्थापित किया होता तो भी अल्लाह के समक्ष उत्तर देने की क्षमता न थी परन्तु जब मुझसे भी अन्याय हुआ है तब क्या उत्तर दूंगा? यह कहते हुए उनके आंसू तीव्र हो गये और कुछ ही क्षणों में निःष्प्राण हो गये।" (*अहयाउल उलूम,* 4/97)

2. अब्बासी काल के महान् ख़लीफा हारूत रशीद ने अपना कफ़न स्वयं अपने हाथ से चुनकर, उसे देखते हुए इस आयत का पाठ किया ।

   ﴿ما أغنى عنى ماليه، هلك عنى سلطانيه﴾

   अर्थात्

   मेरी दौलत मेरे काम न आयी और मेरा तर्क लुप्त हो गया। (*अहयाउल उलूम,* 4/597)

3. मामून की सल्तनत और उनका दबदबा जगत् प्रसिद्ध है। मृत्यु निकट आई तो राख या धूल पर लेटकर कह रहे थे कि "ऐ वह हस्ती! कि जिसकी बादशाही का पतन नहीं, इस मनुष्य पर कृपा कर कि जिसकी बादशाही समाप्त हो चुकी है।" (*अहयाउल उलूम,* 4/597)

4. इब्न मुबारक एक बड़े विद्वान् और हदीसवेत्ता थे। व्यापार अच्छा होने के कारण दौलत भी थी। जब मृत्यु का समय निकट आया तो अपने सेवक से बोले कि मेरा सिर मिट्टी पर रख दो। यह सुनकर सेवक रोने लगा। उन्होंने पूछा क्यों रोते हो? सेवक ने उत्तर दिया कि आपने सुख सम्पन्नता में जीवन व्यतीत किया है और आज फकीरी एवं परदेश में मर रहे हैं। इब्न मुबारक ने सेवक से कहा कि चुप रहो, मैंने प्रार्थना की थी, कि "ऐ अल्लाह मुझे दौलतमन्दों की जिन्दगी और फकीरों की मौत प्रदान कर।" पुनः अपने सेवक से कहा कि मुझे لااله الا الله की प्रेरणा देते रहो। (*अहयाउल उलूम,* 4/895)

मृत्यु और कवि

गम्भीर समस्याओं के लिए कवियों को बहुत उपयुक्त नहीं समझा जाता। कवि कल्पनाओं, संकेतों एवं उपमाओं द्वारा जो कुछ वर्णन करता है उसे यथार्थ में बदलना कठिन होता है। परन्तु कवि अन्य लोगों की अपेक्षा अधिक संवेदनशील एवं दूरदृष्टि वाला होता है। कुछ कवियों को इस क्षेत्र में सिद्धि प्राप्त होती है। उनकी कविता गूढ़ विषयों को भी बड़े सरल भाव में व्यक्त करती है।

लेख से सम्बन्धित, अल्लामा इकबाल की कविताओं से कुछ पंक्तियां प्रस्तुत करना चाहता हूं जिससे मृत्यु के सम्बन्ध में ठीक दृष्टिकोण समझा जा सकता है। अल्लामा ने बड़ी बुद्धिमत्ता से मृत्यु का वर्णन किया है। आपने अपनी माता की मृत्यु पर एक शोक गीत लिखा है जिसमें आपने मृत्यु के रहस्य को समझाने का प्रयत्न किया है।

सर्वप्रथम इकबाल ने इस बात की ओर संकेत किया है कि जीवन के लिए बहुत प्रयत्न एवं जतन करना पड़ता है परन्तु मृत्यु सरलता से चली आती है और अपना कार्य करके चल देती है। उसे इसकी परवाह नहीं कि जिसके जीवन का अन्त करने वह जा रही है उसने जीवित रहने के लिए क्या कुछ प्रबन्ध कर रखा था –

कितनी मुश्किल जिन्दगी है, किस कदर आसान है मौत।
गुलशन-ए-हस्ती में, मनिन्द-ए-नसीम अरजाँ है मौत।।

इसके पश्चात् यह स्पष्ट किया कि मौत के कारण कई प्रकार के हैं तथा मौत की पकड़ में प्रत्येक मनुष्य है। मौत को अमीर-गरीब तथा शहर-देहात से भी कोई मतलब नहीं –

ज़लज़ले हैं, बिजलियां हैं, क़हते हैं, आलाम हैं।
कैसी कैसी दुःखतरान-ए-मादर-ए-अय्याम हैं।।

कुलब-ए-इकलास में, दौलत के काशाने में मौत।
दश्त-व-दर में, शहर में, गुलशन में, विराने में मौत।।

मौत है हंगामा आरा, कुलजुम-ए-खामोश में।
डूब जाते हैं सफीने, मौत की आगोश में।।

इसके पश्चात् उस तथ्य का वर्णन करते हैं जो जीवन-मरण विषय पर सबसे महत्त्वपूर्ण एवं ध्यान देने योग्य है। अर्थात् मौत वास्तव में एक स्थाई एवं जीवन का माध्यम है। अतः इसे इसी दृष्टि से देखने की आवश्यकता है। इस भाव को इक़बाल ने बड़े सुंदर ढ़ंग से व्यक्त किया है –

जिन्दगी की आग का अंजाम खाकस्तर नहीं।
टूटना जिसका मुकद्दर हो यह वह गौहर नहीं।।

जिन्दगी महबूब ऐसी दीद-ए-कुदरत में है,।
जौक़-ए-हिफ्ज़-ए-जिन्दगी हर चीज़ की फितरत में है।।
मौत के हाथों से मिट सकता है अगर नक्शा-ए-हयात।
आम यूं इसको न कर देना नेजाम-ए-काएनात।।

है अगर अरजां तो यह समझों अजल कुछ भी नहीं।
जिस तरह सोने से जीने में ख़लल कुछ भी नहीं।।

मौत तजदीद-ए-मजाक-ए-जिन्दगी का नाम है।
ख़्वाब के परदे में बेदारी का एक पैगाम है।।

जो हर इन्सां अदम से आशना होता नहीं।
आंख से ग़ायब तो होता है फना होता नहीं।।

यह अगर आईन-ए-हस्ती है कि हो हर शाम सुबह।
मरकद-ए-इनसां की शव का क्यों न हो अन्जाम सुबह।।

मुख़्तलिफ हर मंजिल-ए-हस्ती की रस्म व राह है।
आखिरत भी जिन्दगी की एक जौलां गाह है।।

उपरोक्त पंक्तियों में कवि ने यह स्पष्ट किया है कि मृत्यु के पश्चात् जीवन तथा मनुष्य पूर्णरूपेण समाप्त नहीं हो जाता, उसका अस्तित्व शेष रहता है, हां उसके सम्मुख एक नया जीवन एवं नया संसार होता है। हम जब सोते हैं तो हमारी व्यस्तता समाप्त हो जाती है पुनः जब हम जागते हैं तो स्थिति पूर्ववत् होती है। इसी प्रकार मृत्यु के पश्चात् नवजीवन में पूर्व जीवन के प्रतिफल का क्रम आरम्भ होता है।

लेख के समापन पर हम अपना विश्वास प्रकट करना चाहते हैं कि मृत्यु की वास्तविकता पर यदि मनुष्य उचित ध्यान दे और उसके पश्चात् आने वाले जीवन के कल्याण का मार्ग ढूंढे तो वर्तमान युग की बहुत सी भयानक समस्याएं समाप्त हो जाएंगी तथा एक शान्तिमय एवं मंगलमय वातावरण स्वयं बन जाएगा क्योंकि मनुष्य मृत्यु को भूल जाता है तब ही कुकर्म करता है। यदि उसे मृत्यु की वास्तविकता पर दृढ़ विश्वास हो जाए और यह भी विश्वास करे कि उसके प्रत्येक कार्य का प्रतिफल उसे मिलेगा तो निश्चय ही कुकर्म के लिए वह नहीं बढ़ेगा अपितु सुकर्म करेगा।

खण्ड 2

मृत्यु शास्त्रों में

9

मृत्यु के नाना प्रकार

— व्रजवल्लभ द्विवेदी

नित्याषोडशिकार्णव नामक त्रिपुरा-तन्त्र की दो टीकाओं के साथ हुए वाराणसी-संस्करण में — "न बाध्यते रोगैः कालमृत्युयमादिभिः" (5.33) यह वचन उपलब्ध है। भास्करराय की टीका में यह 34वाँ श्लोक है। यही ग्रन्थ कश्मीर में *वामकेश्वरीमत* के नाम से प्रकाशित है। इस पर अभिनवगुप्त के ग्रन्थ *तन्त्रालोक* के टीकाकार जयरथ ने *विवरण* नामक टीका लिखी है। यहाँ "यमादिभिः" के स्थान पर "भयादिभिः" पाठ भी मिलता है। अर्थरत्नावलीकार विद्यानन्द ने और विवरणकार ने भी इन शब्दों की कोई व्याख्या नहीं की है। *ऋजुविमर्शिनी-टीका* के लेखक शिवानन्द मुनि ने "आदि" पद से व्याधि का ग्रहण कर काल, मृत्यु, यम और व्याधि शब्दों के अर्थ को बताने वाले दो श्लोक उद्धृत किये हैं —

> कालो मृत्युर्यमो व्याधिस्तत्त्वतस्त्वेक एव तु।
> वृत्त्यन्तरविशेषेण पर्यायेणाभिधीयते।।
>
> सर्वावच्छेदकः कालो मृत्युर्मारयिता च सः।
> यमनाद् यम एवायं व्याधिश्चिन्ताप्रदो हि सः।।

यहाँ बताया गया है कि काल, मृत्यु, यम और व्याधि — ये सब वास्तव में एक ही तत्त्व के पर्यायवाची शब्द हैं, किन्तु प्रवृत्ति के भेद के अनुसार इनको ये अलग-अलग नाम दे दिये गये हैं। इसे काल इसलिए कहते हैं कि यह सबको अपने में समेट लेता है। इसे मृत्यु इसलिए कहा जाता है कि यह सबको मार डालता है। इसे यम इसलिए कहते हैं कि यह सब पर नियन्त्रण रखता है और इसे व्याधि इसलिए कहा जाता है कि व्याधि से ग्रस्त व्यक्ति को यह चिन्ता सताने लगती है कि कहीं मेरी मृत्यु न हो जाए। आदि पद से व्याधि के ग्रहण का यही आधार है।

भास्करराय इस प्रकरण की व्याख्या भिन्न पद्धति से करते हैं। वे आदि पद से व्याधि के स्थान पर परकृत्या का ग्रहण करते हैं। उनका कहना है कि रोग और व्याधि में

कोई अन्तर नहीं है। उनके कहने का अभिप्राय यह है कि रोग शब्द मूल वचन में विद्यमान है। अब उसके पर्यायवाची शब्द व्याधि का आदि पद से ग्रहण करने का कोई तुक नहीं है। उनका यह भी कहना है कि काल, मृत्यु और यम – ये सब अलग-अलग देवताओं के नाम हैं, अतः इनकी भिन्नता ही मान्य होगी।

भास्करराय ने इसी पद्धति से पाँच पटल वाले इस ग्रन्थ को आठ पटल का मानकर *हादिविद्या* के आधार पर ग्रन्थ की व्याख्या करने वाले प्राचीन टीकाकारों के मत का खण्डन कर *हादिविद्या* में अपने विशेष अभिनिवेश के कारण तदनुसार की है। एक स्थान पर तो उन्होंने मूल पाठ को ही बदल दिया है। यही स्थिति प्रस्तुत स्थल की भी है।

स्वामी करपात्री जी महाराज ने अपने *वेदार्थपारिजात* नामक वेदभाष्य की अतिविस्तृत भूमिका में भट्ट कुमारिल के इस श्लोक को उद्धृत किया है –

तस्मान्नातीव कर्तव्यं दोषदृष्टिपरं मनः।
दोषो ह्यविद्यमानोऽपि तच्चित्तानां प्रकाशते।।

इसका अभिप्राय यह है कि व्यक्ति को अपने मन की सर्वत्र दोष-ही-दोष देखने की दृष्टि को बहुत बढ़ा नहीं लेना चाहिए, क्योंकि ऐसा करने पर ऐसे लोगों को दोष के न रहने पर भी वह दिखाई देने लगता है। भारतीय संस्कृति में सर्वत्र दोष-ही-दोष देखने की आजकल के प्रगतिशील बुद्धिजीवियों की दृष्टि की भी व्याख्या इससे हो जाती है।

कठोपनिषद् में यम और नचिकेता का संवाद है। नचिकेता को उसके पिता – "मृत्यवे-त्वा ददामीति" (1.4) कहकर मृत्यु को समर्पित कर देते हैं। प्रस्तुत उपनिषद् में मृत्यु को ही वैवस्वत (1.1.7) और अन्तक (1.1.26) भी कहा गया है। ये दोनों यम के ही नाम हैं। मनु (*मनुस्मृति* 8.92), के इस वचन में –

यमो वैवस्वतो देवो यस्तवैष हृदि स्थितः।
तेन चेदविवादस्ते मा गङ्गां मा कुरुन् गमः।।

यम को ही वैवस्वत देव, अर्थात् विवस्वान् = सूर्य देवता का पुत्र बताया गया है। यहाँ कहा गया है कि तुम्हारे हृदय में विद्यमान वैवस्वत देव, अर्थात् धर्मराज के साथ यदि तुम्हारा कोई विवाद नहीं है, अन्तरात्मा की आवाज सुनकर तदनुरूप आचरण करने का तुम्हारा स्वभाव बन गया है, तो फिर तुम्हे गंगा-स्नान करने अथवा कुरुक्षेत्र जैसे तीर्थों की यात्रा करने की कोई आवश्यकता नहीं है। इसका अभिप्राय यह है कि हृदय की शुद्धि के लिए कर्मों का अनुष्ठान मुमुक्षुजन करते हैं। यदि यह हृदय परिशुद्ध हो गया है, तब इस तरह के शुभ कर्मों के अनुष्ठान की कोई अपेक्षा नहीं की जाती।

आजकल का मनोविज्ञान भी बहिर्मन और अन्तर्मन की सत्ता को स्वीकार करता है। *मनुस्मृति* के प्रस्तुत श्लोक में भी इनकी इन्ही स्थितियों की ओर इंगित किया गया है। स्पष्ट

है कि *कठोपनिषद्* के उक्त वचनों में मृत्यु को यम का पर्यायवाची शब्द माना गया है। *योगशास्त्र* की कालवंचन की प्रक्रिया में काल शब्द मृत्यु का ही सूचक है। स्पष्ट है कि काल, मृत्यु और यम शब्द पर्यायवाची हैं और ऋजुविमर्शिनीकार के द्वारा उद्धृत वचन भी उनके मत की पुष्टि करता है, भास्करराय के मत की नहीं।

प्रस्तुत उपनिषद् में यमराज नचिकेता को तीन वर माँगने को कहते हैं और नचिकेता तीसरे वर के रूप में मृत्यु के रहस्य को जानने की जिज्ञासा करते हैं – "येयं प्रेते विचिकित्सा मनुष्येऽस्तीत्येके नायमस्तीति चैके" (1.1.20)। अर्थात् व्यक्ति की मृत्यु हो जाने के उपरान्त यह विचिकित्सा (जानने की इच्छा) होती है कि उसकी क्या स्थिति बनती है? कुछ आचार्यों का कहना है कि मृत्यु के बाद भी उसका अस्तित्व रहता है, जबकि अन्य आचार्यों के मत से बाद में उसकी कोई स्थिति नहीं रह जाती। सही बात क्या है? यही नचिकेता यमराज से जानना चाहते हैं। प्रस्तुत गोष्ठी में हम सब भी तो इसी विषय पर विचार करने के लिए इकट्ठा हुए हैं।

इसके उत्तर में यम नचिकेता को अनेक प्रकार के प्रलोभन देते हैं और कहते हैं – "नचिकेता मरणं मानुप्राक्षीः" (1.1.25)। हे नचिकेता! तुम मृत्यु के रहस्य को जानने की जिद को छोड़ दो। नचिकेता – "न वित्तेन तर्पणीयो मनुष्यः" (1.1.27) कहते हुए यम के धन-धान्य, ऐश्वर्यविषयक प्रस्ताव को उसी प्रकार से अस्वीकार कर देते हैं, जैसे ऋषि याज्ञवल्क्य के प्रस्ताव को – "येनाहं नामृता स्यां किमहं तेन कुर्याम्" (*बृहदारण्यक* 2.4.3) यह कहती हुई उनकी पत्नी मैत्रेयी अस्वीकार कर देती है। नचिकेता यम को कहते हैं कि मनुष्य धन-ऐश्वर्य से कभी तृप्त नहीं हो सकता और मैत्रेयी भी ऋषि याज्ञवल्क्य की धन-संपत्ति को लेने से मना कर देती है, उसे तो अमृतत्व की जिज्ञासा है।

मृत्यु के रहस्य को जानने की नचिकेता की उत्कट अभिलाषा को देखकर यमराज इस पूरी उपनिषद् में इसके रहस्य को समझाते हैं। श्रेय और प्रेय, विद्या और अविद्या के स्वरूप को बताते हुए वे कहते हैं कि धन्य-धान्य, ऐश्वर्य के मोह में पड़कर व्यक्ति भविष्य में आने वाली विपदाओं से बेखबर रहता है, वह परलोक की भी चिन्ता नहीं करता। इस तरह की विपदाओं से मानव का उद्धार करने वाली शास्त्रों के प्रति भी उसकी रुचि जग नहीं पाती। इन सब दोषों से ऊपर उठ जाने के कारण नचिकेता की प्रशंसा करते हुए यमराज कहते हैं – "अयं लोको नास्ति पर इति मानी पुनः पुनर्वशमापद्यते मे" (1.2.6)। अर्थात् इस लोक के अतिरिक्त दूसरा कोई लोक नहीं है, इस तरह के अभिमान को पालने वाला व्यक्ति बार-बार मेरे (यमराज के) वश में पड़ जाता है। यहाँ स्पष्ट रूप से बताया गया है कि जो व्यक्ति परलोक को नहीं मानता, उसे बार-बार यमराज के वश में रहना पड़ता है, अर्थात् वह जन्म-मृत्यु के निरन्तर गतिशील चक्र में चक्कर काटता रहता है। आगे इस पूरे उपनिषद् में मृत्यु पर विजय प्राप्त करने की पद्धति वर्णित है।

पूरा उपनिषद्-साहित्य मनुष्य की मृत्यु पर की गई विजययात्रा का दस्तावेज है, संसार को आध्यात्मिकता की ओर उन्मुख करने वाला यह उत्कृष्टतम साहित्य है। यहाँ स्वर्ग का स्थान मोक्ष को दिया गया है। सांख्य दर्शन का कहना है कि आनुश्रविक (वेदविहित) उपाय प्राणी को त्रिविध दुःख से मुक्ति नहीं दिला सकते। स्वयं श्रुति का भी कहना है कि वैदिक कर्मकाण्ड संसार-सागर की यात्रा में सहायक नहीं हो सकता – "प्लवा ह्येते अदृढ़ा यज्ञरूपाः" (*मुण्डकोपनिषद्*, 1.2.7)। एक अन्य श्रुति का भी कहना है कि कर्मों के द्वारा प्राप्त होने वाले विविध लोकों की परीक्षा करने के उपरान्त ब्राह्मण हताश हो गया कि कृतक (कर्मकाण्ड) से अकृतक (मोक्ष) की प्राप्ति नहीं हो सकती – "परीक्ष्य लोकान् कर्मचितान् ब्राह्मणो निर्वेदमायात्, नास्त्यकृतः कृतेन" (*मुण्डको.* 1.2.12)। *भगवद्गीता* (2.46) के इस वचन को भी आप देखिए –

यावानर्थ उदपाने सर्वतः संप्लुतोदके।
तावान् सर्वेषु वेदेषु ब्राह्मणस्य विजानतः।।

मुक्त पुरुष को इस संसार में पुनः लौटकर नहीं आना पड़ता – "न स पुनरावर्तते"। मोक्षविषयक यह सिद्धान्त सभी भारतीय दर्शनों को मान्य है। इसके विपरीत स्वामी दयानन्द मोक्ष से भी पुनरावृत्ति की बात करते हैं और इसमें *ऋग्वेद* को प्रमाण के रुप में प्रस्तुत करते हैं। इतना हमें समझ लेना चाहिए कि प्रायः समस्त संहिता-ग्रन्थ कर्मकाण्ड का प्रतिपादन करते हैं और वहाँ का अमृत पद स्वर्ग का वाचक है, मोक्ष का नहीं। समस्त उपनिषदों में, समस्त भारतीय दर्शनों एवं धर्मशास्त्र के ग्रन्थों में भी धर्म, अर्थ, काम और मोक्ष नामक चार पुरुषार्थों की विशद व्याख्या मिलती है। त्रिवर्ग, अर्थात् धर्म, अर्थ और काम का भी विनियोग मोक्ष की प्राप्ति में किया गया है और यहाँ तक पहुँच जाने के बाद व्यक्ति को वापस संसार में लौटना नहीं पड़ता, वह मुक्त हो जाता है। मुक्त जीव किस शाश्वत स्थिति में रहता है, इस विषय पर प्रत्येक दर्शन की अपनी-अपनी मान्यता है, किन्तु मृत्यु के पाश से वह सदा-सदा के लिए मुक्त हो जाता है, इस विषय में सभी दर्शन एकमत हैं।

भारतीय शास्त्रों में और साधारण जनता में भी यमराज के साथ उसके दूतों के रूप में दो श्वानों की चर्चा मिलती है। *विज्ञानभैरव* के – "व्रजेत् प्राणो विशेषाज्जीवः" (श्लोक 151)। इस श्लोक की विस्तृत व्याख्या (पृ॰ 166-172) में हमने सकार-हकार, प्राण-अपान, दिन-रात और चन्द्र-सूर्य के रूप में इनका शास्त्रीय स्वरूप प्रस्तुत किया है। सकार और हकार के उच्चारण से उत्पन्न जप को सहज, अर्थात् अकृत्रिम (स्वाभाविक) बताया गया है। अजपा जप के नाम से भी यह प्रसिद्ध है। इसी को हंसगायत्री भी कहा गया है। मानव की स्वाभाविक श्वास-प्रश्वास प्रक्रिया का ही इससे बोध होता है। प्राण और अपान (श्वास और प्रश्वास) के रूप में वर्णित यह तत्त्व बौद्ध ग्रन्थों में *आनापानस्मृति* के रूप में व्याख्यायित है। दिन-रात में मानव 21600 (इक्कीस हजार छः सौ) बार इसकी आवृत्ति करता है। *विज्ञानभैरव*

के प्रस्तुत श्लोक में अपान को जीव के नाम से संबोधित किया गया है। श्वास-प्रश्वास की प्रक्रिया में प्राण सकार के रूप में बाहर निकलता है और अपान (जीव) हकार के रूप में भीतर प्रविष्ट होता है। यह प्रक्रिया निरन्तर चलती रहती है, किन्तु जीव (अपान) यदि मानव-शरीर में पुनः प्रविष्ट नहीं होता, तो उसकी मृत्यु हो जाती है। इस प्रकार यमराज के दो श्वानों की व्याख्या यहाँ प्राण और अपान अर्थात् श्वास-प्रश्वास की प्रक्रिया के रूप में की गई है – "प्राणापानौ समौ कृत्वा" (5.27)। *गीता* के इस वचन में इन्हीं की चर्चा है।

उक्त प्रक्रिया दिन-रात और चन्द्र-सूर्य के रूप में भी व्याख्यायित है। यहाँ यमराज के दो श्वानों का वर्णन इस प्रकार मिलता है – "श्वानौ द्वौ श्यावशबलौ वैवस्वतकुलोद्भवौ" (पृ० 171)। अर्थात् वैवस्वत (यमराज) के कुल में उत्पन्न दो श्वान श्याव और शबल (चितकबरा) वर्ण वाले हैं। इन श्वानों की तुलना रात और दिन से की गई है। रात्रि का वर्ण श्याव (काला) है और दिन का शबल। दिन का वर्ण प्रातःकाल, मध्याह्न में शुक्ल और सायंकाल कालिमा से घिरने लगता है, अतः इसको चितकबरे रंग का माना गया है। स्पष्ट है कि यम के श्वानों को यहाँ रात और दिन के रूप में प्रस्तुत किया गया है। रात और दिन के माध्यम से काल सतत् जागरूक रहता है और एक दिन व्याधिग्रस्त यह जीव काल का ग्रास बन जाता है, मृत्यु की भेंट चढ़ जाता है। स्पष्ट है कि काल, मृत्यु, यम और व्याधि – ये सब एक ही तत्त्व के विविध नाम-रूप हैं।

अब कालिदास के इस वचन को आप देखिए –

मरणं प्रकृतिः शरीरिणां विकृतिर्जीवनमुच्यते बुधैः।
क्षणमप्यवतिष्ठते श्वसन् यदि जन्तुर्ननु लाभवानसौ।। – *रघुवंश*, 8.87

कालिदास ने यहाँ मरण (मृत्यु) को प्रकृति माना है, अर्थात् एक-न-एक दिन उसका आना निश्चित (ध्रुव) है। जीवन के विषय में ऐसा कुछ नहीं कहा जा सकता, अतः मनुष्य को चाहिए कि जीवन के इन क्षणों का सही उपयोग कर लिया जाए, अर्थात् मरण पर विजय प्राप्त करने का उपाय कर लिया जाए।

योगी जन इसके लिए अधिक सावधान रहते हैं। कालवंचन शब्द की चर्चा अभी यहाँ हुई है। योग एवं आगम तन्त्रशास्त्र के ग्रन्थों में और पुराणों में भी कालवंचन के विषय में कुछ-न-कुछ कहा गया है। मृत्युकाल के समीप आने पर उस व्यक्ति के सामने प्रकट होने वाले लक्षणों की चर्चा कर ऐसे स्थलों पर बताया जाता है कि यदि किसी कार्य की सिद्धि में लगा योगी अपने वर्तमान शरीर को अभी छोड़ना नहीं चाहता, तो वह इसके लिए क्या उपाय करे। ये उपाय ही कालवंचन के रूप में प्रसिद्ध हैं। शास्त्रों में बताए मृत्यु के लक्षणों के माध्यम से योगी को यह ज्ञात हो जाता है कि उसकी मृत्यु कब आने वाली है। तब वह कार्यसिद्धि-पर्यन्त मृत्यु से अपने को बचाए रखता है।

जन्म और मृत्यु का यह चक्र सदा-सर्वदा के लिए कभी नहीं रुकता। आगमशास्त्र के अनुसार परमेश्वर पंचकृत्यकारी है। वह सृष्टि, स्थिति, संहार, निग्रह और अनुग्रह नामक पाँच कार्यों को निरन्तर करता रहता है। किसी एक जीव के मुक्त हो जाने पर उसके प्रति ईश्वर की पंचकृत्यकारिता समाप्त हो जाती है, किन्तु अन्य समस्त प्राणियों के प्रति यह निरन्तर चलती रहती है। जन्म और मृत्यु का समावेश भी इन्हीं में किया गया है, किन्तु सेमेटिक धर्मो की मान्यता है कि एक दिन यह सब सदा-सर्वदा के लिए अपने आप समाप्त हो जायेगा।

10

उपनिषदों और श्रीमद्भगवद्गीता में मृत्यु की अवधारणा

– प्रभुनाथ द्विवेदी

यस्याचिन्त्यप्रभावेण सर्वभूतमयं जगत्।
जन्ममृत्युवशं याति महाकालाय ते नमः।। 1 ।।

न कैश्चित्काम्यते मृत्युर्मृत्योर्नाम भयावहम्।
तथापि यान्ति भूतानि मृत्योर्मुखे समन्ततः।। 2 ।।

यः कश्चिज्जायते लोके परलोकं प्रयाति सः।
मृत्युरास्ते द्वयोर्मध्ये सेतुरूपः सनातनः।। 3 ।।

ध्रुवं सत्यं परिज्ञाय महायात्रास्थलं महत्।
परित्यज्य भयं शोकं मृत्युं तरति वै नरः।। 4 ।।

कालकीनाशसम्बद्धो विषयो यः पुरस्कृतः।
शास्त्रदृष्ट्या यथान्यायं तद्विवेको विधीयते।। 5 ।।

कौन ऐसा प्राणी है जिसमें जीवन के प्रति आग्रह और मृत्यु से उद्वेग नहीं होता? सभी जीवित रहना चाहते हैं, कोई भी मरना नहीं चाहता। इससे बढ़कर आश्चर्य क्या होगा कि प्रतिदिन प्रतिक्षण न जाने कितने मनुष्य यममन्दिर जा रहे हैं किन्तु जो शेष हैं, उनमें जीवन की उत्कट अभिलाषा, जिजीविषा बनी रहती है।[1] पंचदशीकार ने जीवन के प्रति इस आसक्ति को व्यक्त करते हुए कहा है –

इयमात्मा परानन्दः परप्रेमास्पदं यतः।
वा न भूवं भूयासमिति प्रेमात्मनीक्ष्यते।।[2]

1. अहन्यहनि भूतानि गच्छन्ति यममन्दिरम्।
शेषाः जीवितुमिच्छन्ति कुत आश्चर्यमितः परम्।। – *महाभारत*

2. *पंचदशी*, प्रथम प्रकरण (तत्त्वविवेक प्रकरण), 8।

"जीवेम शरदः शतम्" इत्यादि के द्वारा श्रुतियाँ भी इसी अर्थ का प्रतिपादन करती हैं। मृत्यु से उद्वेग की छाया "मृत्योर्माअमृतं गमय" इस कामना-वाक्य में भी परिलक्षित होती है। इस संसार के नाना क्लेश सहता हुआ भी मनुष्य मरना नहीं चाहता। यदि इस लोक में सबसे बड़ा कोई भय है तो वह है "मरणभय"। इस मरणभय से ऋण के लिए मनुष्य अपनी प्रिय से भी अधिक प्रिय भौतिक वस्तु का परित्याग करने के लिए तैयार रहता है। यहाँ तक कि वह अपनी पत्नी, सन्तानादि का त्याग कर सकता है, अपना अंग-भंग करा सकता है। निष्कर्षतः यह कहना असंगत न होगा कि केवल मनुष्य ही नहीं प्राणिमात्र की यह इच्छा और सर्वतोभावेन चेष्टा होती है कि वह किसी-न-किसी रूप में बना रहे, मृत्यु को प्राप्त न हो।

"अथ मृत्युः कस्मात्?" अर्थात् मृत्यु कैसे? इसका स्वरूप क्या है? इस प्रकार की जिज्ञासा स्वाभाविक है। निश्चय ही इस विषय में अतीत काल से ही अत्यन्त गहन विचार हुआ है और नाना दृष्टियों से इसका विश्लेषण भी हुआ है। सामान्य व्यवहार में जहाँ हम जीवन के लिए "प्राणधारण" शब्द का प्रयोग करते हैं वहीं मृत्यु के लिए ठीक इसके विपरीत "प्राणत्याग" का प्रयोग किया जाता है। इसका स्पष्ट आशय है कि जब तक नासिका द्वारा वायु का संचार होता है तब तक "जीवन" है और जब यह क्रिया समाप्त हो जाती है अर्थात् नासिका से प्राणवायु का गमनागमन सहजतया समाप्त हो जाता है तब उस अवस्था को "मृत्यु" कहा जाता है। इसी आधार पर प्राण की श्रेष्ठता बतायी गयी है। इस सम्बन्ध में *छान्दोग्योपनिषद्* का यह आख्यान द्रष्टव्य है –

> एक बार सभी इन्द्रियों के साथ प्राण प्रजापति के पास गया और उसने निवेदन किया – "भगवन् हम लोगों में कौन सबसे बड़ा है?" भगवान् प्रजापति ने स्पष्ट उत्तर दिया – "जिसके निकल जाने पर शरीर अत्यन्त हेय समझा जाए, वही सबसे बड़ा है।"
>
> ते ह प्राणाः प्रजापतिं पितरमेत्योचुः, भगवन् को नः श्रेष्ठः इति।
> तान् होवाच यस्मिन् व उत्क्रान्ते शरीरं पापिष्ठतरमिव दृश्येत स वः श्रेष्ठः।।[3]
>
> प्रजापति के इस उत्तर को श्रद्धेय न मानकर सबसे पहले वागिन्द्रिय ने शरीर का परित्याग किया। किन्तु इससे वक्तृत्वशक्ति के अतिरिक्त अन्य कुछ हानि न हुई। शेष इन्द्रियों ने यथावत् व्यापार किया। इसी प्रकार क्रमशः एक-एक करके सभी इन्द्रियों ने शरीर का परित्याग करके यह प्रत्यक्ष देखना चाहा कि देखें हमारे शरीर में न रहने से इस शरीर की हानि होती है अथवा नहीं? अर्थात् वह जीवित रहता है अथवा नहीं। परन्तु इन्द्रियों द्वारा शरीर का परित्याग कर देने पर भी उसमें प्राणवायु के अवस्थित रहते हुए वह जीवित रहा, मृत नहीं हुआ। इन्द्रियों की इस

---

3. *छान्दोग्योपनिषद्*, 5.1.7।

अश्रद्धा पर प्रजापति की प्रेरणा से प्राण (पंचक) ने शरीर त्याग का उपक्रम किया। उसके द्वारा ऐसा प्रारम्भ करते ही समस्त इन्द्रियाँ व्याकुल हो उठीं। उन सबने मिलकर प्राण से प्रार्थना की – "भगवन् एधि, त्वं नः श्रेष्ठोऽसि, मोत्क्रमीरिति।" अर्थात् हे भगवन् आप समृद्ध हो, आप हमसे श्रेष्ठ हैं। कृपया शरीर छोड़कर न जाइए।

वस्तुतः जन्म-मृत्यु की घटना सबको प्रत्यक्ष होती है, यह एक अनुभूत विषय है तथापि यह कहना प्रायः उचित ही है कि इसका वास्तविक रहस्य सबको ज्ञात नहीं है, ठीक वैसे ही जैसे सूर्य-चन्द्रादि को अतिसामान्य मनुष्य भी देखता है किन्तु उनके रहस्य को नहीं जानता। पूर्वजन्म-पुनर्जन्म, लोक-परलोक, और परम पर्यवसान रूप मोक्ष, इन सभी की अवधारणा के मूल में मृत्यु ही है किन्तु ये सब प्रत्यक्ष प्रमाण के द्वारा अविज्ञात हैं। अतः ये विषय अनादिकाल से विवादग्रस्त रहे हैं। यही कारण है कि बालक नचिकेता ने यमराज से यही प्रश्न पूछा था –

येयं प्रेते विचिकित्सा मनुष्येऽस्तीत्येके नायमस्तीति चैके।
एतद्विद्यामनुशिष्टस्त्वयाऽहं वराणामेष वरस्तृतीयः।।[4]

अर्थात् मरे हुए मनुष्य के विषय में यह जो संशय है कि कोई तो यह कहते हैं कि मरने के बाद भी यह रहता है और कोई कहते हैं कि यह नहीं रहता। अतः आपके द्वारा उपदिष्ट होकर मैं यह जानना चाहता हूँ। यही मैं अपना तीसरा वर माँगता हूँ।

यमराज ने नचिकेता से इस विषय की परम गूढ़ता बताकर उससे वर के रूप में कुछ अन्य पूछने को कहा।[5] इससे स्पष्ट होता है कि जन्म-मृत्यु का रहस्य वस्तुतः अतिगूढ़ है।

ब्राह्मण-ग्रन्थों और उपनिषद् ग्रन्थों में "मृत्यु" को नाना रूपों में परिभाषित किया गया है[6] –

1. अग्निर्वै मृत्युः – अग्नि मृत्यु है। – *मैत्रायणी* शाखा
2. प्राणो वै मृत्युः – प्राणमृत्यु है। – कण्वशाखा *शतपथ ब्राह्मण*
3. अवाङ् प्राणो वै मृत्युः – अवाङ् प्राण मृत्यु है। – माध्यन्दिन शाखा *शतपथ ब्राह्मण*
4. संवत्सरो मृत्युः। एष हीदमहोत्राभ्यामायुः क्षिणोति। अथ म्रियन्ते – संवत्सर मृत्यु है। यही दिन और रात्रि द्वारा आयु का क्षय करता है। अतः (लोग) मरते हैं। – माध्यन्दिन शाखा *शतपथ ब्राह्मण*

---

4. *कठोपनिषद्*, 1; 1; 20।
5. *वही*, 1,1,21, देवैरत्रापि विचिकित्सितं पुरा न हि सुविज्ञेयमणुरेष धर्मः।
6. *कल्याण-विशेषांक*, वर्ष 43, अंक, पृ॰ 14-15।

5. अशनाया वै मृत्युः – बुभुक्षा मृत्यु है। – *जैमिनीय ब्राह्मण*
6. प्रजापतिर्वै मृत्युः – प्रजापति ही मृत्यु है। *वही*। (प्रजापति)
7. श्रमो वै मृत्युः। आदित्यो मृत्युः – श्रम मृत्यु है। आदित्य भी मृत्यु है। – *शतपथ ब्राह्मण*
8. अहोरात्रे मृत्युः – दिन और रात्रि मृत्यु है – जैमिनीय ब्राह्मण
9. अग्निवायुसूर्यचन्द्रमसा मृत्यवः – अग्नि वायु, सूर्य और चन्द्रमा, ये मृत्यु हैं। – *जैमिनीय ब्राह्मण*

यहाँ जिसे-जिसे "मृत्यु" कहा गया है, वही-वही मृत्यु के हेतु हैं। कारण और कार्य में अभेद मानकर उनकी मृत्यु रूपता प्रतिपादित की गयी है। मनुष्य के शरीर में अग्नि रहती है। वैश्वानर अग्नि ही आहार-पाचन करता है।[7] और उसी के कारण शरीर में ओज और उष्णता रहती है। यह अनुभव का विषय है कि उस अग्नि के शान्त हो जाने पर मृतक का शरीर ठण्डा हो जाता है अतः अग्नि को मृत्यु कहा गया है। दूसरा पक्ष यह भी है कि शरीर में अग्नि का अतिशयाधिक्य (शरीर के ताप का अत्यधिक बढ़ना) भी मृत्यु का कारण होता है। प्राण की मृत्युरूपता का संकेत पूर्व में किया जा चुका है। श्रम भी अग्नि रूप है। श्रम से शक्ति का क्षय और शरीर के ताप की वृद्धि होती है। अतः निरन्तर श्रम अथवा असह्य श्रम भी मृत्यु का कारण बनता है। अशना = भूख को मृत्यु कहा गया है। हम सभी जानते हैं कि लोक में भुखमरी आम बात है। इस संसार में प्रतिवर्ष लाखों जीव कुपोषण अथवा भूख से मरते हैं। इसी प्रकार सूर्य, चन्द्रमा, अहोरात्र और संवत्सर को भी मृत्यु कहा गया है। ये या तो कालरूप हैं अथवा काल के कारकरूप। काल = समय की गणना हम किसी भी व्यक्ति या वस्तु की जीवितावर्धन अर्थात् आयु के लिए करते हैं। प्रत्येक वस्तु या व्यक्ति की एक निश्चित आयु होती है। आज तो सजीव ही नहीं, निर्जीव (यथा भवन, सेतु, यन्त्रादि) पदार्थों की भी आयु मानी जाती है। कोई भी काल की दृष्टि से नहीं बचता। सृष्टि के इस नियम को मृत्यु के सन्दर्भ में देखा जाए तो नचिकेता का वचन स्मरण आता है –

सस्यमिव मर्त्यः पच्यते सस्यमिवाजायते पुनः।।[8]

अर्थात् मरणधर्मा मनुष्य फसल (अन्न या अनाज) की तरह पकता (पककर झड़ता) है और अनाज की ही तरह पुनः पैदा होता है।

---

7. अहं वैश्वानरो भूता प्राणिनां देहमाश्रितः।
प्राणापानसमायुक्तः पचाम्यन्नं चतुर्विधम्।। – *श्रीमद्भगवद्गीता*, 15,14।
भगवान् श्रीकृष्ण कहते हैं – "मैं ही वैश्वानर नामक अग्नि होकर, प्राणियों के शरीर में स्थित होकर, प्राण और अपान से अच्छी तरह मिलकर चार प्रकार के अन्नों (आहार) खाद्य, पेय, लेह्य और चोष्य को पचाता हूँ।"

8. *कठोपनिषद्* 1,1,6।

काल का कार्य ही प्राणियों को पकाना (अर्थात् मृत्यु को प्राप्त कराना) है।[9] यहाँ एक बात विचारणीय है कि स्वाभाविक अवस्था प्राप्त मृत्यु के अतिरिक्त प्राणियों की अकारण मृत्यु भी होती है उसका स्पष्टीकरण तो उपर्युक्त आधार पर अथवा *श्रीमद्भगवद्गीता* के वचन "वासांसि जीर्णानि . . . " के आधार पर नहीं दिया जा सकता।

संसारवृक्षकान्नित्यं कालो धूनयते महान्।
सह पक्वैः फलैस्तत्र निपतन्तीतराण्यपि।।

जैसे किसी फलदार वृक्ष को कोई बल लगाकर हिलाये तो पके हुए फलों के साथ कुछ कच्चे फल भी गिर पड़ते हैं। वैसे ही यह महान् काल (समय) नित्य ही इस संसार रूपी वृक्ष को झकझोरता है, तो पके हुए (पूर्णायु) फलों (प्राणियों) के साथ कुछ अन्य कच्चे (अपूर्णायु) फल (प्राणी) भी टपक पड़ते हैं।

ईशोपनिषद् में अविद्या के द्वारा मृत्यु को पार करने की बात कही गई है –

अविद्यया मृत्युं तीर्त्वा विद्ययामृतमश्नुते।[10]

> अर्थात् कर्मों के यथार्थ अनुष्ठान से मृत्यु को पार करके ज्ञान के यथार्थ अनुष्ठान से अमृत अर्थात् मोक्ष को प्राप्त कर लेता है।

उक्त कथन से प्रतीत होता है कि मृत्यु के इस पार संसार (विनाशिता) और उस पार मोक्ष (अविनाशिता) है। मृत्यु मध्यस्थ है। जैसे नदी के पार किसी स्थान पर जाने के लिए नाव, आदि साधन से उस नदी को पार करना अनिवार्य है, बिना नदी को लाँघे, पार के स्थान को नहीं पहुँच सकते। वैसे ही अविद्या रूप साधना से मृत्यु को लाँघकर विद्या रूप साधन से मोक्ष तक पहुँचते हैं।

मृत्युविषयक ज्ञान प्राप्त करने के लिए *कठोपनिषद्* का विशिष्ट महत्त्व है। इसका प्रारम्भ भी मृत्यु के उल्लेख से होता है। बालक नचिकेता के पिता ने उसे "मृत्यु" को दे दिया।[11] यहाँ मृत्यु का अर्थ "यम" नामक देवताविशेष से है। नचिकेता सोचता है कि मुझसे यम को क्या प्रयोजन? नचिकेता पिता की आज्ञा का पालन करता हुआ मृत्यु अर्थात् यम के घर जाता है और उनसे संवाद करता है। वह यम से मृत्यु के बारे में पूछताछ करता है और पूछता है कि मरने के पश्चात् जीव का क्या होता है? मृत्यु = यम। उसे पर्याप्त आनाकानी करने के पश्चात् बतलाता है। *कठोपनिषद्* के अनुसार, नचिकेता अग्नि को शास्त्रोक्त विधि से तीन बार अनुष्ठान करने वाला, ऋक्, साम और यजुस् से सम्बन्ध जोड़कर, यज्ञ-दान-तप रूप

---

9. अस्मिन्महामोहमये कटाहे सूर्येन्दुना रात्रिदिवेन्धनेन।
मासर्तुदर्वीपरिघट्टनेन भूतानि कालः पचतीति वार्ता।। – *महाभारत*

10. *ईशोपनिषद्*, 11.

11. तं होवाच मृत्यवे त्वा ददामीति। – *कठोपनिषद्* 1,1,4

तीन कर्मों को नित्य निष्काम भाव से करने वाला मनुष्य जन्म और मृत्यु से परे हो जाता है।[12]

पुनः कहा गया कि इन तीनों को भली-भाँति जानकर जो अनुष्ठाता विद्वान् नचिकेता अग्नि का चयन करता है, वह अपने समक्ष ही मृत्यु को काट डालता है।[13]

कठोपनिषद् में "मृत्यु" को परमेश्वर (अनिर्वचनीय देव) के भोजन का उपसेचन (भोज्य वस्तु के साथ लगाकर खाने वाला व्यंजन, तरकारी, चटनी, आदि) कहा गया है। यहाँ परमेश्वर (महाकाल) को ही सभी मनुष्यों का आहार करने वाला कहा गया है। मृत्यु भी उसके अधीन है।[14] बाह्य भोगों का सासक्तिपूर्वक सेवन, मृत्यु का कारण कहा गया है। जो अज्ञानी बाह्य भोगों में ही सर्वथा लीन रहते हैं वे मृत्यु के बन्धन में पड़ते हैं।[15] जिसके भय से मृत्यु भी अपने कार्य को करने के लिए दौड़ती है।[16] उस परमात्मा को जो यथार्थतः नहीं अनुभव वह मृत्यु से मृत्यु को प्राप्त करता है अर्थात् बार-बार जन्म-मरण को प्राप्त होता है।[17]

प्राणापान से परे जीवन के परम कारण को *कठोपनिषद्* में इस प्रकार से बतलाया गया है –

> न प्राणेन नापानेन मर्त्यो जीवति कश्चन। इतरेण तु जीवन्ति यस्मिन्नेतावुपाश्रितौ।।
> हन्त त इदं प्रवक्ष्यामि गुह्यं ब्रह्म सनातनम्। यथा च मरणं प्राप्य आत्मा भवति गौतम।।[18]

अर्थात् कोई भी मरणधर्मा प्राणी, न ही प्राण से और न ही अपान से जीवित रहता है अपितु जिसके आश्रय से ये दोनों शरीर में रहते हैं, ऐसे किसी अन्य से ही, सनातन ब्रह्म से ही जीवित रहता है। मृत्यु के पश्चात् (मृत्यु को प्राप्त करके) वह आत्मा ही (शेष) रहता है।

यहाँ जन्म और मृत्यु की परम कारणता की ओर संकेत किया गया है। वस्तुतः जन्म और मृत्यु की अवधारणा यहाँ इस प्रकार संकेतित है –

---

12. त्रिणाचिकेतस्त्रिभिरेत्य सन्धिं त्रिकर्मकृत्तरति जन्ममृत्यू।
    ब्रह्मजज्ञं देवमीड्यं विदित्वा निचाय्येमां शान्तिमत्यन्तमेति।। – वही, 1,1,17
13. त्रिणाचिकेतस्त्रयमेतद्विदित्वा य एवं विद्वाँश्चिनुते नाचिकेतम्।
    स मृत्युपाशान् पुरतः प्रणोद्य शोकातिगो मोदते स्वर्गलोके।। – वही, 1.1.18
14. यस्य ब्रह्म च क्षत्रं च उभे भवत ओदनः।
    मृत्युर्यस्योपसेचनं क इत्था वेद यत्र सः।। – वही, 1.2.25
15. पराचः कामाननुयन्ति बालास्ते मृत्योर्यन्ति विततस्य पाशम्। – वही, 2.1.2.
16. भयादस्याग्निस्तपति भयात्तपति सूर्यः।
    भयादिन्द्रश्च वायुश्च मृत्युर्धावति पंचमः।। – वही, 2.3.3. एवं *तैत्तिरीय*, 2.8.
17. यदेवेह तदमुत्र यदमुत्र तदन्विह। मृत्योः स मृत्युमाप्नोति य इह नानेव पश्यति। मनसैवेदमाप्तव्यं नेह नानास्ति किंचन। मृत्योः स मृत्युं गच्छति य इह नानेव पश्यति।। – *कठोपनिषद्*, 2.1. 10-11
18. *कठोपनिषद्*, 2.2 5-6।

शरीरात्मसंयोगो जन्म, शरीरात्मवियोगो मृत्युः।

शरीर से आत्मा का संयोग ही जन्म है और शरीर से आत्मा का वियोग ही मृत्यु है।

उस आत्मा के शरीर में रहते ही सारी इन्द्रियाँ अपने व्यापार में प्रवृत्त होती हैं और प्राणादि शरीर को धारण करते हैं। अतः जन्म और मृत्यु शरीर का होता है, आत्मा का नहीं। अतः मृत्यु को प्राप्त होने के कारण शरीर को मरणधर्मा कहा जाता है।

जब मनुष्य सभी कामनाओं से रहित हो जाता है, जब उसके हृदय से अहंता-ममता रूप सभी अज्ञान ग्रन्थियाँ खुल जाती हैं, तब उसे उस आत्मा (ब्रह्म) का अनुभव होता है और वह मरण से मुक्ति पा जाता है।

यदा सर्वे प्रमुच्यन्ते कामा येऽस्य हृदि श्रिताः। अथ मर्त्योऽमृतो भवत्यत्र ब्रह्म समश्नुते। यदा सर्वे प्रभिद्यन्ते हृदयस्येह ग्रन्थयः। अथ मर्त्योऽमृतो भवत्येताव-दद्ध्यनुशासन्म।।[19]

ऐतरेयोपनिषद् में मृत्यु को अपान रूप कहा गया है। मृत्यु अपान वायु के रूप में नाभि में प्रवेश करता है।[20] इसी उपनिषद् में अन्न को आयु कहा गया है और अपान वायु द्वारा ही शरीर में अन्न का ग्रहण होता है।[21] ध्यातव्य है कि अशना (बुभुक्षा = भूख) को मृत्यु कहा गया है। अतः अन्न का आयुष्ट्व प्रमापित होता है। शरीर का यह स्थूल रूप अन्नमय कोश कहा जाता है। अन्न के सतत अभाव से यह शरीर क्रमशः क्षीण होता हुआ अन्ततः मृत्यु को प्राप्त हो जाता है। *तैत्तिरीयोपनिषद्* में भी कहा गया है कि ये सभी प्राणी अन्न से उत्पन्न होते हैं, उत्पन्न हुए प्राणी अन्न से ही जीवित रहते हैं और अन्ततः अन्न में ही प्रविष्ट हो जाते हैं।[22] जीवन का कारण अन्न है। इसी प्रकार वहाँ प्राण, मन, विज्ञान और आनन्द को जीवन का कारण कहा गया है।[23] अन्न को प्राणरूप बतलाते हुए कहा गया है कि प्राण में शरीर और शरीर में प्राण प्रतिष्ठित है। अतएव शरीर में अन्न और अन्न में शरीर प्रतिष्ठित है।[24] इस प्रकार अन्नप्राण को शरीर का कारण माना गया है। आशय यह है कि अन्न अथवा प्राण का अभाव ही शरीर की मृत्यु है।

---

19. *कठोपनिषद्*, 2.3.14।
20. मृत्युरपानो भूत्वा नाभिं प्राविशत्। – *ऐतरेयोपनिषद्*, 1.2.3
21. तदपानेनाजिघृक्षत्तदावयत् सैषोन्नस्य ग्रहो यद्वायुरन्नायुर्वा एष यद्वायुः। – वही, 1.3.10
22. अन्नाद्धयेव खाल्विमानि भूतानि जायन्ते। अन्नेन जाता जीवन्ति। अन्नं प्रयन्त्यभिसंविशन्ति। – *तैत्तिरीयोपनिषद्*, 3.2
23. *तैत्तिरीयोपनिषद्*, 3.3-4-5-6।
24. प्राणो वा अन्नम्। शरीरमन्नादम्। प्राणे शरीरं प्रतिष्ठितम्। शरीरे प्राणः प्रतिष्ठितः। तदेतदन्नमन्ने प्रतिष्ठितम्। – वही, 3.7

श्वेताश्वतरोपनिषद् में कहा गया है कि ध्यानयोग की सिद्धि हो जाने पर जब योगी पंच महाभूतों पर अधिकार कर लेता तब योगाग्निमय शरीर को प्राप्त किये हुए उस योगी के शरीर में न तो कोई रोग होता है, न वृद्धता आती है और न ही उसकी मृत्यु होती है।[25]

श्रीमद्भगवद्गीता को सभी उपनिषदों का सारभूत कहा गया है। *गीता*, गाय-रूपी सभी उपनिषदों का दुहा गया दुग्धामृत है। अतः विद्वान् को मोह (भ्रम) नहीं होता। उपनिषदों में वर्णित विषय, *गीता* में अवश्य उपलब्ध होते हैं। उपनिषदों में वर्णित मृत्यु का स्वरूप भी *गीता* में अनेकत्र अनेकधा विशदतया वर्णित है।

श्रीमद्भगवद्गीता में स्पष्टतः कहा गया है कि इस शरीर की जैसे कौमार, यौवन और वृद्धावस्थायें हैं, वैसे ही मृत्यु भी है। अतः विद्वान् को मोह (भ्रम) नहीं होता।[26] यहाँ स्पष्टतः कहा गया कि देही (आत्मा) के आश्रय से ही शरीर की ये अवस्थायें होती हैं। शरीर की मृत्यु वस्तुतः देही की देहान्तरप्राप्ति ही है। क्योंकि वह देही न तो पैदा होता है और न ही मरता है।[27]

वह तो समय-समय पर पुराने शरीरों को छोड़कर नये शरीर उसी तरह धारण करता है जैसे मनुष्य फटे-पुराने कपड़े छोड़कर नये कपड़े धारण करता है।[28] मृत्यु की अनिवार्यता बतलाते हुए कहा गया है कि जो शरीर पैदा हुआ है उसकी मृत्यु निश्चित है और जो मरा है उसकी उत्पत्ति निश्चित है। अतः इन अपरिहार्य विषयों में शोक नहीं करना चाहिए।[29] विषय-वासना का ही सदैव ध्यान करने से उसमें आसक्ति पैदा होती है, आसक्ति से काम, काम से क्रोध उत्पन्न होता है। क्रोध से सम्मोह और सम्मोह से स्मृतिनाश, स्मृतिनाश से बुद्धिनाश और बुद्धिनाश से शरीरनाश हो जाता है।[30] इस प्रकार मृत्यु के मूल में विषय-वासनाओं में अतिशय आसक्ति कही गयी है और अन्ततः बुद्धि के नष्ट हो जाने पर शरीर के विनाश अर्थात् मृत्यु को निश्चय कहा गया है।

---

25. पृथ्व्यप्तेजोऽनिलखे समुत्थिते पंचात्मके योगगुणे प्रवृत्ते। न तस्य रोगो न जरा न मृत्युः प्राप्तस्य योगाग्निमयं शरीरम्।। – *श्वेताश्वतरोपनिषद्*, 2.12
26. देहिनोऽस्मिन् यथा देहे कौमारं यौवनं जरा। तथा देहान्तरप्राप्तिर्धीरस्तत्र न मुह्यति।।
 – *श्रीमद्भगवद्गीता*, 2.13
27. न जायते म्रियते वा कदाचिन्नायं भूत्वा भविता वा न भूयः।
28. वासांसि जीर्णानि यथा विहाय नवानि गृह्णाति नरोऽपराणि।
 तथा शरीराणि विहाय जीर्णान्यन्यानि संयाति नवानि देही।। – वही, 2.22
29. जातस्य हि ध्रुवो मृत्युर्ध्रुवं जन्म मृतस्य च। तस्मादपरिहार्येऽर्थे न त्वं शोचितुर्महसि।।
30. ध्यायतो विषयान्पुंसः संगस्तेषूपजतायते। संगात्संजायते कामःकामात्क्रोधोऽभजायते।।
 क्रोधादभवति सम्मोहःसम्मोहात्स्मृतिविभ्रमः। स्मृतिभ्रंशाद् बुद्धिनाशो बुद्धिनाशात्प्रणश्यति।।
 – वही, 2.62-63।

भगवान कृष्ण ने स्वयं को यम,[31] काल[32] और मृत्यु[33] कहा है। इस प्रकार वे ही मृत्यु हैं। उन्होंने आगे भी संसार के विनाश के लिए प्रवृत्त अपने को कालरूप बताया है[34]। मृत्यु-संसार-सागर से उबारने वाले भी स्वयं परमेश्वर हैं। अतः मृत्यु से बस बचने के लिए एकनिष्ठ होकर उनका ध्यान करना चाहिए।

इस प्रकार, संक्षेपतः उपनिषदों और *श्रीमद्भगवद्गीता* के आधार पर मृत्यु-सम्बन्धी अवधारणा को प्रस्तुत करने का यत्किंचित् प्रयास किया गया। वस्तुतः शरीर को चेतन तत्त्व (देही, शरीरी, आत्मा, पुरुष अथवा जिस किसी संज्ञा से बोधित होने वाले) से वियोग ही मृत्यु है।

उपनिषदां मतं सम्यग्गीतामुखविनिःसृतम्।
मृत्योस्स्वरूपमाख्यातं मनःशान्तिसमृद्धये।। 6 ।।

---

31. यमः संयमतामहम्। – वही, 10.29
32. कालः कलयतामहम्। – वही, 10.30
33. अहमेवाक्षयः कालः। – वही, 10.34
34. कालोऽस्मि लोकक्षयकृत्प्रवृद्धो लोकान् समाहर्तुमिह प्रवृतः। – वही, 11.32

11

मृत्युविमर्श
विष्णु पुराण तथा अग्नि पुराण में विद्यमान यमगीताओं के सन्दर्भ में

– कपिलदेव पाण्डेय

आयुष्य-समाप्ति का नाम मृत्यु है। मृत्यु के देवता यम माने गये हैं। *अमरकोश* में दिये गये यम के चौदह पर्यायवाची शब्दों में तीन विशेष महत्त्वपूर्ण हैं – यम, काल और वैवस्वत।[1] "यमयति कलयति आयुः इति यमः (यम्+अच्) कल्+अण्=कालः। विवस्तो अपत्यम् वैवस्वतः (विवस्वत्+अण्)।" *कठोपनिषद्* में भी यमराज अर्थात् मृत्यु देवता को सूर्य का पुत्र वैवस्वत बताया गया है। काल का एक अर्थ समय भी होता है, जो सूर्य से ही उद्‌भूत या नियन्त्रित होता है। सूर्य की गति से ही दिन-रात, सौर-मास, संक्रान्ति, वर्ष, अर्यमन, युग और कल्प बनते हैं। काल अर्थात् मृत्यु के सन्दर्भ में भी सूर्योद्‌भूत कालात्यय आयुष्य के उपचयापचय की कल्पना है। लोकव्यवहार में भी मृत्यु को व्यक्ति विशेष कायाजीव का काल आ जाने की बात कही जाती है। परिवर्तन की प्रक्रिया के अन्तर्गत शरीरापचय हेतु काल उपस्थित होने पर मृत्यु हो जाती है। मेदिनीकोषकार ने मृत्यु के दो पर्याय दिये हैं – मरण और यम (मृत्युर्मा मरणे यमे)। इस लोक में जो कुछ भौतिक या स्थूल है अर्थात् जिस पर देश-काल तथा कारण-कार्य-नियम का प्रभाव पड़ता है, जिसके पूर्वरूप का नाश और पररूप की सृष्टि होती है, उसकी मृत्यु होती है तथा जो देश-काल एवं कारण-कार्य-नियम से परे है, उसकी कभी मृत्यु नहीं होती, वह मृत्युरहित है, वह अमर है। शरीर की मृत्यु होती है, आत्मा की नहीं। शरीर में उपचयापचयरूप में परिवर्तन होते हैं। मृत्यु का अर्थ आत्यन्तिक विनाश नहीं है, इसका सीधा-सादा अर्थ है परिवर्तन। स्थूल शरीर ही नहीं सूक्ष्म शरीर भी परिवर्तनरूप मृत्यु को प्राप्त होता है। जैसे स्वप्न में हमारे मन द्वारा निर्मित शरीर, जिसे पञ्चभौतिक नहीं कह सकते हैं।

---

1. *अमरकोश*, 1.1.58-59।

परमेश्वर पृथक् रुपों में तीन कार्य करते हैं – सृष्टि, पालन और नाश। नाश कार्य का ही नाम मृत्यु है। परमेश्वर सबकी मृत्यु हैं। *अथर्ववेद*[2] में कहा गया है – "आचार्यो मृत्युः"। कहीं-कहीं "मृत्युराचार्यस्तव" ऐसा ब्रह्मचारी को सम्बोधित करके कहा गया है। इस प्रकार निष्कर्ष निकला कि आचार्य (गुरु) मृत्यु है। द्विजन्म मान्यता के सन्दर्भ में इसकी सिद्धि होती है, क्योंकि माता-पिता से जात ब्रह्मचारी जब गुरुकुल में आचार्य के सम्मुख उपस्थित होता है, उसकी मृत्यु होती है और उसका द्वितीय जन्म आचार्य तथा सावित्री से होता है। *अथर्ववेद*[3] में उल्लेख है – "मृत्योरहं ब्रह्मचारी यदस्मि निर्याचन, भूतात्पुरुषं यमाप"। यहाँ ब्रह्मचारी मृत्यु को समर्पित हुआ होता है।

मृत्युहेतु उपचयापचयजन्य परिवर्तन को रोकना ही मृत्यु पर विजय या यमयातना से मुक्ति है। विष्णुपुराणस्थ *यमगीता* के अनुसार –

> किङ्कराः पाशदण्डाश्च न यमो न च यातनाः।
> समर्थास्तस्य यस्यात्मा केशवालम्बनस्सदा।।[4]

"केशवालम्बन" का तात्पर्य है, एक विशिष्ट जीवन-शैली, जो शरीर के उपचयापचय तथा परिवर्तन को रोक सके। इसी प्रकार *अग्नि पुराण* की *यमगीता* में भी मुक्ति का मार्ग बताया गया है, जिसका अर्थ है जन्म तथा मृत्यु पर विजय। यहाँ कहा गया है, कि पुरुष ही परम तत्त्व है, जहाँ पहुँचने पर किसी प्रकार का परिवर्तन नहीं होता –

> पुरुषान्न परं किंचित सा काष्ठा सा परा गतिः।[5]

प्रस्तुत प्रसंग में यह उल्लेखनीय है कि विष्णुपुराणस्थ *यमगीता* ने बताया है कि सर्वथा परम तथा चरम सर्वोच्च तत्त्व विष्णु के सच्चे निष्ठावान् भक्त को यमयातना नहीं होती। यह बात *यमगीता* के अन्तिम श्लोक में स्वयं वैवस्वत यम ने बतायी है।[6] *विष्णु पुराण* के तृतीय अंश में वर्णित विभिन्न अन्य विषयों के सातत्य में *यमगीता* में प्रतिपादित विष्णु-भक्ति के वर्णन का कोई औचित्य प्रतीत नहीं होता। *यमगीता* का यह अध्याय सम्भव है बाद में जोड़ दिया गया। *यमगीता* के स्वरूप को देखते हुए यह निष्कर्ष निकाला जा सकता है कि पुराणों में विद्यमान गीताओं में यह *यमगीता* प्राचीनतम है। *गीता* विधा के विशेष, स्वरूपनिर्धारण के पूर्व यह लिखी गयी हो सकती है।

अग्नि पुराण का उपान्तिम अध्याय (382वाँ) भी *यमगीता* के रूप में प्रख्यापित है। यम के द्वारा *कठोपनिषद्* में नचिकेता को दिये गये कुछ उपदेश इस *यमगीता* में लिये गये हैं।

---

2. *अथर्ववेद*, 11.5.14।
3. *अथर्ववेद*, 6.133.6।
4. *विष्णु पुराण*, 3.7.38।
5. *अग्नि पुराण*, 382.28।
6. *विष्णु पुराण*, 3.7.39।

गीतायें चाहे *महाभारत* के अन्तर्गत की हों या पुराणों में, सभी उपदेशपरक हैं। गीताओं की कोई प्रतिपाद्य विषय-सम्बन्धी समरूपता नहीं है। सभी दार्शनिक या आध्यात्मिक ही हों, ऐसी भी बात नहीं है।

पूरा *विष्णु पुराण* विष्णु को सर्वोच्च तत्त्व के रूप में मानकर उनकी स्तुति करता है। सामान्य रूप से पुराणों में वर्णित सभी विषय (सर्ग, प्रतिसर्ग, वंश, मन्वन्तर और वंशानुचरित) इसके छः अंशों (भागों) में आ गये हैं। इसके अतिरिक्त यह पुराण बताता है, कि कैसे जन्म और मृत्यु के चक्र पर नियन्त्रण किया जा सकता है। केवल उन्तालीस श्लोकों में निबद्ध यह *यमगीता* सिखाती है कि कैसे कोई जीव मृत्यु के बन्धन से मुक्त हो सकता है। इसका मत है कि विष्णु को सच्चा भक्त यम की यातना से मुक्त रहता है। ब्रह्माण्ड में विभिन्न व्यक्त पदार्थ एक ही परम तत्त्व की अभिव्यक्ति हैं, प्रकाशन हैं, प्रकटीकरण हैं। एक ही तत्त्व व्यक्तावस्था में विविध नाम तथा रूप प्राप्त करता है। जैसे एक ही स्वर्ण भेदरहित होकर भी कटक, कुण्डल, इत्यादि नाना रूपों से व्यक्त होता है, वैसे ही एक ही विष्णु देव, मनुष्य, पशु, आदि विविध रूपों में अभिव्यक्त होते हैं।[7] ये रूप गुणों में विद्यमान सन्तुलन (साम्यावस्था) के भग्न होने के कारण उत्पन्न होते हैं और पुनः अन्त होने पर उसी सनातन परमात्मा में लीन हो जाते हैं। जैसे वायु के शान्त होने पर उसमें उड़ते हुए धूलिकणरूप परमाणु पृथ्वी में पुनः समाहित होकर एक हो जाते हैं, वैसे ही गुणक्षोभ से उत्पन्न हुए देवता, मनुष्य, पशु आदि उस सनातन परमात्मतत्त्व में लीन हो जाते हैं।[8] इस विवेचन के अनन्तर उन गुणों तथा स्वभावों का वर्णन किया गया है, जो विष्णु के सच्चे भक्त को अन्यों से पृथक् करते हैं। इसी सन्दर्भ में उस व्यक्ति का भी वर्णन किया गया है, जो विष्णु का भक्त नहीं है।

इस प्रकार इस लघु गीता में *विष्णु पुराण* के सार-तत्त्व को बताने का प्रयत्न किया गया है और बताया गया है कि विष्णु की भक्ति ही जन्म-मृत्यु के चक्र से किसी को मुक्ति दिला सकती है और अन्तिम पुरुषार्थ मोक्ष की ओर प्रवृत्त कर सकती है।

अग्निपुराणस्थ *यमगीता* के मात्र सैंतीस श्लोकों में बोध के अनेक उपाय बताये गये हैं,[9] जिनके आश्रयण से भोग तथा मोक्ष दोनों की प्राप्ति होती है तथा यमयातना तथा मृत्यु की भीति अपास्त हो जाती है। यह *यमगीता* मूलतः *कठोपनिषद्* के यम-नचिकेता-संवाद पर आधारित है, जिसे उद्धृत कर अग्निदेव ने वसिष्ठ को मृत्यु के संदर्भ में समझाया है। ब्रह्माण्ड तथा जीवों के क्षणिकत्व-स्वभाव की ओर ध्यान आकृष्ट करते हुए यहाँ कपिल एवं पंचशिख महर्षियों के मतों को यम ने उद्धृत किया है। इसके पश्चात् गंगा, विष्णु, जनक, इत्यादि के द्वारा बताये विभिन्न मार्गों की प्रशंसा की गयी है। जैगीषव्य का मत बताया गया है कि

---

7. *विष्णु पुराण,* 3.7.16।
8. तदेव, 3.7.17।
9. *अग्नि पुराण,* 382.2-5।

वेदत्रयी में प्रतिपादित कर्मों को कर्त्तव्य समझकर अनासक्त भाव से अनुष्ठित करना श्रेयस्कर है, क्योंकि कर्म सर्वोत्तम मार्ग है, जो ब्रह्म की ओर प्रवृत्त करता है। ज्ञानी पुरुष जगत् के जीवों तथा परम तत्त्व में कोई भेद नहीं देखता। यह *यमगीता* तपश्चर्या का महत्त्व बताती है, जिससे ज्ञान, बुद्धि, ईश्वर में विश्वास, सम्पन्नता, सौभाग्य, आदि की प्राप्ति होती है।[10] यहाँ विष्णु की उपासना एवं भक्ति, मुक्ति के सभी मार्गों में से एक मार्ग बताया गया है। विष्णु परम तत्त्व हैं, जिनका प्रख्यापन मात्र शब्दों से नहीं किया जा सकता। एक ही वह परम तत्त्व विभिन्न भक्तों के द्वारा विविध रूपों से जाने जाते हैं, जैसे यज्ञेश, विष्णु, शिव, ब्रह्मा, ईश्वर, इत्यादि। कुछ लोग इन्द्रादि नामों से तथा कुछ अन्य लोग सूर्य, चन्द्र या काल रूप से उस तत्त्व को पाना चाहते हैं। इनका प्रत्यभिज्ञान, ध्यान, भक्ति, व्रत, आदि की विधियों से सम्भव है। रथादि रूपक के माध्यम से मन तथा इन्द्रियों को नियन्त्रित करने के सम्बन्ध में बताया गया है कि बुद्धिरूपी सारथि के अविवेकी होने से रथरूपी शरीर संसारगर्त्त में गिर जाता है तथा वह जन्म-मृत्यु के चक्र से मुक्त नहीं होता। जो बुद्धिरूपी सारथि विवेकी होता है, वह इन्द्रियों तथा मन को नियन्त्रित रखने के कारण जन्म-मृत्यु से मुक्त हो परम पद को प्राप्त करता है।

योगमार्ग की चर्चा करते हुए *यमगीता* में बताया गया है कि यम-नियम के द्वारा जीव-ब्रह्मैक्य का ज्ञान प्राप्त किया जा सकता है। इसी क्रम में योग के सभी अंगों – यम, नियम, आसन, प्राणायाम, प्रत्याहार, धारणा, ध्यान और समाधि की भी चर्चा की गयी है। समाधि योग का अन्तिम चरण है, जिसमें जीव ब्रह्म का सामंजस्य रूप ऐक्य प्राप्त होता है। जैसे घट के फूट जाने पर घटाकाश महाकाश में विलीन होकर एक हो जाता है, वैसे ही मुक्त जीव शरीरपात के अनन्तर ब्रह्म (परम तत्त्व) में विलीन होकर एक हो जाता है। पुराणों में विद्यमान गीतायें या तो उपदेष्टा को महत्त्व देने के लिए या प्रतिपाद्य विषय को महत्त्व देने के लिए गीता कहलाती हैं। यमगीताएँ भी इसी श्रेणी में आती हैं। ये यह बताने के लिए कि सभी मार्ग एक ही गन्तव्य तक जाते हैं, ज्ञान के विविध विश्वासों तथा उपायों की चर्चा करती हैं।

विभिन्न पुराणों में विद्यमान सभी गीतायें एक ईश्वर को चाहे नाम कोई दें, परम तत्त्व मानती हैं और अन्य नामों से व्यपदिष्ट देवताओं को उसकी अभिव्यक्ति। जैसे *विष्णु पुराण* की *यमगीता, अग्नि पुराण* की *यमगीता* और *वराह पुराण* की *रुद्रगीता* में विष्णु परम तत्त्व के रूप में, *कूर्म पुराण* की *ईश्वरगीता* में शिव *परम तत्त्व* के रूप में स्वीकृत हैं और *देवी भागवत* में विद्यमान *देवीगीता* में देवी परम तत्त्व के रूप में वर्णित हैं। परम तत्त्व सभी मृत्यु के क्षेत्र से बाहर है, तदतिरिक्त सभी तत्त्व परिवर्तनशील हैं अर्थात् उन पर मृत्यु का नियन्त्रण है।

---

10. तदैव, 382.12-13।

पुराणों में विद्यमान सभी गीतायें कर्म को ब्रह्मज्ञान का साधन नहीं मानतीं, भले ही वे कर्म-नियम से सहमत हैं, कि सभी कर्मों का फल भोगना पड़ता है। पुराण भक्ति को ही ब्रह्म-ज्ञान का सर्वोत्तम साधन मानते हैं। ब्रह्म-ज्ञान के विविध मार्गों पर विचार करते हुए *यमगीता* कर्म-मार्ग को भी एक साधन मानती है, लेकिन वह उन्हीं कर्मों को जो अनासक्त भाव से किये गये हों –

> कर्त्तव्यमिति यत्कर्म ऋग्यजुःसामसंश्रितम्।
> कुरुते श्रेयसे संगात् जैगीषव्येण गीयते।।[11]

विष्णु पुराण की *यमगीता* तो कर्म बन्धन मानती है जो जन्म-मृत्यु के चक्र की ओर उन्मुख करता है –

> अंगुलस्याष्टभागोऽपि न सोऽस्ति मुनिसत्तम।
> न सन्ति प्राणिनो यत्र कर्मबन्धनिबन्धनाः।।
>
> सर्वे चैते वशं यान्ति यमस्य भगवन् किज।
> आयुषोऽन्ते तथा यान्ति यातनास्तत्प्रेचोदिताः।।[12]

यही बात *देवीगीता* में भी कही गयी है कि कर्म बन्धन के साधन हैं, मोक्ष के नहीं। केवल ज्ञान ही बन्धन के उच्छेद का काम करता है। बन्धन का उच्छेद और कर्म-मार्ग प्रकाश तथा अन्धकार के तुल्य हैं, जिनका सहभाव सम्भव नहीं है। अज्ञान के निवारण से ही ब्रह्म-ज्ञान सम्भव है। *अग्नि पुराण* की *यमगीता* कहती है – ब्रह्म-ज्ञान, सुवर्णादिदान, पवित्र तीर्थों में स्नान, ध्यान, व्रत, पूजा और धर्म के श्रवण आदि से जो प्राप्त होता है उसे कर्म-भक्ति कहते हैं, जिसमें कर्म और भक्ति दोनों का सम्मिश्रण होता है। केवल कर्म से जन्म-मृत्यु से मुक्ति नहीं मिल सकती। उसमें भक्ति या ज्ञान का सम्मिश्रण होना चाहिए।

भक्ति का अर्थ है निरन्तर, निर्बाध, सर्वदा ईश्वरविषयक चिन्तन। निरन्तर उपासना से जीव स्वयं ईश्वर हो जाता है –

> अधश्चोर्ध्वं हरिश्चाग्रे देहेन्द्रियमनोमुखे।
> इत्येव स स्मरन् प्राणान् यस्त्यजेत् सह हरिर्भवेत्।।[13]

इस प्रकार भक्तिपूर्ण जीवन-शैली से आचरण करने वाला सच्चा भक्त बार-बार यम के वश में नहीं आता। यम का नियन्त्रण उसी पर होता है, जो विष्णु या परम तत्त्व को समर्पित नहीं है। एक सच्चा भक्त वह है, जो स्वयं दूसरे प्राणियों एवं परम तत्त्व या वासुदेव में भेद नहीं मानता। वह विविध मनोमलों से मुक्त हो जाता है जो शरीर के उपचयापचयरूप परिवर्तन से उत्पन्न मृत्यु के हेतु हैं।

---

11. तदैव, 382.8।
12. *विष्णु पुराण*, 3.7.4-5।
13. *अग्नि पुराण*, 382.16।

12

गीता में मृत्यु की संकल्पना

– बंशीधर त्रिपाठी

गीता में मृत्यु की संकल्पना किस रूप में की गयी है इसे जानने के लिए इस ग्रंथ के विषय में दो बातों का जानना आवश्यक है। पहली, प्रस्थानत्रयी में *गीता* का क्या स्थान है; दूसरी, *गीता* तो एक है, पर इसके भाष्य अनेक, ऐसा क्यों?

प्रस्थानत्रयी में गीता का स्थान

परम्परागत रूप से प्रस्थानत्रयी में श्रौत, स्मार्त्त एवं दर्शन प्रस्थान आते हैं। श्रौत प्रस्थान के अन्तर्गत एकादश उपनिषदों की गणना की जाती है। *श्रीमद्भगवद्गीता* स्मार्त्त प्रस्थान के रूप में प्रतिष्ठित है। दर्शन प्रस्थान के अन्तर्गत बादरायण व्यासकृत *ब्रह्मसूत्र* आता है। इन तीनों प्रस्थानों के विवेच्य विषय ब्रह्म, जीव एवं प्रकृति हैं। क्या ये तीनों प्रस्थान समान रूप से प्रामाणिक माने जाते हैं अथवा इनमें कोई सोपानात्मकता है, विद्वानों एवं मनीषियों को यह प्रश्न उद्वेलित करता रहा है। मेरी दृष्टि में इन प्रस्थानों में सोपानात्मकता है। बादरायण व्यास ने अपनी तर्क-शक्ति, बुद्धि-शक्ति के बल पर *ब्रह्मसूत्र* की रचना की। आस्तिक दर्शनों में इनका स्थान सर्वोच्च माना जाता है। इसे उत्तर-मीमांसा भी कहा जाता है। उपनिषदों की रचना ऋषियों के माध्यम से हुई। वे औपनिषदिक मंत्रों के द्रष्टा माने जाते हैं (ऋषयो मन्त्रद्रष्टारः)। ऋषियों को मंत्रों का वक्ता भी माना जा सकता है (ऋषयो मन्त्रवक्तारः)। ऋषिगण मंत्रों के द्रष्टा हैं, वक्ता हैं, पर कर्ता नहीं। मंत्रों का कर्ता ईश्वर है। इसीलिए वेद को अपौरुषेय कहा जाता है। वेद के चार भाग हैं – *संहिता* (मन्त्र), *ब्राह्मण*, *अरण्यक* एवं *उपनिषद्*। वेद का अन्तिम भाग होने के कारण उपनिषद् को वेदान्त भी कहा जाता है। ऊपर जो कुछ कहा गया है उससे स्पष्ट है कि वेद न तो पूर्णतया पौरुषेय हैं और न ही पूर्णतः अपौरुषेय। वेद अंशतः पौरुषेय इस अर्थ में हैं कि ऋषिगण मन्त्रों के द्रष्टा व वक्ता हैं। वेद अंशतः अपौरुषेय इस अर्थ में हैं कि उनकी रचना ईश्वरीय है। अतः मेरी दृष्टि में वेद

पौरुषापौरुषेय हैं। *गीता* की स्थिति इन दोनों प्रस्थानों से भिन्न है। *गीता* स्वयं भगवान् की रचना मानी जाती है। कहा जाता है –

> गीता सुगीता कर्तव्या किमन्यैः शास्त्र विस्तरैः।
> या स्वयं पद्मनाभस्य मुखपदमाद्विनिःश्रिता।।

गीताकार योगीराज कृष्ण हैं। लोक में यह मान्यता प्रचलित है कि कृष्ण स्वयं भगवान् हैं (कृष्णस्तु भगवान् स्वयम्)। ऐसी स्थिति में प्रस्थानत्रयी में *गीता* का स्थान सर्वोच्च माना जाना चाहिए। *गीता* के बाद उपनिषद् का स्थान आता है क्योंकि इसकी रचना ऋषियों के माध्यम से हुई है। उपनिषद् आर्ष रचना है। ऋषियों ने अंतर्दृष्टि से मन्त्रों का दर्शन किया। *ब्रह्मसूत्र* का स्थान प्रस्थानत्रयी में सबसे नीचे है, क्योंकि इसकी रचना बुद्धि एवं तर्क-शक्ति के आधार पर की गयी है।

गीता एक भाष्य अनेक, ऐसा क्यों?

गीता एक है, पर इसके भाष्य अनेक हैं क्योंकि गीता एक अति ही दुरूह ग्रन्थ है। इसी दुरूहता के कारण व्याख्याकार एक श्लोक के अनेक अर्थ निकालते हैं। ज़हाँ *गीता* में आचार्य शंकर निर्विशेषाद्वैत की झलक पाते हैं, वहीं रामानुजाचार्य, निम्बार्काचार्य, वल्लभाचार्य एवं मध्वाचार्य को इससे क्रमशः विशिष्टाद्वैत, द्वैताद्वैत, शुद्धाद्वैत एवं द्वैत का प्रकाश मिलता है। *गीता* की दुरूहता के विषय में यहाँ दो प्रमाण प्रस्तुत हैं। पहला, *गीता* का प्रथम श्रोता अर्जुन है। द्वितीय अध्याय में योगीराज कृष्ण द्वारा कही गयी बातें अर्जुन की समझ में नहीं आतीं। भगवान् की ऊँची-ऊँची बातें सुनते-सुनते उसकी बुद्धि सम्भ्रम में पड़ जाती है। *गीता* का तीसरा अध्याय अर्जुन के ही वक्तव्य से प्रारम्भ होता है। वह बोलता है "भगवन्, जब आपके मतानुसार कर्म की तुलना में बुद्धि अथवा ज्ञान श्रेष्ठ है तो फिर आप मुझे कर्म में क्यों झोंक रहे हैं? आप अपनी अस्पष्ट एवं परस्पर विरोधी बातों से मेरी बुद्धि में व्यामोह पैदा कर रहे हैं। दो-टूक शब्दों में बोलिए, मुझे क्या करना है।" अर्जुन की इस बात से स्पष्ट है कि *गीता* में भगवान् ने जो कुछ कहा है उसमें दुरूहता अवश्य है। दूसरा, आचार्य शंकर ने प्रस्थानत्रयी पर भाष्य लिखा है। उपनिषद् और *ब्रह्मसूत्र* जैसे जटिल ग्रन्थ उन्हें दुरुह नहीं लगे परन्तु जब वे *गीता* पर भाष्य लिखने लगे तो उन्हें यह ग्रन्थ जटिल लगा। *गीता भाष्य* के उपोद्घात में वे लिखते हैं "तदिदं गीताशास्त्रं समस्त वेदार्थसार संग्रहभूतं दुर्विज्ञेयार्थम्. . . अतः तद्विवरणे यत्नः क्रियते मया।" अर्थात् यह गीता शास्त्र सभी वेदों का सार है लेकिन दुरुह भी है। इसलिए मैं इसका अर्थ बताने का प्रयास कर रहा हूँ।

गीता में प्रकृति, पुरुष एवं मृत्यु

गीता स्वयं उपनिषद् है, ब्रह्मविद्या है, योगशास्त्र है। प्रस्थानत्रयी में वह स्मार्त्त प्रस्थान है। इसमें जो कुछ कहा गया है, वह भारतीय चिन्तन का नवनीत है, निचोड़ है। *गीता* के विवेच्य विषय अनेक हैं। इनमें से मृत्यु एक है। इस ग्रन्थ में जहाँ कहीं भी आत्मतत्त्व का विवेचन

किया गया है, उसमें बार-बार यह बात कही गयी है कि आत्मतत्त्व नित्य है, अविनाशी है, अप्रमेय है, अच्छेद्य है, अदाह्य है, अक्लेद्य है, अशोष्य है, शाश्वत् है, सर्वगत है, स्थाणु है, अचल है, अव्यय है, सनातन है, अव्यक्त है, चेतन है, अचिन्त्य है, अविकारी है, अवध्य है, अज है, अमर है, त्रिगुणातीत है, किंवा स्वयं परमात्म तत्त्व है। जीव रूप में देह में स्थित है। आत्मतत्त्व का ही दूसरा नाम पुरुष है।

प्रकृति आत्मतत्त्व से भिन्न सत्ता है। प्रकृति त्रिगुणात्मिका होती है। इसमें सत्, रज, तम, तीन गुण होते हैं। प्रकृति का एक नाम माया भी है। माया अथवा प्रकृति को जड़ माना जाता है। जड़ होते हुए भी प्रकृति जीव की दृष्टि-क्रिया में व्यवधान उपस्थित करती है, सत्यासत्य, नित्यानित्य का ज्ञान प्राप्त करने में बाधा डालती है। प्रकृति एवं पुरुष के संयोग से ही जन्म अथवा सर्ग की प्रक्रिया प्रारम्भ होती है। सारी लीला, सारा प्रपंच, प्रकृति का है, माया का है, पुरुष अथवा आत्मतत्त्व को इस लीला का माध्यम बनाया जाता है। *गीता* की मान्यता है कि पुरुष अथवा आत्मतत्त्व न जन्म लेता है और न ही उसकी मृत्यु होती है। जन्म-मृत्यु तो प्रकृति का धर्म है। जब जड़ प्रकृति का संयोग अव्यक्त एवं चेतन पुरुष के साथ होता है तो वह अव्यक्त से व्यक्त हो जाता है। व्यक्त होने के कारण उसकी संज्ञा "व्यक्ति" होती है। व्यक्ति, वैसे तो भाववाचक संज्ञा है पर क्रमशः इसका प्रयोग जातिवाचक संज्ञा के रूप में होने लगता है।

आत्मतत्त्व अथवा पुरुष स्वभावतः अव्यक्त होता है। प्रकृति के सम्पर्क में आने के कारण वह अव्यक्त से व्यक्त होता जाता है। परन्तु जब प्रकृति से उसका पार्थक्य होता है तो वह पुनः अपनी मूलस्थिति अथवा अव्यक्त स्थिति को प्राप्त हो जाता है। प्रकृति से जीव का पार्थक्य ही मृत्यु है। ज्ञातव्य है कि आत्मतत्त्व में कृतित्व एवं भोक्तृत्व के गुण नहीं होते। परन्तु जब आत्मतत्त्व प्रकृति के सानिध्य में आता है तब उसमें भोक्तृत्व एवं कृतित्व जैसे गुण आ जाते हैं। वह प्रकृति के गुणों का भोग करने लगता है और प्रकृति से सान्निध्य के कारण ही उसका जन्म सत् और असत् योनियों में होता रहता है। पुरुष जब प्रकृति से संयोग की स्थिति में आता है तब वह देहगत हो जाता है। उसे देह में रस आने लगता है। वह देहगत ज्ञानेन्द्रिय-प्रावधानों का उपयोग करके उसी में रमने लगता है। उसे देह ठीक उसी प्रकार मधुर लगने लगती है जैसे कमलकोष में बन्द भ्रमर को कोष से रसानुभूति मिलती है। जीव अथवा पुरुष आँख, कान, नाक, त्वचा, जिह्वा तथा मन के माध्यम से विषय का सेवन करता है। देह में उसकी आसक्ति होने लगती है। भ्रमवश वह स्वयं को देह का पर्याय मान लेता है। जब पुरुष अथवा जीव देह से पृथक् होता है तो इस स्थिति को ही मृत्यु कहते हैं। पार्थक्य के इस क्रम में मृत्यु देह की होती है, जीव की नहीं। देह की मृत्यु भी देह के विनाश के अर्थ में नहीं होती। मृत्यु-क्रम में पंचभूतों से निर्मित देह तत्त्व-भूतों में पुनः लौट जाते हैं। भूतों का लौटकर अपनी मूल-स्थिति में जाना ही मृत्यु है। मृत्यु की घटना पुराने वस्त्रों को उतारने जैसी है। पुनर्जन्म की घटना नये वस्त्रों को धारण करने जैसी है।

पुनर्जन्म जीव के कर्मानुसार होता है। प्रकृति के सम्पर्क के कारण जीव में जिस गुण की प्रधानता होती है, उसी के अनुसार उसका अगला जन्म होता है। यदि जीव में तमोगुण की प्रधानता होती है तो गुणानुसार उसकी वैसी प्रवृत्तियाँ बन जाती हैं। उसका आगामी जन्म क्रमशः निम्नतर योनियों में होता रहता है। जीव का प्रवाह तिर्यक् योनियों की ओर बढ़ता रहता है। ज्ञातव्य है कि जीव द्वारा किये गये कर्म कभी नष्ट नहीं होते। तमोगुण प्रेरित कर्म जीव को अधोमुखी बनाते रहते हैं। यदि प्रकृति के सम्पर्क के कारण जीव में रजोगुण की प्रधानता होती है तो उसका अगला जन्म मध्यम श्रेणी में होता है। सतोगुण से प्रेरित जीव ऊर्ध्वगति वाला होता है। यदि सतोगुण प्रधान कोई जीव देहोत्सर्ग करता है तो उसे स्वर्ग की प्राप्ति होती है। चिरकाल तक स्वर्ग में रहने के बाद उसका जन्म उच्च कुल में होता है। अथवा ऐसा जीव किसी योगी के कुल में जन्म लेता है। इस प्रकार उसका क्रमिक उन्नयन होता रहता है। यदि जीव उन्नयन-क्रम में ब्रह्मलोक तक पहुँच जाता है तो वह जन्म-मरण के चक्र से मुक्त हो जाता है। ऐसी स्थिति को मोक्ष, निर्वाण अथवा कैवल्य कहा जाता है।

ब्रह्म और जीव के सम्बन्ध में अन्य चिन्तक

गोस्वामी तुलसीदास *मानस* में जीव और देह के सम्बन्ध को लेकर जो रूपक बाँधते हैं, उसका स्वर *गीता* से भिन्न है। गोस्वामी जी मानते हैं कि प्रकृति जड़ है और जीव चेतन। इन दोनों के बीच मिलन की एक गाँठ बन गयी है। यह गाँठ इतनी उलझ गयी है कि इसे सुलझाना सब जीवों के बस की बात नहीं है। गोस्वामी जी के अनुसार देह में जीव की स्थिति वही है जो पिंजड़े में तोते और मदारी की डोर से बँधे बन्दर की होती है। *गीता* का जीव ऐसी दासता की स्थिति में नहीं है। गीता का जीव तो अपने गुणकर्मानुसार देह का वरण करता है, देह को उपकरण बनाकर उसका उपभोग करता है। देहगत ज्ञानेन्द्रियों के माध्यम से वह बाह्य एवं देहान्तरिक जगत् का रसास्वादन करता है। देह में वह दास्यभाव से न रहकर स्वामीभाव से रहता है।

कबीर देह को घट और जीव को घटजल के रूप में प्रस्तुत करते हैं। घटजल का दृष्टान्त और *गीता* का जीव एक-दूसरे से भिन्न हैं। घटजल में पुरुषार्थ का नितान्त अभाव रहता है जबकि *गीता* के देहस्थित जीव में पुरुषार्थ की प्रधानता रहती है। जीव के पुरुषार्थ के आधार पर ही उसके अगले जन्मों का स्वरूप निर्धारित होता है। इसी प्रकार घटाकाश की संकल्पना भी *गीता* वर्णित जीव-देह सम्बन्ध से बिल्कुल भिन्न है। ज्ञातव्य है कि घटजल और घटाकाश में न तो कर्तृत्व है और न ही भोगतृत्व जबकि *गीता* के जीव में ये दोनों गुण हैं। मेरी मान्यता है कि *गीता* में जीव और देह की जो संकल्पना प्रस्तुत की गयी है, वही जन्म एवं मृत्यु की गुत्थियों को सुलझाने में सक्षम है।

13

मृत्यु की अवधारणा
भारतीय दर्शन के परिप्रेक्ष्य में

– रघुनाथ गिरि

भारतीय दर्शन की दृष्टि से जब किसी सिद्धान्त, मान्यता या अवधारणा का विवेचन प्रारम्भ किया जाता है तब सर्वप्रथम यह प्रश्न उठता है कि क्या इस सिद्धान्त, मान्यता या अवधारणा की चर्चा भारतीय चिन्तन के मूल स्रोत *ऋग्वेद* में कहीं उपलब्ध है? यदि *ऋग्वेद* में इसकी चर्चा का प्रदर्शन कर दिया जाता है तो इससे यह सिद्ध हो जाता है कि वह सिद्धान्त या अवधारणा कोई नवीन अवधारणा नहीं है अपितु भारतीय चिन्तन के आरम्भ बिन्दु से ही उस अवधारणा पर विचार होता आ रहा है। इसलिए मृत्यु की अवधारणा पर विचार करते समय भारतीय चिन्तन के मूल स्रोत वैदिक संहिता से ही इस अवधारणा पर विचार आरम्भ किया गया है।

ऋग्वेद संहिता के नासदीय सूक्त में यह उल्लेख मिलता है कि एक समय ऐसा भी था जब न असत् था और न सत् था, न मृत्यु थी और न अमृत था, न दिन था और न रात्रि थी, आदि।[1] इस कथन से मृत्यु के अस्तित्व का निषेध तो हो रहा है किन्तु मृत्यु की अवधारणा की पुष्टि हो रही है। इस कथन से तार्किक दृष्टि से एक और भी तथ्य उद्घाटित हो रहा है कि मृत्यु और जीवन में तार्किक विरोध नहीं है अपितु मृत्यु एवं अमृतत्व में तार्किक विरोध है। सांस्कृतिक विकास-क्रम में संवर्धित साहित्य के अवलोकन से भी इस तथ्य की पुष्टि होती है कि मृत्यु से छुटकारा प्राप्त करने के लिए अमृत की खोज में देव, असुर एवं मानव सतत् प्रयत्नशील रहे हैं। अमृत की खोज के लिए देवताओं की प्रयत्नशीलता से यह स्पष्ट होता है कि देवता भी अमर नहीं है उन्हें भी मृत्यु का भय था। असुरों के साथ देवताओं का समुद्र-मंथन अमृत की प्राप्ति और अमृत के बंटवारे में देवताओं का कपटपूर्ण व्यवहार

---

1. नासदासीन्नो सदासीत् तदानीम
न मृत्युरासीदमृतं न तर्हि
न रात्र्या अहं आसीत् प्रभेतः।

और उनका अमृतपान अनेक प्रश्नों को उपस्थित करता है जिस पर यहाँ विचार करना प्रासंगिक् नहीं है। केवल यहाँ इतना कह देना पर्याप्त है कि देवता अमृतपान करने के पश्चात् भी सापेक्षिक अमरत्व ही प्राप्त कर सके। उनके अमरत्व का मात्र इतना ही अर्थ है कि मनुष्यों की अपेक्षा उनका जीवन अधिक दिनों तक रहता है जो देववर्ष से सौ वर्ष होता है।

असुरों द्वारा विभिन्न प्रकार की कठोरतम तपस्याएं, मानवों द्वारा रस भस्म, पारद की खोज, कायाकल्प की प्रक्रिया एवं मृत्युंजय की उपासना अमरत्व की प्राप्ति का असफल प्रयास माना है। उक्त नासदीय सूक्त में मृत्यु के संकेत के पश्चात् *ऋक् संहिता* में मृत्यु सूक्त और यम सूक्त नाम से दो सूक्त उपलब्ध होते हैं जिनमें देवयान, पितृयान, मृत्यु की सर्वशक्तिमत्ता, व्यापकता तथा यम के कार्य, यमदूतों का विवरण, यम से दीर्घायु होने की प्रार्थना आदि का विस्तृत विवेचन उपलब्ध होता है।[2]

ऋग्वेद के बाद *कठोपनिषद्*, जो सम्पूर्ण रूप से मृत्यु या यम के साथ नचिकेता के संवाद का विवरण है, में कुछ ऐसे बिन्दुओं का संकेत किया गया है जिनसे मृत्यु की अवधारणा के विषय में कुछ महत्त्वपूर्ण प्रश्न उपस्थित होते हैं। उपनिषद् का आरम्भ इस बात से होता है कि वाजश्रवा के पुत्र वाजश्रवस ने विश्वजित यज्ञ का अनुष्ठान किया जिसमें सब कुछ दे दिया जाता है किन्तु देने वाली वस्तुओं में वे गायें भी सम्मिलित हैं जो अत्यन्त जीर्ण-शीर्ण हो चुकी हैं और दूध देने योग्य नहीं रह गयी हैं।[3] इन गायों को दान में देते देख वाजश्रवस के पुत्र नचिकेता में श्रद्धा का भाव उदित होता है और चिन्ता के साथ अपने पिता से पूछता है कि आप मुझे किसको दान में दे रहे हैं। इस बात को अनेक बार कहने पर पिता आवेश में आकर कहते हैं कि "मृत्यवे त्वां ददामीति"। अर्थात् तुम्हें मृत्यु को दे रहा हूँ और इस कथन से नचिकेता मृत्यु या यम के पास चला जाता है।

इस आख्यान से जो विचारणीय प्रश्न उपस्थित होते हैं उनका यहाँ संकेत किया जा रहा है – क्या उपनिषद् काल में ही यज्ञ प्रदर्शन के लिए होने लगे थे? उपनिषद् के ऋषि और दान के प्रति उनकी उक्त निष्ठा में संगति कैसे स्थापित हो सकती है? क्या ऐसे ऋषि के वचन में ऐसी क्षमता संभव है कि उसके कहने मात्र से उसका पुत्र यमलोक या मृत्यु लोक में चला जाए? आदि। इस आख्यायिका में मृत्यु के संदर्भ में एक महत्त्वपूर्ण बिन्दु नचिकेता का यम से प्रथम वरदान के रूप में यह माँगना है कि जब आपके यहाँ से मैं अपने पिता के पास जाऊँ तो वे मुझे पहचानकर मुझसे बातचीत करें।[4] इस वरदान से यह ध्वनित होता है कि मृत्यु के यहाँ से वापस तो आया जा सकता है किन्तु वापस आने पर उसकी

2. मृत्युसूक्त, *ऋग्वेद*, 10,18,1-14।
   यमसूक्त, *ऋग्वेद*, 10,14,1,16।
3. पीतोदका जग्धतृणा दुग्धदोहा निरिन्द्रिया
   अनन्दा नाम ते लोकास्तान् स गच्छति ता ददत्। – *कठोपनिषद्* 3.
4. त्वत्प्रसृष्टं माभिवदेत्प्रतीतः एतत् त्रयाणां प्रथमं वरं वृणे।

पहचान नहीं हो पाती है। अब यहाँ यह प्रश्न उठता है कि क्या यह नियम सभी मरने वालों पर समान रूप से लागू होता है या केवल कुछ विशेष लोगों तक ही सीमित रहता है? इस प्रश्न के उत्तर के लिए यहाँ *श्रीमद्भगवद्गीता* को उद्धृत किया जा रहा है, जहाँ यह स्पष्ट निर्देश है कि जो जन्म लेता है उसकी मृत्यु अवश्य होगी और जो मरेगा उसका जन्म होना भी अनिवार्य है।[5] इस कथन का पूर्वार्द्ध सर्वानुभव-सिद्ध है सार्वभौम एवं निर्विवाद है किन्तु उत्तरार्द्ध अर्थात् जो मरता है उसका जन्म होना भी निश्चित, निर्धारित एवं अनिवार्य है केवल शास्त्र-प्रमाण या श्रद्धा एवं विश्वास के आधार पर ही मान्य हो सकता है साथ ही साथ यह निर्विवाद भी नहीं है क्योंकि विश्व में अनेक ऐसी धार्मिक एवं दार्शनिक मान्यतायें हैं जिनमें मृत्यु के बाद जन्म होने की बात स्वीकृत नहीं है।

भारत के केवल उन धर्मों को यह मान्य हो सकता है जो कर्म के सिद्धान्त को अपनी दार्शनिकता एवं नैतिकता के आधार के रूप में स्वीकार करते हैं। *गीता* के दसवें अध्याय में विभूतियों के निरूपण के प्रसंग में भगवान् श्रीकृष्ण अपने को मृत्यु रूप में भी प्रस्तुत करते हैं जिसका कार्य सबका संहार करना हैं।[6] यहाँ सर्व शब्द के अर्थ की सीमा विचारणीय है क्योंकि यह सामान्यतया सम्पूर्ण, समस्त या निःशेष का वाचक है। इससे यह ध्वनित होता है कि विश्व या ब्रह्माण्ड में जो कुछ भी है वह मृत्यु के प्रभाव के अन्तर्गत आता है और मृत्यु उसका अन्त करती है।

भारतीय दार्शनिक चिन्तन के विकास-क्रम को देखते हुए यह कहा जा सकता है कि "स्वर्गकामो यजेत" एवं "स्वर्गकामोऽश्वमेधेन यजेत" आदि विधि-वाक्यों के आधार पर स्वर्ग को मृत्यु के प्रभाव से ऊपर माना जाता रहा है और स्वर्ग को मानव-जीवन के चरम लक्ष्य के रूप में मानकर उसकी प्राप्ति की विविध प्रक्रियाओं के विकास में चिन्तन एवं जीवन दोनों दीर्घ काल तक संलग्न रहे हैं। किन्तु विचार में प्रतितार्किकता के प्रभाव ने जब मत उपस्थित किया कि जैसे कर्मातीत लोक का विनाश होता है उसी प्रकार पुण्यार्जित लोक का विनाश अवश्य होता है[7] इसी पृष्ठभूमि में *गीता* का यह उद्घोष कि पुण्य के क्षीण होने पर स्वर्ग में रहने वाला मृत्यु लोक में आ जाता है,[8] दार्शनिक चिन्तन को उद्वेलित कर चिन्ताग्रस्त बना देता है तथा दार्शनिकों को एक ऐसी कल्पना के लिए बाध्य करता है कि वे एक ऐसी स्थिति, अवस्था पद या स्थान को सुनिश्चित करें जो मृत्यु के प्रभाव से किसी प्रकार प्रभावित न हो सके। इस खोज में चार्वाक को छोड़कर भारतीय दर्शन के सभी सम्प्रदाय न केवल

5. जातस्य हि ध्रुवो मृत्युः ध्रुवं जन्म मृतस्य च।
6. यथा कर्मचितो लोकः क्षीयते तथैव पुण्यचितः लोकः क्षीयते।
7. क्षीणे पुण्ये मर्त्यलोकं विशन्ति।
8. अभेद्योऽयमच्छेद्योऽयऽशोष्य अदाहयो एव च।
नित्यः सर्वगतः स्थाणुरचलोऽयं सनातनः।।

अग्रसर हुए अपितु आगम एवं तर्क का आश्रय लेकर उसकी स्थापना एवं सिद्धि में सभी परस्पर के विरोधों को मिटाकर एकजुट हो गए हैं और सांख्य ने यह स्थापना करने का प्रयास किया कि जो दृष्ट जगत् है उसमें किया जाने वाला प्रयास जिस प्रकार नश्वर है उसी प्रकार वेद-वाक्यों के आधार पर किया गया प्रयास तथा उससे प्राप्त होने वाला फल अविशुद्धिक्षय एवं अतिशयता आदि दोषों से ग्रस्त होने के कारण उपादेय नहीं है। इस प्रकार दार्शनिक चिन्तन में उस पद, स्थिति, अवस्था का निर्देश किया जाने लगा जो मृत्यु के प्रभाव से सदा के लिए विनिर्मुक्त है जिसे मोक्ष, मुक्ति, अपवर्ग, परमपद, निर्वाण, निःश्रेयस, आदि शब्दों के द्वारा अभिहित किया जाने लगा और उसकी प्राप्ति के उपायों पर वैचारिक दृष्टि से चिन्तन एवं व्यावहारिक दृष्टि से आचरण एवं अनुष्ठान का आरम्भ हुआ। यह पद आकर्षक एवं लुभावना तो है किन्तु श्रद्धा, विश्वास एवं शास्त्र-प्रमाण से अतिरिक्त इसको मानने के लिए कोई दृढ़ आधार नहीं है क्योंकि यह प्रत्यक्ष एवं तर्क की सीमा से परे माना जाता है।

जिसकी मृत्यु होती है उसका तात्त्विक स्वरूप क्या है? इस स्वाभाविक प्रश्न के उत्तर के लिए हम भारतीय तत्त्वमीमांसा की दो धाराओं का उल्लेख करना चाहेंगे जिसमें एक धारा नित्यतावादी है और दूसरी धारा अनित्यतावादी है। दोनों धाराओं में मृत्यु के अस्तित्व एवं महत्त्व को स्वीकार किया गया है।

नित्यतावादी धारा में मृत्यु से सम्पृक्त आत्मा को नित्य अपरिवर्तनशील वृद्धि, ह्रास, क्षय, विनाश आदि से रहित, अचल एवं सनातन माना जाता है। इस प्रकार के स्वरूप वाले आत्मा के साथ विनाशक शक्ति रूप मृत्यु की संगति स्थापित नहीं हो पाती और यह प्रश्न अनुत्तरित रह जाता है कि जब आत्मा की मृत्यु नहीं होती तो उसका जन्म भी नहीं हो सकता तब इस जन्म-मृत्यु के भवचक्र में परिभ्रमण करने वाला कौन है?

दूसरी ओर अनित्यतावादी धारा में कोई भी वस्तु या तत्त्व स्थायी, नित्य, अपरिवर्तनशील नहीं है अतः जिसे आत्मा नाम दिया जाता है वह भी रूप, वेदना, संज्ञा, संस्कार एवं विज्ञान, एवं सतत परिवर्तनशील, इन पंच स्कन्धों का संघात माना है। अतः यह भी प्रश्न उठता है कि जब प्रत्येक वस्तु तथा पंच स्कन्ध के प्रत्येक स्कन्ध सतत परिवर्तनशील हैं तो क्षण, क्षण-में होने वाले परिवर्तन से मृत्युसंज्ञक परिवर्तन में भेद किस प्रकार स्थापित किया जा सकता है।

उक्त दोनों धाराओं में जन्म और मृत्यु की व्याख्या अपनी तत्त्वमीमांसीय आधारों एवं दार्शनिक पूर्व मान्यताओं के सहयोग से की जाती है जिसकी संगति के लिए उनकी पूर्व मान्यताओं को स्वीकार करना आवश्यक हो जाता है।

उक्त दोनों धाराओं में जन्म-मृत्यु के चक्र की व्याख्या के लिए कर्मवाद पूर्व मान्यता का रूप स्वीकृत है जिसका तात्पर्य यह है कि व्यक्ति जो कुछ शुभ या अशुभ कर्म करता है उसका सुखात्मक एवं दुःखात्मक फल उसे अवश्य भोगना पड़ता है तथा वह जो कुछ भी

सुख या दुःख पाता है वह अपने पूर्व में किए हुए कर्मों के फल रूप में ही पाता है। इस आधार पर दोनों धाराओं में यह स्वीकृत है कि इस जीवन के पूर्व भी जीवन था जिसमें किए गए कर्मों का फल इस जीवन में भोगा जाता है और इस जीवन के आगे भी जीवन होगा जिसमें इस जीवन में किए गए कर्मों का फल भोगना पड़ेगा। इस आधार पर उक्त दोनों धाराओं में मृत्यु-जीवन माना कि समाप्ति नहीं है अपितु माना किसी एक् जीवन की समाप्ति है इसके पश्चात् दूसरे जीवन का भी पूर्ण निश्चय है। इस जीवन-मृत्यु चक्र या भवचक्र की समाप्ति दोनों धाराओं में मान्य है जिसे मोक्ष या निर्वाण के रूप में विवेचित किया जाता है।

उक्त दोनों धाराओं के संदर्भ में यह एक विचारणीय प्रश्न है कि कूटस्थ, नित्य, निर्विकार आत्मा मानने पर मृत्यु एवं कर्मफल-भोग व्यवस्था की व्याख्या कैसे की जाती है? और सब कुछ क्षणिक मानने पर मृत्यु एवं फलभोग-व्यवस्था कैसे संभव होती है? यहाँ प्रथम पक्ष में तीन प्रकार के शरीर की कल्पना की जाती है स्थूल शरीर, सूक्ष्म शरीर एवं कारण शरीर। इनमें मृत्यु के समय सूक्ष्म शरीर जीवात्मा के साथ स्थूल शरीर का परित्याग कर देता है और दूसरे स्थूल शरीर के निर्माण की प्रक्रिया में प्रतिष्ठ हो जाता है। सूक्ष्म शरीर में पंच ज्ञानेन्द्रिय, पंच कर्मेन्द्रिय, मन, बुद्धि, अहंकार, पंचतन्यात्राएं रहती हैं और उनके साथ आत्मा का सम्बन्ध बना रहता है। इसी प्रकार सृष्टि से प्रलयपर्यन्त सूक्ष्म शरीर, स्थूल शरीर का परित्याग एवं ग्रहण करता है। जब प्रलय होता है तो सूक्ष्म शरीर भी नष्ट हो जाता है किन्तु कारण शरीर, जो अविद्या की ग्रन्थि के रूप में रहता है, विद्यमान रहता है और नयी सृष्टि होने पर पुनः सूक्ष्म शरीर का निर्माण कारण शरीर के आधार पर हो जाता है। इस प्रकार आत्मा में परिवर्तन न होने पर भी इससे संबद्ध स्थूल, सूक्ष्म आदि शरीरों का परिवर्तन या मृत्यु औपचारिक रूप से आत्मा में लागू होती है।

अनित्यतावादी धारा भी प्रतीत्यसमुत्पाद के आधार पर मृत्यु के पश्चात् जन्म और कर्म फलयोग की व्यवस्था की व्याख्या करती है। इसके अनुसार मृत्यु के पश्चात् भी अविद्या एवं संस्कार अपने में परिवर्तन करते हुए प्रवाह रूप में चलते हैं तथा अगले जीवन के लिए विज्ञान, नाम रूप, षडायतन, स्पर्श, वेदना, तृष्णा, उपादान, भव, आदि का उत्पाद करते हुए अगले जन्म की व्यवस्था करते हैं। इस प्रकार मृत्यु एवं कर्मफल-भोग की व्यवस्था चलती रहती है।

जीवन, जिसका एक छोर जन्म और दूसरा छोर मृत्यु है, की अवधि को आयु कहा जाता है और इसका निर्धारण अनेक आधारों पर होता है। जिसमें प्रमुख आधार वह योनि है जिसमें प्राणी जन्म ग्रहण करता है। आयु का निर्धारण, जहाँ जीव-विज्ञान में शरीर संस्थान की संरचना के आधार पर किया जाता है, वहीं दर्शन-शास्त्र में इस योनि में प्राप्त होने वाले भोग और उसकी मात्रा पर आयु का निर्धारण होता है।

विश्व में एक ओर ऐसे प्राणी भी हैं जिनकी आयु कुछ क्षण से कुछ माह तक सीमित होती है और दूसरी ओर कुछ ऐसे प्राणी भी हैं जिनकी आयु कुछ वर्षों से लेकर हजारों वर्षों तक ही होती है। दर्शन-शास्त्र इसका कारण भोग की मात्रा को मानता है।

सामान्यतया मानव की आयु सौ वर्ष मानी जाती है किन्तु कतिपय लोग ही पूर्ण आयु का भोग कर पाते हैं। कम आयु की मृत्यु को अकाल मृत्यु कहा जाता है जिसके कारणों पर सप्रामाणिक विस्तृत एवं गम्भीर विचार की आवश्यकता है।

पुराण साहित्य में मानव वर्ष के आधार पर दिव्यवर्ष की कल्पना की गयी है और यह बतलाया गया है कि मानव का एक वर्ष देवताओं के लिए एक दिन-रात के बराबर होता है। इसी तरह उनका पक्ष, माह एवं वर्ष बनता है और उन देवताओं की आयु उनके अपने वर्ष से सौ वर्ष मानी जाती है। इसी क्रम में ब्रह्मा का वर्ष, विष्णु का वर्ष एवं महेश के वर्ष का निर्धारण होता है और उनकी आयु भी उनके अपने वर्ष से सौ वर्ष मानी जाती है। अन्त में केवल एक तत्त्व जिसे परात्पर तत्त्व कहा जाता है उसका न जन्म होता है और न मृत्यु। वह काल की अवधि से परे होता है। इसे कहीं परात्पर विष्णु, कहीं सदाशिव, कहीं परब्रह्म आदि नामों से अभिहित किया जाता है किन्तु वास्तविक रूप में वह नाम आदि से परे होता है जिसकी कल्पना मन द्वारा संभव नहीं होती अतः कोई भी शब्द उसका वाचक नहीं होता क्योंकि वह वाणी की परिधि से परे होता है। इस प्रकार अनन्त ब्रह्माण्डों में ऐसा कोई भी प्राणी मनुष्य, देव, देवाधिदेव नहीं है जो मृत्यु के प्रभाव से परे हो। सभी की सीमा का निर्धारण और सबका अन्त मृत्यु है।

भारतीय दर्शन में मृत्यु से सदा के लिए छुटकारा प्राप्त होने वाली जिस स्थिति की चर्चा की जाती है वह मुक्ति, मोक्ष, निर्वाण, अपवर्ग, निःश्रेयस, आदि नामों से जाना जाता है। इस परमपद या चरम पुरुषार्थ के स्वरूप के विषय में प्रत्येक दर्शन सम्प्रदाय अपना मत प्रस्तुत करता है जो उसके तत्त्वमीमांसीय परिधि में होता और उसके साधनों के स्वरूप उनके अनुष्ठान की प्रक्रिया का विस्तृत विवेचन भी करता है। किन्तु यह एक मान्यता है कि 84 लाख योनियों में केवल मानव में ही वह क्षमता और योग्यता है जिससे वह उन साधनों का अनुष्ठान कर मृत्यु से परे जाकर इस स्थिति को प्राप्त कर सकता है।

14

मृत्यु की अवधारणा
एक अनुचिन्तन

– वशिष्ठ नारायण सिन्हा

मृत्यु के सम्बन्ध में यह मान्यता है कि व्यक्ति का जब जन्म होता है उसी समय से मृत्यु की ओर उसका प्रस्थान प्रारम्भ हो जाता है। व्यवहार में देखा जाता है कि कोई व्यक्ति जब साठ वर्षों का हो जाता है तब वह बूढ़ा घोषित कर दिया जाता है। यदि वह किसी सेवा में है, विशेषकर सरकारी सेवा में तो सरकार उसे सेवामुक्त कर देती है। समाज इसे मानता है और वह व्यक्ति भी स्वयं स्वीकार कर लेता है कि वह बूढ़ा हो गया है। तबसे मृत्यु भी उसके दरवाजे पर अपनी दस्तक किसी-न-किसी रूप में देना शुरू कर देती है। कोई उस दस्तक को जल्द समझ जाता है, कोई उसे देर से समझता है और कोई-कोई उसे नहीं भी समझ पाता है। अतः मृत्यु की दस्तक को अथवा मृत्यु को समझना बूढ़े लोगों का काम है। जो युवक हैं, युवती है उन्हें चाहिए कि वे जीवन को समझने का प्रयास करें। इसके दो कारण दिए जा सकते हैं –

1. युवावस्था जीवन के निकट और मृत्यु से दूर होती है। इसके विपरीत वृद्धावस्था मृत्यु के निकट और जीवन से दूर होती है।
2. जीवन को समझने के बाद ही मृत्यु को समझा जा सकता है। जिसने जीवन को नहीं समझा है उसके लिए मृत्यु को समझना असम्भव है।

मृत्यु की अवधारणा निरूपित करना अत्यन्त कठिन है क्योंकि इसके सम्बन्ध में निम्नलिखित बाधाएँ उपस्थित होती हैं –

(क) मृत्यु-सम्बन्धी न तो कोई अनुभव प्राप्त होता है और न किसी प्रकार की अनुभूति ही इसकी होती है। अनुभव आँख, कान, नाक, जिह्वा और त्वचा के माध्यम से प्राप्त होते हैं। मृत्यु का बोध तो किसी भी इन्द्रिय से नहीं होता है। दिल भी मृत्यु की अनुभूति

ग्रहण नहीं करता है। क्योंकि मृत्यु के समय सारी बोधगम्यता समाप्त हो जाती है। जो भी अनुभव या अनुभूति होती है वह जीवन में ही होती है।

(ख) मृत्यु के सम्बन्ध में कोई अनुमान भी नहीं किया जा सकता है क्योंकि प्रमाण-शास्त्र का कहना है कि अनुमान उसी का होता है जिसका कभी-न-कभी प्रत्यक्षीकरण हुआ करता है। चूँकि मृत्यु का प्रत्यक्षीकरण नहीं होता है इसलिए इसका अनुमान भी सम्भव नहीं है।

(ग) पाश्चात्य अस्तित्ववादी दार्शनिक सार्त्र ने कहा है कि आदमी की कोई अवधारणा नहीं बनती है क्योंकि मनुष्य सदा होने की स्थिति में रहता है। अवधारणा तो उसकी बनती है जो पूरा हो चुका होता है। यह समर्थन दर्शन जगत् में प्रायः स्वीकार कर लिया गया है। हमें अपने सम्बन्धों में विविध प्रकार के अनुभव प्राप्त होते हैं। हमें अनुभूतियाँ भी होती हैं, फिर भी हम अपनी अवधारणा मानने को तैयार नहीं हैं। फिर मृत्यु की अवधारणा हम कैसे मान सकते हैं जिसके विषय में हमें कोई अनुभव प्राप्त नहीं होता है।

(घ) सबसे विचारणीय बात तो यह है कि मृत्यु होती किसकी है? क्योंकि शरीर जड़ होता है और आत्मा अमर होती है।

अतः मुझे ऐसा नहीं लगता है कि मृत्यु की कोई अवधारणा बनती भी है।

मृत्यु के लिए प्रयुक्त प्रमुख शब्द –

(क) प्राणान्त – मृत्यु के लिए एक बहुत ही प्रसिद्ध शब्द है प्राणान्त। मृत्यु के लिए कभी भी "जीवान्त" या "आत्मान्त" प्रयोग नहीं होता। क्योंकि जीव और आत्मा को अविनाशी समझा जाता है। मृत्यु से तात्पर्य होता है प्राणान्त। हिंसा बताते हुए जैन परम्परा में कहा गया है "प्रमत्तयोगात् प्राणव्यपरो पणं हिंसा"।[1]

अर्थात् प्रमादवश जो प्राणघात होता है, वही हिंसा है। मृत्यु भी हिंसा है यदि घात करने से वह होती है। जिस शक्ति से हम जीव को किसी-न-किसी रूप में जीवित देखतें हैं वह शक्ति प्राण है, जिसके अभाव में कोई भी शरीर गतिहीन हो जाता है इसी वजह से प्राण के दस भेद किए गए हैं –

1. स्पर्शनेन्द्रि बल प्राण
2. रसनेन्द्रिय बल प्राण
3. घ्राणेन्द्रिय बल प्राण
4. चक्षुरिन्द्रिय बल प्राण
5. श्रोत्रेन्द्रिय बल प्राण
6. कायबल प्राण

---

1. *तत्वार्थ सूत्र-उमास्वाति,* अध्याय-7, सूत्र 8।

7. वचनबल प्राण 8. मनबल प्राण

9. श्वासोच्छ्वास बल प्राण 10. आयुष्य बल प्राण[2]

जब आत्मा और शरीर के बीच सम्बन्ध स्थापित होता है तब प्राणों की उत्पत्ति होती है। जैसे ही इन दोनों के बीच सम्बन्ध-विच्छेद होता है प्राणों का अन्त हो जाता है। वह स्थिति मृत्यु की होती है।

(ख) देहान्त – मृत्यु को देहान्त भी कहते हैं क्योंकि मृत्यु के फलस्वरूप देह नष्ट हो जाती है। प्रायः प्राणान्त और देहान्त दोनों ही मृत्यु के लिए व्यवहार में आते हैं किन्तु दोनों में अन्तर यह है कि पहले प्राणान्त होता है और उसके बाद देहान्त होता है। प्राणान्त के बाद शरीर रहता है जिसे जला दिया जाता है अथवा दफ़ना दिया जाता है। देहान्त होने के बाद प्राणान्त होता है, ऐसा नहीं कहा जा सकता है।

(ग) महाप्रयाण – महाप्रयाण को महाप्रस्थान भी कह सकते हैं। छोटा प्रयाण या प्रस्थान करने वाला व्यक्ति लौटकर आ जाता है किन्तु मृत्यु रूप प्रस्थान करने पर कोई लौटता नहीं, वह सदा-सदा के लिए अपनों से दूर हो जाता है। इसलिए मृत्यु को महाप्रयाण कहते हैं। लेकिन व्यवहार में देखा जाता है कि इस शब्द का उपयोग सिर्फ महापुरुषों की मृत्यु के लिए होता है। साधारण व्यक्ति के मरने पर महाप्रयाण शब्द का व्यवहार नहीं होता है। इसका एक कारण हो सकता है कि साधारण व्यक्ति जब मरता है तो वह अपने सगे-सम्बन्धियों से अलग जरूर हो जाता है परन्तु पुनर्जन्म के कारण वह पुनः किसी-न-किसी रूप में इस संसार में लौटकर आ जाता है। किन्तु संत-महात्मा जब मरते हैं तो यह समझा जाता है कि उन्हें मोक्ष प्राप्त हो गया और संसार में आना-जाना छूट गया। अतः उन लोगों की मृत्यु के लिए महा-प्रयाण व्यवहृत होता है।

(घ) विदेह-मुक्ति – विदेह-मुक्ति भी मृत्यु ही है। किन्तु इस शब्द का व्यवहार साधकों एवं तपस्वियों की मृत्यु के लिए होता है। क्योंकि विदेह-मुक्ति, जिसे पूर्ण मोक्ष कहते हैं, त्यागी, तपस्वी, सन्त, महात्मा ही प्राप्त करते हैं। सामान्य लोगों की मृत्यु को विदेह-मुक्ति नहीं कह सकते हैं।

(ङ) चिरनिद्रा – सामान्य ढंग से जब कोई सोता है तब तुरन्त अथवा देर से जग जाता है लेकिन मृत्यु-रूपी निद्रा की स्थिति में आने के बाद वह जाग नहीं पाता, वह हमेशा के लिए सो जाता है। इसलिए मृत्यु को चिरनिद्रा भी कहते हैं।

(च) स्वर्गवास – "स्वर्गवास" शब्द मृत्यु के लिए सामान्यतया व्यवहार में आता है। मरने के बाद स्वर्ग अथवा नरक की प्राप्ति तो व्यक्ति के कर्मों पर आधारित होती है जो

2. *जैनधर्म अहिंसा*, डॉ॰ बशिष्ठ नारायण सिन्हा, पृ॰ 141।

सुकर्मी होते हैं उन्हें स्वर्ग मिलता है और जो कुकर्मी होते हैं उन्हें नरक प्राप्त होता है। किन्तु यह एक शिष्टाचार है कि किसी भी मरे हुए व्यक्ति के स्वर्गवास की कामना की जाती है। ऐसी ही बात महाप्रयाण के साथ है। मुक्ति तो संत-महात्माओं को मिलती है लेकिन अन्य श्रेष्ठ पुरुषों के लिए भी इस शब्द का व्यवहार होता है जिससे उन लोगों के प्रति सम्मान व्यक्त होता है।

(छ) मरना-मारना – ये दोनों शब्द मृत्यु के लिए बहुत ही प्रचलित हैं। अमुक व्यक्ति मर गया, अर्थात् उसकी मृत्यु हो गई। अमुक व्यक्ति ने अमुक व्यक्ति को मार डाला, अर्थात् जिस व्यक्ति को मारा गया उसकी मृत्यु हो गई। मृत्यु दुःखद होती है और इससे जीवन का विनाश हो जाता है। किन्तु आश्चर्य की बात तो यह है कि इन शब्दों के व्यवहार में कभी-कभी सुख एवं जीवन के विकास का सन्देश देखा जाता है। जब कोई प्रेमी अपनी प्रेमिका से कहता है "हाय मैं तो मर गया", "तेरी अदाओं ने मुझे मार डाला" तब यह उक्ति दुःख नहीं सुख का संचार करती है। जीवन को उत्साहित करती है। मरने वाला स्वयं बोलता है "मैं मर गया"।

अतः मृत्यु के लिए व्यवहृत होने वाले शब्दों को इनके संदर्भों को देखते हुए ही सही रूप में समझा जा सकता है।

मृत्यु की कामचलाऊ अवधारणा

यद्यपि मृत्यु की कोई अवधारणा बनती नहीं है फिर भी "अर्थक्रिया कारित्वम सतं" के सिद्धान्त के आधार पर इसकी कुछ कामचलाऊ अवधारणा बन सकती है। मृत्यु हो जाने पर जो कुछ होता है उसे देखते हुए यह कहा जा सकता है कि मृत्यु ऐसी नहीं होती है। मृत्यु होने पर प्राणान्त हो जाता है, देहान्त हो जाता है, चिरनिद्रा की स्थिति आ जाती है, आदि। अतः कह सकते हैं –

(क) मृत्यु वह है जिससे प्राणों का अन्त हो जाता है।

(ख) मृत्यु वह है जिसके कारण मरने वाले की चेतना हमेशा के लिए समाप्त हो जाती है अथवा चेतना का सदा के लिए समाप्त हो जाना ही मृत्यु है।

(ग) मृत्यु वह है जिसके कारण व्यक्ति स्थायी निद्रा की स्थिति में आ जाता है।

(घ) मृत्यु वह है जिसके कारण व्यक्ति सदा-सदा के लिए अपनों से दूर हो जाता है और उसके लौटने की आशा नहीं रह जाती है।

मृत्यु के प्रकार

मृत्यु के निम्नलिखित प्रकार माने गए हैं –

(1) सामान्य मृत्यु – जब कोई व्यक्ति बूढ़ा होकर अथवा बीमार होकर मरता है तब उसे सामान्य मृत्यु कहते हैं।

(2) अकाल मृत्यु – किसी आकस्मिक घटना के कारण जब किसी की मृत्यु हो जाती है तो उसे अकाल मृत्यु कहते हैं, जैसे किसी ऊँचे स्थान से गिरकर, पानी में डूबकर, किसी यन्त्र आदि से दुर्घटनाग्रस्त होने पर होने वाली मृत्यु।

(3) आत्महत्या – किसी विवशता के कारण जीवन से ऊबकर स्वयं अपनी हत्या कर लेना। जैसे विषपान कर लेना, ऊँचे स्थान से कूद जाना, ट्रेन से कट जाना, पानी में छलांग लगा देना, बन्दूक आदि से अपने पर ही प्रहार कर लेना, इत्यादि।

(4) इच्छा-मृत्यु – इच्छा-मृत्यु का अर्थ है कि स्वेच्छा से मृत्यु को गले लगाना। इसकी चर्चाएं विभिन्न परम्पराओं में अलग-अलग ढंग से मिलती हैं।

(क) वैदिक परम्परा – *महाभारत* में भीष्म पितामह की इच्छा-मृत्यु का उल्लेख मिलता है। स्वेच्छा से प्राण त्यागने की क्षमता उनमें थी। प्राण त्यागने के लिए उन्होंने सूर्य के उत्तरायण में होने की प्रतीक्षा की। इसके अतिरिक्त साधकों के द्वारा स्थायी रूप से समाधिस्थ होने की बातें भी मिलती हैं।

(ख) जैन परम्परा – जैन परम्परा में इच्छा-मृत्यु के लिए संथारा, समाधिमरण, आदि शब्द भी देखे जाते हैं। इसमें बताया गया है कि जब व्यक्ति अपने जीवन में सन्तोष प्राप्त कर लेता है, उसे किसी चीज की अपेक्षा नहीं रह जाती है तब वह धीरे-धीरे अपना खान-पान त्यागना शुरू कर देता है और अन्त में मृत्यु की स्थिति में आ जाता है।

(ग) ग्रीक परम्परा – ग्रीक परम्परा की सिरेनाइक तथा सिनिक शाखाओं में भी मृत्यु को वरीयता दी गई है। सिरेनाइक शाखा के हेगेसियस ने यह माना है कि जीवन का कोई महत्त्व नहीं है, बल्कि जीवन की तुलना में मृत्यु व्यक्ति के लिए ज्यादा अनुकूल है, क्योंकि उसमें सभी प्रकार की निराशाओं एवं दुःख का अन्त हो जाता है। वे लोग बड़े भाग्यवान होते हैं जिनका जीवन कष्टमुक्त होता है। ज्यादातर लोगों के जीवन में तो क्लेश का आधिक्य ही देखा जाता है। ऐसी स्थिति में आत्महत्या ही मात्र ऐसा मार्ग रह जाता है जो व्यक्ति को दुःख से छुटकारा दिलाता है। अतः वे आत्महत्या का समर्थन करते हैं। सिनिक लोगों के विचार में निर्धनता, कष्ट, रोग, गुलामी तथा अपने आप में मृत्यु भी अशुभ नहीं है। गुलाम से स्वतन्त्र को श्रेष्ठ नहीं कहा जा सकता, कारण गुलाम के पास यदि धार्मिकता है तो वह स्वयं स्वतन्त्र है और जन्मजात शासक है। आत्महत्या को एक अपराध नहीं कहा जा सकता, यदि कोई अपने दुःख के दमन के लिए नहीं बल्कि जीवन के प्रति अपनी उपेक्षा भावना के कारण आत्महत्या करता है।

मृत्यु के प्रकारों को देखते हुए कहा जा सकता है कि आत्महत्या और इच्छा-मृत्यु में अन्तर है। आत्महत्या में विवशता होती है जबकि इच्छा-मृत्यु में संतोष एवं स्वतन्त्रता होती

है। वैदिक परम्परा की इच्छा-मृत्यु से ऐसा लगता है कि मरने वाले के पास मृत्यु को रोकने की क्षमता है किन्तु जैन परम्परा की इच्छा-मृत्यु में मरने वाले में ऐसी क्षमता का अभाव जान पड़ता है। वह जीवन से संतुष्ट होकर शरीर का त्याग कर सकता है लेकिन मृत्यु को रोक नहीं सकता है। सिरेनाइक की आत्महत्या एक सामान्य आत्महत्या की तरह है। इसकी तुलना में सिनिक लोगों की आत्महत्या सबसे भिन्न है। इसमें न तो जीव के प्रति साधारण आत्महत्या की तरह दुःख की विवशता है और न जैन इच्छा-मृत्यु की तरह जीवन की संतुष्टि है, बल्कि जीवन के प्रति उपेक्षा भाव है।

जीवन और मृत्यु

जीवन और मृत्यु एक-दूसरे के पूरक हैं। दोनों को बिल्कुल अलग-अलग करके नहीं समझा जा सकता है। शरीर का धारण करना जन्म या जीवन है, और शरीर का त्यागना मृत्यु है। जन्म के बाद मृत्यु और मृत्यु के बाद जन्म की प्रक्रिया हमेशा चलती रहती है। कहा जाता है कि सामान्यतः जो जन्म लेता है, वह मरता है और जो मरता है वह जन्म लेता है। परन्तु जो मुक्त हो जाता है उसके विषय में यह मान्यता है कि वह फिर शरीर धारण नहीं करता या जन्म नहीं लेता है। जन्म लेने वाले के विषय में मरने की बात पूरी तरह मान ली गई है परन्तु शास्त्रों में एक-दो ऐसे भी उदाहरण मिलते हैं जिनसे जन्म के बाद मृत्यु की बात खंडित हो जाती है। हनुमानजी त्रेतायुग में थे, द्वापर में थे और आज भी हैं। इनके जन्म की कथा तो मिलती है किन्तु मरने की बात कहीं नहीं मिलती है। *महाभारत* में एकमात्र अश्वत्थामा की चर्चा मिलती है जो द्रोणाचार्य के पुत्र थे। उनके विषय में भी कहा जाता है कि वे मरे नहीं और आज भी जीवित हैं।

मृत्यु निश्चित् अथवा अनिश्चित्

मृत्यु के विषय में कहा जाता है कि मृत्यु बिल्कुल निश्चित् होती है। किसी व्यक्ति की मृत्यु जिस समय, जिस स्थान पर और जिस माध्यम से होने को होती है ठीक उसी समय, उसी स्थान पर तथा उसी माध्यम से होती है। इसमें कोई परिवर्तन नहीं होता है। अतः मृत्यु सर्वथा निश्चित् है। किन्तु इस निश्चितता का बोध न तो मरने वाले को होता है और न अन्य किसी को। यदि मृत्यु के विषय में कुछ पहले से ज्ञात होता तो मरने वाला यथाशक्ति अपनी सुरक्षा का उपाय करता। लेकिन ऐसा नहीं होता है। मृत्यु हो जाने के बाद अन्य लोग बताते हैं कि अमुक व्यक्ति की मृत्यु इस प्रकार हुई है। अतः मृत्यु अनिश्चित् भी है। इस तरह मृत्यु चाहे जितनी भी निश्चित् हो उसकी निश्चितता के बोध का अभाव उसे अनिश्चितता की कोटि में ला देता है।

मृत्यु साध्य या साधन

मृत्यु हमेशा साधन के रूप में ही जानी जाती है। यह साध्य नहीं बनती है। साधकों की

विदेह-मुक्ति नहीं होती जब मृत्यु होती है। अतः विदेह-मुक्ति के लिए यह एक साधन है। निराशावादी लोगों के लिए वर्तमान कष्टों से छुटकारा दिलाने वाली मृत्यु ही होती है। वे समझते हैं कि मर जाने से जीवन की सभी समस्याओं की समाप्ति हो जाती है। सिनिक लोगों के प्रति उपेक्षा भाव की पूर्ति मृत्यु से ही होती है। अतः मृत्यु साधन है।

15

ज्योतिष-शास्त्र में मृत्यु-विचार

– पंडित त्रिलोकनाथ मिश्र

प्राचीन विद्वानों के अनुसार ज्योतिष विद्या के अठारह प्रवर्तक माने गये हैं। सूर्य, ब्रह्मा, व्यास, वशिष्ठ, अत्रि, पराशर, कश्यप, नारद, भृगु, मरीचि, मनु, अंगिरस, लोमश, पौलिस, च्यवन, पवन, मनु और शौनक।

ज्योतिष के दो प्रमुख विभाग हैं। एक गणित और दूसरा फलित। इन दोनों का वही सम्बन्ध है जो शब्द और अर्थ का। *सूर्य सिद्धान्त* ज्योतिष का आर्ष ग्रन्थ है। ज्योतिष के अनुसार मृत्यु के कई प्रसंग और पक्ष हैं। शुभ और अशुभ ग्रहों की स्थिति के अनुसार मृत्यु का विचार किया जाता है। जैसे जातक (बालक) के जन्म के अनुसार माता और पिता के मृत्यु का समय, स्त्री की मृत्यु, संतान की मृत्यु, ग्रह-स्थिति के अनुसार अल्पायु का विचार, मारकेश का विचार, मृत्यु-समय के लग्न का ज्ञान, मृत्यु का स्थान, ग्रहयोगानुसार मृत्यु-कारण, ग्रहों से मृत्युकारी रोगों का अनुमान। इसी क्रम में इनका संक्षेप में विचार प्रस्तुत किया जा रहा है।

जातक के जन्म-अनुसार उसके माता-पिता की मृत्यु के समय के अनेक योग होते हैं। उदाहरणस्वरूप एक योग प्रस्तुत किया जा रहा है – जन्म काल में चन्द्रमा से चतुर्थ स्थान में पापग्रह (सूर्य, मंगल, शनि, उपलक्षण से राहु तथा केतु) हो और उसके साथ शुभ ग्रह न हो या उस पर शुभ ग्रह की दृष्टि न हो तो जातक की माता अल्पकाल में ही मृत्यु को प्राप्त होती है।

देखें नीचे चक्र में –

स्वामी रामतीर्थ परमहंस

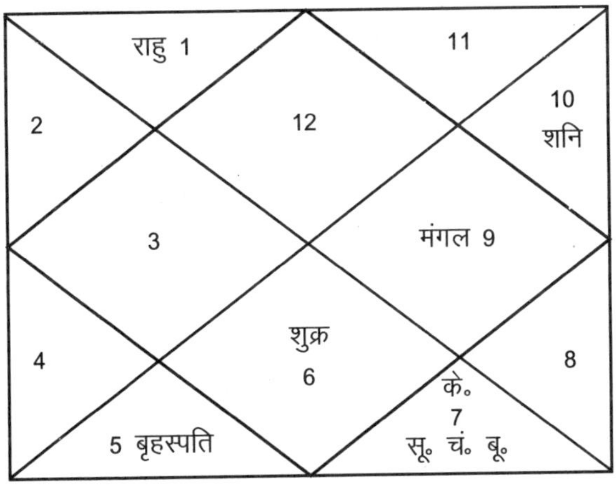

इनकी माता नौ मास की अवस्था में उन्हें त्यागकर चल बसी थीं।

जातक के जन्म से पिता की मृत्यु का विचार

यदि जन्म के समय नवम स्थान का स्वामी-ग्रह राहु से छठे अथवा आठवें स्थान में बैठा हो और राहु की महादशा में जन्म हो अथवा नवमेश की महादशा में हो तो पिता की मृत्यु होती है। प्रस्तुत है मिथिला के महाराजाधिराज कामेश्वर सिंह जी की जन्म कुण्डली चक्र –

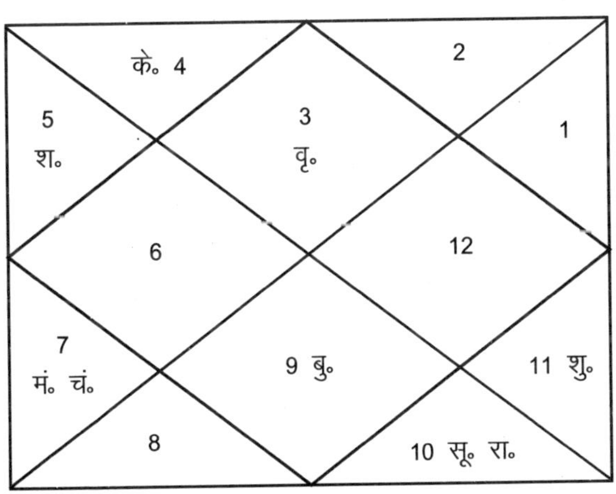

उपर्युक्त चक्र में नवमेश शनि से राहु छठे स्थान में बैठा है तथा राहु से शनि आठवें स्थान में है और स्वामी नक्षत्र में जन्म होने के कारण इनका जन्म राहु की महादशा में हुआ

था। फलस्वरूप इनके पिता का देहान्त इनकी बाल्यावस्था में हुआ था। इसी तरह यदि लग्न व चौथे स्थान में राहु हो और शत्रु राशिगत बृहस्पति हो तो पिता की मृत्यु जातक के 23वें वर्ष में होती है।

जातक के जन्म के अनुसार स्त्री-पुरुष के भी अनेक योग होते हैं जिनमें एक योग ऐसा भी है – यदि पुरुष कुण्डली में कन्या लग्न का जन्म हो और उसमें सूर्य हो तथा सप्तम स्थान में मीन का शनि हो तो शनि की दशा में स्त्री की मृत्यु होती है। इसी तरह दूसरा योग यह भी है – किसी पुरुष कुण्डली में मंगल छठे स्थान में हो, सातवें में राहु और आठवें में शनि हो तो ऐसे व्यक्ति की स्त्री जीवित नहीं रहती। यदि जन्म लग्न कन्या हो और मंगल मकर राशिगत हो तो ऐसे व्यक्ति के कई संतानों की मृत्यु होती है। पंच स्थानगत मंगल पुत्र के लिए सर्वदा हानिकारक होता है। यदि मंगल पंचम स्थान के प्रथम तृतीयांश (10 अंश) के नीचे हो तो प्रथम पुत्र, दूसरे में (20 अंश तक में) दूसरे पुत्र एवं तृतीय (30 अंश) के भीतर का हो तो छोटे पुत्र की मृत्यु होती है।

अल्पायु विचार के सम्बन्ध में कहा गया है कि यदि बुध, बृहस्पति और शुक्र छठे, आठवें या बारहवें में हो तथा यदि सूर्य चन्द्रमा के साथ लग्न में हो और आठवें या बारहवें में पापग्रह हो अथवा शुक्र एवं बृहस्पति लग्न से हो और सूर्य पापग्रह के साथ होकर पाँचवें में हो तो जन्म लेने वाला अल्पायु होता है।

व्यक्ति कब मरेगा यह विचार अत्यन्त गूढ़ है। इस संबंध में भली प्रकार विचार करने के लिए कहा गया है। लग्न चक्र में दूसरा स्थान तथा सातवां स्थान ये दोनों ऐसे स्थान हैं जहाँ से मृत्यु के सम्बन्ध में काल (समय) का ज्ञान होता है।

मारकेश अर्थात् मारने वाला ग्रह कौन होगा इसका नियम यह है –

1. द्वितीयेश के साथ वाले पापग्रह को मारकत्व की प्रबल प्रधानता होती है।
2. सप्तमेश के साथ वाले ग्रह को उससे कम।
3. द्वितीयस्थ पापग्रह को उससे कम।
4. सप्तमस्थ पापग्रह को उससे कम।
5. द्वितीयेश को उससे कम।
6. सप्तमेश को उससे कम।
7. उसके बाद द्वादशेश को।
8. उसके बाद द्वादशेश के साथ वाले पापग्रह को।

इसके बाद तृतीयेश, इसके बाद षष्ठेश, फिर एकादशेश, अंत में ग्रहों के पापत्व को देखते हुए मारकेश की प्रधानता स्थिर करनी होती है।

पहले यह देखना होगा कि बालारिष्ट है या नहीं, फिर यह देखना होगा कि अल्पायु, मध्यमायु व दीर्घायु है। इतना निश्चय करने के बाद यह देखना होगा कि उस आयु प्रमाण के समय विंशोत्तरी दशानुसार किस ग्रह की दशा-अन्तर्दशा पड़ती है। उस आयु के अनुकूल उपर्युक्त मारकेशों में से किसी की दशा-अन्तर्दशा आयेगी तो उसी में मृत्यु या मृत्युवत् क्लेश होगा। उदाहरणार्थ मान लिया जाये कि जातक अल्पायु नहीं है परन्तु जन्म से पाँच ही वर्ष बाद द्वितीयेश के साथ वाले पापग्रह की दशा आती है तो ऐसे स्थान में उस ग्रह की दशा में उस जातक की मृत्यु नहीं होगी, केवल कष्ट होकर रह जायेगा। इसी प्रकार यदि मान लिया जाये कि बालक को बालारिष्ट योग नहीं है परन्तु जन्म समय ही में मारकेश की दशा है तो ऐसे स्थान में वह मारकेश ग्रह अनिष्टकारी तो अवश्य होगा परन्तु मृत्युकर नहीं होगा।

अल्पायु, मध्यमायु व दीर्घायु के समय विचारपूर्वक देखना होगा कि बली मारकत्व किस ग्रह को है, उसी की दशा-अन्तर्दशा तथा गोचर क्रम में वह ग्रह मारेगा। किन्तु मृत्यु का ठीक समय-ज्ञान बहुत कठिन है। सप्तम, द्वितीय और द्वादश स्थान में पापग्रह हो और लग्न, अष्टम या छठे स्थान में चन्द्रमा हो और लग्न से दूसरे, सातवें, आठवें व बारहवें घर के स्वामी की दशा-अन्तर्दशा चल रही हो तो अवश्य मृत्यु को देने वाला होता है या फिर उपर्युक्त दशा काल जब कभी आता है साथ ही गोचर क्रम में भी 2, 6, 7, 8 या 12वें घर में पापग्रह आता है तो मृत्युकारी होता है।

> लग्नयो मृत्यु पश्चापि मृत्यौ स्याता बुभौ यदि।
> स्थितौ प्रेष्काण एकस्मिन् तदा मृत्युर्न संशयः।।

यदि चक्र में पहले घर (लग्न) का स्वामी और अष्टम घर का स्वामी राशि के एक ही प्रेष्काण 1/3 में स्थित हो जाये तब मृत्यु को प्राप्त कराता है।

(1) मृत्यु स्थान के सम्बन्ध में कहा गया है कि उपर्युक्त योग के समय यदि अष्टम भाव चर (1, 4, 7, 10) राशि हो तो जन्म स्थान से बिलग किसी अन्य नगर में मृत्यु होती है।

(2) यदि अष्टमेश पापग्रह हो और लग्न में बैठा हो और उस पर लग्नेश की दृष्टि हो तो जातक की मृत्यु अकस्मात् अपने घर में होती है।

(3) यदि अस्माधिपति पापग्रह हो और सप्तम स्थान में बैठा हो तो जातक की मृत्यु रास्ते में होती है।

(4) यदि मंगल नवम भाव में हो तो मार्ग में।

(5) यदि नवमेश नवम में हो तो तीर्थ या गंगा के समीप मरण होता है।

यदि लग्नेश बृहस्पति व शुक्र के साथ हो तो तीर्थ में मृत्यु होती है। उदाहरणस्वरूप वल्लभाचार्य जी का जन्म-चक्र प्रस्तुत है –

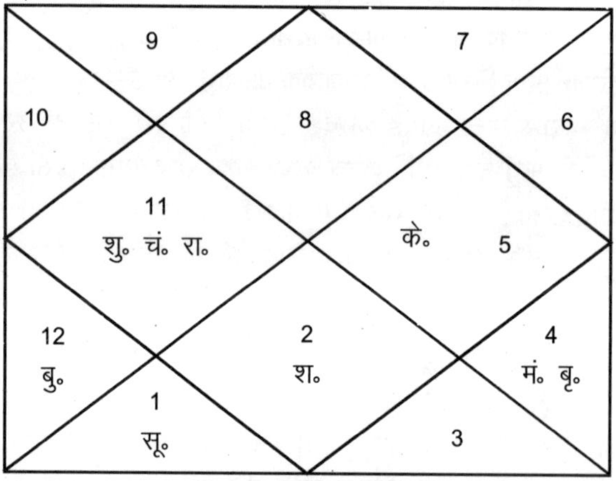

यहां लग्नेश मंगल बृहस्पति के साथ नवम स्थान में है। इनकी मृत्यु काशी में हुई थी। तीर्थ मरण के भी अनेक योग और भेद हैं विस्तार से नहीं दिया जा रहा है।

इसी तरह ग्रह-योगानुसार मृत्यु-कारण के सम्बन्ध में कहा गया है–

(1) यदि कर्क अथवा सिंह राशिगत होकर चन्द्रमा सप्तम व अष्टम स्थान में बैठा हो और राहु से युत हो तो किसी पशु द्वारा मृत्यु होती है।

(2) यदि दशम स्थान में सूर्य और चतुर्थ स्थान में मंगल हो तो किसी सवारी पर से गिरकर मृत्यु होती है।

(3) दशम स्थान में सूर्य और चतुर्थ में मंगल बैठा हो तो वाहन से टकराकर मृत्यु होती है।

(4) यदि राहु अष्टम स्थान में हो और उस पर पापग्रह की दृष्टि हो तो फोड़ा इत्यादि या सर्प डसने से मृत्यु हो।

(5) शुभ ग्रह शत्रु राशिगत होता हुआ 6, 8 या 12वें स्थान में बैठा हो और मंगल शत्रु राशिगत होता हुआ शत्रुग्रह के साथ हो तो सर्प के डसने से मृत्यु होती है।

(6) यदि मीन लग्न का जन्म हो और उसमें सूर्य और चन्द्रमा किसी अन्य पापग्रह के साथ हो और अष्टम स्थान में भी पापग्रह हो तो किसी स्त्री के हाथ से मृत्यु होती है।

(7) लग्नेश, अष्टमेश और सप्तमेश के एकत्र होने से जातक की मृत्यु स्त्री के साथ होती है।

(8) चतुर्थेश जिस राशि में हो उस राशि के स्वामी पर यदि चतुर्थेश की दृष्टि पड़ती हो अथवा वह चतुर्थेश के साथ हो तो जातक की मृत्यु जल में डूबने से होती है। जैसाकि चैतन्य महाप्रभु के साथ हुआ, देखें चक्र नीचे है –

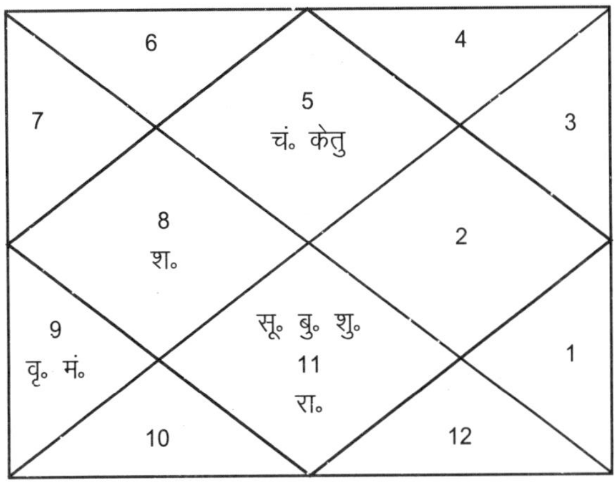

इनकी मृत्यु 1533 ई॰ के आषाढ़ सप्तमी रविवार को जल में डूबने से हुई थी।

(9) यदि द्वितीयेश और षष्ठेश, शनि के साथ होकर 6, 8 वा 12वें भाव में हो तो जातक की मृत्यु विषपान से होती है।

इस तरह मृत्यु कारण के भी अनेक योग बताये गये हैं।

रोगादि के सम्बन्ध में कहा गया है कि यदि अष्टम स्थान में कोई शुभ ग्रह बैठा हो तो जातक की मृत्यु क्लेशकर नहीं होकर सुखमयी होती है। पर यदि अष्टम स्थान में पापग्रह बैठा हो तो मृत्यु पीड़ा के साथ होती है। जो ग्रह अष्टम स्थान में बैठा रहता है उसी ग्रह के धातु प्रकोपादि से अथवा उन ग्रहों के जाति-अनुसार मनुष्य की मृत्यु होती है।

यदि अष्टम स्थान में सूर्य बैठा हो तो अग्नि एवं ज्वरादि से, यदि चन्द्र बैठा हो तो जल, दस्त की बीमारी या रुधिर-विकार रोग से, यदि मंगल बैठा हो तो अकस्मात् मृत्यु या हैजा, प्लेगादि से, यदि बुध बैठा हो तो ज्वर, चेचकादि से, और यदि बृहस्पति बैठा हो तो लाइलाज रोग से मृत्यु होती है। शुक्र के बैठे रहने से प्यास, शनि बैठा हो तो क्षुधा या अधिक भोजन होने के कारण मृत्यु होती है। इस विषय पर विस्तारपूर्वक विचार किया गया है। इसी क्रम में सूर्यादि ग्रह के उच्च, नीच उच्च नवाँश, मित्र-गृही, शत्रु-गृही, शत्रु नवाँश, मित्र नवाँश, स्वगृही, वर्गोत्तम, शुभ षडवर्ग, क्रूर षडवर्गादि में होने पर अनेकानेक रोगों के कारण से मृत्यु संभव कही गयी है। उदाहरणार्थ चक्र दिया जा रहा है–

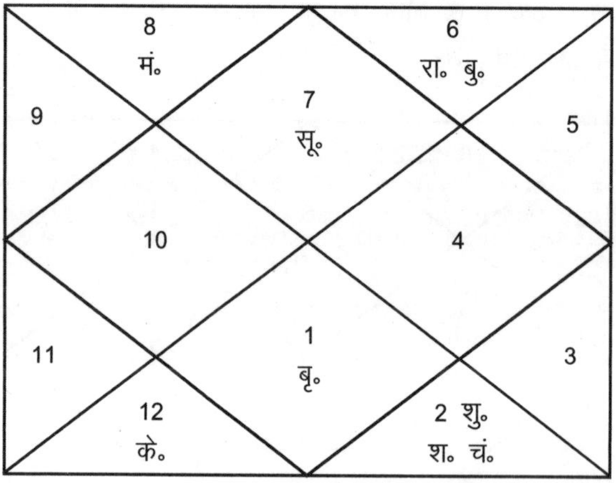

उपर्युक्त चक्र में अष्टमेश शुक्र अष्टम स्थान में शनि तथा चन्द्रमा के साथ है तथा पापग्रह मंगल द्वारा देखा जा रहा है अतः ऐसे व्यक्ति की मृत्यु जल में डूबने से होती है।

ज्योतिष से भिन्न अन्य शास्त्रों में भी मृत्यु पर विचार किया गया है। *कठोपनिषद्* में मृत्यु के देवता यम और बालक नचिकेता के संवाद से यह स्पष्ट होता है कि आत्मा परिव्यापी है तथा मृत्यु शरीर तक सीमित है। *गीतोपनिषद्* में कहा गया है–

जातस्य हि ध्रुवो मृत्युर्ध्रुवं जन्म मृतस्य च।
तस्मादपरिहार्येऽर्थे न त्वं शोचितुमर्हसि।। 2.27 ।।

अर्थात् जिसने जन्म लिया है उसकी मृत्यु निश्चित् है, और मृत्यु के पश्चात् उसका पुनर्जन्म भी निर्धारित है। अतः हे अर्जुन! अपरिहार्य कर्त्तव्य का पालन करो, तुम्हें विलाप नहीं करना चाहिये।

वासांसि जीर्णानि यथा विहाय नवानि गृह्णाति नरोऽपराणि।
तथा शरीराणि विहाय जिर्णान्यन्यानि संयाति नवानि देही।। 2.22 ।।

जिस प्रकार पुराने वस्त्रों को त्यागकर मनुष्य नवीन वस्त्र को धारण करता है, ठीक उसी प्रकार आत्मा वर्तमान शरीर को त्यागकर नवीन शरीर को धारण करता है।

महाभारत में युधिष्ठिर और यक्ष का एक प्रसंग है। यक्ष ने युधिष्ठिर से चार प्रश्न पूछे थे, उसमें दूसरा प्रश्न था – कि इस चराचर जगत् में आश्चर्य क्या है? युधिष्ठिर ने कहा –

अहन्यहन्य भूतानि गच्छन्ति यम मन्दिरे।
अपरे स्थातु भिच्छन्ति किमाश्चर्य मतः परम।।

अर्थात् यह जानते हुए भी कि प्रत्येक व्यक्ति यमराज गृह (मृत्यु) को जाता है। फिर भी मैं नहीं मरूँगा, मेरे साथ ऐसी घटना नहीं होगी, ऐसी निडरता बनी रहती है – इससे बढ़कर दूसरा कोई आश्चर्य नहीं।

गरूड़ पुराण (13.34) में मृत्यु के अन्तिम क्षण तथा मृत्यु के पश्चात् मृतक की आत्मा की यात्रा और तत्सम्बन्धी अनुभव का विषद् वर्णन है। श्री भगवान ने कहा – हे पक्षिराज गरुड़! मैं भयंकर यममार्ग का वर्णन करता हूँ, पापी लोग जिसमें होकर यमलोक को जाते हैं। सुनने वाले को भी वह वर्णन अति भय देने वाला है, परन्तु मैं तुम्हारे आग्रह से कहता हूँ। सर्वदा पाप में ही जो लोग आसक्त रहते हैं, धर्म और दया से रहित हैं, कुसंगति में रहते हैं, सत्संगति और उत्तम वेद-शास्त्र से विमुख रहते हैं, जो अपने को सम्मानित मानकर घमंड में फूलते हैं, धन तथा मर्यादा के गर्व से युक्त हैं, दैवी-शान्ति रूपी सम्पत्ति से हीन होकर राक्षसी भाव प्राप्त होते हैं, जो भोग तथा काम में लीन रहते हैं, मन जिनका माया-जाल में फँसा हुआ है, अपवित्र नरक में वे गिरते हैं। मनुष्य जो दान देने वाले हैं मोक्ष प्राप्त करते हैं। जो लोग पापी हैं वे यम-त्रासना सहते हुए दुःखपूर्वक यमलोक जाते हैं। इस संसार के पापियों को जैसे दुःख मिलते हैं उन दुःखों को भोगने के पश्चात् जैसी मृत्यु होती है, तथा जैसा कष्ट वे पाते हैं तुमसे उसका वर्णन करता हूँ, ध्यान से सुनो। संसार में मनुष्य जन्म लेकर पूर्व जन्म के संचित किये हुये अपने पुण्य और पाप से अच्छे-बुरे फल को भोगता है। शेष अशुभ कर्म के संयोग से शरीर में कोई रोग हो जाता है। रोग और विपत्ति से युक्त वह प्राणी जीवन की आशा से उत्कंठित रहता है। युवावस्था का वेदनाहीन वह प्राणी स्त्री-पुत्रों से सेवित होने पर भी जरावस्था को प्राप्त होता है, बलवान सर्प के समान काल एकाएक उसके सिर पर आ पहुँचता है। वृद्धावस्था के कारण रूपहीन होकर घर में मृतक के समान रहता है। गृहस्वामी द्वारा अपमानयुक्त दिये हुये आहार का श्वान के समान भोजन करता है, रोग और मन्दाग्नि के कारण उसका आहार घट जाता है, चलने-फिरने की शक्ति घट जाती है और चेष्टाहीन हो जाता है। जब कफ़ से स्वर-नालियां रुक जाती हैं, श्वाँस के आगमन में कष्ट होता है, खांसी और श्वाँस के वेग के कारण उसके कण्ठ में घुर-घुर शब्द होने लगता है। चेतना रहने के कारण चारपाई पर पड़ा हुआ सोचता है, बन्धु वर्ग से घिरा हुआ वह प्राणी मृत्यु के सन्निकट पहुँचता रहता है, बुलाने से भी नहीं बोलता है। इस प्रकार अब भी कुटुम्ब के पालन-पोषण में जिसकी आत्मा लगी रहती है, उस परिवार के प्रेम की वेदना से वह प्राणी रोता हुआ परिवार के बीच में मर जाता है। हे गरुड़! मृत्यु के समय देवताओं के समान प्राणी की दिव्य दृष्टि हो जाती है। वह संसार को एकमय देखता है, कुछ भी बोलने में असमर्थ हो जाता है। इन्द्रियों की व्याकुलता से चैतन्य प्राणी भी जड़ के समान

हो जाता है। जब प्राण आदि पाँचों वायु अपने स्थान से चल देते हैं, उस समय मरते हुए पापी को एक क्षण भी कल्प के समान बीतता है। सौ बिच्छुओं के काटने से जो पीड़ा होती है, वैसी ही व्यथा श्वासों के निकलते समय होती है। उस जीव के मुख से (यमदूत के भय से) लार और फेन गिरने लगते हैं। अतः पापियों का प्राणवायु गुदा के मार्ग से बहिर्भूत होता है। प्राण निकलते समय प्राणियों को यमदूत मिलते हैं जो क्रोध से लाल नैन वाले, भयानक मुख, पाश और दण्ड को लिये, नग्न शरीर, दाँतों को पीसते हैं। टेढ़े मुख वाले विशाल नख-रूपी शस्त्र वाले, कौओं के समान काले शरीर वाले, ऊपर को उठे हुए केशवाले यमदूत वहाँ आकर उपस्थित रहते हैं। वह प्राणी उन दूतों को देखकर भय से मल-मूत्र का त्याग करने लगता है। वह जीव हाय-हाय करता हुआ शरीर से निकल कर अंगुष्ठमान शरीर को धारण करता है और मोहवश अपने घर को देखता है और यमदूतों द्वारा उसी समय पकड़ लिया जाता है, जैसे अपराधी पुरुष को राजा के सिपाही पकड़कर ले जाते हैं। इस प्रकार मार्ग में ले जाते हुये वे यमदूत उस जीव को धमकी देते हैं तथा बारम्बार नरकों के भयानक वर्णन करते जाते हैं।

इस वर्णन से यह स्पष्ट होता है कि मृत्यु का क्षण अत्यन्त भयावह होता है। इस समय व्यक्ति के मन में भय उत्पन्न होता है और मृतक की आत्मा (अंगुष्ठमान शरीर) की कठिन यात्रा प्रारम्भ होती है। यमलोक पहुँचने पर वह जीव यमराज का दर्शन करता है तथा घोर नरक की यातना को देखकर एक मुहूर्त में यमराज की आज्ञा से फिर मनुष्यलोक में आता है। वह जीव यहाँ आने पर अपने पूर्व शरीर में पुनः प्रवेश करने की इच्छा करता है परन्तु उसे यमदूत पाश में बांधे रहते हैं। इस कारण क्षुधा-तृषा के दुःसह दुःख को वह विकल होकर सहता और रोता है। तब पुत्रों द्वारा मृत्यु के स्थान पर दिये गये पिण्ड और मरने के समय दिये हुए दान को वह जीव खाता है। जिसका पिण्डदान नहीं होता, वे निर्जन वन में कल्प भर प्रेतयोनि में दुःखपूर्वक भ्रमण करते हैं। छः करोड़ कल्प तक बिना भोगे कर्म का क्षय नहीं होता है और जीवों को बिना यम की यातना भोगे मनुष्य का जन्म भी नहीं मिलता। इसी से दस दिन पुत्र को पिण्डदान करना चाहिये। इस वर्णन से यह भी स्पष्ट होता है कि मनुष्य मृत्यु के पश्चात् भी अपने परिवार पर आश्रित है। अर्थात् मृत्यु और जीव की सातत्यता बनी रहती है। शरीर की मृत्यु होती है। मृत्यु के पश्चात् की दो अवस्थायें हैं। एक है – पितरलोक में निवास करना, दूसरा है – फिर से मृत्युलोक में जन्म लेना। मृतक के पुत्रादि समय-समय पर पितृश्राद्ध करते हैं। अतः उनके लिए मृत्युलोक में पितर के पुनः जन्म लेने की बात असंगत है। शास्त्रों में मृतक के लिये शान्ति तथा नारायण बलि आदि का विधान है। इससे मृतक को पितरलोक में पहुँचने का मार्ग सुलभ हो जाता है। देवलोक की तरह पितरलोक भी अमरता का आधार है।

निष्कर्षतः ज्योतिष-शास्त्र में मृत्यु की अवधारणा दैहिक स्तर तक ही सीमित है। उपनिषद् और पुराण ने इसकी अवधारणाओं को और अधिक व्यापक बनाया है। *गरुड़ पुराण* मृत्यु के कर्मकाण्ड का एक आवश्यक अंग है। ज्योतिष भी कर्मकाण्ड का अंग है।

16

मृत्यु का कर्मकाण्ड

– संतोष कुमार मिश्र

जीवन क्या है और मृत्यु क्या है? यह एक सनातन और शाश्वत् प्रश्न है। संसार के प्रायः सभी धर्मों, सम्प्रदायों तथा दर्शनों में लोक-परलोक तथा पुनर्जन्म की चर्चा की गयी है। *कठोपनिषद्* तथा *श्रीमद्भगवद्गीता* के बीज प्रश्न भी यही हैं। अन्यान्य उपनिषदों-पुराणों और दर्शन-ग्रंथों में भी इस विषय पर विचार हुआ है। वस्तुतः जीवन और मृत्यु, पुनर्जन्म तथा परलोक-संबंधी संवाद के बिना अध्यात्म विमर्श हो ही नहीं सकता।

मनुष्य मृत्यु से घबराता है। इसके बारे में सोचने से कतराता है क्योंकि वह मृत्यु ही है जो प्राणी के अस्तित्व को ही मिटा देती है, उसे वर्तमान से भूत में बदल देती है। इसलिये मृत्यु हमेशा से दार्शनिकों और धर्म-ग्रन्थों के पाले में रही। रघुकुलभूषण मर्यादा पुरुषोत्तम भगवान श्रीराम ने अपने गुरु वशिष्ठ से पूछा था "मृत्यु क्या है?" गुरु वशिष्ठ ने भगवान श्रीराम से प्रतिप्रश्न किया – अगर तुम शैय्या पर लेटे हो और छत से साँप लटकता नजर आये तो तुम क्या करोगे? भगवान श्रीराम ने कहा – हम वहाँ से भाग जायेंगे। वशिष्ठ ने कहा तो बस मृत्यु भी यही है। इससे बचो, भाग निकलो। भगवान श्रीकृष्ण ने *गीता* में मृत्यु की विशद् एवं गंभीर व्याख्या की है।

> जातस्य हि ध्रुवो मृत्युर्ध्रुवं जन्म मृतस्य च।
> तस्मादपरिहार्येऽर्थे न त्वं शोचितुमर्हसि।।
>
> वासांसि जीर्णानि यथा विहाय नवानि गृह्णाति नरोपराणि।
> तथा शरीराणि विहाय जीर्णान्यानि संयाति नवानि देही।।
>
> नैनं छिन्दन्ति शस्त्राणि नैनं दहति पावकः।
> न चैनं क्लेदयन्त्यापो न शोषयति मारूतः।।

जीवन और मृत्यु एक चक्र है, यह जीवन की निरंतरता है क्योंकि आत्मा अमर है। यह कभी नहीं मरती। किसी भी कारण से नहीं, बस चोला बदल लेती है। नचिकेता तो चल पड़ा था,

साक्षात् यमराज से ही मृत्यु का रहस्य जानने के लिये –

> येयं प्रेते विचित्सा मनुष्येऽस्तीत्येके नायमस्तीत चैक।
> तद्विद्यामनुशिष्टस्तत्वयाहं वाराणामेष वस्तृतीयः।।

गीता का द्वितीय अध्याय *कठोपनिषद्* पर आधारित है। दोनों में "नायं हन्ति न हन्यते" इत्यादि कई सिद्धांत-वाक्य समान रूप से उपलब्ध होते हैं, यह बात विद्वानों को विदित है।

शास्त्रकारों ने जीवन और मृत्यु के इस चक्र को अलग-अलग रूपों में परिभाषित किया है। ज्योतिष जहाँ काल के भोगों को मृत्यु मानता है वहीं वेदांत आत्मा की अमरता को स्वीकार करते हुए मृत्यु को देहांतर कहता है।

मानव शरीर पंचमहाभूत – पृथ्वी, जल, पावक, गगन, समीर; पंचकर्मेन्द्रिय – हाथ, पैर, गुदा, लिंग, जिह्वा; पंचज्ञानेन्द्रिय – श्रोत्र, चक्षु, रसना, त्वक, घ्राण; पञ्चप्राण – प्राण, अपान, समान, उदान, व्यान; अंतःकरण चतुष्टय – मन, बुद्धि, चित्त, अहंकार और सत्व, रजस्, तम एवं आत्मा 27 तत्त्वों से घिरा है, जिसे स्थूल शरीर कहते हैं। स्थूल पंचमहाभूत और स्थूल पंचकर्मेन्द्रिय इन दस तत्त्वों के अतिरिक्त जो शेष 17 तत्त्व बचते हैं, उतने संघात व सूक्ष्म पंचभौतिक – यह सूक्ष्म शरीर है। मृत्यु का अर्थ है स्थूल पंचकर्मेन्द्रिय युक्त शरीर से प्राण का संयोग न होना, क्योंकि कर्म योग के लिये होता है, अतः मृत्यु से प्राणी का सर्वनाश नहीं हो जाता अपितु पूर्वोक्त दस तत्त्वों का कर्माशय समाप्त होने से निवृत्ति मात्र हो जाती है।

सत्ताईस तत्त्वों से आवेष्ठित इस प्राकृतिक शरीर की शुद्धि के लिए षोड्स संस्कारों का विधान है जो जन्म से लेकर मृत्यु के बाद तक सम्पन्न किये जाते हैं। संस्कृत साहित्य में संस्कार को विविध रूपों में परिभाषित किया जाता है। परन्तु *ऋग्वेद* से लेकर आधुनिक साहित्य तक में शरीर की शुद्धि को प्रमुखता दी गयी है। इनसे शारीरिक, मानसिक और आध्यात्मिक उन्नति होती है। सनातन (हिन्दू) धर्मशास्त्र के अनुसार षोडस् मुख्य संस्कार हैं – गर्भाधान, पुंसवन, सीमन्तोन्नयन, जातकर्म, नामकरण (नामधेय), निष्क्रमण, अन्नप्राशन, चूड़ाकरण, कर्णवेध, विद्यारम्भ, उपनयन (यज्ञोपवीत), वेदारम्भ, केशान्त, समावर्तन, विवाह और अन्त्येष्टि। सोलह संस्कारों में से चौदह संस्कार माता-पिता एवं गुरु द्वारा सम्पन्न कराये जाते हैं। जीवन सातत्य को सर्वाधिक प्रभावित करने वाले शेष दो संस्कार विवाह (पाणिग्रहण) स्वयं व्यक्ति द्वारा सम्पन्न होता है, तथा अंतिम संस्कार पुत्र के द्वारा सम्पन्न किया जाता है।

सनातन धर्म के अनुसार मृत्यु-संस्कार अंतिम संस्कार है। इसे सम्पन्न करने के लिये अनेक नियमों का विधान किया गया है। मृत्यु के प्रारम्भिक लक्षण स्पष्ट होने के साथ ही अंतिम संस्कार की तैयारियाँ आरम्भ हो जाती हैं। इसमें सनातन (हिन्दू) धर्मशास्त्र एवं

लोकाचार दोनों विधियों का पालन किया जाता है। जब मरणासन्न व्यक्ति के परिजनों को उसकी मृत्यु के आसन्न होने का पूर्ण विश्वास हो जाता है, तभी से मृत्यु का कर्मकाण्ड आरम्भ हो जाता है। यह कर्मकाण्ड मुख्यतः तीन चरणों में सम्पादित होता है – पूर्वा, मध्यमा एवं उत्तरा। मृत्यु-संस्कार को सम्पादित करने वाले को "कर्ता" कहते हैं। धार्मिक मतानुसार जीवात्मा मृत्यु के पश्चात् "पुम" नाम के नरक में चली जाती है, जो इस नरक से त्राण दिलाने में सहायक होता है उसे ही पुत्र कहते हैं। "पुम नाम नरकायतेत ते पुत्रः।" इसलिये कहा गया है कि "अपुत्रस्य गतिर्नास्ति" अर्थात् जिसे पुत्र नहीं है उसकी मुक्ति नहीं है। इसलिये *विष्णु पुराण* के अनुसार मृत्यु का कर्मकाण्ड करने वाला अधिकारी व्यक्ति पुत्र, प्रपौत्र अथवा भ्राता की संतान पुत्रवत् यह कर्मकाण्ड कर सकते हैं। *शंखवचनानुसार* "पुत्रभावे पत्नीस्यात् तद्भावे च सहोदरः तद्भावे भ्रातिः भ्राता तद्भावे भ्रात्री संततिः" अर्थात् पुत्र के अभाव में यह कर्मकाण्ड पत्नी द्वारा, पत्नी के न रहने पर सगे भाई द्वारा, उसके न रहने पर चचेरे भाई द्वारा, उसके भी न रहने पर भाइयों की संतान द्वारा सम्पन्न किये जाते हैं। याज्ञवल्क्य के मतानुसार "तत्समः पुत्रिका पुत्रः" अर्थात् दौहित्र (पुत्री का पुत्र) भी इस कर्मकाण्ड को सम्पादित कर सकता है। लेकिन जो व्यक्ति इस कर्मकाण्ड को सम्पन्न करेगा वह उस समय पुत्रवत् ही होगा। इस प्रकार "अपुत्रस्य गतिर्नास्ति" स्वयं खंडित हो जाता है।

पूर्वा क्रिया

यह क्रिया मृत्युकाल से प्रारम्भ होकर दस दिनों तक रात्रिपर्यन्त चलती है –

1. वैतरणीदान – सनातन (हिन्दू) शास्त्रों के अनुसार यमलोक के द्वार पर वैतरणी नदी प्रवाहित होती है जिसे प्रायः काली गाय ही पार कर सकती है। वैतरणी को सरलता से पार करने के उद्देश्य से कर्ता मृत्यु को प्राप्त हो रहे व्यक्ति के हाथों में काली गाय की पूँछ का स्पर्श कराकर गोदान की क्रिया को सम्पन्न करता है।
2. भूमियोग – धार्मिक मान्यतानुसार मनुष्य को अंतिम समय में माया-मोह से मुक्त होकर शरीर का परित्याग करना चाहिए। इसके प्रतीक स्वरूप अंतिम समय में परिजन शरीर का परित्याग करने वाले को खुले आकाश के नीचे बंधन रहित परिवेश में भूमि पर लिटा देते हैं। इसका उद्देश्य शरीर त्याग करने वाले को उसके संज्ञान में ही माया-मोह रहित हो जाने की प्रतीति कराना है।

मृत्म शरीरम् उत्श्रज काष्ट लोष्ट समंछितै।
विमुखा बांधवा यन्ति धर्म तत्रं गच्छति।।

मृत्यु के उपरांत जीवात्मा मृत शरीर को लकड़ी और लौह के समान पृथ्वी पर छोड़कर चली जाती है। बिछुड़े हुए बंधु-बांधव कुछ दूर जाकर वापस आ जाते हैं,

मात्र धर्म ही आगे साथ जाता है।

मिथिला में मृत्यु के समय भूमियोग का विशेष माहात्म्य है। ऐसा लोक-विश्वास है कि देवी सीता के अनुरोध पर भगवान श्रीराम ने सीता की विदाई के समय यह वरदान दिया कि मिथिला की इस परम पावन भूमि पर मनुष्य, पशु-पक्षी, जीव-जन्तु जो कोई भी अपने शरीर का त्याग करेगा वह सीधे बैकुण्ठ लोक को प्राप्त होगा। अतः आज भी देहावसान के समय परिजनों द्वारा मृतक को भूमि पर लिटा दिये जाने की परम्परा यथावत् है।

3. शव-यात्रा – इसे अंतिम यात्रा के नाम से संबोधित किया जाता है। मृत्यु के उपरांत मृतक के शरीर को स्नान कराकर सुगंधित द्रव्य चन्दन आदि का लेप लगाकर नवीन वस्त्र धारण कराया जाता है। यदि मृतक सौभाग्यवती स्त्री होती है तो उसका दुल्हन की तरह सोलहों शृंगार किया जाता है। तत्पश्चात् उसे अपने वंश परम्परानुसार निर्मित खटिया, बाँस की सीढ़ी, पलंग अथवा पटरे पर लिटाकर कम-से-कम चार व्यक्ति कंधे पर उठाते हैं और बोलो हरि-हरि बोल, श्रीराम अथवा रामनाम सत्य है आदि परम पावन नामों का उद्घोष करते हुए शव को श्मशान तक ले जाते हैं। शवयात्रा का नेतृत्व मृतक का ज्येष्ठ पुत्र या प्रमुख शोकार्त्त संबंधी करता है। शव-यात्रा का नेतृत्व करने वाला व्यक्ति अपने हाथ में जलती हुई लकड़ी लिये रहता है जिसे वह गार्हपत्य अग्नि से प्रदीप्त करता है। उसके पीछे अर्थी रहती है, जिसका अनुसरण मृतक के संबंधी और बंधु-बांधव करते हैं। गृह्य-सूत्रों के अनुसार दो वर्ष से अधिक आयु के सभी सपिण्डों को शव के साथ श्मशान तक जाना चाहिए। शव-यात्रा में सम्मिलित होने वालों का स्थान-क्रम उनकी आयु के अनुसार होता है, अर्थात् वयोवृद्ध आग-आगे चलते हैं अन्य लोग पीछे। प्राचीन काल में अग्निहोत्र की प्रथा प्रचलित थी जिसकी झलक अंतिम यात्रा के समय आज भी देखने को मिलती है। अग्निहोत्र ब्राह्मण की अग्नि उनके उपनयन संस्कार (यज्ञोपवीत) के समय आचार्य द्वारा प्रज्ज्वलित करायी जाती थी। अग्निहोत्र ब्राह्मण इस अग्नि को जीवन-पर्यन्त प्रज्ज्वलित रखते थे और मृत्यु होने पर उनके कर्ता पुत्र शव-यात्रा में इसी अग्नि को साथ ले जाते थे एवं इसी अग्नि से शवदाह करते थे। आज भी भारतीय समाज की अनेक जातियों में शव-यात्रा के दौरान गृह से अग्नि ले जाने का विध ाान मिलता है। शव-यात्रा आरम्भ होते समय उसका अग्रणी एक मंत्र की आवृत्ति करता है जिसका भावार्थ है – "पुषा जो मार्ग को भली-भाँति जानता है, तुम्हें ले जाने के लिये जिसके उत्तम प्रशिक्षित पशु हैं, और जो लोक का रक्षक है, वह तुम्हें यहाँ से ले जा रहा है, वह तुम्हें पितृलोक में स्थानान्तरित कर दे। अग्नि जो यह जानता है कि तुम्हारे लिये क्या उचित है, यहाँ से ले जाये।"

4. दाह-संस्कार – जातीय तथा लौकिक परम्परा एवं संस्कृति के अनुसार शव-यात्रा के मार्ग में पिण्डदान करते हुए शव को श्मशान भूमि तक लाया जाता है। श्मशान भूमि पहुँचने के पश्चात् सर्वप्रथम चिता की स्थापना के लिये उपयुक्त स्थान का चयन किया जाता है। श्मशान भूमि के निकट अस्थि विसर्जन हेतु किसी नदी के न होने पर चयनित स्थान पर विशेष आकार का गड्ढा बनाने की प्रथा भी प्रचलित है जिससे कि दाह-संस्कार के पश्चात् अस्थि संचय के कार्य में सुविधा हो। शवदाह के पूर्व श्मशान-भूमि में की जाने वाली क्रियाओं का उल्लेख आरण्यकों में नहीं मिलता। इससे प्रतीत होता है कि आरम्भ में दाह-क्रियाएं मंत्रों के बिना ही की जाती थीं। किन्तु गृह्य-सूत्र इस विषय में, विशेषतः चिता स्थापना के विषय में निश्चित् नियमों का विधान करते हैं। स्थान के चुनाव के विषय में निर्दिष्ट नियम देवताओं को बलि देने के स्थान संबंधी नियमों से बहुत कुछ मिलते-जुलते हैं। इस प्रकार विधिवत् चुना हुआ स्थान- शुद्ध किया जाता है और भूत-प्रेत के निवारण के लिये मंत्र पाठ किया जाता है। आश्वलायन के अनुसार गड्ढा बारह अंगुल गहरा, पाँच बित्ता चौड़ा, शव की लम्बाई (हाथों को पार्श्व में खोल देने पर अनुमानित लम्बाई) जितना लम्बा होना चाहिए। प्रयोग में आने वाले ईंधन के प्रकार, चिता की माप तथा निर्माण और अन्य संबद्ध नियम धार्मिक ग्रंथों द्वारा निर्धारित हैं। शोकार्त्त संबंधियों आदि के स्वेच्छाचार के लिये कोई अवकाश नहीं छोड़ा गया है। दाह-संस्कार में भाग लेने वाले व्यक्तियों की संख्या विषम होती है। श्मशान में विषम संख्यात्मक मात्रा में लकड़ी से चिता निर्मित कर उस पर शव को लिटाया जाता है। तत्पश्चात् कर्ता वैदिक मंत्रोच्चारण के बीच परम्परानुसार तीन, पाँच अथवा सात बार शव की परिक्रमा करके शव को मुखाग्नि देता है। मृतक के वर्णानुसार ब्राह्मण के हाथ में एक स्वर्ण-पिण्ड, क्षत्रिय के हाथ में धनुष और वैश्य के हाथ में मणि होनी चाहिए। जब शव जलकर ''कपोत'' प्रमाण मात्र शेष रह जाता है तब कर्ता मिट्टी के घड़े में जल लाकर चिता को शांत करता है। तत्पश्चात् सभी बंधु-बांधव स्नान करने जाते हैं और मृतक के साथ प्रेत शब्द जोड़कर उसे तिलांजलि देते हैं। इसके साथ ही मृतक के साथ सभी संबंधियों का लौकिक संबंध समाप्त मान लिया जाता है। तत्पश्चात् सभी लोग गृह को लौट आते हैं। मैथिल परम्परा में स्नान करने के पश्चात् गृह आने पर सभी लोग अग्नि, जल, लौह, पत्थर का स्पर्श करते हैं तथा मिर्च को मुख से स्पर्श करते हैं। इस प्रकार भारत के विभिन्न कुल, वंश, जाति एवं जनपदों में शवदाह की अपनी-अपनी विशिष्ट परम्परा है।

5. एकल अग्नि संस्कार – जब पति-पत्नी की मृत्यु संयोगवश एक साथ हो जाती है तो उनका दाह-संस्कार एक ही चिता पर लिटाकर किया जाता है।

6. जल-समाधि – संन्यासी तथा महामारी एवं सर्पदंश से मरने वाले लोगों के शव

को नदी के जल में विसर्जित कर देते हैं, इसे जल-समाधि के नाम से संबोधित किया जाता है।

7. भू-समाधि – भारतीय परम्परानुसार पाँच वर्ष तक के बच्चों तथा प्रवाहित नदी समीप न होने पर साधु-संन्यासियों एवं महामारी में मरने वालों के शव को भू-समाधि दे दी जाती है।

8. पर्णनर दाह – कभी-कभी किसी परिस्थितिविशेषवश मृतक का शरीर दाह करने योग्य अवस्था में प्राप्त नहीं होता, मृतक की मात्र अस्थियाँ ही उपलब्ध होती हैं। ऐसी स्थिति में अस्थियों पर घी छिड़ककर तथा वस्त्र से उसे ढककर सामान्य रीति से ही दाह-संस्कार करना चाहिए। किन्तु यदि अस्थियाँ भी उपलब्ध न हों अथवा व्यक्ति के बारे में बहुत दिनों तक कोई सूचना न प्राप्त हो तो पलाश अथवा टेसू के तीन सौ आठ पत्तों से विधिपूर्वक पुतला (पर्णनर) बनाकर दाह-संस्कार करना चाहिए। इसका उल्लेख *आदि पुराण* में मिलता है। गृह्य परिशिष्ट में आश्वलायन के कथनानुसार सिर के लिये चालीस, गर्दन के लिये दस, दोनों बाँहों के लिये सौ, अंगुलियों तथा छाती के लिये तीस, पेट के लिये बत्तीस, ज्ञानेन्द्रियों के लिये चार, अण्डकोश के लिये छः, दोनों जाँघों के लिये सौ, घुटने के जोड़ के ऊपरी भाग के लिये तीस तथा पैर की अंगुलियों के लिये दस पत्ते लेने का विधान है। पत्तों को चित्तीदार हिरण की चमड़ी में लपेटकर ऊन के धागे से बाँध देना चाहिए फिर अच्छी तरह पीसे हुए जौ के आटे का पानी में लेप बनाकर उस पर चढ़ा देना चाहिए। इस प्रकार विधिवत निर्मित पर्णनर का दाह-संस्कार कर देना चाहिए। ब्राह्मणादि वर्णों के पर्णनर का दाह-संस्कार अशौच के भीतर ही क्रमशः आठवें, दसवें, तेरहवें, और अट्ठाईसवें दिन करना चाहिए। परदेश में गये हुए व्यक्ति के बारे में यदि पंद्रह वर्ष से ऊपर तक कोई सूचना न मिले तो इसी विधि से उसका संस्कार करना चाहिए। संस्कार की तिथि के निर्धारण के लिये जिस महीने की जिस तिथि को वह व्यक्ति गृह से बाहर निकला हो उसी तिथि में, यदि तिथि याद न हो तो उस मास की अमावस्या को, यदि मास भी स्मरण न रहे तो आषाढ़ की अमावस्या में यह क्रिया करनी चाहिए।

9. अशौच – मृतक व्यक्ति के ग्रामजनों, जीवित संबंधियों तथा कुल के सभी लोगों को एक निश्चित् अवधि तक अशौच का पालन करना होता है। इस अवधि में उनके लिये कोई भी शुभ-अशुभ धार्मिक अथवा सामाजिक कार्य करना निषिद्ध होता है। इस निषेध के कारण का किसी भी ग्रंथ में स्पष्ट उल्लेख नहीं मिलता। इसके मूल में चाहे जो भी धार्मिक, भावनात्मक कारण अथवा धारणा रही हो पर अनुमानतः कहा जा सकता है कि इसका प्रचलन किसी सीमा तक शव की संक्रामक प्रकृति के कारण

ही हुआ होगा। शव का स्पर्श प्रायः सभी प्रदेशों में वर्जित माना जाता है और इसमें अत्यधिक सावधानी बरती जाती है। अशौच का काल और प्रभाव क्षेत्र मृतक की जाति, आयु और लिंग के अनुसार भिन्न-भिन्न होता है। *गृह्य-सूत्र* अशौच की साधारण अवधि ब्राह्मण तथा क्षत्रिय के लिये दस दिन और वैश्य तथा शूद्र के लिये क्रमशः पंद्रह दिन तथा एक मास बताते हैं। *पाराशर-स्मृति* के अनुसार अग्निहोत्र एवं वेद का स्वाध्याय करने वाला ब्राह्मण एक दिन में, मात्र वेद का स्वाध्याय करने वाला तीन दिन में तथा दोनों की उपेक्षा करने वाला दस दिनों में शुद्ध हो जाता है। बालक की मृत्यु से अल्प अशौच होता है। दो वर्ष से कम आयु के बालक की मृत्यु से मात्र माता-पिता को ही एक या तीन रात्रि का अशौच होता है। दाँत निकल आने तथा चूड़ाकरण संस्कार होने के पश्चात् मृत्यु होने पर समस्त बांधव अशुद्ध हो जाते हैं। नामकरण के पूर्व मृत्यु पर कोई अशौच नहीं होता।

गृह्य-सूत्र स्त्री-पुरुष के लिये अलग-अलग अशौच की अवधि की कोई व्यवस्था नहीं देते परन्तु स्मृतियों में इसका उल्लेख मिलता है। कन्या विवाह से पूर्व शिशुवत मानी जाती है और उसकी मृत्यु से तीन दिनों का अशौच होता है। चूड़ाकरण से पूर्व मृत्यु हो जाने पर अशौच एक दिन का होता है। पिता की मृत्यु माता के पूर्व होने पर पिता की मृत्यु के अशौच के साथ ही माता की मृत्यु का अशौच समाप्त हो जाता है। परन्तु माता की मृत्यु पहले हो जाने पर अशौच पिता की मृत्यु के समय से आरम्भ होता है।

गृह्यसूत्रानुसार कुलपुरोहित, स्वसुर, वैवाहिक संबंधी तथा भानजों की मृत्यु होने पर अशौच व्यक्ति की इच्छा पर निर्भर करता है। किन्तु *धर्मसूत्र* और स्मृतियों में इसे अनिवार्य कहा गया है। अशौच की अवधि मृतक से संबंध की निकटता के अनुसार भिन्न-भिन्न होती है।

10. अस्थि संचय – सनातन धर्म और संस्कृति में प्रचलित मृत्यु के कर्मकाण्डों में दाह-संस्कार के बाद अस्थि संचय करने की परम्परा है। वस्तुतः यह एक आदिम प्रथा को संरक्षित करने का प्रयास है। सूत्रकाल में शव का दाह कर देने के बाद प्राचीन परम्परा की रक्षा के लिये अस्थि अवशेषों के संचयन और "निखात" की परम्परा आरम्भ हो गयी थी। आश्वलायन के अनुसार यह क्रिया मृत्यु के तेरहवें या पंद्रहवें दिन करनी चाहिए, जबकि बौधायन इसका विधान दाह के दिन से तीसरे, पाँचवें अथवा सातवें दिन करते हैं। इस क्रिया में सर्वप्रथम चिता को दूध और जल से सिंचित करना चाहिए तत्पश्चात् अस्थियों को पृथक् करने के लिये औदुम्बर या गूलर की लकड़ी से उन्हें हटाना चाहिए। यह क्रिया मंत्रोच्चारण के साथ करनी चाहिए। तैतिरियों में वर्णित व्यवस्था के अनुसार अस्थि संचयन का अधिकार मृतक की पहली

पत्नी को था। बौधायन ने इस क्रिया हेतु एक मंत्र का उल्लेख किया है जिसका अभिप्राय है – "यहाँ से उठो और नवीन स्वरूप धारण करो, अपने देह के किसी भी अवयव को न छोड़ो। तुम किसी भी लोक को जाना चाहो, जाओ। सविता तुम्हें स्थापित करें, यह तुम्हारी एक अस्थि है, तुम ऐश्वर्य में तृतीय से युक्त हो, सम्पूर्ण अस्थियों से युक्त होकर सुन्दर बनो, तुम देवों के लिये प्रिय बनो।"

इस श्लोक में अस्थि संचयन का प्रयोजन स्पष्ट हुआ है। तत्कालीन प्रथानुसार अस्थियों का प्रक्षालन कर एक पात्र में रख शमी वृक्ष की शाखा से लटका दिया जाता था। आश्वलायन स्त्रियों के लिये छिद्रयुक्त पात्र तथा पुरुषों के लिये बिना छिद्र के पात्र का विधान करते हैं। सूत्र-युग के बाद इस पद्धति में आमूल परिवर्तन हो गया। नदियों की पवित्रता बढ़ गयी। दाह-संस्कार सामान्यतः नदियों के तट पर होने लगे। इसी क्रम में वर्तमान में दाह-क्रिया करने वाला व्यक्ति दाह के तत्काल पश्चात् अवशेषों को जल में प्रवाहित कर देता है अथवा किसी एकांत ऊसर में डाल देता है।

11. श्मशान – पितृमेध या श्मशान अर्थात् मृतक के अवशेषों पर समाधि निर्माण करना भी अन्त्येष्टि-संस्कार के अन्तर्गत माना जाता है। वर्तमान में ईसाई एवं इस्लाम धर्म में मृतक के शरीर पर सामर्थ्यानुसार समाधि अथवा मकबरे का निर्माण करने की परम्परा है। समाधि निर्माण का उल्लेख वेदों में नहीं मिलता। परन्तु यह इस प्रथा के अप्रचलित होने का प्रमाण नहीं है, क्योंकि कर्मकाण्ड के प्रमुख ग्रन्थ "ब्राह्मण" में इसका विवरण मिलता है। *शतपथ ब्राह्मण* में इसका विस्तार से उल्लेख किया गया है। समकालीन सभी गृह्य-सूत्रों में इसका उल्लेख न होने से ऐसा प्रतीत होता है कि समाधि निर्माण की प्रथा सभी स्थानों में प्रचलित नहीं थी। शास्त्रकारों ने यह सम्मान महान् सिद्ध महात्माओं तथा संन्यासियों के लिये विशेष रूप से सुरक्षित किया है। आधुनिक हिन्दू समाज में यह परम्परा सामान्यतः लुप्त है।

समाधि निर्माण किसके लिये, किस समय तथा किस स्थान पर की जाए, इन विषयों पर अनेक मतभेद हैं। मृत्यु के पश्चात् वर्ष के ऋतु, अधिष्ठाता नक्षत्र, इत्यादि को ध्यान में रखा जाता है। इनमें भी शुक्ल पक्ष प्रतिपदा को प्रधान माना गया है।

समाधि निर्माण के लिये स्थान का चुनाव कर एक दिन पूर्व कुछ पौधे लगा दिये जाते हैं। पौधे से उत्तर दिशा में भूमि खोद देते हैं तथा निकली हुई मिट्टी से 600 से लेकर 2400 तक ईंटें बनायी जाती हैं। भस्मावशेष का पात्र भूमि पर पलाश की तीन टहनियों के बीच रख उस पर एक झोंपड़ी का निर्माण कर दिया जाता है। वाद्ययंत्रों

की ध्वनि के साथ उपस्थित व्यक्ति उस स्थान की प्रदक्षिणा करते हैं। भिन्न सम्प्रदायों में इस पद्धति में भेद पाये जाते हैं।

इस प्रकार निर्मित रचना मृत्यु का प्रतीक समझी जाती है और जीवलोक को मृत्युलोक से पृथक् करने के लिये मंत्रोच्चारण करते हुए मिट्टी के ढेरों, पत्थरों और वृक्षों की शाखाओं से सीमा रेखा बना दी जाती है।

अन्त्येष्टि-क्रियाएँ पुनः-पुनः दुहरायी जाने तथा विस्तृत होने पर भी अत्यन्त साधारण हैं। साधारणतया धर्म के किसी भी क्षेत्र में आदिम आस्था इतने ज्वलन्त रूप में विद्यमान नहीं है जितना अन्त्येष्टि-क्रियाओं में है। परलोक इस लोक का दूसरा प्रतिरूप है और मृतक की आवश्यकताएँ भी वे ही हैं जो जीवित व्यक्ति की होती हैं। मृतक संस्कार की सभी क्रियाओं में मृत व्यक्ति के विषय-भोग तथा सुख-सुविधाओं के लिये प्रार्थनाएँ की जाती हैं। हमें उसके आध्यात्मिक लाभ अथवा मोक्ष के लिये इच्छा का बहुत कम संकेत मिलता है। जन्म-मरण के चक्र से मुक्ति की प्रार्थनाएँ बहुत कम हैं। उसका उदय कर्मकाण्ड के विकास की नवीनतम श्रृंखला में जाकर ही हो सका। संपूर्ण संस्कार प्रायः आदिम प्रकार का है और वह अत्यंत सुदूर अतीत में उद्भूत विश्वास की सूचना देता है। आदिम विश्वासों और पद्धतियों के साथ-साथ इस संस्कार में इहलौकिक परिष्कार और पारलौकिक परमार्थ के कतिपय तत्त्व वर्तमान हैं। व्यक्तिगत, पारिवारिक एवं सामाजिक स्वच्छता और स्वास्थ्य का इसमें पूरा प्रावधान है। वियोग से उत्पन्न शोक को दूर करने के लिये इसमें विविध उपाय किए गए हैं। प्रेतात्मा के ऊर्ध्वगमन और आध्यात्मिक कल्याण के लिये इसमें पर्याप्त संकेत मिलते हैं।

12. दशगात्र श्राद्धकर्म – इसे दशगात्र पिण्डदान भी कहते हैं। लौकिक परम्परानुसार मृत्यु अथवा दाह-संस्कार के दिन से कर्ता मृतक के अंगपूर्णार्थ दस दिन तक, प्रतिदिन एक पिण्ड के हिसाब से दस पिण्ड का दान करता है। ये दस पिण्ड क्रमशः सिरःपूरक, कर्णाक्षिकम्य, नासिकापूरक, मोसभुजपक्षपूरक, नाभि, लिंग, गुदापूरक, जानुजंघापादणुपूरक, सर्वमर्मपूरक, सर्वनादिपूरक, दन्त लोभादिपूरक, वीर्यपूरक एवं पूर्णतत्त्वत्रिप्तक्षुदीयपर्ययपूरक होते हैं।

भविष्यपुराणानुसार –

गृहद्वारे श्मशाने वा तीर्थ देवगृहेपि वा।
यत्राद्ये दीयते पिण्डस्त्र सर्व समाचरेत।।

अर्थात् पिण्डदान घर के दरवाजे पर, श्मशान में, तीर्थ में अथवा देव मंदिर में करना चाहिए। आश्वलायन के अनुसार–

असगोत्रः सगोत्रो वा यदि वा स्त्री यदि वा पुमान।
प्रथमेहनि यो दद्यात् दशाहं दशगात्रं समापयेत।।

उपरोक्त वचनानुसार जो व्यक्ति प्रथम पिण्डदान करता है उसे दस पिण्ड दान करने पड़ते हैं। यदि किसी कारणवश अधिकारी कर्ता के स्थान पर कोई अन्य व्यक्ति दाह-संस्कार करता है तो उसे दस पिण्ड देना अनिवार्य है, साथ ही वास्तविक श्राद्धाधिकारी कर्ता को भी दसवें दिन दस पिण्ड देने होते हैं। पिण्ड-दान काल में पिण्ड-शेषान्न को पिण्ड के चारों ओर बिखेर दिया जाता है। ऐसी पौराणिक मान्यता है कि मृतक जो प्रेत रूप में होता है श्राद्धपर्यन्त इसी पिण्ड-शेषान्न को ग्रहण करता है।

13. पंचनख अथवा क्षौरकर्म – लौकिक परम्परानुसार मृतक के अथवा दाह-संस्कार के दसवें दिन कर्ता सहित एक वंश के सभी लोग पंचनख अथवा क्षौरकर्म कराते हैं। पंचनख का आशय बाल, मूँछ, दाढ़ी, हाथों एवं पैरों के नाखूनों को कटवाने से है। क्षौरकर्म के लिये कुल, परिवार के लोग जो अशौच में होते हैं, तथा परिवार के शुभेच्छुगण भले ही वे किसी भी जाति एवं धर्म के हों सभी एक स्थान पर एकत्र होते हैं। क्षौरकर्म के उपरांत ये लोग कर्ता के साथ स्नान करते हैं। विवाहित कन्या तथा विगोत्री तीसरे दिन ही पंचनख कटवाते हैं। दसवें दिन सूर्यास्त के बाद श्राद्ध कर्ता को छोड़कर शेष सभी सगोत्र बांधव अशौच से मुक्त होकर पवित्र हो जाते हैं।

मध्यमा क्रिया

दशगात्र के पश्चात् सपिण्डीकरण तक के श्राद्ध कर्म को मध्यमा क्रिया के अंतर्गत रखा गया है –

1. एकादशाह श्राद्धकर्म – शास्त्रों के अनुसार ग्यारहवें दिन षोड्शी श्राद्ध का प्रमुख श्राद्ध जिसे आद्य श्राद्ध कहते हैं, सम्पादित कराया जाता है। यदि मृतक की मृत्यु असामयिक अथवा किसी दुर्घटनावश होती है तो उसकी शांति के लिये नारायणबलि श्राद्धकर्म किया जाता है। मिथिला में नारायणबलि के स्थान पर एकादशाह श्राद्ध कर्म के पूर्व शैय्यादान, कांचन पुरुष, गोदान, छत्रदान, उपानहदान (जूतादान) ये पंचदान किये जाते हैं।

2. वृषोत्सर्ग श्राद्धकर्म – कुछ लोग एकादशाह श्राद्धकर्म के साथ वृषोत्सर्ग श्राद्ध भी करते हैं। इस विशेष श्राद्ध के पूर्व महाब्राह्मण की पत्नी का पूजन किया जाता है, तत्पश्चात् एक बछड़े को चक्र से दागकर चार बछियों के साथ साँड़ बनने के लिये छोड़ दिया जाता है। सनातन (हिन्दू) धर्मशास्त्रों के अनुसार सधवा स्त्री के श्राद्ध में वृषोत्सर्ग श्राद्ध का निषेध किया गया है।

3. सामान्योत्सर्ग अथवा वस्तुदान – हिन्दू लौकिक परम्परानुसार दाहकर्म के ग्यारहवें अथवा तेरहवें दिन मृतक की स्वर्ग प्राप्ति की कामना से ब्राह्मण को घरेलू

उपयोग की वस्तुएँ यथा बर्तन, वस्त्र, गृह, वृक्ष (फलदार), भूमि, वर्ष भोजन, इत्यादि वस्तुएँ दान में दी जाती हैं।

4. द्वादशाह श्राद्धकर्म – मृत्यु के पश्चात् बारहवें दिन का कर्मकांड द्वादशाह श्राद्धकर्म के नाम से संबोधित किया जाता है। यह कर्मकांड दो भागों में सम्पादित होता है – (अ) मासिक (ब) सपिण्डीकरण।

(अ) *मासिक* – सर्वप्रथम इस दिन षोड्स श्राद्धांतर्गत चौदह मासिक श्राद्धकर्म किये जाते हैं। वर्ष के भीतर अधिमास होने पर चौदह के स्थान पर पंद्रह मासिक श्राद्धकर्म करने पड़ते हैं। प्राचीन काल में मृत्यु की तिथि पर ये श्राद्ध वर्षपर्यन्त प्रत्येक महीने किये जाते थे। वर्ष में जहाँ बारह महीने होते हैं वहीं मासिक श्राद्ध चौदह किये जाते हैं। ऐसी शास्त्रीय मान्यता है कि मृत्युलोक एवं बैकुण्ठ के बीच में छः-छः महीने पर दो पड़ाव आते हैं इसलिये मासिक श्राद्ध में षष्टम एवं सप्तम मासिक को उनषानमासिक एवं पानमासिक और तेरहवें एवं चौदहवें मासिक को अवार्षिक एवं वार्षिक कहते हैं।

(ब) *सपिण्डीकरण श्राद्धकर्म* – ऐसी मान्यता है कि स्थूल शरीर का त्याग करने के पश्चात् जीवात्मा प्रेत योनि धारण करती है तथा इस योनि से मुक्ति पाये बिना वह पुनः नया शरीर धारण नहीं कर सकती। सपिण्डीकरण श्राद्ध के द्वारा जीवात्मा को इस प्रेतत्त्व से मुक्ति प्राप्त हो जाती है। इस श्राद्ध में मृतक के पूर्व की तीन पीढ़ियों को सम्मिलित किया जाता है। इन तीन पीढ़ियों से ऊपर के पितरों को देवतुल्य माना जाता है, उनकी विश्वदेव के रूप में पूजा की जाती है। सर्वप्रथम मृतक तथा मृतक से तीन पीढ़ी पूर्व के पितरों हेतु पिण्ड बनाये जाते हैं। मृतक के पिण्ड को स्वर्ण, रजत अथवा कुश की शलाका से तीन खण्डों में विभाजित कर एक-एक खण्ड को क्रमशः शेष तीनों पिण्डों के साथ मिलाते हैं तत्पश्चात् इन सभी पिण्डों को एक साथ सम्मिलित कर देते हैं। इस क्रिया को "पिण्ड सम्मेलन" या "पितर मिलन" कहते हैं। पिण्ड सम्मेलन निम्नलिखित क्रमानुसार होता है –

1. मृतक पुरुष का पिता, पितामह एवं प्रपितामह के साथ।
2. मृतक पुरुष के पिता के जीवित रहने पर पितामह, प्रपितामह एवं वृद्ध-प्रपितामह के साथ।
3. सौभाग्यवती स्त्री का पति के कुल की स्त्री के साथ तीन पीढ़ियों तक।
4. विधवा स्त्री का पति एवं पति के पूर्व पुरुषों की दो पीढ़ियों के साथ।

पिण्ड-सम्मेलन के पश्चात् मृतक के नाम के साथ प्रेत शब्द का सम्बोधन नहीं किया जाता है।

उत्तर क्रिया

भारतीय संस्कृति में हिन्दू परम्परानुसार मृत्यु के कर्मकाण्ड की उत्तर क्रिया अत्यन्त वृहद्, व्यापक और विलक्षण है, जो किसी अन्य धर्म एवं सम्प्रदाय में नहीं दिखती। ये क्रियायें पीढ़ी-दर-पीढ़ी चलती रहती हैं। इनमें प्रमुख उत्तर क्रियायें निम्नलिखित हैं –

1. वार्षिक श्राद्धकर्म – यह श्राद्ध प्रत्येक वर्ष मृत्यु की तिथि पर किया जाता है। प्रथम वार्षिक श्राद्ध के पूर्व घर में कोई मांगलिक कार्य नहीं किये जाते हैं। इससे एक वर्ष का पारिवारिक शोक प्रदर्शित होता है। प्रत्येक वर्ष मृतक का वार्षिक श्राद्ध (एकोदिष्ट श्राद्ध) तब तक किया जाता है जब तक कि उसका कोई पुत्र जीवित है।

2. गया श्राद्धकर्म – पिता की मृत्यु के पश्चात् कर्ता परिवार के सभी सदस्यों की अनुमति लेकर अपने पूर्वजों का गया (भारत में बिहार प्रदेश का एक जिला तथा नगर) में श्राद्धकर्म करता है। गया श्राद्धकर्म एक दिन, तीन दिन, सात दिन, पन्द्रह दिन एवं तीस दिन की अवधि का होता है। श्राद्ध कर्ता उपरोक्त अवधि में से अपनी सुविधानुसार किसी एक अवधि का चयन करता है। मुख्य रूप से गया में चार स्थलों पर श्राद्धकर्म का विशेष माहात्म्य है। ये स्थल क्रमशः प्रेतशिला, फाल्गु नदी, विष्णुमंदिर और अक्षयवट हैं।

   गया में ही श्राद्ध कर्ता एक पिण्ड विष्णु के हाथों में इस आशय से समर्पित करता है कि यदि किसी कारणवश उसका स्वयं का श्राद्ध न हो पाए तो उस समय यह पिण्ड उसे भगवान श्री विष्णु की ओर से वापस मिल जाए।

3. तीर्थ श्राद्ध – हिन्दू समाज का कोई व्यक्ति जब किसी तीर्थ स्थल की यात्रा करता है तो अपनी कौलिक परम्परानुसार उन तीर्थों में अपने मृत पितरों का पिण्डदान श्राद्ध करता है। तीर्थ श्राद्ध में ब्रह्मकपाली (बद्रीनाथ), प्रयाग एव काशी के श्राद्ध का विशेष माहात्म्य है।

4. त्रिपिण्डी श्राद्ध – यह श्राद्ध उन मृतकों के उद्धार के निमित्त किया जाता है जो जन्म लेने से पूर्व नष्ट हो गये अथवा जन्म लेते ही मृत्यु को प्राप्त हो गये अथवा किसी कारणवश जिनका सामयिक श्राद्ध उचित विधि-विधान से न हो पाया हो।

5. पितृपक्ष श्राद्ध – सम्पूर्ण भारत में आश्विन माह के कृष्ण पक्ष को पितृपक्ष कहा जाता है। *विष्णु पुराण* के अनुसार सभी पितर इस अवधि में मृत्युलोक में आगमन करते हैं। पितृपक्ष की अवधि में कोई भी शुभ कार्य नहीं किया जाता। पक्ष भर लोग अपने

मृत पितरों का जल से तर्पण करते हैं और मृत पितरों के निमित्त उस तिथि में ब्राह्मण-भोज कराते हैं।

6. पार्वण श्राद्ध – यह श्राद्ध पितृपक्ष में मुख्य रूप से तीर्थ स्थलों पर किया जाता है। इसमें क्रम से द्वादश-दैवत-पार्वण श्राद्ध – पिता, पितामह, प्रपितामह, माता, पितामही, प्रपितामही, मातामह, प्रमातामह, वृद्ध प्रपितामह, मातामही, प्रमातामही, वृद्ध-प्रमातामही के लिये श्राद्धकर्म किया जाता है। इसी प्रकार कुछ स्थानों पर षोडश्-दैवत-पार्वण श्राद्ध का भी विधान है।

7. नन्दीमुख श्राद्ध – हिन्दू समाज में पाणिग्रहण (विवाह) एवं यज्ञोपवीत आदि परम पावन कार्यों से पूर्व मृत पितरों से आशीर्वाद प्राप्त करने का विधान है। ये श्राद्ध इसी उद्देश्य से किये जाते हैं। इस श्राद्ध का संकल्प लेने के उपरांत वंश में मृत्यु हो जाने पर भी यज्ञोपवीत एवं विवाह संस्कार नहीं रुकता है।

सनातन (हिन्दू) समाज में व्यक्ति पूजा-पाठ, दर्शन, तीर्थ अनुष्ठान जैसे धार्मिक कर्मों को अपने परिवार एवं स्वयं की समृद्धि एवं कल्याण के लिये करता है। जबकि दूसरी ओर मृत्यु के पश्चात् मृतक के पुत्रों द्वारा जो विभिन्न प्रकार के श्राद्ध किये जाते हैं वे सिर्फ पितरों की मुक्ति के लिये किया जाता है, जिनसे प्रायः वह मिला भी नहीं होता है। भारतीय समाज में मृत्यु के ये संस्कार वंश-परम्परा एवं पारिवारिक एकता का विलक्षण आधार प्रस्तुत करते हैं। दशगात्र श्राद्ध के दसवें दिन जब मृतक के परिजन क्षौर कराते हैं उस समय सभी पुरुष सदस्यों के चेहरे तथा सिर केशविहीन होने के कारण, एक जैसे लगते हैं। उन्हें एक साथ देखकर ऐसा लगता है मानो शोक साक्षात् प्रकट हो गया है। लेकिन पारिवारिक एकता उस विपत्ति को भी आत्मसात कर लेती है। मृत्यु के पश्चात् बारह दिनों तक संवेदना प्रकट करने वाले, जो भिन्न-भिन्न जातियों के होते हैं, मृतक के परिजनों को धैर्य प्रदान करते हैं जो उसके शोक को शमित करता है।

श्राद्धकर्म के समय कर्ता जिस स्थान पर श्राद्ध करता है सर्वप्रथम उस स्थान के स्वामी के पूर्वजों को श्राद्धान्न अर्पित करता है, फिर अपने वंश के ऐसे मृतकों को जिनकी मृत्यु किसी दुर्घटनावश या अकाल मृत्यु हुई हो उन्हें श्राद्धान्न समर्पित करने के पश्चात् ही मृतक का श्राद्ध करता है। इस प्रकार इहलौकिक एवं पारलौकिक एकता मृत्यु के कर्मकाण्ड के द्वारा सिद्ध होती है।

पितरों से सम्बन्धित पर्व

(1) मकर संक्रान्ति – इस पावन दिवस पर पितर प्रेतत्त्व से छूटे हुए पूर्वज के निमित्त तिल,चावल, दाल, कम्बल आदि वस्तुओं के दान का विधान है। अगहन महीने में धान की फसल तैयार होने पर लोग अन्न सर्वप्रथम अपने पितरों को अर्पित करना चाहते

हैं। माघ मास में नये चावल की खिचड़ी लोगों को प्रिय होने के कारण अपने पितरों को समर्पित करने के उपरांत ही स्वयं ग्रहण करते हैं।

(2) मेष संक्रान्ति – इसे चैत्र माह की संक्रांति के नाम से संबोधित किया जाता है। इस पावन पर्व पर पितरों के निमित्त मिट्टी के घड़े में जल भरकर उसके साथ सत्तू गुड़, बेल, ककड़ी एवं पंखा दान करने का विशेष माहात्म्य है। जौ, चना, आम का टिकोरा, बेल आदि वस्तुएँ अपने पितरों को अर्पित करने के पश्चात् ही स्वयं खाने की परम्परा है। गर्मी में लोगों को अपने लिये शीतल जल की आवश्यकता होती है इसीलिए वे अपने मृत पितरों के निमित्त भी घटदान करते हैं जिससे उन्हें शीतल जल प्राप्त हो सके। ग्रामीण क्षेत्रों में आज भी ब्राह्मण को छोड़कर अन्य जातियाँ जो घटदान करती हैं, प्रायः एक महीने तक दान किये हुए घड़े में नित्य जल भरकर दान प्राप्तकर्ता के घर सुबह-शाम पहुँचाया करती हैं। यहाँ पर दानकर्ता का यह दृढ़ विश्वास होता है कि उसके द्वारा नित्य घड़े में भरकर दिया जाने वाला जल ब्राह्मण नहीं पीता अपितु उसके माध्यम से उनके (दानकर्ता के) पितर को प्राप्त होता है।

(3) अक्षय तृतीया – वैशाख शुक्ल तृतीया को अक्षय तृतीया के नाम से संबोधित किया जाता है। इस परम पावन तिथि में व्यक्ति अपने पितरों के निमित्त ब्राह्मणों को शर्बत पिलाते हैं एवं दक्षिणा, यज्ञोपवीत, पान-सुपारी, आदि देते हैं। ऐसी धार्मिक मान्यता है कि अक्षय तृतीया के दिन किये गये धार्मिक कार्यों का संचित पुण्य कभी नष्ट नहीं होता, वह युग-युगांतर तक अक्षय बना रहता है। शास्त्रीय मान्यतानुसार अक्षय तृतीया के दिन किये गये दान से अर्जित अक्षय पुण्य का फल, उन पितरों को प्राप्त होता है, जो किसी कारणवश स्वर्ग सुख पाने से वंचित रह गये होते हैं।

श्राद्धकर्म के द्वारा ही व्यक्ति मातृ-ऋण एवं पितृ-ऋण से मुक्त होता है। श्राद्धकर्म के दौरान कर्ता बारह दिनों तक बह्मचर्य का पालन करता है। उसका भोजन अत्यन्त सात्विक एवं नमक रहित होता है। कर्ता को कोई दूसरा व्यक्ति शरीर से स्पर्श इसलिये नहीं करता कि वह अपवित्र है, अपितु इसलिये कि वह अपने मृत माता या पिता को मोक्ष दिलाने का मार्ग प्रशस्त करने के परम पावन कृत्य में लगा होता है। इसलिये वह किसी दूसरे कार्य में भाग नहीं लेता है। परिवार के अन्य सदस्य भी इस कार्य में कर्ता की मदद करते हैं। दस दिनों तक मृतक के परिवार के सदस्य *गरुड़ पुराण* सुनते हैं जिसमें मृत्यु के पश्चात् आत्मा की यात्रा का विस्तार से वर्णन किया गया है।

लौकिक जीवन में मृतक का संबंध अपने परिवार में ही कई अन्य सदस्यों से अच्छा नहीं होता परन्तु मृत्यु के पश्चात् जो नूतन संबंध बनता है उसमें सभी सदस्य मृतक को श्रद्धा की दृष्टि से देखते हैं। मरणोपरांत उसे देवतुल्य मानते हैं, क्योंकि उनका संबंध अब

अलौकिक होता है। देवता के पश्चात् सनातन हिन्दू समाज में पितर का ही स्थान होता है एवं अनेक शुभ कार्यों में उनका आह्वान किया जाता है एवं पूजा की जाती है।

मृत्यु के पश्चात् अन्त्येष्टि से लेकर श्राद्धकर्म तक विभिन्न जातियाँ एक-दूसरे की सहायता करती हैं। उदाहरण के लिये यदि किसी ब्राह्मण की मृत्यु हुई है तो काशी में अग्नि डोम से ली जाती है। महाब्राह्मण अन्त्येष्टि कराता है, नाई पंचनख काटता है एवं बारह दिनों तक श्राद्धकर्म के दौरान महाब्राह्मण एवं कर्ता की सहायता पूरी श्रद्धा एवं लगन के साथ करता है। कुम्हार मिट्‌टी का बर्तन देता है, डोम बाँस का बर्तन देता है, बढ़ई लकड़ी का सामान बनाकर देता है एवं सभी सेवा के बदले में पारितोषिक प्राप्त करते हैं। हिन्दू समाज में मृत्यु के कर्मकाण्ड एवं अन्य सामाजिक कार्यों में यजमानी व्यवस्था के द्वारा सभी जातियों के लोग एक-दूसरे से बंधे हुए हैं।

हिन्दू समाज मृत्यु को ही जीवन का अंत नहीं मानता बल्कि मृत्यु के बाद भी व्यक्ति अलौकिक रूप से पितर के रूप में पीढ़ी-दर-पीढ़ी जीवित रहता है। इस प्रकार *गीता* में वर्णित आत्मा की अमरता एवं पुनर्जन्म का संदेश मृत्यु के प्रचलित कर्मकाण्ड द्वारा सिद्ध होती है। मृत्यु के कर्मकाण्ड की व्यापकता सनातन संस्कृति की एक अनुपम व्यवस्था है जो इसे अन्य धर्मों एवं संस्कृतियों से पृथक् करती है।

संदर्भ ग्रंथ

कठोपनिषद्।

कृत्यसारसमुच्चय, श्रीमदमरनाथ झा, चौखम्भा सुरभारती प्रकाशन, वाराणसी, 2000।

श्रीमद्भगवद्गीता।

गरुड़ पुराण।

Brahmanic Ritual Tradition, B.N. Saraswati, Indian Institute of Advanced Study, Simla, 1997.

Death In Banaras, Jonathan P. Parry, Cambridge University Press, 1994

हिन्दू संस्कार, डॉ॰ राजबली पाण्डेय, चौखम्भा विद्याभवन, वाराणसी, 1995।

श्राद्ध पारिजात, रुद्रदत्त पाठक, विष्णु प्रकाशन औरंगाबाद (बिहार) संवत्, 2057।

श्राद्ध पद्धति, पं॰ रामचन्द्र झा द्वारा सम्पादित, संस्कृत सीरिज़ चौखम्भा, वाराणसी।

खण्ड 3
मृत्यु और आधुनिक ज्ञान

17

मृत्यु की अवधारणा
प्राचीन शास्त्र और आधुनिक ज्ञान

– भानुशंकर मेहता

भारत का महाकाव्य है *महाभारत* और इसके अंतर्गत कृष्ण-अर्जुन संवाद आता है जो *श्रीमद्भगवद्गीता* के नाम से विख्यात है और सनातनधर्मियों के लिये "पवित्र ग्रंथ की" मान्यता प्राप्त है। यद्यपि *गीता* में बहुत कुछ है पर वर्तमान प्रसंग की दृष्टि से उसका आरंभ "मृत्यु" के प्रश्न से ही होता है। अर्जुन दोनों ही पक्ष की सेनाओं में खड़े अपने प्रियजनों को देखकर विषाद से भर जाता है और विचार करता है कि क्या मुझे इन्हें मार डालना है। वह अपनी मृत्यु से विचलित नहीं है पर दूसरों की मृत्यु नहीं चाहता। श्रीकृष्ण उसे समझाते हुए कहते हैं कि संसार का नियम है कि "जो जन्मा है वह मरेगा और मरने पर पुनः जन्म लेगा।" इस प्रकार श्रीकृष्ण भारतीय दर्शन की एक मान्यता स्थापित करते हैं – जन्म-मरण के चक्र की। वे यह भी स्थापित करते हैं कि देह में स्थित आत्मा नित्य सनातन है, शाश्वत् है और देह के नष्ट होने पर नष्ट नहीं होता। देह और आत्मा के संबंध को स्पष्ट करते हुए कहते हैं कि जैसे हम पुराने कपड़े त्यागकर नये पहन लेते हैं वैसे ही आत्मा भी नया शरीर धारण करती है। अस्तु "मृत्यु" के लिये शोक करने की जरूरत नहीं है।

इसी महाकाव्य के शांति-पर्व में शरशय्या पर पड़े भीष्म पितामह के पास श्रीकृष्ण के साथ युधिष्ठिर आते हैं, और पितामह युधिष्ठिर को उपदेश देते हैं। यहाँ व्यास ने कहा है कि मृत्यु एक व्यक्ति है, अत्यंत रमणीय और सम्मोहक। वास्तव में वह (मृत्यु) एक कमनीय और रमणीय युवती है। यह मृत्यु का अनूठा काव्य है।

आगे अनुशासन-पर्व में पितामह मृत्यु का कारण बताते हुए गौतमी की कथा सुनाते हैं। गौतमी के पुत्र को सर्प ने काट लिया। शिकारी अर्जुन सर्प को पकड़कर गौतमी के समक्ष लाता है। सर्प अपने बचाव में कहता है कि दोष मेरा नहीं मृत्यु का है – उसी के आदेश पर मैंने ऐसा किया। मृत्यु आकर कहती है – दोष मेरा नहीं है, मैं तो काल का आदेश पालन

कर रही थी और काल देवता का बयान है कि वे भी दोषी नहीं हैं, यह तो मृत बालक का कर्मफल था। सर्प, मृत्यु, काल सभी निमित्त मात्र हैं। गौतमी शिकारी से सर्प को मुक्त कर देने को कहती है। यह थी भारतीय दर्शन की मृत्यु-संबंधी धारणा।

"मृत्यु" एक रहस्य है जो आज भी समझा नहीं जा सका है। सर्वत्र एक मान्यता है कि "आया है सो जायेगा राजा रंक फकीर"। फिर भी मन नहीं मानता और प्रबुद्ध मनीषी लगातार उसका चिंतन करते रहते हैं। आदिम जाति के लोग भी "मृत्यु क्या है, क्यों होती है?" पर विचार करते थे तो अत्यंत आधुनिक विज्ञानी भी इसी प्रश्न से जूझ रहे हैं। और जब मृत्यु आती है तो दार्शनिक, वैज्ञानिक, ज्ञानी और पण्डित अवाक् हो खड़े रह जाते हैं। किसी का कोई बस नहीं चलता। आधुनिक विज्ञान ने बड़ी प्रगति की है, बहुत से रहस्य खुले हैं, जीवन की अवधि बढ़ी है, अकाल मृत्यु की घटनाएँ कम हुई हैं फिर भी मृत्यु कब, क्यों, कैसे आयेगी कोई नहीं जानता। इस असहायता का वर्णन महर्षि अरविन्द *सावित्री* में बड़े सूक्ष्म ढंग से करते हैं –

सावित्री के शब्दों में –

भान हुआ हम नहीं अकेले,
कोई आया है, चेतन, विशाल और दारुण
आयी है कोई मौन, अपरिचित छाया
कालिमा से उसकी बुझा है मध्याह्न का आलोक
चतुर्दिक छा गया है एक भयकारी सन्नाटा
मौन है पक्षी कलरव, मौन है पशुओं की चीत्कार
भर गया है जगत आतंक और वेदना की टीस से
और उस निराकार अनाम मौन से
प्रगटी, किसी निष्ठुर दूरवर्ती देवता की छाया
मायामय विश्वविलीन होता उसकी शून्य सत्ता में।

मृत्यु के आगमन की अनुभूति शायद कुछ ऐसी ही होती है। आदिम काल से मानव इस निर्मम नियति के विरुद्ध संघर्ष करता रहा है और यह केवल सोचने-समझने वाले प्राणी की समस्या है, मानवेतर प्राणी, पशु, पक्षी, जीव, जन्तु, वृक्ष, पादप सभी सहज भाव से इसे स्वीकार कर लेते हैं। आदिम मानव "अज्ञात" से भयभीत था, उसका ज्ञान सीमित था। वह देखता था कि उसका साथी जो अभी बोल रहा था, सहसा चुप क्यों हो गया, सांस क्यों नहीं लेता, हिलता-डुलता क्यों नहीं? अपनी तर्कशक्ति से वह कहता है "शायद यह शत्रु ओझा की शरारत है या किसी अज्ञात देवता का कोप? शरीर में क्या था जो निकल गया?" अस्पष्ट रूप से वह "आत्मा" की चर्चा करता था। मृत्यु से बचने के लिये वह बलि देता, पूजा-पाठ करता, ओझा की सहायता लेता। "शव" को सुरक्षित करता, उसकी पूजा करता। उसका प्रश्न था क्या मृत्यु के बाद जीवन शेष होता है और मृत्यु आती क्यों है?

इन प्रश्नों ने "आत्मा", "सोल", "रूह" को जन्म दिया। बिना आत्मा को समझे मृत्यु को समझना कठिन है। यह "आत्मा" आदमी को व्यक्तित्व तथा मानवता प्रदान करती है। यह आत्मा ही "स्व" है, मन है, प्राण है। और आगे यह भी माना गया कि आत्मा परमात्मा का अंश है और मृत्यु के बाद भी जीवित रहती है (जैसा *गीता* में कहा गया है)। विश्व भर में "आत्मा" के स्वरूप, उसका शरीर से संबंध, उसकी अमरता और उद्भव पर विचार किया गया है, सभी देशों में अपने-अपने ढंग से। क्या सभी जीवित प्राणियों में आत्मा होती है? – यह भी एक महत्त्वपूर्ण विषय था क्योंकि तब यदि कहा जाए कि "आत्मा" केवल मानव में होती है तो आत्माविहीन प्राणियों की हिंसा जायज हो जायेगी।

प्राचीन मिस्र में "द्विआत्मा" का सिद्धांत था – "का" (श्वास, प्राणवायु) मरती नहीं और मृत शरीर के पास मंडराती रहती है और "बा" जो अशरीरी है मरण के बाद पितरों के लोक में चली जाती है।

चीन की मान्यता थी कि एक "हीन" आत्मा होती है जो बड़ी संवेदनशील होती है तथा मृत्यु के साथ विलीन हो जाती है, दूसरी तर्कसंगत आत्मा "हून" जो मरण के बाद भी जीवित रहती है और पितर बनती है, अतः पितर पूजन की परंपरा है।

हिब्रू कहते हैं कि आत्मा शरीर का अभिन्न अंग है और शरीर के साथ मर जाता है। आगे इस विचारधारा में परिवर्तन हुआ और ईथीरियल सोल और कॉरपोरल सोल की बात कही जाने लगी।

यूनान के दार्शनिक मानते थे कि शरीर से आत्मा भिन्न है। ईसाई धर्मगुरुओं ने भी इसी बात का समर्थन किया। भोगवादियों (एपीक्यूरियन्स) ने कहा कि आत्मा भी शरीर की भाँति परमाणुओं से बनती है और शरीर के साथ ही बिखर जाती है। भारत में चार्वाक ने कहा कि देह जल जाने के बाद सब कुछ समाप्त हो जाता है, पुनर्जन्म नहीं होता।

यूनान के अफलातून वर्ग के दार्शनिक कहते हैं – आत्मा अशरीरी है, देवताओं जैसी है फिर भी भौतिक परिवर्तनों और अस्तित्व में शामिल होती है, जबकि अरस्तु वर्ग के विचारक कहते हैं – आत्मा का रूप अस्पष्ट है और इसे शरीर से अलग नहीं किया जा सकता। ईसाई सम्प्रदाय के संत अगस्तीन ने कहा कि आत्मा रथी है और शरीर वाहन। शरीर भौतिक है और आत्मा दैविक पर वे मानते हैं कि शरीर से अलग आत्मा का अस्तित्व नहीं है।

मध्ययुगीन यूरोप के विद्वान् थामस एक्विना ने यूनानी दर्शन का समर्थन करते हुए कहा कि आत्मा ही शरीर की नियंत्रक है पर अपने आप में स्वतंत्र है।

रेनेसां युग के पुरोधा – रेने डे कार्टेस ने कहा कि मनुष्य आत्मा और शरीर का संयोग है। दोनों अलग हैं पर एक-दूसरे को प्रभावित करते हैं। उनके लिये मन ही आत्मा है। प्रसिद्ध दार्शनिक स्पिनोजा मानते हैं कि शरीर और आत्मा एक ही सिक्के के दो पहलू हैं। जबकि

एक और प्रसिद्ध दार्शनिक इमेन्यूल कांत के विचार से "तर्क द्वारा आत्मा को सिद्ध नहीं किया जा सकता" अतः मन को ही निर्णय करना होगा कि आत्मा का अस्तित्व है, और इस निष्कर्ष के बाद ही नैतिकता और धार्मिकता का विकास संभव होगा। आगे बीसवीं सदी के प्रारंभ में विलियम जेम्स ने स्थापित किया कि आत्मा नहीं है – केवल मन की कपोल-कल्पना मात्र है। भारतीय दर्शन भी मानता है कि शरीर एक रथ है जिसमें इन्द्रियों के घोड़े जुते हैं और आत्मा रथी है।

इस आत्मा और शरीर की कल्पना में एक और विचार जोड़ लें कि क्या मृत शरीर पुनः जीवित हो सकता है? क्योंकि इसी मान्यता के आधार पर मिस्र में शवों का ममीकरण *किया गया,* शवों को दफन किया गया और प्रतीक्षा काल की अवधि के लिये सुख साधन का प्रबंध किया गया। अन्य लोगों ने शरीर को नश्वर मानकर कहा यह पंच-तत्त्व से बना है अतः इसे अग्नि को समर्पित कर प्रकृति के तत्त्वों को लौटा देना चाहिये। रही "आत्मा" की बात तो मरणोपरांत उसकी यात्रा की कल्पना भी कर डाली।

मृत्यु का क्षण आज भी उतना ही अलौकिक, रहस्यमय और भयकारक है। सही है कि हर व्यक्ति मृत्यु का सामना अपने ढंग से करता है, शहीद हंसते हुए फांसी चढ़ जाता है, मंसूर को सूली चढ़ते हुए लगा कि उसकी शादी हो रही है, संत शांत भाव से मृत्यु का वरण करते हैं, तो दूसरे कांपते हैं, आतंकित हो गुहार करते हैं कि बचा लो, पर वह निर्मम कुछ भी नहीं सुनता।

मृत्यु कैसी है? क्या मरने में बहुत कष्ट होता है या सिर्फ चिरनिद्रा है, सहज और सुखद है? इन प्रश्नों का उत्तर नहीं मिलता, क्योंकि जो उस पार गये लौटकर नहीं आये। अवश्य ही कुछ लोग मरने के बाद जी उठे हैं और मरणोपरांत अनुभव बताते भी हैं, पर उनके अनुभव की मान्यता कहाँ तक है यह भी एक प्रश्न है। एक बात एक हद तक सही प्रतीत होती है कि यदि मृत्यु चिरंतन निद्रा है और नींद आने में कोई कष्ट नहीं होता तो फिर मृत्यु में क्यों होगा? यदि शरीर से अलग कोई चैतन्य आत्मा है तो इसका कोई प्रमाण नहीं है। आदिवासी अवश्य मानते हैं कि ओझा आत्मा चुरा लेते हैं, दूसरे ओझा आत्मा को पकड़ने के उपकरण बनाते हैं। वे यह भी मानते हैं कि निद्रावस्था में आत्मा शरीर से निकलकर सैर करने चली जाती है।

मृत्यु का आगमन

पुरानी कल्पना में मृत्यु देवता यम और उनके स्वरूप की, यमदूतों के स्वरूप की कल्पना *की गयी* है, भारत ही नहीं सर्वत्र ही। यमराज भैंसे पर बैठे, भयंकर रूप वाले होते हैं, उनके साथ उनके लिपिक चित्रगुप्त भी होते हैं जो सभी का लेखाजोखा रखते हैं। जीवन की अवधि शेष होने पर यम के दूत लेने आते हैं – ये भी सींग.पूंछधारी भयंकर राक्षस रूप होते हैं। उनके हाथ में आत्मा को बांधने के लिये फंदा और गदा भी होती है। पुराणकारों ने कल्पना की

कि भगवान विष्णु अपने भक्तों के लिये अपने दूत भेजते हैं जो यमदूतों को मार भगाते हैं। ऐसी ही कल्पना अन्य देशों में भी है।

उस पार – यमलोक है, स्वर्ग है, नरक है, परलोक है। जब पृथ्वी सपाट थी तो ऊपर सात लोक थे और नीचे भी सात लोक। इनके अलावा विष्णुलोक, गोलोक, कैलाश, आदि की भी कल्पना की गयी। यात्रा के दौरान प्रेत को वैतरणी पार करनी होती है, उसका फैसला होता है और वह एक अवधि के लिये नरक या स्वर्ग प्राप्त करता है। पुराणों में नरकों का विशद् वर्णन है और स्वर्गलोक का मधुर स्वरूप भी बताया है, पर अवधि पूरी होने पर लौटकर फिर आना होता है। इस पुनर्जन्म से – "पुनरपि जननम्, पुनरपि मरणम्, पुनरपि जननी जठरे शयनम्" के चक्कर से छूटने का उपाय है – मोक्ष। इस कल्पना में कहा गया है कि चक्कर से छूटकर आत्मा परमात्मा में विलीन हो जाती है।

नास्तिक और विज्ञानवादी के लिये मृत्यु का अर्थ है जीवन की हलचल की परिसमाप्ति, साँस के चरखे का रुक जाना। वे कहते हैं व्यर्थ का विवाद है क्योंकि इसमें कोई रोमांस नहीं है। पर हेगल जैसा दार्शनिक कहता है – "क्योंकि प्रेम का अर्थ है अपने व्यक्तित्व, सम्पत्ति सबका त्याग और मृत्यु स्वयं प्रेम है, मृत्यु में ही प्रेम की परमावधि उद्घाटित होती है।" ईसा मृत्यु को जीवन का परिष्कार मानते हैं, मृत्यु पहेली नहीं अनंत यात्रा का समाधान है, स्वर्ग का मार्ग है। सुकरात विषपान कर जब मृत्यु के पास पहुँचा तो आनंद विभोर हो गया, उसकी आध्यात्मिक शोध की वह चरम परिणति थी। गुरुदेव रवीन्द्रनाथ ने प्रार्थना की "हे प्रभु, मेरी यात्रा के कर्णधार बनो, यात्रा आरंभ हो गयी है।" किंतु अस्तित्ववादी सार्त्र निराश है, वह मृत्यु को ढूंढ नहीं पाता क्योंकि वह शोध से परे है, सभी अनुमानों को झुठलाती है।

आइये योग की खिड़की से मरण को देखें। योग के अनुसार शरीर के पाँच आवरण हैं – अन्नमय, प्राणमय, मनोमय, विज्ञानमय और आनंदमय। बड़ी रोचक अवधारणा है। मृत्यु के समय अन्नमय में बैठी जीवन-शक्ति या चेतना प्राण-मन-विज्ञान कोशों को पार करती आनंदमय कोश में तिरोहित हो जाती है। यही चेतना या आत्मा प्राण-शक्ति से स्पंदित होकर नगा अवतार ग्रहण करने की प्रतीक्षा करती है या फिर परमात्मा में विलीन हो जाती है। योग साधना से समाधि अवस्था (आनंदमय स्थिति) या सचेतन मृत्यु प्राप्त की जा सकती है। भारतीय प्रज्ञा इहलोक का मोह त्यागकर अमृतत्त्व की शोध को श्रेयस्कर मानता है। प्रार्थना करता है "मृत्योर्मामृतमगमय"। इसी मंत्र का संबल पाकर नचिकेता यम के द्वार खटखटाने का साहस कर सका, स्वयं मृत्युदेवता से जीवन और मरण का रहस्य बताने का अनुरोध कर सका।

मृत्यु का भय मृत्यु से भी ज्यादा भयकारक है और उपरोक्त विवरण – उस पार का मोहक छलावा उस भय को दूर करने के साधन हैं। कुछ बिरले संत कबीर जैसे ताल ठोंककर मृत्यु का आह्वान करते हैं – "हम न मरैं मरि है संसारा" उनकी राय में "कबिरा घर है प्रेम का, खाला का घर नाहि, शीश उतारे भुई घरे सो पैठे घर मांहि।"

हमने देखा कि आत्मा शरीर में प्रवेश करती है तो हम जी उठते हैं और निकल जाती है तो मर जाते हैं। पर "आत्मा" और शरीर का योग कब होता है? इस बाबत भी अनेक थ्योरी हैं। पाइथागोरस ने आत्मा का दिव्य उद्भव माना है और कहता है वह शरीर से पहले था और बाद में भी रहेगा। अफलातून और सुकरात भी आत्मा को अमर मानते हैं। अरस्तु आत्मा का एक अंश "नूस" (NOUS) बताता है जो प्रज्ञा की दिव्यता है। ईसाई मानते हैं – अमर आत्मा ईश्वर का सृजन है और गर्भधारण के समय शरीर में प्रवेश करती है। हिंदू विद्वान् भी मानते हैं कि प्राण या आत्मन् सृजन के समय उत्पन्न हुए और शरीर में बंदी होते हैं। मरण के समय यह शरीर के पिंजरे से छूटकर दूसरे शरीर में प्रविष्ट होती है और पुनर्जन्म होता है। बड़े भाग हों तो चक्कर से मुक्ति मिल जाती है। यहाँ एक मजेदार बात कही गयी है कि इस पिंजरे के दस दरवाजे या खिड़कियाँ हैं (इन्द्रियाँ) और किसी से भी प्राण निकल सकते हैं। "सैंया निकस गये मैं ना लड़ी थी, ना जाने कौन सी खिड़की खुली थी"। कहते हैं योगी के प्राण कपाल से निकलते हैं।

अब एक और प्रश्न उभरता है, क्या मरण किसी क्षण विशेष में होता है? यह कानूनी प्रश्न भी है क्योंकि जब कहते हैं उनकी मृत्यु इतने बजकर इतने मिनट पर हुई तो क्या यह सत्य है? आज के युग में इस बात पर प्रश्नचिह्न लग गया है। पुराने जमाने में जब हृदय का धड़कना बंद हो जाता था, साँस रुक जाती थी तो कहा जाता था कि प्राण निकल गये। इस पर हम आगे विचार करेंगे।

मरण के साथ जन्म की, जीवन की चर्चा भी चलती है। *गीता* में बड़े पते की बात कही गई है कि "मृत्यु तो जन्म के साथ ही शुरू हो जाती है" या कहें गर्भ धारण के समय ही मृत्यु की यात्रा आरंभ हो जाती है। नवजात, किशोर और युवा की मृत्यु, अकाल मृत्यु कही जाती है पर कोई जातक जब पूर्ण आयु प्राप्त करता है तो इंद्रियाँ शिथिल और स्मृति शेष हो जाती है और तब चुपके से महानिद्रा में सो जाता है तो इसे "सहज मृत्यु" कहते हैं। मृत्यु का विशेष चिंतन मृत्युदण्ड पाने वाला या आत्मघात को तत्पर प्राणी करता है और इसके विविध रूप हैं। सूफीवादी चिंतन काव्यमय है। अली सरदार ज़ाफरी कहते हैं कि कल्पना करें किसी घाटी में तीव्र गति से एक नदी बह रही है और व्यक्ति उस प्रवाह में बहता एक तिनका है, फिर एक तेज लहर आती है, तिनके को उठाकर किनारे फेंक देती है। नदी बहती रहती है। हाली के शब्दों में नदी को तो बाढ़ और प्रवाह की चिंता है। उसे क्या गरज कि नाव पार लगती है या मझधार में डूब जाती है। अकबर इलाहाबादी फरमाते हैं "बताऊँ तुमको कि मरने के बाद क्या होगा, पुलाव खायेंगे अहबाब, फातिहा होगा।"

थोड़ी चर्चा अपने वाङ्मय में "मृत्यु" की कर लें। *ऋग्वेद* कहता है "परममृत्यो अनुपरेहिपंथो"। भारतीय प्रज्ञा मृत्यु को परलोक और पुनर्जन्म के बीच का द्वार मानती है। वे अद्भुत बात कहते हैं (नासदीय सूक्त में) कि सृष्टि के आरंभ में मृत्यु या अमरता नहीं थी। आगम, पुराण, तंत्र तथा दर्शन में विस्तार से मृत्यु और जीव की गति की चर्चा की गयी

है यथा पितृयान, देवयान, देवपथ, ब्रह्मपथ, यमपथ, पितृपथ, आदि। महर्षि अरविन्द कहते हैं कि अभी इतनी प्रगति नहीं हुई कि हम बिना परिवर्तन के चल सकें, अभी सुनम्यता की कमी है। "सुपर माइण्ड" प्राप्त होने के बाद ही अमरता मिल सकती है। हमारे वाङ्मय और संत वाणी में "मृत्यु" पर अपार साहित्य उपलब्ध है और उसकी चर्चा करना यहाँ संभव नहीं है।

हम आधुनिक युग और आधुनिक विज्ञान के दृष्टिकोण की चर्चा करेंगे।

पहला प्रश्न है – मृत्यु कब होती है? तो अनुभव निरीक्षण, परीक्षण और अनुसंधान से ज्ञात हुआ है कि मृत्यु किसी एक क्षण नहीं होती। पर इस कथन का धार्मिक, सामाजिक, पारंपरिक, कानूनी और वैज्ञानिक पहलू है। चिकित्सा विज्ञान की दृष्टि से मस्तिष्क मूल (ब्रेनस्टेम – जिसमें मध्य मस्तिष्क, पास और मेडुला आते हैं) के कार्यकलाप बंद होने को मृत्यु कह सकते हैं क्योंकि इसी क्षेत्र में श्वास और हृदय संचालन, रक्त-संचार के केन्द्र होते हैं, यही वह केन्द्र है जो चेतना का द्वार है। यह बंद हुआ तो अटूट बेहोशी आ जाती है। उच्च मस्तिष्क से वाणी का प्रादुर्भाव भी मन से कंठ तक इसी मार्ग से आता है (माने गला रुंध जाता है)। शरीर में स्वचालित तंत्रिका (सिम्पेथेटिक) प्रणाली है जो शरीर के सभी कार्य संपादित करती है। वह भी इसी मार्ग में है। मस्तिष्क मूल ठप्प हुआ तो चेतना, बुद्धि, ज्ञान सभी का संन्यास हो जाता है। यह "मूल" क्यों काम बंद करता है इसका विस्तृत अध्ययन किया गया है। कानूनी फांसी की प्रक्रिया में कशेरूका की एक हड्डी सहसा इस क्षेत्र में प्रविष्ट हो प्राण हर लेती है।

अब "हार्ट लंग" मशीन बन गयी है, रोगी को इस मशीन से जोड़ देने पर वह "जीवित" रहता है (वर्षों जीवित रह सकता है)। सन् 1958 में ब्रेनस्टेम डेथ की बात फ्रांस के तंत्रिका विशेषज्ञों ने उठाई और कहा यह "कोमा" (सन्निपात) के आगे की अवस्था है। भारत में योगदर्शन में समाधि और तुरीय अवस्था की बात की गयी है।

यहाँ हम ब्रेनस्टेम डेथ के विस्तार में नहीं जायेंगे पर एक और उलझन की चर्चा करेंगे। मस्तिष्क के कोष बिना रक्त के, बिना ओषजन के तीन मिनट जीवित रहते हैं। अतः रक्त संचार पुनः प्रारम्भ करने, हृदय की धड़कन शुरू करने में इससे अधिक विलंब हुआ तो रोगी जीवित तो हो जाता है पर चेतनारहित, सागपात या उद्भिज जैसा हो जाता है (वेजिटेटिव लाइफ)। हवा, पानी, भोजन देते रहे तो वह जीवित रहेगा पर निष्क्रिय। अब इसे मृत्यु कहें या जीवन? हम जानते हैं कि सांस और हृदयगति रुक जाने के बाद क्रमशः रक्त कणों, कोशों की मृत्यु होती है, मांसपेशियां कुछ घंटों में मरती हैं (मरने के बाद शरीर का अकड़ना और फिर ढीला पड़ जाना)। केश बहुत समय तक जीते हैं और सबसे अंत में हड्डियाँ मरती हैं। संक्षेप में कहें तो पंच-तत्त्व में भौतिक शरीर का विलीन हो जाना ही मृत्यु है और यह प्रक्रिया काफी समय लेती है।

परंतु जन्म-मरण का खेल तो निरंतर चलता रहता है। हमें पता नहीं चलता पर प्रतिक्षण शरीर के हज़ारों कोश मर जाते हैं और हज़ारों नये बनते हैं। मस्तिष्क कोश मरते तो लगातार हैं पर नये नहीं बनते। फिर भी उनकी संख्या इतनी अधिक है कि पता नहीं चलता सिवा इसके कि वृद्धावस्था में स्मृतिध्वंस होने लगती है, विचार शिथिल हो जाते हैं, इन्द्रियां भी धीमा काम करती हैं। इस मृत्यु को मॉलिक्यूलर डेथ कहते हैं और बड़ी मौत को मॉलर डेथ। इसी कारण आज संभव हो सका है कि दुर्घटना में मरे व्यक्ति का हृदय या गुर्दे निकाल-कर दूसरे प्राणी को जीवन दान दे सके क्योंकि वे जीवित होते हैं। मरणोपरांत नेत्र कनीनिका दान तो अब आम बात है।

क्या बता सकते हैं कि "मृत्यु" किस क्षण होगी? नहीं, हाँ ज्योतिषी, नाड़ी विशेषज्ञ ऐसा दावा करते हैं।

एक पूरा नया विज्ञान उत्पन्न हो गया है जो चिर-यौवन और अमरता की शोध में रत है। सच पूछिये तो आधुनिक विज्ञान का जन्म ही अमृत और पारस की तलाश में हुआ है। बहुत सी थ्योरियाँ बनी कि मृत्यु क्यों होती है और वैसे ही उपाय भी बताये गये पर कोई भी सफल नहीं हुआ। एक मजेदार स्थापना सामने आई कि कोशों के बीच जो अंतराल है जिससे कोश को प्राणवायु और पोषण मिलता है वह उच्छिष्ट से अवरुद्ध हो जाता है तो मृत्यु हो जाती है। किंतु अभी तक अमरौती खाकर कोई नहीं आया। कोई सौ बरस जीता है तो कोई योगी कई सौ वर्ष तक, पर बचा कोई नहीं। स्वयं धन्वन्तरि जो अमृत-घट लेकर आये थे वे भी नहीं रहे। हमारे यहाँ एकमात्र उदाहरण है महाकाल-शंकर का जो विषपान करके भी जीवित रहे। काल पर विजय का यह बिरला उदाहरण है।

हम थोड़ी और सूक्ष्म चर्चा करें। हमने ऊपर कहा कि कोश मरते हैं और शरीर में अरबों कोश हैं। और हर कोश जीवित है – प्राणवान है। हर क्षण शरीर में जन्म-मरण का खेल चलता है पर एक बात समझ में नहीं आती कि उस समय क्या होता है जब समूचा देह नगर मर जाता है? कौन-सा सब पर शासन करने वाला महाप्राण निकल जाता है? पर क्या वास्तव में समग्र मृत्यु होती है?

चार्ल्स डारविन के विकासवाद सिद्धांत में कहा गया कि अस्तित्व के लिये संघर्ष होता है और इसके लिये हर प्राणी अपनी और अपनी प्रजाति की रक्षा के अनेक उपाय करता है। चिरजीवन का एक उपाय है अपनी प्रजाति की उत्पत्ति और प्रकृति ने वहाँ भी अतिशय प्रबंध किये हैं। यदि किसी प्राणी के सभी अंडे मरे नहीं तो कुछ ही समय में पृथ्वी पर स्थान नहीं रहेगा। मानव में ही नर के अंदर अरबों शुक्राणु बनते हैं और नारी में उत्पादक अवस्था में सैकड़ों डिम्ब बनते हैं। पर इनमें से कुछ ही पूर्ण नया मानव बनाते हैं। यहाँ एक अत्यंत सूक्ष्म बात है प्रत्येक शुक्राणु जीवित होता है, प्रत्येक डिम्ब जीवित होता है और इन दो के मिलन से एक जीवित भ्रूणकोश बनता है जो सम्पूर्ण नवमानव बनाने में सक्षम है (टूट जाये

तो दो-चार भी बना सकता है)। अर्थात् बीच में कहीं मरण का प्रश्न नहीं आया। जीवन से ही जीवन का उद्भव हुआ। "जीवनद्रव" (प्रोटोप्लाज्म) एक नदी है। वह सदा प्रवाहित रहती है – उसमें बुलबुले उठते रहते हैं और लुप्त हो जाते हैं। यह नदी तभी सूखेगी जब प्रजाति नष्ट हो जाये। इस चिरंतन जीवन की संकल्पना भारत के ऋषियों ने की थी। गया श्राद्ध की विधि से कर्मकाण्ड की बात छोड़ दें तो अत्यंत महत्त्वपूर्ण बात आती है कि पुत्र विष्णुपदी के समक्ष साक्षी देता है कि मेरे पिता ने धारा तोड़ने का पाप नहीं किया, साक्षी रूप में उपस्थित हूँ। प्रजनन ही अमरत्व है।

हमने जीवित कोश की चर्चा की। कोश की रचना में जायें तो अद्भुत तथ्य सामने आते हैं। कोश निरंतर निर्माण क्रिया में लगा रहता है, वह नये कोश की रचना भी करता है। कोश के अंदर एक केन्द्र होता है जो उससे भी अधिक विस्मयजनक है। इस केन्द्र में गुणसूत्र होते हैं और गुणसूत्र पर सैकड़ों गुणाणु। प्रत्येक गुणाणु प्राणी के किसी भी गुण-दोष का नियामक है। और ये गुणाणु हैं क्या? अणुओं के पुंज जो "अणोरणीयान" की कल्पना साकार करते हैं। जगत् में अणुपुंज तो बहुत हैं पर वे अपना प्रतिरूप नहीं बना सकते। किंतु एक ऐसी परिस्थिति भी आती है जब कुछ परमाणु जुड़ने पर, उनमें जैवगुण आ जाता है, वे जीवित हो उठते हैं। निर्जीव और जीवित की कुंजी यहीं कहीं है। मृत्यु होने पर ये असंख्य परमाणु (जो कोश में हैं) बिखर जाते हैं, किसी अन्य कोश में या निर्जीव अणुपुंज में जुड़ जाते हैं। आप भले मानें कोश मर गया, प्राणी मर गया पर केवल स्थानांतर होता है।

और गहरे उतरें। ये अणु-परमाणु हैं क्या? एक शक्तिपुंज केन्द्र के चारों ओर विद्युताणु चक्कर काटते हैं। समस्त तत्त्वों में मात्र एक अंतर है। इन शक्ति बिंदुओं की संख्या। ये हैं क्या? पदार्थ या स्पंदन (शक्ति का) कोई नहीं जानता। फिर इस सूक्ष्म सौर मंडल में अपार अवकाश है। यदि ये शक्ति बिंदु हैं तो इनके एकत्र होने पर वही स्थिति होगी जो ब्रह्माण्ड के समस्त सौर पिण्डों के एकत्र होने पर। वे इतने छोटे हो जायेंगे मानो अपार तम भरे जंगल के कोने में एक दीया जल रहा हो। समस्त अणु-परमाणु को तोड़ दें तो यह पृथ्वी एक गेंद बराबर भी नहीं होगी। यह कल्पना ऋषियों ने भी की और आधुनिक विज्ञान भी करता है। यह परमाणु जगत् (पिण्ड में भी और ब्रह्माण्ड में भी) महाशक्ति महामाया का खेल मात्र है – एक छलना है। जीवन-मरण तो उसी खेल के दो पहलू हैं – उद्भव और प्रलय, पुरातन और नूतन न हों तो खेल कैसा? उसी ने अमृत बनाया है उसी ने विष भी। अंत में काल तथा अमर देवता भी मरण प्राप्त करते हैं और बालमुकुंद अपना खेल समेटकर मुस्कराते हैं।

जीवन-मरण का खेल समझने में पुरातन और नूतन का नहीं चश्मे का फ़र्क है। आइये कबीर के शब्दों में ललकारें "हम न मरैं मरि है संसारा" और नाटक में अपनी भूमिका निभाने के बाद महानिद्रा में खो जायें।

18

मृत्यु
सच्ची या झूठी ?

– विजय कुमार राय

कथा है *महाभारत* की। यक्ष ने धर्मराज युधिष्ठिर से पूछा – "महाराज, इस संसार में, आपकी दृष्टि में, सर्वोपरि आश्चर्य क्या दिखता है?" "धर्मनन्दन ने तत्काल और बेखटक उत्तर दिया – हर मनुष्य जीवन भर हर जगह मृत्यु का दृश्य देखता ही रहता है, पर, यह अच्छी तरह जानते हुए भी कि उसकी भी एक-न-एक दिन मृत्यु अवश्य होगी, उसे दृढ़ विश्वास रहता है कि वह मृत्युहीन है। मनुष्य जीवन में कितना बड़ा आश्चर्य है यह?" कितना बेढब बिडंबन और उपहास्यास्पद प्रसंग है कि अन्त में धर्मेन्द्र धर्माचार्य और धर्माधिकारी महाराज युधिष्ठिर ने अपनी विवश मानसिक असमर्थता का रोना रोते हुए भी स्वयं के अंतर्जगत् को नित्य और शेष हम सभी को अनित्य बताया। मृत्यु से मुक्ति की कोई आसान युक्ति भी तो नहीं बता पाये।

आखिर जीवन है क्या? जीव की अपरिमित यात्रा। जब तक जीव चैतन्य और चक्षुप्रत्यक्ष दिखता है उसे सजीव कहते हैं। सजीव का प्रारंभिक छोर है जन्म और अंतिम सिरा है मृत्यु। दोनों छोरों के बीच जीता रहता है जीवन। चाहे जिससे पूछ लीजिए कि तुम्हारा जन्म कब हुआ था? वह तुरंत कह देगा कि मैं जानता कहाँ हूँ, मेरे जन्म के बारे में दूसरे लोग बताते हैं। पर उस पर भरोसा कहाँ करता है? मेरा अपना अनुभव तो है नहीं? जन्म हमारा और बताएँ और लोग? ठीक इसी तरह कोई अपना मरना भी नहीं जानता। औरों के कहने पर ही तो लोगों को मालूम होता है। तो क्या जन्म और मृत्यु दोनों ही झूठ हैं? हम जीते रहते हैं दो झूठी बातों के बीच में?

बच्चा पैदा होते ही रोने क्यों लगता है? वह बता तो नहीं पाता पर प्रकृति के रहस्य को जानने वाले अच्छी तरह जानते और बताते हैं कि उसके रोने के कारणों को वह जीवन भर बताता रहता है। जन्म लेने के बाद भी इस गुब्बारे जैसे फूलते-बढ़ते ब्रह्माण्ड में वह आ

गया, कहाँ से आ गया और कब से आता रहा है, उसे नहीं मालूम। धीरे-धीरे उसे यह भी मालूम हो जाता है कि वह रहे या नहीं दुनिया तो यों ही रहेगी। न जाने उसने अपने से, अपनों से जानना चाहा कि आखिर हमारा जीवन है क्या? पूछने की सोच ही रहा था कि अध्यात्म, धर्म, दर्शन, शास्त्र, गुरु, पंडित, विज्ञान, आदि दौड़ पड़े उत्तर देने को। उन्होंने बस इतना भर समझा कि जीवन के दो सिरे हैं जन्म और मृत्यु, पर कोई नहीं बता पाया कि जन्म के पहले क्या और मृत्यु के बाद कहाँ। विद्वान् विज्ञों और अतिशय अभिज्ञों का जानना-मानना है कि हम जानें या नहीं, समझें या नहीं, हमारा जीवन केवल उतना ही नहीं जितना जन्म और मृत्यु के बीच का चैतन्य, जीवंत और जीवित दशा है। वह तो जीवधारी की असीम, अनन्त और अपरिमित यात्रा है। जीव की अनेकानेक जन्म, मृत्यु और जीवन-लीलाएँ होती रहती हैं। बीच-बीच के जीवनचरित तो मार्ग के अस्थायी और अल्पकालिक पथिकाश्रय और ठिकाने-पड़ाव हैं।

जन्म होने पर लोग खुशी और आनन्द मनाते हैं और मृत्यु के बाद दुःख मनाया जाता है। खुशी तो छोटी, पर दुःख तो बड़ा भारी होता है। कारण यह है कि लोग जीवन जीने में इतने व्यस्त रहते हैं कि जीवन की वास्तविकता का मूल्य आँक नहीं पाते, पर जब मरने लगते हैं तो जीवन का महत्त्व, उपयोग और लाभ समझ में आने लगता है। जब तक ज़िन्दगी का महत्त्व समझ में आने लगता है तब तक मौत सामने खड़ी दिखने लगती है। सच तो यह है कि जन्म के बाद का हर जन्मदिवस मृत्युदिवस को बताने वाला मील-पत्थर का चिह्न होता है। उम्र का बढ़ना अर्थात् आयु का घटना। मृत्यु की छाँव तले ही तो जीवन को विराम, विश्राम और आराम मिलता है। मानव सभ्यता और संस्कृति टिकी है केवल मृत्यु के भय पर। जीवन भर मरते रहने के अतिरिक्त हम करते क्या हैं? घर-परिवार, समाज-राष्ट्र, मंदिर-मस्जिद, गुरुद्वारा-गिरजाघर बने हैं और ठहरे हैं केवल मृत्यु के भय से भयातुर और भयाक्रांत होकर। शरीर तो रहता किसी का नहीं। यों, मरने का मतलब मिटना नहीं केवल रूप का बदलना है। यह परिवर्तन सजीव-निर्जीव दोनों में होता है। हम तो मर-मरकर रूप बदलते ही रहते हैं। खनिज से बदलकर वनस्पति, फिर पशु और ऐसे ही बदलते-बदलते आज मनुष्य के रूप में दिखायी दे रहे हैं। पर हमारी सूरत ही बदली, वृत्तियाँ तो पशु की ही हैं।

जन्म और मृत्यु परस्पर विरोधी नहीं हैं, वे तो जीवन के दो छोर, दो पाँव और दो पाट जैसे हैं। इस परम शाश्वत् और अनन्त जीवन में इनका महत्त्व ही क्या है और कहाँ है? महत्त्व तो दूर रहा अस्तित्व भी तो नहीं। जन्म तो हो जाता है पर जीना सीखना पड़ता है क्योंकि मनुष्य जैसे सर्वोच्च उद्विकसित जीव का जन्मजात शिशु इतना निकृष्ट, निकम्मा और निस्सहाय है कि उसे कुछ भी नहीं आता-जाता, उसे सब कुछ सीख कर ही जानना-समझना पड़ता है। सीखते जाना ही जीवन कहलाता है। बीच में उसे मरने की फुर्सत भी तो नहीं। कितनी बड़ी भूल होती है हमसे, हम सब कुछ सीखना चाहते हैं पर मरना नहीं। इसीलिए तो उसे जीवन ही खोजता फिरता है बड़े प्यार के साथ। यदि मृत्यु को अच्छी तरह

जान समझ गए और उसे गले लगाने की तैयारी कर चुके तब तो मौत भागती फिरेगी और जहाँ इस तैयारी से चूके, वह तुरंत धर दबोचेगी। साँस का आना-जाना ही तो जीते रहने का प्रमाण है। मरना तो है हृदयगति बन्द होने के कारण साँस का रुक जाना। हृदयगति या साँस के रुक जाने का भय ही तो मरने का भय पैदा करता है। इस भय के भी कारण हैं मोहपाश, अज्ञान में की गयी अज्ञता, अपनी जिजीविषा और अपनों को भी बनाते और जिलाते रहने की तीव्र आकांक्षा और चाहना। मोह का मतलब ही है भयभीत रहना, मोह सफल तो दुःख, असफल तो और भी दुःख। सारी महत्त्वाकांक्षा की तीव्र पर अतृप्त तृष्णा, प्रतियोगिता और प्रतिद्वन्द्विता की होड़, प्रतिस्पर्धा और लागडॉट की दौड़ा-दौड़ी, मंदिर-मस्जिद देवी-देवता तथा भगवान हैं, केवल और केवल मृत्यु के प्रतिकार के लिए। हाँ, अपनी इच्छा से मरने की तैयारी भी जीवन को सार्थक और साभिप्राय बनाने की एक अत्यंत उपयोगी विधि है।

मौत का आना-जाना ही तो जीवन है। जो इस सूत्र में पूरा-पूरा विश्वास करता है वही परम सुखी रहता है। जो यह मानता है कि मेरा शरीर अलग है और मैं अलग हूँ तो उससे मौत स्वयं डर जाती है। पता नहीं यह लोग शब्दों का खेल मानते हैं या केवल धार्मिकों, आध्यात्मिकों, शास्त्रज्ञों, सांस्कृतिक परम्पराओं और रटे-रटाये वाक्यों में विश्वास के कारण ऐसा होता है। विश्व का बहुत बड़ा प्रमाण पुष्ट और प्रयोगसिद्ध वैज्ञानिक जगत्, जीवननिष्ठ संगठित समूह, निर्भय, विश्वास वंचक और विश्वास जिज्ञासु ज्ञानार्थी जनसमुदाय इसे जानता भी नहीं, मानता भी नहीं। पर, जानता कौन नहीं कि मरण जीवन का अकेला सच है। वह तो अपने शरीर से भी अधिक निकट लगता है। जीवन का रूप चाहे जैसा भी दिखे, जो भी समझ में आये, केवल मृत्युभय के कारण ही है। पर न जाने क्यों बड़े जानदार और जानकार, जांबाज और जानजाँ भी जाने-अनजाने यही बताते फिरते हैं कि मृत्यु से बड़ा झूठ कोई होता ही नहीं। समस्या यह उठ जाती है कि यदि मृत्यु को सच मान लें तो जीवन ही झूठा हो जाता है। जीवन सच है और लोग मृत्यु को भी अपनी आँखों से देखते रहते हैं, अतः जीवन के बारे में तो हम स्वयं बता पाते हैं, परन्तु मौत के बारे में कैसे बताएँ, हम मरे तो हैं नहीं, और अपने मुर्दे से पूछें कैसे?

आत्मा की अमरता चिल्ला-चिल्लाकर कहती है कि मैं मर तो सकती ही नहीं – मृत्यु है ही कहाँ? पर, अभिज्ञों का मानना है कि हम इतने डराकू और डराहुक लोग हैं कि आत्मा का अमरत्व सही मानकर जीते रहने का झूठा भ्रम पाले बैठे हैं। अकेले में तो डरते ही रहते हैं, मरते समय तो हम बेहोश ही हो जाते हैं। मरे तो न जाने कितनी बार पर हर बार बेहोश होकर। संभवतः प्रकृति मरते वक्त संज्ञाशून्यता की दवा देकर व्यक्ति को कष्ट से बचाने के लिए उसे संज्ञाशून्य कर दिया करती है। क्या और कैसी विडंबना है कि पैदा होते हैं तब भी और मरते हैं तब भी बेहोश हो जाया करते हैं। शायद, अनुभव की याद के अभाव में ही दूसरों को पैदा होते और मरते देखा करते हैं। पैदा होने और मरने में ऑपरेशन का

कष्ट संज्ञाशून्यता की ज़रूरी दवा के बिना तो होगा ही। प्रकृति कदाचित् इसी मंशा से यह करती है कि मनुष्य आराम से जन्मे भी और मरे भी। मरते वक्त जीवन भर के सुख-दुःख, पद-धन, मान-प्रतिष्ठा, अहंवाद और अहंकृति दिखने लगती है। बेहोशी में कष्ट तो ज्ञात ही नहीं हो पाता। हम पैदा भी होते हैं आराम से और मरते भी हैं आराम से। कहते हैं, जागृत् जन्म और जागृत् मृत्यु तो केवल जीवनमुक्त के लिए ही संभव है।

सृष्टिकर्ता ने जीवन को अत्यंत बहुमूल्य, जटिल और दिव्य बनाया है, पर, सरल और सहज नहीं। उसके लिए कठोर परिश्रम और प्रयोजनपूर्ण पुरुषार्थ चाहिए। जीवन दुस्साध्य कठिनाइयों और अटकलों तथा अवरोधकों को पार करके जीवनधारा के बहाव को सदा, सतत्, अजस्र और अविच्छिन्न रखने का प्रयास करता रहता है। यों तो मृत्यु अत्यंत डरावनी होती है पर ऐसे लोग भी हैं जो अनेक बार सामाजिक विकृतियों, व्यक्ति की परिस्थितियों और मनःस्थितियों तथा गहरी जटिलताओं में भी खुशी-खुशी जीवन का मोह त्यागकर प्राण त्यागने का जश्न और उत्सव मनाया करते हैं, कारण चाहे जितने भी मनःप्रणीत या मनःपूत क्यों न हों। ये लोग वास्तव में तो मनःसंताप और मनःसंकल्प के विवश शिकार होते हैं। उन्हें न तो मोह से डर लगता है न जीवन से। अति विकसित बीसवीं सदी में भी विश्व में आत्महत्या मानव विकास के प्रमाण से भी संबद्ध है। विद्वान् और ज्ञानी लोग भी इस कार्य को सहर्ष ढंग से करते रहे हैं।

जर्मन विद्वान् गेरे ने अनेकानेक बार आत्महत्या का प्रयास किया, तैयारी भी की, पर इतनी हिम्मत नहीं जुटा पाया कि कर सके। दार्शनिक डोयोजनीज जैसे विद्वान् ने स्वयं "फाँसी लगा ली"। *मृच्छकटिक* के लेखक शूद्रक ने आग में जलकर जान दे दी। लैटिन कवि एम्मेदोक्लीज ने तो ज्वालामुखी के मुँह में छलाँग लगाकर खुदकुशी की। चैटरटन ने विषपान करके मृत्यु को गले लगाया। गोर्की ने अपनी ही पिस्तौल से अपने को मार डाला। चित्रकार ''लाडत्रे'' ने भी अपने को अपनी ही गोली से मार डाला। रॉबर्ट क्लाइव ने अपने को तीन बार मारने का प्रयास किया पर तीनों बार निशाना चूक गया। ऐसे अनेक लोग हैं और हुए हैं जिनको जीवन एकदम प्यारा नहीं, बल्कि मौत प्यारी होती है। ये दौरे आवेश के होते हैं और विवेक अस्त-व्यस्त सा हो जाता है।

लोग स्वेच्छा वरण से भी मृत्यु को स्वीकार किया करते हैं – अनशन, उपवास और अनवहित होकर आहार एवं जल त्याग कर। साधु-संत तो स्वेच्छा-मरण को स्वाभाविक मृत्यु से अधिक उत्तम मानते हैं। अनेक लोग तो जीवित समाधि ले लिया करते हैं। जैनों में तो सामान्य प्रथा है कि अन्त में अनशन द्वारा अन्न-जल त्यागकर प्राण दिया करते हैं। हाँ, सभी धर्मावलंबी अपने-अपने धर्मग्रन्थों से, पाटंबर ओढ़कर धार्मिक या देवपरक ग्रन्थपाठ उन्हें चौबीस घंटे सुनाते रहते हैं। पाठच्छेद और विराम तो होता ही नहीं। हाँ, पाठक लोग समय से बदलते रहते हैं। पांडवों का स्वर्गारोहण, ज्ञानेश्वर की जीवित समाधि, स्वामी रामतीर्थ

की जलसमाधि, कुमारिल भट्ट का आत्घाती प्रायश्चित्त विधान, हाड़ारानी का स्वयं से शिरोच्छेदन को हमारा इतिहास न जाने कितना सराहता और प्रसन्न होकर गाता फिरता है। हाँ, उनके मन में ऊँचा आदर्श और महान् उद्देश्य भले ही हो पर आत्महत्या को समाज बड़ा ही गर्ह्य और निंद्य तथा दूषित माना जाने का आदी है। उसे समझदारी की बात नहीं मानते बल्कि मानसिक असंतुलन का परिणाम मानते हैं। यह जीवन का तिरस्कार तो है ही। क्या अच्छा होता कि आत्मकेन्द्रता छोड़कर वे लोग औरों की सेवा-सुश्रूषा, सर्वक और सर्वतः सहायता तथा सर्वदा और सर्वथा सहकारिता और सहचारिता के प्रचार-प्रसार में जीवन अर्पण कर देते।

मरने की तिथि, मरने का समय, मरने की विधि और मरने का कारण, ऐसे भी देखे जाते हैं जिनका औचित्य किसी की समझ में नहीं आता, विशेषकर ऐसी दशा में जब व्यक्ति मारा जाता है, अपने मन से मरता है या खुशी-खुशी मरण चुनता है। महात्मा गांधी, श्रीमती इन्दिरा गांधी को गोली से मारा गया। स्वामी दयानन्द, सुकरात को ज़हर पिलाया गया। क्या कारण-कार्य समझ में आते हैं? उनके कर्म क्या इसी योग्य थे? श्री गोपीनाथ कविराज, रामकृष्ण जी परमहंस कैंसर से मरे। इस जन्म के कर्मों के कारण या पिछले जन्मों के? योगी अरविन्द मधुमेह से मरे। त्र्यंबक शास्त्री कुष्ठ रोग से मरे। कर्म और फल का संबन्ध कहाँ से और किधर से स्थापित किया जाये? क्रान्तिकारी फाँसी के फन्दे को चूमकर खुशी-खुशी लटकते रहे। जीवन की समाप्ति ही तो मृत्यु है? एक शरीर छोड़कर जीव दूसरा शरीर धारण कर लेता है, अपने से या विवशतावश? लगता है मृत्यु मात्र सपना है जो कभी घटता ही नहीं। उसे देखते केवल और ही हैं, स्वयं को कहीं और कभी नहीं दीखता।

कहते हैं कि हमारी पृथ्वी सौरमंडल का केवल दो अरब वर्ष पुराना ग्रह है। इस ब्रह्माण्ड में इसी की उम्र बहुत कम है, औरों से अरबों-खरबों वर्ष बाद की। दिक्काल में आदमी है क्या? उसे महान् भ्रम है कि वह आत्मा है, परमात्मा है, ब्रह्म है, पर सच तो यह है कि वह विश्व हेतु की ही नहीं स्वयं अपनी निगाह में भी कुछ नहीं है। इस विशाल बह्माण्ड में मनुष्य ही नहीं जीव नाम के गुण-धर्म वाले किसी अभिधेय पदार्थ का भी तो अस्तित्व नहीं है। विज्ञान के प्रमाण प्रवीण और तर्ककुशल प्रज्ञावादियों का दृढ़ विश्वास है कि मनुष्य के सबसे निकट का तारा भी चार प्रकाश वर्ष (वहाँ से चला प्रकाश चार वर्ष बाद हमारी आँख तक पहुँच पाता है) – एक प्रकाश वर्ष = 9.5×10^{15} मीटर दूरी पर है, एक सेकण्ड में प्रकाश 3×10^{8} मीटर या 186000 मील चला करता है। इस सतत् विस्तरणशील ब्रह्माण्ड में चार वर्ष में वह तारा कहाँ चला जाता है कुछ ज्ञात नहीं। अतः आकाश मंडल के सारे चमचमाते तारे झूठी जगह पर दिखते हैं और कहाँ हैं कुछ पता नहीं। हम न तो कुछ हैं और न ही कुछ जानते हैं। मृत्यु सदा यही खबर देती रहती है कि हम कुछ भी नहीं हैं। मेरा कुछ जानना इंसान का सबसे बड़ा धोखा है, झूठा दंभ है। और तो और, हम इतना भी तो नहीं जानते

कि हमारी पृथ्वी माता भी इस अपार, असीम और अनंत अंतरिक्ष में कब, कहाँ, कैसे पहुँच जाया करती है।

यह अतिविश्रुत, विख्यात, विश्वकृत, निर्जन, सुनसान, श्मशानालय में सर्षप सी छोटी पृथ्वी पर ही जीवन का झमेला है। जन्म, प्राणधारण और मरण का झगड़ा केवल और केवल इस क्षुद्र ग्रह पर ही है। इसका भी आगमन अति नवीन है – केवल दो अरब वर्ष पहले। मृत्यु के समय तो हर कोई जान जाता है कि वह कुछ नहीं है, पर जीवनकाल में ही जो जान-समझ सकता है इस सत्य को, वह प्राणी है। भगवान बुद्ध अपने धन्य शिष्यों को रोज़ सिखाते थे कि श्मशान में जाया-बैठा करो ताकि तुम पूर्णता को उपलब्ध हो। पर, हम हैं जो इतने लम्बे-चौड़े श्मशान में यह भी नहीं कर पाते। लगता है मरना ही प्रधान है। अंधकार ही प्रधान है। प्रकाश तो पैदा किया हुआ अल्पकालिक ज्योति जुगनू की पूँछ में से निकलता, जलता-बुझता आलोक है।

जन्मना, जीना और मरना आखिर क्यों? प्रकृति ने ऐसा निरर्थक विधान बनाया क्यों? क्या एक ही जीव जन्मता, जीता और मरता रहता है? औरों की बात तो अलग, प्रकृति का सबसे बड़ा, प्रबोधक, प्रमुक्त और प्रमुख प्राणी मनुष्य के जीवन का भी उद्‌देश्य तो नहीं जान पाते हम। कौन है जो जीते रहते मर जाता है। और फिर जन्म लिया करता है? वह शरीर ही है या और कुछ? मरता शरीर ही है या और कोई? जन्म लेने वाला क्यों कब और कैसे जन्मता है? क्या मरने के बाद फूँक दिये जाने, जल में प्रवाहित करने, कब्र में दफनाने या मृत शरीर को संजोये रखने से कुछ मिलता है? अनेकानेक देशों के रहने वाले और अनेक युगों से लोगों का मानना-कहना है कि शरीर तो कुछ नहीं, असली तो आत्मा है जिसका सम्बन्ध शरीर से सदा ही बना रहता है। वह अति विशिष्ट तत्त्व है, व्यष्टि जीवन है, देही है, स्वतंत्र व्यक्ति सत्ता है और जन्म से पूर्व और मृत्यु के बाद भी रहने वाला आत्मतत्त्व है। वह शरीर के परे है। हाँ शरीररूपी आवरण का वस्त्र धारण किये हुए है। उसे लगता है कि वस्त्र जीर्ण या अनुपयुक्त हो जाने पर, मानसिक भूमिका समाप्त करके, वह उसे उतार फेंकता है। इसीलिए तो ऐसे लोग पूरा-पूरा विश्वास करते हैं कि आत्मा जन्म और मरण रहित होता है। यों, अतिमनोज्ञ, मनोयोगी, मनोविश्लेषक, मनोचिकित्सक और मनोवैज्ञानिक "फ्रॉयड" का अतिमान्य, प्रयोगसिद्ध और प्रमाणपुष्ट प्रतिज्ञ है कि जीव-जन्तु के भीतर आत्मा, परमात्मा, ईश्वर, परमेश्वर, आदि नहीं केवल कामप्रवृत्ति है। उसी से जन्मना, जीना और मरना भी होता रहता है। इसी के कारण विश्व की सीमा अंतहीन है।

आज के विज्ञान और विशेषकर प्राणी-विज्ञान ने जन्म-मरण की समस्या पर बड़ा ही विशद्, विश्वस्त, विशिष्ट, विशुद्ध एवं विश्वसित तथा विधिबोधित ढंग से सोचा-विचारा और सिद्ध कर दिया है कि जन्म-जीवन-मरण क्या है और जन्म के पहले तथा मरण के बाद होता क्या है? ह्यूम जैसे शून्यवादी को जानने-मानने वाले तत्त्ववेत्ता भी अब अमरत्व को सही

मानने को विवश हो गये हैं। लोग इस कल्पना को बड़ी ही पुरानी मानकर इसकी अवहेलना करते रहे हैं। प्रकृति का निश्चयात्मक, निश्चिन्त, निश्चल और नितान्त निर्विवाद नियम है कि जो जन्मता है, उसे मरना पड़ता ही है। मृत्यु ही जीवन का द्वार है। जीवन भर हम मरने ही की क्रिया तो करते रहते हैं। मृत्यु सदा खड़ी रही है सामने। अभिज्ञ लोगों का दृढ़ विश्वास है कि अस्तित्व अनन्त है।

न्याय मतवादियों का दृढ़ विश्वास है कि जीवन के अनुभव कभी विलुप्त नहीं हो सकते, वे कभी नष्ट भी नहीं किये जा सकते। दिखें, भले ही नहीं, पर अनुभवजन्य कृतियाँ अदृष्ट रूप में बनी रहती हैं। वे परिणामस्वरूप प्रवृत्ति झुकाव, आसक्ति, आदि संस्कारों के रूप में इकट्ठी होती रहती हैं। पर, मरने के बाद शरीर तो किसी का भी नहीं रहता। फिर मृत्यु के बाद स्मृति बनी कैसे, कहाँ और क्यों रहती है? सृष्टि के समक्ष अहम् प्रश्न रहा कि इस अनुभव को बनाये कैसे रखा जाये? अमीबा को अजर-अमर बनाकर वह सदा पछताती रही। उसके अमीबा के गुण-दोष आज भी ज्यों-के-त्यों रह गये। संख्या में अपार वृद्धि का क्या होगा? फिर, उसने जीवों में नर-मादा की रचना की। फिर तो संहार-प्रथा प्रारम्भ हो गयी। मृत्यु ने अपना जाल फैला-बिछाकर किसी-न-किसी फरेब में फँसाना प्रारम्भ कर दिया। आज मृत्यु महारानी है समूची सृष्टि की। जीवेष्णा की ललक बलवती होती गयी, जीने की उत्सुकता और आकांक्षा बढ़ती चली गयी और मृत्यु का भय ही नहीं मृतक का भय भी सबसे बड़ा भय हो गया। लोग जीवन चाहे जैसा जीयें मरना नहीं चाहते। अमीबा को ज्यों-का-त्यों रखते हुए प्रकृति ने छः करोड़ वर्ष लगा दिये अनेकानेक प्रकार के जीवों को बनाते हुए, विकसित और उद्विकसित करते हुए, क्रिया-प्रतिक्रिया के माध्यम से मनुष्य का निर्माण करने में। लगभग सारे द्विलिंगी जीव मृत्यु को धोखा देने, छलने और मरकर भी जीते रहने का काम करने लगे। लैंगिक जनन प्राकृतिक प्रयास है मरकर भी समाप्त न होने का, कहीं और जगह पड़े रहने का और समय आने पर प्रकट हो जाने का। पर प्रकृति ने ईश्वर, आत्मा, परमात्मा से कोई सम्बन्ध नहीं रखा। वह ईश्वर की नहीं, दासी है रसायनज्ञों की। ईश्वर के प्रयास पर नहीं, कृत्य पर नहीं, कृपा पर नहीं, मनुष्य के प्रयुक्त प्रयासों, श्रमपूर्ण आयासों और कड़ी कोशिशों पर। कम-से-कम मनुष्य की मौत तो उसके लिए मर चुकी है। उसने जीते रहने की असली तरकीब निकाल रखी है। वह, फिर भी न जाने क्यों डरता रहता है। शायद, मरने के बाद के डर से।

आधुनिक प्राणी-विज्ञान ने बताया है कि माता-पिता के चरित्र, कर्म और अनुभव संस्कारों, प्रवृत्तियों, लगावों और आसंगों के सुरचित और सुनिर्मित रासायनिक यौगिक अपने आप कार्यकारी इकाई के रूप में संकलित होते रहते हैं और जीव के गुणों-अवगुणों को देते और प्रभावित करते रहते हैं। इन्हीं को जीन्स कहा करते हैं। ये आनुवांशिक इकाई के रूप में होते हैं। ये जीन्स रहते हैं व्यवस्थित और सजे-सजाये स्वरूप में गुणसूत्रों में। ये जीन्स

केवल माता-पिता से ही नहीं जब से जीव बना तभी से इकट्ठा होते रहते हैं और सन्तान में संक्रमित होते जाते हैं। पर यह आवश्यक नहीं कि निकटतम और तत्काल के माता-पिता के ही गुण-अवगुणों के ही जीन्स संतान में आते हैं। कभी-कभी आ भी जाते हैं और संतान के गुण-अवगुण, सूरत-स्वरूप माता-पिता से मेल खाते दिखते हैं, पर, निश्चित् नहीं। जीन्स की संख़्या बहुत बड़ी होती है और माता-पिता के सारे जीन्स उन दोनों के गुणसूत्रों में व्यवस्थित सजे रहते हैं। वे जीन जीवन के प्रारम्भ से ही इकट्ठे होते रहते हैं। माता के अलग तथा पिता के अलग प्रकार से आये हुए होते हैं। माता के डिम्ब और शुक्राणु में उनके सम्मिश्रण की संख्या और प्रकार क्रमचय और संचय की गणितीय विधि से मिलते हैं। यह मिश्रण ही नवजात शिशु के लिये भाग्य का निर्माण करता है। इसीलिए बहुधा दो भाई या बहन स्वभाव में ही नहीं, स्वरूप में भी न तो एक जैसे और न ही माता-पिता के स्वरूप और स्वभाव से मिलते-जुलते होते हैं। इसीलिए संसार में दो बच्चियाँ या दो बच्चे भी एक से नहीं होते। संभवतः हर शिशु एक अलग साँचे में ढला करता है और पैदा होते ही प्रकृति साँचा तोड़ देती है ताकि हर बच्चा अपने किस्म का अलग, अकेला, अनूठा और अद्वितीय रहे, वैसा और कोई दूसरा, सूरत में भी और सीरत में भी न हुआ हो, न है, न होगा।

स्पष्ट लगता है कि हम जो और जैसे हैं अपने किए कर्मों के फलस्वरूप ही हैं। पुनर्जन्म का सिद्धान्त कर्मफल से ही संयुक्त और संबद्ध है। वर्तमान जन्म पिछले जन्मों के माता-पिता के शुभाशुभ कर्मों का फल है। अगले जन्म का आधार वर्तमान तथा पिछले जन्मों की कर्म राशि का अतिविशिष्ट या संयोगवशात् विधि से निर्मित होता है। सुख-दुःख बिना कर्म किये प्राप्त हो कैसे सकते हैं? जैसा कर्म वैसा फल। नहीं तो विधि के विधान में अन्याय, अकर्त्तव्यता, अकर्मण्यता, अशुभ, अहित, कारणाभाव, अकृत्य और अक्षम्य अपराध माना जायेगा इसे। शरीर तो बनता है उन सभी कर्मों के कारण जो तब से होते ही आ रहे हैं जब से जीव बना था। संभवतः मृत्युभय भी पूर्व जन्मों के संस्कारों से ही पैदा होता है। फिर पूर्वजन्म का स्मरण क्यों नहीं? बड़ा बालक बचपन की बातें भी तो याद नहीं रख पाता। हम भूल जाते हैं कि पूर्वजों का अपना सारा जीवन और नूतन संस्कारित जीवन शिशु में कार्य करते रहते हैं। माता-पिता ही तो शिशु के रूप में रूपान्तरित होते रहते हैं, अर्थात् शिशु ही माता-पिता के पुनर्जन्म रूप में प्राप्त होता है।

मानव भी तो अन्य जन्तुओं की तरह का एक जन्तु है। उसकी कोशिकाओं के केन्द्रक में कुछ सूत्रनुमा रचनाएँ दिखायी देती हैं। इनको गुणसूत्र कहते हैं। ये आकृति, माप और रचना में अनेक प्रकार के होते हैं फिर भी ये एक प्रकार के जीव में एक ही तरह के होते हैं। मनुष्य में माता और पिता में तेईस-तेईस जोड़े होते हैं। ये द्विसूत्री होते हैं। स्त्री में (22 जोड़े ए + X मादा गुण + X मादा गुण) और पुरुष में (22 जोड़े ए + X मादा गुण + Y पुरुष गुण) [ए = समजात, "आटोझोम्स"] माता से डिम्बाणु मिलता है और पिता से अनेकानेक शुक्राणु। इस प्रकार पुरुष विषम युग्मिकी होते हैं। उसमें दोनों लिंग गुण X और Y होते हैं।

लेकिन स्त्री में दोनों ही स्त्री गुण समूह XX होते हैं। संभवतः प्रकृति ने बड़े ही सोच-विचार के बाद ऐसी व्यवस्था की है ताकि जीवन का पालन-पोषण और सबसे अधिक निर्माण कार्य स्त्री के माध्यम से ही हो सकता है। चार लिंग निर्माण की संभावनाओं में से तीन होते हैं स्त्री अंग के गुण और केवल एक होता है पुरुष अंग का गुण (XX +XY)।

प्रश्न यह है कि स्त्री-पुरुष (माता-पिता) के गुणसूत्र शिशु में 46 + 46 = 92 हो जाने चाहिये और हर बार दोगुने होते जाने चाहिए, पर ऐसा होता तो नहीं। कैसे? होता ऐसा है कि विभाजन द्वारा पुरुष में शुक्राणु दो तरह के बन जाते हैं A + X वाले और A + Y वाले। नारी समयुग्मिकी होती है। इसमें अंड जनन द्वारा केवल एक ही प्रकार के गुण (A + X) वाले रज अण्ड बनते हैं। युग्मनज बनते समय यदि पुरुष के (A + X) और स्त्री के भी (A + X) मिल जायें तो 2A + X + X के कारण कन्या पैदा होगी और यदि पुरुष के (A + Y) और स्त्री के (A + X) मिल जायें तो 2A + X + Y गुणसूत्र होने के कारण बच्चा पुरुष होगा। अतः पुरुष का Y गुण ही बच्चे का लिंग निर्धारण करता है। पुरुष स्त्री में (X : Y :: 1 : 1) फिर भी प्रकृति में, मानव समाज में पुत्री : पुत्र = 100 : 104 (लगभग) का अनुपात होता है। कारण यह है कि Y वाले शुक्राणु हल्के होते हैं। अतः निषेचन में अधिक आसानी से सफल हो जाते हैं। बच्ची पैदा होगी यदि दो X आ जाएं, ये दोनों X केवल माता से ही मिलें या एक पुरुष के Y वाले के साथ का X हो।

इस प्रकार माता-पिता का पुनर्जन्म बच्चे-बच्चियों के रूप में होता रहता है। हर बच्चा ही माता-पिता का पुनर्जन्म है। माता-पिता का उद्देश्य (पुत्री-पुत्र के रूप में पुनर्जन्म लेकर जीते रहने की प्रक्रिया) पूरा हो जाता है। बाद में माता-पिता भले ही मर जायें और जला दिये या गाड़ दिये जायें कोई अन्तर नहीं पड़ता। माता-पिता तो जीते ही रहते हैं (संतान के रूप में)। मौत उन्हें मिटा नहीं सकती। हाँ, धोखा तभी होगा जबकि माता-पिता को पुनर्जन्म द्वारा संतान ही न हो, संभवतः इसीलिए सन्तान न होना प्रकृति और समाज द्वारा गर्हित, दूषित और निन्दित माना जाता है। इसके द्वारा आधी या पूरी वंशावली ही समाप्त हो जाती है। एक या दो प्राणियों की आदि काल से संचित गुणावगुणों की कमाई बरबाद हो जाती है। कर्मवाद और जन्मान्तरवाद एक-दूसरे के परिपूरक होते हैं, इस सत्य में व्यवधान सा पड़ जाता है। कर्मवाद की शृंखला ही टूटकर बिखर जाती है।

जननिक एवं आनुवांशिक विद्याएँ आज जो सिद्ध करती जा रही हैं वे तथ्य शताब्दियों से युक्तिसंगत और व्यापक रूप से पूर्वी देशों में तो मान्य रहे ही हैं। हाँ, आज प्राणी-विज्ञान की प्रयोगसिद्ध और प्रमाणपुष्ट खोजों की दृष्टि से यह और भी अधिक स्पष्ट और रुचिकर हो गया है। चाहे जिस दृष्टि से सोचें पुनर्जन्म का आधार कर्मफल सिद्धान्त ही है। हमारा वर्तमान जन्म पिछले तमाम जन्मों के कर्मों का विपाक ही तो है। अगले जन्म का आधार वर्तमान एवं पिछले जीवनों में किये गये शुभाशुभ कर्मसमूह ही तो होगा। यदि कर्म पर

आधारित पुनर्जन्म का सिद्धान्त मान्य न होता तो इस लोक को अनियंत्रित, अनर्थक, अनर्गल और निष्प्रयोजन माना जाता और समझा जाता कि यहाँ अन्यायपूर्वक और मनमाने ढंग के लोगों को दण्ड-पुरस्कार प्राप्त हुआ करते हैं। जो लोग शाश्वत् जीवात्मा को मानते हैं वे भी उसे जीव के कर्म और उसके सतत् प्रवाह रूप को ही तो नित्य मानते रहे हैं। कर्ता और कर्म का नित्य सम्बन्ध तो मानना ही होगा, पूर्वजन्म व परजन्म मानकर ही हमें जन्मान्तर-वाद का अस्तित्व सिद्ध करना होगा। बस याद यही रखना होगा कि सुख-दुःख, अच्छा-बुरा, स्वभाव, यश, धन, आदि किसी व्यक्ति को इसी जीवन में नहीं मिला करता है, वह तो केवल माता-पिता से प्राप्त संतान को ही मिला करता है। पूर्व जन्म में किये गये कर्मों और माता-पिता द्वारा किये कर्मों के कारण ही उत्तम, मध्यम और अधम प्रकार के शरीर मिला करते हैं।

कहा जाता है और माना भी जाता है, *योगसूत्र* और *व्यासभाष्य* से भी यही सिद्ध होता है कि जीवमात्र को मृत्यु-भय दिखायी देता रहता है। ज्ञात होता है कि ये अनेक बार के हुये ऐसे ही अनुभवों के कारण ही यह स्वाभाविक भय होता है। मृत्यु-स्मरण बिना मृत्यु-भय सताता कैसे? अतः प्राणीमात्र को मृत्यु-भय का सताना ही पुनर्जन्म का अनुमान कराता है। बालक के जन्म लेते ही हर्ष, भय, आदि की जो अनुभूतियाँ दिखती हैं उसका कारण पूर्वजन्मों के अनुभव ही तो हैं। सोते-सोते हँसना, रोना, डरना इस जन्म का अनुभव अभी कहाँ होता है? वह तो पूर्व जन्म की अनुभूतियों को ही स्मृतिस्वरूप में कारण रूप मानना ही होगा। पूर्वजन्म के अनुभवों का स्मरण कैसे रहता है? लगता है पूर्वजन्म की सिद्धि अनुमान मात्र ही से नहीं है। आधुनिक विज्ञान भी इसे जानता-मानता है कि जीवन तो अनन्त है।

मुसलमान और ईसाई न्याय दिवस को कर्मफल पाया करते हैं। आदम, हव्वा और शैतान की कहानी को दोनों ही सही मानते हैं। बिना अपराध के क्या शैतान को खुदा ने अपराधी नहीं बनाया? तीनों को शाप क्यों मिला? शैतान ने तो आदम, हव्वा को बहकाया भी नहीं था। लगता है कि खुदा के ऊपर कोई न्यायकर्ता नहीं। उसे किसी से डर नहीं? न्यायवादियों का तर्क आज भी मान्य है। वही निश्चयात्मक प्रतीत होता है। न्यायमत का विश्वास है कि हमारे अनुभव लुप्त या नष्ट नहीं हो सकते। हमारी कृतियाँ यद्यपि देखने में लुप्त सी दिखा करती हैं पर वे अदृष्ट बनी रहती हैं। और अपने परिणाम से "प्रवृत्ति" का रूप धारण करके पुनः अवसर पाकर प्रकट हो जाया करती हैं। प्रवृत्ति और कुछ नहीं, पुराने जन्मों की कृतियों के संस्कार हैं, जान-बूझकर किए प्रयत्नों के मूल में वह बनी रहती है।

भारत के पूर्वजन्मवादी और आधुनिक विकासवादी एक मत के हैं। माता-पिता से आने वाली संतान आनुवांशिक संक्रमण द्वारा ही यह संभव है। शून्य से उत्पत्ति का सिद्धान्त एकदम मान्य नहीं है। पुनर्जन्म का सिद्धान्त इसीलिए इतना महत्त्वपूर्ण है कि हम अपने साथ जन्म से पूर्वकालिक

अनुभवों को लेकर आया करते हैं। इसको माने बिना गति नहीं। क्या यह विश्वास सच है कि मृत्यु के बाद का अस्तित्व उतना ही सच है जितना जीवित काल का अस्तित्व? आखिर जन्म और मृत्यु का सम्बन्ध किससे होता है? क्या भौतिक शरीर से? अस्तित्व तो अनादि और अनन्त है, शाश्वत् है। अतः उसके प्रारम्भ और अंत को सोचना ही मूर्खतापूर्ण कार्य है।

आज के भ्रूण वैज्ञानिक प्रजनन की अनेकानेक विधियों को नकारकर स्त्री-पुरुष की महत्ता को भी अस्वीकार करते जा रहे हैं। लैंगिक सृष्टि में प्रकृति युग्मनज बनते ही साँचा को सदा-सदा के लिए तोड़ फेंकती है अतः हर व्यक्ति अपने प्रकार का अलग, अकेला, अनोखा और अद्वितीय होता है, जैसा और कोई न कभी हुआ, न है और न कभी होगा। पेड़ की दो पत्तियाँ भी तो एक सी नहीं होतीं।

पर इन्सान भी अजीब जीव है जो अपनी सृष्टि में न जाने कितने ही हमशक्ल बना सकता है। परेशान हैं दार्शनिक, धर्मशास्त्री, आचारशास्त्री और समाजशास्त्री इस वैज्ञानिक इंसान की करामात को देखकर। सृष्टिकर्ता भी नहीं कर पाते इस कार्य को। यह विधि है हमशक्ल बनाने की कला। इसे "क्लोनिंग" कहते हैं। किसी भी जीव की एक कोशिका को लेकर ठीक-ठाक उसी प्रकार का और शक्ल का जीव तैयार किया जा सकता है। पौधों, पतंगों और छोटे जीवों में तो पहले ही से ऐसा किया जाता रहा है। भेड़, बन्दर, चूहे, आदि पर तो सफल प्रयोग हो ही चुके हैं, मानव "क्लोन" भी बन चुका है। अब मरने से क्यों डरा जाये? दूध अधिक देने वाली गाएँ तैयार करके "क्लोनिंग" द्वारा अनेक देशों में डेयरी उद्योग चलाना प्रारम्भ हो चुका है। प्रश्न है कि "क्लोनिंग" द्वारा बना बच्चा किस माता-पिता का माना जाये? अब स्त्री-पुरुष की आवश्यकता ही क्यों? चिकित्सकीय क्षेत्रों में विशेष उपलब्धियाँ तो बड़े काम की अवश्य होंगी, पर, मानवीय संवेगों, क्षोभों, अनुभूतियों, आदि का क्या होगा? दो या अनेक हमशक्लों के हो जाने पर कितनी और कितने प्रकार की समस्याएँ पैदा होंगी? इसका भी अनुमान ये वैज्ञानिक कर पाते हैं?

भारत में जन्मदिन पर खुशी मनायी जाती है, पर मृत्यु-दिवस की पुण्यतिथि पर खुशी मनाने की परम्परा कभी नहीं रही है। हाँ, अतिवृद्ध या वृद्धा की मृत्यु पर, संत-महात्मा की मृत्यु पर बाजे-गाजे के साथ नाचते-कूदते और सजी-सजायी अर्थी ज़रूर निकाली जाती है। हमारी संस्कृति में तो जीवन की ही पूजा की प्रथा रही है। देवी-देवता, दुर्गा, सरस्वती, देवेन्द्र, शिव, विष्णु, आदि को ढलती उम्र का कभी दिखाया ही नहीं जाता। देवतागण बालरूप के या युवक रूप के ही दिखाये जाते हैं। भारतीय नाट्य-शास्त्र में हत्या या मृतक का दृश्य भी नहीं दिखाया जाता। भारतीय संस्कृति तो शुद्ध जीवनमुखी मानी जाती है। फिर आधुनिकता, नवीनता और सुधारवादिता को शाश्वत् क्यों मानें? पुण्यतिथि पर प्रसन्नता-प्रदर्शन संभवतः अंग्रेज़ी सभ्यता की देन है। हाँ, एक और बिरादरी है जो सम्बन्धियों, रिश्तेदारों या साथियों की मृत्यु पर नाचते-गाते और प्रसन्नता प्रदर्शित करते हैं। सगा-सम्बन्धी

अगर मर जाये तो और भी खुशी मनाते हैं, भारी दावत देते हैं। यह बिरादरी है हिजड़ों की, नपुंसकों की, स्त्रैणों की या जनखों की। इन्हें कितनी बड़ी प्रसन्नता होती है जब इस कलंकपूर्ण निकम्मे जीवन से छुटकारा मिल जाता है। परिवार नियोजन में वे सबसे आगे रहते हैं। मुगलों और मुस्लिम बादशाहों के समय में तो इन्हें बड़ा आदर मिलता रहा। यह एक महान् अन्याय है कि उन्हें राजकीय प्रतिनिधित्व भी तो नहीं मिलता। या तो चाहिए कि इतने विकसित वैज्ञानिक और चिकित्सकीय उपलब्धियों के फलस्वरूप शल्यचिकित्सा या औषधोपचार की विकसित विधियों या आज की अति आधुनिक जीनशास्त्रीय विधियों का प्रयोग करके इनकी सहायता या चिकित्सा का प्रबन्ध करें, और नहीं तो इन्हें तीसरा लिंग मानकर राजकीय प्रतिनिधित्व प्रदान करें। यह सचमुच महान् अन्याय है, प्रकृति-प्रदत्त दोष के लिये इन्हें शारीरिक, सामाजिक व संवैधानिक सजा क्यों मिले? सारी जीवन-शृंखला की कर्म-कमाई माता-पिता की ऐसी सन्तान का सदा-सर्वदा के लिये कालवह प्रवाह समाप्त हो जाता है, सृष्टि के सतत् प्रयास सदा के लिए समाप्त हो जाते हैं, जीनों की अनगिनत संख्या का प्रभाव निष्फल चला जाता है। क्या आज का इतना विकसित जीन सिद्धान्त इन निर्दोष लोगों पर सजा के गुनहगार होने को दोष मानकर स्वयं को लज्जित करने का जघन्य अपराध नहीं करता।

19

मृत्यु
आध्यात्मिक दृष्टिकोण

— मिनती

मृत्यु क्या है?

यह ध्रुव सत्य है कि शरीर क्षणभंगुर है, विनाशी है। जिसका जन्म होता है उसकी मृत्यु भी निश्चित् होती है। जन्म-मृत्यु प्रकृति का नियम है। जीवन और मृत्यु एक ऐसी प्रक्रिया है जिससे बचा नहीं जा सकता। मृत्यु जीवन का आधार है, नींव है। मृत्यु नहीं तो जीवन कहाँ?

प्रश्न है – मृत्यु क्या है? क्या जीव के देह में उपस्थित जीवन और जीव का देह से निकल जाने को मृत्यु कहते हैं? या श्वास के आवागमन के अवरुद्ध हो जाने को ही मृत्यु कहते हैं? क्या जीवन और मृत्यु ही वास्तविकता का निर्माण व विनाश ही नहीं, ये संयोग का प्रकट होना व छिप जाना है? दरअसल, मृत्यु तो नींद है। जिस प्रकार हम गाढ़ी नींद में अपने शरीर एवं सम्पूर्ण संसार को एकदम भूल जाते हैं, जिसे हम "छोटी मृत्यु" कहते हैं, उसी प्रकार मृत्यु को "लम्बी नींद" कह सकते हैं। संसार का विस्मरण ही मृत्यु है न कि चेतन सत्ता का अभाव।

श्रीमद्भगवद्गीता के अनुसार –

> वासांसि जीर्णानि यथा विहाय नवानि गृह्णाति नरोऽपराणि।
> तथा शरीराणि विहाय जीर्णान्यन्यानि संयाति नवानि देही।।

जैसे मनुष्य फटे वस्त्र उतारकर नया वस्त्र पहनता है, वैसे ही जीव पुरानी देह त्यागकर नई देह का आश्रय लेता है। यह शाश्वत् सत्य है कि हम सब इस जन्म-मृत्यु की लहरों में हिचकोले खाते रहते हैं और खाते रहेंगे।

मृत्यु-भय क्यों?

मृत्यु का भय अन्य किसी भी भय से अधिक बलवान है। मृत्यु के डर से मनुष्य काँप जाता है। *योगवाशिष्ठ* के अनुसार "कीट और इन्द्र की जीने की आकांक्षा तो समान है ही, उनमें मृत्यु का भय भी समान है।"

"जो आया है, सो जायेगा, राजा रंक फकीर" या "एक दिन बिक जायेगा माटी के मोल" जैसी बातों को सुनकर, पढ़कर और याद करके भी मृत्यु से हम भयभीत हो उठते हैं। मनुष्य, किस दिन मरेगा, इसकी चिंता एवं भय तो करता है, परन्तु जो हर क्षण मर रहा है उसकी चिन्ता नहीं, अनुभूति नहीं। क्योंकि मनुष्य जीना चाहता है, मरना नहीं, परन्तु जीवन अनिश्चित् है और मरना निश्चित्। रोग से पीड़ित, खाट में पड़ा हुआ व्यक्ति भी मरना नहीं चाहता। जीवन के प्रति इतना मोह क्यों? क्या मृत्यु भयानक है? या भयदायक है? नहीं। न तो मृत्यु भयानक है और न ही भयदायक। मृत्यु तो शान्ति और आरामदायक है। भयदायक हैं हमारी वासनायें। असल में, जब तक हमारी वासनाएँ शान्त नहीं होतीं, तब तक हम इस बात को समझ नहीं पाते हैं कि मृत्यु स्वाभाविक और शान्तिदायक है। जिनकी वासनाएँ निवृत्त हैं "वे जन सदा अनन्दा"। उन्हें मृत्यु का भय कभी नहीं होता क्योंकि उनकी *मृत्यु-भय* की वासना भी निवृत्त रहती है। वासनाएँ ही मृत्यु का भय उत्पन्न करती हैं। जिनकी वासनाएँ छूट गयी हैं, उन्हें मृत्यु का भय कैसा?

वासनाओं से छूट जाने पर जिस प्रकार मन के उपद्रव मिट जाते हैं, वैसे ही मृत्यु होने पर शरीर के उपद्रव भी मिट जाते हैं। शान्ति ही सुख है। वासना निवृत्ति और मृत्यु से शान्ति ही नहीं महाशान्ति मिलती है। अतः जो निश्चित् है, जो अवश्यंभावी है, उसके लिये चिन्ता क्यों? जीवन का प्रवाह तो अनन्त है और अमर है। उसकी मृत्यु का कोई प्रश्न ही उपस्थित नहीं होता। शरीर की मृत्यु या नष्ट होने को हम अपनी मृत्यु मानते हैं, बस इसीलिए डरते हैं और भयभीत होते हैं। यदि अपने अन्तःकरण को यह विश्वास हो जाये कि आज की तरह हमें आगे भी जीवित रहना है तो डरने की कोई बात ही नहीं रह जाती। बस, भ्रमवश मनुष्य यह समझ बैठा है कि जिस दिन शिशु माता के गर्भ में आता है या गर्भ से उत्पन्न होता है, उसी समय से जीवन आरम्भ होता है, और हृदयगति बन्द हो जाने पर शरीर निर्जीव हो जाता है, तो मृत्यु को प्राप्त होता है। परन्तु यह एक बहुत ही अधूरा एवं अज्ञानमूलक विश्वास है। जिनको यह ज्ञान है कि "आत्मा अमर है, नित्य है, शरीर के न रहने पर भी वह रहती है", उनको ही केवल मृत्यु की चिन्ता नहीं रहती है क्योंकि वह जानता है कि हम शरीर नहीं, बल्कि आत्मा हैं, फिर मरने का कैसा भय!

गम्भीर विश्लेषण से ज्ञात होता है कि जीवन और शरीर एक वस्तु नहीं है। उदाहरण के लिये – जिस प्रकार हम कपड़ों को यथासमय बदलते रहते हैं, उसी प्रकार जीव को भी शरीर बदलने पड़ते हैं। स्वभावतः कपड़ा पुराना जीर्ण-शीर्ण होने पर ही अलग किया जाता

है, पर कभी-कभी जल जाने, किसी चीज़ से उलझकर फट जाने, या अन्य कई कारणों से वह थोड़े ही दिनों में बदल देना पड़ता है, ठीक उसी प्रकार शरीर साधारणतः वृद्धावस्था में जीर्ण-शीर्ण होने पर नष्ट होता है परन्तु यदि बीच में ही कोई आकस्मिक घटना या कारण उपस्थित हो जाये तो अल्पायु में ही शरीर त्यागना पड़ता है। बाल, युवा और वृद्धावस्था, ये शरीर की तीन अवस्थायें होती हैं। यदि मनुष्य अपनी इन सभी अवस्थाओं (बाल, युवा और वृद्ध) पर और जीवन की क्षणभंगुरता पर विवेक से विचार करें तो शोक-पीड़ित और आश्चर्यचकित नहीं होंगे। शरीर परिवर्तनशील होने से चिरस्थायी नहीं है। आधुनिक चिकित्सा विज्ञान भी स्वीकार करता है कि विभिन्न कोशिकाओं की क्रिया-प्रतिक्रिया के कारण शरीर प्रतिक्षण परिवर्तित होता रहता है। इसी कारण यह वृद्धि और वृद्धावस्था को प्राप्त होता है। शरीर और मन में परिवर्तन होने पर भी आत्मा नित्य अव्यय रहती है। इसलिये शरीर सर्वदा ही परिवर्तनशील है और आत्मा सनातन। "निर्विशेष" और "सविशेष" आदि सभी तत्त्वदर्शियों ने इस सिद्धान्त को माना है।

वास्तव में जन्म-मृत्यु हमारे जीवन के अनिवार्य अंग ही नहीं बल्कि हमारा सहज स्वभाव भी है। मृत्यु तो कुछ भी नहीं है। जिन विषयों से सर्दी-गर्मी, सुख-दुःख, आदि संस्कार उत्पन्न होते हैं वे सब स्पर्श अनित्य हैं, आते-जाते रहते हैं, उससे अविचलित रहकर हमें उन सबको ग्रहण करने का प्रयत्न करना चाहिये। जो व्यक्ति अपने को अब इन सबों से पृथक्, छिटका हुआ अनुभव करता है, उसे अपने अलगाव की स्थिति के समान होने का भी भय सताता है और इसी को "मृत्यु-भय" कह सकते हैं। मृत्यु की भावना या भय से मुक्त होने हेतु गुरुदेव रवीन्द्रनाथ ठाकुर का कहना है कि –

> हमें उस महान् पुरुष को जानना होगा जो अन्धकार से सर्वथा परे है,
> परम ज्योतिर्मय है, नित्य है और शाश्वत् है। वस्तुतः इसके अतिरिक्त
> कोई दूसरी राह नहीं है।

मृत्यु के भय से अविचलित रहने वाले कबीर दास जी ने स्पष्ट रूप में कहा था कि –

> जे ही डर को सब लोग डरे हैं, सो डर हमरे नाहिं।

जबकि यह परम सत्य है कि जीव का अपना कुछ भी नहीं है, किन्तु वह अविवेकवश अपने स्वजनों से, परिचितों से, शरीर से, प्राणी एवं पदार्थों से मोह कर लेता है। इसलिये वह इन सबको छोड़ने से कतराता है और दुःखी हो जाता है। और यही मृत्यु से डरने का मुख्य कारण है। यदि वह इस दृश्यमान संसार का मोह छोड़ दे तो उसे मृत्यु-भय बिल्कुल न रहे। "जो प्रतीत संसार से अपने आपको अपने आप में लौटा लेता है, उसके लिये जीना और मरना बराबर हो जाता है।" परन्तु मानव मृत्यु से भयभीत होकर उसका नाम तक लेना नहीं चाहता। यहाँ तक कि विवाह, जन्मोत्सव, आदि मांगलिक कार्यों में तो कोई मृत्यु शब्द का उच्चारण तक नहीं कर सकता। ऐसे मांगलिक कार्य में अमंगल के शब्द! आश्चर्य की

बात है कि जो मृत्यु निरन्तर दबे पाँव मनुष्य की ओर अग्रसर हो रही है, उससे वह आँखें छिपाना चाहते हैं। और अपनी वास्तविकता को स्वीकारने से कतराते हैं। हम तो मौत को भुलाकर मौत से बचना चाहते हैं और इस प्रकार अज्ञान और अविवेकी मनुष्य सर्वदा अपने आपको छलता है, धोखा देता है। यह सत्य है कि देह स्वभाव से नाशवान है। उसका विनाश तत्काल हो अथवा सौ वर्ष बाद, इसमें केवल समय का ही प्रश्न है। उसे अनिश्चित् काल तक बनाये रखने की कोई भी संभावना नहीं, प्राकृत देह से आत्मा के जाते ही देह का विघटन होने ही लगता है। इसलिये प्रत्यक्ष रूप से देह का अस्तित्व आत्मा से ही है, उसका अपना कुछ भी महत्त्व नहीं है।

यक्ष ने युधिष्ठिर से पूछा था कि मानव-जीवन में सबसे बड़ा आश्चर्य का विषय क्या है? युधिष्ठिर ने उत्तर दिया कि असंख्य प्राणी नित्य मरते हैं, इसको देखते हुए भी दूसरे मनुष्य ऐसा काम करते हैं जैसेकि वे कभी नहीं मरेंगे, यही सबसे बड़ा आश्चर्य है।

क्या यह आश्चर्य की बात नहीं है कि जिन सांसारिक कार्यों को हम जीवन भर कर चुके हैं, देख चुके हैं और अनुभव कर चुके हैं फिर भी उसी को देखने और करने के लिये बहुत दिनों तक हम जीना चाहते हैं? प्रिय से मिलना-बिछुड़ना, अप्रिय का संयोग, सुख-दुःख, हानि-लाभ, मान-अपमान, विपत्ति-सम्पत्ति, रोग-निरोग, लड़ाई-झगड़े, राग-द्वेष, इत्यादि। जबकि उसमें कुछ "सार" या "सत्य" नज़र नहीं आता फिर भी उसमें इतना आकर्षण क्यों? इतना लगाव क्यों? संसार की क्रियाओं की "निस्सारता" को देख-लेना और जान-लेना ही ज्ञान की परिपक्वता है। अगर हम राम, कृष्ण, सिकन्दर, अशोक, आदि के शासन, ऐश्वर्य आदि को ध्यान में लें, तो अब उनकी वंश-परम्परा का कोई पता नहीं रह गया। सभी "काल" के आगोश में समा गये। काल की आग में ही सारे प्राणी और पदार्थ पकते हैं, क्षीण होते हैं और भस्म होकर समाप्त हो जाते हैं। इस निरन्तर प्रज्वलित क़ालाग्नि को जो सदैव देखता है, उसे ही संसार में कोई आकर्षण नहीं रह जाता। वह तो केवल परोपकार का ही काम करता है।

इस संदर्भ के सारांश में यही कह सकते हैं कि मनुष्य जीवन भर केवल अपनी व्यवस्था में ही लगा रहता है। उसे विश्राम करने का समय ही नहीं मिलता। हे मन! इस संसार में कब तक दौड़ोगे? और दौड़ते-दौड़ते कब थकोगे? मृगतृष्णा से तपती धूप में कहीं पानी है? दौड़ने का फल क्या शान्ति है? आखिर बिस्तर बिछाते हुए जीवन बीत जाता है, आदमी विश्राम करने का अवसर ही नहीं पाता और वह यहाँ से चल देता है। संसार से थको और रुको तभी सच्ची शान्ति पायेंगे। ईशू मसीह ने कहा है – आओ हम तुम्हें विश्राम दें।

अगर जीवन की प्रत्येक घटना एवं उपलब्धि पर नज़र डालें और उसकी समीक्षा करें तो अन्त में कुछ भी "सार" हाथ नहीं लगेगा। इसलिए, बाहर की घटनाओं एवं उपलब्धियों में हम न रमें बल्कि अपने आप में ही रमना सीखें। सब साधनाओं का "सार" है वैराग्य और

बिना वैराग्य के सारी साधना खोखली है। इसलिए मन को वैरागी बनायें और निर्विषय निर्विकार और निश्चिन्त होकर जीवन को शांतिपूर्वक जीयें।

मृत्यु का शोक क्यों?

हम यह जानते हैं कि जीव बार-बार जन्म लेता है और मरता है, फिर भी उसके लिए शोक क्यों? व्याकुलता क्यों? और विलाप भी क्यों? सम्भवतः यह हमारी अज्ञानता या दुर्बलता ही है, जीव आशंकितवश बार-बार शरीर धारण करता है और शरीर धारण करते ही वह इन्द्रियों तथा संकल्पों से जुड़ जाता है। इन्हीं के द्वारा वह संसार को ग्रहण करता है और बंध जाता है।

इस सन्दर्भ में *गीता* में भगवान श्रीकृष्ण ने कहा है कि – मृत्यु मनुष्य के हृदय में शोक उत्पन्न करता है। मनुष्य मात्र के लिये मृत्यु व विच्छेद बहुत भयंकर है, तथा जीवन बहुत मूल्यवान। शोक असाध्य है व कर्त्तव्य एक कठोर वस्तु होता है। मनुष्य अपने स्वार्थ की सिद्धि को मधुर जानकर हर्षित होता है, दुःख मानता है, हँसता है, रोता है लेकिन, इन सभी वृत्तियों को कोई ज्ञान से उत्पन्न वृत्तियाँ नहीं कह सकता। ज्ञानी व्यक्ति शोक नहीं करता, न मृत व्यक्ति के लिये और न ही जीवित के लिये क्योंकि वे जानते हैं कि मृत्यु व्यक्ति की वास्तविकता का अन्त नहीं है। मृत्यु की राख पर जीवन का कोमल पौधा उगता है और जीवन को जीकर मृत्यु की राख में विसर्जित हो जाता है और पुनः-पुनः यही चक्र चला करता है। अतएव हम जीवन में जो कुछ करते हैं वह जीवन के साथ समाप्त नहीं हो जाता, बल्कि उसके कर्म-संस्कार आगे जन्मान्तर में चलते हैं और अपने कर्मों को फल के रूप में भोगना पड़ता है।

देहिनोस्मिन्यथा देहे-कौमारं यौवनं जरा।
तथा देहान्तरप्राप्ति धीरस्तत्र न मुह्यति।।

गीता के अनुसार जिस प्रकार जीव को इस देहं में क्रम से कौमार, यौवन, वृद्धावस्था की प्राप्ति होती है, उसी भाँति मृत्यु होने पर अन्य देह की प्राप्ति होती है। जन्म तो केवल उस देह का होता है जो उसने धारण किया है। वह जीर्ण देह को त्यागकर नूतन देह को धारण करने से नवशक्ति युक्त हो जायेगी। इस विचार से तो प्रसन्न ही होना चाहिए, इसलिए इनमें से किसी भी अवस्था के लिये शोक का कोई कारण नहीं होना चाहिये। सिर्फ ज्ञानी पुरुष ही देह परिवर्तन से व्याकुल और शोक से आकुल नहीं होते। वे जानते हैं कि हमारा आत्मिक जीवन अनादि और अनन्त है जिसका न तो कोई आदि है और न ही अन्त, जो न तो जन्मता है और न ही मरता है, जिसका न तो विच्छेद होता है और न ही क्षीणता, न ही विकास और न विकार, जो अजर-अमर है, नित्य-सनातन है। हम चिरकाल से एक हैं। आत्मा सदा से अविनाशी है और सदा ही रहेगी। हम जीवन-मरण, सुख-दुःख इसी पृथ्वी पर भोगते आये हैं। प्रकृति के विशाल रंग-मंच पर हँसने-रोने का अभिनय करते हैं। शत्रु

और मित्र बनकर, युद्ध और शान्ति, प्रेम और कलह के रस का आस्वादन करते हैं। फिर कल-परसों देह त्यागकर चले जायेंगे। यह हमारी अनन्त क्रीड़ा में केवल एक मुहूर्त्त मात्र, क्षण भर का खेल है और कुछ ही क्षणों का प्रेम है। हम प्रकृति के ईश्वर हैं। जीवन-मरण के कर्ता ईश्वर के अंश हैं। हम थे, हम हैं और हम रहेंगे। भूत, वर्तमान और भविष्य के अधिकारी हैं। तब मृत्यु का शोक कैसा? और क्यों? हम तो उस परमेश्वर के अमृत की संतान हैं। आनन्द की सन्तान। कौन मरता है और मारता है?

गीता के अनुसार –

य एनं वेत्ति हन्तारं यश्चैनं मन्यते हतम्।
उभौ तौ न विजातीतो नायं हन्ति न हन्यते।।

जो इस आत्मा को मारने वाला मानता है, और जो इसे मरा हुआ समझता है, वे दोनों ही अज्ञानी हैं। यथार्थ ज्ञानी ही जानता है कि आत्मा न तो मरती है और न ही कभी मारी जाती है, अर्थात् मृत्यु तो केवल देह की ही होती है।

इस प्रकार अगर इस सत्य को हम समझ पाते, जान जाते तो न ही मृत्यु से डरते और न ही शोक करते। जिसे अपने मरने का भय होता है, शोक होता है, वह अपने आप के महत्त्व और तत्त्व को समझ नहीं सकता। मृत्यु हमारा स्पर्श तक नहीं कर सकती। मनुष्य केवल अपने शिवत्व को भूलकर दुःखी और शोकाकुल होता है।

क्या मृत्यु-चिन्ता महामुक्ति का मार्ग है?

युग-युग से असंख्यवार प्राणी जन्म-मृत्यु के चक्र में घूम रहा है। जन्म-मृत्यु से छुटकारा पाने के लिये मनुष्य को मृत्यु-चिन्ता को महासम्बल मानकर ग्रहण करना होगा। क्योंकि मृत्यु-चिन्ता ही मनुष्य को रिपु की उत्तेजना और इन्द्रियों की पीड़ा से रक्षा करती है। विषय-वासना को नष्ट करके मृत्यु-चिन्ता मनुष्य के मन में विवेक-वैराग्य जगाती है, भोगविलास की इच्छा को नष्टकर मानव-प्राण में मुक्ति की आकांक्षा जगाती है। जो व्यक्ति सदा मृत्यु-चिन्ता करता है वह कभी भी किसी प्रलोभन द्वारा प्रबुद्ध/प्रलुब्ध नहीं होता, किसी माया-मोह से आबद्ध नहीं होता। जो व्यक्ति हर पल प्रत्येक भावना, प्रत्येक चिन्ता में सोते-जागते मृत्यु की स्मृति को मन से लगाकर रख सकता है वह शीघ्र ही महामुक्ति पाने में समर्थ होता है।

असल में, हम सब अवस्तु में वस्तु बोध से, असत् में सत्य बोध से, व माया-मोह में, पिता-माता के स्नेह और सुश्रुषा में प्रलुब्ध और मुग्ध होकर अपना जीवन, जन्म व्यर्थ कर रहे हैं। हमारे शुभ-अशुभ कर्मों के फल हमारे माता-पिता या कुटुम्ब को भुगतना नहीं होगा, यह सिर्फ हमें ही भोगना पड़ेगा। अतः हम व्यर्थ ही माया-मोह और झूठे कर्त्तव्य-बोध से उनके प्रति आबद्ध होकर अपने जीवन के अमूल्य समय को नष्ट कर रहे हैं। यदि इसी क्षण हमारी मृत्यु होती है तब चिता पर दो मुट्ठी भस्म या राख के अलावा कुछ भी अवशेष नहीं रह

जायेगा। विपुल वैभव, ऐश्वर्य, माता-पिता, कुटुम्ब, मित्र, स्वजन और प्रियजन की लाख कोशिश के बावजूद अन्तिम शय्या मृत्यु की गोद में ही होगी। उसे कोई भी टाल नहीं सकता।

इस मृत्यु-चिन्ता से कई बड़े एवं महान् सन्तों का आविर्भाव हुआ। इसी मृत्यु-चिन्ता से ही वैराग्य प्राप्त कर सिद्धार्थ को "बुद्धत्व" लाभ हुआ। इस मृत्यु-चिन्ता से ही शंकर बाल्यकाल से ही संन्यासी हुए और इस मृत्यु की भावना से ही 1896 ई॰ में रमण महर्षि सत्रह साल में ही महान् सन्त के रूप में जाने गये।

इस सन्दर्भ में तत्त्वदर्शी योगियों का मत है कि साधारणतः मृत्यु से कुछ समय पूर्व मनुष्य को बेचैनी, पीड़ा और छटपटाहट होती है क्योंकि सब नाड़ियों में से प्राण खिंचकर एक जगह एकत्रित होता है। लेकिन पुराने समय के अभ्यास के कारण वह फिर से नाड़ियों में खिसक जाता है, जिससे एक प्रकार का आघात लगता है और यही पीड़ा का कारण है। रोग, आघात या अन्य जिस भी कारण से मृत्यु हो रही है तो उससे भी कष्ट होता है। मृत्यु से पूर्व प्राणी अवश्य ही कष्ट पाता है, चाहे वह जुबान से उसे प्रकट कर सके या न कर सके। क्योंकि रोग या अन्य किन्हीं कारणों से शरीर और जीव के बन्धन टूटने आरम्भ हो जाते हैं। लेकिन जब प्राण निकलने का समय बिल्कुल पास आ जाता है तो एक प्रकार की मूर्छा आ जाती है और शारीरिक शिथिलता और अचेतनावस्था में प्राण शरीर से बाहर निकल जाता है। जब मनुष्य मरने वाला होता है तो उसकी समस्त बाह्य शक्तियाँ एकत्रित होकर अन्तर्मुखी हो जाती हैं और फिर स्थूल शरीर से बाहर निकल जाती हैं। अक्सर ऊर्ध्व रन्ध्रों से प्राण निकलते हैं। जैसे – मुख, आँख, कान, नाक प्रमुख मार्ग हैं। योगी केवल ब्रह्मरन्ध्र से प्राण त्याग करता है। कबीर कहते हैं –

> दस द्वारे का पींजरा, ताके पंछी पौन।
> रहबे को अचरज अहै, जात अचम्भौ कौन।। – *बीजक*, साखी

> यह शरीर रूपी पिंजड़ा, जिसमें (आंखें, नाक, कान, आदि) दस दरवाज़े हर समय खुले हों और उसमें प्राणरूपी पंछी रहता हो, तो उसका उसमें टिके रहना ही आश्चर्यजनक विषय है, उड़ जाने में नहीं।

शरीर से प्राण निकल जाने के बाद एक विचित्र अवस्था आ जाती है। जैसेकि घोर परिश्रम से तथा थका हुआ प्राणी कोमल शय्या प्राप्त करते ही सो जाता है, उसी प्रकार मृत आत्मा का जीवन भर का सारा श्रम उतारने के लिये एक निद्रा की आवश्यकता होती है। इस नींद से जीव को बड़ी ही शान्ति मिलती है। मरते ही नींद नहीं आ जाती है वरन् इसमें कुछ देर अवश्य लगती है। कारण यह माना जाता है कि प्राणान्त के बाद कुछ समय तक जीवन की वासनाएँ प्रौढ़ रहती हैं और धीरे.धीरे ही निर्बल पड़ती हैं।

जीवन के इस सत्य को लक्ष्य करके डॉक्टर सर्वपल्ली राधाकृष्णन् ने एक स्थान पर लिखा है –

> आदि से अंत तक हमारा जीवन एक प्रकार की मृत्यु है, जिसका अर्थ है अधिक विशाल जीवन, हमारे शरीर में प्रति क्षण कोशिकाएँ बनती व टूटती रहती हैं। इसी प्रक्रिया में जब नयी कोशिका का बनना बंद हो जाता है तब स्थूल शरीर के असमान को लोक भाषा में मृत्यु कहा जाता है।

योगी श्री अरविन्द ने अपने महान् और अमरकृति *सावित्री* में सांकेतिक रूप में मृत्यु का जीवन्त चित्रण किया है –

> मृत्यु संग एकाकी निकट विनाश छोड़के,
> अप्रतिम महिमा उसकी अंतिम रौद्र दशा में,
> करना होगा पार उसे ही निपट अकेले।
> काल-परिधि में भीषण जोखिम भरे सेतु को
> और पहुँचाना शीर्ष-बिन्दु पर जगत नियति के,
> जहाँ मनुज हित सब जीता या हारा जाये।

क्या मनुष्य प्रायः मृत समान है?

यह आवश्यक नहीं है कि मृत का आशय सिर्फ शव से हो। जीवित मनुष्य से अपेक्षित व्यवहार के अभाव में हम उन्हें मृत समान मान लेते हैं। जो मनुष्य समाज के काम नहीं आता, और अपने में ही केन्द्रित रहता है, वह मृत्यु की गोद में जीता है। आहार, निद्रा, भय और मैथुन-संबंधी आवश्यकताओं की पूर्ति तो अन्य प्राणी भी कर लेते हैं, परन्तु मनुष्य इन आवश्यकताओं की पूर्ति के अतिरिक्त भी "कुछ करता है" और वह "कुछ ही" उसके जीवन का सब कुछ है, उसकी पूँजी है।

मनुष्य का असली स्वरूप उसका "मनुष्यत्व" है। धर्म वही है जिससे अपना तथा दूसरों का परिणाम में कल्याण हो। इस प्रकार के धर्म का आचरण ही मनुष्य-शरीर एवं जीवन की सार्थकता है। मनुष्य को कर्म करने का अधिकार प्राप्त है, इसलिए मनुष्य केवल "भोगयोनि" नहीं है, बल्कि "कर्मयोनि" है। वह अपने कर्मों के द्वारा अपना भविष्य दुःखमय बना सकता है और सुखमय भी। इस सिद्धान्त को समझकर जो मनुष्य कर्माधिकार का सदुपयोग करता है वही बुद्धिमान है और उसका जीवन-मृत्यु दोनों ही सफल हैं।

शास्त्रकारों ने मनुष्य मात्र के जन्म को पुण्य का फल बतलाया है और जब उसके जीवन में मिथ्याचार, पापाचार, दुराचार और सम्पूर्ण वासनाओं की छाया छायी रहती है तो उसका जीवन कैसे शान्त और सुखी रह सकता है? जब जीवन इतना अशांतिदायक है तो मृत्यु कष्टदायक होगी ही। वह तो जीवित अवस्था में भी मृत प्रायः ही है। क्योंकि उसमें

आत्म परिबोध नहीं होता, और न आत्मविवेचन ही। जिसको यह भी भान नहीं है कि मैं कौन हूँ और मेरी कितनी शक्ति है, वह व्यक्ति दूसरे का विकास तो क्या, स्वयं अपना विकास भी नहीं कर सकता। वह तो केवल शरीर, स्वार्थ, इन्द्रियों और मन के इर्द-गिर्द ही केन्द्रित हो जाता है, जिसके कारण उसका जीवन असत्य कार्यों में व्यतीत होता है, वह मनुष्य के शरीर में पशु स्वभाव होने के कारण लोगों के दुःखों और कष्टों का कारण बनता है। इसलिये उसे "आत्मबोध" होता ही नहीं।

स्वामी विवेकानन्द जी कहा करते थे कि जीवन का पहला और स्पष्ट लक्षण है विस्तार। यदि तुम जीवित रहना चाहते हो तो तुम्हें फैलना होगा। जिस समय तुम जीवन का विस्तार बन्द कर दोगे, उसी क्षण जान लेना कि मृत्यु ने तुम्हें घेर लिया है।

आत्म-विस्तार का अर्थ संतति की संख्या में वृद्धि करना नहीं है बल्कि समस्त प्राणी-जगत् के प्रति आत्मीय भाव स्थापित करने के लिये प्रयत्नशील बनना है। आत्मीय भाव का व्यावहारिक पक्ष है उपकार अथवा सेवाभाव। आत्मीय भाव के विकास के अनुपात में ही व्यक्ति को अमरत्व प्राप्त होता है। प्राणी.जगत् के साथ एकाकार होने की स्थिति में मनुष्य "स्व" और "पर" का भेद भूलकर समष्टि के साथ एकरस होकर मोक्ष, मुक्ति और निर्वाण प्राप्त कर लेता है।

मरने की कला

मृत्यु का ध्यान आध्यात्मिक उन्नति के लिये मुख्य साधनाओं में से एक है। मृत्यु का ध्यान आते ही सारा अहंकार चूर्ण हो जाता है। मृत्यु से जुड़े वस्तुतः सारे मनोविकार स्वप्नवत हैं और जीव का सम्बन्ध किसी से भी नहीं है। भावपूर्वक मृत्यु का स्वरूप होते ही सारे मनोविकार विलुप्त हो जाते हैं। मृत्यु के उपरान्त अपने माने हुए सब कुछ का अन्त निश्चित् है क्योंकि मृत्यु ही अटल सत्य है। पहले ही कहा गया है कि जीवन के साथ मृत्यु का गहरा संबंध है। जो जीना जानता है, वह मरना भी जानता है। अनासक्त या आसक्ति रहित होकर जीना "जीने की कला" है। इस सन्दर्भ में कबीरदास जी कहते हैं –

कहहिं कबीर ते उबरे, जाहिं न मोह समाय।।

उनके अनुसार संसार के सब लोग एक-न-एक दिन मरते ही हैं, परन्तु वे मरने की कला नहीं जानते। सब तरह से अनासक्त होकर नहीं मरते, जिससे कि पुनः जन्म-मरण के चक्र में न आना पड़े। जगत् के सब लोग तो मरते ही हैं परन्तु वे सत्यासत्य का विवेक नहीं करते। इस संसार में लोग दो मनःस्थितियों में हैं – एक तो मरते हैं अनासक्त होकर, स्वयं विवेक में स्थित होकर शरीर त्यागते हैं वे "जीवमुक्त" होकर मरते हैं, और दूसरे वे हैं – जो विषयों, वासनाओं में आबद्ध होकर मरते हैं, जिसके मरने से जगत् के लोग डरते हैं। किन्तु कबीर कहते हैं – मृत्यु को याद करके मेरे मन में आनन्द उत्पन्न होता है और सोचता

हूँ कि कब यह शरीर छूटेगा और देहापाधि के दुःखों से भी निवृत्त होकर पूर्ण परम शक्ति में स्थित हो जाऊंगा। वे कहते हैं –

> मरते-मरते जग मुवा, मुये न जाना कोय।
> ऐसा होय के ना मुवा, जो बहुरि न मरना होय।।
> मरते-मरते जग मुवा, बहुरि न किया विचार।
> एक सयानी आपनी, परवस मुवा संसार।।
>
> – *बीजक*, साखी, 324/325

कबीर स्पष्ट रूप से यह भी कहते हैं –

> जेही मरने से जग डरे, मेरे मन आनन्द।
> कब मरिहौं कब पाइयौ, पूरन परमानन्द।।
>
> – *साखी ग्रन्थ*

इस सन्दर्भ में सुकरात की मृत्यु का उदाहरण अवर्णनीय है – सुकरात को ज़हर दिये जाने के समय उनके सभी सगे-सम्बन्धी वहाँ आँसू बहा रहे थे जबकि कटुतारहित उनके मुख-मण्डल पर प्रसन्नता, प्रफुल्लता परिलक्षित हो रही थी। ऐसा लगता था कि मानो अंतस् में किसी प्रियजन से मिलने की उमंगें उठ रही हों। पास में खड़े शिष्यों ने जब इसका कारण पूछा तो उन्होंने कहा – "मैं मृत्यु से साक्षात्कार करना चाहता हूँ और यह भी जानना चाहता हूँ कि मृत्यु के बाद हमारा अस्तित्व रहता है या नहीं। मृत्यु जीवन का अन्त है अथवा एक सामान्य जीवन-चक्र।" और सुकरात को निर्धारित समय पर विष देते समय सभी दर्शकों की आँखें सजल हो उठीं। उन्होंने उपस्थित जनसमूह को सम्बोधित करते हुए कहा – "मृत्यु जीवन का अन्त नहीं, एक अविरल प्रवाह है। जीवन की सत्ता मरणोपरान्त भी बनी रहती है।"

निष्कर्ष

उपरोक्त विचारों के निष्कर्ष के रूप में यह प्रश्न प्रमुख एवं गम्भीर रूप से सामने आता है कि आखिर मनुष्य को कैसे जीवन-यापन करना चाहिये, जिससे अन्तिम क्षण में वह निर्भय मृत्यु की गोद में समा सके। एक साधारण सांसारिक प्राणी, क्या आसक्तहीन और निर्विकार-कर्त्तव्ययुक्त होकर अपना पूरा जीवन व्यतीत कर सकता है? यह एक कटु सत्य है कि जीवन के हर पल, हर क्षण में वासनाएँ, तृष्णा और स्वार्थ अनेक रूपों में साथी बनकर अपनी बाँहें फैलाये हमें प्रलोभन देकर प्रलुब्ध कर रही हैं जिसके कारण मनुष्य की जन्म से मृत्यु तक की यात्रा दुःखी और भयंकर कष्टों के द्वारा जर्जरयित और उत्पीड़ित है। वह मृत्यु के क्षण तक प्रभावी रहता है। अतः प्राणी स्वाभाविक रूप से मृत्यु को ग्रहण नहीं कर पाता। आखिर प्राणी कैसे और किस रूप में जीवन व्यतीत करे जिससे सारे प्रपंचों से छुटकारा मिल सके।

और सत्य का सामना करते हुए सत्कर्म करें। इस प्रश्न के उत्तर में महायोगी श्री अरविन्द जी का कथन श्रेय है –

परमोच्च प्रभो सत्य नित्य त्वमेव केवलम्।
अनुवर्तामहे सत्यं अनुजीवाम केवलम्।।

अर्थात् हे परम प्रभु "शाश्वत् सत्य" हम केवल तेरी ही आज्ञा मानें और "सत्य" के अनुसार जियें।

20

अमरत्व पर विषरूपी मृत्यु का तांडव

– अजय कुमार श्रीवास्तव

आत्मा ही अमृत है। ऐसा हमारे शास्त्रों का मत है। "न मृत्यो अमृतः" जो मृत न हो वही अमृत है। अर्थात् – अमृत कहते हैं मृत्यु के अभाव को, मृत्यु ही जीव के लिए सबसे बड़ा भय है। आत्मा तो सदा अमर है। उसका न कभी जन्म होता है और न मृत्यु। *गीता* के अनुसार –

> न जायते म्रियते वा कदाचिन्नायं भूत्वा भविता वा न भूयः।
> अजो नित्यःशाश्वतोऽयं पुराणो न हन्यते हन्यमाने शरीरे।।

यह आत्मा किसी काल में न तो जन्म लेती है और न मरती ही है तथा यह न उत्पन्न होकर फिर होने वाली है; क्योंकि यह अजन्मी, नित्य, सनातन और पुरातन है, शरीर के मारे जाने पर भी यह नहीं मारी जाती। परन्तु अनादि अविद्या के वशीभूत हुआ यह अपने वास्तविक स्वरूप को भूल बैठा है और इस पंचभौतिक शरीर में ही, जो प्रकृति का कार्य होने के कारण परिणामी और नश्वर है – इसकी "अहं" बुद्धि हो रही है। यही कारण है कि यद्यपि उपर्युक्त भगवद्वाक्य के अनुसार शरीर के नाश के साथ आत्मा का नाश नहीं होता, फिर भी अज्ञानवश शरीर के नाश को यह अपना नाश मानने लगा है, शरीर के सुख को अपना सुख और शरीर के कष्ट को अपना कष्ट मानता है। शरीर के सुख के लिए यह अनेक अवैध आचरण पापाचरण करता है और फलतः बार-बार जन्म-मृत्यु के चक्कर में पड़कर दुःखी होता है।

यह मृत्यु-भय चींटी से लेकर हाथी तक और कीट-पतंगादि निकृष्ट योनियों से लेकर उत्तम से उत्तम देवादि योनियों तक सबको समान रूप से घेरे हुए है। यद्यपि शास्त्रों में देवयोनि को अमर बतलाया है एवं संस्कृत-कोश में देवताओं का एक नाम "अमर" भी आता है – "अमरा निर्जरा देवाः" तथापि देवता वास्तव में अमर नहीं हैं। उनका अमरत्व अपेक्षाकृत है – वे हम मर्त्यलोक के निवासियों की अपेक्षा अधिक दीर्घजीवी होते हैं। उनकी आयु हम लोगों की आयु से सैकड़ों गुणा लम्बी होती है। उनका अहोरात्र हमारे एक वर्ष के बराबर

होता है – छः महीने की रात्रि और छः महीने का दिन। जितने काल तक भगवान सूर्य उत्तरायण में रहते हैं, उतने काल तक उनका दिन रहता है और जितने काल तक वे दक्षिणायन में रहते हैं, उतनी लम्बी उनकी रात्रि होती है। उनके कालमान से उनकी आयु सौ वर्ष की होती है। इस प्रकार उनकी आयु हम लोगों की गणना से 36,000 वर्ष से ऊपर होती है। इस प्रकार से वे हमारी दृष्टि में एक प्रकार अमर से ही हैं, क्योंकि उनके एक जीवन-काल में हमारी हज़ारों पीढ़ियाँ समाप्त हो लेती हैं। जैसे एक मच्छर की दृष्टि में हम मनुष्य भी एक प्रकार से अमर ही हैं, क्योंकि हमारे जीवन-काल में मच्छरों की हज़ारों पीढ़ियाँ बीत जाती होंगी। उसी प्रकार हम मानवों तथा मर्त्यलोक के अन्य प्राणियों की अपेक्षा, जिनकी आयु हमारी अपेक्षा भी अल्प होती है, देवताओं का अमर कहलाना उचित है। इसी दृष्टि को सामने रखकर हमारे शास्त्रों में देवताओं का अमर कहलाना उचित है। इसी दृष्टि को सामने रखकर हमारे शास्त्रों में देवताओं के लिए *"अमर"* अथवा "अमर्त्य" तथा भूलोक के अन्य प्राणियों के लिए "मर्त्य अथवा मरणधर्मा", "मरणशील", आदि शब्दों का एवं भूलोक के लिए "मर्त्यलोक", आदि शब्दों का व्यवहार किया गया है। वास्तव में देवता भी हम मानवों की भांति ही "मर्त्य" अथवा मरणधर्मा ही हैं। स्वर्गलोक से गिरना ही उनकी मृत्यु है। *श्रीमद्भगवद्गीता* में इस बात का प्रमाण मिलता है –

> ते तं भुक्त्वा स्वर्गलोकं विशालं।
> क्षीणे पुण्ये मर्त्यलोकं विशन्ति।।

> देव (स्वर्गलोक को प्राप्त हुए जीव) उस विशाल स्वर्गलोक को भोगकर पुण्य क्षीण होने पर मृत्युलोक को प्राप्त होते हैं।

यही बात "अमृत" नामक दिव्य पेय के सम्बन्ध में भी समझनी चाहिए। "अमृत" के विषय में भी शास्त्रों में ऐसे वचन मिलते हैं कि अमृत को पी लेने पर जीव अमर हो जाता है। पुराणों में कथा आती है कि सृष्टि के आदि में अमृत की प्राप्ति के लिए भगवान् के आदेश से देवताओं और दानवों ने मिलकर समुद्र-मंथन किया था और उस मंथन के फलस्वरूप प्रकट हुए अमृत के कलश को दानव लोग ले भागे। दानवों को अमृत-पान का अनाधिकारी समझकर – क्योंकि उनके अमर हो जाने पर जगत् का अमंगल ही होता – भगवान् ने मोहिनी रूप धारण कर उनसे अमृत का घड़ा ले लिया और वह अमृत देवताओं को पिला दिया, जिससे वे अमर हो गये। यज्ञादि में सोमपान का भी बड़ा माहात्म्य शास्त्रों में आया है। *भगवती श्रुति* कहती है – "अपाम सोमममृता अभूम" – हम लोगों ने सोमपान किया और उसके फलस्वरूप हम अमर हो गये। *गीता* में भी सोमपान के द्वारा इन्द्रलोक की प्राप्ति की बात नवम् अध्याय के 20वें श्लोक में आयी है। परन्तु इन सभी प्रसंगों में यह बात समझ लेने की है कि उपर्युक्त अमृत-पान अथवा सोमपान के द्वारा जिस अमरत्व की प्राप्ति की बात कही गयी है वास्तव में अमर हो जाना – जन्म-मृत्यु के अनादि बन्धन से सदा के लिए छूट जाना कुछ और ही

है और उस अमृतपान की अपेक्षा अत्यन्त विलक्षण है। इसी वास्तविक अमृतत्त्व की प्राप्ति मनुष्य मात्र का परम एवं चरम ध्येय होना चाहिए – इसीलिए शास्त्रों में इसे "निःश्रेयस्" अथवा परम कल्याण कहा गया है। इसी की प्राप्ति के लिए यह मनुष्य देह हमें मिली है। इसकी प्राप्ति मनुष्य-देह में ही सम्भव है, अन्य योनियों में नहीं। इसीलिए शास्त्रों ने मनुष्य-देह को देवताओं के लिए भी दुर्लभ बताया है। यदि देवताओं का अमरत्व ही वास्तविक अमरत्व होता तो फिर देव योनि की अपेक्षा मनुष्य योनि को श्रेष्ठ क्यों बतलाया जाता, क्योंकि देवताओं को तो वह अमरत्व सहज ही जन्म से प्राप्त है।

अब हमें यह देखना है कि वह अमृत कौन-सा है, जिसके पान से मनुष्य सदा के लिए अमर हो जाता है, देवताओं की कोटि को भी लांघ जाता है, जिसके पी लेने पर फिर उसे माता का स्तनपान नहीं करना पड़ता, गर्भवास की यन्त्रणा नहीं सहनी पड़ती, यम यातना से उसका सदा के लिए छुटकारा हो जाता है, और मृत्यु का द्वार उसके लिए सदा के लिए बन्द हो जाता है। कहना न होगा मोक्ष अथवा भगवत्प्राप्ति ही वह वास्तविक अमरत्व है, जिसकी शास्त्रों में इतनी महिमा गायी गयी है। वेदों का तात्पर्य भी उसी की प्राप्ति में है – "वेदैश्च सर्वैरहमेव वेद्यः (वेदों के द्वारा जानने योग्य मैं – भगवान ही हूँ)" चतुर्विध पुरुषार्थों में सर्वश्रेष्ठ पुरुषार्थ – वास्तविक पुरुषार्थ यही है, मनुष्य का सारा प्रयत्न इसी के लिए होना चाहिए, इसी में उसके जन्म एवं जीवन की सार्थकता है। जो इसी जीवन में इस अमरत्व को पा लेता है, उसके माता-पिता धन्य हैं।

"कुलं पवित्र जननी कृतार्था वसुन्धरा पुण्यवती च तेन।" उसी का कुल पवित्र है, उसी की माता कृतार्थ है, पृथ्वी भी उसी के कारण पुण्यवती है। जो मनुष्य जन्म पाकर भी मनुष्य जीवन की इस अमूल्य निधि से वंचित रहता है, वह जो पशु से भी गया-गुजरा है, शास्त्रों ने कृतघ्न एवं "आत्महत्यारा" कहकर उसकी लांछना की है। गोस्वामी जी ने कहा है –

> जो न तरइ भव सागर नर समाज अस पाइ।
> सो कृतनिन्दक मन्दमति आत्माहन गति जाइ।।

इस अमृतत्व की प्राप्ति के लिए शास्त्रों में अनेक उपाय बताये गये हैं। वे सभी उपाय अमृतत्त्व की प्राप्ति में सहायक होने के कारण अमृत ही हैं। जिस प्रकार *आयुर्वेद* में घी को आयुवर्धक होने के नाते आयु-रूप – जीवन-रूप ही बताया गया है (आयुर्वैघृतम), उसी प्रकार लक्षणा-वृत्ति से अमृत-पद की प्राप्ति के हेतुभूत सभी साधन अमृत ही कहे जाते हैं। इन विविध अमृतों में से एक भी अमृत का मनुष्य यदि पान कर ले तो वह वास्तव में अमर हो सकता है – इसमें किंचित मात्र भी शंका के लिए स्थान नहीं है। त्याग, समता, सत्य, आदि सभी सद्गुण अमृत हैं। त्याग की महिमा सभी शास्त्रों में गायी गयी है। श्रुतियों में त्याग को स्पष्ट शब्दों में अमृतत्त्व की प्राप्ति का कारण बताया गया है। *कैवल्योपनिषद्* के वचन हैं –

> न कर्मणा न प्रजया धनेन त्यागेनै के अमृतत्त्वमानशुः।।

> न सकाम कर्मों से, न सन्तान से और न धन से ही अमृतत्त्व की प्राप्ति सम्भव है, केवल त्याग से ही मोक्षार्थियों ने मोक्ष की प्राप्ति की है।

ब्रह्मचर्य भी अमृत है। श्रुति कहती है – "ब्रह्मचर्येण तपसा देवा मृत्युमुपाध्नतः" (ब्रह्मचर्य और तपस्या के बल से देवताओं ने मृत्यु पर भी विजय प्राप्त कर ली।) ब्रह्म की प्राप्ति में हेतु होने के कारण ही इसे ब्रह्मचर्य कहते हैं – "यदिच्छन्तो ब्रह्मचर्यं चरन्ति" (*कठोपनिषद्* 1/2/15)। *गीता* में भी इस चरण को ज्यों-का-त्यों दुहराया गया है। कामनाओं का त्याग. निष्काम भाव भी अमृत है। श्रुति कहती है –

> सदासर्वे प्रमुच्यन्ते कामायेऽस्य हृदिस्थिताः।
> अथ मर्त्योऽमृतो भवत्यत्र ब्रह्म समश्नुते।।

मनुष्य के अन्तःकरण में रहने वाली कामनाएँ जब निःशेष रह जाती हैं तब यह मरणधर्मा मनुष्य अमर हो जाता है और यहाँ – इसी जीवन में वह ब्रह्म को प्राप्त कर लेता है। *गीता* में भी निष्काम भाव को अनामय पद – अमृत पद की प्राप्ति का कारण बताया गया है –

> कर्मजं बुद्धियुक्ता हि फलं त्यक्त्वा मनीषिणः।
> जन्म बन्धविनिर्मुक्ताः पदं गच्छन्त्यनामयम।।

क्योंकि समत्वबुद्धि से युक्त ज्ञानीजन कर्मों से उत्पन्न होने वाले फलकों – (उसकी कामना को) त्यागकर जन्म-रूप बन्धन से मुक्त हो निर्विकार परम पद को प्राप्त हो जाते हैं।

भगवान् फिर कहते हैं –

> प्रजहाति यदा कामान्सर्वान्पार्थ मनोगतान।
> आत्मन्येवात्मना तुष्टः स्थितप्रज्ञस्तदोच्यते।।

अर्जुन! जिस काल में यह पुरुष मन में स्थित सम्पूर्ण कामनाओं को भली-भाँति त्याग देता है और आत्मा से आत्मा में ही संतुष्ट रहता है उस काल में वह स्थितप्रज्ञ कहलाता है। और स्थितप्रज्ञ पुरुष तत्काल भगवान् को प्राप्त कर लेता है। कामना से बन्धन और कामना के त्याग से भगवत्प्राप्ति रूप शान्ति मिलती है। यह बात पाँचवें अध्याय में भी स्पष्ट शब्दों में कही गयी है –

> युक्तः कर्मफलं त्यक्त्वा शान्तिमाप्नोति नैष्ठिकीम।
> अयुक्तः कामकारेण फले सक्तो निबध्यते।।

> कर्मयोगी कर्मों के फल को परमेश्वर को अर्पण करके भगवत्प्राप्ति रूप शान्ति को प्राप्त होता है और सकाम पुरुष कामना की प्रेरणा से फल में आसक्त होकर बंधता है।

परमात्मविषयक ज्ञान तो अमृत है ही। *श्रुति भगवती* कहती है – "तमेवविदित्वातिमृत्युमति"। उन परमात्मा को जान लेने पर मनुष्य मृत्यु को पार कर जाता है, अमर हो जाता है। *गीता* में भी भगवान ने कहा है कि परमात्मा का ज्ञान प्राप्त करके मनुष्य परमानन्द रूप अमृत का पान करता है – "यजज्ञात्वामृतमश्नुते" – यह तो हुई साधनभूत ज्ञान की बात। साध्यरूप ज्ञान तो परमात्मा का स्वरूप ही है – "सत्यं ज्ञानमनन्तं ब्रह्म"। *गीता* भी परमात्मा को ज्ञान स्वरूप बतलाती है – "ज्ञानं ज्ञेयं ज्ञानगम्यम्"।

भक्ति भी तत्त्व-ज्ञान का साधन होने से अमृत है। *गीता* में भगवान ने कहा है कि अनन्य भक्ति के द्वारा भगवान का भजन करने वाला व्यक्ति तीनों गुणों को लाँघकर ब्रह्म प्राप्ति के योग्य बन जाता है –

> मां च योऽव्यभिचारेण भक्तियोगेन सेवते।
> स गुणान समतीत्यैतान ब्रह्मभूयाय कल्पते।।

वैराग्य भी अमृत है। राग, स्नेह अथवा आसक्ति से रहित होना ही वैराग्य है। वैराग्य को भगवान ने स्थिर बुद्धि का लक्षण बतलाया है और स्थिर बुद्धि पुरुष तत्काल भगवान को प्राप्त कर लेता है।

महाभारत में महात्मा भीष्म भी भगवच्छरणागति से सनातन ब्रह्म की प्राप्ति बतलाते हैं। भीष्म जी कहते हैं –

> वासुदेवाश्रयो भर्त्यो वासुदेवपरायणः।
> सर्वपापविशुद्धात्मा याति ब्रह्म सनातनमः।।

> भगवान वासुदेव के आश्रित होकर एकमात्र उन्हीं के परायण, उन्हीं पर निर्भर रहने वाला मनुष्य सम्पूर्ण पापों से छूटकर सनातन ब्रह्म को प्राप्त हो जाता है।

योगदर्शन में भी ईश्वरप्रणिधान – भगवच्छरणागति को योग अथवा समाधिसिद्धि का साधन माना गया है।

भगवान का चरणागृत, उनके चरणों में चढ़ी हुई तुलसी, साक्षात् उनका पदोदक रूप श्री गंगाजी तथा भगवत्प्रसाद – ये सब भी अमृत हैं। भगवान के चरणामृत की शास्त्रों में बड़ी महिमा गायी गयी है। *पद्म पुराण* में लिखा है –

> विष्णोः पादोदकं पीतं कोटिजन्माथनाशनम्।

> भगवान विष्णु का चरणोदक पीने से करोड़ों जन्मों के पापों का नाश हो जाता है। इसीलिए उसे चरणामृत कहा जाता है।

तुलसी के सम्बन्ध में भी *पद्म पुराण* के वचन हैं –

या दृष्टा निखिलाथसंगशमनी स्पृष्टा व पुष्पावनी
रोगाणामभिवन्दिता निरसनी सिक्तान्तकत्रासिनी।
प्रत्यासन्तिविधायिनी भगवतः कृष्णस्य संरोपिता
न्यस्तातच्चरणे विमुक्तिफलदा तस्यै तुलस्यै नमः।।

तुलसीजी के दर्शन मात्र से सम्पूर्ण पापों की राशि नष्ट हो जाती है। उनके स्पर्श से शरीर पवित्र हो जाता है, उन्हें प्रणाम करने से रोग नष्ट हो जाते हैं, सोचने से मृत्यु दूर भाग जाती है। तुलसी का वृक्ष लगाने से भगवान की संनिधि प्राप्त होती है और उन्हें भगवान के चरणों पर चढ़ाने से मोक्षरूप महान् फल की प्राप्ति होती है। ऐसे तुलसीजी को हमारा प्रणाम।

गंगाजी की महिमा पुराणों में इस प्रकार वर्णित है –

तीर्थानां तु परं तीर्थं नदीनामुत्तमा नदी।
मोक्षदा सर्वभूतानां महापातकिनामपि।। – 43/53

गंगा गंगेति यो ब्रूयाद योजनानां शतैरपि।
मुच्यते सर्वपापेभ्यो विष्णुलोकं स गच्छति।।

गंगाजी तीर्थों में श्रेष्ठ तीर्थ, नदियों में उत्तम नदी तथा सम्पूर्ण प्राणियों और महापापियों को भी मोक्ष देने वाली है। और तो और, सैकड़ों कोसों की दूरी से भी जो "गंगा-गंगा" की रट लगाता है, वह समस्त पापों से छूटकर विष्णु के धाम में चला जाता है।

भगवत्प्रसाद का माहात्म्य भी शास्त्रों में भली-भाँति वर्णित है। *पद्म पुराण* में आया है –

विष्णुप्रसादनिर्माल्यं भुक्त्वा धृत्वा च मस्तके।
विष्णुरेवभवेन्मर्त्यो यमशोक विनाशनः।
अर्चनीयो नमस्कार्यो हरिरेव न संशयः।।

श्री विष्णु के प्रसाद रूप निर्माल्य को खाकर और मस्तक पर धारण करके मनुष्य साक्षात् विष्णु-रूप हो जाता है और यमराज से होने वाले शोक का नाश करने वाला बन जाता है। वह पूजन तथा वन्दन के योग्य श्रीहरि का ही स्वरूप है – इसमें तनिक भी सन्देह नहीं है।

प्रसाद शब्द के संस्कृत में कई अर्थ होते हैं। भगवान् एवं महापुरुषों की दया, अन्तःकरण की निर्मलता एवं पवित्रता तथा भगवान को अर्पित किया हुआ नैवेद्य – ये सभी प्रसाद के नाम से प्रसिद्ध हैं। अतएव ये सभी अमृत हैं, क्योंकि इनमें समस्त दुःखों की निवृत्ति होकर मनुष्य परमपद को प्राप्त हो जाता है। नैवेद्य की महिमा ऊपर सूत्र-रूप से बतायी गयी

है। अन्तःकरण की स्वच्छता एवं प्रसन्नता-रूप प्रसाद की महिमा *गीता* में इस प्रकार वर्णित है –

प्रसादे सर्वदुःखानां हानिरस्योपजायते।

अन्तःकरण की प्रसन्नता होने पर इसके सम्पूर्ण दुःखों का अभाव हो जाता है। परमात्मविषयक बुद्धि के प्रसाद से उत्पन्न सुख को भी भगवान ने परिणाम में अमृततुल्य बतलाया है।

जिस प्रकार भगवान शिव विषपान करने के बाद तथा नानारूप ग्रहण होने पर भी सदैव ताण्डव से अभिभूत रहे ठीक उसी प्रकार वर्तमान युग में भी अमरत्व पर विषरूपी मृत्यु का तांडव चला आ रहा है। यदि मृत्यु साकार सगुण रूप में ग्रहण की जाये या अमरत्व रूप में ग्रहण की जाये तो विषरूपी मृत्यु सदैव अपने आगोश में समाहित करने के लिए उद्धृत रहती है। विशेषतः इस लोक में ऐसे जीव हैं जिनका जीवन सत्संग और सद्ग्रन्थ के अध्ययन पर अवलम्बित रहता है। वह अमरत्व को प्राप्त करने के बाद अमरत्व पर विषरूपी मृत्यु के ताण्डव से सदैव दूर रहते हैं।

21

भारतीय परम्परा में मृत्यु प्रसंग विचार

— हेतुकर झा

"किमाश्चर्यं?" यक्ष ने युधिष्ठिर से प्रश्न किया कि इस संसार में आश्चर्य क्या है? युधिष्ठिर ने उत्तर दिया।[1]

> अहन्य हनि भूतानि गच्छन्तीह यमालयम्।
> शेषाः स्थवर मिच्छन्ति किमाश्चर्यमतः परम्।।

> अर्थात् संसार में सब जानते हैं कि मृत्यु निश्चित् है; जिसका जन्म होता है उसकी मृत्यु होती ही है; नित्य असंख्य लोग मरते हैं; फिर भी जो जीवित हैं, जिनकी मृत्यु भी निश्चित् है, वे सब जीवित रहने की लालसा रखते हैं; सारे छल.प्रपंच में लगे रहते हैं। इससे बड़ा आश्चर्य और क्या है!

युधिष्ठिर का उत्तर एक शाश्वत् सत्य है। सृष्टि के आरंभ से जबसे मनुष्य को ज्ञान है वह पृथ्वी के जिस क्षेत्र में हो या जिस समाज में हो, हर प्राणी के जीवन का आज तक अन्त होते देखा है। *योगवासिष्ठ* के वैराग्य प्रकरण के नवें श्लोक में राम वसिष्ठ से कहते हैं कि[2] "मानव की आयु की कुछ भी स्थिरता नहीं और अत्यन्त चंचलता से परिपूर्ण है, वह चाहे जब समाप्त हो जाया करती है। मृत्यु अत्यन्त कठोर होती है . . . यौवन पर मानव गर्व किया करता है और . . . क्या-क्या . . . कर्म करता है, मोह में ही समाप्त हो जाया करता है।" राम की उक्ति में दोनों बाते हैं, यह कि जीने की लालसा सबों को साधारणतया रहती ही है; मृत्यु नहीं हो, यह इच्छा उतनी ही सत्य है जितनी मृत्यु। मृत्यु और जीवन के इस द्वन्द्व के प्रसंग पर युधिष्ठिर मौन रहे और मृत्यु की सत्यता के आगे जीने की लालसा पर

1. *महाभारत,* यक्ष-युधिष्ठिर संवाद, त्रयोदशाधिक त्रिशततमोध्यायः, श्लोक 116।
2. *योगवासिष्ठ,* प्रथम खंड, संपादक एवं हिन्दी अनुवाद, श्री रामशर्मा आचार्य, संस्कृति संस्थान, बरेली, उत्तर प्रदेश, 1996, पृ॰ 163।

आश्चर्य प्रगट किया। इस द्वन्द्व को हमारे यहाँ की विभिन्न धार्मिक परम्पराओं में सुलझाने का प्रयास किया गया है।

इस सन्दर्भ में प्रश्न उठता है कि मृत्यु किसे कहते हैं? मृत्यु किसकी होती है? जीवन की? या जो जीवन जी रहा है उसकी? जो जीवन जी रहा है उसके पास क्या है जिसका अन्त हो जाता है? या फिर, उसके पास जो कुछ है उस सबका अन्त हो जाता है? दत्तात्रेय सम्प्रदाय के अनुसार, जैसाकि म॰म॰ गोपीनाथ कविराज कहते हैं,[3]

> प्रारब्ध के नाश होने के बाद प्राण स्थूल देह से पृथक् हो जाते हैं। उस समय पाँचों प्राण (अपान, उदान, व्यान, समान और प्राण) अपने मूल वायु (अपान) में विलीन हो जाते हैं। पाँच वासनामय विषय पाँच सूक्ष्म अव्यक्त ज्ञान-करणों में लौट जाते हैं। सभी क्रिया विकार कर्म-करणों में उपसंहृत हो जाते हैं। तदुपरान्त, ज्ञान और कर्म के वे दसों कारण निष्क्रिय होकर कर्त्ता में विलीन हो जाते हैं। कर्त्ता भी मन, बुद्धि, चित्त और अहंकार इन चार वृत्तियों के लीन हो जाने पर आत्म-अज्ञान में लीन हो जाता है। इस अज्ञान से एक वासना-शरीर आविर्भूत होता है। सूक्ष्म शरीर की तरह पहले के शरीर को ग्रहण कर जीव पुराने जीर्ण और रुग्ण स्थूल शरीर का त्याग करता है। इसी का नाम मृत्यु है।

यहाँ पाँच प्राण की बात कही गई है। इसमें अपान का मूल पृथ्वी, उदान का जल, व्यान का अग्नि, समान का वायु और प्राण का मूल आकाश है जिसके संयोग से यानी पञ्च महाभूत से शरीर निर्मित रहता है, और जिसमें क्रमशः पाँचों प्राण विलीन हो जाते हैं। पाँच वासनामय विषय वे हैं जिन्हें पाँच ज्ञानेन्द्रियों (आँख, कान, जिह्वा, त्वचा, नाक) द्वारा उपभोग किया जाता है और जो वापस अपने आधारों यानी अव्यक्त ज्ञान-माध्यम में सिमट जाते हैं, अर्थात् अव्यक्त हो जाते हैं। सब क्रिया-विकार या क्रिया-व्यापार अव्यक्त हो जाते हैं। तब मृतक यानी कर्त्ता के साथ उसके ज्ञान और कर्म अर्थात् संस्कार रह जाते हैं और वह कर्त्ता अज्ञान-अचेतन अंधकार में लीन हो जाता है, फिर सूक्ष्म शरीर ग्रहण करता है। इस घटना को मृत्यु कहा जाता है जिसकी व्याख्या विभिन्न मतों में विभिन्न शब्दावली से की गई है।

मृत्यु की इस व्याख्या से इतना स्पष्ट होता है कि भारतीय परंपरा में मृत्यु का मतलब अन्त नहीं है। शरीर के तत्त्वों का, प्राण-वायु का अपने-अपने आधार में मिल जाना, स्थूल शरीर से उसका पृथक् होना और फिर सूक्ष्म शरीर का उद्भव होना, ये सारी बातें मृत्यु से जुड़ी हई हैं। अन्त की बात तो मात्र स्थूल देह के स्वरूप के अन्त तक ही रह जाती है। कर्त्ता या जीव या व्यक्ति के एक पक्ष या एक आयाम – उसका स्थूल शरीर का अन्त प्रारब्ध के

---

3. कविराज, म॰ म॰ गोपीनाथ, "आदिगुरु दत्तात्रेय और अवधूत दर्शन", *भारतीय संस्कृति और साधना*, प्रथम खंड, बिहार राष्ट्रभाषा परिषद्, पटना, 1963, पृ॰ 204।

नाश होने से होता है। स्थूल शरीर अपने प्रारब्ध यानी अपनी आयु या काल से बंधा हुआ है। व्यक्ति के अन्य आयाम, जैसे उसके नाम, अस्मिता, संसार में उसके नाम से जुड़ा हुआ उसका कर्म और उसकी आत्मा प्रायः काल से उस तरह नहीं बँधे हुए हैं जिस तरह उसका स्थूल शरीर। यहाँ आवश्यक है कि काल प्रसंग पर कुछ विचार किया जाये।

शारदा तिलक (एक तांत्रिक ग्रन्थ) के प्रथम पटल के पाँचवें श्लोक[4] के अनुसार काल के आविर्भाव से पहले शिव निर्गुण हैं। जब प्रकृति क्षेत्र का उदय होता है तो शिव सगुण हो जाते हैं। इसी पुस्तक के इसी पटल के सातवें श्लोक[5] के अनुसार प्रकृति क्षेत्र का उदय निर्गुण शिव में समाहित शक्ति के प्रति शिव के चैतन्य से प्रारम्भ होता है, फिर बिन्दु, नाद प्रभृति होते हुए सगुण रूप में प्रकृति क्षेत्र प्रगट दीख पड़ता है। इन श्लोकों की व्याख्या विस्तार से तांत्रिक-सिद्धों द्वारा की जा सकती है। मगर आशय यह है कि चेतना की संचार शक्ति यानी काली की अवधारणा शिव के अस्तित्व में होने से होती है। संचार होना काल का द्योतक है; संचार से पहले निर्गुणावस्था के शिव की स्थिति अंधकारमय या रात्रि है जहाँ काल की कोई कल्पना नहीं है। काली की उपस्थिति संचार से प्रारम्भ होती है – जब तक संचार है, काल है। इस प्रसंग में *योगवासिष्ठ* में राम कहते हैं कि[6] "प्रत्यक्ष स्वरूप तो किसी को दिखलाई नहीं दिया करता है किन्तु . . . अनेक क्रियाओं के परिस्पन्दन से ही इसके स्वरूप का ज्ञान हुआ करता है।" इस तरह स्थूल शरीर के संचार या स्पन्दन का अन्त उसके काल यानि आयु के अन्त होने से माना जाता है।

स्थूल शरीर की उपमा साधारणतः लोग वस्त्र से देते हैं कि जिस तरह वस्त्र के फट जाने से उसें त्याग दिया जाता है उसी तरह शरीर के जीर्ण-शीर्ण होने पर उसका परित्याग कर दिया जाता है, मनुष्य की आत्मा अजर-अमर है; *गीता* में उद्धृत श्रीकृष्ण का यह कथन सदियों से जन-मानस में बसा हुआ है। इस सन्दर्भ में कुछ और कहना आवश्यक नहीं। इसी तरह मनुष्य के नाम और कर्म के बारे में सोच बनी हुई है। हिन्दू धर्म परम्परा में प्रत्येक व्यक्ति का अपने जीवन-क्रम में पुरुषार्थ का निर्वाह करना या प्राप्त करना बहुत महत्त्वपूर्ण माना गया है। पुरुषार्थ, जैसाकि सब प्रायः जानते हैं, चार हैं – धर्म, अर्थ, काम और मोक्ष। इनके ऊपर धर्मशास्त्रों में विशद् रूप से विचार किया गया है। लेकिन चौदहवीं-पन्द्रहवीं शताब्दी में मिथिला के प्रसिद्ध कवि-चिन्तक दण्डनीति ने अपनी पुस्तक *पुरुष परीक्षा* में

---

4. निर्गुणः सगुणश्चेति शिवो ज्ञेयः सनातनः।
   निर्गुणः प्रकृतेरन्यः सगुणः सकलः स्मृतः।।
5. सच्चिदानन्द विभवात्सकलात् परमेश्वरात्
   आसीच्छक्तिः ततो नादा नादादविन्दु समुद्भवः।
   परशक्ति भयः साक्षात् त्रिधा सौभिद्ययते पुनः
   बिन्दुर्नादो बीजमिति तस्य भेदा समीरिता।।
6. *योगवासिष्ठ*, पूर्व उद्धृत, पृ॰ 162।

सामाजिक-राजनीतिक दृष्टिकोण से पुरुषार्थ की विवेचना की, जो प्रस्तुत विषय (मृत्यु) के सन्दर्भ में महत्त्वपूर्ण जान पड़ती है।

विद्यापति का इस प्रसंग में चिन्तन प्रारम्भ होता है उनके द्वारा उठाये गये एक महत्त्वपूर्ण प्रश्न से। अपनी पुस्तक *कीर्तिलता* में वे प्रश्न करते हैं कि किसी व्यक्ति के अस्तित्व का सार क्या है? और, इसका उत्तर देते हैं कि व्यक्ति के अस्तित्व का सार उसका मान यानि अन्य लोगों द्वारा स्वीकृत उसकी इज्ज़त है।[7] पाश्चात्य विद्वानों ने भी इस प्रसंग पर विचार किया है। मार्टिन ब्यूबर के अनुसार व्यक्ति के अस्तित्व का सार समाज में इस बात पर निर्भर करता है कि उसके अस्तित्व को दूसरे व्यक्तियों द्वारा वह जिस स्थिति में है और भविष्य में वह जिस स्थिति में हो सकता है स्वीकार किया जाये।[8] व्यक्ति के अस्तित्व के प्रसंग पर विद्यापति पाश्चात्य धारणा से भिन्न तो नहीं लेकिन उससे कुछ ज़्यादा कहते हैं। वे मानते हैं कि हर व्यक्ति का अस्तित्व समाज में उसके मान या इज्ज़त रहने से है। यह मान वह खुद अख़्तियार करता है। अगर उसमें पौरुष है, और पौरुष हासिल करने के लिये आवश्यक है कि उसमें शौर्य, विवेक, उत्साह, प्रतिभा, मेधा एवं विद्या हो तथा वह पुरुषार्थ प्राप्त करे।[9] पुरुषार्थ में वे धर्म, अर्थ, काम और मोक्ष चारों की व्याख्या करते हैं जिसमें प्रथम तीन तो समाज में स्थित व्यक्तियों के लिये हैं, मगर मोक्ष की बात उनके लिये है जो समाज से या संसार से अलग हो जाते हैं। मृत्यु प्रसंग में व्यक्ति के अस्तित्व की विवेचना के लिये धर्म, अर्थ और काम की विवेचना ही महत्त्वपूर्ण है।

धर्म की व्याख्या करते हुए विद्यापति कहते हैं कि कुलाचार और साधारण धर्म का पालन ही धर्म है। साधारण धर्म के अन्तर्गत अपने को पर-स्त्री और पर द्रव्य से दूर रखना तथा पर-हिंसा नहीं करना है। अर्थजनित पुरुषार्थ वह है जिसमें व्यक्ति उचित तरीके से अर्थोपार्जन करे और उसका उपयोग अपने उपभोग के लिये तथा साथ ही दूसरे लोगों यानी सामाजिक स्वार्थ के लिये भी करे। विद्यापति "इष्टापूर्त्त" शब्द का प्रयोग इस सन्दर्भ में करते हैं, जिसका अर्थ होता है सामाजिक उपयोग के लिये कुआँ, तालाब, इत्यादि निर्माण करवाना। काम पुरुषार्थ के प्रसंग में इनका मानना है कि पुरुष और स्त्री के बीच काम के सम्बन्ध का आधार एक-दूसरे के प्रति स्नेह, विश्वास, इज्ज़त की भावना तथा सुख-दुःख में साथ-साथ रहना है।[10] इन सारे पुरुषार्थों की प्राप्ति के लिये अपने से अतिरिक्त दूसरे व्यक्तियों या पूरे समाज के प्रति कर्त्तव्य पालन आवश्यक माना गया है। समाज के लिये,

---

7. देखिये वासुदेव शरण अग्रवाल, सं॰ महाकवि विद्यापतिकृत *कीर्तिलता*, साहित्य सदन, झाँसी, 1962, पृ॰ 15-16।
8. ब्यूबर, मार्टिन, *द नॉलेज ऑफ मैन*, जॉर्ज एलेन एण्ड उनविन, लंदन, 1965, पृ॰ 68।
9. देखिये, झा हेतुकर, *मैन इन इन्डियन ट्रेडिशन – विद्यापतिज डिसकोर्स ऑन पुरुष*, आर्यन बुक्स इन्टरनेशनल, नई दिल्ली, 2002, पृ॰ 66।
10. *वही*, पृ॰ 73-101।

ज्ञान के लिये, या पूरी मानवता के लिये किये गये कर्म से व्यक्ति की कीर्ति होती है और इज्ज़त या मान भी मिलता है। संस्कृत की एक उक्ति है; "कीर्तिर्यस्य स जीवति"; अर्थात् जो कीर्ति अर्जित करता है वही जीता है। उसके शरीर के अन्त होने पर भी वह जीवित रहता है तब तक जब तक कि उसकी कीर्ति रहती है। उदाहरणस्वरूप किसी के नाम से जुड़ी अगर कोई संस्था है, या उसके द्वारा खुदवाया हुआ गाँव में तालाब, कुआँ है, अथवा उसके द्वारा रचित कुछ पुस्तकें हैं, तो उसके शरीर के अन्त होने पर भी समाज में, लोगों में, कई पुश्तों तक उसके नाम को स्मरण किया जाता है उसकी कीर्ति के साथ। और कुछ नहीं तो कम-से-कम उसकी सन्तानों की पहचान के लिये तो एक दो पुश्तों तक उसके मरने पर भी उसका नाम लोग भुलाते नहीं। नाम की महिमा वैसे तो हर संस्कृति में है, लेकिन हिन्दू समाज में तो बहुत ज़्यादा है। यहाँ नाम-जप और नाम-कीर्तन की बहुत पुरानी परम्परा है। नाम का अस्तित्व अपने आप में महत्त्वपूर्ण माना जाता है। पुरुषार्थ प्राप्ति से इस तरह व्यक्ति अपने शरीर के नाश होने पर भी मरता नहीं।

प्रारम्भ में जीवन और मृत्यु के द्वन्द्व की बात कही गई थी। इस द्वन्द्व का समाधान भारतीय परंपरा में प्रायः इस तरह किया गया है कि व्यक्ति की मृत्यु उसकी देह के अन्त से नहीं होती। देह का अन्त होना व्यक्ति के अस्तित्व के एक दृष्टिगत आयाम का अन्त है। उसके अस्तित्व के दूसरे आयाम हैं उसकी कीर्ति जिसकी आयु उसकी देह की आयु से बहुत ज़्यादा होती है और वह भी दृष्टिगत है। ये दोनों आयाम काल के घेरे में हैं लेकिन दोनों के काल में बहुत बड़ा अन्तर है। व्यक्ति के अस्तित्व का तीसरा आयाम है उसकी आत्मा जो अमर-अजर है। इस तरह मृत्यु प्रसंग काल की गति अविच्छिन्न है। व्यक्ति के अस्तित्व के एक आयाम का काल निश्चित् है, दूसरे आयाम का काल अनिश्चित् है और तीसरा आयाम काल के घेरे से मुक्त है।

मृत्यु की घटना सबसे ज़्यादा प्रभावकारी होती है। प्रकृति की ताकतों और वातावरण के प्रकोप के सामने मनुष्य अभी भी अपने को कमज़ोर पाता है। ऐसी स्थिति में मृत्यु जैसे घटना के घटित होने से मनुष्य अपने अस्तित्व को अर्थहीन समझने लगता है। प्रसिद्ध समाजशास्त्री मैक्स वेबर[11] के अनुसार ऐसी स्थिति में जीवन की अर्थहीनता बहुत गम्भीर रूप से उत्पन्न हो जाती है। जिसके चलते कोई व्यक्ति इतना निराश या हताश हो सकता है कि उसे जीवन जीने में बड़ी दुविधा या कठिनाई का सामना करना पड़े और वह नहीं कर सके। समाज इस तरह छिन्न-भिन्न हो सकता है। धर्म और धार्मिक परम्पराओं में इस संकट से त्राण पाने के लिये मृत्यु जैसी घटना की व्याख्या इस तरह से प्रस्तुत की गई है कि उपर्युक्त जीवन की अर्थहीनता का संकट वैचारिक स्तर पर सुलझ सके, व्यक्ति हताश न हो जाये और समाज बिखर न सके।

---

11. ओडिया, टॉमस एफ़., *द सोशियोलोजी ऑफ रिलीजियन*, प्रेन्टिश-हॉल ऑफ इंडिया, नई दिल्ली, पृ॰ 5-6।

22

मृत्यु की अवधारणा
समाज-शास्त्र के परिप्रेक्ष्य में

– कुसुम गिरि

जिस लोक में हम रहते हैं उसे मृत्युलोक कहा जाता है। इस लोक में जो भी प्राणी जन्म लेता है उसकी मृत्यु अवश्य होती है, अतः यहाँ मृत्यु की अवधारणा सर्वानुभव, सर्वकालिक एवं सार्वभौम सिद्ध है। यह अवधारणा इतनी सहज और सरल लगती है कि इसके विश्लेषण और इस पर विचार करने की कोई आवश्यकता ही नहीं प्रतीत होती। दिन-प्रतिदिन के जीवन में विभिन्न प्राणियों को अथवा मनुष्य को मरते देखकर न तो किसी को आश्चर्य होता है और न ही उस पर विचार किया जाता है अपितु सहज रूप से मान लिया जाता है कि यह तो होना ही था। सम्भवतः इसीलिए किसी भी शास्त्र में मृत्यु की अवधारणा पर गंभीरता एवं विस्तार के साथ कोई विचार उपलब्ध नहीं होता। चिकित्सा-शास्त्र एवं जीव-शास्त्र मृत्यु की अवधारणा को मनोदैहिक आधारों पर प्रस्तुत करते हैं। दर्शन-शास्त्र आध्यात्मिक दृष्टि से मृत्यु की अवधारणा के विवेचन का प्रयास करता है, किन्तु समाज-शास्त्र में मृत्यु की अवधारणा का न तो कहीं स्पष्ट उल्लेख है और न ही कहीं इस पर गंभीरता से विचार किया गया है। समाज-शास्त्र का सम्बन्ध मानव एवं मानव समाज से है। इसलिए समाजशास्त्रीय दृष्टि से मृत्यु की अवधारणा का प्रस्तुत विवेचन मानव की सामाजिक मृत्यु तक ही सीमित है।

अनुभव और विचार के आधार पर इतना तो सर्वमान्य लगता है कि व्यक्तित्व की संरचना के तत्त्वों का विघटन तथा उसके सारतत्त्व का विनाश ही मृत्यु है, किन्तु व्यक्तित्व की संरचना में निहित तत्त्वों के स्वरूप के विषय में मतभेद होना स्वाभाविक है। किम्बल यंग के अनुसार व्यक्तित्व विचारों, अभिवृत्तियों, लक्षणों, मूल्यों एवं आदतों का एक संगठित स्वरूप है, तो डीवर के अनुसार व्यक्तित्व व्यक्ति के शारीरिक, मानसिक और सामाजिक गुणों का एक समन्वित एवं गतिशील संगठन है। इसी प्रकार मनु के अनुसार व्यक्तित्व की संरचना

व्यवहार के प्रतिमान, रुचियों, अभिवृत्तियों, क्षमताओं एवं योग्यताओं का एक विशिष्ट संगठन है।

उक्त व्याख्या के आधार पर यह कहा जा सकता है कि व्यक्ति के सम्पूर्ण व्यक्तित्व की संरचना मुख्य रूप में तीन उपसंरचनाओं – दैहिक संरचना, मनोवैज्ञानिक संरचना एवं सामाजिक संरचना में विभक्त है। दैहिक संरचना के अन्तर्गत स्नायु मंडल, इन्द्रियाँ, प्राण एवं इनका पारस्परिक सम्बन्ध सम्मिलित है। मनोवैज्ञानिक संरचना में मूल प्रवृत्तियाँ, प्रेरणा, उद्‌देश्य, प्रत्यक्षीकरण, सीखना एवं चेतना का पारस्परिक सम्बन्ध सन्निहित है। सामाजिक संरचना में, जो व्यक्तित्व की सबसे महत्त्वपूर्ण उपसंरचना है, सभी सामाजिक संस्थाओं (प्राथमिक और द्वितीयक) की भूमिकायें सम्मिलित हैं। कार्डिनर ने भी इन दो प्रकार की संरचनाओं और व्यक्तित्व के बीच कार्यकारी सम्बन्ध की विस्तृत व्याख्या की है।

मानव व्यक्तित्व की इन तीन उप-संरचनाओं के आधार पर मृत्यु की अवधारणा की भी तीन दृष्टिकोणों से व्याख्या की जा सकती है।

सामान्यतया जैविकीय दृष्टि से ही मृत्यु को मृत्यु समझा जाता है। इसमें दैहिक संरचना में उन तत्त्वों का नाश हो जाता है जो देह और प्राण में प्रकार्यात्मक समन्वय को बनाये रखते हैं। यदि विचार किया जाये तो मनोवैज्ञानिक एवं सामाजिक संरचना की समन्वयात्मक तत्त्वों का भी उसी प्रकार नाश होता है किन्तु उसे मृत्यु की संज्ञा नहीं दी जाती है। जबकि मनोवैज्ञानिक एवं सामाजिक दृष्टिकोण से यह भी मृत्यु है। जिस प्रकार जैविकीय मृत्यु की व्याख्या व्यक्ति के जैविकीय परिवेश में की जाती है उसी प्रकार व्यक्ति की सामाजिक मृत्यु की व्याख्या भी उसके सामाजिक परिवेश के आधार पर की जानी चाहिए। इससे यह निष्कर्ष निकलता है कि व्यक्ति का जैविकीय दृष्टि से अस्तित्व रहने पर भी यदि उसका सामाजिक परिवेश विघटित हो जाता है तो वह सामाजिक दृष्टि से मृत हो जाता है किन्तु यदि व्यक्ति जैविकीय दृष्टि से मृत है और उसका सामाजिक परिवेश गतिशील है तो ऐसी स्थिति में व्यक्ति सामाजिक दृष्टि से जीवित माना जा सकता है। जैसे वे संत, महात्मा या महापुरुष, जो जैविकीय दृष्टि से जीवित तो नहीं हैं किन्तु अपने विचारों, सिद्धान्तों, आदर्शों, आदि के द्वारा व्यक्ति एवं समाज का मार्ग-निर्देशन करते रहते हैं तथा मानव जाति एवं समाज के प्रेरणा-स्रोत होते हैं, सामाजिक दृष्टि से जीवित होते हैं। किन्तु वे लोग जो जैविकीय दृष्टि से केवल निजी हितों के लिये ही जीवित हैं, वे वास्तव में सामाजिक दृष्टि से मृत हैं। लेकिन प्रत्येक समाज में अधिकांश व्यक्तियों के जैविकीय एवं सामाजिक जीवन में इतना अधिक घनिष्ठ सम्बन्ध होता है कि उनमें भेद करना कठिन होता है। अतः ऐसे व्यक्तियों की जैविकीय एवं सामाजिक मृत्यु एक साथ मानी जा सकती है।

यहाँ जिस सामाजिक मृत्यु के सम्बन्ध में विवेचन करने का प्रयास किया गया है, उसके सम्बन्ध में समाज-शास्त्र में कहीं कोई स्पष्ट विवरण उपलब्ध नहीं होता है। इसलिए हमें

उन परिस्थितियों, कारकों तथा आधारों की व्याख्या एवं उल्लेख करना आवश्यक प्रतीत होता है जिनके आधार पर सामाजिक मृत्यु की अवधारणा को स्थापित किया जा सकता है और एक नये दृष्टिकोण से उसकी व्याख्या की जा सकती है।

समाज-शास्त्र में, गंभीरतापूर्वक दो महत्त्वपूर्ण विषयों को विश्लेषित किया जाता है – पहला आत्महत्या और दूसरा विचलनकारी व्यवहार या विसंगति। आधुनिक समाज के सन्दर्भ में वर्तमान समाजशास्त्रियों के समक्ष आतंकवाद भी एक महत्त्वपूर्ण सामाजिक समस्या के रूप में उपस्थित हुआ है। जहाँ तक आत्महत्या एवं विचलन के कारणों का सम्बन्ध है उसके बारे में कहा जा सकता है कि कहीं-न-कहीं वे कारण सर्वप्रथम व्यक्ति की सामाजिक मृत्यु के लिये उत्तरदायी हैं। इसी प्रकार यदि आतंकवाद के कारणों पर भी गंभीरतापूर्वक विचार किया जाये तो यहाँ भी यही निष्कर्ष निकलता है कि एक आतंकवादी व्यक्ति की पहले ही सामाजिक मृत्यु हो चुकी होती है। इन तीनों प्रकार की सामाजिक मृत्यु में भी अन्तर है। जैसे आत्महत्या के पूर्व सामाजिक दृष्टि से मृत व्यक्ति अपने जीवन को निरर्थक समझकर जीवन का अंत कर देता है जिसे दुर्खीम ने अहंवादी आत्महत्या की संज्ञा दी है। इसी प्रकार विचलनकारी व्यवहार वाले व्यक्तियों को तीन वर्गों में रखकर उनकी सामाजिक मृत्यु की व्याख्या की जा सकती है। प्रथम वर्ग में उन व्यक्तियों को रखा जा सकता है जो हताश-निराश एवं कुंठाग्रस्त होकर व्यवहार करते हैं तथा एक सामाजिक प्राणी के रूप में उनका जीवन निरर्थक हो चुका रहता है क्योंकि वे समाज के प्रति अपना कोई उत्तरदायित्व नहीं समझते। दूसरी श्रेणी में वे व्यक्ति आते हैं जो समाज स्वीकृत लक्ष्यों एवं साधनों के स्थान पर अपने द्वारा बनाये लक्ष्यों एवं साधनों को अपनाकर अपनी आकांक्षाओं की पूर्ति में लगे रहते हैं। ऐसे लोगों को समाज अपने से अलग एवं बहिष्कृत समझता है और सामाजिक दृष्टि से मृत समझता है क्योंकि ऐसे लोग समाज में विघटनकारी स्थिति को जन्म देने का कार्य करते हैं। तीसरी श्रेणी में वे व्यक्ति आते हैं जो सम्पूर्ण सामाजिक व्यवस्था से संबंधित आदर्शों, लक्ष्यों, मूल्यों, मान्यताओं, नियमों, आदि को निरर्थक मानते हैं और अपने निजी स्वार्थों के आधार पर मनमानी व्यवस्था लाना चाहते हैं। ऐसे लोगों की दृष्टि में सम्पूर्ण सामाजिक व्यवस्था इनके सन्दर्भ में मृत होती है और समाज की दृष्टि में ये मृत होते हैं।

उक्त विवेचना के आधार पर कहा जा सकता है कि आत्महत्या एवं विचलनकारी व्यवहार करने वाले व्यक्ति सामाजिक दृष्टि से पहले ही मृत हो चुके रहते हैं इसीलिए वे ऐसा व्यवहार करते हैं जो सामाजिक व्यवस्था के सन्दर्भ में न तो संगत होता है और न ही सार्थक। जहाँ तक तीसरे विषय आतंकवाद की समस्या का प्रश्न है वहाँ इसके कारणों पर गंभीरतापूर्वक एवं व्यापक विचार करने की आवश्यकता है। अब तक ऐसा पाया जाता रहा है कि यदि कोई व्यक्ति किसी व्यक्ति समूह या व्यक्ति की हत्या करता था तो उसके पीछे उस व्यक्ति या समूह के द्वारा उसके निजी स्वार्थों की पूर्ति में बाधा उत्पन्न करने के

तत्त्व निहित होते थे किन्तु वर्तमान समय में आतंकवाद से जुड़ा आतंकवादी यदि किसी व्यक्ति या समूह की हत्या करता है तो उसके पीछे उस व्यक्ति या समूह से उसके मान्य हितों का कहीं भी टकराव नहीं पाया जाता है। यहाँ मैं यह स्पष्ट कर देना चाहती हूँ कि एक आतंकवादी समूह का भी अपना कोई-न-कोई लक्ष्य, उद्देश्य या आदर्श होता है जो धार्मिक, सांस्कृतिक, राष्ट्रीय, जातीय कुछ भी हो सकता है, किन्तु उसके द्वारा जो व्यवहार किया जाता है उससे उसके किस लक्ष्य या उद्देश्य की पूर्ति हो रही है यह एक विचारणीय विषय है। लेकिन यह अवश्य कहा जा सकता है कि एक आतंकवादी जिस प्रकार का व्यवहार करता है ऐसा व्यवहार वही कर सकता है जो जीवित तो है किन्तु केवल जैविकीय दृष्टि से, सामाजिक दृष्टि से वह पूर्णरूपेण मृत हो चुका हो।

सामाजिक मृत्यु से सम्बन्धित अपनी उक्त स्थापना के समर्थन के लिये मैं उन सामाजिक विचारकों के विचारों को रखना चाहती हूँ जिन्होंने आत्महत्या एवं विचलनकारी व्यवहारों की न केवल विस्तृत व्याख्या की है बल्कि उन सामाजिक कारकों एवं परिस्थितियों का भी उल्लेख किया है जिनसे प्रेरित होकर व्यक्ति आत्महत्या करता है या विचलनकारी व्यवहारों को जन्म देता है। इस सम्बन्ध में मैं सबसे पहले दुर्खीम का नाम लेना चाहूँगी जिन्होंने सबसे पहले आत्महत्या के मूल में निहित वैयक्तिक कारकों का खण्डन कर इस बात की स्थापना की है कि आत्महत्या विशुद्ध रूप से एक सामाजिक तथ्य या घटना है और इसका कारण सामाजिक संरचना में निहित है। दुर्खीम के आत्महत्या-सम्बन्धी विश्लेषण एवं आत्महत्या-सम्बन्धी आंकड़ों से यह स्पष्ट हो जाता है कि आत्महत्या से पूर्व व्यक्ति किसी-न-किसी रूप में अपने को समाज से पूर्ण रूप से त्यक्त हुआ पाता है और उसका अपना अस्तित्व ही समाप्त हो जाता है। ये स्थितियाँ उसकी सामाजिक मृत्यु की द्योतक हैं। इसी प्रकार मर्टन, पार्सन्स, मैकाइवर, आदि सामाजिक विचारकों ने भी व्यक्ति के विचलनकारी व्यवहारों या नियमहीनता के कारकों की जो व्याख्या प्रस्तुत की है उससे भी यही निष्कर्ष निकलता है कि इस स्थिति में व्यक्ति और समाज के बीच जो समन्वयात्मक प्रकार्यात्मक संबंध होना चाहिए वह नहीं रह जाता और यह स्थिति भी उसकी सामाजिक मृत्यु की द्योतक मानी जा सकती है।

सामाजिक मृत्यु से संबंधित उक्त विश्लेषण के आधार पर निष्कर्ष रूप में यह कहा जा सकता है कि व्यक्ति की सामाजिक मृत्यु के लिये कहीं-न-कहीं सामाजिक संरचना, व्यवस्था, आदर्श, मूल्य, नियम, मान्यतायें, आदि उत्तरदायी होती हैं। यदि भारतीय सामाजिक व्यवस्था के परिप्रेक्ष्य में देखा जाये तो कुछ उदाहरण सामाजिक मृत्यु की व्याख्या के रूप में प्रस्तुत किये जा सकते हैं। कुछ अपवादों को छोड़कर वर्ग विशेष की विधवाओं को यदि देखा जाये तो यह स्पष्ट हो जाता है कि रूढ़ियों और परम्पराओं से बँधी ये विधवायें केवल जैविकीय दृष्टि से ही जीवित हैं जबकि सामाजिक दृष्टि से इनकी मृत्यु हो चुकी होती है। शुभ अवसरों

पर इनकी उपस्थिति, अच्छे वस्त्र, आभूषण, सौन्दर्य वृद्धि की सामग्रियों, सुस्वादु भोजन, आरामदायक जीवन, आदि का पूर्ण रूप से निषेध का होना इनकी सामाजिक मृत्यु का द्योतक है। इसी प्रकार एक परित्यक्ता एवं निःसंतान स्त्री को भी उदाहरणस्वरूप लिया जा सकता है। भारतीय समाज में कुछ स्थानों पर वृद्धाश्रमों की भी व्यवस्था है जहाँ वृद्ध एवं वृद्धायें उपेक्षित जीवन जी रहे हैं। वास्तव में यदि देखा जाये तो उनमें से अनेक वृद्ध महिला एवं पुरुष भरे-पूरे एवं संपन्न परिवार के होते हैं किन्तु न तो उनके परिवार का कोई सदस्य उनसे मिलने आता है और न ही अपने परिवार से उन्हें कोई आर्थिक सहायता प्राप्त होती है। ऐसी स्थिति में क्या यह कहना अनुचित होगा कि वे केवल शारीरिक दृष्टि से जीवित हैं किन्तु सामाजिक दृष्टि से मृत हैं। इतना ही नहीं असाध्य रोग से ग्रस्त रोगी जैसे एड्स, आदि भी सामाजिक रूप से मृत व्यक्तियों के ज्वलन्त उदाहरण हैं।

प्रस्तुत निबन्ध में जिस सामाजिक मृत्यु की अवधारणा का विवेचन एवं विश्लेषण करने का प्रयास किया गया है वह अवधारणा भले ही नहीं लगती हो किन्तु वास्तव में यह नई नहीं है। प्रत्येक युग और प्रत्येक समाज में यह अवधारणा अपने किसी-न-किसी रूप में विद्यमान रही है। *गीता* में भी भगवान कृष्ण अपने उपदेश में अर्जुन से कहते हैं कि जो व्यक्ति महत्त्वपूर्ण सम्मान के पद पर प्रतिष्ठित है, यदि उसकी अपकीर्ति होती है तो यह अपकीर्ति मृत्यु से भी अधिक दुःखदायी है। इसी बात को गोस्वामी तुलसीदास जी ने भी इस प्रकार कहा है –

> सम्भावितकर अपयश लाहू
> मरण कोटि सम दारूण दाहू।

ऐसे ही अनेक उदाहरण साहित्यों से उपलब्ध हो सकते हैं। अतः यह कहा जा सकता है कि जिन समाजों की संरचना जितनी ही जटिल होगी उन समाजों में सामाजिक मृत्यु की संभावनायें भी उतनी ही अधिक होंगी। इतना ही नहीं यह भी एक महत्त्वपूर्ण बिन्दु है कि उन समाजों में जहाँ व्यक्ति के सम्पूर्ण व्यक्तित्व एवं उसके सम्पूर्ण क्रिया-कलापों का मूल्यांकन मानवीय मूल्यों के स्थान पर आर्थिक मूल्यों के आधार पर किया जायेगा वहाँ भी सामाजिक मृत्यु की दरों में वृद्धि की संभावनायें अधिक होंगी।

23

मृत्यु की अवधारणा
एक समाजशास्त्रीय अनुदृष्टि

– सुषमा खन्ना

मानव अस्तित्व के संदर्भ में "मृत्यु" एक शाश्वत् घटना है। *कठोपनिषद्* में ऐसा उल्लेख है कि नचिकेता "मृत्यु" से उसका रहस्य पूछता है[1]। मृत्यु-संबंधी सत्य का ज्ञान हमें अपनी नियति तक पहुँचा सकता है। उसके ज्ञान के बिना परम पुरुषार्थ की सिद्धि असम्भव है। नचिकेता को यम नाना प्रकार के सांसारिक उपभोगों को प्रदान करने की चर्चा करता है पर मृत्यु-संबंधी प्रश्न न करने को कहता है। लेकिन नचिकेता अपनी जिज्ञासा पर दृढ़ रहता है। यम उसकी जिज्ञासा-दृढ़ता से प्रभावित हो मृत्यु-संबंधी महत्त्वपूर्ण ज्ञान देता है। मृत्यु-संबंधी ये ही विचार हमें *श्रीमद्भगवद्गीता* तथा दूसरे वेदान्त ग्रन्थों में उपलब्ध होते हैं। मृत्यु मानवीय अस्तित्व की समाप्ति नहीं है क्योंकि मनुष्य की आत्मा नित्य एवं शाश्वत् है[2]। यह आत्मा न तो जन्म लेती है और न ही मृत्यु का आलिंगन करती है। समय के प्रभाव में मानव शरीर जीर्ण हो जाता है, मृत्यु इसी जीर्ण शरीर की समाप्ति है"। परम्परागत भारतीय दर्शन के आधार पर हम यह कह सकते हैं कि "मृत्यु वस्तुतः स्थूल शरीर की ही समाप्ति है। मृत्यु के बाद पुनर्जन्म होता है। अतः मृत्यु आत्मा के जीर्ण देह रूपी वस्त्र का त्याग मात्र है[3]।

प्रस्तुत प्रपत्र में मृत्यु-संबंधी विचारों की वेदान्ती व्याख्या न कर समाजशास्त्रीय अध्ययन के विभिन्न परिप्रेक्ष्यों में अस्तित्ववादी परिप्रेक्ष्य के आलोक में इस सन्दर्भ को व्याख्यायित करने का एक लघु प्रयास किया गया है। अस्तित्ववाद बीसवीं शताब्दी के संकट का संदर्श है। इस चिन्ताकुल युग के अनुरूप जीवन का सिद्धान्त अस्तित्ववाद में मिलता है। आज एक ओर विज्ञान की भौतिकवादी धारा ने मनुष्य को अस्तित्वहीन बना दिया है तो दूसरी ओर

---

1. *कठोपनिषद्*, 1/1/20 (सांकर भाष्य)।
2. *कठोपनिषद्* 1/2/18 (सांकर भाष्य)।
3. *गीता*, 2/22।

तथाकथित लोकतंत्रात्मक एवं समाजवादी समाज के सर्वहारा प्रभाव में व्यक्ति का अस्तित्व निःशेष हो गया है।

अस्तित्ववाद दर्शन न होकर एक प्रकार की दार्शनिक प्रवृत्ति है। क्योंकि परम्परागत दर्शन में किसी सर्वव्यापी सार-तत्त्व को खोजने का प्रयास किया जाता है, परन्तु अस्तित्ववादी सार-तत्त्व से पूर्व "अस्तित्व" के प्रश्न से संबंधित है। मनुष्य क्या है? इस प्रश्न का उत्तर खोजने से पूर्व "मनुष्य का अस्तित्व क्या है?" इस प्रश्न का उत्तर खोजना आवश्यक है। अस्तित्व के बाद ही सार-तत्त्व की बात करना तर्कसंगत प्रतीत होता है। डेकार्टे का प्रसिद्ध उद्धरण – "मैं सोचता हूँ, इसलिए मेरा अस्तित्व है" अस्तित्ववादी द्वारा स्वीकार्य नहीं है। उसके अनुसार जब तक मनुष्य का अस्तित्व ही नहीं है, तब तक वह विचार कैसे कर सकता है। क्योंकि विचार करने के सामर्थ्य के पूर्व विचार करने का अस्तित्व आवश्यक है। अतः अस्तित्ववादी डेकार्टे के वाक्य को संशोधित कर इस प्रकार प्रस्तुत करता है, मेरा अस्तित्व है अतः विचार के लिए मेरे अन्दर एक पूर्वापेक्षा है।

मार्टिन हाइडेगर जो एडमण्ड हुसर्ल के विद्यार्थी थे इस परिप्रेक्ष्य के प्रमुख व्याख्याता थे। मार्टिन हाइडेगर इस विचार के पोषक हैं कि हमारा अस्तित्व मृत्योन्मुख सत् है। मृत्यु के संदर्भ में सरलतम बात यह है कि प्रत्येक मनुष्य को स्वयं अपने लिए मृत्यु का व्यक्तिकरण अवश्य कर लेना चाहिए। जब मैं अपने मित्र की मृत्यु का समाचार पाता हूँ, उसकी अन्त्येष्टि क्रिया में सम्मिलित होता हूँ, अथवा सड़क पर जाती हुई अर्थी के पीछे उस समय फँस जाता हूँ और मेरी गति मन्द हो जाती है, जब मैं अपनी नयी नियुक्ति को प्राप्त करने की कल्पना के साथ होता हूँ, तब मैं मृत्यु का साक्षात्कार सत् के रूप में न कर केवल सामाजिक रूप में, वस्तुगत घटना के रूप में करता हूँ। मेरे लिए मृत्यु तब तक अपना सही अर्थ देना आरम्भ नहीं करती जब तक मैं यह नहीं मान लेता हूँ कि मृत्यु अपने गम्भीर अर्थों में "मेरी मृत्यु" है, कुछ ऐसी वस्तु जो मेरे ऊपर भी घटित होगी। अर्थात् मृत्यु मेरे स्वयं के आत्मत्व की "तथ्यता" का अंग है। यह कुछ ऐसी वस्तु नहीं है जिसे भावात्मक रूप में आत्मा की भावी संभाव्यताओं में से एक के रूप में अनुभव किया जाना है। "मैं जो कुछ करता हूँ उसकी परवाह न करते हुए यह मुझ पर घटित होगी।" यह मानो मुझे ठीक उसी समय प्रदान कर दी गयी है जब जन्म के द्वारा आत्मा के रूप में मुझे अस्तित्व प्रदान किया गया है। मेरे स्वयं के अस्तित्व की तथ्यता से सामना करने वाले अंग के रूप मेरी स्वयं की मृत्यु के विषय में ऐसी सीधी बात करना भी मेरे लिए प्रामाणिक अस्तित्व रखने के लिए आवश्यक है। जब तक मैं मृत्यु को अपने से दूर एक ऐसी वस्तु के रूप में जो सामान्य मनुष्यों पर घटित होती है, रखता हूँ अथवा जब तक मैं इसका विचार कुछ समय तक दूर कर देता हूँ, जब तक दूर का कल, जिसमें यह घटित होगी, नहीं आता, तब तक मैं अपने अस्तित्व की प्रकृति को पूर्णतः मान्यता प्रदान नहीं करता हूँ। मैं "स्वयं" बनने के लिए मुझे अपने अस्तित्व के केन्द्रीय तत्त्व के रूप में मृत्यु का आलिंगन खुले रूप में अवश्य करना चाहिए।

इसके अलावा मैं यह बहाना करने का प्रयास कर रहा हूँ कि मैं उस प्रकार का अस्तित्व हूँ जिसके लिए मृत्यु सम्भव नहीं है।

मृत्यु मनुष्य की चरम सम्भावना है। मृत्यु की ओर प्रक्षिप्त होने का तथ्य "चिन्ता" से प्रकट होता है। मनुष्य अपनी मृत्यु की चिंता का सामना करने, उसकी प्रतीक्षा करने के बजाय इस चिंता से भागने के लिए भीड़ की गुमनामी में भाग जाता है और सोचता है कि लोगों को किसी दिन मरना है। दूसरे शब्दों में हम यह कह सकते हैं कि वह यह सोचता है कि किसी तृतीय व्यक्ति को मरना है, वह स्वयं अपने सम्बन्ध में मृत्यु को नकारता है। टॉलस्टाय की प्रसिद्ध कहानी "इवान इलिच की मृत्यु" में यह स्पष्ट दिखाया गया है कि मृत्यु की सर्व सामान्य समस्या को व्यक्तिगत समस्या "कि मुझे मरना है" इस रूप में लेना अत्यन्त कठिन है। मृत्यु की चिंता को स्वतंत्रतापूर्वक स्वीकार करते हुए यह मानना कि मेरी मृत्यु मेरी है और यह किसी क्षण आ सकती है, मेरे स्थान पर कोई दूसरा नहीं मर सकता, अपनी मृत्यु के सम्मुख मैं अकेला हूँ, इसे मृत्यु की स्वतंत्रता कहा जा सकता है। अतः मृत्यु मानवीय जीवन की चरम परिणति है।

प्रमुख अस्तित्वादी चिंतक सार्त्र के मृत्यु-सम्बन्धी विचार का विकास हाइडेगर के मृत्यु-दर्शन के विरोध में हुआ है। सार्त्र इस मत के पोषक दिखलाई पड़ते हैं कि मृत्यु मनुष्य की चरम सम्भावना नहीं है और न ही उसका सत् मृत्योन्मुख सत्य है। सच तो यह है कि स्व-निर्मित सत् कभी अपनी मृत्यु का सामना ही नहीं करता, क्योंकि जब तक जीवन है तब तक मृत्यु नहीं है। सार्त्र के अनुसार मनुष्य वह नहीं है जो वह है। वह सदैव स्व-निर्माण की प्रक्रिया है। मनुष्य होने का अभिप्राय भविष्य के प्रति योजना के लिए स्वतंत्र होना है, अपनी सम्भावनाओं के प्रति स्वतंत्र होना है, लेकिन मृत्यु हमारे समक्ष सामने खड़ी दीवार की भांति आती है जिसके परे हम नहीं जा सकते, योजना नहीं बना सकते अर्थात् मृत्यु हमारी सम्भावनाओं का निषेध मात्र है। यह हमारी समस्त परियोजनाओं को समाप्त कर देती है अर्थात् मृत्यु मनुष्य की सीमा है। स्व-निर्मित सत् के रूप में मैं अपना वर्तमान हूँ, भविष्य के प्रति अपनी कार्य-योजना हूँ, जबकि मेरा अतीत स्वयं में स्थित जगत् का अंग हो गया है। मृत्यु के समय मैं पूर्ण रूप से अतीत हो जाऊँगा और यह अतीत चूँकि स्वयं में स्थित सत् है, अतः यह कहा जा सकता है कि मृत्यु स्व-निर्मित सत् को स्वनिष्ठ सत् "वस्तु" के रूप में बदल देती है। इसीलिए सार्त्र के विचारों में वह विरोधाभास दिखलाई पड़ता है, जिसमें जीवित मनुष्य के विषय में कहा जाता है कि वह नहीं है और मृत व्यक्ति के विषय में कहा जाता है कि वह है[4]।

सार्त्र मृत्यु को एक आकस्मिक तथ्य मानते हैं। उनके अनुसार जन्म की तरह मृत्यु भी एक तथ्य है जो बाहर से मेरे निकट आता है। जिस पर मेरा बस नहीं है। मृत्यु एक मानवीय

---

4. *वीइंग एण्ड नथिंगनेस*, पृ० 170।

तथ्य है जो मानव-जीवन से परे नहीं, मानव-जीवन की सम्भावना नहीं, अपितु जीवन की एक सीमा है। चूँकि मनुष्य का सम्बन्ध मानवीय तथ्यों से ही होता है अतः यह मानवीय तथ्य है। सार्त्र मृत्यु पर अपने विचार व्यक्त करते हुए यह स्पष्ट करना चाहते हैं कि मृत्यु सम्पूर्ण मानव सम्भावनाओं का निरर्थक विकास है, मानव अहम् की अर्थहीन अंत्येष्टि है। मृत्यु मानव जीवन को कोई अर्थ प्रदान नहीं करती अपितु सम्पूर्ण जीवन की निरर्थकता को भली-भाँति प्रगट कर देती है[5]। यह अर्थहीन है कि हम पैदा हुए थे और यह भी अर्थहीन है कि हम मरते हैं[6]।

इस प्रकार मृत्यु और जीवन के सम्बन्ध में मृत्यु की विशद् व्याख्या करने की जो अस्तित्ववादी दृष्टि है उससे यह निष्कर्ष निकलता है कि जीवन और मृत्यु एक ही सिक्के के दो पहलू हैं। सिक्के के एक ओर किसी आकृति के "शीर्ष बिन्दु" और दूसरी ओर अधिभाग होता है। अर्थात् एक ओर जीवन और दूसरी ओर मृत्यु है। एक ओर मृत्यु है तो दूसरी ओर ज़ीवन है। प्रत्येक समय जीवन के सभी दिनों में हम मरते रहने की प्रक्रिया में हैं, जबकि हम जीवित रहने की प्रक्रिया में भी हैं। इस दृष्टि से मृत्यु को आत्मा के रूप में मेरे अस्तित्व के विभिन्न पहलुओं में अवश्य देखा जाना चाहिये अर्थात् मृत्यु को किसी भी समय पूरे जीवन की वर्तमान संभाव्यता के रूप में देखा जाना चाहिये।

5. *वीइंग एण्ड नथिंगनेस,* पृ॰ 695।
6. वही, पृ॰ 699।

24

मेलान
एक लोक अवधारणा

– राघवेन्द्र प्रताप सिंह

आज मृत्यु का वरण विचार-विमर्श का विषय हो गया है। कई लोग आत्महत्या कर लेते हैं, उग्रवादी मिशन के लिए ऐसा करते हैं, सैनिक शहीद होते हैं, वैरागी समाधि लेते हैं, कुछ विधवाएँ सती होती हैं, राजपूतनियाँ कामी मुगल आक्रान्ताओं से बचने के लिए ही जौहर करती थीं। कुछ पंथों में तो सामूहिक आत्महत्या की प्रथा है, असाध्य रोग से ग्रसित व्यक्तियों को जीवन-लीला समाप्त करने का चिकित्सकीय उपाय है, कुछ मरीज़ मृत्यु की प्राप्ति के लिए दवाएँ लेना बन्द कर देते हैं, जैन धर्म में संथारा लेना भी मृत्यु प्राप्ति का एक साधन है।

भारतीय दार्शनिक चिन्तन परम्परा में मृत्यु और जीवन को एक ही सिक्के के दो पहलू के रूप में ग्रहण किया गया है। भारतीय लोक परम्परा भी इसी दार्शनिक परम्परा का अनुकरण करती प्रतीत होती है। मेलान नामक लोक अवधारणा में व्यक्ति मृत्यु का अनुभव करता है। जहाँ जीवन है, वहीं मृत्यु है। जीवन और मृत्यु दोनों एक-दूसरे से संपृक्त हैं। इस लोक अवधारणा में जीवन को मृत्यु से जोड़ा गया है। इस प्रविधि में सम्बन्धित व्यक्ति को मृत्यु स्वयं खोज लेती है।

लोक प्रचलित यह अवधारणा मूलतः बलिया जनपद के सिकन्दरपुर तहसील के अन्तर्गत 25 कि॰मी॰ के विस्तृत क्षेत्र में स्थित ग्रामों – एकलई, सिकन्दरपुर, तेन्दुआ और कुण्डीडीह के सर्वेक्षण पर आधारित है। इन ग्रामों से मैंने क्रमशः 3,1,1,1 व्यक्तियों का साक्षात्कार प्रश्न-तालिका के माध्यम से लिया। इसके अतिरिक्त अन्य लोगों से भी चर्चा हुई जो विभिन्न सामाजिक वर्गों और ग्रामों का प्रतिनिधित्व करते हैं।

मेलान नामक लोक अवधारणा में व्यक्ति किसी तांत्रिक द्वारा अपने शत्रु के ऊपर अभिचार क्रियाएँ करवाता है, जिससे लक्षित व्यक्ति की मृत्यु हो जाती है। सर्वप्रथम मिट्टी

के बर्तन में आटे का पुतला बनाकर मंत्र द्वारा उसे जागृत् किया जाता है एवं उसे शत्रु के ऊपर भेजा जाता है। जिस व्यक्ति के ऊपर मेलान का प्रयोग किया जाता है, उसका चेहरा विकृत दिखाई देने लगता है। यह उसके मेलान से ग्रसित होने का लक्षण है। मेलान भेजने के सम्बन्ध में यह भी प्रचलित है कि किसी जानवर की बलि देकर उसकी आत्मा को तांत्रिक अपने वश में कर लेते हैं और उस वशीभूत आत्मा को लक्षित व्यक्ति के पास उसके नाम, स्थान और आयु के आधार पर भेजते हैं। इसी आधार पर मेलान अपने लक्ष्य की ओर चलता है। लक्षित व्यक्ति जिस ग्राम में निवास करता है, वहाँ के ग्राम देवता मेलान से उसको बचाने का प्रयास करते हैं। इसलिए मेलान भेजने से पूर्व ही सम्बन्धित ग्राम के देवता को पूजा-पाठ द्वारा प्रसन्न कर अपने पक्ष में करने का प्रयास करते हैं। मेलान के सम्बन्ध में एक अवधारणा यह भी है कि तांत्रिक कड़ाहे में घी, बत्ती, आदि सामग्री रखकर मंत्र के द्वारा उसे जागृत् करता है। मंत्रबल से कड़ाहा चलता है और अपने लक्ष्य तक पहुँच जाता है। ऐसी भी जनश्रुति है कि मिट्टी की मूर्ति बनाकर उसकी पूजा की जाती है तथा इसे कुश द्वारा प्रतिदिन छेदन किया जाता है। मूर्ति छेदन से लक्षित व्यक्ति को कष्ट होता है जैसेकि वास्तव में उसे ही छेदन द्वारा प्रताड़ित किया जा रहा हो। यह प्रताड़ना पूर्णाहुति के दिन तक चलती है। पूर्णाहुति के दिन व्यक्ति की मृत्यु हो जाती है, इसके अतिरिक्त, इस अवधारणा में तत्काल मृत्यु की भी व्यवस्था उपलब्ध है। लक्षित व्यक्ति को अगर यह ज्ञात हो जाता है कि उस पर मेलान का प्रयोग किया गया है तो वह किसी तांत्रिक (श्याने) की सहायता उसे वापस भी लौटा देता है। लेकिन लौटाने की यह प्रक्रिया उसी अवस्था में संभव है जब तक कि लक्षित व्यक्ति जीवित है तथा लौटाने वाला तांत्रिक मेलान भेजने वाले तांत्रिक की अपेक्षा अधिक सिद्धि-सम्पन्न हो।

कभी-कभी मेलान लक्षित व्यक्ति को नहीं प्राप्त कर पाता है, तो वह स्वयं ही वापस लौट आता है। मेलान को अगर मंत्रबल से लौटाया जाता है तो यह भेजवाने वाले को नुकसान पहुँचाता है। परन्तु लक्ष्य प्राप्ति की असमर्थता की अवस्था में तांत्रिक को ही नुकसान पहुँचाता है। यह लक्ष्य प्राप्ति की असमर्थता निर्दिष्ट स्थल पर व्यक्ति की अनुपस्थिति की उपज होती है।

इस सम्बन्ध में एक ग्रामीण ने एक परिवार की घटना सुनायी जिस पर मेलान भेजा गया था। किन्तु उस परिवार की एक विवाहित लड़की ने जो स्वयं तांत्रिक थी, पूरे परिवार को घर छोड़कर तुरन्त गाँव की सीमा से बाहर चले जाने को कहा। वे गाँव की सीमा से बाहर चले गये। मेलान आया किन्तु किसी को न पाकर वापस लौटकर तान्त्रिक की पत्नी को मार डाला। (बिच्छू के रूप में आकर उसे काट लिया जिससे उसकी मृत्यु हो गयी)।

मेलान जागृत् करने की अभिक्रिया में जो ऊर्जा उत्पन्न होती है उसका क्षय करना असंभव है। भेजने वाला तांत्रिक अगर समर्थ होता है तो लौटाए हुए मेलान को और अधिक

प्रभावी बनाकर पुनः वापस भेज देता है। किन्तु अगर इसमें सक्षम नहीं रहता है तो मेलान को किसी पशु या पेड़-पौधे पर आरोपित कर देता है। मेलान आरोपित पशु हिंसक हो जाता है, जिसे ग्रामीण क्षेत्र में भूतहा पशु के नाम से पुकारा जाता है। अक्सर यह साँड़ या भैंसे के साथ सुना जाता है। अगर पेड़-पौधे पर मेलान का आरोपण किया जाता है तो वह सूख जाता है।

मेलान जिसे "पूराचरन" और "मूँठ" भी कहा जाता है सिर्फ शत्रुनाशन के लिए ही नहीं उपयुक्त है, अपितु इसके प्रयोग का एक उज्ज्वल पक्ष भी है। सामान्यतः अभी तक इसकी शत्रुनाशक विधि ही अधिक प्रयोग में लायी जाती रही है। इसके द्वारा घर छोड़कर भागे हुए को भी वापस बुलाया जा सकता है। इसका सर्वाधिक महत्त्वपूर्ण उपयोग मृत्यु प्राप्ति के लिए किया जा सकता है। लेकिन इस मृत्यु प्राप्ति का उद्देश्य शत्रुता न होकर शरीर त्याग की उत्प्रेरणा होनी चाहिए। वर्तमान में इसका प्रयोग यदि जल-समाधि, आत्मदाह, विष सेवन और अन्न-जल त्यागकर मृत्यु प्राप्ति के कष्टकारी साधनों के विकल्प के रूप में किया जाये तो मेलान को उपयोगी तथा लोकप्रिय बनाया जा सकता है।

25

जन्म, जीवन एवं मृत्यु

– दीनानाथ झुनझुनवाला

प्रकृति में सर्जन एवं विसर्जन की प्रक्रिया प्रत्येक क्षण घटित हो रही है। हम दशहरे पर माँ दुर्गा की मूर्ति का, एवं गणेश चतुर्थी पर गणपति की मूर्ति का सर्जन करते हैं एवं कुछ दिनों बाद उत्सव एवं उत्साहपूर्वक उसका विसर्जन करते हैं। सर्जन एवं विसर्जन के बीच का समय ही जीवन है। प्राणी मात्र के लिये भी यही प्रक्रिया निरन्तर चलती रहती है।

जन्म के साथ भेद है। कोई राजा के घर पैदा होता है। कोई सुन्दर, गोरा, बुद्धिमान, त्यागी, वैरागी पैदा होता है तो कोई गरीब के घर, कुरूप, मूर्ख, रोगी, भोगी पैदा होता है। यानि पैदा होने के साथ ही जीवन में भेद आ गया।

इसी प्रकार जन्म के बाद जो जीवन हमने पाया उसी जीवन में जितने मनुष्य हैं चाहे पुरुष हों या स्त्री, सबमें भिन्नता मिलेगी। कोई दो पुरुष एक प्रकृति के नहीं मिलेंगे। भिन्नता भी ऐसी कि एक महात्मा बुद्ध जैसा महान् त्यागी, वैरागी, टाटा, बिड़ला सरीखा उद्योगपति, नेहरू, पटेल सरीखा राजनीतिज्ञ, चन्द्रशेखर आज़ाद एवं राम प्रसाद बिस्मिल सरीखा बलिदानी आदि तो दूसरी ओर मानसिंह एवं मलखान सिंह सरीखा डाकू, रोगी, भोगी, क्रोधी, आदि उनके नाम लेने की आवश्यकता नहीं। कुछ ऐसे जीवन भी मिलेंगे जिनमें परिवर्तन आ गया यानी बुरे से अच्छे हो गये एवं अच्छे से बुरे हो गये।

जीवन की समाप्ति की अवस्था का नाम मृत्यु है। जन्म एवं मरण के बीच की अवस्था का नाम ही जीवन है। मृत्यु के उपरान्त शरीर को कोई जलाता है और उसके पीछे उसकी मान्यता रहती है कि पंच-तत्त्व का यह शरीर अपने पंच तत्त्वों में विलीन हो जाये। कोई गाड़ता है तो उसकी मान्यता है कि क़यामत के दिन आयेंगे तो यह पुनः जीवित हो उठेगा। कोई मुर्दे को पक्षियों के लिए सुलभ कराते हैं ताकि यह शरीर भी किसी के काम आ जाये। संन्यासी का शरीर गंगा में प्रवाहित कर दिया जाता है। कारण उसका पिण्डदान संन्यास लेने के वक्त हो जाता है। मृत्यु के बाद जो अमर हो जाते हैं उनकी मृत्यु भी मंगलकारी मानी जाती है। मृत्यु के बाद शरीर के साथ कोई भेदभाव नहीं होता। जिस धर्म की जैसी

मान्यता, उसी प्रकार उस शरीर को या तो जलाया जाता है या गाड़ा जाता है या गंगा की धारा में प्रवाहित किया जाता है। मृत्यु के बाद मृत शरीर की स्थिति समानधर्मा है (अपने-अपने धर्मों के अनुसार), उसमें कोई भेदभाव नहीं होता।

मरने के बाद की स्थिति भी तीन प्रकार की होती है। एक मुक्त अवस्था यानी जिसका पुनर्जन्म नहीं होता, दूसरा अशरीरी अवस्था, वह अवस्था जब तक आत्मा ने दूसरा शरीर धारण नहीं किया हो, और एक तीसरी अवस्था है जब यह आत्मा शरीर धारण कर लेती है। यह तो जीवन-चक्र है जिसका वर्णन मैंने ऊपर किया। अब हर अवस्था का विश्लेषण करने का प्रयास करूँगा।

पहली बात तो यह समझने लायक है कि हम कर्म करने में स्वतंत्र हैं लेकिन फल पानें में परतंत्र हैं। लेकिन फल का मिलना निश्चित् है। केवल यह मालूम नहीं कि फल कब, कितना और किस रूप में मिलेगा। कर्म करने के बाद जब उसका फल भविष्य में मिलता है तो उसे भाग्य की संज्ञा दी गई है। यानी भाग्य के मूल में हमारा पूर्व में किया गया कर्म ही है। चूँकि कर्म फल पाने में हम स्वतंत्र नहीं अतः कर्म की गति को भगवान कृष्ण ने *गीता* में "गहना कर्मणो गतिः" बताकर इस रहस्य को जानने के प्रयास पर पूर्ण विराम लगा दिया। इसे यों भी समझा जा सकता है कि हमें आज जो भाग्य के रूप में मिला वह हमारे कौन-कौन से कर्म का फल है इसे आज तक न तो कोई जान सका और न कोई बता सका।

हमारे पुनर्जन्म का हेतु हमारा कर्म बन्धन ही है। जब तक हमारे कर्म अच्छे-बुरे होते रहेंगे तो हमारे पाप-पुण्य का सृजन होता रहेगा और उन पाप-पुण्य को भोगने के लिये हमें शरीर धारण करना ही पड़ेगा। हमारा सुख भोग हमारे पुण्य का क्षय करेगा तथा हमारा दुःख भोग हमारे पाप का क्षय करेगा। एक बात और ध्यान देने की है कि पाप-पुण्य का खाता कभी बराबर नहीं होता। यानी पाप एवं पुण्य को अलग-अलग ही दुःख-सुख के रूप में भोगना पड़ेगा।

हमारे पाप-पुण्य का सृजन होना जब बन्द हो जायेगा तो हमारे भावी जन्म का हेतु ही समाप्त हो जायेगा। पाप-पुण्य का सृजन कब बंद होगा जब हम कर्त्तापन के भाव से मुक्त होकर करने पर भी उस कर्म के अकर्त्ता बने रहेंगे। जैसे हम निरन्तर श्वास ले रहे हैं, हमारी पलकें निरन्तर गिरती-उठती हैं लेकिन उस क्रिया के कर्त्तापन का न तो हमें बोध है और न हम उस क्रिया को करने के लिये कोई प्रयास करते हैं। यानी क्रिया जब हमारा स्वभाव हो जायेगी तो कर्त्तापन के भाव का सर्वथा लोप हो जायेगा।

यह समझना कठिन है कि मृत्यु के उपरान्त शरीर तो यहीं छूट जाता है तो हमारा पाप-पुण्य पुनः भोगने के लिये रहते कहाँ हैं! हमारा प्राण जब निकल गया तो हमारी मृत्यु हो गई। जो प्राण निकलकर गया वह अब अशरीरी अवस्था में है। उसी प्राण के साथ हमारे पाप-पुण्य भी चले गये। यह उसी प्रकार साथ जाता है जैसे हवा जब बहती है तो जिस

स्थान से होकर बहती है उस स्थान की सुगंध या दुर्गन्ध साथ लेकर जाती है। हम उस सुगन्ध एवं दुर्गन्ध का अनुभव तो करते हैं लेकिन उसे देख नहीं पाते। उस सुगन्ध ने न तो हवा का रूप-रंग बदला, न उसका वज़न बढ़ाया, न हवा का आकार-प्रकार बदला। फिर भी उस हवा की सुगन्ध या दुर्गन्ध का हम अनुभव करते हैं। ठीक इसी प्रकार से बिजली के तारों को हम देखते हैं उसमें करेन्ट आने के कारण न तो तार का वज़न घटता-बढ़ता है न उसके रूप-रंग, आकार-प्रकार में भिन्नता आती है, न हम उसे देख पाते हैं। उसका अनुभव या तो हम स्पर्श से कर पाते हैं या वह करेन्ट जब उपकरण को यानि हीटर, बल्ब, बिजली की मोटर को चलाता है तो तारों में करेन्ट का होना प्रमाणित होता है। जैसे मोटर में जब तक करेन्ट नहीं तब तक मोटर बेकार है लेकिन करेन्ट आने के उपरान्त उस मोटर से हम चाहे हीटर चलावें, चाहे कूलर, यह हमारे पर निर्भर करता है। ठीक इसी प्रकार इस शरीर में जब प्राण आये तो यह ज़िन्दा हुआ, वरना बेकार। प्राण आने के उपरान्त इसका उपयोग करने में हम स्वतंत्र हैं कारण भगवान् ने हमें सभी उपकरण दे दिये, जैसे काम करने के लिए पाँच कर्मेन्द्रियाँ यानि हाथ, पैर, गुदा, लिंग, जीभ तथा अनुभव करने के लिए पाँच ज्ञानेन्द्रियाँ हमें मिलीं यानि आँख, नाक, रसना, कान तथा स्पर्श करने के लिए त्वचा। इन सभी इन्द्रियों को संचालित करने के लिये मन एवं बुद्धि भी दे दिया। बुद्धि का काम है जानना तथा मन का काम है मानना। इन सबके ऊपर हमारा स्वभाव या प्रकृति है जो इन सभी इन्द्रियों से परे हैं। इतने उपकरण देने के उपरान्त हम काम करने में स्वतंत्र हो गये। यानि हम अपने सभी उपकरणों का चाहे अच्छे काम में उपयोग करें चाहे बुरे काम में या कुछ न करें। कुछ न करना चाहेंगे तो भी संभव नहीं, कारण भोजन, निद्रा, भय, मैथुन, आदि स्वाभाविक क्रियायें तो होती ही रहेंगी। इस प्रकार हमने यह बताने का प्रयास किया कि हम कर्म करने में स्वतंत्र हैं लेकिन फल पाने में परतंत्र हैं। फल भी एक तत्काल मिलता है जैसे भोजन किया तो पेट भर गया। दूसरा कुछ समय बाद फल मिला जैसे हम व्यायाम करते हैं तो शक्ति हमें कुछ समय बाद मिलेगी। लेकिन भगवान् की पूजा-प्रार्थना की, गरीबों की सेवा की, दान धर्म किया। इसी प्रकार यदि हमसे गलत कर्म हुए तो हमें मालूम नहीं कि इन कर्मों का फल कब मिलेगा। हो सकता है इनका फल इसी जन्म में मिले या जन्म-जन्मान्तर में। यह निश्चित् है कि फल भोगने के लिये हमें पुनर्जन्म लेना ही पड़ेगा। हमारे कर्म जब हमें कर्म-बन्धन में बाँधना बन्द कर देंगे तो पुनर्जन्म का हेतु ही समाप्त हो जायेगा। यह अवस्था तब आती है जब कर्म सहज ही होते रहते हैं। उसमें हमारा कर्त्तापन का भाव नहीं है तब कर्म करने के उपरान्त भी हम अकर्त्ता हैं। जहाँ कर्त्तापन के भाव का लोप हुआ तो हम अकर्त्ता हो गये और इस प्रकार कर्म-बन्धन से मुक्त हो गये। ऐसी अवस्था जीवित अवस्था में ही संभव है। मरने के उपरान्त उसी को मुक्ति मिलती है। ऐसी अवस्था जब आती है तो पुराने पाप-पुण्य भस्म हो जाते हैं तथा नये कर्म हमारे बन्धन के कारक नहीं बनते। यही स्थिति मोक्ष है। निर्वाण है।

बौद्ध विचारधारा में निर्वाण जीवन-साधना की पूर्णाहुति है। निर्वाण को अन्तिम शुद्धि के रूप में वर्णित किया है। निर्वाण अहंकारमुक्त मानव की परम सुखमय अवस्था है। निर्वाण में तप द्वारा अहं क्षीण हो जाता है। जहाँ अहं है, वहाँ निर्वाण नहीं एवं जहाँ निर्वाण है वहाँ अहं नहीं होता। मानव की ऊर्ध्वतम चेतना अर्थात् आध्यात्मिक अनुभूति की चरम अवस्था है निर्वाण। पालि *त्रिपिटक* में निर्वाण को अमृतपद कहा है। इस अवस्था में मृत्यु मर जाती है। बुद्ध ने कहा 'भिक्षुओं, ध्यान दो, मुझे अमृत मिला है। भगवान् बुद्ध ने निर्वाण को अन्तिम शुद्धि कहा है। यह मरने पर नहीं होती।

इस प्रकार शुद्ध जीव का पुनर्जन्म नहीं होता। आत्मा परमात्मा में उसी प्रकार विलीन हो जाती है जैसे नदी समुद्र में विलीन होने के उपरान्त अपना नाम एवं अस्तित्व समाप्त कर देती है। एक अवस्था मरने के उपरान्त एवं पुनर्जन्म के पहले की है। उस अवस्था को "पीर" प्रेत, आदि के नाम से जानते हैं। तीसरी अवस्था पुनर्जन्म की है। इस अवस्था में वह अपने पूर्व जन्म के सीमित पाप-पुण्य के फलस्वरूप सुख-दुःख लेकर आता है। मरने के उपरान्त जो प्राण निकला वह अपने साथ इस जन्म के पाप-पुण्य को सूक्ष्म रूप में ले गया। जैसे वायु अपने साथ सुगन्ध या दुर्गन्ध लेकर जाती है। यही पाप-पुण्य हमारे जन्म में भेद के कारण होते हैं। अगर अच्छे काम किये तो राजा के घर पैदा होंगे, सर्वांग सुन्दर पैदा होंगे एवं बुरे कर्म किये तो गरीब के घर अपंग एवं कुरूप पैदा होंगे। यह भी संभव है कि राजा के घर अपंग एवं कुरूप पैदा हों तथा रंक के घर सुन्दर एवं सपंग पैदा हों। बस यहीं पर "गहना कर्मणो गतिः" प्रमाणित होती है। कारण हम नहीं जानते कि इस जन्म में राजा के घर या रंक के घर पैदा होने में हमारा कौन सा पाप-पुण्य हेतु बना।

इस प्रकार हमने यह बताने का प्रयत्न किया कि जन्म, जीवन एवं मृत्यु एक चक्र है। भगवान् ने *गीता* में कहा कि "हे अर्जुन! मेरे और तुम्हारे बहुत जन्म हो चुके हैं। मैं उन सबको जानता हूँ पर तुम नहीं जानते। यह जीवात्मा न कभी जन्म लेती है और न कभी मरती ही है। यह अजन्मा, शाश्वत्, नित्य, पुरातन है। शरीर के मर जाने पर भी यह नहीं मरती। यानि यह शरीर मरणधर्मा है। आत्मा अमर है।" इसीलिए गोस्वामी तुलसीदास जी ने कहा कि "कर्म प्रधान विश्व रचि राखा।" यानि हम जैसा कर्म करेंगे उसी प्रकार हमारी जीवन-यात्रा होगी।

26

जीवन की मृत्यु सहेली है

– रामप्रवेश शास्त्री

मृत्यु को सभी धर्मों ने मनुष्य का सच्चा मित्र बतलाया है। वह है भी, लेकिन उसके नाम से रोंगटे खड़े हो जाते हैं। आश्चर्य की बात है कि सच्चे मित्र से दिल खोलकर मिलना तो दूर रहा, उसका नाम सुनना भी गँवारा नहीं है। वास्तविकता यह है कि मरना न हो तो जीवन नीरस और निरर्थक बन जाये। फिर इस विरोधाभासी आचरण का रहस्य क्या है?

मृत्यु की अवधारणा सारे संसार में एक सी नहीं है। एक देश में भी भिन्नता मिलेगी। यहाँ तक कि एक धर्म भी उसके प्रति एक-सा व्यवहार नहीं करता। क्योंकि कोई ऐसा धर्म नहीं है जो कम-से-कम दो शाखाओं में विभाजित न हो। मृत्यु की अवधारणा सम्बन्धी कुछ पंक्तियाँ, काव्य की, यहाँ उद्धृत हैं –

> कफन बढ़ा तो किसलिए, नज़र तू डबडबा गई?
> सिंगार क्यों सहम गया, बहार क्यों लजा गई?
> है जन्म क्या, है मौत क्या, बस इतनी-सी तो बात है,
> किसी की आँख खुल गई, किसी को नींद आ गई।

"नीरज" जी ने कितने सरल ढंग से खुलासा कर दिया है – जन्म और मौत का। और ऐसी ही एक परिभाषा बेधड़क जी ने दी है –

> ज़िन्दगी एक है सेन्टेन्स अपने आप समझो,
> इसके शब्दार्थ में ही पुण्य और पाप समझो।
> जवानी क्या है? है डैस, बुढ़ापा कोमा,
> बेधड़क मौत को तुम एक फुलस्टाप् समझो।

दो पंक्तियाँ, बड़ी सादगीपूर्ण, पेश करने का मन हो रहा है –

> मुसाफिर का सफर से लौटकर अपने वतन जाना।
> इसी को मौत कहते हैं, यही होता है मर जाना।।

संत कबीर ने भी अपने ढंग से कह दिया है –

रहना नहीं देश बेगाना है।

लेकिन न मरने वालों में वे स्वयं अपना नाम गिनाते हैं कि –

एक कबीरा ना मरा जाको राम अधार।

तो मरना, न मरना कुछ अपने वश की भी बात मालूम होती है, तभी भीष्म जैसे हो गए हैं जिनको इच्छा-मृत्यु का वरदान था। लेकिन मृत्यु उनकी भी अनिवार्य थी।

महात्मा गांधी ने 125 वर्ष जीवित रहने की कामना की थी। वे जीवित रह सकते थे। लेकिन ऐसा समय आया कि तत्काल मौत की कामना करने लगे। इसके पीछे महत्त्वपूर्ण तथ्य छिपा हुआ है। यहाँ उल्लेखनीय है कि *गीता* आदि ग्रंथों में बताया गया है कि मनुष्य शरीर नहीं आत्मा है। आत्मा जन्म-मृत्यु के बंधन से मुक्त है। शरीर तो वस्त्र की तरह है, पुराना हो गया तो बदलने का सुखद अनुभव होना चाहिए। संतों ने स्वेच्छा से शरीर त्याग किया है। क्योंकि पुराना कपड़ा चीथड़ा हो जाये तो वह शोभनीय नहीं है। एक शेर याद आ रहा है।

गमे ज़माना जिसे मौत आप कहते हैं।
हमें यह मौत न मिलती तो मर गए होते।

यहाँ दो प्रकार की मौत दिखाई दे रही है। ज़माने के गम में जिन्होंने अपनी हड्डियाँ गलाने का निश्चय कर लिया, ज़माने के दुःख-दर्द को अपना दुःख-दर्द बना लिया उन्हें चैन कहाँ मिलता है। उसे भी लोग मौत ही मानते हैं। लेकिन स्वेच्छा से जिन्होंने ऐसी मौत को गले लगाया है, वे तो उसके बिना ज़िन्दा नहीं रह सकते। इस शरीर के रहते हुए भी मृतक समान जीवन उनके लिए भार स्वरूप हो जायेगा। गांधी जी ने देख लिया कि वर्षों जो कंधे-से-कन्धा मिलाकर चलते आए, जिनका बहुत भरोसा किया था, वे सब धीरे-धीरे किनारा करते गए। फिर जीने का आनन्द जाता रहा। इसलिए उन्होंने प्रार्थना की – "हे ईश्वर! मुझे तत्काल उठा ले"। ऐसे महात्मा शरीर छूट जाने के बाद भी जीवित रहते हैं। गांधी जी ने अपने बारे में कहा था कि – "ऐसा नहीं है कि इस शरीर के छूट जाने के बाद मैं नहीं रहूँगा। मैं कब्र में से भी आवाज़ देता रहूँगा"। यह हम सबके चिन्तन की अपेक्षा रखने वाला कथन है।

सांसारिक मनुष्य जाने-अनजाने अपनी मृत्यु का सार-भार करता रहता है। औलाद नहीं है तो दुःखी रहता है। जब वह नए लोगों के पैदा होने की इच्छा करता है, उसके लिए उद्योग भी करता है तो इसका क्या अभिप्राय हुआ? यही न कि वह जगह खाली करे जहाँ आने वाले सुखपूर्वक रह सकें। जितने लोग पैदा हुए अगर वे बराबर बने रहें तो न धरती पर रहने का स्थान होगा और न खाने को अन्न मिलेगा। फिर मरने पर रोने की क्या बात

है? हाँ, सभी नहीं रोते। कुछ समुदायों में तो रोने वाले किराये पर बुलाये जाते हैं। शायद उनका विश्वास है कि इससे मरने वाले को सद्गति मिलेगी। ऐसे समुदाय भी हैं जहाँ मरने पर खुशी मनाई जाती है। कबीर भी तो कहते हैं – "दुलहिन गावहु मंगलाचार"।

कहते हैं सुकरात ने अपने शिष्यों को कहा था कि पता लगाओ कि ज़हर का प्याला ठीक समय पर मिल तो जायेगा, शिष्यों को आश्चर्य हुआ – "आप क्यों चिन्ता कर रहे हैं"? सुकरात ने कहा – पीना मुझे है तो चिन्ता कौन करेगा? उनको ज़हर पीने की सज़ा दी गई थी।

शिष्यों ने यह भी जानना चाहा कि आपका संस्कार किस प्रकार किया जायेगा? सुकरात को हँसी आ गई। बड़े पते की बात उन्होंने कही – "तो ज़हर पिलाने वाले हमारे दुश्मन और ज़मीन में गाड़ने वाले दोस्त हो गए"। अन्त में उन्होंने एक सटीक उत्तर दिया कि हमको पकड़ पाओगे तभी न गाड़ोगे या फूँकोगे।

मरणोपरान्त उनके शरीर के साथ क्या विधि-विधान किया जाये, इस सम्बन्ध में लोग अपना "विल" लिखकर छोड़ जाते हैं। संत तिरुवल्लुवर ने लिखा था – "मरने के बाद मेरा शरीर जंगल में छोड़ दिया जाये ताकि जंगल के जानवर उसे खा सकें"। एक धर्म ऐसा भी है कि मृत शरीर को ऊँचे टावर पर रख देते हैं। मांसभक्षी पक्षी उसे खा जाते हैं। कुछ लोग अपने अंगों का दान-पत्र लिख देते हैं। मरने पर उनकी आँखें किसी को लगा दी जायें। उनका शरीर मेडिकल कॉलेज को दे दिया जाये पढ़ने वाले छात्रों के लिए। कहने का तात्पर्य यह है कि "हरि अनन्त हरिकथा अनन्ता" की तरह मृतक संस्कार के इतने विधि-विधान हैं जिनका वर्णन आसान नहीं है।

पुनर्जन्म एक बहुत बड़ा आश्वासन है मरने वाले के लिए। वैसे मोक्ष चाहने वालों की भी कमी नहीं है। मनु महाराज इस राय के हैं कि "जीवन का अभिनन्दन नहीं, मृत्यु की वासना नहीं।" वास्तव में जीवन की चौहद्दी बनती है जन्म और मृत्यु से, फिर तो दोनों के प्रति एक समान भाव होना चाहिए। सामान्यतः ऐसा होता नहीं। जन्म की खुशियाँ मनाई जाती हैं और मृत्यु से पलायन करते हैं। यक्ष के एक प्रश्न का उत्तर युधिष्ठिर ने यही तो दिया था कि हम रोज़ जनाज़ों की कतारें देख रहे हैं फिर भी समझते हैं कि हमको नहीं मरना है। यहाँ तक कि "राम नाम सत्य है" मंत्र को हमने श्मशान के साथ स्थायी रूप से जोड़ दिया है। किसी के घर में बैठकर इस मंत्र का उच्चारण करने वाले की खैर नहीं है, तभी शायद कबीर को कहना पड़ा कि "आशा तृष्णा ना मरी, मर-मर गया शरीर"।

कहते हैं कि रात-दिन, सुख-दुःख की तरह जन्म और मृत्यु का भी चक्कर चलता रहता है। लेकिन यह बात हमको पचती कहाँ है? अपने जीने के लिए हज़ारों पशु-पक्षियों का वध सहज रूप से करते रहते हैं। अपनी मौत नहीं दिखाई देती। मौत से आँख बचाने, भागने का एक कारण यह भी प्रतीत होता है कि मौत को जो पसन्द है वह हमको पसन्द नहीं है। सच्चा

मित्र तो वह है ही। क्योंकि जब सब छोड़कर अलग हो जाते हैं, जिनको हम बहुत चाहते हैं, तब हमारे न चाहने पर भी मौत आती है और हमको गले लगाती है। सोचने की बात यह भी है कि जिन परिस्थितियों में आज का मनुष्य जी रहा है – अभाव, अन्याय, अत्याचार, अनाचार, बेकारी, बेरोज़गारी, नाना प्रकार के रोग, दुःख, दवा की जगह दुआ का ही सहारा रह गया है तो इन परिस्थितियों से छुटकारा दिलाने वाली एकमात्र मौत ही है।

मृत्यु से सम्बधित कुछ अलौकिक, अद्वितीय दृष्टान्त हैं, जैसे नचिकेता और यमाचार्य का संवाद, सावित्री-सत्यवान की घटना जिसमें यमाचार्य को वापस लौटना पड़ा। इन पर महापुरुषों ने ज्ञानवर्द्धक महान् ग्रंथों की रचना की है, किन्तु मृत्यु के प्रति दृष्टिकोण में परिवर्तन दृष्टिगत नहीं है। भगवान् ने भी कहा है कि जो दिखाई पड़ता है जीवन इतना ही नहीं है। इससे पहले भी था और बाद में भी रहेगा। लाचारी में इन बातों से थोड़ा संतोष अवश्य मिल जाता है, लेकिन समाधान नहीं हो पाता। दिन भर श्रम करने के बाद आराम मिलता है नींद से। वैसे ही जीवन के अन्त में मृत्यु भी आराम प्रदान करती है। सुनने और समझने में भी सुखद और सरल है लेकिन पर्याप्त नहीं है।

संत विनोबा ने जीवन को संस्कार संचय कहा है। दिन भर की कमाई का मूल धन लेकर हम दूसरे दिन की जीवन-यात्रा शुरू करते हैं। वैसे ही अंतिम समय में जो संस्कार बचे रहते हैं वह अगले जन्म की पूँजी है। निद्रा, मृत्यु का लघु संस्करण है। रात में शरीर के सारे अवयवों को आराम मिल जाता है। निःस्वप्न निद्रा है तो मन की थकावट भी दूर हो जाती है। लेकिन प्राण निरन्तर काम करता रहता है। उसको विश्राम देने वाली एकमात्र मृत्यु ही है। प्राण को विश्राम देने वाली निद्रा का नाम है मृत्यु। अस्तु वह वरदानस्वरूप है।

मृत्यु के बाद नरक, स्वर्ग और ब्रह्मलोक तीन अवस्थाओं का समाधान इस रूप में होता है कि बुरा कर्म किया तो निद्रा में बुरे स्वप्न आयेंगे। अच्छा काम किया तो सुखद स्वप्न आयेंगे। यदि गहरी निःस्वप्न नींद आती है तो समझना चाहिए कि हम ब्रह्मलोक में हैं। प्राण की नींद कई वर्षों की हो सकती है। उसके बाद वह पुनः जन्म लेता है। इस रचना का समापन मैं अपनी एक कविता से करना चाहता हूँ जो *श्री कृष्णमूर्ति* जी के विचारों के प्रभाव में लिखी गई थी। शीर्षक है "मृत्यु"।

हर पल हम अगर नहीं मरते।
हर दम यदि मरने से डरते।
ऐसा जीना क्या जीना है।
परवश रह आँसू पीना है।
यंत्रवत ज़िन्दगी चलती है।
आकांक्षाओं में पलती है।
सौन्दर्य प्रेम का नाम नहीं।

है शान्ति नहीं आराम नहीं।
प्रतिदिन का जीना उलझन में।
नाना विपदाओं के वन में।
जो ज्ञात उसी के आँगन में।
क्या आकर्षण इस जीवन में।
इनके ही प्रति तो मरना है।
इन सबसे पार उतरना है।
पूरी समग्रता से जीना।
सौन्दर्य नम्रता से जीना।
अस्तित्व नहीं रहता भय का।
होती सजीवता रसमयता।
पूर्णतः शून्य मन होता है।
उत्पन्न नयापन होता है।
सारे बंधन खुल जाते हैं।
मन कलुष स्वयं धुल जाते हैं।
मन बना रहे निर्दोष सदा।
स्वीकार न हो कोई सत्ता।
बीते कल के प्रति मर जाना।
आनन्द प्रेम से भर जाना।
वरदान एक, ऐसा मरना।
जिसमें नवजीवन का झरना।
क्यों मृत्यु समस्या बनी हुई।
जब सदा साथ में लगी हुई।
हमको है उसका ज्ञान नहीं।
सामना नहीं कर पाते हम।
सोचते और डर जाते हम।
बिल्कुल आसान पहेली है।
जीवन की मृत्यु सहेली है।

27

मृत्यु के आनन्ददायी उत्तम स्वरूप विधायक प्रतीक व्यक्तित्व : महात्मा कबीर

– रमेश नारायण

भारतीय साहित्य के इतिहास में अपने ढंग का अकेला प्रतीक-व्यक्तित्व महात्मा कबीर का ही था, जिन्होंने जीवन को आगे, पीछे, ऊपर, नीचे अपनी वास्तविक अनुभूति की झाड़न से झाड़-पोंछकर स्वच्छ, शुद्ध और अतीन्द्रिय सुख का केन्द्र बनाया। अपने जीवन के सारे मकड़जाले साफ करके शान्ति, सन्तोष और आनन्द की गठरी बाँध उन्होंने मृत्यु तक को अपने साफ-सुथरे जीवन से जोड़ दिया और मनुष्यमात्र के लिये एक ऐसा उदाहरण प्रस्तुत किया, जो उसके जीवन और जीवनान्तर की अबाध गतिशीलता का आधार बना।

मनुष्य है अनिवार्यतः सामाजिक प्राणी और इस प्रकार उसका सामाजिक रुझान भी स्वाभाविक ही है। वह स्वयं अपने लिये सामाजिक संगठनों को रूप इस उद्देश्य से देता है कि आन्तरिक शान्ति की उसकी प्यास मिट सके और आत्मविकास के पथ पर वह निर्बाध आगे बढ़ सके। ऐसे संगठनों को निजी सुख और स्वत्व का साधन बना बैठना उनके पवित्र उद्देश्य की सिद्धि के लिए विघातक है। वास्तव में मनुष्य के दो रूप व्यवहार जगत् में प्रकट होते हैं। एक तो उसका सजग चेतना वाला रूप है और दूसरा उसका स्थूल जागतिक रूप। उसकी सजग चेतना तो उसे ऊर्ध्वगामी बनाती है पर अपने स्थूल रूप में वह अधोमुखी प्रवृत्तियों का शिकार हो जाता है। सजग चेतना की ऊर्ध्वगामी प्रवृत्ति की फिसलन समय-समय पर चिर पवित्र मानव-संगठनों का उसके ही हाथों घोर दुरुपयोग करवा डालती है।

कबीर के युग-चित्रण का जो रूप हमें दृष्टिगत होता है उसकी गहरी समझ के लिए उनके समकालीन और उनके पहले के धार्मिक आन्दोलनों को परखने की आवश्यकता है जो तत्कालीन जन-मानस में उथल-पुथल मचा रहे थे और उनकी परम्पराएँ भी निर्मित हो

चुकी थीं। कबीर के साथ एक खास बात यह थी कि उन्होंने उन परम्पराओं को स्वीकार भी किया और उनके भीतरी तल में बैठकर तथा उन पर जमी मैल की बखिया उधेड़कर एक नई परम्परा गढ़ी, जिससे भारतीय चिन्तनधारा में एक युगान्तर उपस्थित हुआ। इतना तो स्पष्ट है कि तत्कालीन सामाजिक विक्षोभ की परिस्थिति अत्यन्त सुगठित इस्लाम धर्म का प्रतिरोध करने की प्रतिरक्षात्मक भावना से उच्च जातियों में पैदा हुई थी। इसी कारण समूचे देश में फैले मत-मतान्तरों को संघबद्ध करने की प्रवृत्ति ने जोर पकड़ लिया था। इसके लिए उस समय प्रचलित ब्रह्मवादी, कर्मकाण्डी, शैव, वैष्णव, शाक्त, स्मार्त्त, आदि मतावलम्बियों ने स्मृति, पुराण, लोकाचार, कुलाचार, आदि अनेक आधारों पर एक सर्वसम्मत आचार-प्रवण धर्म-मत स्थिर करने की चेष्टा की, जो उच्च जाति के हिन्दुओं को ही संघबद्ध कर सकती थी। उसमें तीर्थ, व्रत, उपवास, पूजा-पाठ, जप, हवनादि क्रियाओं की ही प्रमुखता थी। इन सब कार्यों में अन्त्यजों और निम्न श्रेणी के लोगों को वर्जनशील रखकर उच्च जाति के हिन्दुओं को अधिकाधिक हिन्दू बनाने की चेष्टा निहित थी। इस प्रकार की प्रतिरक्षात्मक संघबद्धता से सामान्य जनता के हित साधन की आशा नहीं की जा सकती थी।

महात्मा कबीर विषयक उपर्युक्त आंशिक अनुशीलन जीवन और मृत्यु-संबंधी उनकी अवधारणाओं के वैशिष्ट्य को स्पष्ट नहीं करता। यह ठीक है कि इन बातों का भी उससे परोक्ष संबंध है, किन्तु कबीर की जीवन-यात्रा और मृत्य-विषयक उनके चिन्तन की मौलिकता ही एतत्संबंधी निष्कर्ष का आधार बन सकती है। कबीर के जीवन के संबंध में अब तक प्राप्त छिटपुट सामग्री के आधार पर पर्याप्त विचार हुआ है किन्तु सबके सहारे नहीं कहा जा सकता कि अन्तिम निष्कर्ष सामने आ सका है। जिसने स्याही और कागज़ छुआ तक नहीं उसकी स्वलिखित रचना प्राप्त ही कहाँ होगी कि उससे पूर्ण रूप में प्रामाणिक निष्कर्ष निःसृत हो सके। दूसरी बात यह है कि महात्मा कबीर उन महापुरुषों की परम्परा में ही आते हैं जिनकी रूचि आत्मपरिचय देने में नहीं के बराबर थी, फिर भी उनके भक्तों और शिष्यों द्वारा उनकी कही गई वाणियों की जो प्रस्तुति हुई उनमें जहाँ-तहाँ कुछ निजी बातें उनके जीवन की झलक दे ही जाती हैं।

कबीर के विषय में विचारकों द्वारा जो सामग्री प्रस्तुत की गई है उसमें वैषम्य की ही मात्रा अधिक है। अधिकांश विचारकों ने उन्हें हिन्दू-मुस्लिम एकता का सूत्र पिरोने वाला समझा है, किसी ने नाथ-मतावलम्बी और किसी-किसी ने तो उन्हें पूरा का पूरा वैष्णव मान लिया है। सच तो यह है कि कबीर जैसे चिन्तनशील मनीषी की फुटकल उक्तियों के आधार पर उनके संबंध में निकाला गया निष्कर्ष युक्तियुक्त नहीं प्रतीत होता। उन्होंने "जाति जुलाहा नाम कबीरा बनि बनि फिरौं उदासी" के द्वारा अपनी निम्न श्रेणी का परिचय अत्यन्त निर्भीक भाव से समाज को दिया और अपने को निरक्षर घोषित कर समाज में हेय माने जाने की बात दृढ़ आत्मविश्वास के साथ स्वीकार कर ली। यह भी बता दिया कि "तनना बुनना तज्या कबीर, रामनाम लिख लिया शरीर" उसकी आन्तरिक चिन्तन-शक्ति और विरल उपलब्धियों

का वैशिष्ट्य सहज ही स्वीकार किया जाना चाहिए। साथ ही उसके आत्मचिन्तन, आत्मानुभुति और आत्मचैतन्य को भी उसके व्यक्तित्व के आधारभूत तत्त्व के रूप में मान्य समझना होगा।

असल बात यह है कि जीव को जीव इसलिए कहा जाता है कि वह आत्मा के साथ-साथ मन और शरीर से भी युक्त है। हमारा जीवन शरीर, मन और आत्मा की क्रियाशीलता पर आधारित है। शरीर से ऊपर उठकर आत्मा तक उसकी पहुँच उसे परम आनन्दानुभूति की कोटि में ला देती है। इस परम फल की प्राप्ति-प्रक्रिया क्रमिक साधना के रूप में स्थिर की गई है। शरीर-साधना के पश्चात् ही मनस्तत्त्व की साधना का स्तर प्राप्त होता है और इन दोनों की उपलब्धि के पश्चात् आत्मचैतन्य का वरदान मिलता है। इसी क्रम को लक्ष्य करके प्रायः सभी धर्मों में शारीरिक और मानसिक पवित्रता के नियमों का विधान किया गया है। इसमें ध्यान देने की बात यह है कि आत्मचैतन्य की कोटि-प्राप्त महापुरुष आन्तरिक दृष्टि से संयमित और अनुशासित होकर भी सामाजिक और लौकिक रूढ़ियों के शिकंजों में नहीं फँसता क्योंकि पूर्ण आत्मविकास के क्षेत्र की परम आनन्दानुभूति में डूबा वह निर्भयतापूर्वक मनुष्य मात्र के बीच अपार करुणा के बीज बोता विचरण करता रहता है। महात्मा कबीर की सर्वदिशोन्मुखी स्वाधीन प्रवृत्ति हमें इसी कारण असमंजस में डाल देती है और हम उनकी उपलब्धियों के औचित्य-निर्णय में सक्षम नहीं हो पाते हैं। महात्मा कबीर की निम्न उक्ति इस सन्दर्भ में विचारणीय है –

जो दरसन देख्या चहिए, तो दरपन मंजत रहिए।
जो दरपन लागै काई, तब दरसन किया न जाई।।

इन पंक्तियों में संकेतित दर्पण में काई लगने का अर्थ कई विचारकों ने माया लगाया है। किन्तु कबीर का वास्तव में दर्पण से तात्पर्य चैतन्य आत्मा से है और "दरसन देख्या चहिए" का कथन करके उन्होंने परमानन्दानुभूति की ओर संकेत किया है। यों माया अर्थ भी लिया ही जा सकता है किन्तु इससे कबीर के वास्तविक तात्पर्य तक उस अर्थ की पहुँच नहीं हो पाती। उसकी एक सीमा बँध जाती है। सोचने की बात है कि कबीर के व्यक्तित्व में अखण्ड आत्मविश्वास का झलमलाता प्रकाश जो आद्यन्त दृष्टिगोचर होता है, वह कहीं मन्द क्यों नहीं पड़ता। जिसने अपने समूचे युग के पाखण्ड, कुपथगामिता, छल-छद्म, दमन, शोषण, उत्पीड़न, दिशाभ्रम, आदि को एक साथ निर्भयता से ललकारा, उसका अन्तर्मन यदि बलशाली नहीं था तो इतनी सारी विपरीतताओं से वह लोहा कैसे ले सका? जिसने "झूठा रोजा झूठी ईद" कहते समय समकालीन मुसलमान शासक की अपने ऊपर क्रोध की रत्ती भर भी परवाह नहीं की, जंज़ीर से बँधवाया जाकर गंगा मैया की गोद में डाल दिया गया, वह क्या चैतन्य आत्मा और परमानन्दानुभूति का अधिकारी नहीं था? उस प्रियतम "रघुनाथ" का सच्चा स्नेही भाव भक्ति की परिपक्वता-प्राप्त अखंड आनन्द का क्या वह भोक्ता नहीं था?

गंग लहर मेरी टूटी जंज़ीर, मृगछाला पर बैठे कबीर।
कहे कबीर कोई संग न साथ, जल थल राखत है रघुनाथ।।

इन प्रश्नों के परिप्रेक्ष्य में जब हम कबीर के आत्मचैतन्य की शक्ति और परमानन्दानुभूति की लोकोत्तर मधुरता पर विचार करते हैं तो कबीर के आत्मतेज की आभा स्पष्ट उद्भासित होती है। साथ ही इसका भी स्पष्ट आभास मिल जाता है कि कबीर की साधना धर्म, अर्थ काम ही नहीं मोक्ष के लिए भी नहीं थी, वह सिर्फ आत्मानुभूति की सिद्धि के लिए थी जो सतत् गतिशील रहने वाली थी। वेदान्त के अहं ब्रह्मास्मि के स्थिर सिद्धान्त से उनकी उक्तियाँ ऊपरी साम्य रखती प्रतीत होती हैं। किन्तु उसकी अन्तर्निहित भावना ब्रह्म से एकाकार होने को ठहराव बिन्दु के रूप में स्वीकार नहीं करती। उससे इसकी भिन्नता स्पष्ट हो जाती है क्योंकि कबीर ने अपने लक्ष्य-बिन्दु पर अपनी पहुँच की जो सूचना प्रकटित की है वहाँ यह अन्तर सहज ही अनुमानित हो जाता है। वे कहते हैं –

हम न मरै मरिहै संसारा, हमकूँ मिल्या जियावनहारा।

इस स्थल पर ही कबीर की आत्मानुभूति की गतिशीलता दृष्टिगोचर हो जाती है। "जियावनहारा" जब मिल गया तो अक्षय आनन्द के सतत् प्रवाही स्रोत में सहज स्नात होते रहने का द्वार खुल गया। परमानन्दानुभूति की कालबद्धता अब कहाँ रही जब जियावनहारा ने ही हाथ लगा उसे अपने पास खींच लिया। सच पूछा जाये तो जीव के लिये मृत्यु के जितने भी स्वरूप चिन्तकों और दार्शनिकों द्वारा स्थिर किये गए हैं, उन सबसे विलग एक परिपक्व और मौलिक स्वरूप का विधान करके महात्मा कबीर ने युग-युगान्तर तक मानव मात्र के नयन पट खोलने का सोपान प्रस्तुत किया है। इनता ही नहीं निर्गुणोपासना की चिरसनातन विधि से भाव-भक्ति को जोड़कर कबीर ने उसमें हृदय पक्ष के संयोग की सम्भावनाओं को बल प्रदान करने का उत्कृष्ट कार्य किया है।

अंततः मध्य युग के इस युग-प्रवर्तक सन्त महाकवि के संबंध में यही कहा जा सकता है कि वे परम स्वतन्त्र चेतना के अधिकारी युगद्रष्टा थे। उनकी जीवन और जीवनान्तर की परख लौकिकता की सीमा-रेखा को पार कर बहुत आगे निकल गयी थी। उनकी मान्यता की सच्ची समझ हमें यही बताती है कि उनकी दृष्टि में व्यक्ति अपने संस्कारों और योग्यताओं से युक्त एक स्वतन्त्र इकाई है और अपनी स्वतन्त्र परिधि में वह सतत् भ्रमणशील है। परम सत्ता के अंश से विभासित अपने लक्षित पथ पर अपनी ही चेतना के इशारे पर उसे अग्रसर होना है और अपने लक्ष्य-बिन्दु पर अपनी पहुँच का पूरा स्वाद लेने का वह अधिकारी है।

सहयोगी लेखकों का परिचय

अज़हरी, मुक्तदा हसन – कुरआन एवं हदीस के सुविज्ञाता, जामिया सलफीया वाराणासी।

खन्ना, सुषमा – समाजशास्त्री, महात्मा गाँधी काशी विद्यापीठ में प्रोफेसर, भारतीय समाज-व्यवस्था पर अनेक रचनायें, वाराणसी।

गिरि, कुसुम – समाजशास्त्री, समाजशास्त्र पर अनेक रचनाएँ, प्रवक्ता, बसन्त कालेज, राजघाट, वाराणसी।

गिरि, रघुनाथ – दर्शन के वरिष्ट विद्वान, पूर्व अध्यक्ष दर्शन विभाग, महात्मा गाँधी काशी विद्यापीठ, वाराणसी।

जैन, अनेकान्त – संस्कृत और प्राकृत के युवा विद्वान्, प्राध्यापक, जैन दर्शन विभाग, लाल बहादुर शास्त्री राष्ट्रीय संस्कृत विद्यापीठ, नई दिल्ली।

जैन, मुन्नी पुष्पा – जैन धर्म एवं दर्शन की लब्धप्रतिष्ठ अध्येत्री, अनेकांत भवनम्, वाराणसी।

झा, हेतुकर – पटना विश्वविद्यालय में समाजशास्त्र के वरिष्ठ प्रोफेसर, पटना।

झुनझुनवाला, दीनानाथ – काशी के विशिष्ट विद्याप्रेमी, अनेक संस्थाओं से सम्बद्ध, समाजसेवी।

त्रिपाठी, रामशंकर – बौद्ध धर्म एवं दर्शन के सुविज्ञ विद्वान्, केन्द्रीय उच्च तिब्बती शिक्षा संस्थान के प्रोफेसर, वाराणसी।

त्रिपाठी, बंशीधर – समाजशास्त्र और भारतीय संस्कृति पर अनेक सारगर्भित लेख एवं पुस्तकें, पूर्व प्रोफेसर समाजशास्त्र विभाग, महात्मा गाँधी काशी विद्यापीठ, वाराणसी।

द्विवेदी, प्रभुनाथ – भारतीय दर्शन एवं संस्कृत के विशिष्ट विद्वान्, उपाचार्य संस्कृत विभाग, महात्मा गाँधी काशी विद्यापीठ, वाराणसी।

द्विवेदी, व्रजवल्लभ – आगम योगतन्त्र के विख्यात आचार्य, अनेक लेखों एवं पुस्तकों के प्रणेता, वाराणसी।

नारायण, रमेश – कबीर साहित्य के विशेषज्ञ, सेवानिवृत्त यू॰ प्रो॰ तथा अध्यक्ष हिन्दी विभाग, ए॰ एन॰ कालेज, पटना।

पाण्डेय, कपिलदेव – पुराण एवं धर्मशास्त्र के मीमांसक, संस्कृत साहित्य की अनेक विधाओं के मर्मज्ञ, वाराणसी।

पाण्डेय, सियाशरण – समाजशास्त्री, जैन वैज्ञानिक एवं चिकित्सा विज्ञान में अभिरूचि, वाराणसी।

महास्वामी, चन्द्रशेखर – वीरशैव धर्म के प्रधान आचार्य, जंगमबाडी मठ, वाराणसी।

मेहता, भानुशंकर – पैथोलॉजिस्ट, बनारसी परम्परा एवं संस्कृति के अप्रतिम मर्मज्ञ, काशी के प्रतिभाशाली लोकप्रिय व्यक्ति, समाज, संस्कृति और विज्ञान पर प्रामाणिक लेख एवं पुस्तकें, वाराणसी।

मिनती – भूगोलज्ञ, ग्रामीण व्यवस्था पर कई लेख एवं पुस्तकें, भूगोल विभाग, काशी हिन्दू विश्वविद्यालय, वाराणसी।

मिश्र, त्रिलोकनाथ – ज्योतिष और कर्मकाण्ड के विद्वान्, वाराणसी।

मिश्र संतोषकुमार – समाजशास्त्री, निर्मलकुमार बोस स्मारक प्रतिष्ठान से संबद्ध, वाराणसी।

राय, विजय कुमार – गणितज्ञ, काशी के विशिष्ट विद्वान्, राष्ट्रपति पुरस्कार प्राप्त, पूर्व उपप्रधानाचार्य, क्वींस कालेज, वाराणसी।

राय, सुधीर कुमार – जैन धर्म के युवा अध्येता, प्रवक्ता, प्राचीन इतिहास, डॉ॰ बी॰ आर॰ अम्बेडकर महाविद्यालय, इन्दारा, मऊ (उ॰ प्र॰)।

शास्त्री, रामप्रवेश – कवि, लेखक और समाज-सेवक, महात्मा गाँधी एवं जयप्रकाश नारायण की छन्दबद्ध जीवन गाथाएँ, सम्पादक *सर्वोदय जगत*, सर्व सेवा संघ, वाराणसी।

श्रीवास्तव, अजयकुमार – जैन धर्म के मर्मज्ञ, प्रवक्ता हिन्दी साहित्य, डॉ॰ बी॰ आर॰ अम्बेडकर महाविद्यालय, इन्दारा, मऊ (उ॰ प्र॰)।

सिन्हा, वशिष्ठ नारायण – पूर्व उपाचार्य, दर्शन विभाग, महात्मा गाँधी काशी विद्यापीठ, वाराणसी।

सिंह, राघवेन्द्र प्रताप – मेधावी शोध छात्र, इतिहास विभाग, काशी हिन्दू विश्वविद्यालय, वाराणसी।

अनुक्रमणिका

Evolution of Maritime Strategy and National Security of India

Evolution of Maritime Strategy and National Security of India

Sugandha

Decent Books
New Delhi

Cataloging in Publication Data — DK

[Courtesy: D.K. Agencies (P) Ltd. <docinfo@dkagencies.com>]

Sugandha, 1976–

Evolution of maritime strategy and national security of India / Sugandha.

p. cm.

Originally presented as the author's thesis.

Includes bibliographical references (p.)

ISBN 818692146X

1. Sea-power — India. 2. National security — India. 3. Naval strategy. 4. Navigation — India — History. 5. Navigation — Indian Ocean — History. 6. Indian Ocean — Strategic aspects. I. Title.

DDC 359.009 54 22

ISBN 81-86921-46-X

First published in India in 2008

Published and printed by:

Decent Books

D-36/A-1, Mohan Garden

Najafgarh Road

New Delhi - 110 059

Ph. (011) 2535 3435

Distributed by:

D.K. Printworld (P) Ltd.

Regd. Office: 'Sri Kunj', F-52, Bali Nagar

Ramesh Nagar Metro Station

New Delhi-110 015

Phones: (011) 2545 3975; 2546 6019; *Fax*: (011) 2546-5926

E-mail: dkprintworld@vsnl.net

Website: www.dkprintworld.com

Preface

The word "maritime" originated from the Latin word "maritimus", which means connected with the sea, especially in relation to seafaring commercial or military activities, and "strategy" means the art of planning and directing military activities in a war or battle to achieve a particular long-term aim, often contrasted with "tactics". National security is important to protect and sustain the core values and vital interests of the nation. Therefore national security has direct concern with maritime activities, which include seaborne trade and commerce, management of living and non-living resources of the sea, delimitation of international boundaries along with deployment of military forces in the Indian Ocean.

Indian Ocean region is the birthplace of maritime civilization, and was considered as a playground of rich industrial European nations during the colonial era. The period between the beginning of the Cold War to the post-Cold War brought lot of changes in the geo-strategic role of the Indian Ocean for big powers leading to changes in the perception of the regional power. The post-Cold War era has heralded a socio-politico-strategic shift in thought. Globalization, specifically economics, today dominates strategic considerations. This has led to enhanced maritime security concerns, since most regional trade is sea-borne. The term "Maritime Security" is both multi-dimensional and multifaceted and involves military and non-military issues. These include naval threats and challenges (military security issues), arms trafficking, narco-terrorism, piracy connected with shipping, fishing, seabed minerals and offshore oil and natural gas resources, vulnerability of sea-lanes of communication (SLOC), and illegal immigration. Moreover maritime security includes environmental protection, nuclear issues, and missile defence as also maritime management, as the seas are indivisible.

Globalization and global interdependence has necessitated co-operative security to defend and safeguard communication lanes and oil transportation to stem the non-military threats. Maritime security has become an integral part of a comprehensive security. Since oil security is of primary concern to all major powers as well as the oil importing countries to sustain the pace and intensity of economic growth, keeping the centrality of oil communication security from any imminent threat from radical elements and *jihadi* forces is of utmost importance. Maritime security is at the heart of international security.

To recapitulate, the Indian Ocean is a region of vast political, cultural, religious and economic diversity, which has been united, in a sense, by the movement of people, goods and ideas.

Keeping in view the above framework of analysis the book addresses major concerns of India's maritime and security policies relating to the Indian Ocean to ensure the security not only of maritime borders to facilitate international trades but also to strengthen the comprehensive security of the country from various sources of threats.

Chapter one describes the Indian Ocean Rim Countries, their historical background (Indian, Portuguese, Dutch, French & British dominance), the geo-economic and geo-strategic importance of the Indian Ocean, and India's security and maritime strategy.

The second chapter discusses in depth the Indian Ocean and its geographical location, the islands of the Indian Ocean with their area, history, population, weather, atmospheric conditions, their highest and lowest points, and minerals. The chapter also focuses on ports, tributaries, straits, channels, sea routes and land routes of the Indian Ocean, and the location and physical setting of India on the earth.

Chapter three addresses the political dimensions of maritime security. One of the political aims of India is to protect her geo-political, economic and security interests in the maritime environment through the International Law of the Seas Conferences sponsored by the United Nations and obtain for herself the legitimate share of the new oceanic wealth for peace and prosperity. The topics of discussion in this chapter are International Law of the Sea, EEZ, Maritime Law, concept of Zone of Peace, India's policy, maritime boundaries, India's maritime disputes (with Pakistan and Bangladesh) and India's co-operation and community feeling with IO countries.

The economic aspect of India's maritime security continues to be an important factor, because of India's growing economic dependence on the sea. About 95 per cent in volume and 70 per cent in value of India's international trade is carried on the seas. "Economic Dimension of Indian Ocean and India's Security" (chapter four) discusses the economic strategy, foreign trades, energy security, crude oil, natural gas and pipelines in India, maritime trade and commerce, shipping, ports, IOR-ARC (Indian Ocean Rim Association for Regional Co-operation) and BIMST-EC (Bangladesh–India–Myanmar–Sri Lanka–Thailand Economic Co-operation).

Chapter five analyses the power potentials of major Powers (USA, China, Russia, France, Pakistan and Britain) in Indian Ocean Rim Countries and India's role in the Indian Ocean and Maritime Doctrine.

Arms limitation and disarmament through proper multilateral negotiation has been central to India's world view. India continues to stress for a co-operative thrust to reduce the salience of nuclear weapons, by subscribing to political measures such as no-first-use, non-use against non-nuclear weapon states and a move away from deployment in hair trigger alert. India, as the only country to commit to no-first-use, believes that restraint on use of nuclear weapons will reduce their salience in strategic calculus and over time pave the way for their reduction and elimination. Chapter six deals with the Indian Navy, its strategy and doctrine, future planning, Indian Nuclear Weapons Programme, Arms Control and Disarmament. The pictures and the specifications of Aircraft Carriers, Submarines, Frigates, Corvettes etc. are also included in this chapter.

The challenges and prospects for India's foreign policy are manifold. Peace and security in our neighbourhood and in our region as a whole is uppermost in our mind. Chapter seven addresses India's relations with the important IOR countries (Australia, Bangladesh, Djibouti, Eritrea, Indonesia, Iran, Kuwait, Malaysia, Mauritius, Maldives, Myanmar, Oman, Qatar, Saudi Arabia and Seychelles).

The Indian Navy has come a long way since independence, when India inherited a modest collection of five frigates and six minesweepers. Rightly recognising the vital role the Navy would play in the maritime defence of the country, the development of the Navy started slowly and progressed gradually over the years. The Indian Navy of today is a three-dimensional combat force which is capable of performing multifarious tasks. The Indian Navy, the fifth largest in the world, was allocated approximately 17.8 per cent (Rs.14,307.93 crore) of the total defence budget in FY 2005-2006. Due to financial constraints, Indian Navy (IN) is struggling to find replacements for a fleet that is having vessels decommissioned due to old age faster than they can be replaced. Chapter eight covers the evolution of the maritime history of India (starting from Harappan Civilization), its genesis and developments, pre-Independence plans for the development, making of the modern Navy, organization of Indian Navy, Indian Coast Guard, comparative Naval strength of India, Pakistan and China, maritime co-operation in Indian Ocean, Defence Budget, elements for a strong maritime power and futuristic directions.

As a whole, India's sea borders are vulnerable. The national leadership in this country has shown callous indifference to the country's maritime security issue in the past. It is worth pointing out that threats from the sea had not figured in the Parliamentary debates and its various committees even once since independence. Despite nearly 61 years of independence, the concept of national security is yet to take shape. While the Army and the Air Force had received some degree of national attention, the Navy's profile was, it seems, beyond the purview of the decision-makers. Indian naval arm has been assigned a low priority in the allotment of defence budget. The Navy had always got the Cinderella treatment, whereas in the modern era of globalization in trade and commerce, the Indian Navy has assumed far greater importance then ever before. The Andaman and Nicobar Islands have so far remained open to hostile forces, and it is important for the Navy to keep the strategic sea-lanes free and secure. Strategic space in the seas and oceans around India is rich in minerals like hydrocarbons. Maritime nations are bound to start exploring the bottoms of the sea soon. Even landlocked nations will demand sea-space for exploration purposes, and such moves may start breeding conflicts for the control of sea routes. Hence, the destiny of the world in the 21st century will be decided by sea power.

Contents

Acknowledgement

I AM profoundly grateful to Dr R.S. Siwach, Reader, Department of Defence and Strategic Studies, M.D. University, Rohtak for his constant guidance, generous support and encouragement, and insightful supervision of the thesis from time to time. Without his invaluable academic succour and moral support I would not have been able to finish my research work well in time. I would be very glad to quote one of the greatest sayings — "God creates man and a teacher creates his future."

I am very grateful to Dr D.S. Bajia, Head, Department of Defence and Strategic Studies, M.D. University, Rohtak for giving me valuable suggestions and sharing his strategic thoughts on maritime affairs during my research work. He is a visionary and great strategic thinker.

I owe a special word of thanks to Vice-Chancellor of the University, Prof. R.S. Dhankar, former Dean of Faculty of Arts and Social Sciences, Dr S.B. Dahiya, present Dean Prof. S. Kumar, M.D. University, Rohtak for providing me much desired administrative facilities and encouragement to complete my work.

I express my deep sense of gratitude to B.M. Jain, visiting Professor in Asian and Asian–American Studies, State University of New York, New York and also Academician and Research Professor, International Noble Academy, Toronto, Canada for his ungrudging co-operation and critical academic insight in going through this work and offering his valuable suggestion for its improvement.

I want to pay my sincere thanks and gratitude to Mrs. Prabha Siwach. As and when I visited her, she always encouraged me and boosted my morale for the completion of my research project.

I am indebted to my husband Er. Sankalp Prakash who really worked hard in computerization of my thesis and in giving it the present look.

I am very thankful to former librarian, Dr P.N. Sharma and present librarian, Dr Ajit Siwach for their kind cooperation and extended assistance to my research work.

My sincere thanks are due to the staff of my department and the library staff of the libraries of M.D. University, Rohtak; Rajasthan University, Jaipur; J.N. University, New Delhi; IDSA, New Delhi and USI, New Delhi for their co-operation in execution of the project.

I would like to thank Mr S.P. Kulshrestha, Dr. (Mrs.) Rekha Deo, Dr Avikalp Prakash, Dr Anukalp Prakash, Ms. Atharva, Mr Diwakar Dutt Kulshrestha, Mrs Sangeeta Kulshrestha, Mr Prabal, Mr Sajal, Mrs Sandhya, Mrs Deep Prabha, Pranjal and Abhima for their valuable suggestions, advices and understanding when the times were tough.

Lastly, I pray for all these people and every one who helped me during the research work that "May god give them long and prosperous life to spread the light of their intellectuality" and I am forever indebted for their efforts on my behalf, I have learned a great deal from them.

Abbreviations

ACBG	Aircraft Carrier Battle Group.
ANC	Andaman & Nicobar Command.
ARG	Amphibious Ready Group.
ASEAN	Association of South-East Asian Nations.
ATV	Advanced Technology Vessel.
BHP	Broken Hill Proprietary.
BIMST-EC	Bangladesh India Myanmar Sri Lanka Thailand Economic Cooperation.
BIOT	British Indian Ocean Territory.
CBM	Confidence Building Measures.
CENTO	Central Treaty Organization.
CoM	Council of Ministers.
CSO	Committee of Senior Officials.
CTBT	Comprehensive Test Ban Treaty.
DRDL	The Defence Research and Development Laboratory.
DWT	Dead Weight Tonnage.
EEZ	Exclusive Economic Zone.
EMALS	Electromagnetic Aircraft Launching Systems.
FDI	Foreign Direct Investments.
FIPB	Foreign Investment Promotion Board.
FLSD	Force Level Structure Document.
GAIL	Gas Authority of India Limited.

GATT	General Agreement on Tariffs and Trade.
GDP	Gross Domestic Product.
GRSE	Garden Reach Shipbuilders & Engineers.
HSL	Hindustan Shipyard Limited.
IAEA	International Atomic Energy Agency.
ICBM	Intercontinental Ballistic Missile.
IEA	International Energy Agency.
IGMDP	Integrated Guided Missile Development Programme.
IMF	International Monetary Fund.
IMO	International Maritime Organization.
IN	Indian Navy.
IOPS	Indian Ocean Policy Statement.
IOR	Indian Ocean Rim.
IOR-ARC	Indian Ocean Rim Association for Regional Co-operation.
IORIIGM	Indian Ocean Rim Initiative Inter Government Meeting.
IOZP	Indian Ocean as a Zone of Peace.
IPKF	Indian Peace Keeping Force.
IPSA	Iraqi Pipeline Across Saudi Arabia.
ISBA	International Seabed Authority.
JEC	Joint Economic Commission.
JRC	Joint Rivers Commission.
JWG	Joint Working Groups.
LNG	Liquefied Natural Gas.
LTTE	Liberation Tigers of Tamil Eelam.
MIC	Malaysian Indian Congress.
MoU	Memorandum of Understanding.
MPNG	The Ministry of Petroleum and Natural Gas.
MSP	Maritime Security Policy.

MT	Million Tonnes.
MTOE	Million Tonnes of Oil Equivalent.
NATO	North Atlantic Treaty Organization.
NCAER	National Council of Applied Economic Research.
NELP	New Exploration Licensing Policy.
NPT	Non-Proliferation Treaty.
NTPC	National Thermal Power Corporation.
OECD	Organization for Economic Co-operation and Development.
ONGC	Oil and Natural Gas Corporation.
OPEC	Organization of Petroleum Exploring Countries.
PDRY	People's Democratic Republic of Yemen.
PLAN	People Liberation Army–Navy.
POL	Petroleum Oil and Lubricants.
PPP	Purchasing Power Parity.
PSI	Proliferation Security Initiative.
RIN	Royal Indian Navy.
RMA	Revolution in Military Affairs.
SAPTA	South Asian Preferential Trade Arrangement.
SAR	Search and Rescue.
SCA	Suez Canal Authority.
SEATO	South-East Asia Treaty Organization.
SLBM	Submarine-Launched Ballistic Missile.
SLCM	Submarine Launched Cruise Missile.
SLOC	Sea Line of Communications.
SLV	Satellite Launch Vehicle.
SOLAS	Safety of Life at Sea.
STOVL	Short Take Off and Vertical Landing.
TAAF	The French-Austral and Antarctic Territories.

TCF	Trillion Cubic Feet.
TRT	Turnaround Time.
UAR	United Arab Republic.
ULCC	Ultra-Large Crude Carrier.
UNCLOS	United Nation Convention on the Law of the Sea.
UNCTAD	United Nations Conference on Trade and Development.
VLCC	Very Large Crude Carrier.
VTOL	Vertical Take Off and Landing.
WGTI	Working Group on Trade Investment.
WTO	World Trade Organization.
YAR	Yemen Arab Republic.

List of Graphs and Tables

Graphs

Tables

List of Maps and Figures

Figures

Maps

1

Introduction

Whoever controls the Indian Ocean dominates Asia. This ocean is the key to the seven seas. In the 21st century the destiny of the world will be decided on the water.[1] — Alfred Mahan

In twenty first century, Indian Ocean regions comprise the bulk of the world's population and have several common features and problems. So it is an important topic to discuss the peace and security in this region among the littoral states and major powers like USA, China, etc. The Indian Ocean region has greater importance in the areas of strategy, economy, commerce and geo-politics. The problem becomes more complicated because the littoral states want to set up greater control over the adjoining areas of the ocean.

The "rim" of Indian Ocean comprises 30 littoral countries, six island states and 12 land-locked countries. The littoral countries are: Australia, Bahrain, Bangladesh, Djibouti, Egypt, Eritrea, East Timor, India, Indonesia, Iran, Iraq, Israel, Jordan, Kenya, Kuwait, Malaysia, Mozambique, Myanmar, Oman, Pakistan, Qatar, Saudi Arabia, Singapore, Somalia, South Africa, Sudan, Tanzania, Thailand, United Arab Emirates and Yemen.[2]

---

1. Quoted in Guido Gerosa, *Europa Reprinted in Atlas,* New York, November, 1970.

2. Map of Indian Oceanic States and Insular Territories, Realization by Christian Bouchard O.Q.O.I. 2002. See also *Microsoft Encarta Reference Library, 200,* at www.encarta.com.

If the Red Sea is not considered part of the Indian Ocean, the number of littoral countries would be reduced to twenty-three. The island states of the Indian Ocean are: Comoros, Madagascar, The Maldives, Mauritius, Seychelles and Sri Lanka. The twelve land-locked countries are: Afghanistan, Bhutan, Burundi, Ethiopia, Lesotho, Malawi, Nepal, Rwanda, Swaziland, Uganda, Zambia and Zimbabwe (See Map 1.1).

Historical Background

The history of sea-faring in the Indian Ocean — unlike in Atlantic and the Pacific — goes back to very early times. In fact, the history of navigation in the Indian Ocean goes back to about 2300 BCE to the times of the Pharaohs. The Egyptian sailors sailed to the legendary country of "PUNT."[3]

The Sumerians began to navigate the Persian Gulf at about the same time when Egyptians moved into Red Sea towards "PUNT."

The first European to sail into Indian Ocean was Scylax, a Greek, who led an expedition from the Persian Gulf around Arabia to Egypt at the command of Persian King Darius. However, Alexander was the first Greek to think of establishing international trade routes, the basis of his dream of a universal empire. The ports of Oman and the Persian Gulf played an important rote in the eastern trade, though intermittently most of the trade passed through the ports of Southern Arabia, particularly Aden.

After Alexander, the maritime activities of the Greaco-Egyptians increased and culminated in Exdoxus voyages. Exdoxus visited India in 119 BCE; exchanged goods, and became

3. Auguste Toussaint, *The History of Indian Ocean*, Routledge and Kegan Paul, Chicago, 1966, p. 13.

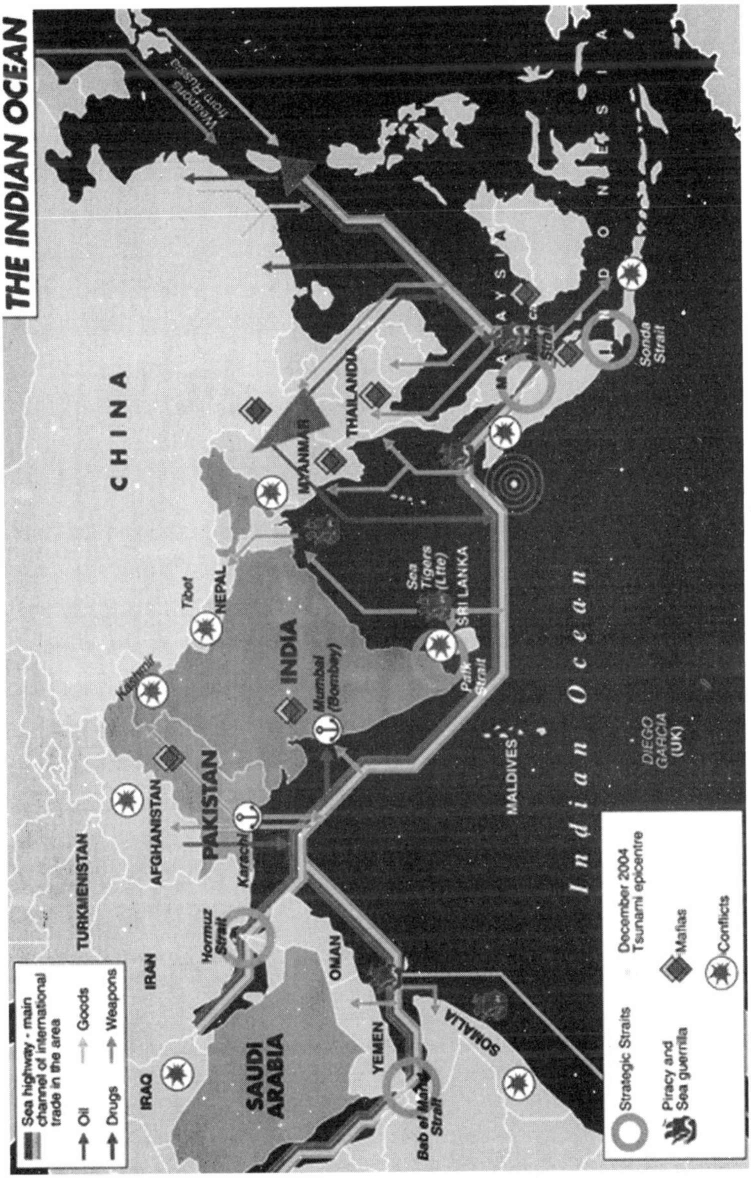

Map. 1.1: India's Maritime Security

the first navigator after Scylax to have established a direct maritime link between India and Egypt.

Indian Dominance

Historically, the Indian Ocean has been very important. From the fifth century BCE to the sixth century CE, the Indian power enjoyed naval supremacy in the Indian Ocean. The study of maritime history of India reveals that India was the first country to posses real battle fleets and had complete dominance over the India Ocean from the very early days. Radhakumud Mookerji[4] has collected sufficient evidence to prove India's claim to be considered one of the oldest maritime powers of the world.

This ocean has been a highway for commercial and cultural traffic between the Mediterranean Sea and the China Sea even earlier than when Columbus sailed across the Atlantic. It was used for international trade. Irrefutable evidence exists about active Indian navigation in the Bay of Bengal even before the commencement of the Christian era. As early as fourth century BCE, shipping services were operating between Indian eastern coast ports and countries of South-East Asia. Chandragupta Maurya had a well-organized naval fleet.[5] The Andhra dynasty, which followed the Mauryas, colonized parts of Malaya, Sumatra, Java, Annam (later Indo-China, now Vietnam) and some islands in the Pacific in the first century CE

---

4. Radhakumud Mookerji, *Indian Shipping: A History of the Sea-Borne Trade and Maritime Activity of the Indians from the Earliest Times*, Reprint 1999 (First published in 1912). See also Debi Prasad Chattopadhyaya (ed.), *The Fundamental Unity of India — Radha Kumud Mookerji*, DC Publishers for Bharatiya Vidya Bhavan, New Delhi, 2003, pp. 12-38.

5. Lt. Col. H.C. Kar, *Military History of India*, Firma KLM Private Ltd., Calcutta, 1980, p. 69.

and maintained maritime supremacy in the region of their operation (Bay of Bengal) up to sixth century. After the decline of the Satavahana dynasty in CE 575, the mastery of the eastern seas passed from the Andhras to the Pallavas.[6] In the seventh century, the Chalukya ruler Pulkesin II raised a formidable navy and became a great maritime power.[7] However, in the tenth century, the Cholas regained their power under Rajaraja Chola who dispatched naval expeditions to conquer Burma, Malaysia and Indo-China. His successors won several naval battles and strengthened the Chola power in Ceylon, Malaysia, Java and Sumatra.[8] The fourteenth century era witnessed the flourishing Vijaynagar Empire, the last of the local maritime powers in Indian Ocean. Since the days of Harihara I, the rulers of Vijaynagar assumed titles as Lords of the Eastern, Western and Southern Oceans and the empire possessed more than 300 ports. This empire extended to part of Malaya, Java and other nearby islands. It controlled the maritime traffic through the straits and was instrumental in dominating China's trade and preventing the Chinese from dominating South-East Asia. The Indians had freedom of navigation in the Arabian Sea also.[9]

The Vijaya and Chola empires had continuous warfare at sea for almost one century; this weakened both powers and their trade came to a standstill. This enabled the Arabs and the Chinese to trade with each other through the Indian Ocean.

---

6. K.M. Panikkar, *The Strategic Problems of Indian Ocean*, Kitabistan, Allahabad, 1944, p. 32.
7. K. Sridharan, *A Maritime History of India*, Bangalore, 1975, p. 74.
8. A.L. Basham, *The Wonder That Was India*, Sidgwick & Jackson, London, 1967, p. 75. See also K.A. Nilkanta Shastri, and G. Srinivasachari, *India — A Historical Survey*, New Delhi.
9. Romila Thaper, *A History of India*, vol. 1, Penguin Books, London, 1987, pp. 21-40.

China, though not a country of Indian Ocean geographically, has nevertheless been very closely linked with it in the past. The Chinese might have dominated the Indian Ocean between CE 1200-1433.[10] The Ming rulers sent seven large naval expeditions, one after the other, to subdue the Far East. But the Arabs, who were already well entrenched in the Indian Ocean, repulsed the Chinese; the latter retracted their steps during the middle of the fifteenth century, never to return. The control of the seas around India had clearly remained with the Indians till the thirteenth century. India's trade at all times has been predominately maritime.

Portuguese Dominance

The control of the Ocean went out of Indian hands with the Portuguese arrival. Portuguese were the first to have properly understood the concept of sea power and to have evolved a naval strategy to suit their requirements in the context of the Indian Ocean.[11] The Portuguese were the first Europeans to come to India by sea. Initially, Prince Henry of Portugal set up his observatory near Cape St. Vincent and started training the seamen whose voyages brought the Portuguese down the west coast of Africa and set them on the route to India.[12] Barthelmy Diaz, a Portuguese, discovered the Cape of the Tempests at the southern tip of Africa in 1487. This cape was named Cape of Good Hope as it was hoped that it would open the route to the East. Vasco da Gama, who was entrusted with the task of reaching India, reached the western shores at Calicut in May 1498. His ship "San Gabriel" carried 20 guns and the other two consorts were just small ships. The

10. Auguste Toussaint, op. cit., p. 74.

11. K.R. Singh, *The Politics of the Indian Ocean*, Thomson Press, New Delhi, 1974, p. 5.

12. J.C.P. Prince, *A History of India*, London, 1955, p. 401.

expedition of Vasco da Gama around the Cape of Good Hope in 1497 in the Indian Ocean is generally associated with the beginning of modern history. India's maritime supremacy came to an end in 1503 when the Portuguese gained a decisive victory at Cochin. The naval forces of the Egyptians and the Zamorin of Calicut beat the Portuguese in 1507 but later on they were defeated at Diu in 1509, and thus the Portuguese established their supremacy in Indian Ocean. The Portuguese gained control of all the key points in the area. The Portuguese, having established themselves at Goa, set out to consolidate their control of the Indian Ocean by establishing bases at other important points. Although their primary aim was to acquire trade monopoly, gradually, they occupied the strategic areas which commanded the entrance to the Indian Ocean: Alfonse Albuquerque occupied Socotra in 1507 near Bab-el-Mandeb, Hormuz in 1510 thus securing access to the Red Sea and the Persian Gulf, and Malacca (1513) which commands outlet to China. In addition to strategic points of Goa, Malacca and Hormuz, the Portuguese established a large number of fortified settlements. For instance, Albuquerque closed the Persian Gulf to the Arab traders by building a fortress at Socotra, which commanded the Red Sea. By the middle of the sixteenth century, the Portuguese established their hegemony over the Indian Ocean and explored it as far as Japan. They had bases also in East Africa as well as in Mogadishu, Mombasa and Zanzibar.

Thus, within fifteen years after reaching India, the Portuguese were in control of practically the whole of the Indian Ocean. From then onwards till the withdrawal of the British from India, the European nations had the Indian Ocean as their preserve and they dominated the Indian trade and economic life. The principle "He who rules on the sea will shortly rule on the land" is apparently applicable to India which never lost her independence till she lost the command of the sea.

Dutch Dominance

The next to enter the Indian Ocean after the Portuguese were the Dutch. Their first expedition reached Bautam (Indonesia) in 1595. They made about fifteen expeditions to Indonesia within a period of six years comprising sixty ships.[13] The Portuguese could not resist the organized Dutch who were determined to capture all the spice-producing islands of the East Indian Ocean. Unlike the Portuguese, the Dutch were not interested in empire building but only in acquiring and protecting the monopoly of the spice trade in the East. In 1602, it sent envoys to Ceylon and later drove the Portuguese out of Colombo. Soon thereafter, the Dutch extended their operations to the Indian Ocean and decided to shift the centre of the spice trade from Bautam to Djakarta. In 1638, the Dutch annexed Mauritius and won for themselves a complete hold over the trade in the Indian Ocean and in 1641, Malacca from the Portuguese.

The Danish East India Company was established in Denmark in 1618.[14] It was followed by Danish entry into the area. Initially they got some facilities from the King of Tanjore, in south India, and constructed a strong establishment under the name of Daneborg. But in 1634 the Company got bankrupt. Three more companies were formed in succession but only to fail, and "by the end of the seventeenth century, the situation of the Danes in India became that of 'Poor Whites', living by

---

13. Auguste Toussaint, op. cit., p. 119.
14. Nand Lal, *Indian Ocean and Peace Zone Politics*, Kanishka Publications, New Delhi, 1995, p. 25.

their wits and sometimes even by piracy."[15] Thus with the end of Portuguese supremacy with the seizure of Malacca by the Dutch in 1641, three European Powers — the Dutch, the French and the English — were contending for the control of the Indian Ocean. The increasing British maritime supremacy posed a challenge to the Dutch and became an immediate cause of their downfall in India. The first Anglo-Dutch war (1665-67) ended in a defeat of the Dutch. By the time the maritime power of the Portuguese disappeared from the Indian Ocean, the Dutch had also lost their supremacy.[16]

French Dominance

The French appeared at the Malabar Coast (India) as early as 1527 but it was only in 1601 that their regular trade with India started. French East India Company was established in 1664. The French monarchy gave the company perpetual grant of Madagascar and the neighbouring states amounting to the first regular authority for trading in the Indian Ocean. In 1670, they founded a factory at Pondicherry (India). By then, the Dutch had lost their dominant position of primacy in the Atlantic Ocean because of their fight with Britain and the rise of France. Having captured Reunion Island in 1721, the French occupied Mauritius within a few years. The French captured Trincomalee (Ceylon) on 31 August 1782. During the war of French Revolution, the French lost their possessions in the Indian Ocean to the English including Mauritius. Having been left with no hold in the Ocean, they, in the 1790s, occupied

15. Nand Lal, *Indian Ocean and Peace Zone Politics*, Kanishka Publications, New Delhi, 1995, p. 125.

16. For details see Jos Gommans, Lennart Bes and Gijs Kruijtzer, *Dutch Sources on South Asia c. 1600-1825*, vol. 1, Manohar Publishers, New Delhi, 2001 and Om Prakash, *Dutch in India*, Anmol Publications, New Delhi, 2002.

Madagascar, which gave them Diego Suarez. After the French Revolution, French established themselves at Djibouti, just across Aden.[17]

British Dominance

After the Portuguese collapse, the Dutch, the French and the English were challenging for the control of Indian Ocean. The first English expedition to the Indian Ocean was launched during 1577-80, through the Pacific Ocean. However, it was only an exploratory mission. Later in 1591 they came through the usual Cape route on a trade expedition. In 1611, they established a trading centre at Masulipattam on the eastern coast of India and in 1613 at Surat on the western coast. In 1661, Bombay was given to the British as a dowry gift in the marriage of Charles II with Princess Catherine of Braganza of Spain. In view of the strategic importance of Bombay, the British shifted their main centre of activities here by establishing British East India Company in 1662.[18] At one time the French East India Company, which was established in 1668, and British East India Company both were trading in India. There were naval battles between them. Ultimately the English defeated the French and the British converted the Indian Ocean into a "British Lake."[19] This authority of British was never questioned till 1941 but after the Second World War the Japanese entered into the Indian Ocean.

---

17. For details see Lakshmi Subramanian (ed.), *The French East India Company and the Trade of the Indian Ocean: A Collation of Essays by Indrani Ray*, New Delhi, 1999.
18. K.S. Sidhu, *The Role of Navy in India's Defence*, Harnam Publications, New Delhi, 1983, p. 11.
19. K.B. Vaidya, *Naval Defence of India*, Bombay, 1949, p. 23.

"Britannia rules the waves" became a popular song wherever British ruled. By 1815, the English seized the greater parts of the region — Cape of Good Hope, Mauritius, India, Ceylon and part of Malaya (now Malaysia) and later Australia. They reached Persian Gulf area in 1820 and Aden in 1839. In 1824 they defeated the Sultan of Johore and conquered and annexed Singapore, which was the key of the Malacca Strait. Malacca Strait controls the passage to the Bay of Bengal. By then, the English virtually controlled all the entry points of the Indian Ocean and became the undisputed masters of this Ocean.

After the discovery of the Cape Route in 1479, the opening of the Suez Canal in 1869 was the most important event in the history of the Indian Ocean. The distance between the Black Sea ports and Indian Ocean ports was reduced from 16,640 km to 5,280 km via Cape of Good Hope. This brought a revolution in the pattern of sea routes. The Mediterranean route to India became a private subway for Britain and the Red Sea became an exclusively British lane. The Suez Canal further strengthened the British hold over the Indian Ocean. During First World War, the Indian Ocean did not become an important theatre of operations. After this war, the British took the Middle East region from the Turks because of its importance of oil. They strengthened their naval bases at Simonstown and Trincomalee and maintained their domination of the Indian Ocean. In between the two world wars, a few other European powers (French, Italian, Dutch, German) had established bases in the Indian Ocean. There was greater activity in this ocean during Second World War when the Japanese usurped control of the ocean, but it returned to Britain after the Japanese surrender in 1945.

After Second World War, there was an upsurge of national movement in the Indian Ocean area. The old colonial powers had no option but to withdraw from the countries of South-East Asia, South Asia, Middle East and East Africa one after another. This radically changed the entire situation in the Indian Ocean basin. The British withdrew from the Suez Canal zone in 1956, but continued making use of their bases in Aden and Singapore for consolidating their hold in South-East Asia and East Africa. Even though the whole of her colonial empire was liquidated, Asia remained an area of vital interest to Britain because of its great economic investments and also because two-thirds of its trade was East of Suez; the Middle-East was Britain's main supplier of oil; Africa had gold, diamonds and uranium; they had heavy investments in India and Pakistan; Malaysian rubber and tin were important to Britain; and Australia was an important trading partner of Britain.

Establishment of British Indian Ocean Territory (BIOT)

Because of the opposition by the people of the Asian mainland affected by the upsurge of national movement, the British could not continue garrisoning land bases. They found the solution by evolving a new strategic system of having Indian Ocean island bases to meet their requirements of safeguarding their interests. Remote and uninhabited islands were the obvious choice as they were free from the influence of national movements. The USA after its political-military debacle in Indo-China, reviewed its strategy and decided to have direct military presence in the Indian Ocean on a permanent basis; it had learnt from experience in Vietnam that it was better to fight Asiatic countries in the sea or in the air, where they were weak, rather than on the land where they were strong.

In early 1965, the British secured sovereign use of Gan Island from the Maldives as it had military capability of an airfield. In November 1965, the British Government decided to set up a new colony known as BIOT in the western region of the Indian Ocean. The islands of Aldabra (400 km north-west of Malagasy and about 650 km off East African coast), Farquhar, Desorochers — all three from the Seychelles Group of islands — and the Chagos Archipelago (a dependency of Mauritius) were to form part of this territory.[20] In spite of opposition from the UN, the British made Mauritius to agree for the detachment of Chagos and to let them use it as a base. They paid three million pounds to the Mauritius Government. This was done before the British granted independence to Mauritius in 1968. As a compensation for the other three islands, they made a gift of the three million pounds international airport at Mahe, the capital of Seychelles. The islands were depopulated by the British thus ensuring that there was no mankind there to indulge in any national movement and eliminating all fears and chances of having to quit from there. In December 1966, Britain, through an agreement, made BIOT available to the USA for use as joint bases for 50 years.

British Withdrawal from East of Suez

Till as late as 1966, the British Government stressed the "East of Suez" British policy as the pivot of British overseas strategy. Britain had strengthened Aden to support operations in the Persian Gulf and in East Africa. In 1967, they had to relinquish Aden base itself under nationalist violence pressure, which forced them to vacate whole of the South Arabian coastline also. This forced them to revise their old world strategy. On

20. Sanhita Athawate, *India's Indian Ocean Islands*, ABC Publishing House, New Delhi, July 1991, p. 14.

16 January 1968, the Labour Government announced that, in the interest of economy, British armed forces would be withdrawn from the East of Suez (except Hong Kong) by the end of 1971, as they thought that there was no longer any role for them to remain in the Far East and the Gulf after that date.

The British, however, continued their involvement in the affairs of the Indian Ocean. As they could not maintain their forces on bases in countries, which were not under their jurisdiction, they decided, instead, to concentrate on sparsely populated islands in the Indian Ocean, as there would be no threat there from upsurge of national movements. They held on to Cyprus and Kenya as new centres of British military power. Britain had secured rights in 1955 to station forces and keep bases in Malaysia and use of South African naval base of Simonstown, during both peace and war. She also made an understanding with Muscat and Oman and ensured for herself the use of Masirah Island as a staging post which was to be retained as a British link even after the pull-out of the British forces from the Persian Gulf by the end of 1971. They inaugurated the Malaysian Federation in South-East Asia to provide a workable framework for the base at Singapore. They also depended on South Africa, Australia, New Zealand, Malaysia, Singapore and the Federation of Persian Gulf Sheikhdom (which they proposed) for military co-operation in safeguarding their interests.

The Conservative Government, on coming back to power in 1970, changed the Labour Government decision to what the former described as "modest presence in the East of Suez." This was because Britain's naval observers saw the various Russian moves in the Indian Ocean as a potential threat to the region and also to the British interests, which they wanted to safeguard. The government arranged to become a member of the Five Power Defence Agreement in the Far East, to reactivate the provisions of the Simonstown Agreement of 1965, which provided for the protection of sea routes around South Africa and to build a naval communication centre in Diego Garcia in collaboration with the USA.

Geo-Economic and Geo-Strategic Importance

The Indian Ocean region is very rich in terms of natural resources though geographically they are unevenly distributed. Perhaps this is one of the factors offering allurement to the developed nations outside the region. The area of the Indian Ocean is very rich in several important minerals, raw materials and marine foods. It is one of the world's major storehouses of natural resources. Large reserves of hydrocarbons are being tapped in the offshore areas of Saudi Arabia, Iran, India, and western Australia. Beach sands rich in heavy minerals and offshore placer deposits are actively exploited by bordering countries, particularly India, South Africa, Indonesia, Sri Lanka, and Thailand. This region accounts for more than 60 per cent of the world's petroleum reserves, more than 40 per cent of the world's petroleum production, more than 75 per cent of gold production, about 60 per cent of tin production, 60 per cent of chromium, 35 per cent of manganese, 30 per cent of bauxite, 32 per cent of lead, 11.3 per cent of nickel ore, 12.5 per cent of zinc, 30.3 per cent of antimony and about 20 per cent of iron, copper and diamond production of the world.[21] If the oil deposits of African Coast and Indonesia are added, the oil wealth of the Indian Ocean region works out to around three-fourth of the

21. N.B.K. Reddy and Raza Moonis, "The Indian Ocean Region — Its Military and Other Resources", *Indian Journal of Defence Studies (IJDS)*, vol. 12, Allahabad, 1983, p. 98.

world aggregate. Iran, Saudi Arabia, Kuwait, Iraq and Abu Dhabi are the major oil producing countries in this region. Japan imports more than 90 per cent of its oil, Italy 84.5 per cent, Australia 69 per cent, Britain 66 per cent, in Germany 62 per cent, France 51 per cent and United States 8 per cent.[22] More than 60 per cent of the American thorium is imported from Australia and Malaysia. More than 65 per cent of the American titanium, which is used in spacecraft industries, missile and supersonic aircraft manufacturing, come from Australia.[23] South Africa is the main supplier of strategic minerals such as cordium, eithium, amosite and asbestos. More than 90 per cent of world's known resources of chrome ore are located in Rhodesia and South Africa.[24] Offshore presence of calcareous deposits suitable for chemical and cement industries have been reported from bottom samples in Andaman and Nicobar Islands and off Saurashtra, Kerala and Lakshadweep. Phosphate nodules and barium concentrations have been found off the west coast of Lakshadweep.[25]

This region is equally rich in agricultural resources such as 77.3 per cent of natural rubber, more than 45 per cent of world's rice production, about 55 per cent of groundnut and palm oil production, 20 per cent of sugar and cotton production, about 15 per cent of coffee and wheat production and 12 per cent of fish production.[26]

---

22. V.D. Chopra, *Strategic Importance, Indian Ocean and US-Soviet Détente*, Patriot Publisher, New Delhi, 1991, pp. 81-83.
23. S.S. Bhattacharya, "Economic Interests of Big Powers in the Indian Ocean", *IDSA Journal*, New Delhi, January-March, 1988.
24. J.M. Robert, "The Indian Ocean Negotiations — Rocks and Shoals", *Strategic Digest*, New Delhi, September 1978, p. 26.
25. V. D. Chopra, op. cit.
26. N.B.K. Reddy and Raza Moonis, op. cit., p. 100.

The Strait of Hormuz is an important place which ensures the uninterrupted flow of Persian Gulf oil to the world's market. All the Gulf's oil exports, over a quarter of the world's total supplies, pass through the 60 miles wide and up to 235 ft deep Hormuz Strait which links the Persian Gulf to the Arabian Sea. More than 5000 tankers and 800 million tonnes of oil are moved annually through this vital waterway.[27]

The importance of the Indian Ocean tremendously enhances in view of the large oil-bearing region on its coasts. Plenty of marine food in the form of fish is available in this Ocean. Rubber and jute are the most significant items of agricultural produce from this area. Almost 90 per cent of world's rubber comes from Indonesia, Malaysia, Thailand, Sri Lanka and Cambodia and all jute comes from Thailand and Bangladesh. The industrial nations of the world, including the big powers, are interested in exploring raw material for oil and other produces of this Ocean. Its fish are of great and growing importance to the bordering countries for domestic consumption and export. Fishing fleets from Russia, Japan, South Korea, and Taiwan also exploit the Indian Ocean, mainly for shrimp and tuna.

India's growing economic dependence on the sea should be a factor to be considered by a large variety of expertise in and outside the government and not confined to those directly involved and responsible for a particular aspect of it. Our international trade is overwhelmingly carried on the seas (95 per cent in volume and 70 per cent in value). Economic growth at the level even equivalent to that of the 1990s will require substantial additional infrastructure to handle the vastly increasing quantum of trade to be handled efficiently and

27. John Christie, "The Gulf War", *Pacific Defence Reporter*, December 1983, p. 30.

rapidly by our ports and the hinterland. Pollution problems in our ports require serious attention. Shipbuilding infrastructure has remained dependent essentially on the defence establishment. But military requirements may not provide enough workload on a sustained basis. Unfortunately, Indian manufactured vessels constitute only a fraction of Indian-owned merchant shipping, which itself is a minuscule part of the mercantile shipping of the world. Given the ocean and the EEZ (Exclusive Economic Zone) it would be logical to invest in upgrading our fishing capabilities from the present levels and technology.

The consumption and demand for hydrocarbons (oil, gas and petroleum products) in an economy that has been growing at an average annual rate of over 6 per cent for the past decade are increasing by leaps and bounds. We already import over 54 per cent of our crude oil requirements, up from the nearly stable figure of 33 per cent a few years ago. By 2010 this could cross 90 per cent. And imports of natural gas could constitute nearly three-quarters of total consumption. The increasing import dependency could also lead to new vulnerabilities that need to be seriously planned for now it before the challenges become monumental. But if these continue to be seen simply as an economic issue we may miss the potential for the prevention of such a crisis. Increasing imports of energy resources, necessary for the economic development of the country, have critical security implications. Care will have to be taken not only in ensuring the stability of these supplies, but also to insulate India from any possible drastic consequences to the country's economic stability and prosperity in case of any disruption in access to such resources and their transportation.[28]

---

28. Rahul Roy Chaudhary, *India's Maritime Security*, Knowledge World, New Delhi, June 2000, p. xiv.

The Indian Ocean is the main communication channel between the Western world and the eastern parts of Asia. Some of the world's most significant sea routes lie across it. That is why the ocean is often called the "Ocean of Commerce."

Important commercial sea lanes lie across the Indian Ocean which functions as the main connecting link between the Atlantic and the Pacific Ocean; the routes passing through it connect Europe and East Africa with South and South-East Asia, Far East and Australia. It carries a particularly heavy traffic of petroleum and petroleum products from the oilfields of the Persian Gulf and Indonesia. From the extra-regional powers point of view, there are major axes in the Indian Ocean: the north–south axis from the Persian Gulf around Cape of Good Hope to Western Europe and North America and the west to east axis from Persian Gulf to Japan. A large number of countries, including the super powers, Britain and France, are concerned with using these sea lanes, which are crucial to the interests of all of them. It is the only round-the-year open maritime link between the Far East regions of Soviet Union and its European part. For no other country of the world does the Ocean play as important a role as for Russia; sea routes passing through Indian Ocean have, therefore, an extraordinary significance for the Soviet Union which is much more concerned than others about safeguarding these sea lanes. The Indian Ocean has become a very important area of navigation and marine trade, which has grown to be highly intensive in this region. Almost one-fourth of the entire cargo in the world marine trade and two-thirds of the oil are loaded and unloaded in the ports of this ocean. About 60,000 vessels pass through it every year. A large number of vessels pass through the Red Sea and the Suez Canal. The sea routes around the Cape of Good Hope assume great strategic importance when there is any conflict in the area east of the Suez. It is for this reason that USA and Western powers have expanded the naval base at Simonstown (RSA). Any power which controls or has the upper hand in the Indian Ocean will have a great regulation of trade.

A study of the world map shows that there are essentially four communication bottlenecks that are of vital importance; the Cape of Good Hope, the Strait of Hormuz, Bab el-Mandab, and the Malacca Strait. These may also include the Madagascar and the Sri Lanka Islands which become the finishing points for the convoys. Other minor routes are through the Strait of Sunda, Lambok and Madagascar and other narrow Indonesian waters and around Australia–Cape York in the north-west and Base Strait in the south-east.

The Indian Ocean being land-locked, the entry or exit points into and from it are in the shape of straits and have their own significance for the Ocean; they are of great importance for international navigation as they are strategically placed landmarks in the Ocean for control of shipping. Ten thousand vessels a year pass through Bab el-Mandeb strait (at the mouth of Red Sea). About 80 to 90 vessels pass through Hormuz every day. Every 16 minutes, one oil tanker passes through the Strait of Hormuz. The intensity of movement of vessels in the Malacca strait is 140 in a day. The most important reason for the interest of super powers in the Indian Ocean is the strategic significance of the principal channels of communication leading into the Indian Ocean — the straits of Bab el-Mandab, Hormuz and Malacca and the Cape Route. The power that succeeds in controlling these entry points can dominate the Indian Ocean and the denial of use of any of these could have a strangling effect on its users thus crippling their economy.

The island groups that provide the land bases or the floating carriers, staging posts and jump-off areas for operations, would be the second set of vital areas. Madagaskar, Mascerne, Mauritius, Chagos, Socotra, Lakshadweep, Seychelles, Diego Garcia, Sri Lanka, the Andaman-Nicobar, the Maldives, and the Indonesian island groups, among thousands of others, assume positions of importance. However, Diego Garcia remains of special significance in the Indian Ocean group of islands since it has been developed into an important US naval base in the Indian Ocean. Though nominally maintained by a garrison of 1,500 US personnel, it provides an important communications and logistical support base.

The USA has its primary interests in bases through which its power is projected and felt; their general influence in the area is in furtherance of its 'vital interests.' Since Second World War (1939-45) the U.S. Navy has designated fleets in the Atlantic Ocean and Mediterranean Sea with even numbers, and those in the Pacific Ocean with odd numbers. The numbering scheme skipped some numbers. The Twelfth Fleet was the highest number used, but it was disestablished in 1946. The operating forces of the Navy are divided into five numbered fleets[29]:

- The Second Fleet, at Norfolk, Virginia;
- The Third Fleet at San Diego, California;
- The Fifth Fleet, at Manama, Bahrain;
- The Sixth Fleet, at Gaeta, Italy; and
- The Seventh Fleet at Yokosuka, Japan.

The Navy also maintains a major base at Jacksonville,

29. Website: http://en.wikipedia.org/US_NAVY.

Florida. Overseas bases ensure that American forces are located in important regions continuously.

In addition to these large bases, the Navy maintains a forward presence (a deployment of substantial military force) outside of the United States to demonstrate its commitment to a region or to allied countries. This forward presence also enables the United States to act quickly in response to threats against American interests. For example, the Navy maintains a large naval base at Diego Garcia, a small island in the Indian Ocean. The base can accommodate the Navy's largest ships, as well as the U.S. military's biggest cargo planes and bombers. The base proved invaluable during the build-up of U.S. and coalition forces in the Persian Gulf after the Iraqi invasion of Kuwait in August 1990, and in the Persian Gulf War that followed.

The U.S. Navy further bolsters its forward presence by deploying carrier groups or other significant fighting forces in response to political or military tensions. For example, after the terrorist attacks on 11 September 2001, President George W. Bush dispatched three aircraft carrier groups to the Indian Ocean, where they took part in the combat operations that eliminated the Taliban government in Afghanistan. The Navy's ability to assert U.S. military might far from home for long periods of time makes it a key part of U.S. military strategy.[30]

The influence of geo-strategy on the Indian Ocean clearly is the most dominant strategic factor. The Indian Ocean by virtue of its location, resources, the importance of the countries, the *inter se* Oceanic importance, has, instantly turned the region into the most important area for power rivalry between the Superpowers, the regional contestants and the power brokers.

30. Microsoft Encarta Reference Library, 2004, at website: http://www.encarta.com.

The USA has vital stakes in the area and is bound to cling to their gains and enlarge them in future. The emerging regional power centres, i.e. China, Japan, Australia, India and even Pakistan and the ASEAN countries have begun indulging in diplomatic manoeuvres and gunboat diplomacy, such as China's occupation of the Spratly and Paracel Islands. Thus there are bound to be both inter and intra tensions in the region, notwithstanding the cold war having died its natural death in Europe in November 1990.[31]

The Indian Ocean environment change in the nature of presence of external forces, which has been increasing since the early 1960s needs to be viewed. Post-Second World War era was characterized by the United States taking concrete steps for the containment of the Soviet Union and communist China. This strategy expressed itself in the shape of a series of security alliances, from NATO (North Atlantic Treaty Organization) to CENTO (Central Treaty Organization) and SEATO (South-East Asia Treaty Organization) and other security arrangements. The infrastructure and security arrangements were also more easily established because the imperial powers were still in the process of withdrawing from the area, and retained residual influence over countries gaining independence. Progressively, the United States moved in even as the European powers withdrew. It is from the mid-1960s that the complexion of geo-strategic imperatives in the Indian Ocean started changing. Meanwhile the newly emerged independent states began to assert their sovereign rights and seek leverages for greater freedom of action with regard to their perceived national interests. The collapse of US-organized security alliances on one hand, and the significantly enhanced

31. Chandra B. Khanduri, "The Indian Ocean Strategy: A Reappraisal", *Indian Ocean and US-Soviet Détente*, Patriot Publisher, New Delhi, 1991, pp. 50-51.

capabilities for power projection and strategic mobility (nuclear-powered aircraft carriers and submarines, long range transport and attack aircraft along with air-to-air refuelling etc.) led to:

- A shift of western strategic frontiers away from Soviet borders. In relation to the southern USSR this has meant what may be seen as a "strategic withdrawal" into the Indian Ocean as against the more concrete security arrangement of earlier years.
- Lesser needs for military bases *per-se* on land as long as adequate military forces could be maintained and supported at sea: thus generating instead a need for facilities and access for facilities.
- An ever-increasing presence of external forces in the Indian ocean in pursuit of strategies and the interests of the developed countries, albeit, at the cost of the underdeveloped Third World.
- Militarization and military uses of space especially for strategic warfare providing what might be a fresh incentive for the presence of external forces in the region.

It is therefore not surprising that the security environment of Indian Ocean and its littoral states has undergone a significant and perhaps irreversible change. The area is witnessing an ever-increasing level of tensions and instability in the littoral states and an ever-increasing level of external military presence in the Indian Ocean. Some of the littoral countries have tried to defuse these tensions and improve the security environment through propagation of the ideology of non-alignment, regional co-operation, adherence to the U.N. charters, and even firm proposals like that of Indian Ocean

As a Zone of Peace and support for Naval Arms Limitation Tasks. The incentive for the transformation of the region into a zone of conflict stems essentially from two basic issues: firstly, the geo-strategic importance and geo-political imperatives of the region; and secondly, the superpower strategies in the region to influence the geo-strategic factors in favour of their individual interests. And the presence of external forces provides the means to implement these strategies, worsening the security environment and retarding the growth of nation states of the Indian Ocean littoral.

India's Security and Maritime Strategy

India's security concerns are defined by a dynamic global security environment and the perception that South Asia region is of particular global security interest. The continuing presence of terrorist and fundamentalist forces in its neighbourhood has prompted India to maintain a high level of defence vigilance and preparedness to face any challenge to its security.

The evolution of the concept of security brought about by the recent transformation of the international order shows a definite break from the earlier Cold War definition. This break is particularly obvious when considering the extent of threats to security, identifying the object of security and considering the management of the means to challenge contemporary threats to security.

India's security strategy is a way favoured by many Indians as a series of circles or rings (*mandala*). The *mandala* concept is based on Kautilya's *mandala*. According to the concept a nation's contiguous neighbours are always seen as enemies and their outer neighbours as friends, in series of circles.[32] The first circle is India itself. The second circle encompasses India's smaller contiguous neighbours: Sri Lanka,

Nepal, Bangladesh and Maldives. The third circle includes Pakistan, the only subcontinental state that has dared to challenge Indian regional military power; China, India's giant Asian rival; and the erstwhile Russia that was India's best friend and partner in the geopolitical sphere of Asia. The Indian Ocean region as a whole forms the fourth ring, which India believes contains both opportunities and threats. The final circle includes the most distant powers and the rest of the world see *fig*. 1.1 [33]

The strategic competition between the two superpowers, mutual dissuasion, and the equilibrium of the powers or the threat of nuclear war were the major considerations in a country's security policy. According to Gervais and Roussel,[34]

these policies were based on three assumptions:

- Security problems result from the activities of other

---

32. R. Shamasastry (tr.), *Kautilya's Arthashastra*, Mysore Printing and Publishing House, Mysore, 1967, pp. 22-24.
33. Kanti Bajpai and Amitabh Mattoo, *Securing India — Strategic Thought and Practice* Essay by George K. Tanham, "Indian Strategic Thought: An Interpretive Essay", Manohar Publishers, New Delhi, 1996, pp. 47-48.
34. M. Gervais & S. Roussel, *De la securite de l'Etat a celle de l 'individu: l'évolution du concept de securité au Canada (1990-1996)"*, Revue Etudes Internationales, 29(1), Institut Quebecois des Hautes Etudes Internationales, Presses universitaires de Laval, Quebec, March 1998, pp. 25-52. See also Jérôme Lauseig, "New Security Challenges in the Indian Ocean: Instigators", *Flows and Factors of Instability*, published in *African Security Review*, vol. 8, no.1, 1999 (website: http://www.iss.co.za/Pubs/ASR/8No1/NewSecurity Challenges.html).

fig. 1.1: India's Security Strategy Rings (Mandalas).

states, mainly at military level.

- State security interests are fundamentally the same as public interests.
- The means of dealing with security threats are essentially military and must therefore be managed on a national basis, whether through unilateral measures or through intergovernmental co-operation agreements.

National Security Objectives

India's national security objectives have evolved against a

backdrop of India's core values, namely, democracy, secularism and peaceful co-existence, and the national goal of social and economic development. These are:[35]

- Defending the country's borders as defined by law and enshrined in the Constitution;
- Protecting the lives and property of its citizens against war, terrorism, nuclear threats and militant activities;
- Protecting the country from instability and religious and other forms of radicalism and extremism emanating from neighbouring states;
- Securing the country against the use or the threat of use of weapons of mass destruction;
- Development of material, equipment and technologies that have a bearing on India's security, particularly its defence preparedness through indigenous research, development and production, *inter alia,* to overcome restrictions on the transfer of such items;
- Promoting further co-operation and understanding with neighbouring countries and implementing mutually agreed confidence-building measures; and
- Pursuing security and strategic dialogues with major powers and key partners.

Salient Features of the Security Environment

India is strategically located in relation to both continental Asia as well as the Indian Ocean region. India's geographical and topographical diversity, especially on its borders, poses unique challenges to our armed forces in terms of both equipment and training.

35. *Annual Report of Year 2002-03,* Ministry of Defence, Government of India, New Delhi, p. 1.

Its peninsular shape provides India a coastline of about 7600 km and an exclusive economic zone (EEZ) of over two million sq km. The island territories in the east are 1,300 km away from the mainland, physically much closer to South-East Asia.[36] The peninsular India is adjacent to one of the most vital sea lanes stretching from the Suez Canal and Persian Gulf to the Straits of Malacca through which much of the oil from the Gulf region transits. This is an area which has attracted superpower rivalries in the past and continues to be a region of heightened activity by extra-regional navies on account of current global security concerns.

India's size, strategic location, trade interests and a security environment that extends from the Persian Gulf in the west to the Straits of Malacca in the east and from the Central Asian Republics in the north to near the equator in the south, influence India's security response. In view of this strategic spread, it is essential for the country to maintain a credible land, air and maritime force to safeguard its security interests.[37]

Maritime Security

As the seas of peninsular India and the Indian Ocean become more important than ever before to the security of the country,[38] it is imperative to examine the maritime dimensions of Indian security in a comprehensive manner. India's maritime security provides, for the first time, a holistic assessment of

36. S.N. Kohli, *Sea Power and the Indian Ocean with Special Reference to India*, Tata McGraw Hills Publishing Co. Ltd., New Delhi, 1978, p. 15.
37. Rasul B. Rais, *The Indian Ocean and the Superpowers*, Vistaar Publications, New Delhi, 1987, p. 30. See also M.A.H. Siddiqi, *India in the Indian Ocean: A Geopolitical study*, Rawat Publications, Jaipur, 1997, pp. 29-33.

the economic, political, and military aspects of India's security.

Maritime security represents the broadest approach to issues and aspects, which pertain to the sea and have an important bearing on the country's security. This goes far beyond the military aspect although military power and security remain the final arbiter of national security. National security itself must seek to protect and sustain the core values and vital interests of the nation. The concept as it relates to the maritime environment, therefore, includes activities such as sea borne trade and commerce and the facilities/infrastructure required for sustaining their efficient pursuit, the management of living and non-living resources of the sea, maritime environmental issues and the delimitation of international seaward boundaries, along with the deployment and employment of Indian and foreign military forces in the Indian Ocean.[39]

Maritime security itself flows from a comprehensive and an all-inclusive view of security that India has adopted from the time of its independence, as so often emphasized by its first Prime Minister Jawaharlal Nehru. Unfortunately, this holistic view has not been translated over the decades into practice and policy, especially when it comes to seeking synergy among different components of national activity that affect the well-being and core values and security interests of the nation. It is not surprising, therefore, that there is a minimal understanding of the importance of issues and aspects impinging on the security of the country. Most of these still

38. R.N. Misra, *Indian Ocean and India's Security*, Mittal Publications, Delhi, 1980, p. 242.

39. Vice Admiral Mihir Roy, "Maritime Security in South-West Asia", *Journal of Indian Ocean Studies*, New Delhi, pp. 1-2 (downloaded from website: http://www.iips.org/ Roy_parer.pdf on 5 February 2005).

continue to be seen in fragmented and compartmentalized terms as purely economic, technological or political elements, not as integrated non-military issues with critical security dimensions, or, more importantly, as issues of maritime security. The most profound example of maritime security is illustrated by the impact of the Gulf crisis and war of 1990-91 on our national security. Oil prices did not go up as much as projected, nor was any disruption of oil supplies actually experienced. But the direct impact of the events in the Gulf on the Indian economy amounted to much more than the expenditure on the Indian Navy for the year! The human and economic impact was even greater owing to the displacement of over a quarter of a million Indian citizens from Iraq/ Kuwait, most of whom had to be evacuated through what became the biggest airlift since the Berlin Airlift.

The new century is not only poised to experience profound changes in Indian national capabilities but is already witness to the growing importance of the seas of peninsular India and the Indian Ocean for the security of the country. Unlike in the past, this is true not only in the military sphere, but also for critical economic and political dimensions as well. In order to fully appreciate the impact of these new and emerging geo-economic and geo-political trends, it is imperative to examine India's maritime security in a holistic manner. This encompasses an examination of the varied aspects of maritime affairs, along with the complex interplay of the country's economic, foreign, and defence policies. Only in such a manner can India's maritime security really be understood.

The need to plan for assurance of energy security is unquestionable. And so is the role of the maritime environment in that framework. India's quest for natural gas and the problems of establishing gas pipelines have led to seeking LNG (liquefied natural gas) imports. In terms of the country's maritime security, the emerging demand for imported LNG, for example, necessitates an examination and assessment of international and domestic LNG shipping and shipbuilding capabilities, the security and safety of LNG tankers, the construction of new LNG terminals in coastal areas vulnerable to destruction by missile attack, the possibility of international submarine and/or land-based gas pipeline into the country, as well as sufficient capacities at ports. In effect, the satisfactory resolution of these issues is imperative for the country's maritime security.

The political dimensions of maritime security continue to be an important factor. Earlier concerns about superpower rivalry in the Indian Ocean gave way to other concerns when the Cold War started to dissipate in the late 1980s. But that does not mean that military bases of extra-regional powers have been dismantled. In fact, Diego Garcia has assumed an increased role now. Meanwhile, other developments demand closer attention and a clear focus. The changes in the international law of the sea, which came into force in November 1994 and provided India a vastly extended area of sea over which it has varying rights and responsibilities, have many implications which need to be fully grasped by the predominantly continental elite. One of these implications is the expanded EEZ as maritime territory albeit with defined rights and obligations. There are maritime boundary disputes and demarcation challenges, especially the one with Pakistan, to be resolved. India had adopted a pro-active role in the Antarctica which appears to have slowed. We also have seabed exploitation rights in the central Indian Ocean which have yet to be fully exploited.[40]

New dimensions of challenges in guarding the coastal frontiers have emerged. Transnational crime has been increasing in scope and intensity across the globe. It has generally been assumed that piracy was a phenomenon of the earlier centuries. But it seems to be re-emerging with certain viciousness. Smuggling has been rampant and the transfer of lethal weapons and small arms into the country through the maritime route is a cause for critical concern. The tonnes of RDX recovered from the western coast, not far from Mumbai in the wake of use of similar material in the multiple blasts by terrorists in the commercial capital of India in early 1993 are but one such example. The LTTE on the other hand, has been using the south-eastern coast for logistical support of its violent secessionist operations in Sri Lanka. Many unoccupied islands in the Andaman and Nicobar chain in the Bay of Bengal have been used for transnational activities. India lies in the middle of two (Golden Triangle of Myanmar–Thailand–Laos to the east, and the so-called Golden Crescent of Pakistan–Afghanistan–Iran to the west) of the world's three largest narcotics producing areas. The maritime environment provides an inevitably attractive option for narcotics trafficking.

Over the years, the military dimension of India's maritime security has not received the sustained support it requires. There has been some misunderstanding as to why the Navy needed to be expanded after the 1970s. It is true that among the three branches, the naval one received lower priority, especially during the decade of wars 1962-71, where the military decisions were essentially dominated by land and air power. The naval budget constituted a mere 4 per cent share of defence spending for most of these years. So the 1970s saw this situation starting to change — especially since the

40. R.C. Sharma and P.C. Sharma, *India's Ocean Policy*, Khama Publishers, New Delhi, 1994, pp. 100-06.

acquisitions of Second World War-vintage warships had started to reach the end of their life-cycle. Though it is not clear whether the Navy was conscious of it (then or even later), the maritime environment had become increasingly important for India's security. But expansion of the Navy remained an incremental process till it was hit by the decline in defence spending after the mid-1980s. Defence spending came down from the peak of 3.6 per cent in 1986-87 to as low as 2.1 per cent in 1996-97,[41] before it started to be restored somewhat. The worst impact of the consequent suspension of modernization was on the two technology-intensive services: the Indian Air Force and the Indian Navy. Equally important was the impact of the collapse of the Soviet Union, on which the two services for similar reasons relied more heavily.

The result was a decline in the force levels of the Navy's principal combatants during the 1990s. Indeed, in 1998, the Parliamentary Standing Committee on Defence emphasized the stark fact that no order for a major warship had been placed on an Indian shipyard for ten years, from 1986 to 1996. This has particularly severe implications for the Navy, in view of the longer lead-times required for the construction of major warships. It is only now that things are beginning to get better, with orders being placed on both Indian and foreign shipyards, along with the acquisition of warships from foreign sources. But the problem of some shipyards also added to the overall situation. The Defence Minister publicly criticized (in turn being castigated in the press for speaking out) a shipyard for its inefficiency in taking over eight years to construct a frigate which he was commissioning. The country has yet to take a clearer view of its overall strategy for guarding its

41. *Annual Report of Year 1996-97*, Ministry of Defence, Government of India, New Delhi.

coast to tackle essentially non-military challenges.

It is fairly obvious that only a holistic approach to these varied economic, political and military subjects can bring about an effective appreciation and understanding of the country's maritime security. As the varied dimensions of India's maritime security — economic, political, military, scientific, technological, and environmental — are becoming increasingly important for the development and stability of the country, it is imperative to deal with them in a comprehensive manner through the formulation of a national Maritime Security Policy (MSP). In effect, the critical requirement of a national maritime strategy needs to be met through the implementation of the MSP. In this regard serious attention is required for the substitution of the limited vision of India's Ocean Policy Statement (IOPS) of 1982 with a Maritime Security Policy of 2001.

Today, there is no single government ministry or agency exclusively responsible for India's maritime activities and interests. As many as fourteen ministries of the central government, in addition to the departments and organizations of both central and state governments, are currently involved in various aspects of the country's maritime affairs, leading to considerable confusion and overlapping of jurisdiction. Even co-ordination among these agencies is beset with difficulties at the best of times. Although the implementation of MSP 2001 will clearly be a stupendous task, it is one that critically needs to be formulated and implemented as soon as possible. What is urgently needed is a National Commission on Maritime Affairs to plan for future maritime security and ensure that we do not ignore our maritime interests in the coming decades. This volume would go a long way in generating fuller understanding of the need to create such institutions and processes so that different aspects of the maritime dimensions of our security are better addressed in a holistic manner.[42]

42. Rahul Roy Chaudhary, op.cit., p. xvii.

2

The Geographical Framework of the Indian Ocean and India

Not until the Oceans cease to be the highways of the world will sea power lose its influence.

— W. D. Pulesion
The Influence of Sea Power in Second World War

ANY serious study of the problems of national security of India would remain incomplete if their maritime dimension were not properly explored. India has many security stakes in the Indian Ocean region. A comprehensive concept of security involves her political, economic, socio-culture and defence stakes. Making adequate provision for the maritime security of India is the national responsibility and even a casual neglect could end in peril.

The only Ocean of the world, which is known after the name of one of its littoral countries, is the Indian Ocean.[1] Indian Ocean, bounded on the west by Africa, on the north by Asia, on the east by Australia and the Australasian islands, and on the south by Antarctica.

---

1. Perhaps we owe the Indian Ocean (Bahar-i-Hind) to the Arabs. See O.K. Nambiar, *Sea Faring in the Indian Ocean*, Jeevan Publications, Bangalore, 1975, p. 9.

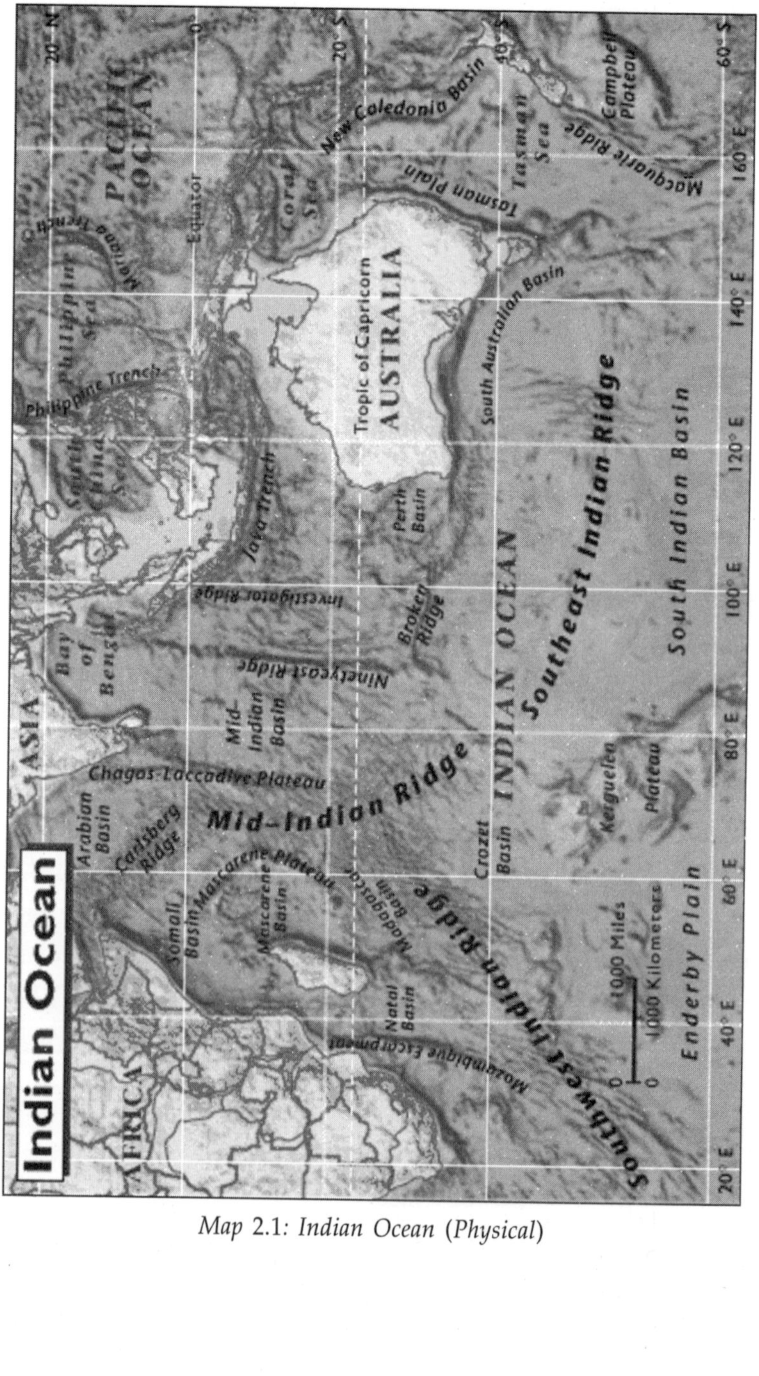

Map 2.1: Indian Ocean (Physical)

The Indian Ocean not only washes the coastal lines of the Indian subcontinent but also influences the lands bordering its water from the east, the west and the south. Being flanked on three sides by land, the Indian Ocean is often called "Half An Ocean."[2] Sometimes it is also called as "Afro-Asian Ocean"[3] and the "Indonesian Ocean,"[4] due to its geographical location on the world map, ever since the beginning of maritime activities has served as a link between the East and the West.

The cartographic definition of the Indian Ocean as has been accepted by the United Nations is as follows:[5]

(a) The dividing line between the Atlantic Ocean and Indian Ocean is the meridian of Cape Agulhas (20°0′ E longitude), which is 4000 km (2500 miles) long, connecting Cape Agulhas at the southern end of Africa with Antarctica.

(b) The dividing line between the Pacific Ocean and Indian Ocean is the meridian of the south-east of Cape of Tasmania (147°0′ E longitude) the western exit of the Bass Strait and the median between north-west Australia and the Malay Peninsula.

---

2. Kurian George and B. S. Parekh, *Physical Geography*, 1970, p. 157.
3. Anthony Harrigon, "The Afro-Asian World", *Proceedings of the US Naval Institute*, May 1964, pp. 44-59.
4. *Lok Sabha Debates*, Government of India, New Delhi, Series 3, vol. 20, Col. 5015, 9 September 1963.
5. "Declaration of the Indian Ocean as a Zone of Peace : Report of the U.N. Secretary General", *Strategic Digest*, IDSA, New Delhi, vol. IV, no. 6, June 1974, p. 24. See also Sen Gupta, Poulose and Bhatia, *The Malacca Straits and the Indian Ocean*, Mcmillan India Co., Delhi, 1974, p. 95. and S.N. Kohli, *Sea Power and the Indian Ocean — With Special Reference to India*, Tata McGraw Hills Publishing Co. Ltd., New Delhi, 1978, p. 123.

(c) The dividing line between the Antarctic Ocean and Indian Ocean is the 60°0′ south latitude.

(d) The Northern limits of Indian Ocean are well defined by the continent of Asia.

Indian Ocean is the smallest, youngest, and physically most complex of the world's four major oceans. Its geographical co-ordinates are 20°00′ S and 80°00′ E.[6] The maximum length is over 10,460 km from north to south and its maximum breadth is nearly 9,655 km from east to west. It has an area of about 28,360,000 sq miles (73,440,000 sq km). The Indian Ocean's average depth is 12,800 ft (3,900 m), and its deepest point, in the Sunda Deep of the Java Trench off the southern coast of Java, is 24,442 ft (7,450 m). The ocean narrows toward the north and is divided by the Indian peninsula into the Bay of Bengal on the east and the Arabian Sea on the west. The Arabian Sea sends two arms northward, the Persian Gulf and the Red Sea. In general, the greatest depths are in the north-eastern sector of the ocean, where 130,000 sq km (50,000 sq miles) of the ocean floor lies at a depth of more than 5,500 m (18,000 ft). It contains an average of 69.9 million cubic miles (291 million cubic km) of water. It covers nearly 20.30 per cent of total oceanic area of the world and contains nearly 21.24 per cent of total oceanic water of the world.[7] The mid-oceanic ridge, a broad submarine mountain range extending from South Asia to Antarctica divides the Ocean into eastern and western sectors. The total length of the coastline is about 66,526 km.

---

6. "Indian Ocean", *The World Fact Book 2003*, Central Intelligence Agency, at website : http://www.cia.gov/cia/publications/factbook/print/xo.html on 27 September 2004.

7. Microsoft Encarta Reference Library 2004, at website : http://www.encarta.com.

However, there is a lot of controversy among the various scholars, geographers and naval strategists regarding the area of the Indian Ocean. Richard Haas[8] has described its area as approximately 28,996,600 sq miles whereas Villiers[9] has reduced its area to 27,000,000 sq miles. Vallaux in 1993 gave its area as only 44.39 million sq km,[10] While Schott in 1935 determined its area as nearly 77.9 million sq km[11] The entry in the *Encyclopedia Britannica* (vol. 9) gives its area as 73.6 million sq km. Since there is an insignificant difference between the UN-accepted area of 75 million sq km[12] and Victor Showers-given area of this ocean as 74,118,00 sq km[13], 75 million sq km area of the ocean, seems to be the most authentic figure as is generally accepted by various specialists in the field. These differences have obviously occurred due to confusion about the southern-most limits of the Indian Ocean.

The Indian Ocean is an embayed ocean and its waters, except at the southern extremity, are warm. During most of the year its waters are calm, its winds are predictable and below gale force, and there is an absence of treacherous currents. These features make navigation possible round the year. The Bay of Bengal is the only exception as it is notorious for its winter cyclones. During the determined monsoon period the Indian Ocean, in general becomes victim of high

8. Richard N. Haas, "Arms Limitations in the Indian Ocean", *Survival*, London, March-April, 1978, p. 50.

9. Alan John Villiers, *Monsoon Seas: The Story of the Indian Ocean*, McGraw Hill, New York, 1952, p. 20.

10. Auguste Toussaint, *The History of Indian Ocean*, Routledge and Kegan Paul, Chicago, 1966, p. 6.

11. Alan Jon Villiers, op. cit., p. 15.

12. *Strategic Digest*, op. cit., n. 5, p. 24.

13. Victor Showers, *The World in Figures*, A Willy Inter-Science Publications, New York, 1973, p. 22.

winds and heavy seas. That is why Villiers, a noted scholar of Indian Ocean, called it a "Monsoon Sea."[14] This seems to be the only negative attribute of this otherwise very favourable ocean for international maritime trade and traffic.

Most part of its area is walled off on three sides by land, with the southern side of Asia forming a roof over it. The continent of Africa forms the western wall while Myanmar, Malaysia and the insular continuations protect the eastern side. The vital feature, which differentiates the Indian Ocean from the Pacific and Atlantic, is not the two sides but the subcontinent of India, which juts out into the Sea for thousand miles to its tapering end at Cape Comorin. It is the geographical position of India that changes the character of the Indian Ocean compared with other oceans.

The Indian Ocean washes the entire African coast up to Somaliland, the southern coast of Arabia, the southern source of Iran and Baluchistan, the peninsula of India, the western source of Myanmar, the Malay Peninsula and Sumatra. The eastern and western entrances are guarded by two narrow straits: the Bab-el-Mandeb and Strait of Malacca.

The geographical personality of the Indian Ocean has two distinct facets: the oceanic area and the surrounding area. Physiographically, the Indian Ocean has three distinct components namely, the continental shelves, the submarine ridges and the deep-sea plains and basins. The continental shelves, which cover 4.2 per cent of the total area and vary in depth, have vast potential of natural reserves, like petroleum, tin, gold and manganese. South of Sumatra and the countries around the Persian Gulf and Red Sea have potential of such resources. The submarine ridges, such as mid-ocean great Indian ridge, the Madagascar ridge and St.

14. Alan John Villiers, op. cit.

Pairl's ridge, with their ocean islands, form three belts, namely, the northern island, the central island and the southern island belts. The deep-sea plains and basins probably contain a vast store of mineral wealth.[15]

The Indian land mass forms a major physical division between the Arabian Sea and the Bay of Bengal. Oceanographically, the Bay of Bengal differs from the Arabian Sea in maintaining a clockwise circulation of major currents during both the north-east and south-west monsoons. The circulation in the Arabian Sea reverses, with surface water masses circulating counterclockwise in the north-east monsoon (November–April, when the North Equatorial Current flows west) and clockwise in the south-west monsoon. (May–October when the surface current flows eastward and splits to form clockwise currents in the Arabian Sea and the Bay of Bengal). There is also a major difference in salinity. In the Arabian Sea, evaporation exceeds precipitation and run-off, leading to the formation of high salinity water masses that flow south. The Bay of Bengal has comparatively low salinity due to high run-off and precipitation; in the south-west monsoon, maximum salinity is found at depths of about 500 m, as high salinity water moves into the Bay from the Indian Ocean.

The coastline surrounding the Bay of Bengal is heavily influenced by the monsoons, particularly the south-west monsoon that brings heavy rains. Tropical storms also have a major impact; of the twelve to thirteen that occur each year in the Bay of Bengal, three or four of cyclonic strength affect India, Bangladesh and Myanmar. The northern part of the

---

15. S.N. Kohli, *Sea Power and the Indian Ocean — With Special Reference to India*, Tata McGraw Hills Publishing Co. Ltd., New Delhi, 1978, pp. 123-24.

Bay of Bengal is prone to impact from storms because it concentrates energy from storm centres.[16]

Islands of the Indian Ocean

India conducted "Operation Cactus" on 11 November 1988 at Maldives to thwart an attempted *coup d'état*. This Indian action once again indicates the sensitivity that the Indian Ocean region is gaining. The earlier Indian intervention in Sri Lanka had established Indian interests in this region. India, as a major South Asian power and growing naval power, now looks to claim legitimacy for its influence in the South Asia Indian Ocean region.[17]

The submarine ridges form a large number of islands in the ocean. There are three chains of islands among the longitudinal (north-south) direction. They are: the western, the central and the eastern group of islands.

Western group of islands could be further divided into north-western group, central-western group and south-western group of islands. In north-western group the important islands are Masirah, Socotra and Kuria Muria. Central-western group forms a rough circle by Madagascar, Diego Suarez, Comoros, Zanzibar, Amirante, Seychelles, Agalega, St. Brandon group (Cargados, Carajos, and Shoals), Mauritius and Reunion. In south-western group the important islands are Prince Edward, Crozet and Kerguélen islands.

In central group of islands toward the north are Laccadives islands, Maldives and Sri Lanka. In the centre is Chagos

---

16. Sue Wells, S.N. Diwedi, Samar Singh and RobSon Ivan, "Maritime Region 10: Central Indian Ocean", A Global Representative System of Marine Protected Areas, Unpublished report prepared for IUCNCNPPA, Gland, Switzerland, 1994, p. 13.
17. Sanhita Athawale, *India's Indian Ocean Islands*, ABC Publishing House, New Delhi, July 1991, p. 7.

Archipelago in which the much-publicized Diégo Garcia island is situated. It is now a well-known US-UK naval and air base. In the south of this chain lie St. Paul and Amsterdam islands.

In eastern group of islands there is a chain of islands in a convex shape between Myanmar and Sumatra, like Myanmarese Preparis and Indian Andaman and Nicobar group of islands. Then there is the series of Indonesian islands. Some of them, like Sumatra and Java are enormously big. West of Indonesian islands lie Coco and Christmas islands of Australia.[18]

In the past these islands served the strategic purpose of a number of western maritime powers and helped them in the control of the Indian Ocean and its littoral and hinterland countries. With a few exceptions, most of these islands are now independent countries or they are part of some sovereign littoral country. Important states in the Indian Ocean are Bahrain, Indonesia, Maldives, Malagasy (Madagascar), Mauritius, Seychelles, Singapore and Sri Lanka.

Some of these islands and group of islands enjoy great strategic importance in the region due to their location and well-developed harbours. Sri Lanka, which is close to the southern tip of India, has two very fine harbours: Colombo and Trincomalee whose strategic importance can hardly be underestimated. Madagascar, which provides excellent cover to South African coast and has a unique naval base at Diego Suarez, was earlier used by French. In importance, it is only next to Singapore.[19] The western Indian Ocean islands are also

18. R.N. Misra, *Indian Ocean and India's Security*, Mittal Publications, Delhi, 1986, p. 3.

19. K.M. Pannikkar, *India and the Indian Ocean: An Essay on the Influence of Sea Power on Indian History*, George Allen and Unwin, Mumbai, 1971, p. 20.

very important as they are situated in or on either side of the strategically important "Oil Routes" of heavy tankers of the Western countries. Bahrain, Masirah, Socotra, Aldabra, Zanzibar, Comoros and Diego Suarez fall in this group. Socotra enjoys double importance as it also commands the entry into the Red Sea leading to the "Suez Route." The strategic importance of these islands has attracted the various maritime powers of the world, which either wanted to acquire the bases or lease some naval facilities in these islands.

A brief mention of island territories of the Indian Ocean:

Andaman Islands, island group of India, between the Bay of Bengal and the Andaman Sea, forming the northern part of the Andaman and Nicobar Islands (see Map 2.2). It is a union territory of India. The three principal islands are North Andaman, Middle Andaman, and South Andaman. To the east of the island group is a cluster of small islands known collectively as the Ritchie's Archipelago; to the south is Little Andaman. Port Blair is the territory's administrative capital, and ships from the mainland use its harbour regularly. The Andamans are generally hilly and are heavily forested. Timber, coconuts, hemp, tea, coffee and rubber are the principal products.

Most of the inhabitants are Indian; Negritos, the islands' aborigines, now number only in the hundreds. The British were the first Europeans to settle in the islands when they established a penal colony at Port Blair in 1789. The penal settlement was discontinued after seven years, but in 1858 it was re-established to imprison Indian freedom fighters. After annexing the Nicobar Islands in 1869, the British joined the Andaman and Nicobar islands into a single administrative unit in 1872. The islands were occupied by Japanese forces from 1942 until the end of Second World War in 1945, when

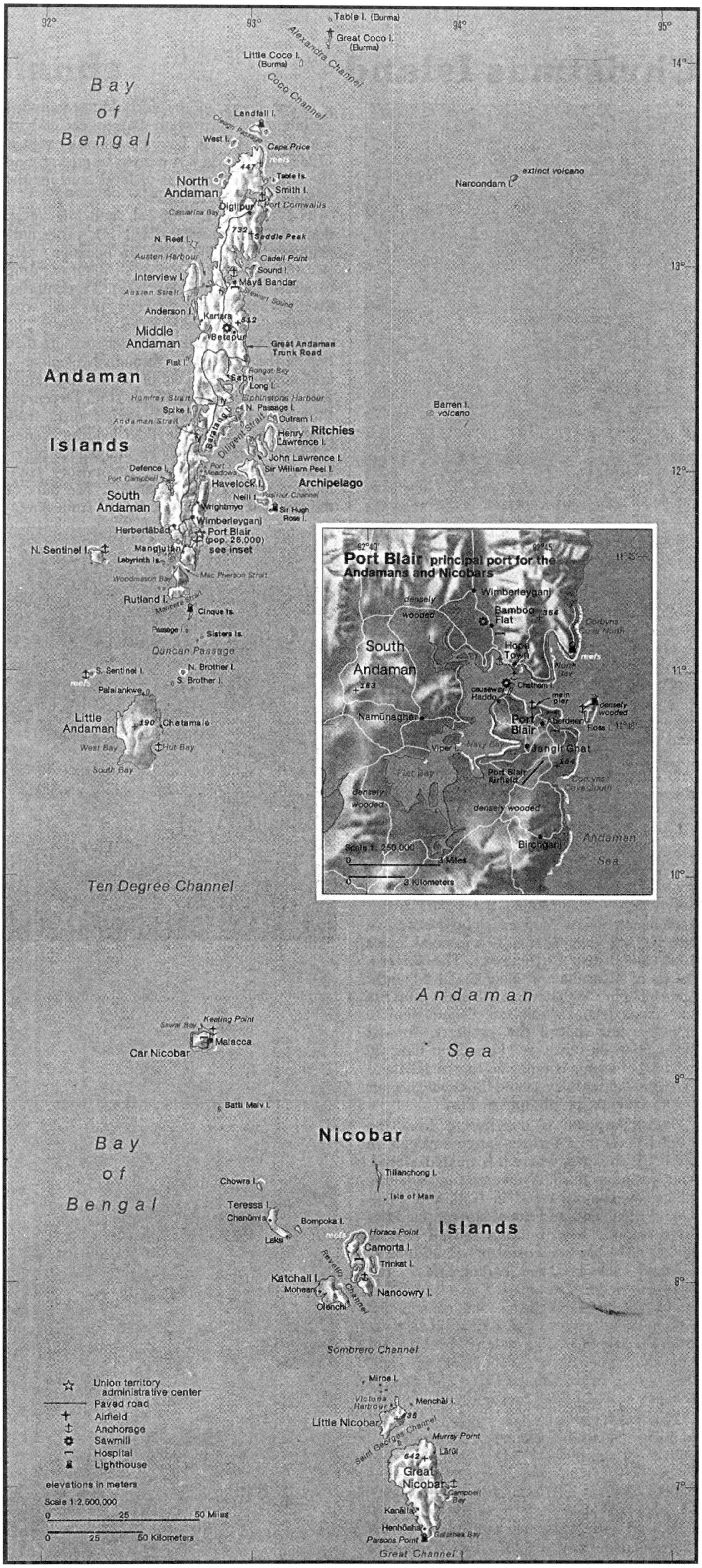

Map 2.2: *Map of Andaman & Nicobar Islands*

the British regained control of the territory. The islands became a union territory of India when India gained independence from British rule in 1947. Area of the Andaman is 6,500 sq km (2,500 sq miles) and Population (1991 estimated) is 240,089.[20]

Barrow Island, island off the north-western coast of Australia, in the Indian Ocean, and part of the state of Western Australia. Lying just north of the Tropic of Capricorn at a distance of 50 km (30 miles) from the coast, Barrow Island is separated from the mainland towns of Dampier (to the east) and Onslow (to the south) by the Mary Anne Passage. Barrow is 25 km (16 miles) long and 10 km (6 miles) wide, for an area of 200 sq km (80 sq miles). Cape Poivre is at the island's southernmost end, and Cape Dupuy lies on the island's northern end. The island is low-lying with sparse, low-growing vegetation. Its highest point is 80 m (270 ft) above sea level. Rainfall is minimal, falling mostly in May and June. Cyclones are frequent. Barrow Island is rich in natural gas and oil, which was discovered on the island in 1964. The island became the site of Australia's second commercial oilfield in 1967, and in 1970 it produced one-fourth of Australia's total crude oil output. Today, the island contains about 10 per cent of Australia's crude oil reserves and supplies 5 per cent of the country's oil. Barrow Island is also part of the vast North-West Shelf hydrocarbon project. The sedimentary rocks of the offshore continental shelf hold more than half of the country's reserves of natural gas. Oil companies operating on Barrow Island have taken steps to minimize environmental damage to the island's fragile ecosystem. A plant and wildlife sanctuary protects several rare animals, including the

20. Sanhita Athawale, op. cit., p. 31-35. See also Microsoft Encarta Reference Library, 2004 at www.encarta.com and *Britannica Encyclopedia, 2004* at www.britannica.com.

spectacled hare wallaby, bandicoots, and possums. British naval captain Phillip King discovered the island in 1818 and named it after Sir John Barrow, a British naval secretary. Barrow is the largest of the Montebello Islands, which were the site of three British nuclear bomb tests in 1952 and 1956. Its population is small, fluctuating between 50 and 100 people.[21]

Bali island, southern Indonesia, one of the lesser Sunda Islands, in the Indian Ocean. It is situated between the island of Java to the west, from which it is separated by Bali Strait, and the island of Lombok to the east from which it is separated by Lombok Strait. Bali is 145 km (90 miles) long and 80 km (50 miles) wide. The principal cities are the northern port of Singaraja and Denpasar, the capital, near the southern coast. Mountain ranges cross the island from east to west. The highest point on the island is Mount Agung (3,142 m/10,308 ft), a volcano that erupted in March 1963. In the south the land descends to form an alluvial plain, watered by shallow rivers, dry in the dry season and overflowing whenever there are periods of heavy rains. Economically and culturally, Bali is one of the most important islands of Indonesia. Rice is grown on irrigated, terraced hillsides; other crops include sugar cane, coffee, copra, tobacco, fruits, and vegetables. Cattle and hogs are also raised. The Balinese are skilled artisans, particularly in woodcarving, and in fashioning objects of tortoise shell and of gold, silver, and other metals. The women of Bali are noted for their traditional dancing (see Dance; Indonesian Dance) and for their skills in weaving cloth of gold and silver threads, as well as for embroidering silk and cotton clothing.

---

21. J. P. Anand, "Indian Ocean Islands", *Arab World*, New Delhi, March 1982. See also Microsoft Encarta Reference Library, 2004 at www.encarta.com and *Britannica Encyclopedia, 2004* at www.britannica.com.

The principal religion on the island of Bali is a variation of Hinduism that incorporates Polynesian religious rites. Bali was first visited by the Dutch in 1597, but Dutch rule was not firmly established until 1908. In 1946, after the Japanese occupation of the island during Second World War, Bali was included in the newly formed state of East Indonesia, becoming part of the United States of Indonesia in 1948. In 1950 Bali became part of the unified Republic of Indonesia. Area is 5,623 sq km (2,171 sq miles) and population (2000 estimate) is 3,091,200.[22]

Belitung island, western Indonesia, part of the Malay Archipelago, in the Java Sea. About 89 km (55 miles) long and 69 km (43 miles) wide, it is generally rectangular in shape and has a diversified terrain, with hilly areas and extensive tracts of marshland. Climatic conditions are typically tropical. Belitung contains rich tin deposits, and tin mining is the chief industry. The chief town is Tanjungpandan, on the northwestern coast. Originally part of the Sultanate of Palembang, Belitung was ceded to the British in 1812. The British recognized Dutch claims to Belitung in 1824. Area is 4,800 sq km (1,900 sq miles).

Chagos Archipelago, also called Oil Islands, group of small islands, constituting the British Indian Ocean Territory (a dependency of the United Kingdom), in the central Indian Ocean, south of India. In the 1970s, Diego Garcia, an atoll at the southern end of the group, became the site of a U.S. communications centre and naval base. The islands, which have no permanent civilian inhabitants, were administered from

---

22. R.C. Sharma, *Indian Ocean and its Community — A Geographical Appraisal*, New Delhi, 1974, pp. 206-07. See also Microsoft Encarta Reference Library, 2004 at www.encarta.com and *Britannica Encyclopedia, 2004* at www.britannica.com.

Mauritius until organized as the British Indian Ocean Territory in 1965. Area is 60 sq km (20 sq miles).[23]

Christmas Island (Australia), island dependency of Australia, in the Indian Ocean, south of the western tip of Java. The island is mainly a plateau about 300 m (about 1000 ft) above sea level. The chief industry is the mining of phosphate rock. However, as the phosphate reserves begin to dwindle, the government is encouraging the development of tourism. The population is made up of Chinese, Malays, and a lesser number of Europeans. The island was annexed by Britain in 1888 and was incorporated in the Straits Settlements colony the following year. In 1900 it was made part of the Settlement of Singapore. During Second World War (1939–45), the island was occupied by the Japanese. It was transferred to Australian administration in 1958. Area is 135 sq km (52 sq miles) and population (1993) is 2,500.[24]

Cocos Islands, also called the Keeling Islands, a group of 27 small coral islands in the eastern Indian Ocean, a dependency of Australia. Copra (dried coconut meat) is the chief product. An airport is located on West Island, the largest island of the group. The population is composed of Malays and Europeans. The islands were visited by Captain William Keeling of the East India Company in 1609. The first settlement was established in 1826, and in 1857 the group was annexed by Britain. Included in the jurisdiction of the governor of Ceylon (now Sri Lanka) in 1878, and in the jurisdiction of the governor of the Straits Settlements in 1886, the islands were

---

23. P.K.S. Namboodari, J.P. Anand and Sreedhar, *Intervention in the Indian Ocean*, ABC Publishing, New Delhi, 1982, pp. 9-13. See also Microsoft Encarta Reference Library, 2004 at www.encarta.com and *Britannica Encyclopedia, 2004* at www.britannica.com.

24. Ibid.

incorporated into the Settlement of Singapore in 1903. In 1955 the Cocos Islands came under Australian control, and in 1984 the islanders voted to become part of Australia. The Clunies-Ross family was the islands' sole landholder from 1886 until 1978, when the Australian government purchased its lands and gave them to the villagers. Area is about 14 sq km (about 5.5 sq miles) and population (1993) is 595.[25]

Comoros, it is an independent state comprising a group of islands in the Indian Ocean. Located at the northern end of the Mozambique Channel, the islands lie about 290 km (about 180 miles) from Mozambique and about 320 km (about 200 miles) from Madagascar. Comoros has been a self-governing state since 1975 when three of the four islands of the Comoros archipelago broke away from French rule. The three islands are Njazidja (also called Grande Comore), Nzwani (Anjouan) and Mwali (Mohéli). The capital city, Moroni, is located on Njazidja. Comoros claims sovereignty over the fourth island, Mayotte (also known as Mahore), but Mayotte is still a dependency of France with the status of a territorial collectivity. Islam is the state religion of Comoros.[26]

Elephanta (Hindi Gharapuri), small island, western India, in Mumbai Harbour, between Mumbai and the mainland. It contains rice fields and stone quarries. The island is famous for six eighth-century temple caves carved out of rock and containing sculptured figures of Hindu deities. The Great Cave is supported by pillars cut out of the rock and is 40 m (130 ft)

---

25. J.P. Anand, "Islands, Group and Bases: Big Powers" in Surendra Bhutani (ed.), *Arab East Today*, New Delhi, 1981, pp. 75-76. See also Microsoft Encarta Reference Library, 2004 at www.encarta.com and *Britannica Encyclopedia, 2004* at www.britannica.com.

26. Ibid.

long, 40 m (130 ft) wide, and 5 m (18 ft) high. In the centre of the cave is a striking three-headed bust representing the Hindu gods Brahma, the creator; Vishnu, the preserver; and Shiva, the destroyer. Compartments surrounding the bust contain more religious sculptures. The European name of the island is derived from a large stone elephant that once stood near the landing place. Area is 5 sq km (2 sq miles).[27]

French Southern and Antarctic Islands, overseas territory of France (since 1955), comprising the Kerguelen and Crozet archipelagoes and the islands of Saint-Paul and Amsterdam, all located in the southern Indian Ocean, and Adélie Coast (or Adélie Land), a narrow segment of the Antarctic continent. The Crozet Islands is a group of 20 small mountainous islands. Little plant life occurs; animal life consists mainly of elephant seals and various species of birds. Amsterdam and Saint Paul are both islands of volcanic origin, and the centre of Saint Paul is occupied by a large cratre with hot springs. The climate is extremely humid and windy, but temperate. Vegetation is relatively abundant. Adélie Coast lies on the Antarctic continent south of latitude 66° south. The terrain consists of a glacier-covered plateau. The only inhabitants of the territory are personnel of the permanent scientific stations located on Kerguelen, the Crozets, Amsterdam, and Adélie Coast. The territory is governed by an administrator and a consultative council, both appointed by the French government; the council meets in Paris twice a year. Amsterdam and Saint Paul islands were sighted in 1522 by an expedition begun by Ferdinand

---

27. R.L. Singh (ed.), *India: A Regional Geography*, National Geographic Society, Varanasi, 1971, p. 90. See also Microsoft Encarta Reference Library, 2004 at www.encarta.com and *Britannica Encyclopedia, 2004* at www.britannica.com.

Magellan. Kerguelen and the Crozets were discovered in 1772.[28]

Java island, island of the Malay Archipelago, southern Indonesia, bounded on the north by the Java Sea, on the east by Bali Strait, on the south by the Indian Ocean, and on the west by Sunda Strait. Java extends in a generally easterly and westerly direction for a distance of about 1050 km (about 650 miles). The maximum width of the island, which lies about midway between the 5 and 10 parallels of south latitude, is about 204 km (about 127 miles). Jakarta is the largest city of Java and the capital of Indonesia. Other important cities in Java are Yogyakarta, Bandung, Semarang, Surabaya, Cirebon, Pekalongan, Sukabumi, Malang, and Surakarta. The area of Java is 134,045 sq km (51,755 sq miles). The population of Java (1995 estimate) was 114,733,500 (figure includes the population of the nearby island of Madura). Java is traversed from east to west by a volcanic mountain chain. This longitudinal uplift has approximately 110 volcanic centres, including about 35 active craters. Semeru (3676 m/12,060 ft), situated in the eastern portion of the island, is the highest volcano and one of the most active. Elevations in western Java are generally lower, rarely exceeding 1737 m (5700 ft). Besides Semeru, the most active volcanoes of Java include Bromo, Kawah Ijen, and Tangkubanperahu. Java has been the scene of a number of disastrous volcanic eruptions, notably that of Mount Ringgit in 1686, when about 10,000 lives were lost, and that of Papandayan in 1772, when about 3000 persons were killed. A low coastal plain, with a maximum width of about 64 km (about

---

28. J. P. Anand, "Indian Ocean Islands", *Arab World*, 1982, p. 54. See also Microsoft Encarta Reference Library, 2004 at www.encarta.com and *Britannica Encyclopedia, 2004* at www.britannica.com.

40 miles), adjoins the central mountain chain on the north. The southern part of the island is occupied by a series of limestone ridges, which form a precipitous coastal escarpment. The rivers of Java are generally swift, narrow, and shallow. The Solo River, about 540 km (about 335 miles) in length, is the largest stream. The best natural harbours are on the northern coast.

Kangaroo Island, roughly Oval Island in the Indian Ocean in southern Australia, part of the state of South Australia. Kangaroo Island is located south of Yorke Peninsula and Gulf Saint Vincent and narrowly separated from Fleurieu Peninsula and Adelaide by Backstairs Passage. The island covers an area of 4,400 sq km (1,700 sq miles), and is geologically a continuation of the Mount Lofty Ranges. There is a conservation area for sea life at Seal Bay, and Flinders Chase National Park covers much of the west. Kangaroo Island was explored in 1802 by British navigator Matthew Flinders, and named for its large population of kangaroos, which were used for food by his crew. The island was settled at Nepean Bay (now Kingscote) in 1836. Sheep raising, grain farming, and tourism are the main economic activities. Population (1981 estimated) is 3,515.[29]

Kerguélen Islands, island group, southern Indian Ocean, comprising about 300 islands and islets of volcanic origin. The only island of importance in the group is Kerguélen. The island is rocky and mountainous; the highest peak attains an elevation of 1,960 m (6,430 ft) above sea level. The island is so deeply indented by fjords that, although it is 160 km (100

29. Sen Gupta, Poulose and Bhatia, *The Malacca Straits and the Indian Ocean*, The McMillan Co., Delhi, pp. 13-14. See also Microsoft Encarta Reference Library, 2004 at www.encarta.com and *Britannica Encyclopedia, 2004* at www.britannica.com.

miles) long and 130 km (80 miles) wide, no point on the island is more than 19 km (12 miles) from the sea. Penguins and other seabirds frequent it, but no fauna is indigenous to Kerguélen. The native flora dates from ancient times and is thought possibly to have reached the island from distant South America rather than from comparatively nearby Africa. Especially notable is the Kerguélen cabbage, a vegetable long valued by explorers of these waters for its antiscorbutic qualities. The island was discovered in 1772 by the French navigator Yves Joseph de Kerguélen-Trémarec. The British explorer Captain James Cook visited it in 1776 and named it Desolation Island. France annexed Kerguélen in 1893 and has established permanent scientific research stations there. The only inhabitants are the personnel at the stations. Area is 6,000 sq km (2,300 sq miles).[30]

Krakatau, also Krakatoa or Rakata, small volcanic island, south-western Indonesia, in the Sunda Strait, between Java and Sumatra. Until the night of 26-27 August 1883, Krakatau had an area of 47 sq km (18 sq miles); at that time, a volcanic eruption and its consequent explosions destroyed most of the island, so the present area is only 15 sq km (6 sq miles). The eruption produced huge ocean waves called tsunamis that reached an estimated height of 30 m (100 ft) and travelled 13,000 km (8,000 miles); these waves drowned about 34,000 people along the coasts of Java and Sumatra and destroyed incalculable amounts of property. In addition, pyroclastic flows of hot volcanic ash travelled more than 40 km (25 miles) across the surface of the sea and fatally burned at least 2,000 people. An explosion in the eruption series produced one of the loudest

30. Sen Gupta, Poulose and Bhatia, *The Malacca Straits and the Indian Ocean*, The McMillan Co., Delhi, pp. 13-14. See also Microsoft Encarta Reference Library, 2004 at www.encarta.com and *Britannica Encyclopedia, 2004* at www.britannica.com.

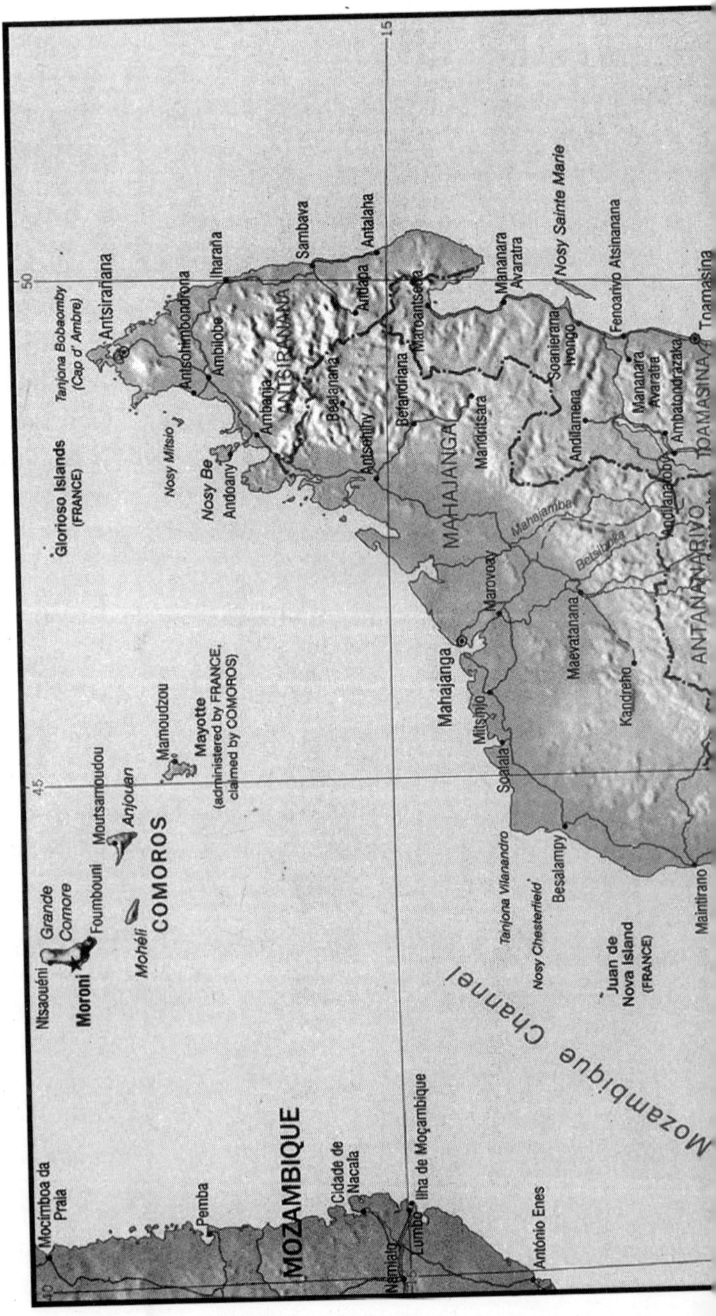

MOZAMBIQUE
Mocímboa da Praia
Pemba
Cidade de Nacala
Ilha de Moçambique
Lumbo
Namialo
António Enes
Mozambique Channel
COMOROS
Nisaouéni
Moroni
Grande Comore
Foumbouni
Mohéli
Moutsamoudou
Anjouan
Mamoudzou
Mayotte
(administered by FRANCE, claimed by COMOROS)
Glorioso Islands
(FRANCE)
Tanjona Bobaomby
(Cap d' Ambre)
Antsiranana
Nosy Mitsio
Nosy Be
Andoany
Juan de Nova Island
(FRANCE)
Nosy Chesterfield
Tanjona Vilanandro
Mahajanga
Mitsinjo
Soalala
Besalampy
Maintirano
Marovoay
Maevatanana
Kandreho
MAHAJANGA
Mahajamba
Betsiboka
Mandritsara
Antsohihy
Befandriana
Bealanana
Ambanja
ANTSIRANANA
Ambilobe
Antsohimbondrona
Iharana
Sambava
Antalaha
Andapa
Maroantsetra
Mananara Avaratra
Nosy Sainte Marie
Fenoarivo Atsinanana
Soanierana Ivongo
Andilamena
Ambatondrazaka
TOAMASINA
ANTANANARIVO
50
45
40
15

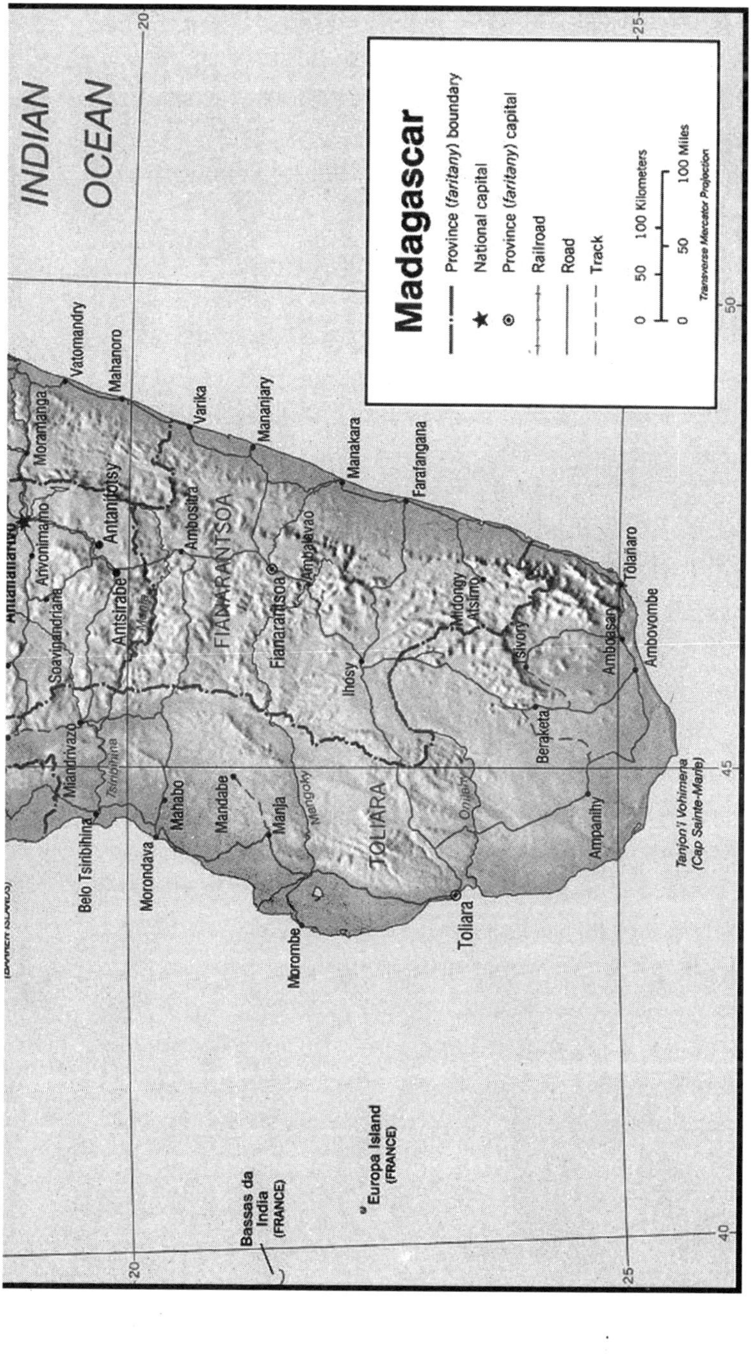

Map 2.3: Map of Madagascar

noises in history; it was heard at a distance of 4,800 km (3,000 miles). The material ejected was in the form of fine dust, which was diffused by aerial currents throughout the upper atmosphere; for three years thereafter, observers all over the world reported brilliant colourations of sunrise and sunset, caused by the refraction of the rays of the sun by these tiny particles. The island displayed volcanic activity again in 1927, and the inhabitants were evacuated; the island is now uninhabited.[31]

Kuria Muria Islands or Jaza'ir Khuriya Muriya, island group of Oman, situated 40 km (25 miles) off the country's south-eastern coast in Kuria Muria Bay (an inlet of the Arabian Sea). Five islands comprise the group. Composed mostly of granite, the five rocky islets are the peaks of a submarine ridge. Al Hallānīyah is the largest and only inhabited island. Its few residents support themselves primarily through fishing. Pirate raids in the early nineteenth century forced all of the archipelago's inhabitants to flee. Ceded to Britain in 1854 by the sultan of Oman for a station of the Red Sea telegraph cable, the islands were returned to Oman in 1967. Area is 73 sq km (28 sq miles).[32]

Lakshadweep, territory in India made up of 27 islands, located off the Malabar Coast. Only 10 of the islands are inhabited. The capital of Lakshadweep is Kavaratti and the largest island is Minicoy. Most of the inhabitants are Muslim and the main language is Malayalam, except on Minicoy, where Mahl is spoken. The chief occupations are fishing and the cultivation of coconuts for coir (a stiff, coarse fiber) and copra. Plantains and vegetables are also raised. The territory was

---

31. Microsoft Encarta Reference Library, 2004 at www.encarta.com and *Britannica Encyclopedia, 2004* at www.britannica.com.

32. Ibid.

known as the Laccadive, Minicoy, and Amīndīvi Islands until it was renamed in 1973. Area is 32 sq km (12 sq miles) and population (1991 estimated) was 51,107.[33]

Lombok, island in southern Indonesia, in West Nusa Tenggara Province. One of the Lesser Sunda Islands, it is located east of Bali across the Lombok Strait. Mountains of volcanic origin on the island rise to 3,726 m (12,224 ft) atop Mount Rinjani. Mataram, on the western coast, is the chief settlement, and the nearby port of Ampenam is the site of Mataram State University (1963). The indigenous plants and animals are more closely related to Australian forms than to Balinese and South-East Asian forms. The Dutch annexed the island in 1894. The area is 5,200 sq km (2,000 sq miles) and the population (1990 estimated) is 2,403,399.[34]

Madagascar, republic in the Indian Ocean, separated from the south-eastern coast of Africa by the Mozambique Channel. Madagascar is made up of Madagascar Island, the fourth largest island in the world, and several small islands. The country's area totals 587,041 sq km (226,658 sq miles) and has an ethnically diverse population of 16,979,744 (2003 estimate). Madagascar was annexed by the French in 1896 and became self-governing within the French Community in 1958 as the Malagasy Republic. It gained full independence in 1960 and took the name Democratic Republic of Madagascar in 1975. It became the republic of Madagascar in 1993 after a new constitution was adopted. Antananarivo is the capital and largest city. A central mountainous plateau dominates the

---

33. Sanhita Athawale, op. cit., pp. 59-61. See also Microsoft Encarta Reference Library, 2004 at www.encarta.com and *Britannica Encyclopedia, 2004* at www.britannica.com.

34. Microsoft Encarta Reference Library, 2004 at www.encarta.com and *Britannica Encyclopedia, 2004* at www.britannica.com.

island of Madagascar. Partly volcanic in origin, the uplands rise to 2876 m (9436 ft) atop Maromokotro in the north. The massive Ankaratra Mountains, near the city of Antananarivo, attain an elevation of 2643 m (8671 ft).

The land slopes steeply to narrow lowland bordering the Indian Ocean in the east and to a somewhat wider coastal plain along the Mozambique Channel in the west. The country's best soil is found along the coast and in river valleys of the central plateau. The major rivers of Madagascar are the Betsiboka, Tsiribihina, Mangoky, and Onilahy; all rise in the uplands near the eastern coast and flow west to the Mozambique Channel through fertile valleys. By contrast, rivers flowing to the Indian Ocean are short and swift, frequently plunging from the uplands in waterfalls. The largest lake is Alaotra, near Toamasina. The eastern part of Madagascar receives much rain, brought onshore by south-eastern trade winds, which are forced to rise and drop moisture as they meet the eastern escarpment; annual precipitation in some places exceeds 3050 mm (120 in). The central plateau gets considerably less moisture, and arid areas in the south and south-west receive less than 380 mm (less than 15 in) of precipitation per year. Most of the rain falls from November to April. The coastal regions generally are hot throughout the year. The central plateau has a temperate climate, with warm summers and cool winters. The average temperature range in Antananarivo on the plateau is 16° to 26° C (61° to 79° F) in January and 9° to 20° C (48° to 68° F) in July.[35]

35. Nand Lal, *Indian Ocean and Peace Zone Politics*, Kanishka Publishers, Delhi, 1995, p. 9. See also Microsoft Encarta Reference Library, 2004, at www.encarta.com and *Britannica Encyclopedia, 2004* at www.britannica.com.

Malay Archipelago, largest system of island groups in the world, situated south-east of the Asian mainland and north and north-west of Australia, between the Indian and Pacific oceans. The archipelago encloses eight seas, including the Sulu and the Celebes, and extends from about 20° north of the equator to about 10° south of the equator. It comprises New Guinea, the second largest island in the world; the Philippine Islands; the Sunda Islands, which include Sumatra, Java, Sulawesi, Borneo, Bali, and Timor; the Moluccas (Maluku); and numerous lesser islands. New Guinea, Borneo, and Sumatra are three of the world's six largest islands, and Java is the most densely populated large island on earth. The area of the archipelago is about 2.8 million sq km (about 1.1 million sq miles).4[36]

Maldives (formerly Maldive Islands), island republic in southern Asia, located in the northern Indian Ocean, south-west of the southern tip of India (Map of Maldives). Maldives is made up of a chain of 1,190 small coral islands that are grouped into clusters of atolls. It has a total area of 298 sq km (115 sq miles). The capital and largest city of Maldives is Male. Population of Male is (1999 estimated) 72,000. The islands are low-lying and have only small tracts of arable land. Vegetation is dominated by coconut palms and breadfruit trees.

The climate is tropical and humid. The average annual temperature is 26.7° C (80° F), with little seasonal variation. The average annual precipitation is 1,500 mm (60 in), most of which falls between May and November. The principal natural resource is the marine life of the surrounding seas. The population of Maldives (2003 estimate) is 329,684, yielding an average population density of 1,106 persons per sq km (2,865

---

36. Microsoft Encarta Reference Library, 2004, at www.encarta.com and *Britannica Encyclopedia, 2004* at www.britannica.com.

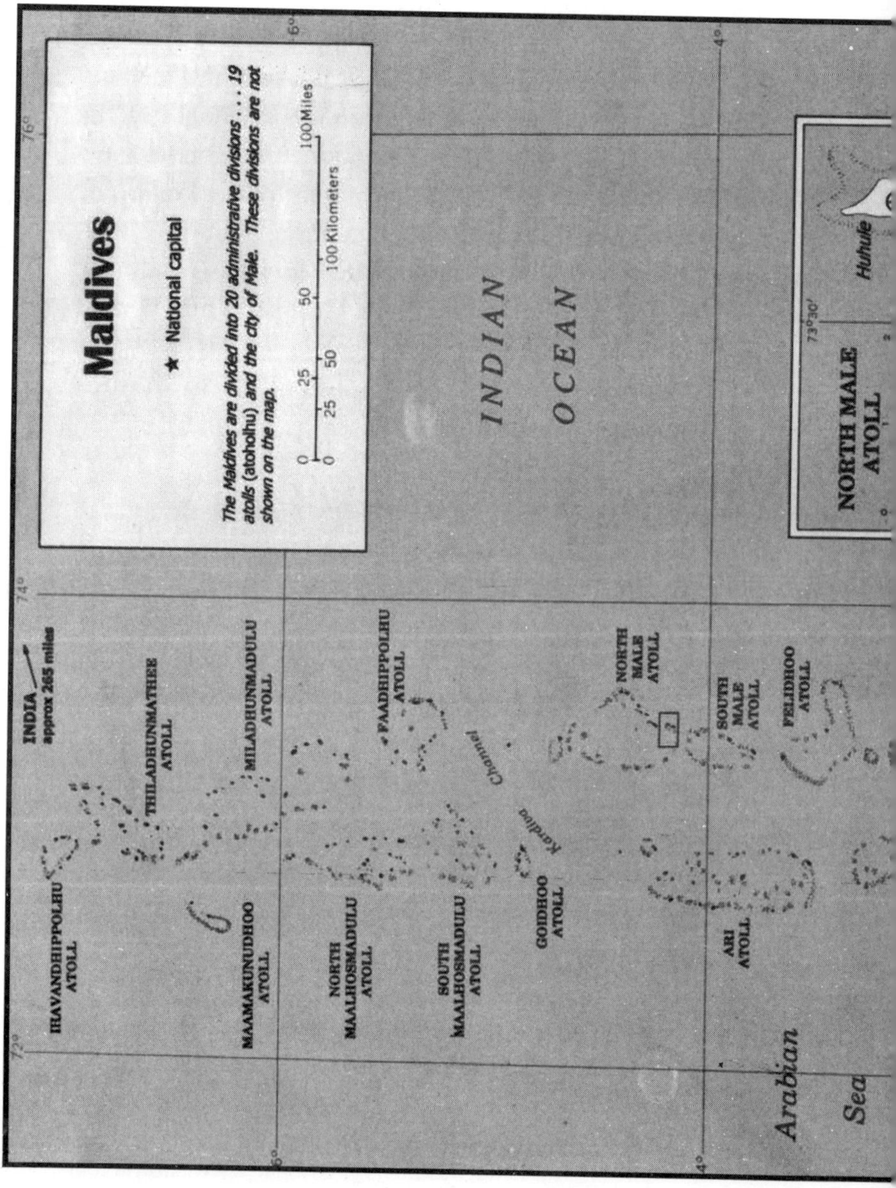
Maldives
★ National capital
The Maldives are divided into 20 administrative divisions . . . 19 atolls (atoholhu) and the city of Male. These divisions are not shown on the map.
0 25 50 100 Miles
0 25 50 100 Kilometers
INDIAN OCEAN
Arabian Sea
INDIA approx 265 miles
IHAVANDHIPPOLHU ATOLL
THILADHUNMATHEE ATOLL
MAAMAKUNUDHOO ATOLL
MILADHUNMADULU ATOLL
NORTH MAALHOSMADULU ATOLL
SOUTH MAALHOSMADULU ATOLL
FAADHIPPOLHU ATOLL
GOIDHOO ATOLL
Kardiva Channel
NORTH MALE ATOLL
ARI ATOLL
SOUTH MALE ATOLL
FELIDHOO ATOLL
NORTH MALE ATOLL
73°30'
Huhule

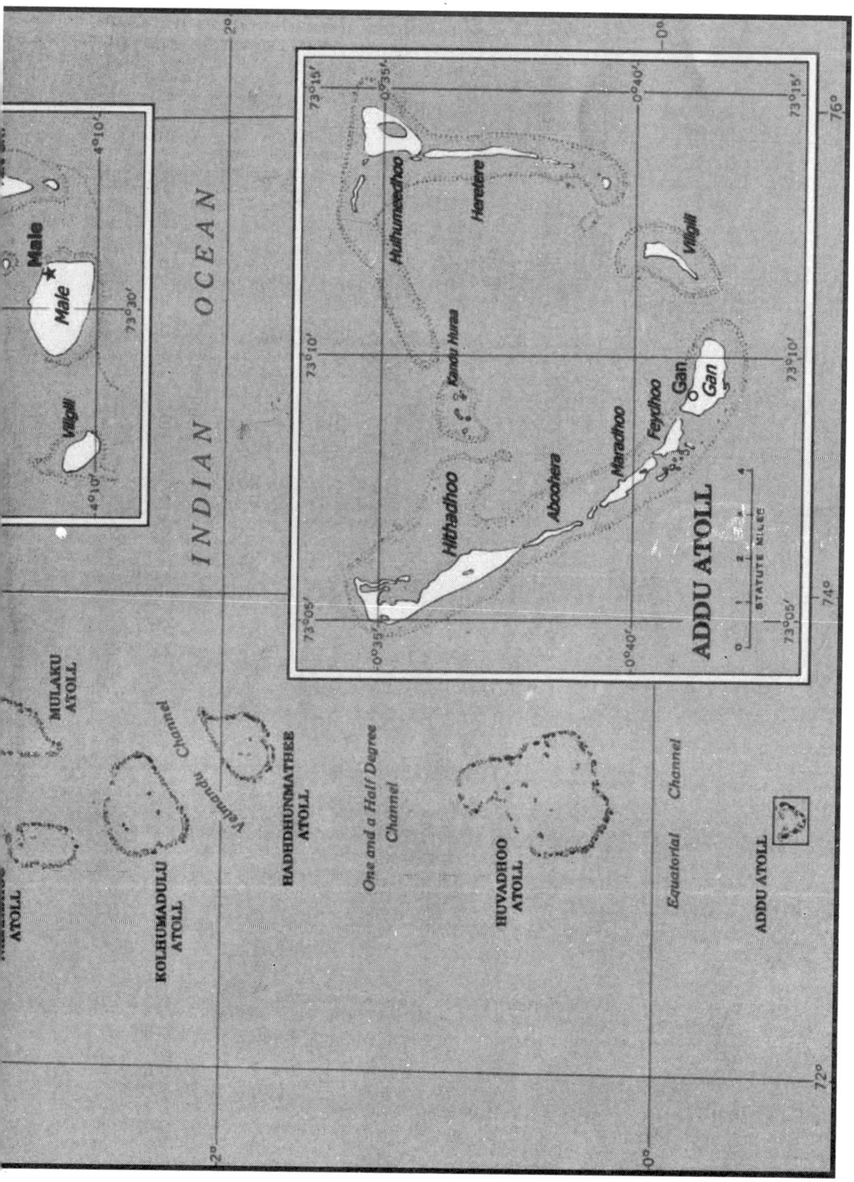

Map 2.4: Map of Maldives

per sq miles). The most populous atolls are Male, the capital and principal commercial centre; Suvadiva; and Tiladummati. The people are ethnically heterogeneous, incorporating Indian, Sinhalese, Arabian, and African elements.

Islam is the state religion, and nearly all the people are Sunni Muslims. The language is Divehi, an Indo-European tongue related to Sinhalese. The islands were settled by Buddhist peoples from southern Asia. Islam was introduced in the twelfth century. The Portuguese traded at Male in the latter half of the fifteenth century. Although the islands were ruled by a local sultan, European influence was established over the area, first by the Dutch in the seventeenth century and later by the British. In 1887 the Maldives Islands formally became a British protectorate. In 1965 the Maldives achieved independence as a sultanate, and in 1968 the people voted to establish a republic. In 1988, Indian troops were called in to foil a coup attempt by Tamil mercenaries. In 1998 the country adopted a new constitution.[37]

Mayotte, one of the four main islands of the Comoros archipelago. It lies at the northern end of the Mozambique Channel, 320 km (200 miles) from the coast of Madagascar and 71 km (44 miles) south-east of the Comorian island of Nzwani. Mayotte is a dependency of France, with the status of a collectivité territoriale (territorial collectivity), although sovereignty over it is claimed by the country of Comoros. The territory of Mayotte consists of three islands: the main island and two smaller adjacent islands, Pamanzi and Dzaoudzi. The capital is Mamoudzou, the largest town on the main island of Mayotte. The main island has an area of 374 km (144 sq miles) and is volcanic in origin.

37. Nand Lal, op. cit., p. 8. See also Microsoft Encarta Reference Library, 2004 at www.encarta.com and *Britannica Encyclopedia, 2004,* at www.britannica.com.

Masirah, the strategic island of Masirah is in Oman's territory. It is being used by the US aircraft for ferrying supplies from Diego Garcia and carrying out surveillance and other missions. During the abortive US borne adventure in April 1982 to rescue American hostages held in Tehran, sixteen C-130 planes with 575 airmen involved in the rescue operation which flew from a base in Egypt were refuelled at the airbase. Masirah has become the principal American bridgehead in this region. It can serve as a jumping-off ground for launching commando-style raids and subversive missions against unfriendly or hostile powers and countries in the Gulf region.[38]

Nicobar Islands, group of 19 islands of India, in the Indian Ocean, between the Bay of Bengal and the Andaman Sea. The islands form, with the Andaman Islands to the north, a union territory called the Andaman and Nicobar Islands. The islands, formed by the peaks of a submerged mountain range, extend some 300 km (200 miles) in a north-western to south-eastern direction. Great Nicobar is the largest and southernmost of the islands. The chief occupations are fishing, woodworking, and handicrafts, and the chief products are coconut, coffee, rice, and rubber. The Nicobar Islands were annexed by Britain in 1869 and were joined with the Andaman Islands to form a single administrative unit in 1872. Japanese forces occupied the islands from 1942 until the end of Second World War in 1945, and control of the territory was transferred to India when it gained independence from Britain in 1947. Area of the Nicobar Islands is 1,840 sq km (710 sq miles) and population (1991 estimated) is 39,022.[39]

38. Anand, J.P., "Masirah Airbase", *Strategic Digest*, IDSA, New Delhi, April 1977, pp. 4-7. See also Microsoft Encarta Reference Library, 2004, at www.encarta.com and *Britannica Encyclopedia, 2004,* at www.britannica.com.

39. Sanhita Athawale, op. cit., pp. 35-40. See also Microsoft Encarta Reference Library, 2004 at www.encarta.com and *Britannica Encyclopedia, 2004* at www.britannica.com.

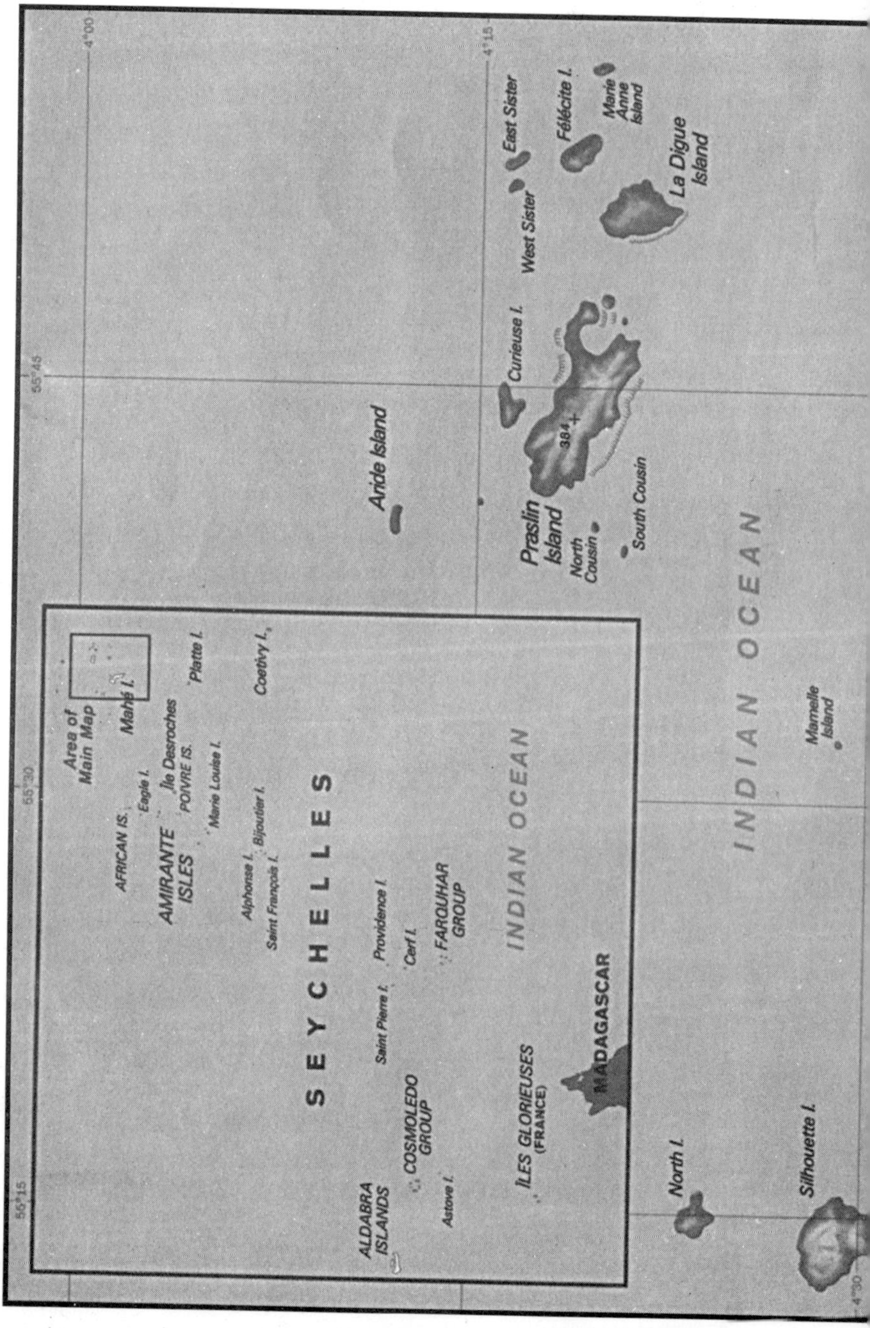
Aride Island
Praslin Island
North Cousin
South Cousin
Curieuse I.
West Sister
East Sister
Félécite I.
Marie Anne Island
La Digue Island
INDIAN OCEAN
Mamelle Island
North I.
Silhouette I.
Area of Main Map
Mahé I.
AFRICAN IS.
Eagle I.
AMIRANTE ISLES
Île Desroches
POIVRE IS.
Platte I.
Marie Louise I.
Coetivy I.
Alphonse I.
Bijoutier I.
Saint François I.
SEYCHELLES
Providence I.
Saint Pierre I.
Cerf I.
FARQUHAR GROUP
INDIAN OCEAN
ALDABRA ISLANDS
COSMOLEDO GROUP
Astove I.
ÎLES GLORIEUSES (FRANCE)
MADAGASCAR

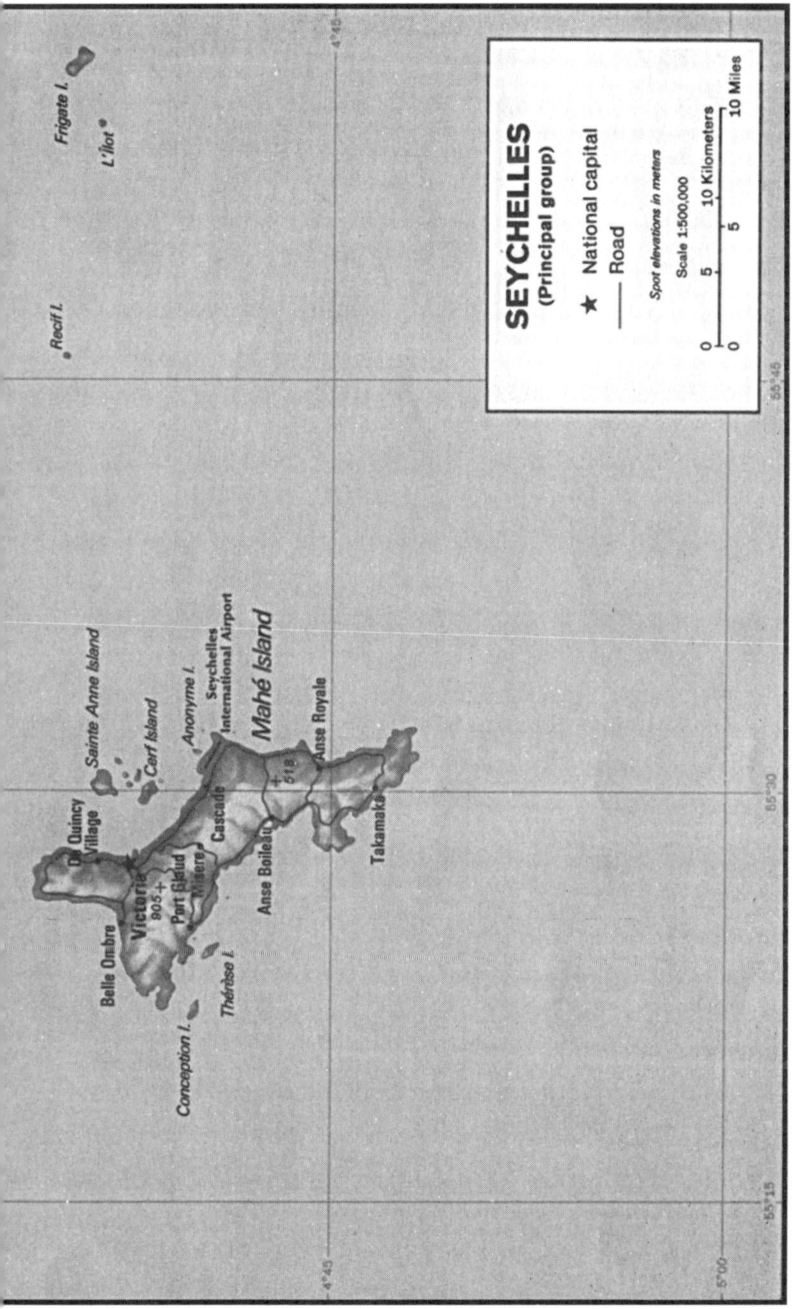

Map 2.5: Map of Seychelles

Pemba, island in north-eastern Tanzania, in the Indian Ocean, near Zanzibar Island. It is 68 km (about 42 miles) long and 23 km (about 14 miles) wide, with an area of 982 sq km (379 sq miles). It was part of a British protectorate from 1890 to 1963; it became part of Tanzania in 1964. The chief towns are Wete and Chake Chake. Cloves and copra are the chief exports. Population (1988 estimated) is 265,039.[40]

Riau, archipelago, western Indonesia, lying south-east of the Malay Peninsula and east of the island of Sumatra. The islands extend north-west to south-east from the Straits of Singapore to the Straits of Berhala and include the island groups of Bintan, Kundur, and Batam. The islands vary in size and shape from small coral reefs to large mountainous territories. Bintan, the largest island of the archipelago (1,140 sq km/440 sq miles), has a maximum elevation of 376 m (1,234 ft) above sea level. The principal industries of the archipelago include the mining of bauxite and the cultivation of rubber trees, rice, pepper plants, and gambier vines. The inhabitants of the islands include Malays, Buginese, and Chinese and a few aboriginals who are known as Benua. Area is 6,000 sq km (2,300 sq miles).[41]

Salsette, island, western India, in the Arabian Sea, part of Greater Mumbai in Maharashtra State. It is situated immediately north of Mumbai, to which it is connected by a causeway. Three artificial lakes in the centre of the island supply Mumbai with water. The principal crop is rice, and the largest towns are Bandra, Kurla, and Thana. The southern part of the island contains suburbs of Mumbai. In the centre

---

40. Microsoft Encarta Reference Library, 2004 at www.encarta.com and *Britannica Encyclopedia, 2004* at www.britannica.com.

41. Microsoft Encarta Reference Library, 2004 at www.encarta.com and *Britannica Encyclopedia, 2004* at www.britannica.com.

of the island, at Kanheri, are more than 100 Buddhist cave temples excavated in the face of a single hill and containing elaborate carvings.

Seychelles, republic, consisting of an archipelago of some 115 islands, scattered across the western Indian Ocean (Map of Seychelles), north-east of the island of Madagascar, a member of the Commonwealth of Nations. The total land area is 454 sq km (175 sq miles). The country consists of two distinct island groups: the Mahé group in the north and the low-lying coral islands stretching to the south. The 32 islands of the Mahé group are formed of granite rocks and have hilly interiors rising to elevations greater than 900 m (greater than 2,950 ft). All the country's principal islands belong to this group; they include Mahé Island (the largest), Praslin, Silhouette, and La Digue. The 83 coral islands are largely without water resources, and most are uninhabited. The population of the Seychelles (2003 estimate) is 80,469. The capital, principal city, and leading port is Victoria (population, 1990 estimate, greater city 35,000), on Mahé Island. About 90 per cent of the country's population lives on Mahé. Most people are of mixed French and African descent; Indian and Chinese minorities are also present.

The official languages are Creole (a patois based on French), English, and French. Some 98 per cent of the population is Christian, most of them Roman Catholics.[42]

Socotra, also Sokotra or Suquṭrá, island, south-eastern Yemen, in the Indian Ocean, located south-east of the entrance to the Gulf of Aden. The principal commercial products are

42. J. P. Anand, "The Seychelles Group", *IDSA Journal*, New Delhi, January-March 1979. See also Microsoft Encarta Reference Library, 2004 at www.encarta.com and *Britannica Encyclopedia, 2004* at www.britannica.com.

ghee (a semifluid clarified butter), aloes, and incense. Many inhabitants keep extensive herds of goats and cows. For much of its early history, Socotra was part of a semi-independent state ruled by the Mahra sultans of southern Arabia. Their control of Socotra was interrupted by a brief period of Portuguese occupation during the early 1550s. In 1886 the sultan accepted British protection for the entire sultanate, and in 1967 the sultanate ended as Socotra became part of the People's Republic of South Yemen (later named the People's Democratic Republic of Yemen). Socotra was incorporated into the new, unified Republic of Yemen when the People's Democratic Republic of Yemen and the Yemen Arab Republic merged in 1990. Area is 3,100 sq km (1,200 sq miles).[43]

Sri Lanka, in full, Democratic Socialist Republic of Sri Lanka, island republic in the Indian Ocean, lying off the south-eastern tip of the Indian subcontinent. The Palk Strait and Gulf of Mannar separate Sri Lanka from India. The Arabian Sea lies to the west, the Bay of Bengal to the north-east, and the Indian Ocean to the south. Colombo, situated on the western coast, is the largest city and the commercial capital of Sri Lanka. The administrative capital is Sri Jayawardenepura (Kotte), located about 16 km (about 10 miles) east of Colombo. The island of Sri Lanka is roughly pear-shaped. The Jaffna Peninsula forms a stemlike extension in the north. The total area of Sri Lanka is 65,610 sq km (25,332 sq miles). The greatest length, from north to south, is 440 km (270 miles). The greatest width, from east to west across the island's broad southern portion, is 220 km (140 miles). Sri Lanka's coastline extends a length of about 1,300 km (about 830 miles). The land of Sri

43. Nand Lal, op.cit., p. 8. See also Microsoft Encarta Reference Library, 2004 at www.encarta.com and *Britannica Encyclopedia, 2004* at www.britannica.com.

Lanka can be divided into three geographic zones that correspond to elevation: the central highlands, the lowland plains, and the coastal belt. The central highlands include numerous mountains, plateaus, and valleys. Pidurutalagala, the highest point in Sri Lanka, rises 2,524 m (8,281 ft) in the central highlands. In contrast, the elevation of the surrounding plains ranges from 90 m (300 ft) to sea level. The plains are broadest in the north. The coastal belt rises about 30 m (about 100 ft) above sea level. Lagoons, sand beaches, sand dunes, and marshes predominate along the coast, although steep rocky cliffs are found in the north-east and south-west.[44]

Sumatra, also known as Sumatera, island in western Indonesia, westernmost of the Sunda Islands, bordered by the Indian Ocean. The island extends in a south-eastern to north-western direction; it is separated by the Strait of Malacca from the Malay Peninsula on the north-east and by Sunda Strait from Java on the south-east. Sumatra consists of the region of Aceh and the provinces of Riau, Jambi, Bengkulu, Lampung, and North, South, and West Sumatra. The chief cities include Palembang and Padang. Area is 473,605 sq km/ 182,860 sq miles and population (1995 estimate) is 40,830,400. The island has a maximum length of about 1770 km (about 1100 miles) and a maximum width of about 435 km (about 270 miles). A great volcanic mountain chain, known as the Barisan Mountains and including several parallel ranges, traverses Sumatra, following the western coast. The highest peak on Sumatra is Kerinci (3,805 m/12,484 ft). Along the eastern coast is a broad, gently sloping plain where all the main rivers flow,

44. J. P. Anand, *Indian Ocean Islands*, op. cit. and See also Microsoft Encarta Reference Library, 2004 at www.encarta.com and *Britannica Encyclopedia, 2004* at www.britannica.com.

including the Musi, Hari, Indragiri, and Kampar, of much importance for interior navigation. The largest of the many Sumatran lakes is Lake Toba, about 80 km (about 50 miles) long. The equator passes nearly through the centre of the island, and the mean annual temperature ranges from 25° to 27°C (77° to 81°F). Annual rainfall varies between 2286 and 4699 mm (90 to 185 in). Earthquakes and destructive storms, often causing injury and loss of life, are common. The soil is extremely fertile, and most of the island is densely forested; banyans, palm, rubber, and teak are among the trees found here. Fauna comprise the elephant, orangutan, siamang (black gibbon), tiger, tapir, and other animals common to the Malay Archipelago. Mineral deposits are large and include bauxite and petroleum. Agriculture, the predominant activity, is pursued on small farms or on large plantations. The principal indigenous food crops are rice, by far the largest, and corn. Estate cultivation is primarily of rubber, tea, coffee, coconuts, and spices, principally for export. The indigenous Sumatrans belong, linguistically and culturally, to the Malayan peoples and are sometimes grouped as Indonesians. Among the most important ethnic groups are the Acehnese and Gayos in the north, the Bataks in the interior, the Lampongs in the south, and the Malays throughout Sumatra. Islam is the prevailing religion. The population includes large groups of Indians, Chinese, and Arabs and some Europeans, who live principally in the coastal regions. Marco Polo, the Venetian explorer, visited the island about 1292, and in 1509 Portuguese traders established stations here. In the seventeenth century the Dutch obtained a foothold on Sumatra and gradually extended their dominion. In the late seventeenth century the British also began establishing themselves in Sumatra. Anglo-Dutch rivalry was bitter until 1824, when the British gave up their claims to Sumatra to the Netherlands in return for Malacca. Throughout the nineteenth century the Dutch continued to extend their authority over local rulers; the last great struggle (1873-1903) was with the Acehnese. Almost all Sumatra was occupied by Japanese troops during Second World War (1939-45), from 1942 until the conclusion of the war. Sumatra became a principal component of the Indonesian struggle for independence following Second World War.[45]

Sumba Island or Sandalwood Island, one of the Sunda Islands in the Malay Archipelago, southern Indonesia, near the island of Flores. The island consists of an elevated plateau 600 m (2,000 ft) above sea level, with steep and rocky coasts, and it contains forests of valuable timber, including sandalwood and teak. Lumber and an excellent breed of horses are exported, mainly from the chief centre, Waingapu. The island was first visited by Europeans during the second century. In 1866 Sumba Island came under direct Dutch control, and in 1950 it became part of Indonesia. Area of this island is 11,100 sq km (4,300 sq miles).

Sumbawa island, southern Indonesia, in the Sunda Islands of the Malay Archipelago, near Flores and Sumba islands. Sumbawa is traversed by several mountain ranges, the northernmost of which is volcanic. A violent eruption in 1815 of Tambora (3,000 m/9,000 ft), the principal volcano, caused extensive loss of life. The soil of Sumbawa is fertile, and farming and livestock raising are important industries. Among the chief crops are rice and corn. Valuable stands of timber, including teak and sappanwood, are situated on the island. Horses, buffalo, and teak are exported from Raba, a seaport

---

45. Microsoft Encarta Reference Library, 2004 at www.encarta.com and *Britannica Encyclopedia, 2004* at www.britannica.com. Microsoft Encarta Reference Library, 2004 and *Britannica Encyclopedia, 2003.*

on the north-eastern coast. Area is 15,300 sq km (5,900 sq miles).[46]

Sunda Islands, one of the chief island groups of the Malay Archipelago, lying between the South China Sea and the Indian Ocean and forming part of Indonesia.

Zanzibar, it is in the United Republic of Tanzania, located in the Indian Ocean 30 km (20 miles) off the East African coast. Zanzibar's sister island of Pemba lies an equal distance to the north-east. Zanzibar extends 90 km (56 miles) north to south and 43 km (27 miles) east to west and has an area of 1,660 sq km (640 sq miles). Covered with luxuriant tropical plant life, Zanzibar is a low-lying coral island with elevations no higher than 120 m (400 ft). Temperatures average between 24° and 27°C (75° and 81°F) throughout the year and are tempered by ocean breezes. Zanzibar's average annual rainfall, influenced by Indian Ocean monsoon wind patterns, is more than 1,520 mm (more than 60 in). The island's once prevalent forests have largely been replaced by cultivated crops, including cloves, bananas, and coconuts. Animal life is limited to small mammals and abundant birds.[47]

Parts of the Indian Ocean[48]

Algoa Bay, large inlet of the Indian Ocean, southern South Africa. The bay is of considerable commercial importance. On

46. Microsoft Encarta Reference Library, 2004 at www.encarta.com and *Britannica Encyclopedia, 2004* at www.britannica.com. Microsoft Encarta Reference Library, 2004 and *Britannica Encyclopedia, 2003.*
47. Microsoft Encarta Reference Library, 2004 at www.encarta.com and *Britannica Encyclopedia, 2004* at www.britannica.com. Microsoft Encarta Reference Library, 2004 and *Britannica Encyclopedia, 2003.*
48. Microsoft Encarta Reference Library, 2004 at www.encarta.com and *Britannica Encyclopedia, 2004* at www.britannica.com.

the western side is Port Elizabeth, one of the principal seaports of South Africa. In the early sixteenth century Portuguese navigators stopped at the bay on the way to Goa, in India. In 1820 it was the landing place of early British immigrants to South Africa.

Andaman Sea, north-eastern arm of the Indian Ocean, bounded on the west by the Andaman and Nicobar Islands; on the north by Myanmar (formerly known as Burma); on the east by Myanmar, Thailand, and Malaysia; and on the south by Sumatra, an island that is part of Indonesia. It is linked to the South China Sea by the Strait of Malacca, and receives the Irrawaddy, Sittang, and Salween rivers. Area is 565,000 sq km (218,000 sq miles).

Arabian Sea, portion of the Indian Ocean between the Arabian Peninsula on the west and the subcontinent of India on the east. Bounded on the north by Iran and Pakistan, it merges with the main body of the Indian Ocean in the south. Among the principal arms of the Arabian Sea are the Gulf of Aden, which links it with the Red Sea, and the Gulf of Oman, which links it with the Persian Gulf. The maximum width of the sea is 2,400 km (1,500 miles); the maximum known depth is 5,000 m (16,500 ft). The cities of Karachi (Pakistan) and Mumbai (India) are the chief ports.

Bay of Bengal, arm of the Indian Ocean, between India on the west and Myanmar and the Malay Peninsula on the east. In the south-east, the Andaman and Nicobar islands, formed by the peaks of a submerged mountain range, separate the Bay of Bengal from the Andaman Sea. The area experiences monsoons in both winter and summer, followed by cyclones in spring and fall. Many large rivers flow into the bay, including the Ganges and the Brahmaputra on the north. The two rivers have deposited a huge layer of sediments, called the Ganges Fan, about 2,000 km (about 1,000 miles) into the bay. The Mahanadi, the Godavari, the Krishna, and the Kaveri (Cauvery) rivers flow in on the west.

The western coast of the bay has few natural harbours. The city of Chennai (Madras) built an artificial harbour on the sandy Coromandel Coast, and it is now one of India's most important ports. The east coast has many natural harbours, including Sittwe in Myanmar. The bay is 2,100 km (1,300 miles) long and 1,600 km (1,000 miles) wide.

Delagoa Bay, inlet of the Indian Ocean, southern Mozambique. Delagoa Bay is 42 km (26 miles) long and 42 km (26 miles) wide. Protected on the south by the peninsula of Inhaca and easily accessible to deepwater vessels, it affords one of the best harbours on the eastern coast of Africa. The chief port on the bay is Maputo. The bay receives the waters of a number of rivers, including the Maputo from the south. The Portuguese navigator António do Campo, a captain in the fleet of Vasco da Gama, entered Delagoa Bay in 1502. Trading stations were subsequently established along its shore by the Portuguese and British. Early in the nineteenth century both Great Britain and Portugal attempted to establish sovereignty over the bay area; Portugal finally obtained control.

Great Australian Bight, wide inlet of the Indian Ocean bordering on southern Australia. The bight is 1,100 km (680 miles) across, from Cape Pasley in the state of Western Australia to Cape Carnot in the state of South Australia. The bight is up to 340 km (210 miles) wide. The bight has relatively shallow waters that are rarely more than 200 m (650 ft) deep within 160 km (100 miles) of the coast. The desolate, largely uninhabited Nullarbor Plain runs almost the full length of the bight. With the plain's high (75 m/250 ft) cliffs, few safe areas for ships, and storms from the Antarctic, the coast has long been known for its harshness. The area south of the Bight is the South Australian Basin, which is more than 5,000 m (16,000 ft) deep. The Great Australian Bight is sometimes defined as the entire broad arc between West Cape Howe in Western Australia and South West Cape in Tasmania. In this definition, the bight includes about half of the South Australian Basin.

Gulf of Aden, western arm of the Arabian Sea, between Yemen, on the southern coast of the Arabian Peninsula, and Somalia and Djibouti, on the north-eastern coast of Africa. It is 890 km (550 miles) long and is linked to the Red Sea by a strait, the Bab el Mandeb. The Gulf of Aden forms a part of the important commercial shipping route from the Indian Ocean to the Mediterranean Sea by the Suez Canal.

Gulf of Oman, north-western arm of the Arabian Sea. It leads through the Strait of Hormuz to the Persian Gulf. The Gulf of Oman is bounded on the north by Iran, and on the south by Oman and the United Arab Emirates. The northern part of the Gulf of Oman is from 50 to 200 m (165 to 650 ft) deep, and the depth increases rapidly as the gulf merges with the Arabian Sea. The Gulf of Oman is 560 km (350 miles) long. The Gulf of Oman and the Strait of Hormuz form part of one of the world's most important strategic waterways: Every day about 80 giant tankers carrying oil from the nations bordering the Persian Gulf pass through it. Their cargoes represent about 66 per cent of the seaborne oil trade.

Gulf of Suez, arm of the Red Sea, north-eastern Egypt, between the Sinai Peninsula and the Arabian Desert (Map). It has a length of 290 km (180 miles) with a breadth of 25 to 55 km (15 to 35 miles). At its northern end, which is the extreme northern end of the Red Sea, the Gulf of Suez is connected with the Mediterranean Sea by the Suez Canal.

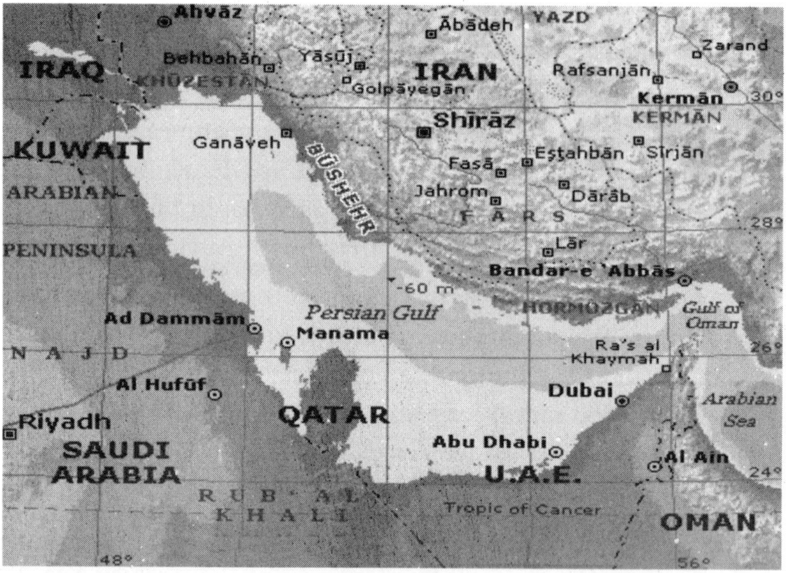

Persian Gulf

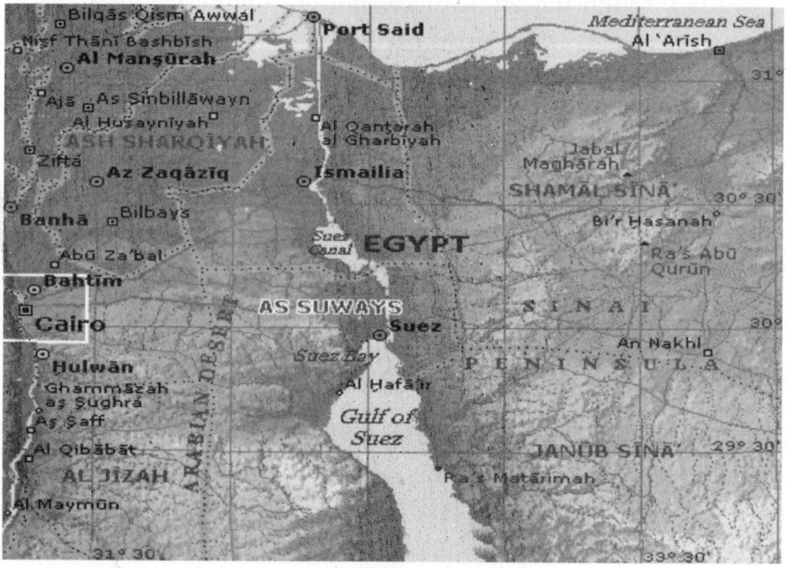

Gulf of Suez

Source: Microsoft Reference Library 2004

Map 2.6: Map of Persian Gulf and Gulf of Suez

Mozambique Channel, arm of the Indian Ocean, south-eastern Africa, separating the island of Madagascar from Mozambique. It is 1,500 km (930 miles) long and up to 1,000 km (620 miles) wide.

Persian Gulf, arm of the Arabian Sea, south-western Asia, between the Arabian Peninsula on the south-west and Iran on the north-east (Map). The gulf extends north-west 970 km (600 miles) from the Strait of Hormuz to the Shatt al Arab, a river formed by the confluence of the Tigris and Euphrates rivers. The gulf is connected to the Arabian Sea by the Strait of Hormuz and the Gulf of Oman. The Persian Gulf varies in width from 47 to 370 km (29 to 230 miles). The area is 230,000 sq km (89,000 sq miles) and the greatest depth is 102 m (335 ft). The chief islands in the gulf are Qeshm and Bahrain. Large banks of pearl-producing mollusks are found on the Arabian shore. The United Arab Emirates, Saudi Arabia, Qatar, and Kuwait are on the south-western shore; Iraq is on the northern tip; and Iran is on the north-eastern shore.

The principal ports on the Persian Gulf include Kuwait, in Kuwait; Ad Dammam and Al Jubayl, in Saudi Arabia; Bashehr, in Iran; and Mina' Salman, near Manama, in Bahrain. Major oil spills in 1983, during the Iran-Iraq conflict, and in 1991, during the Persian Gulf War, have adversely affected the gulf environment, as has oil pollution from routine tanker operations.

Timor Sea, stretch of water merging with the Indian Ocean to the south-west, and the Arafura Sea to the north-east, and separating the island of Timor on the north-west from northern Australia at a width of 500 km (300 miles). The sea covers an area of 450,000 sq km (174,000 sq miles), and reaches a depth of 3,200 m (10,500 ft) in the Timor Trough in the north. It receives winds during the monsoon season, as well as a constant surface current from the south-west. The seabed contains natural gas and petroleum deposits that are being jointly developed by Australia and East Timor.

Red Sea, narrow, inland sea, separating the Arabian peninsula, western Asia, from north-eastern Africa. It extends north-west from the strait of Bab el Mandeb to Suez, Egypt, for a distance of 1,900 km (1,200 miles). The maximum depth of the sea is 3,040 m (9,970 ft), and its maximum width is 350 km (220 miles). The northern extremity is divided by the Sinai Peninsula into the gulfs of Suez and Aqaba. The Suez Canal connects the Red Sea with the Mediterranean Sea, and Bab el Mandeb connects it with the Gulf of Aden, an arm of the Arabian Sea. The Red Sea occupies a portion of a zone of depression and faulting called the Great Rift Valley. For more than 50 million years, the earth's crust has been tearing apart all along this zone. The Red Sea formed when the Arabian Peninsula was torn from Africa, 20 million years ago.

Spencer Gulf, arm of the Indian Ocean on the southern coast of Australia, in the state of South Australia. Located between the Eyre and York peninsulas, the gulf is 130 km (80 miles) wide near its mouth. It runs north-east for 320 km (200 miles) before ending in mostly swampy land. Cities on Spencer Gulf include Port Lincoln (near the western side of the mouth), Port Augusta (near the gulf's northern end), Whyalla (on the north-west coast), and Port Pirie (across the gulf from Whyalla). British explorer Matthew Flinders explored the gulf in 1802, hoping it would run to the north coast of Australia.

Yampi Sound, inlet of the Indian Ocean with rich deposits of iron ore, 100 km (60 miles) long in north-western Australia, in the state of Western Australia. Yampi Sound is a deep channel off the submerged coast of the Kimberley region; it lies at the north-western end of the King Leopold Ranges (locally called the Yampi Peninsula) between Collier Bay and King Sound. Iron was mined on two of the Sound's smaller islands, on Cockatoo Island between 1951 and 1984, and on Koolan Island between 1965 and 1993. Iron was discovered in Yampi Sound in the early 1900s.

The sound is part of a complex maze of hundreds of islands, capes, and long, fjord-like inlets. Yampi Sound is a treacherous area, with rocky coasts, a huge tidal range, strong ocean currents, and torrential rains and cyclones in the summer. The region's present landscape was largely formed by a dramatic rise in sea levels between 18,000 and 6,000 years ago. The rocks and islands of Yampi Sound date to Precambrian times, more than 570 million years ago. Most of the islands consist of a raised plateau of grooved sandstone or laterite (a red rock or soil with iron concentrates) with broken sandstone cliffs or steep basalt slopes covered with loose rock debris. Farther north-west lie the islands of the Buccaneer Archipelago. Yampee is an Aboriginal word meaning "fresh water," a reference to fresh water springs on the sound's islands. Aboriginal Australians have lived in the area since before the sea level rose, seriously disrupting their settlements.

Zanzibar Channel, arm of the Indian Ocean separating the island of Zanzibar from the coast of Tanzania at a width of between 40 km (25 miles) in the north and 55 km (35 miles) in the south. It joins in the north with the Pemba Channel, separating Pemba Island from the mainland.

Tributaries of the Indian Ocean[49]

Irrawaddy, also Irawadi, river of Myanmar (formerly known as Burma), principal river of the country, formed in the north

49. Microsoft Encarta Reference Library, 2004 at www.encarta.com and *Britannica Encyclopedia, 2004* at www.britannica.com.

by the confluence of the Mali and Nmai rivers. From Myitkyina the river flows generally south for 2,100 km (1,300 miles). Near Henzada it branches into several mouths, forming an extensive delta, and empties into the Andaman Sea. The largest tributary of the river is the Chindwin River; other tributaries include the Mu and Myitnge. In the area of Myitkyina, the Irrawaddy traverses three narrow gorges. The river is navigable by steamers all year as far north as Bhamo, a distance of about 1400 km (about 870 miles); shallow-draft launches can navigate the river for another 145 km (90 miles) to Myitkyina during the low-water season from October to February. The Irrawaddy provides the main means of communication between important points in the interior and the southern port cities, especially Yangon (formerly known as Rangoon). In addition to Bhamo and Henzada, Irrawaddy ports include Katha, Mandalay, Myingyan, and Prome (Pye).

Jubba or Genalẽ, river that rises in the highlands of south central Ethiopia and flows 1,660 km (1,030 miles) to the Indian Ocean coast in Somalia. It is known as the Genalẽ in Ethiopia and as the Jubba in Somalia. The Jubba's volume of water varies markedly from season to season, but it is generally reliable as a reservoir for purposes of irrigation and power. Shallow draft vessels can navigate the river as far as Baardheere, Somalia, where several rapids begin, but due to the obstruction of a sandbar the river's mouth can be traversed only at high tide and in a calm sea. The twin Somali ports of Jumboo and Goob Weyn are located at the mouth of the river, and a few miles south of these lies the harbour town of Kismaayo. The lower Jubba Valley is one of Somalia's most fertile agricultural regions, producing a variety of crops.

Limpopo, river in south-eastern Africa, rising as the Krokodil River in the mountainous Witwatersrand region of northern South Africa. The Krokodil flows north-west until it joins the Marico River at the Botswana border. It then becomes the Limpopo and continues north-east along the border between Botswana and South Africa, then east along the border between Zimbabwe and South Africa. It flows south-east through southern Mozambique before entering the Indian Ocean near Xai-Xai. The river is 1,800 km (1,100 miles) long and is navigable for 210 km (130 miles) from the mouth. Irrigation projects have been built on it in South Africa and Mozambique.

Murray river, the principal river of Australia, located in the south-east. At 2,589 km (1,609 miles) long, it is only slightly shorter than the Darling River. The Murray rises in the Australian Alps, in south-eastern New South Wales, and flows generally north-west, forming most of the border between New South Wales and Victoria. In South Australia, it turns south and passes through Lake Alexandria to the Indian Ocean at Encounter Bay. Towns along the river include Albury in New South Wales, Swan Hill and Mildura in Victoria, and Murray Bridge in South Australia. The Murray River system drains an area of more than 1 million sq km (more than 386,100 sq miles). The chief tributaries are the Murrumbidgee and Darling rivers. The distance from the headwaters of the Darling to the mouth of the Murray is 3,750 km (2,330 miles) — the longest river system in the country. The city of Adelaide depends largely on the Murray for its water supply, as well as nearby reservoirs filled by rain run-off. New South Wales, Victoria, and South Australia have built irrigation systems on the Murray, including Lake Hume.

Narmada, formerly Narbada river, central India, rising in northern Madhya Pradesh State. It flows between the Vindhya and Satpura ranges in a generally south-western direction for 1,300 km (800 miles), emptying into the Gulf of Khambhat, an arm of the Arabian Sea. The river is regarded by Hindus as one of India's holiest.

Salween river, south-eastern Asia. The river rises in Tibet Autonomous Region in China, where it is also known as Nu Jiang, and runs south through Yunnan Province. After entering north-eastern Myanmar (formerly known as Burma) the Salween flows generally south, and then forms part of the border between Myanmar and Thailand before emptying into the Gulf of Martaban at the port of Moulmein. The Salween River is 2,800 km (1,740 miles) long, but because of numerous rapids it is only navigable for 120 km (74 miles) above its mouth.

Shatt al Arab river, in south-west Asia, serving, for about the second half of its course, as a boundary between Iraq and Iran. The waterway is 170 km (110 miles) long, and flows from the confluence of the Euphrates and Tigris rivers in Iraq to the head of the Persian Gulf near Kuwait. The Karun River, which originates in Iran, is its major tributary. The area surrounding the Shatt al Arab consists largely of alluvial lands and swamps. Sediment from the river's tributaries is deposited at its mouth in the Persian Gulf. Over time, these deposits have extended the Shatt al Arab delta and caused the gulf to recede. As a result, the Iranian city of Abadan, though on the Persian Gulf 1,000 years ago, now lies 50 km (30 miles) inland, on an island in the Shatt al Arab.

Besides Abadan, major ports on the river include Al Basrah in Iraq and Khorramshahr in Iran. Oil is produced, stored, and shipped from the Al Basrah and Abadan areas, and large quantities of dates are produced along the banks of the Shatt al Arab.

The Shatt al Arab is a vital strategic waterway, as it constitutes Iraq's only access to the sea and provides a transportation corridor for oil exports and commodity imports for both Iran and Iraq. Due to its economic and strategic significance, control of the river has long been contested. The earliest documented dispute dates to the Treaty of Zohab of 1639. This treaty was intended to establish a boundary — partly at the river — between Persia (now Iran) and the Ottoman Empire (including what is now Iraq). The language of the treaty was vague, however, and conflict over the Shatt al Arab persisted through a number of subsequent agreements. Outside powers became involved in the issue during the nineteenth century, with Russia backing Persian claims to the eastern bank of the river, and Britain supporting Ottoman claims to control of both banks. The Second Treaty of Erzurum, signed in 1847, generally confirmed the Russo-Persian position, but again the language was so vague that the Ottomans claimed ownership of the entire Shatt al Arab, while ceding navigation rights to the Persians. Under agreements signed just prior to First World War (1914-18) the boundary remained on the river's eastern bank except around Khorramshahr and Abadan, where it shifted to the middle point of the river. Disputes since that time, ranging from encroachment to blockades, have accompanied a regular process of treaty negotiation and annulment. The increase in regional oil production in the 1960s and 1970s served to intensify the conflict, and control of the Shatt al Arab was one of the causes of the Iran-Iraq War (1980-88). The river became a battlefield, and both sides were forced to divert oil to other ports for loading.

Tigris river in south-western Asia, rising in Turkey and flowing through Iraq before joining the Euphrates to form the Shatt al Arab, which empties into the Persian Gulf.

The Tigris is 1,900 km (1,180 miles) long and drains an area of more than 110,000 sq km (43,000 sq miles). The river originates in the mountains of eastern Turkey and flows south-east into Iraq after briefly forming the extreme eastern portion of the border between Syria and Turkey. Once in Iraq, the Tigris zigzags slowly to the south-east, and its valley flattens and widens. In southern Iraq the Tigris joins with the Euphrates to form the Shatt al Arab, which is 170 km (110 miles) long and flows to the head of the Persian Gulf. In ancient times the area between the Tigris and the Euphrates was the site of some of the world's earliest urban civilizations.

Major tributaries of the Tigris are the Great Zab, Little Zab, Diyalá, and Al 'Uzaym. All of these rivers join the Tigris in Iraq. However, the waters of the Great Zab rise in Turkey and those of the Little Zab and the Diyalá rise in Iran. Major cities on the river include Diyarbakir in Turkey and Mosul and Baghdad in Iraq. The Tigris is too shallow for navigation by all but very small boats, especially south of Baghdad where the river fans out and meanders through dense marshland.

Zambezi or Zambesi river, southern Africa, 2650 km (1,650 miles) long and draining an area of some 1,300,000 sq km (some 502,000 sq miles). It rises in north-western Zambia and flows in a double S curve south-east to the Indian Ocean. From its headwaters, about 1524 m (about 5000 ft) above sea level, it flows through eastern Angola, traverses western Zambia, and forms the border of north-eastern Botswana; it forms the boundary between Zambia and Zimbabwe, and flowing through Lake Kariba, created by the hydroelectric Kariba Dam, it crosses central Mozambique (where it forms a lake behind the Cabora Bassa Dam) and empties into the Mozambique Channel through many mouths.

In its upper course, totalling about 800 km (about 500 miles), the Zambezi falls only about 180 m (about 600 ft). About 100 km (about 60 miles) below its confluence with the Kwando

River, it forms the great cataract known as Victoria Falls (Mosi-Oa-Tunya), and for the next 72 km (45 miles) it rushes through a narrow gorge 122 m (400 ft) deep. It then enters its middle course and flows through hilly country for about 1300 km (about 800 miles) to Quebrabasa Rapids, the last great natural barrier to navigation, in Mozambique. In its lower course, it flows through a broad valley to the sea. Besides the Kwando River, the chief tributaries of the upper river are the Kabompo and the Lungwebungu. The Zambezi receives no important tributaries in its middle course; the chief affluent of the lower river is the Shire. The Scottish missionary David Livingstone was the first European to explore the Zambezi.

Straits, Channels and Sea Routes

The Indian Ocean washes the coast of three continents. In its west is the continent of Africa (from Somalia to South-Africa), in its north Asia from Arabian Peninsula to Malay Peninsula and Sumatra with Indian subcontinent in the north jutting inside the Ocean, and in its east are the island of Indonesia and Australia.

There are 30 straits and channels in and adjoining the Indian Ocean.[50] Important among these are Bab-el-Mandeb (between South Yemen and Republic of Djibouti), Bass Strait (between the Australian continent and Tasmania), Hormuz Strait (between Iran and Oman), Lombok, Bali, Sunda and Makassar Strait (between various islands of Indonesia), Singapore Strait (between Singapore and Riau island of Indonesia), Malacca Strait (between Malaysia, Indonesia and Singapore) and Mozambique Channel (between Mozambique and Malagasy Republic).[51]

---

50. *Strategic Digest*, op. cit., n.5, p. 28.

51. Ference A. Vali, *Politics of the Indian Ocean Region — The Balance of Power*, Macmillan, New York, 1976, Appendix 3, pp. 265-66.

The principal seaway which pass through these various straits and channels are from Aden and Persian Gulf to Karachi, Mumbai, Kolkata, Singapore and thence to East Asia. From Singapore, ships go to Australia via Jakarta. South Africa is somewhat off the major peacetime route due to the location of the Suez Canal, but in times of war its importance, especially to the Commonwealth is considered enhanced as an alternative route through India, East Asia and Australia.[52]

SUEZ ROUTE AND SUMED PIPELINE

Entries into the Indian Ocean from the west run through two important maritime routes, popularly known as "Suez Route" and "Cape Route." Suez route connected the Mediterranean Sea with the Arabian Sea through Suez Canal, the Gulf of Suez, the Red Sea and the strait of Bab-el-Mendeb. This route has remained important ever since the construction of the 100 nautical miles long, 34 ft deep and 197 ft wide Suez Canal in 1869,[53] consequently providing a British imperial lifeline through the periods. Nationalization of this canal by the United Arab Republic (UAR) in 1956 was perhaps the severest blow to the alien control of British and France over this strategic waterway. Its closure in 1967, during the Arab-Israel war was a great loss to international maritime trade, as the merchant ships from Western Europe and Black Sea ports for their journey to Asia, Africa, Australia or Far East had to follow the "Cape Route," which was nearly 1,000 N.M. longer than the "Suez Route."[54]

---

52. *Defence and Security in the Indian Ocean Area,* A Study Group of the Indian Council of World Affairs, Asia Publishing House, New Delhi, 1974.
53. *Strategic Digest,* op. cit., n.5, p. 29.
54. *West Asian Diary,* New Delhi, vol. 2, no. 1, 1-7 January 1977, p. 281.

In order to revise the importance and utility of Suez Canal after its reopening in 1975 for the international maritime traffic Egypt has planned to further enlarge its capacity of handling heavy ships, through increasing its depth from 34 to 64 ft at the cost of $867 million.[55]

In 2003, about 2,800 oil tankers passed through the Suez Canal carrying 1.3 million bbl/d of oil. This represented a 26 per cent increase in oil shipments from 2002 levels, when 2,500 ships transported about 1.0 million bbl/d of oil through the canal. Oil historically has represented about 25 per cent of Suez Canal revenues. Currently, the Suez Canal can accommodate Suezmax class tankers with drafts of up to 62 ft and 200,000-dead-weight-ton maximum cargos. In 2001, the Suez Canal Authority (SCA) launched a 5-year programme to reduce tanker transit times (from 14 hrs to 11 hrs) through the Canal. The SCA also is moving ahead with a 10-year project to widen and deepen the Canal, so that by 2010 it can accommodate Very-Large-Crude-Carrier (VLCC) and Ultra-Large-Crude-Carrier (ULCC) class tankers with oil cargos of up to 350,000 dead-weight-tons.[56]

To further help oil transportation across Suez Canal and save Suez Canal from congestion by heavy and medium tankers, Egypt has further constructed a pipeline known as Summed Pipeline. This will prove to be more economical, and nearly 15 per cent fuel could be saved in transporting oil from Middle East to the western countries,[57] further enhancing the

55. *West Asian Diary*, New Delhi, vol. 2, no.1, 1-7 January 1977, p. 281.

56. Egyptian Cabinet's Information and Decision Support Centre/ Suez Canal Authority; Panama Canal Authority; Petroterminal de Panama, S.A.; U.S. Energy Information Administration (website: http://www.eia.doe.gov/emeu/cabs/choke.html)

57. Maj. K.K. Dogra, "Reopening of Suez Canal", *USI Journal*, New Delhi, vol. CV, no. 439, April-June 1975, pp. 165-72.

strategic importance of Bab-el-Mendeb – Suez Canal maritime route to the western world.

The Sumed pipeline, with a capacity of about 2.5 million bbl/d (2003 estimated), links the Ain Sukhna terminal on the Gulf of Suez with Sidi Kerir on the Mediterranean. Sumed consists of two parallel 42-inch lines, and is owned by Arab Petroleum Pipeline Co., a joint venture of EGPC (50 per cent), Saudi Aramco (15 per cent), Abu Dhabi's ADNOC (15 per cent), three Kuwaiti companies (15 per cent total), and Qatar's QGPC (5 per cent). The pipeline has been in operation since January 1977, and has served as an alternative to the Suez Canal to transport loads from tankers that are too large to pass fully laden through the canal.[58]

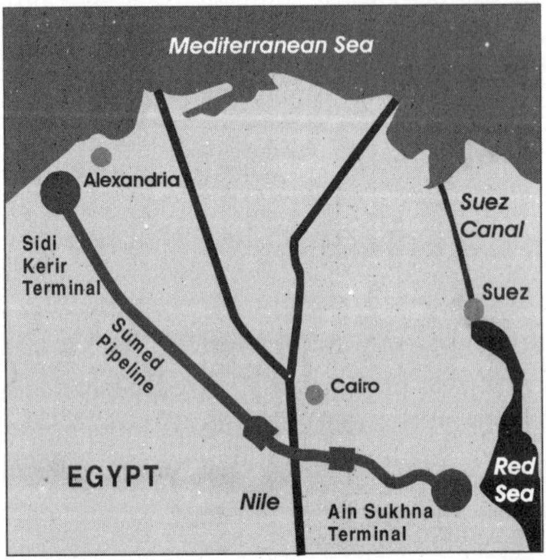

This route facilitates trade and commerce between Europe on the one hand and India, Pakistan, China, Australia and

58. Downloaded from website of U.S. Energy Information Administration at http:// www.eia.doe.gov/emeu/cabs/ choke.html on 29 September 2004.

other Eastern countries on the other hand. Europe exports coal and manufactured articles along this route while Shanghai, Hong Kong, Singapore, Yangoon, Kolkata, Chennai, Colombo, Mumbai, Fremantle, Adelaide, Melborne, Karachi, Mombassa and other eastern ports send out cotton, silk, oil seeds, wheat, wool, hides, skins and leather.[59]

CAPE ROUTE

Another important entry from the Atlantic Ocean to the Indian Ocean is from south-west, popularly known as the "Cape Route," which was followed by Vasco Da Gama during his journey to India in 1496. Closure of Suez Canal in 1967 gave a compulsive boost to the maritime traffic via this route. Even these days, carrying oil through supertankers via Cape Route is considered as "economical and politically advantageous" by some Western scholars as the cost of transporting oil by this means, in comparison to using small tankers via Suez Route, is certainly competitive, while the oil companies can certainly avoid the route "which has been so prone to political disruption in the past."[60] Unless the Suez Canal attains the routable depth for the movement of supertankers and the Red Sea region attains the stability, perhaps the "Cape Route" will remain important as it ever was.

STRAITS OF MALACCA

Important entries from the East or the western Pacific Ocean pass through the Straits of Malacca (between Malaysia, Indonesia and Singapore), the Strait of Sunda (between Java and Sumatra), Makassar Strait (between Borneo and Celebes

---

59. Biba Singh Kaushal, *The New Rastriya School Atlas*, Indian Book Depot (Map House), Delhi, p. 43.

60. R. N. Misra, op. cit., p. 6.

Indonesia) and Bass Strait (between Australian mainland and its Tasmania island). Out of these eastern approaches, the most important route is through the Malacca Strait. Its length varies from 300 to 600 nautical miles.[61]

The Strait of Malacca, linking the Indian and Pacific Oceans, is the shortest sea route between three of the world's most populous countries — India, China, and Indonesia — and therefore is considered to be the key choke point in Asia. The narrowest point of this shipping lane is the Phillips Channel in the Singapore Strait, which is only 1.5 miles wide. This creates a natural bottleneck, with the potential for a collision, grounding, or oil spill (in addition, piracy is a regular occurrence in the Singapore Strait). If the strait were closed, nearly half of the world's fleet would be required to sail further, generating a substantial increase in the requirement for vessel capacity. All excess capacity of the world fleet might be absorbed, with the effect strongest for crude oil shipments and dry bulk such as coal. Closure of the Strait of Malacca would immediately raise freight rates worldwide. More than 50,000 vessels per year transit the Strait of Malacca. With Chinese oil imports from the Middle East increasing steadily, the Strait of Malacca is likely to grow in strategic importance in coming years. Total oil flow from this Strait is 11 million bbl/d (2003 estimated).[62]

STRAITS OF HORMUZ

Its location is in Oman/Iran which connects the Persian Gulf with the Gulf of Oman and the Arabian Sea. Destinations of

---

61. Sen Gupta, Poulose and Bhatia, *The Malacca Straits and the Indian Ocean*, The Mcmillan Co., Delhi, 1974, p. 12.

62. Downloaded from website of U.S. Energy Information Administration at http:// www.eia.doe.gov/emeu/cabs/ choke.html on 29 September 2004.

oil exports from this Strait are Japan, United States and western Europe and total oil flow was 15 to 15.5 million bbl/d in 2003.

By far the world's most important oil chokepoint, the Strait consists of 2-mile wide channels for inbound and outbound tanker traffic, as well as a 2-mile wide buffer zone. Closure of the Strait of Hormuz would require use of longer alternate routes (if available) at increased transportation costs. Such routes include the 5 million-bbl/d capacity Petroline (East-West Pipeline) and the 290,000-bbl/d Abqaiq-Yanbu natural gas liquids line across Saudi Arabia to the Red Sea. Theoretically, the 1.65-million bbl/d Iraqi Pipeline across Saudi Arabia (IPSA) also could be utilized, more oil could be pumped north to Ceyhan (Turkey), and the 0.5 million-bbl/d Tapline to Lebanon could be reactivated.[63]

BAB-EL-MENDEB

Its location is in Djibouti/Eritrea/Yemen and it connects the Red Sea with the Gulf of Aden and the Arabian Sea. Destinations of oil exports from this are Europe, United States, and Asia and total oil flow was 3.2-3.3 million bbl/d in year 2000.

Closure of the Bab-el-Mendeb could keep tankers from the Persian Gulf from reaching the Suez Canal/Sumed Pipeline complex, diverting them around the southern tip of Africa (the Cape of Good Hope). This would add greatly to transit time and cost, and effectively tie-up spare tanker capacity. The Bab-el-Mendeb could be bypassed (for northbound oil

63. Downloaded from website of U.S. Energy Information Administration at http:// www.eia.doe.gov/emeu/cabs/ choke.html on 29 September 2004. See also R.K. Ramzani, "The Strait of Hormuz — The Global Chokepoint" in L.W. Bowman and I. Clarke (ed.), *The Indian Ocean in Global Politics,* New Delhi, 1981, pp. 7-20.

traffic) by utilizing the east-west oil pipeline, which traverses Saudi Arabia and has a capacity of about 4.8 million bbl/d. However, southbound oil traffic would still be blocked. In addition, closure of the Bab-el-Mendeb would effectively block non-oil shipping from using the Suez Canal, except for limited trade within the Red Sea region.

Security remains a major concern of foreign firms doing business in the region, particularly after the French-flagged tanker Limburg was attacked off the coast of Yemen by terrorists in October 2002. The Canadian oil company Nexen, which operates the Ash-Shihr oil export terminal, agreed in January 2003 to provide assistance to the Yemeni government in improving security. Prior to this, the region had faced different security concerns. In December 1995 and again in August 1996, Eritrean and Yemeni forces clashed over control of the Hanish Islands, located just north of the Bab-el-Mendeb. In October 1996, the two countries signed an agreement over the islands.[64]

Land Routes, Air Routes and Cable Lines

Along with the sea routes, important land routes are: The route originating in Turkey connects Iraq, Iran and through Khyber or Bolan passes provides access to Indo-Gangetic plains and Sindh region of Pakistan; Karakoram highway connecting Xinjing (Sinkiang) to Gilgit, with further extension to Karachi; and the route which connects Tibet with Nepal leads to Bay of Bengal through India. There are a few minor routes from

---

64. Downloaded from website of U.S. Energy Information Administration at http:// www.eia.doe.gov/emeu/cabs/ choke.html on 29 September 2004. See also R.K. Ramzani, "The Strait of Hormuz — The Global Chokepoint" in L.W. Bowman and I. Clarke (ed.), *The Indian Ocean in Global Politics*, New Delhi, 1981, pp. 7-20.

China to Myanmar and from China to Thailand via Laos.[65] Out of these routes, "Khyber route," "Karakoram highway" and "Myanmar Road" are of great strategic significance providing access to the Indian Ocean to the power which controls them.

The Indian Ocean region is also very well connected through air with all the important cities and towns of the world. Almost all the important world air routes connecting the West with the East pass through this region.

Principal cable lines in the region are from Aden to Mauritius and by way of Madagascar back to Mozambique. South Africa had direct cables up to Mauritius. Other cables connect Basra and Karachi, Aden and Mumbai, Aden and Colombo, Colombo and Dar-es-Salaam by way of Seychelles, Penang and Chennai and Singapore and Penang. In addition to these, there are coastal link cables that connect this region with the outside world.[66]

Table 2.1

Countries of the indian ocean region

S.No.	*Geopolitical Region*	*Total Area including inland water area (in sq miles)*	*Population (2003 est.)*	*Coastline (miles)*
(A) Countries				
1	Australia	2,966,200	19,731,984	16,010
2	Bahrain	273	667,238	100
3	Bangladesh	56,977	138,448,210	360
4	Djibouti	246,200	457,130	195

65. Major James C. Wise, "Access to the Indian Ocean", *Military Review*, vol. IX, no. 11, November 1980, Kansas, U.S.A., p. 64.

66. *Defence and Security in the Indian Ocean Area*, A Study Group of the Indian Council of World Affairs, Asia Publishing House, New Delhi, 1974, p. 23.

S.No.	Geopolitical Region	Total Area including inland water area (in sq miles)	Population (2003 est.)	Coastline (miles)
5	Egypt	385,229	74,718,797	1,520
6	Eritrea	46,744	4,362,254	715
7	East Timor or Timor-Leste	5,743	997,853	706
8	India	1,269,219	1,049,700,100	4,700
9	Indonesia	735,310	234,893,450	34,000
10	Iran	636,300	68,278,826	1,520
11	Iraq	169,235	24,683,313	36
12	Israel	8,473	6,116,533	170
13	Jordan	34,578	5,460,265	16
14	Kenya	224,961	31,639,091	340
15	Kuwait	6,880	2,183,161	310
16	Malaysia	127,320	23,092,940	2,910
17	Mozambique	308,642	17,479,266	1,530
18	Myanmar	261,218	329,684	1,200
19	Oman	119,500	2,807,125	1,300
20	Pakistan	307,374	150,694,740	65
21	Qatar	4,412	817,052	350
22	Saudi Arabia	864,900	24,293,844	1,640
23	Singapore	250	4,608,595	120
24	Somalia Republic	226,658	8,025,190	1,880
25	South Africa	470,693	42,768,678	1,740
26	Sudan	967,490	38,114,160	530
27	Tanzania	364,900	35,922,454	882
28	Thailand	198,115	64,265,276	2,000
29	United Arab Emirates	32,300	2,484,818	820
30	Yemen Republic	203,850	19,349,881	1,190
	Total	**11,249,944**	**2,097,391,908**	**79,442**

S.No.	Geopolitical Region	Total Area including inland water area (in sq miles)	Population (2003 est.)	Coastline (miles)
(B) Island States				
1	Comoros	1,862	632,948	211
2	Madagascar	226,658	16,979,744	3,000
3	Maldives	115	329,684	400
4	Mauritius	788	1,210,447	110
5	Seychelles	175	80,469	305
6	Sri Lanka	25,332	19,742,439	810
Total		**254,930**	**38,975,731**	**4,836**
(C) Land-Locked State				
1	Afghanistan	251,825	28,717,213	0
2	Bhutan	18,100	2,139,549	0
3	Burundi	10,747	6,096,156	0
4	Ethiopia	437,601	66,557,553	0
5	Lesotho	11,720	1,861,959	0
6	Malawi	45,747	11,651,239	0
7	Nepal	56,827	26,469,569	0
8	Rwanda	10,169	7,810,056	0
9	Swaziland	6,704	1,161,219	0
10	Uganda	93,065	25,632,794	0
11	Zambia	290,586	10,307,333	0
12	Zimbabwe	150,873	12,576,742	0
Total		**1,383,964**	**200,981,382**	**0**

Source :

1. Area from Individual Countries Statistics Bureaus and Microsoft Encarta Reference Library 2004.
2. Population from United States Census Bureau, National Programs Centre, International database (www.census.gov.ipc)
3. Coastline Length from The World Fact book, Central Intelligence Agency (www.cia.gov/cia/publications/factbook/docs/notesanddefs.htm).

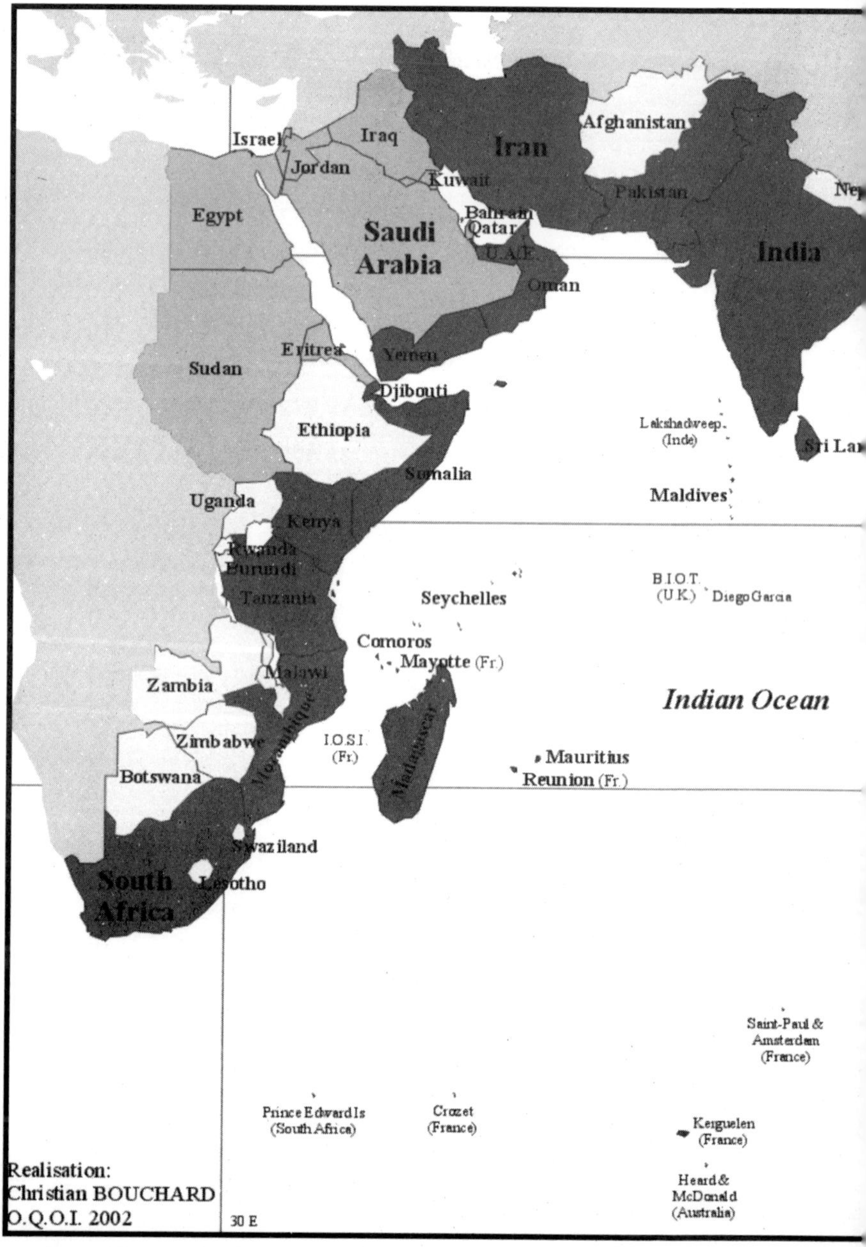

Map 2.7: Map of Indian Oceanic States and Insular Territories

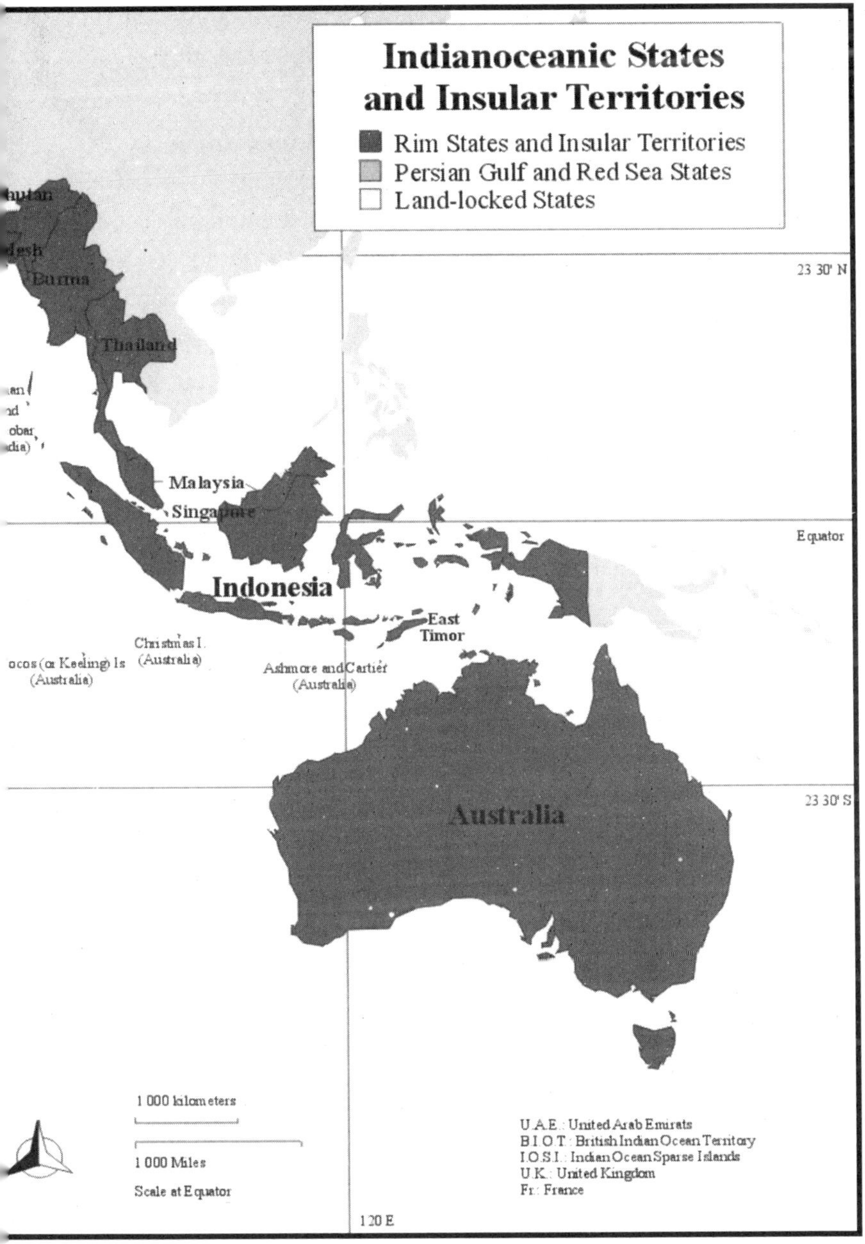
Indianoceanic States and Insular Territories
Rim States and Insular Territories
Persian Gulf and Red Sea States
Land-locked States
Burma
Thailand
Malaysia
Singapore
Indonesia
East Timor
Christmas I. (Australia)
Ashmore and Cartier (Australia)
Australia
23 30' N
Equator
23 30' S
120 E
1 000 kilometers
1 000 Miles
Scale at Equator
U.A.E.: United Arab Emirates
B.I.O.T.: British Indian Ocean Territory
I.O.S.I.: Indian Ocean Sparse Islands
U.K.: United Kingdom
Fr.: France

According to Dr R.N. Misra, there are 47 states in the Indian Ocean region out of which 36 are littoral countries and 11 are land-locked countries.[67]

On 22 May 1990, under the terms of a constitution drafted in 1981, the Yemen Arab Republic (YAR) commonly called North Yemen, and the People's Democratic Republic of Yemen (PDRY) generally referred to as South Yemen, joined to form the Republic of Yemen. The country's capital is Sana'a (Sanaa).[68]

Formerly under Italian and British control, Eritrea was taken over by Ethiopia in 1952, provoking a long war of liberation that culminated in Eritrean independence in 1993. Asmara (Asmera) is Eritrea's capital.[69]

Mr Rahul Roy Chaudhary said, "The 'rim' of Indian Ocean could comprise as many as twenty-nine littoral countries, six island states and twelve land-locked countries."[70]

In August 1999 the East Timorese population voted to become an independent nation, and the territory was subsequently placed under the administration of the United Nations (UN) as it transitioned to complete independence. It became a fully independent republic in May 2002 officially named the República Democrática de Timor-Leste (Portuguese for Democratic Republic of East Timor). The national capital is Dili, a small port city located on the northern coast.[71]

---

67. R. N. Misra, op. cit., pp. 260-62.

68. Microsoft Encarta Reference Library, 2004 at www.encarta.com and *Britannica Encyclopedia, 2004* at www.britannica.com.

69. Ibid.

70. Rahul Roy Chaudhary, *India's Maritime Security*, Knowledge World, New Delhi, June 2000, p. 47.

71. Microsoft Encarta Reference Library, 2004 at www.encarta.com and *Britannica Encyclopedia, 2004* at www.britannica.com.

Hence the "rim" of Indian Ocean could comprise 30 littoral countries, six island states and 12 land-locked countries. Some are the most densely populated countries of the world. India is situated in this part of the world. There are 17 countries in the world with a land area of more than half a million sq km Six of them are situated along the Indian Ocean. They are: Australia (2,966,200 sq miles), India (1,269,219 sq miles), Sudan (967,490 sq miles), Saudi Arabia (864,900 sq miles), Indonesia (735,310 sq miles) and Iran (636,300 sq miles).

The Indian Ocean region has abundant natural and mineral resources and, therefore, is the biggest attraction for the big powers. Weak industrial base and lack of requisite technical know-how to exploit their own mineral resources in the countries of the Indian Ocean region bring there the foreign enterprises, who consequently bring the politico-military influence of their home countries to assure them of the economic advantages.

India: Location and Physical Settings

India, natively known as Bharat, lies wholly in the northern hemisphere. Mainland extends between latitude 8°4'N to 37°6'N and longitude 68°7'E to 97°25'E. The southernmost part of this country, however, reaches as far as 6°45'N; it lies at the southern tip of the Nicobar islands and is known as Indira point. India measures nearly 3,214 km from north to south and about 2,933 km from east to west, covering an area of 3,287,263 sq km, constituting 2.42 per cent of earth's surface and only one-third of the United States in area and less than one-fifth of Russia. It has a land frontier 15,200 km long. The total length of the coastline of the mainland, Lakshadweep islands and Andaman and Nicobar Islands is 7,516.6 km. Its mainland coastline stretches for 6,100 km. India is the seventh largest country in the world.[72]

Recognizing the significance of the geographical location of India, geographer O.H.K. Spate says:

> Geographically India is an intelligible isolate. The huge salient of peninsula, the keystone of the arch of the Indian Ocean shores, strikes the eye at once; and on the inland borders are the ramparts and fosses of the giant ranges which in large measure well off the subcontinent from the rest of Asia.[73]

Frontiers: To the north lie Nepal, Bhutan and China. Pakistan and Afghanistan are in the north-west. To the east lie Bangladesh, Myanmar and China. To the south we have the Indian Ocean and the island country of Sri Lanka. The Arabian Sea and the Bay of Bengal lie to the west and east respectively. In the extreme south-west we have the Lakshadweep Sea, extending to the Lakshadweep group of islands, which is a part of India, away to the south-east of the mainland, across the Bay of Bengal, separated from Myanmar by the Coco and Preparis Channels and the Andaman Sea, and from Indonesia by the great Channel.[74]

India is flanked by the Arabian Sea in the west and the Bay of Bengal in the east. India's coastline is regular and no penetrating seas extend deep inland. Therefore, India has very

---

72. Indian Statistics Bureau, Government of India, New Delhi. See also Biba Singh Kaushal, op. cit., pp. 45-47.
73. O.H.K. Spate and A.T.A. Learmonth, *India and Pakistan: A General and Regional Geography*, Methuen, London, 1954, Revised 1967, p. 2.
74. Makkhan Lal, Sima Yadav, Basabi Khan Banerjee and M. Akhtar Hussain, *India and the World*, NCERT, New Delhi, August 2002, pp. 34-40.

few protected harbours and ideal natural ports.[75] Even then, India was actively engaged in maritime trade in the Arabian Sea and projected its culture through its eastern seaboard. Whatever limitation it may have, its long sea frontage and the central position in the Indian Ocean are of paramount political and economic significance.

Western Coast

Out of its 6,100 km coastline, nearly 3,050 km western coast of India forms the eastern wall of Arabian Sea.[76] This coast is shared by Gujarat, Maharashtra, Karnataka, Kerala and Kanyakumari district of Tamil Nadu.

Gujarat itself is a peninsular region, jutting broadly into the Arabian Sea like a "Fishing hook" between the Gulf of Kutch in the north and Gulf of Cambay in the south. This peninsular landmass is known as Sumatra. There are ten intermediate ports and forty minor ports in Gujarat. The ten intermediate ports are Okha, Porbandar, Bhavnagar, Navlakh, Bedi, Verval, Bharuch, Mandvi Sikka and Surat. Daman and Diu are two important coastal enclave and enclave-island respectively in the southern peninsula of Gujarat. They guard entry to the Gulf of Cambay from south and north respectively.

Mumbai, situated along the Konkan Coast, is the most important natural harbour of India. It is the principal port of western India and handles a considerable portion of India's foreign trade. The headquarters of the western naval command of Indian navy is also situated in Mumbai. Its suitable location for maritime trade could be easily established by different

75. Pradyumna P. Karan, "India's Role in Geopolitics", in *Foreign Policy of India*, ed. K.P. Misra, New Delhi, 1977, p. 2.

76. Indian Statistics Bureau, Government of India, New Delhi.

countries, viz. Karachi (Pakistan) 805 km, Aden (South Yemen) 2,680 km and Zanzibar (Tanzania) 4,056 Km, Mahe (Seychelles) 2,816 km and Capetown (South Africa) 7,311 km[77] Besides Mumbai, there are forty-six other minor ports in the Konkan region.

Mangalore and Karwar are two important ports in the Karnataka region.

Cochin is the most important port of Kerala region, which is also the headquarters of southern naval command of Indian Navy.

Lakshadweep Islands: Between 8°N to 12°20'N (latitude) and 71°45'E to 74°0'E (longitude) of the western coast of India, in the Arabian Sea are situated nearly 508 islands and islets out of which only nine are inhabited.[78] These islands earlier were known as Laccadives, Minicoy and Amindivi islands. The islands are located in three distinctive groups, i.e. Amindivi islands in the north and Laccadive islands in the middle and Minicoy groups of islands in the south: Their administrative headquarters is at Kavaratti (one of the islands of Laccadive).

Kanyakumari: The southern tip of the peninsular India, Kanyakumari (Cape Comorin) goes deep inside the Indian Ocean and is of great strategic vitality. It links India's Arabian Sea coast with that of the Bay of Bengal. Till now considered unimportant, this area is likely to grow in sensitivity in the future due to the big power rivalry and competition in the region and search for new military bases.

---

77. *The Oxford School Atlas*, New Delhi, 2003, p. 26.

78. For total number of islands see Namboodri, op. cit., p. 233 and for number of inhabited islands see Spate and Learmonth, op. cit., p. 282.

Eastern Coast

On the eastern side of peninsular India lies 2,172,000 sq km body of water known as the Bay of Bengal.[79] The 2,650 km circumventing eastern seaboard and strategically located island of Andaman and Nicobar, forms almost an eastern wall of Bay of Bengal from Myanmar to Indonesia.

Indian coastline in the east runs from the Gulf of Mannar in the south to the broken coastline of West Bengal up to the estuary of Hariabhanga River, but the hinterland continues up to Tripura and Mizoram, which do not have access to the Bay of Bengal.

The water of Gulf of Mannar and the Palk Bay separates India from the Republic of Sri Lanka. From Dhanushkoti (India) to Sri Lanka there are a series of islands or islets, known as Adam's bridge.

Describing the geography on India's eastern coast Dudley Stamp mentions:

> The East coast of peninsular India is less rocky, the sea along the coast is shallow for large ships to approach close to the coast, whilst the surf makes it dangerous to land in small boats. There is no good natural harbour on this coast — the two most important — Chennai and Vishakhapatanam — both have artificial harbours by man.[80]

The eastern coastline is shared by West Bengal, Orissa, Andhra Pradesh and Tamil Nadu States and the Union Territory of Pondicherry.

---

79. Victor Showers, op. cit., p. 12.
80. Sir Dudley Stamp (Revised by E.G. Vedanayagam), *The World: A Regional Geography*, Bombay, 1927, Revised Indian edition 1977, p. 108.

Andaman and Nicobar groups of islands, between 6°0'N to 13°45'N (latitude) and 92°10' E to 96°5'E (longitude), in the Bay of Bengal need a special mention in the geographic setting of India in the Indian Ocean. The Andaman group of islands is further divided into three regions, i.e. (i) North Andaman, and (ii) Middle Andaman, and (iii) South Andaman, while Nicobar Islands have the following three regions, i.e. (i) Northern Group, (ii) Central Group, and (iii) Southern Group.

Thus very few nations in the world geographically dominate an ocean area as India dominates the Indian Ocean from strategic and locational considerations. It definitely possesses the two main elements, geographical position and physical layout, which are the two basic constituents in the Mahan's concept of sea power. Its equidistant position from the two important sea-lanes, viz. Strait of Malacca and Bab-el-Mendeb provides favourable strategic position in the region since its maritime trade heavily depends on these two straits. The logic of geography inevitably makes India a sea faring nation, and the Indian Ocean is, therefore, vital to her external, political and economic relations and even to her very national existence.[81]

81. J. Bandhyopadhyay, *The Making of India's Foreign Policy*, Allied, New Delhi, 1980, p. 40.

3

Political Dimension of the Indian Ocean and India's Security

By natural law the seas belong to no one country. Therefore, the seas are free to all nations and subject to none.

— Hugo Grotius

One of the political aims of India is to protect her geo-political, economic and security interests in the maritime environment through the International Law of the Seas conferences sponsored by the United Nations and obtain for herself the legitimate share of the new oceanic wealth for peace and prosperity. The International Law of the Sea is of special importance to India being a maritime nation having a vast coastline with a large continental shelf and exclusive economic zone full of living and non-living resources and a large number of islands in the Bay of Bengal and the Arabian Sea.

Freedom of the Seas (International Law of the Sea)

Freedom of the Seas means, in international law, the right of all nations to navigate, fly over, fish, and conduct scientific investigations freely on the high seas, without molestation by any nation in time of peace. This right, however, is subject to the rights of belligerents in time of war to search neutral vessels for contraband of war, non-neutral service, and break of blockade of enemy ports.[1]

During the Middle Ages, freedom of navigation on the high seas was curtailed by maritime powers that asserted territorial sovereignty over various bodies of water. Challenges by other countries to such claims increased markedly during the sixteenth and seventeenth centuries, largely because of the growth in world trade following the discovery, exploration, and colonization of new lands.

The legal basis for claims of territorial sovereignty over the high seas was dealt a severe blow by the Dutch jurist Hugo Grotius, regarded as the father of international law. Grotius, on the basis of Roman legal principle, contended in his *Mare Liberum* (Free Sea, 1609) that the seas cannot constitute property because they cannot be occupied in the sense in which land can be occupied and that they are therefore free to all nations and subject to none. In the eighteenth century, the Dutch jurist Cornelius van Bynkershoek formulated the important principle of international law that the waters adjoining the shores of a country within the range of artillery on land are not included in the juridical meaning of the term high seas but are under the territorial sovereignty of the contiguous country. This principle was subsequently adopted throughout the world. A distance of 3 nautical miles (5.556 km) was generally accepted, but this limit was challenged in the twentieth century, many countries claiming a limit of 6 nautical miles (11.112 km) or even 12 nautical miles (22.224 km).[2]

---

1. *Freedom of the Seas*, Microsoft Encarta Reference Library, 2004. See also Mark Valencia, "Asian Maritime Resources: The Potential for Conflict and Cooperation" A paper presented at Oceans Governance and Maritime Strategy Conference, Canberra, 18-19 May 1998.
2. Ibid.

In the late eighteenth century, several attempts to curtail free navigation on the high seas were made by such powers as Great Britain, which in time of war sought to stop all trade of other nations with its enemies. A notable example of the assumption of such rights was the British blockade of western European ports during the Napoleonic Wars. Another instance was the molestation by the British of U.S. shipping on the high seas, which was one of the direct causes of the War of 1812.

Controversy over the conflicting rights of neutrals and belligerents occupied a prominent place in international affairs throughout the nineteenth century and the first decade of the twentieth century. The Declaration of Paris of 1856, signed during the Crimean War by Britain and France and later accepted by most other powers, increased freedom of the seas for neutrals. The Declaration of London of 1909 resulted from an international naval conference convened to resolve certain questions regarding trade and contraband raised at the second Hague Conference; however, although it further defined neutral rights, it was never ratified.

During First World War, the use of submarines and aircraft demonstrated the inadequacy of international law with respect to freedom of the seas. Virtually all laws and treaties relating to the subject were disregarded as Britain strove to blockade the European continent, and Germany attempted to isolate the British from the rest of the world. Interference by Germany in American trade with Britain was one of the causes of the entry of the United States into the war in 1917.

During Second World War, the rights of neutrals were largely disregarded by the belligerent powers because of the desperate urgency of both sides to utilize every means of achieving victory and because of the global character of the war. The Charter of the United Nations (1945) included a provision empowering the Security Council to institute partial or total interruptions of sea communications, including blockades, when necessary to maintain or restore international peace or security (article 42 of United Nations).[3]

The United Nations Convention on the Law of the Sea (UNCLOS) lays down a comprehensive regime of law and order in the world's oceans and seas establishing rules governing all uses of the oceans and their resources. It enshrines the notion that all problems of ocean space are closely interrelated and need to be addressed as a whole.

The United Nations Conference on the Law of the Sea, convened in Geneva in 1958, defined rights of navigation and fishing on the high seas in time of peace. It approved articles defining the continental shelf and innocent passage of foreign ships through territorial waters and straits. Innocent passage was defined as maritime transit that "is not prejudicial to the peace, good order, or security of the coastal State." Despite protracted discussion over the question of 3 miles, 6 miles, or 12 miles territorial water limits, differences remained unresolved even during the subsequent Second Conference on the Law of the Sea in 1960.[4]

The continuing disagreement over the width of territorial waters posed new threats to the freedom of the seas. In 1952 Ecuador, Chile, and Peru extended their claims to 200 nautical miles (370.4 km) and seized many foreign ships engaged in fishing without their permission. Several other nations also

3. H.R. Gokhle, *Recent Developments in the Law of the Sea,* ed. R.P. Anand, Radiant Publisher, New Delhi, 1978, pp. 63-70.

4. Rama Puri (ed.), "Development of the Law of Territorial Sea and Contiguous zone in UNCLOS III: India's Role", in *Studies on India's Foreign Policy,* by Surendra Chopra, Amritsar, 1980, pp. 393-95.

began to extend their offshore zones well beyond 12 nautical miles to exercise control over their fish stocks, commercial catches, and natural resources. The increasing number and intensity of international disputes resulting from such unilateral actions, as well as other maritime problems such as rights to exploit newly discovered minerals in the deeper seabed, caused the UN to begin the third Law of the Sea Conference in 1973. In 1977, with the conference still in session, the U.S. extended its fishing zone to 200 nautical miles, limiting fishing within that area to nations that gave reciprocal rights to U.S. fleets. Following this action, many nations established similar 200-miles zones, reaching fishing agreements with other countries by direct negotiation. Ordinary navigation was not restricted in these fishing zones.[5] The Convention (UNCLOS III) was opened for signature on 10 December 1982 in Montego Bay, Jamaica. This marked the culmination of more than 14 years of work involving participation by more than 150 countries representing all regions of the world, all legal and political systems and the spectrum of socio/economic development. At the time of its adoption, the Convention embodied in one instrument traditional rules for the uses of the oceans and at the same time introduced new legal concepts and regimes and addressed new concerns. The Convention also provided the framework for further development of specific areas of the law of the sea.

The Convention came into force in accordance with its article 308 on 16 November 1994, 12 months after the date of deposit of the sixtieth instrument of ratification or accession. Today, it is the globally recognized regime dealing with all matters relating to the law of the sea.

---

5. J.P. Anand, "India and the Law of the Sea", *Suraksha*, Kanpur, 1980, p. 20.

The Convention comprises 320 articles and nine annexes, governing all aspects of ocean space, such as delimitation, environmental control, marine scientific research, economic and commercial activities, transfer of technology and the settlement of disputes relating to ocean matters.

Some of the key features of the Convention are the following[6]:

1. Coastal States exercise sovereignty over their territorial sea by which they have the right to establish its breadth up to a limit not to exceed 12 nautical miles; foreign vessels are allowed "innocent passage" through those waters;
2. ships and aircraft of all countries are allowed "transit passage" through straits used for international navigation; States bordering the straits can regulate navigational and other aspects of passage;
3. archipelagic States, made up of a group or groups of closely related islands and interconnecting waters, have sovereignty over a sea area enclosed by straight lines drawn between the outermost points of the islands; the waters between the islands are declared archipelagic waters where States may establish sea lanes and air routes in which all other States enjoy the right of archipelagic passage through such designated sea lanes;
4. coastal States have sovereign rights in a 200-nautical mile exclusive economic zone (EEZ) with respect to natural resources and certain economic activities, and

---

6. *Ocean and Law of the Sea*, document prepared by the "Division for Ocean Affairs and the Law of the Sea", Office of Legal Affairs, and United Nations at website of United Nations (http://www.un.org/Depts/Ios/Index.htm).

exercise jurisdiction over marine science research and environmental protection;

5. all other States have freedom of navigation and over-flight in the EEZ, as well as freedom to lay submarine cables and pipelines;
6. land-locked and geographically disadvantaged States have the right to participate on an equitable basis in exploitation of an appropriate part of the surplus of the living resources of the EEZ's of coastal States of the same region or sub-region; highly migratory species of fish and marine mammals are accorded special protection;
7. coastal States have sovereign rights over the continental shelf (the national area of the seabed) for exploring and exploiting it; the shelf can extend at least 200 nautical miles from the shore, and more under specified circumstances;
8. coastal States share with the international community part of the revenue derived from exploiting resources from any part of their shelf beyond 200 miles;
9. the Commission on the Limits of the Continental Shelf shall make recommendations to States on the shelf's outer boundaries when it extends beyond 200 miles;
10. all States enjoy the traditional freedoms of navigation, over-flight, scientific research and fishing on the high seas; they are obliged to adopt, or cooperate with other States in adopting, measures to manage and conserve living resources;
11. the limits of the territorial sea, the exclusive economic zone and continental shelf of islands are determined in accordance with rules applicable to land territory,

but rocks which could not sustain human habitation or economic life of their own would have no economic zone or continental shelf;

12. States bordering enclosed or semi-enclosed seas are expected to cooperate in managing living resources, environmental and research policies and activities;
13. land-locked States have the right of access to and from the sea and enjoy freedom of transit through the territory of transit States;
14. States are bound to prevent and control marine pollution and are liable for damage caused by violation of their international obligations to combat such pollution;
15. all marine scientific research in the EEZ and on the continental shelf is subject to the consent of the coastal State, but in most cases they are obliged to grant consent to other States when the research is to be conducted for peaceful purposes and fulfils specified criteria;
16. States are bound to promote the development and transfer of marine technology "on fair and reasonable terms and conditions," with proper regard for all legitimate interests; and
17. States (parties) are obliged to settle by peaceful means their disputes concerning the interpretation or application of the Convention;
18. disputes can be submitted to the International Tribunal for the Law of the Sea established under the Convention, to the International Court of Justice, or to arbitration. Conciliation is also available and, in certain circumstances, submission to it would be

compulsory. The Tribunal has exclusive jurisdiction over deep seabed mining disputes.

In brief, a treaty adopted at the 1982 session of the Law of the Sea Conference approved a 12-nautical-miles (22.22 km) territorial limit for coastal nations and a 200-nautical-miles (370.40 km) "exclusive economic zone," which includes control over fishing rights, marine environmental protection, and scientific research in that zone. The 1982 convention, in force since 1994, covers the full range of ocean law subjects, including rights on the high seas and rules governing seabed mineral development beyond national jurisdiction. Along with other nations, the United States has endorsed most of these provisions. The United States has not signed this treaty, however, because of its objections to the rules on mineral development in the international seabed.[7]

Including island territories India has coastline of 7516.6 km, which is the fourteenth longest in the world[8] and also possesses a vast Exclusive Economic Zone (EEZ). In 1976, Indian Parliament introduced this new concept of EEZ in Article 297, Chapter III, and Part XII of the Constitution of India in respect to the change in the international law of the sea. Therefore, the Constitution reads:

> All lands, minerals and other things of value underlying the ocean within the territorial waters, or the continental shelf, or the exclusive economic zone of India, shall vest in the Union and be held for the purposes of the Union.[9]

---

7. *United Nations* at website http://www.un.org/depts/los. See also *Freedom of the Seas*, Microsoft Encarta Reference Library 2004 (www.encarta.com.) and Rahul Roy Chaudhary, "India's Maritime Security", *Knowledge World*, New Delhi, June 2000, pp. 48-50.

8. Central Intelligence Agency (CIA), *The World·Factbook* at website http://www.odci.gov/cia.

9. *Constitution of India.*

In August 1976, the "Territorial Waters, Continental Shelf, Exclusive Economic Zone and Other Maritime Zones Act" came into force. This Act made provisions for India's territorial waters, contiguous zone, EEZ, and continental shelf.

In December 1982, India signed UNCLOS III and ratified it on 29 June 1995. This dramatically increased India's responsibility from 83,200 sq km to about 2.2 million sq km area of the sea.[10]

In the EEZ, India possesses the following rights and jurisdictions — sovereign rights for the purpose of exploring and exploiting, conserving and managing the natural resources of the seabed, subsoil, and the waters; exclusive rights and jurisdiction with regard to the establishment of artificial islands, installations and structures; exclusive jurisdiction with regard to other activities for the economic exploitation and exploration of the zone, such as the production of energy from the water, currents and winds; and jurisdiction with regard to the preservation of the marine environment, including pollution control. Other States could utilize the resources of the EEZ only with the prior permission of the Indian government.

In 1987, India also became the first State to be accorded the status of a "pioneer investor," which provided it an area of 150,000 sq km in the central Indian Ocean for deep seabed mining. The International Seabed Authority (ISBA) is the institution created by UNCLOS III through which signatories to the Convention could organize and control activities in the international seabed area beyond the limits of national jurisdiction, particularly with a view to administering the resources of that area. In March 1996, India was also elected

10. Rahul Roy Chaudhary, "India's Maritime Security", op. cit. p. 49.

as a Member of the Council of the ISBA under the "Investors Category."[11]

Maritime Law

Maritime Law is the branch of law relating to commerce and navigation on the high seas and on other navigable waters. Specifically, the term refers to the body of customs, legislation, international treaties, and court decisions pertaining to ownership and operation of vessels, transportation of passengers and cargo on them, and rights and obligations of their crews while in transit.

The origins of maritime law go back to antiquity. Because no country has jurisdiction over the seas, it has been necessary for nations to reach agreements regarding ways of dealing with ships, crews, and cargoes when disputes arise. The earliest agreements were probably based on a body of ancient customs that had developed as practical solutions to common problems. Many of these customs became part of Roman civil law. After the fall of the Roman Empire, maritime commerce was disrupted for about 500 years.

After maritime activity was resumed in the Middle Ages, various disputes arose and laws were formulated to deal with them. Gradually the laws of the sea were compiled; among the best-known collections of early maritime law are the *Laws of Oleron* and the *Black Book of the Admiralty*, an English compilation prepared during the fourteenth and fifteenth centuries. Special courts to administer sea laws were set up in some countries. In Britain today, maritime law is administered by courts of the admiralty.

According to provisions in the U.S. Constitution, U.S. maritime law is administered by federal courts that have

11. Rahul Roy Chaudhary, "India's Maritime Security", op. cit., p. 50.

jurisdiction over all maritime contracts, injuries, offences, and torts. Maritime causes are deemed to be those directly affecting commerce on navigable waters that form a continuous highway to foreign countries. In any dispute the fact that commerce is practised only on waters within a single State does not necessarily affect the jurisdiction of the federal courts. Many aspects of maritime law are now governed by federal statutes and thus are no longer dependent upon the constitutional power of Congress to regulate commerce.

Liability for common law wrongs is enforced by the maritime law of the United States and the United Kingdom (see Common Law; Tort). Maritime torts include all illegal acts or direct injuries arising in connection with commerce and navigation occurring on navigable waters, including negligence and the wrongful taking of property. The law permits recovery only for actual damages. Maritime law also recognizes and enforces contracts and awards damages for failure to fulfil them.

The adjustment of the rights of the parties to a maritime venture in accordance with the principles of general average, which pertain to the apportioning of loss of cargo, is also an important function of maritime courts, and the doctrines pertaining to general average are among the most important of the maritime law. The British Admiralty courts have acquired jurisdiction by statute over crimes committed on the high seas outside the territorial waters of the United Kingdom. Similar jurisdiction has been conferred by Congress on the U.S. federal district courts. International agreements have been made to handle the problems of safety at sea, pollution control, salvage, rules for preventing collisions, and coordination of shipping regulations.

Concept of Zone of Peace

The idea of zone of peace seeks to ensure that neither would the non-littoral States in future have permanent naval forces stationed in the Indian Ocean nor would they seek military bases in the region.[12] Thus "Zone of Peace" means a geographical area from which the danger of war has been eliminated or reduced.[13] The creation of a zone of peace requires co-operation and agreement among the States of the region to ensure conditions of peace and security with the area.[14] But it is obvious that in the world in which the political, economic and strategic interdependence of all parts of the world is as great as now no zone is completely out of danger of war. In the region like Indian Ocean, in which the local States are sovereign, armed and politically divided, there will remain the danger of war among the zonal powers themselves.

The concept of Indian Ocean as a Zone of Peace (IOZP) was first formulated in September 1970 by the Lusaka Conference of the non-aligned nations. It was declared that the "defensive and offensive armaments should be excluded from the entire high sea areas of the Indian Ocean, within limits to be specified later."[15] It was also accepted that "warships and other ships carrying war material would not have the right of transit except for the emergency reasons of a mechanical, technical, humanitarian nature." This concept of

12. U.N. General Assembly Proceedings, 28th Session, 23 November 1973.
13. Hedley Bull, "The Indian Ocean as a Zone of Peace" in T.T. Poulose (ed.), *Indian Ocean Power Rivalry*, Young Asia Publications, New Delhi, 1985, p. 178.
14. U.N. General Assembly, 81st Plenary meeting, 9 December 1981 at website http:// www.un.org/documents.
15. *SIPRI Yearbook*, New Delhi, 1975, p. 60.

IOZP has been confirmed by the U.N. General Assembly resolution 2832 (XXVI) on 16 December 1971. Advocates of the establishment of "Zone of Peace" in the Indian Ocean call for action both by States external to the region, particularly the Big Powers and other major maritime users of the Ocean and by littoral States themselves.[16] Taking the U.N. discussions of the issue as a whole, it is possible to distinguish five kinds of proposals, which have been said to advance the project of IOZP:[17]

1. To convert the Indian Ocean into a nuclear-free zone.
2. To aim at halting the further escalation and expansion of their (Big Powers) military presence in the Indian Ocean and eliminating all bases, military installations and logistical supply facilities and any other manifestations of big power military presence in the area, conceived in the context of big power rivalry.
3. Elimination of "Big power rivalries and competition" from the area.
4. Need for settling the regional disputes through peaceful means and mutual negotiations without any external interference. It also called upon the regional powers to accept the obligation of controlling and resolving intra-regional disputes.
5. To assert a connection between the prospects of peace in the Indian Ocean and one or other political objective of the littoral and hinterland States.

The U.N. general assembly resolution 2832 (XXVI) of 16 December 1971 includes the above objectives in detail.

---

16. Nand Lal, *Indian Ocean and Peace Zone Politics*, Kanishka Publication, New Delhi, 1995, p. 82.

17. Hedley Bull, op. cit., pp. 179-81.

In other words, it includes prohibition of power rivalry, all forms of militarization such as construction of naval and military bases, military installations, logistical supply facilities, manoeuvres by the warships, naval intelligence operations, and disposition of nuclear weapon tests. Warships, ships carrying war-like equipments and submarines should not halt while passing through the ocean except for emergency reasons. As a corollary to this, all arms race and arms build-up, offensive or defensive, should also be prohibited within the IOZP.

The peace loving nations of the world resulted in the adoption of a resolution by U.N. on 16 December 1971 that aimed at converting the most navigated ocean of the world into a zone of peace by 61 votes in favour without any opposition. It was re-affirmed a year later on 15 December 1972 with a greater majority. It was also decided to appoint an ad-hoc committee consisting of 15 members (Australia, China, India, Indonesia, Iran, Iraq, Japan, Madagascar, Malaysia, Mauritius, Pakistan, Sri Lanka, Tanzania, Yemen and Zambia) to study the implication of proposition. The committee was to study the problem under the following heads:[18]

1. Aims and the Implication of the declaration of the Indian Ocean as Zone of Peace,
2. Terms of reference of the ad-hoc committee,
3. Definitions,
4. Littoral and hinterland States; security and consultation,
5. Big powers and major maritime users of the Indian

---

18. K.P. Mishra, *Quest for An International Order in the Indian Ocean*, New Delhi, 1977, p. 78. see also Nand Lal, op. cit., p. 94.

ocean: question of consultations,

6. Arms control and Disarmament Aspects of peace zone,
7. Foreign military bases,
8. Colonial territories,
9. Freedom of navigation and communication,
10. Law of the seas, and
11. Utilization of the sea resources.

The findings of the committee were submitted to the U.N. General Assemblies every year (generally in the month of December). In 1974 the number of votes in favour was increased to 103 with no opposition but 27 members abstained. The resolution was again strengthened in 1975 when 106 members voted in favour with 25 abstentions, none voting against it.

But now the United Nations is on the verge of "abandoning" a long-standing proposal for declaring the Indian Ocean as a "zone of peace," because of vehement opposition from the United States, UK and France.[19]

"The proposal is on the threshold of being abandoned because of very rigid stand taken by these three countries,"[20] the outgoing chairman of the 44 member United Nations ad-hoc committee on the Indian Ocean, Herman Leonard De Silva, was quoted by the *Jane's Defence Weekly* as saying. The committee was set up in 1972 to implement a General Assembly resolution calling for the establishment of a zone of peace in the Indian Ocean. De Silva, who is also the Sri Lankan ambassador to UN, said if the proposal is left out of the General

19. "UN may Drop Peace Zone Proposal for Indian Ocean," *Indian Express*, 30 April 1998.

20 *Jane's Defence Weekly*, 30 April 1998.

Assembly agenda in September 1998, "It will die."[21] The US has, in fact, already called for elimination of the committee as part of an attempt to reduce overheads in the financially ailing United Nations.

Defence experts said that the United States and Britain were against the proposal because of their large military presence in the region and the region's strategic importance to rapid build-up for confrontation in the Gulf and the Far East. US, Britain and France, the three key members of the committee, withdrew from the committee in 1989 arguing that superpower rivalry had "substantially diminished" with the end of the Cold War and there was no justification for a zone of peace. Earlier, the UN, through a resolution, said it was convinced that the participation of five permanent members of Security Council on the committee would facilitate the agenda to be worked out and implemented. After walking out of three members, US, UK and France, only two other members, China and Russia are now serving on the committee.[22]

India's Policy

On 1 November 2003, Prime Minister Atal Behari Vajpayee made some significant observations on India's strategic priorities. The salient observations are[23]:

> As we grow in international stature, our defence strategies should naturally reflect our political, economic and security concerns, extending well beyond the geographical confines of South Asia.

---

21. *Indian Express*, 30 April 1998.
22. Ibid.
23. Subhash Kapila, "India Defines Her Strategic Frontiers: An Analysis" at website http://www.saag.org.

> Our security environment ranges from the Persian Gulf to the Straits of Malacca across the Indian Ocean, and includes Central Asia and Afghanistan in the North-West, China in the North-East and South-East Asia. Our strategic thinking has also to extend to these horizons.

There are two main reasons to study the India's policy behaviour: Firstly India has vital political and foreign policy interests to keep the Indian ocean region secure from great power military activities. Secondly, India was entangled with contentious issues arising from the sub-regional geopolitical realities.

The Indian Ocean had played an important role in the economic and security aspects of India's foreign policy. India is one of the five littoral countries (Myanmar, Bangladesh, Sri Lanka, Pakistan and India) which exclusively depend upon the Indian Ocean. The strategic location of India in the Indian Ocean necessitates, for the sake of her national interest, that she should have a viable Indian Ocean policy.[24]

Since most of the Indian Ocean littoral and hinterland countries are "non-aligned," India can play a leading role through the unity and the movement of the non-aligned countries for the implementation of the 1971 UN resolution of giving Indian Ocean a status of "Peace Zone," free from big power rivalry, foreign military bases and nuclear arms. Any effort to distort or dilute this "Peace Zone" concept of the Indian Ocean by any power would not be acceptable to India

---

24. C.S.R. Murthy, "Indian and the Deadlocked Zone of peace in the Indian Ocean," *IDSA Journal*, New Delhi, vol. 17, no. 1, 1984, p. 86. See also A. Damodaran, "Making Indian Ocean Zone of Peace," *Indian and Foreign Review*, New Delhi, vol. 18, no. 10, 1 March 1981, pp. 8-11.

and should be effectively resisted. Industrially developing and culturally nearer to the many Indian Ocean countries, India can play a vital role in making the Indian Ocean region an area of "high solidarity" for peace and prosperity. The most important challenge for India's diplomacy is to improve her own image among the Indian Ocean countries who have a large number of misgivings regarding India's nuclear status, military strength, industrial and technological potential and its friendship with the Soviet Union. A large number of these misgivings have risen from the propaganda of some countries who have vested interests in the region; yet India cannot shirk the responsibility of improving her own image in the region through activating her foreign relations department. At the political level India has to realize that the Indian Ocean region is the key to her national security and economic progress, and it can ill afford even the smallest degree of indifference towards this region.

The important planks on which India's Indian Ocean policy is based are:

1. The opposition to the big-power military presence in the Indian Ocean,
2. The improvement of her own image by removing misgiving, and about her Indian Ocean policy,
3. The promotion of regional consciousness, co-operation and community feeling among the Indian Ocean countries and formation of an Indian Ocean community.

Maritime Boundaries[25]

It is a surprising fact that India's maritime boundary shares with seven States, which are Pakistan, Maldives, Sri Lanka, Indonesia, Thailand, Myanmar and Bangladesh whereas its land boundary shares with six States which are Pakistan, China, Nepal, Bhutan, Myanmar and Bangladesh. This means India has maritime boundaries with a larger number of States than that with which it shares land borders. In 1970 all of the India's maritime boundaries were demarcated with considerable political and diplomatic efforts. This was necessary to peacefully resolve disputed and overlapping claims of maritime jurisdiction, arising from new EEZs and continental shelves allocated to States.

Although UNCLOS III clearly determined the precise limits of various maritime zones, it failed to agree on any single universal set of principles by which these boundaries were to be delimited. Consequently, the process of delimitation, and subsequent demarcation, continues to remain in dispute. As the "median" or the "equidistant" line between two coastal States had been sufficient to determine maritime boundaries in the past, this principle has largely been followed in UNCLOS III, for both adjacent and opposite coastal States. The international law of the sea also stresses that neither State is entitled, failing agreement to the contrary, to extend its territorial sea beyond the "median" line. However, this will not apply where it is necessary, by historic title or other special circumstance, to delimit the territorial sea between the two States in a manner different from this provision.[26]

---

25. Rahul Roy Choudhary, op. cit., p. 50.

26. Admiral O. P. Sharma (retd.), "Delimitation of Maritime Boundary and the Question of Islands in Maritime International Law," *Sea Gull* 4(13), May-July 1998, p. 37.

Meanwhile, in terms of the delimitation of the EEZ or the continental shelf between adjacent and opposite States, no universally acceptable formulation could be evolved. As a result, articles 74 and 83 of UNCLOS III vaguely state that the delimitation of the EEZ or the continental shelf between States with opposite or adjacent coasts shall be effected by agreement on the basis of international law, as referred to in article 38 of the statute of the International Court of Justice, in order to achieve an equitable solution.[27] As no distinction has been made in terms of the delimitation between the EEZ and the continental shelf, or between adjacent or opposite coasts, such a formulation has considerable potential for misinterpretation. In effect, it is widely agreed that this constitutes a reliable guide neither to negotiators nor even arbitrators of delimitation questions.

Notwithstanding these problems and difficulties, India, to date, has signed twelve maritime agreements with all five of its neighbours on opposite coasts; nine of them bilateral agreements and three trilateral. Bilateral agreements have been signed with Indonesia (1974 and 1977), Maldives (1977), Myanmar (1986), Sri Lanka (1974 and 1976), and Thailand (1978 and 1993) (Table 3.1). The trilateral agreements are with Sri Lanka and Maldives (1976), Indonesia and Thailand (1978), and Myanmar and Thailand (1993) (Table 3.2). As a result, the delimitation of India's maritime boundaries with four of these five States is complete; the only exception, Myanmar, requires a trilateral agreement to determine its trijunction point with India and Bangladesh.

---

27. Admiral O. P. Sharma (retd.), op. cit., "Delimitation of Maritime Boundary and the Question of Islands in Maritime International Law," *Sea Gull* 4(13), May-July 1998, p. 37.

Table 3.1: India's Bilateral Agreements on Maritime Boundary Delimitation

Country	*Date of Signature*	*Date of Enforcement*	*Nature of Agreement*
Indonesia	8 Aug. 1974	17 Dec. 1974	Relating to the delimitation of the continental shelf boundary between the two countries.
	14 Jan. 1977	15 Aug. 1977	On the extension of the 1974 continental shelves boundary between the two countries in the Andaman Sea and the Indian Ocean.
Maldives	28 Dec. 1977	8 June 1978	On the maritime boundary in the Arabian Sea and related matters.
Myanmar	23 Dec. 1986	14 Sept. 1987	On the delimitation maritime boundary in the Andaman Sea, in the Coco Channel, and in Bay of Bengal.
Sri Lanka	28 June 1974	8 July 1974	On the boundary in the Historic Water between the two countries and related matters.
	23 Mar. 1976	10 May 1976	On the maritime boundary between the two countries in the Gulf of Mannar and the Bay of Bengal and related matters.
	22 Nov. 1976	5 Feb. 1977	Supplementary agreement on the extension of the maritime boundary between the two countries in the Gulf of Mannar from position 13 miles to the trijunction point between India, Sri Lanka, and Maldives.

Country	*Date of Signature*	*Date of Enforcement*	*Nature of Agreement*
Thailand	22 June 1978	15 Dec. 1978	On the delimitation of the seabed boundary between the two countries in the Andaman Sea.
	27 Oct. 1993	17 Jan. 1996	On the maritime boundary between the two countries in the Andaman Sea from point 7 to the trijunction point between India, Thailand, and Myanmar.

Source: Rahul Roy Chaudhary, "India's Maritime Security", *Knowledge World*, New Delhi, 2000, p. 52 and IDSA files.

Table 3.2: India's Trilateral Agreements on Maritime Boundary Delimitation

Country	*Date of Signature*	*Date of Enforcement*	*Nature of Agreement*
Sri Lanka & Maldives	24 July 1976	31 July 1976	Concerning the determination of the trijunction point between the three countries in the Gulf of Mannar.
Indonesia & Thailand	22 June 1978	2 Mar. 1979	Concerning the determination of the trijunction point and the delimitation of the related boundaries of the three countries in the Andaman Sea.
Myanmar & Thailand	27 Oct. 1993	24 May 1995	On the determination of the trijunction point between India, Myanmar and Thailand in the Andaman Sea.

Source: Rahul Roy Chaudhary, "India's Maritime Security", *Knowledge World*, New Delhi, 2000, p. 53 and IDSA files.

In essence, there are four steps in the finalization of maritime boundaries:

(a) *Allocation*: the decision on the basis of which a settlement is made;

(b) *Delimitation*: the specification of general criteria for the location of the boundary line and its description;

(c) *Demarcation*: the precise actual implementation of the criteria of delimitation to the ground; and

(d) *Administration*: the regulation of the demarcated boundary as well as the exercise of administrative control.

India's Maritime Disputes

PAKISTAN

The India-Pakistan confrontation dates back to the Partition of the Indian subcontinent in 1947. Their bilateral tensions are a result of the unfortunate situation that emerged soon after the Partition and the threat perception of the policymaking elite. The British had partitioned the subcontinent into two independent States and left after carrying out some hurried and controversial demarcation of boundary and division of assets.[28]

Presently, the sole dispute related to the naval forces pertains to the non-demarcation of the sea boundary between the two countries. The absence of a sea boundary is linked to the border dispute of the 60-mile-long estuary of Sir Creek in the marshes of the Rann of Kutch. This area lies on the border between the Indian State of Gujarat and the Pakistani province of Sindh. Islamabad contests its claim over Sir Creek based on

28 Prakash Chander, *India and Pakistan: Unending Conflict*, APH Publishers, New Delhi, 2003, 3 Vols., pp. 118-25.

the map drawn out in 1914. This map places the boundary on the east bank of the Creek. India, on the other hand, insists on treating the line in the middle of the Creek as the boundary. On several occasions, negotiations were conducted to resolve the issue, especially in the 1990s. In 1994 New Delhi offered to delineate the boundary seawards, an offer that was rejected allegedly because of other political disputes such as the Siachen glacier.[29] The actual reason for rejection, as stated by the Pakistanis, is that the plan was unacceptable to Islamabad. The acceptance of an Indian plan, it was feared, would have led inadvertently to the acceptance of a boundary without really solving the dispute.[30] One of the problems in resolving the dispute is that a baseline needs to be determined by both countries. This land terminus would help in determining the sea territory. Pakistan declared its baseline in 1996 but India did not do the same. The maritime boundary problem is considered threatening by both sides. For example, the Pakistani military authorities were of the view that India had secretly built a new naval post called "SIKKY," east of Sir Creek that was a deep-water berthing facility. The post, in Islamabad's assessment, could help the Indians gather military intelligence, be used for infiltration in Pakistan, and to harass fishermen.

The issue is critical because the final delineation would determine the sea territory of both countries. Indian Rear Admiral (Retd.) Raja Menon believes that the gain or loss to either country could be about 250 sq miles of ocean and ocean

29. Admiral Vishnu Bhagwat (retd.) Untitled Document distributed to the Members of Parliament, Ministry of Defence, Government of India, CNS, Mumbai, 1999, pp. 19-20.

30. Admiral Fasih Bokhari (retd.), Pakistani Naval Chief, Islamabad, July 2000 at website http://www. defencejournal.com/sept99/kargil-kutch.htm.

floor.[31] So, Pakistan may not have wanted to consider the Indian offer for fear of losing territory. A demarcation, however, would help in avoiding serious incidents at sea.

At this problem-solving stage, the navies could try to resolve the outstanding dispute of Sir Creek. Before arriving at this stage, the Track I and Track II groups could carry out independent studies to evaluate options. The Indian government's proposal, rejected by Islamabad in 1994, had proposed delineating the boundary seawards.[32] However, this solution would not solve the problem permanently. There will always be the threat of conflict developing over the disputed land. It would be worthwhile to consider a temporary solution by drawing a line in the middle of the creek and agreeing upon this as a boundary for a period of five years. The Pakistan Navy's former chief of Naval Staff, Admiral Fasih Bokhari, supports this solution. In his view, following old maps only complicates the situation. Although both countries will still lose some area if the line is drawn in the middle of the navigable channel in the Creek as opposed to their preferred options, this presents the most logical approach to problem-solving between the two countries. In case a line is drawn in the centre of Sir Creek, Pakistan would lose 2,246 km^2. This is opposed to a situation where Islamabad would have to give up 2,725 km^2 if a line were drawn on the western side of the Creek.[33]

31. Rear Admiral, K.R. Menon (retd.) (ed.), "Maritime Confidence Building in South Asia," in *Maritime Confidence Building in Regions of Tension,* J.R. Junnola, Report No. 21, The Henry L. Stimson Centre, Washington, D.C., 1996, p. 78.

32. Ibid.

33. Ayesha Siddiqa–Agha, "Maritime Co-operation Between India and Pakistan: Building Confidence at Sea," Report Prepared by Sandia National Laboratories, Islamabad, Pakistan, November 2000. SAND 98-0505/18.

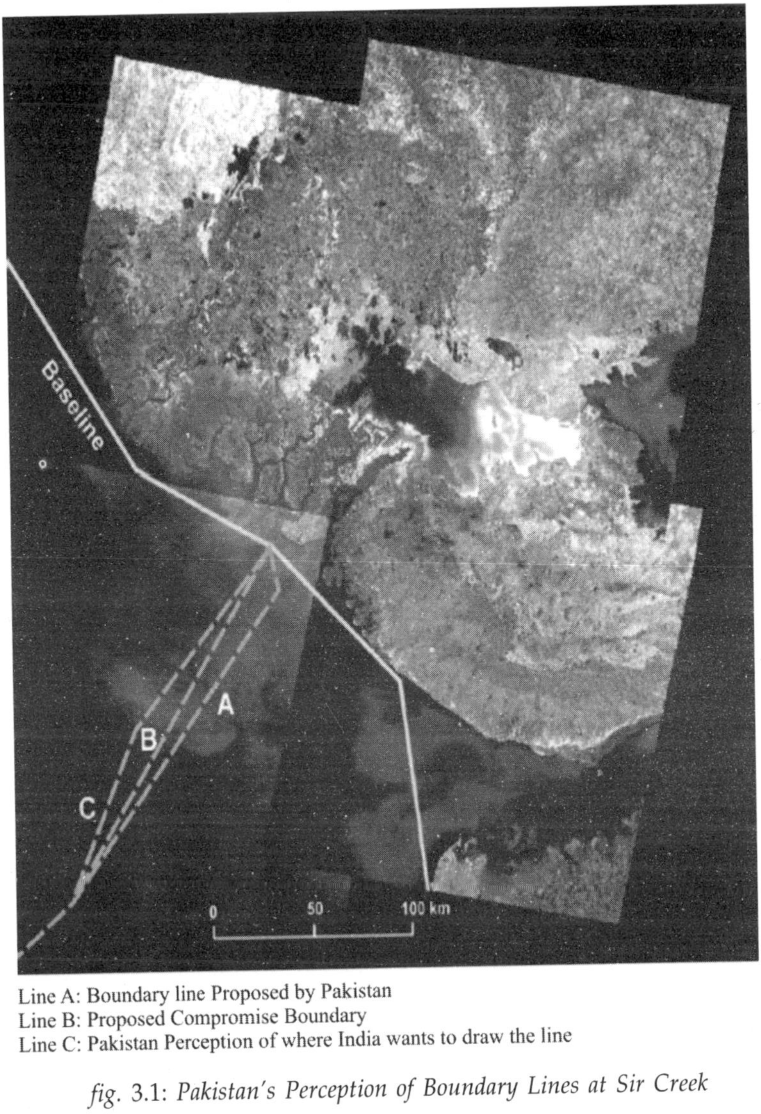

Line A: Boundary line Proposed by Pakistan
Line B: Proposed Compromise Boundary
Line C: Pakistan Perception of where India wants to draw the line

fig. 3.1: Pakistan's Perception of Boundary Lines at Sir Creek

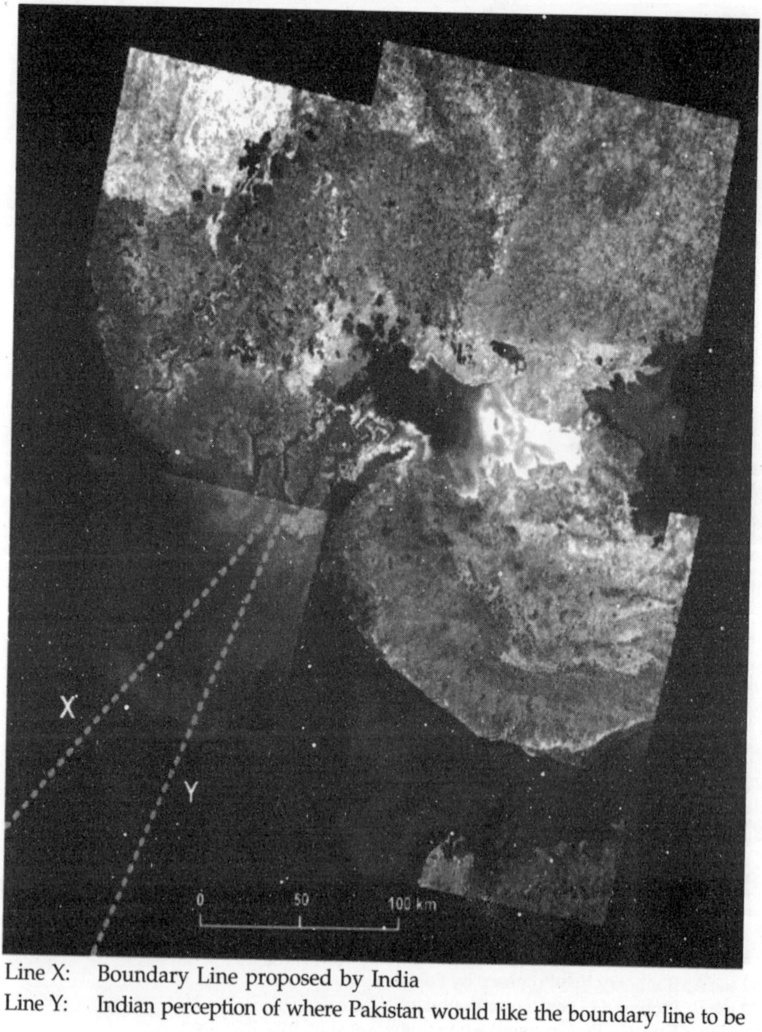

Line X: Boundary Line proposed by India
Line Y: Indian perception of where Pakistan would like the boundary line to be

fig. 3.2: India's Perception of Boundary Lines at Sir Creek

The *fig*. 3.1 [34] and *fig*. 3.2[35] are based on the perceptions obtained from naval sources in both countries on where their country would like the boundary to be and where, in their view, the other side wants to draw the line.

Two factors make these figures important: (1) it is the first time that this information appears in a public document, and (2) the positions of both countries on their choice of boundary line, as opposed to where the adversary would draw the line, have been put on paper. In both cases, the countries tend to lose or gain some area of the EEZ depending on where the line will eventually be drawn. It is only when the line is drawn in the middle of the navigable channel that the losses on both sides are minimized. For instance, line A in *fig*. 3.1 indicates the position of the line where Islamabad would gain approximately 1300 km^2 of EEZ as compared to line C in *fig*. 3.1, where the loss for Pakistan would be about 1400 km^2.

A Sea Boundary Delineation Data Centre in both countries could be established to collect data on sea traffic, sedimentation, and natural movement of the Creek and other related issues. It would help in understanding the gradual movement of the Creek and in fixing a permanent boundary at a future date. This data could be reviewed periodically by a special commission comprised of naval officers, hydrographic surveyors, Foreign Office officials, and selected senior members of the government. The commissions from both sides could meet every year, with a final meeting at the end of the five years. The final meeting could be a review discussing the pros and cons of the agreed delineation. Participants could negotiate any changes in the earlier agreement, leading to a final settlement of the dispute.

34. Ayesha Siddiqa–Agha, op. cit., p. 31.

35. Ibid., p. 32.

BANGLADESH[36]

The Indo–Bangladeshi maritime dispute primarily focuses on differences in the principles by which the maritime boundary is to be demarcated, as well as disputed sovereignty over a small island as shown in *fig*. 3.3. Whereas India has consistently favoured the "equidistant", "median line" principle for the demarcation of maritime boundaries, Bangladesh favours the application of the "equitable" principle alone. In effect, the consideration of a 10-fathom baseline for the measurement of its 200 nm EEZ would serve to mitigate the negative effect of its concave coast, thereby enclosing hundreds of sq miles of continental shelf within its internal waters (by drawing straight baselines along the farthest seaward extent of a submerged sedimentary delta).[37] Moreover, by the application of the "median line" principle between India and Bangladesh, as well as between Myanmar and Bangladesh, it is seen that Bangladesh will get self-locked, thereby being unable to claim the full extent of its EEZ or continental shelf.[38]

Both India and Bangladesh also continue to claim an island covering an area of 2 sq miles, lying in the estuary of the Haribhanga and Raimongal rivers in the Bay of Bengal. Known as New Moore or Purbasha in India, and South Talpatty in Bangladesh, this island emerged in 1970 in the wake of acute volcanic activity in the area. It lays 5 nms off the Ganges delta

---

36. Rahul Roy Chaudhary, "India's Maritime Security", op. cit., p. 60. See Also Rahul Roy Chaudhary, "Trends in the Delimitation of India's Maritime Boundaries," *Strategic Analysis*, New Delhi, vol. XXII no. 10, January 1999 at website http://www.ciaonet.org.
37. P.C. Sinha, "Settlement of Maritime Claims by India: Issues and Options," *Sea Gull*, August–October 1998, p. 27.
38. Rear Admiral O.P. Sharma, "Delimitation of Maritime Boundary and the question of Islands in Maritime International Law," *Sea Gull*, vol. 4, no. 13, May–July 1998, p. 42.

from the coast of Bangladesh, and 2 nms off India's coast. India claims the island on the basis that the flow of the Haribhanga River is to the east of the island, and the island lies on the natural prolongation of Indian Territory. Meanwhile, Bangladesh claims that the river flows to the west of the island, as a result of which it is not possible to distinguish the natural prolongation of Indian Territory.[39] In May 1981 there was a brief scuffle over its possession — three Bangladeshi gunboats threatened an Indian survey ship in the area. This ended with the dispatch of an Indian frigate, the INS Andaman, to the island.[40]

The dispute over the island has more to do with the extent of the maritime zone to be potentially acquired in the oil rich Ganges–Brahmaputra delta of the Bay of Bengal, than the island itself.[41] If India is given sovereignty over the island, it can claim an additional 16,000 sq m of continental shelf.[42] However, if Bangladesh is given sovereignty over the island, it will get a much lesser area of the continental shelf.[43]

Several rounds of talks on the Indo-Bangladeshi maritime dispute have taken place since 1974, but to no avail. Even during the regime of Prime Minister I.K. Gujral (1997-98) and the

39. P.C. Sinha, "Issues in Maritime Boundary Demarcation in South Asia: A Case Study of Bangladesh," *Journal of Indian Ocean Studies, New Delhi,* November 1995, p. 49.

40. Rahul Roy Chaudhary, *Sea Power and Indian Security Brassey's*, UK, London, 1995, p. 83.

41. Khurshed Mohd. Alam, "Regional Maritime Cooperation under the Auspices of South Asian Association for Regional Cooperation (SAARC)," *BIISS Journal,* vol. 18, no. 1, 1997, pp. 30-31.

42. K. Jayaraman, *Legal Regime of Islands,* Marwah Publications, New Delhi, 1982, p. 108.

43. J.R.V. Prescott, *The Maritime Political Boundaries of the World,* Methuen Publications, London, 1985, p. 176.

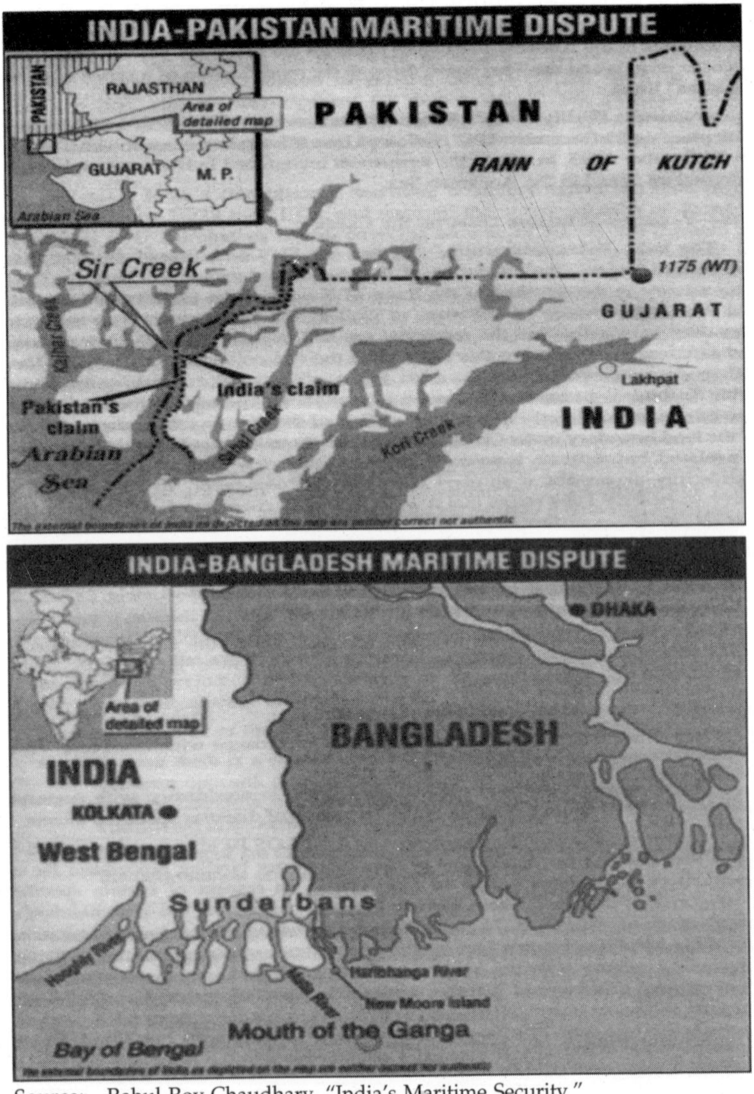

Source: Rahul Roy Chaudhary, "India's Maritime Security."

fig. 3.3: India's Maritime Disputes with Pakistan & Bangladesh

implementation of the so-called "Gujral doctrine," this complex and contentious issue could not be resolved.

Clearly, the delimitation of the India-Bangladesh maritime boundary is fraught with technical problems, with considerable economic consequences for both countries. Nonetheless, a resolution of this dispute is not prevented by political complications. It is therefore imperative that a technical solution be arrived at, even if it needs to be based on the "equitable" rather than the "equidistant" principle. In view of possible Indian concessions in this respect, the actual maritime boundary could be adjusted in certain areas to favour India.

India's Co-operation and Community Feeling with the Indian Ocean Countries

SRI LANKA

The two major factors influencing India's relations with Sri Lanka have been security and the shared ethnicity of Tamils living in southern India and in northern and eastern Sri Lanka. Before 1980 common security perceptions and New Delhi's reluctance to intervene in internal affairs in Sri Lanka's capital of Colombo made for relatively close ties between the two countries' governments. Beginning in the mid-1950s, and coinciding with the withdrawal of Britain's military presence in the Indian Ocean, India and Sri Lanka increasingly came to share regional security interests. In the 1970s, New Delhi and Colombo enjoyed close ties on the strength of the relationship between Indira Gandhi and Sri Lanka's prime minister, Mrs. Sirimavo Ratwatte Dias (S.R.D.) Bandaranaike. India fully approved Sri Lanka's desire to replace the British security umbrella with an Indian one, and both sides pursued a policy of non-alignment and co-operated to minimize Western influence in the Indian Ocean.

In the 1980s, ethnic conflict between Sri Lankan Sinhalese in the south and Sri Lankan Tamils in the north escalated, and Tamil separatists established bases and received funding, weapons, and, reportedly, training in India. The clandestine assistance came from private sources and, according to some observers, the state government of Tamil Nadu, and was tolerated by the central government until 1987. Anti-Tamil violence in Colombo in July 1983 prompted India to intervene in the Tamil-Sinhalese conflict, but mediatory efforts failed to prevent the deterioration of the situation. In May 1987, after the Sri Lankan government attempted to regain control of the Jaffna region, in the extreme northern area of the island, by means of an economic blockade and military action, India supplied food and medicine by air and sea to the region. On 29 July 1987, Indian prime minister Rajiv Gandhi and Sri Lankan president Junius Richard (J.R.) Jayawardene signed an accord designed to settle the conflict by sending the Indian Peace Keeping Force (IPKF) to establish order and disarm Tamil separatists, to establish new administrative bodies and hold elections to accommodate Tamil demands for autonomy, and to repatriate Tamil refugees in India and Sri Lanka. The accord also forbade the military use of Sri Lankan ports or broadcasting facilities by outside powers. The Liberation Tigers of Tamil Eelam (LTTE), the most militant separatist group, refused to disarm, and Indian troops sustained heavy casualties while failing to destroy the LTTE. In June 1989, newly elected Sri Lankan president Ranasinghe Premadasa demanded the withdrawal of the IPKF. Despite the tensions between the two countries created by this request, New Delhi completed the withdrawal in March 1990.

Bilateral relations improved somewhat in the early 1990s, as the government attempted to expand economic, scientific, and cultural co-operation. India continued to take an interest in the status of Sri Lankan Tamils, but without the direct intervention that characterized the 1980s. The May 1991 assassination of Rajiv Gandhi, allegedly by the LTTE, forced New Delhi to crack down on the LTTE presence in Tamil Nadu and to institute naval patrols in the Palk Strait to interdict LTTE movements to India. In January 1992, repatriation of Tamil refugees to Sri Lanka commenced and was still underway in 1994.[44]

BANGLADESH

Our largest border is with Bangladesh. This porous border creates problems of insurgency and illegal migration which can be dealt with effectively only in conditions of acceptance of each other's legitimate concerns.

Although India played a major role in the establishment of an independent Bangladesh on 17 April 1971, New Delhi's relations with Dhaka, the capital of Bangladesh, were neither close nor free from dispute. In 1975 Bangladesh began to move away from the linguistic nationalism that had marked its liberation struggle and linked it to India's West Bengal state. Instead, Dhaka stressed Islam as the binding force in Bangladeshi nationalism. The new emphasis on Islam, combined with Bangladeshi concern over India's military build-up and bilateral disputes over riparian borders, shared water resources, and illegal immigration of Bangladeshis into West Bengal, made for fluctuations in India-Bangladesh relations.

Relations are generally good, nevertheless; the two countries have maintained a dialogue on a variety of issues and initiated a modest programme of joint economic co-operation. In 1977 New Delhi and Dhaka signed an agreement — that is renewed annually — on sharing the waters of the

44. U.S. Library of Congress at website http://countrystudies.us/india.

Ganga river during the dry season, but the two sides made little progress in achieving a permanent solution to their other problems. The main item of contention is the Farakka Barrage, where the Ganga divides into two branches and India has built a feeder canal that controls the flow by rechannelling water on the Indian side of the river. The two nations were still at odds, despite high-level talks, in the mid-1990s.

In the mid and late 1980s, India's plan to erect a fence to prevent cross-border migration from Bangladesh, and Bangladesh's desire that Chakma insurgents not receive Indian covert assistance and refuge in India, were major irritants in bilateral relations. As agreed eighteen years earlier, in June 1992 India granted a perpetual lease to Bangladesh for the narrow, 1.5-ha Tin Bigha corridor in the Ganga's delta that had long separated an enclave of Bangladeshis from their homeland. The two countries signed new agreements to enhance economic co-operation. Bangladesh also received Indian developmental assistance, but that aid was minor compared with the amounts India granted to Nepal, Bhutan, Sri Lanka, and Maldives. The year 1991 also witnessed the first-ever visit of an Indian army chief of staff to Dhaka.

MYANMAR

With Myanmar, with which India shares its borders in the troubled eastern region infested with violent insurgency, a co-operative relationship is being steadily built around a commitment to stabilize the area, co-operate in economic projects and create multi-model transport links extending to Thailand and prospectively beyond. Myanmar is keen to balance its external relationships and India has vital long-term interest in increasing Myanmar's strategic options.

Myanmar remains an area of security interest for India not only on account of the activities of north-eastern insurgent groups that have set up camps across the Indian border, but also because of the activities of countries working against India's legitimate security concerns and the repercussions of the tussle between the forces of democracy and military government on these interests. India welcomes the greater openness of the Myanmar government in its external relations, and steps towards political reconciliation, internally.[45]

IRAN

The rapid growth in understanding between India and Iran was symbolized by President Khatami's presence in Delhi on 26 January 2003 as Chief Guest at India's Republic Day celebrations. Both countries were interested in forging a long-term strategic relationship built around energy security and transit arrangements. Iran is ready to work with India to provide viable and rapid access to Afghanistan, Central Asia and Russia and some projects have already been agreed upon. India and Iran have shared geo-political interests in the pursuit of which this part of Asia can be knit into networks of economic co-operation with increased stability as a consequence.[46]

AFGHANISTAN

The evolution of the situation in Afghanistan presents a complex and enormous security and political challenge to India's foreign policy. Afghanistan is more peaceful but not stable yet. The political vacuum in the Pashtun areas, the absence of any anti-Taliban cohesive Pashtun force, the failure to curb Pakistan's ambitions in south and eastern Afghanistan and the likelihood that the situation in the Middle East may

---

45. Annual Report on Ministry of Defence 2002-03, Government of India, New Delhi.

46. Kanwal Sibal, "Indian Foreign Policy: Challenges and Prospects", Foreign Secretary of India, Presentation at Geneva Forum, 23 January 2003, p. 1.

further divert attention from the danger of pro-Taliban Pashtuns being backed by Pakistan filling this vacuum is real and present. There are reports that Taliban and Al-Qaeda elements are regrouping along its southern and eastern borders and continue to receive support, both moral and material from Pakistan. Early economic reconstruction of Afghanistan is one of the most important requirements for the return of peace and stability to that country. India has provided extensive humanitarian, financial and project assistance to Afghanistan. The governing philosophy of India's assistance to Afghan reconstruction has been to respond to Afghan felt and priority needs. India regards this as crucial for regional peace and stability and views her relationship with Afghanistan as direct and bilateral.

IRAQ

Iraq was once the source of 30 per cent of India's oil needs and home to 90,000 Indians working in that country until the Gulf War. We supported Iraq's compliance with the UN Resolutions and elimination of weapons of mass destruction there. We also maintained that if Iraq complied with UN Resolutions, then sanctions should be lifted *in tandem* for humanitarian considerations. With 3 million Indian expatriates in the Gulf region and a population of over 140 million Muslims in India, we were concerned about military action in Iraq sparking turmoil and creating more bitterness and violence, aggravating an already unstable and volatile situation. In Iraq, the international community was caught in the middle between wish and expectation. No one wished a military conflict but most expected it, and finally it came — the United States invaded and occupied Iraq.

India Needs "Tactical Move" in Twenty-first Century

Maritime security in India had not been taken care of

adequately in the past.[47] Hence a major shift and reorientation of India's national strategy is required in the wake of growing tendencies of terrorism worldwide as well as shift in the global economy due to globalization and liberalization which have thrown economy open to outside influences.[48] It needs to be remembered that maritime strategy is an integral part of a country's national strategy that aims and promotes its national interests.

"Tactical Move" means implementation of creative, resourceful, statesmanlike farsightedness, and political wisdom by the politicians to the national security, and strategic planning to counter both external and internal security threats. Hence the "Tactical Move" for India needs:

- Political statesmanship that can have a penetrative foresight of how India can be led to its aspirational goals of being a leading regional and global power.
- Political leadership that can translate India's "Tactical Move" into time-bound implementation plans. These implementation plans should incorporate short-term, medium-term and long-term goals.
- Political leadership which is resolute, forceful and determined to direct an integrated national effort towards achieving strategic goals, cutting through bureaucratic red-tapism and lethargy. National security and strategic implementation should have an overriding priority over all other national activities.

---

47. Dr. Amita Agarwal of the University of Jaipur in her paper on "Maritime dimensions of India's security with special reference to its island territories in the Indian Ocean" at the conference of the Indian Ocean Research Group at Panjab University, 22 November 2002.

48. *The Tribune*, 22 November 2002.

- Political leadership that is bold and audacious and which will ensure that in the pursuit of India's "strategic vision," any attempts to thwart it by external or internal threats are met with prompt, decisive and crippling military responses. Power is meant to be used to nip any emerging threats to India's national security.

To achieve "tactical move" for the twenty-first century India needs to develop strategically and in military terms, the following capabilities:

- Military preponderance in both the nuclear and conventional military fields. In terms of levels, it should have an overwhelming military superiority in South Asia and relative parity with China.
- India needs to develop "force projection" capabilities, especially naval and air. Sizeable air-mobile and naval task forces should be available for rapid deployment in India's area of interest and "areas of influence."
- India's naval power should be built to levels which would permit sea-denial if not sea-control in the entire Indian Ocean region.
- Nuclear deterrence strong enough to deter even major powers to attempt political or military coercion, i.e. development of an ICBM (intercontinental ballistic missile) and SLBM (submarine-launched ballistic missile) arsenal. India after fifty years of being a "Soft State" needs to get into a resurgent mode befitting her size and resources. The time has come not only to have the will to build-up her power attributes but also to learn and have the will to use power.

Political leadership of a very high order and calibre is required to lead India towards the achievement of the "tactical move."

4

Economic Dimension of the Indian Ocean and India's Security

He who rules on the sea will shortly rule on the land also

— Khaireddin Barbarosa

THE Indian Ocean is important from an economic perspective. It provides major sea routes connecting the Middle East, Africa, and East Asia with Europe and the Americas. It carries sea traffic associated with petroleum exploration and petroleum products from the oilfields of the Persian Gulf and Indonesia. An estimated 40 per cent of the world's offshore oil production comes from the Indian Ocean, with more than 50 per cent of the transport occurring through the Arabian Sea region.

Large reserves of hydrocarbons are being tapped offshore from the Persian Gulf, and off India and Western Australia. Its living marine resources are of growing importance to the bordering countries for domestic consumption and export. Fishing fleets from Russia, Japan, South Korea, and Taiwan operate in the Indian Ocean, mainly searching for shrimp and tuna. Beach sands rich in heavy minerals are actively exploited by bordering countries, particularly India, South Africa, Indonesia, Sri Lanka, and Thailand. Tourism is a substantial industry around the margins, particularly where fringing coral

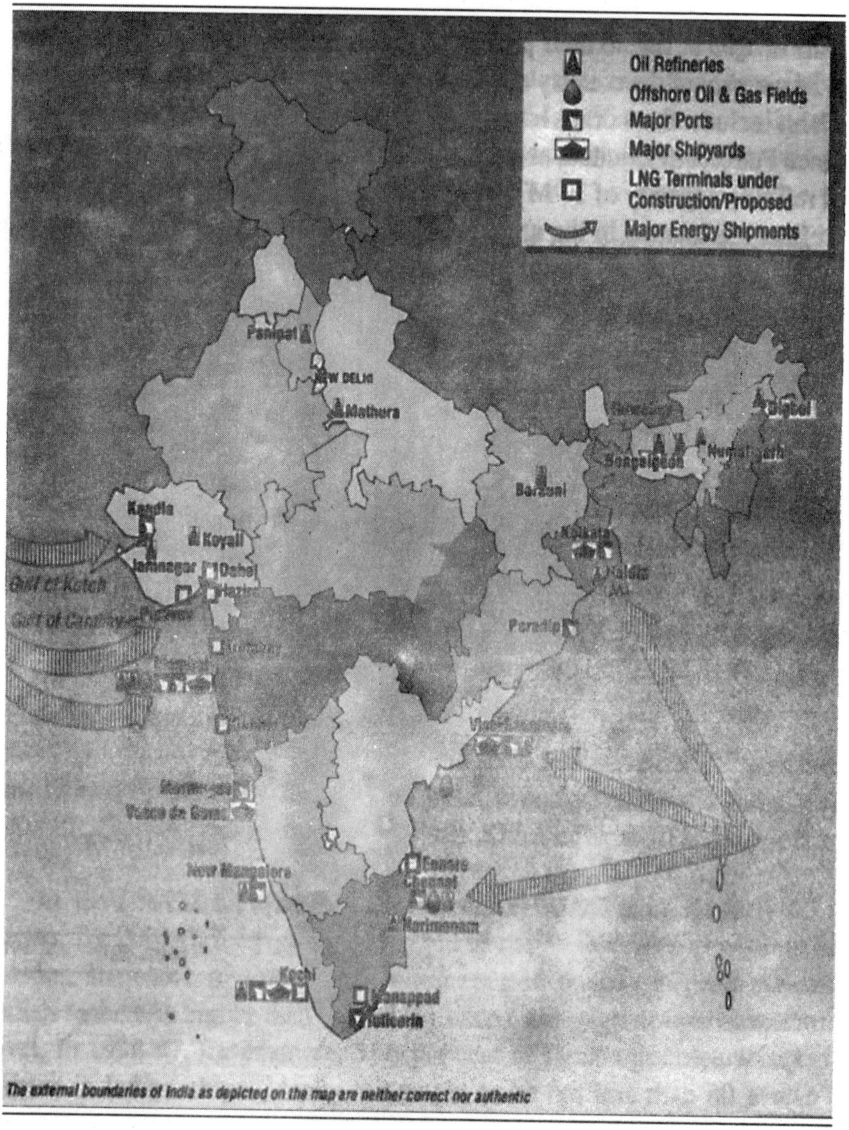

Source: Rahul Roy Chaudhary, "India's Maritime Security," *Knowledge World*, Delhi, June 2000.

Map 4.1: Map showing India's Maritime Economic Assets

reefs occur. All of this economic activity is subject to monsoon troughs, floods, droughts and tropical cyclones that frequent the coastal regions, that are, in turn, influenced by the mid-ocean and the climate generated by it.

The importance of understanding, monitoring and predicting variations in the Indian Ocean is underscored by the human, environmental and economic factors cited above. Aside from these factors, which are all coastal or open ocean, the ocean's influence on climate is also felt in the hinterland, for example in the supply of fresh water, the productivity of agriculture, and the demand for energy.[1]

Being enclosed in the west, north and east by Eurasian, Indian and Australasian land mass and having spread over tropics, warm waters of the Indian Ocean have given rise to uniform wind and precipitation patterns and navigable currents, influencing agriculture, trade and human habitat. Movements of trade and population have combined with geoclimatic and geoeconomics to create an idea of common geographical space encompassing enormous social, cultural, linguistic, religious and political diversity. Although smaller than Pacific and Atlantic, Indian Ocean has been traversed since times immemorial. People living on Asian-African littoral

---

1. An Indian Ocean Observing Strategy, "A Partnership of Agencies and Institutions supporting sustained observations in the Indian Ocean region," prepared by Art Alexiou (IOC), Ehrlich Desa (NIO, India) [Chairman of the drafting team], William Erb (IOC), Nick Flemming (Eurogoos), John Gould (WOCE), Roy Green (WOCE), Mark R. Jury (S. Africa), Gary Meyers (CSIRO, Australia), G. Narayanaswamy (NIO, India), Worth Nowlin (GSC), K. Radhakrishnan (INCOIS, India), S. Ragoonaden (MS, Mauritius), Neville Smith (BOM, Australia), Colin Summerhayes (IOC) and Mohideen Wafar (NIO, India) at website www:incois.gov.in/images/iogospdfs/70goos-strategy.pdf.

States traded with each other and also with the Romans and Greeks through the medium of Indian Ocean waters before and after the beginning of the Christian era. The movement of trade and people between littorals was peaceful, without any aspect of domination. Indian Ocean waters provided a medium for cultural and human influences to spread across continents. From sixteenth century onwards ocean waters became maritime highway for European trade going in all directions. The European quest for wealth and prosperity led to internationalization of their trade, migration of populations, setting up of new societies, and creation of new linguistic and cultural patterns.

The Indian Ocean was converted into an European lake with the discovery of all sea route to the East. The trade route between the littorals was subsumed by the dominant European trading interests. Growth of science and technology followed increase in material prosperity, and this affected the political and economic set up of Indian Ocean littoral societies. Indian Ocean became main avenue for transporting European goods, men and material for the purpose of colonization of Indian Ocean rim territories and the Far East. Indian Ocean littoral societies during the early part of twentieth century gained in geo-economic and geo-strategic importance due to the discovery of minerals, oil, and natural gas and as a consequence control over warm waters of Indian Ocean gained in importance for the uninterrupted flow of resources to the European continent.[2]

India has vital economic stakes in the Indian Ocean and its adjoining region. The Ocean provides her necessary links

2. V.S. Sheth, "Indian Ocean in the Globalizing World," *Alternatives, Turkish Journal of International Relations*, New Delhi, vol. 1, no. 4, Winter 2002.

with other countries of the world, which is essential for her trade and commerce. The Indian Ocean region offers a vast pool of natural and mineral resources including oil, which gives this region prominence on the world economic map and attributes a great strategic significance to this region. The Ocean itself is rich in living and non-living resources. Recent exploration of its continental shelf, continental slope and deep-sea bed has shown great promise of oil, gas and mineral resources.

Economic Strategy

According to World Bank Projection, big five developing countries, i.e. India, China, Russia, Indonesia & Brazil, are likely to emerge as key players in the world economy over the next quarter century. India is projected as the fourth largest economy in the world, after China, United States and Japan, by the year 2020, in terms of Purchasing Power Parity (PPP).[3]

India is becoming integrated with the major economies of the world, because liberalized Indian economy has increased extremely. The country's Gross Domestic Product (GDP) for 2003-04 (27,55,034 crore at current market prices) as well as its growth rate of 8.1 per cent (at factor cost at constant prices) are based on Advance Estimates released by the CSO on 9 February 2004. According to the Revised Estimates by CSO, GDP at current market prices for 2003-04 is Rs. 27,72,194 crore, and the growth of GDP at factor cost at constant prices is 8.2 per cent. The quarterly GDP data released by CSO indicates GDP growth rates at 5.7 per cent, 8.4 per cent and 10.4 per cent respectively in the first three quarters of 2003-04. This

3. The World Bank, *Global Economy Prospects and the Developing Countries*, 1997, p. 1.

4. *The Economic Survey 2003-04*, Ministry of Finance, Government of India, New Delhi, p. 1.

10.4 per cent growth rate in the 3rd quarter of 2003-04 was the highest in any quarter since at least 1997-98.[4]

India's economic growth is continuing its recovery from a slowdown which took place in 2002, which was mainly attributable to weak demand for manufactured exports and the effects of a drought on agricultural output. Real growth in the country's GDP was 4.3 per cent for 2002, surging to 8.3 per cent in 2003 and a projected 6.4 per cent for 2004.[5]

Benign world economic environment provided a conducive backdrop to the robust performance of the Indian economy in 2003-04. World output growth is estimated to have accelerated from 3.0 per cent in 2002 to 3.9 per cent in 2003. Strong performance by the US, China, and Russia, and a strong turnaround in Japan helped to brighten the world economic outlook in 2003. Volume of world trade in goods and services also grew rapidly by 4.5 per cent, compared to only 3.1 per cent in the previous year. The robust performance of India and the emerging market economics also contributed to the good performance of the world economy.[6]

Foreign Trade

After Independence, Indian foreign trade has made cumulative progress both qualitatively and quantitatively. Though the size of foreign trade and its value both have increased during post-Independence era, this increase in foreign trade cannot be satisfactory because Indian share in total foreign trade of the world has remained remarkably low. In 1950, the Indian share in the total world trade was 1.78 per cent, which came down to 0.6 per cent in 1995. According to Economic Survey

5. US Enregy Infromation Administration (EIA) at website:www.eia.goe.gov/emeu/cabs/ india.html.
6. *The Economic Survey* 2003-04, op. cit.

2002-03 this share percentage of 0.6 per cent continued in years 1997, 1998 and 1999. Since 1970, this share has remained around 0.6 per cent, which clearly indicates that India has failed to increase its share in the total world trade.

Table 4.1: Indian Share in World Trade (in per cent)

Year	*Export*	*Import*	*Trade*
1990	0.52	0.66	0.59
1991	0.5	0.56	0.53
1992	0.53	0.61	0.57
1993	0.58	0.6	0.59
1994	0.6	0.63	0.61
1995	0.6	0.6	0.6
1996	0.6	0.6	0.6
1997	0.6	0.6	0.6
1998	0.6	0.6	0.6
1999	0.6	0.8	0.7

Source: Ministry of Commerce and Industry, Government of India, New Delhi.

After witnessing an impressive growth during the year

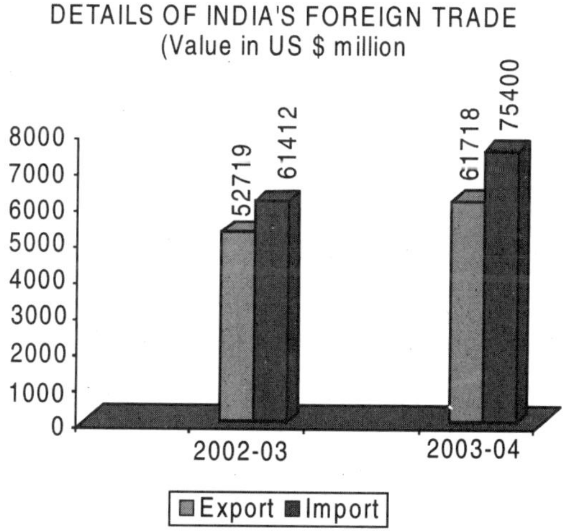

2002-03, export growth continued to maintain the momentum during the year 2003-04. According to provisional data available for April 2003-March 2004, exports stood at Rs.2, 83,605 crore (US $ 61,718 million) as against Rs.2,55,137 crore (US $ 52,719 million) in the corresponding period of 2002-03, recording a growth of 11.16 per cent in rupee terms and 17.10 per cent in dollar terms. Imports also witnessed a robust growth of 22.8 per cent, having increased to Rs. 3,46,474 crore (US $ 75,400 million) from Rs. 2,97,206 crore (US $ 61,412 million) during April to March 2003-04. The trade deficit during April-March 2003-04 is estimated to have widened to Rs. 62,870 crore

Table 4.2: Trends in India's Foreign Trade (US $ million)

Year	*Export (Including re-export)*	*Import*	*Trade Balance*	*Rate of Change Export*	*Rate of Change Import*	*Exchange Rate*
1990-91	18143	24075	-5932	9.20	13.50	-
1991-92	17865	19411	-1546	-1.50	-19.40	-
1992-93	18537	21882	-3345	3.80	12.70	-
1993-94	22238	23306	-1068	20.00	6.50	-
1994-95	26330	28654	-2324	18.40	22.90	-
1995-96	31797	36678	-4881	20.80	28.00	-
1996-97	33470	39133	-5663	5.30	6.70	-
1997-98	35006	41484	-6478	4.60	6.00	-
1998-99	33218	42389	-9171	-5.10	2.20	-
1999-00	36822	49671	-12849	10.80	17.20	43.33
2000-01	44560	50536	-5976	21.00	1.70	45.68
2001-02	43827	51413	-7586	-1.60	1.70	47.69
2002-03	52719	61412	-8693	20.30	19.40	48.40
2003-04	61718	75400	-13682	17.10	22.80	45.95
2004-05	83536	111517	-27981	30.85	42.70	44.93

Source: DGCI&S at website http://indiabudget.nic.in.

($ 13,882 million) from Rs. 35,996 crore ($ 7,447 million) during the corresponding period of the previous year. India's import of petroleum crude & products was valued at Rs. 67,920 crore during April-December 2003-04 as against Rs. 62,059 crore during April-December 2002-03 showing a growth of 9.44 per cent. Also India's export of petroleum products was valued at Rs. 11,383 crore during April-December 2003-04 as against Rs. 8,198 crore during April-December 2002-03.[7]

India's trade links with the regions of the world have increased over the years. In view of the current wave of the worldwide globalization, India has taken major initiatives to diversify its exports as also their destinations. Indian exports cover over 7,500 commodities to about 190 countries while imports from about 140 countries account for over 6,000 commodities.[8]

Energy Security

Energy security has become a key concern for energy policy-makers because of the continuing rise of oil prices, which reached at all time hight of US $ 130 per barrel these days.[9] Although the price of oil has since gone up there is continuous uncertainty about the price and its implications with national security.

India, the world's sixth largest energy consumer, plans major energy infrastructure investments to keep up with increasing demand. The critical importance of the continuous supply of energy resources for economic growth cannot be over-emphasized. Imports of crude oil was 50 per cent of demand in 1997-98 and domestic offshore oil 33 per cent, but

7. *Annual Report 2003-04*, Ministry of Commerce & Industries, Government of India, New Delhi.

8. *Economic Survey 2003-04* and at website http://commerce.nic.in.

9. May 2008.

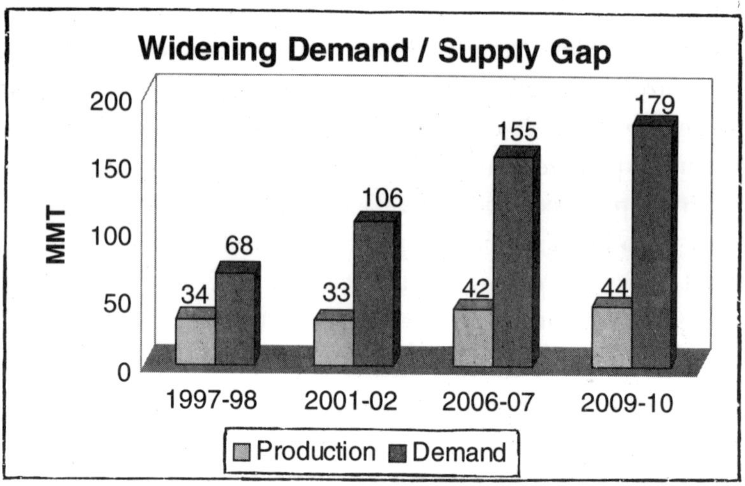

in 2002-03 imports of crude oil reached 71 per cent.[10] Thus the maritime trade meets 83 per cent of the country's demand for crude oil. The gap between production and demand of crude oil is expected to grow considerably over the years because annual demand growth of crude oil in India will increase by 7 per cent.[11]

The Plan provisions for the energy sector in the country's five year plans have been continuously increasing and are of the order of third of the plan outlay in the Tenth Five Year Plan. As a result, there has been a phenomenal growth of commercial energy in the country over the last five decades. Crude oil production has increased more than 30 times from 29 million tonnes to 33.0 billion tonnes in this period.[12]

Global Scenario

According to the International Energy Agency (IEA), global

10. *Annual Report 2002-03,* Ministry of Petroleum and Natural Gas, Government of India, New Delhi.
11. "Fuel Scenario in India" at website www.cmpdi.co.in.
12. S.K. Chopra, "Sustainable Energy Security," *Yojana*, vol. 48, Published by the Ministry of Information and Broadcasting, Government of India, New Delhi, September 2004, p. 5.

energy consumption was projected to increase by 65 per cent during 1995-2020 (2 per cent per year), from over 3000 million tonnes of oil equivalent (MTOE) in 1995 to over 5000 MTOE in 2020. Asia's (excluding Japan) share in world energy demand would keep growing from 20 per cent in 1995 to 27 per cent in 2010, and as much as 31 per cent in 2020.

Oil would continue to be the predominant fuel, with a minor decrease from 40 to 38 per cent of demand during 1995-2020. Non-OECD (Organization for Economic Cooperation and Development) countries are expected to account for 77 per cent of the increase in demand for oil till 2020. As higher oil demand growth is expected in Asia (at around 4 per cent annually) after the current economic difficulties are overcome, China, East Asia, South Asia, and West Asia are expected to account for nearly 70 per cent of this increase. In effect, Asia is projected to account for as much as 53 per cent of the global increase in the demand for oil during 1995-2020,[13] with the increase in energy demand in China, India, South Korea, Indonesia, and Thailand, accounting for more than 40 per cent of the increase in global energy demand.[14]

In terms of maritime security, it may be noted that even at present, nearly 40 per cent of the world's oil sourced from the Persian Gulf passes through the Straits of Hormuz. Crude oil accounts for as much as $ 200 billion of the $ 500 billion of trade that flows through the Indian Ocean (see Map 4.2).

13. Masuda Tatsuo, "IEA Emergency Preparedness and Energy Security in Asia," paper presented at a workshop on Energy Security Issues and Implications for Asia, New Delhi, 18 January 1999. see also Rahul Roy Chaudhary, "India's Maritime Security," *Knowledge World*, New Delhi, June 2000, p. 2.

14. Shebonti Ray Dadwal, "Geopolitics of Energy Security: India's Option," paper presented at the First IDSA-ECSS (UAE) Seminar, New Delhi, 15 April 1999.

Crude Oil in India

In India, crude oil is the second largest commercial fuel (accounting for 27 per cent of the share) after coal (61 per cent), followed by natural gas (9 per cent), hydropower (2 per cent), and nuclear power (1 per cent). These commercial fuels constitute some 68 per cent of the energy consumed in the country.[15]

India is fast emerging as a major global market for petroleum products. The consumption of petroleum products rose at approximately 6.4 per cent annually, increasing from 56.9 million tonnes (MT) in 1991-92 to 98.5 MT in 2001-02. This is expected to increase even further, to some 7 to 8 per cent. The Ministry of Petroleum and Natural Gas (MPNG) projected the demand for petroleum products at 155 MT in 2006-07, and 200 MT in 2010-11, and the Planning commission of India projected the demand for crude oil at 134.50 MT (144.58 MTOE) in 2006-07, and 172.47 MT (185.40 MTOE) in 2011-12.[16]

Oil accounts for about 30 per cent of India's total energy consumption. The majority of India's roughly 5.4 billion barrels in oil reserves are located in the Mumbai High, Upper Assam, Cambay, Krishna-Godavari, and Cauvery basins. The offshore Mumbai High field is by far India's largest producing field, with current output of around 260,000 barrels per day (bbl/d). India's average oil production level (total liquids) for 2003 was 819,000 bbl/d, of which 660,000 bbl/d was crude oil. India had net oil imports of over 1.4 million bbl/d in 2003.[17]

Future oil consumption in India is expected to grow rapidly, to 2.8 million bbl/d by 2010, from 2.2 million bbl/d

15. *TERI Energy Data Directory and Yearbook 2002-03*, Tata Energy Research Institute (TERI), New Delhi, 2003.

16. *Yojana*, September 2004, op. cit., p. 9.

17. *CIA World Fact Book 2004*, Washington DC.

in 2003. India is attempting to limit its dependence on oil imports somewhat by expanding domestic exploration and production. To this end, the Indian government is pursuing the New Exploration Licensing Policy (NELP), first announced in 1997, which permits foreign involvement in exploration, an activity long restricted to Indian State-owned firms. While the initial response to the 1999 tender was disappointing, with no bids received from the major multinational oil companies (causing an extension of the deadline for submission of bids), India proceeded with the award of 25 oil exploration blocks in early January 2000. The largest winner in the bidding round was India's domestic Reliance Industries, in partnership with independent Niko Resources of Canada, which received 12 blocks. British independent Cairn Energy, Russia's Gazprom, the U.S. firm Mosbacher Energy, and Geopetrol of France were all awarded single blocks in partnership with Indian firms. India's State-owned Oil and Natural Gas Corporation (ONGC) was awarded eight blocks, three of which it will hold in partnership with other public sector Indian firms. A second round of bidding, with a total of 25 blocks offered, concluded in March 2001. Sixteen of the blocks have been awarded to ONGC, and four blocks to Hardy Oil of the United Kingdom, in partnership with India's Reliance Petroleum. The others were either awarded to smaller independent firms or failed to receive bids. As with the first round, no bids were received from major international oil companies. Bids for the third round were received in August 2002, with a total of 27 blocks offered. Awards under this third round were made in February 2003, with domestic Indian firms receiving most of the blocks. Reliance Industries received nine offshore blocks, one adjacent to the Krishna-Godavari Basin. ONGC was awarded 13 blocks, five offshore and eight onshore. The Gujarat State Petroleum Corporation received one. Blocks offered during the fourth

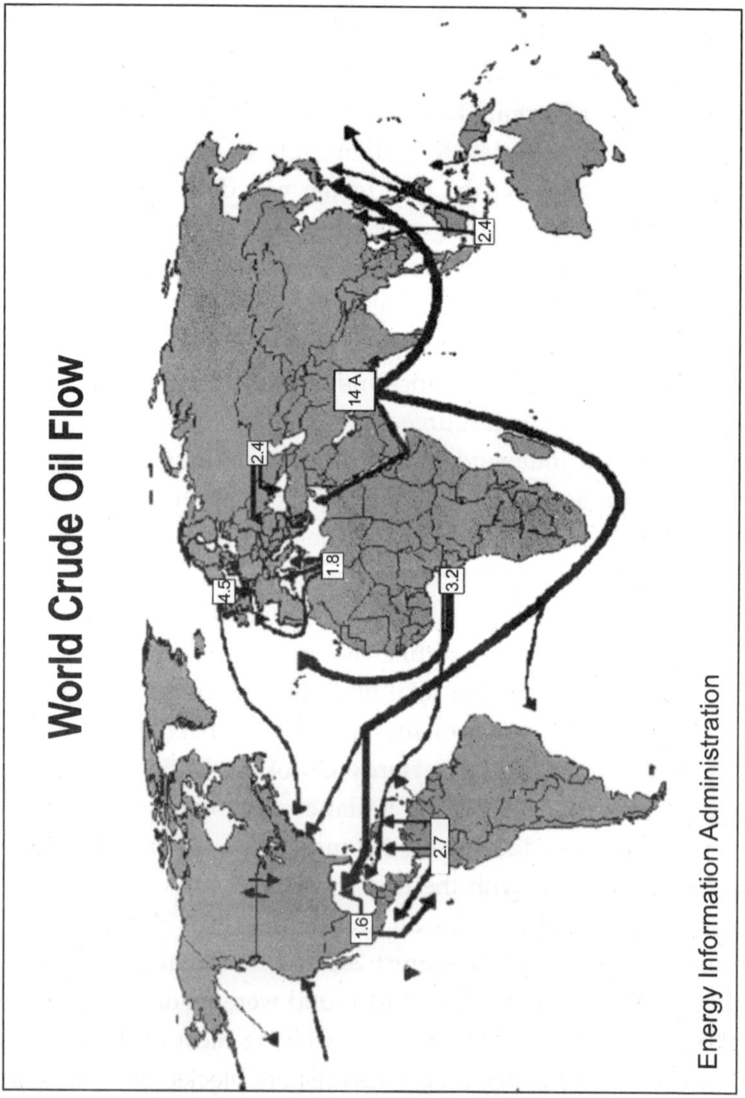

Map 4.2: Map of World Crude Oil Flow

round in 2003 received relatively little foreign interest. Awards for 15 blocks were made in February 2004, with 14 going to ONGC and one going to Reliance Industries.[18]

Low drilling recovery rates are a major part of the oil supply problem for India. Recovery rates average only around 30 per cent in currently producing Indian fields, well below the world average. It is hoped that allowing foreign investment will bring in technology that is not available to Indian State firms, thereby increasing overall recovery rates. ONGC currently is undertaking a project to increase recovery rates in the Bombay High offshore field and several others as well, aiming to boost the overall recovery rate for its production assets from 28 per cent to 40 per cent. Recent experience does not support an optimistic view about India's prospects for a sharp increase in oil production, as no major new finds have been made in recent years. Analysts consider it likely that most of India's easily recoverable oil has been discovered. The main cause for hope is offshore exploration, and in particular deep-water exploration. One onshore area which also has shown promise is western Rajasthan. A small find was reported in early 2001 by Cairn Energy offshore from Gujarat which is believed to hold about 200 million barrels of recoverable reserves. Another small Cairn find, the Mangala field in Rajasthan, was reported in 2003 and is under development. Mangala is expected to produce around 10,000 bbl/d by 2005. Most recent drilling, however, has found natural gas rather than crude oil.[19]

---

18. *Annual Report 2002-03*, Ministry of Petroleum and Natural Gas, Government of India, New Delhi.
19. *Hindustan Times* (Jaipur edition) and *Rajasthan Patrika*, 21 February 2005.

In February 2002, BG Exploration and Production India Ltd. purchased a 30 per cent stake in the Panna, Mukta, and Tapti offshore oil and gas fields, which had previously been held by Enron. A dispute between BG and ONGC (which owns a 40 per cent interest in the fields) over which firm would operate them was resolved in February 2003 with a "joint operatorship agreement." Reliance Industries holds the other 30 per cent stake.[20]

India's dependence on the import of crude oil has been increasing over the past few years in relation to domestic production. Whereas India's share of global production of crude oil in 2001 was less than 0.89 per cent (32.032 MT of 3585 MT), its consumption was much higher, at 2.80 per cent (98.55 MT) of world consumption of 3389 MT. Imports as a percentage of demand have increased dramatically from 38.53 per cent in 1990-91 to 71.5 per cent in 2002-03 (Table 4.3). According to Table 4.3 the net imports of crude oil exceeded domestic production for the first time in 1992-93. Since then this gap is increasing drastically. In 2000-01 the domestic production of crude oil was 32.42 MT and the import was 74.09 MT (Table 4.3). Along with offshore production, the maritime sector would therefore account for as much as 90 per cent of the demand of crude oil.

India is far more dependent than the US or even the former Western Europe on the import of crude oil from West Asia. Whereas approximately 90 per cent of India's total imports of oil were sourced from the Persian Gulf, the equivalent figures for the US and Japan were only 19 per cent and 74 per cent, respectively (Table 4.4).

---

20. US Energy Information Administration (EIA) at website: www.eia.goe.gov/emeu/cabs/ india.html.

To meet its requirement of petroleum products by the year 2010-11, it has been estimated that India would require recoverable oil reserves of approximately 2.3-3 billion tonnes. It's proven and balance recoverable reserves of crude oil was 0.73 billion tonnes in 2001.[21]

Table 4.3: Crude Oil Demand and Supply in India (in MT)

Year	*Production*		*Domestic total*	*Net Import*	*Total Demand*	*Import as % of Demand*
	Onshore	*Offshore*				
1990-91	11.830	21.191	33.021	20.699	53.72	38.53 %
1991-92	11.383	18.963	30.346	23.994	54.34	44.16%
1992-93	11.204	15.746	26.95	29.247	56.197	52.04 %
1993-94	11.651	15.375	27.026	30.822	57.848	53.28 %
1994-95	12.013	20.226	32.239	27.349	59.588	45.90%
1995-96	11.852	22.665	35.167*	27.342	62.509	43.74%
1996-97	11.372	20.183	32.901*	33.906	66.807	50.75 %
1997-98	11.481	19.863	33.858*	34.493	68.351	50.46 %
1998-99	11.395	18.285	32.722*	39.808	72.53	54.88 %
1999-00	11.204	16.727	31.949*	57.805	89.754	64.40 %
2000-01	11.714	16.629	32.426*	74.097	106.523	69.56 %
2001-02	11.818	16.07	32.032*	78.706	110.738	71.07 %
2002-03	7.692	11.622	22.093*	55.609	77.702	71.57 %

* Includes oil production through private/joint venture companies.

Sources:

1. MoPNG (Ministry of Petroleum and Natural Gas, Indian Petroleum and Natural Gas Statistics. New Delhi: Economics and Statistics Division, MoPNG.
2. MoPNG, 2003, *Annual Report 2002-03.*
3. *TERI Energy Data Directory and Yearbook 2002-03,* New Delhi.

21. *TERI Energy Data Directory and Yearbook 2002-03,* op. cit., p. 89.

Table 4.4: Imports from the Persian Gulf as Percentage of Total Oil Imports

Year	*India*	*US*	*Japan*	*Western Europe*
1990	88	27	65	45
1991	89	28	64	41
1992	83	26	66	42
1993	92	23	69	47
1994	90 (Approx.)	21	69	45
1995	90 (Approx.)	20	70	44
1996	90 (Approx.)	19	70	41
1997	90 (Approx.)	19	75	44
1998	90 (Approx.)	22	77	47
1999	90 (Approx.)	25	74	43
2000	90 (Approx.)	24	75	42
2001	90 (Approx.)	25	76	33
2002	90 (Approx.)	22	74	29
2003	90 (Approx.)	22	76	30

Source:

1. US Energy Information Administration (EIA) website.
2. United Nations Energy Statistics Yearbooks 1990 to 2003.

Financial Implications

The imports of energy resources are increasing rapidly in India, which will have a major impact on India's fiscal balance. In 1973-74, during the oil crisis its import bill rose over 50 per cent. The crisis in West Asia in 1979-80 imposed tremendous pressure on the country's balance of payments.

According to Economic Survey for various years and annual reports of Ministry of Petroleum and Natural Gas, India's import of POL (Petroleum and Other Lubricants) in 2001-02 was 85053 thousand tonnes and valued at Rs. 66769 crore ($14000 million). In the following year 2002-03 it rose to

89967 thousand tonnes at Rs. 85367 crore ($17640 million) which was nearly 28.7 per cent share and 26.0 per cent change of total imports.

The quantity and value of India's import of crude oil and petroleum products has increased over years, which is depicted in Table 4.5.

Table 4.5: Quantity and Value of Imports of Crude Oil and Petroleum Products

Year	*Crude Oil in MT*	*Crude Oil in million rupees*	*Petroleum Products in MT*	*Petroleum Products in million rupees*
1990-91	20.699	61,184	8.66	46,602
1991-92	23.994	78,201	9.445	52,183
1992-93	29.247	1,06,859	11.283	63,596
1993-94	30.822	1,06,885	12.076	70,414
1994-95	27.349	1,03,160	13.951	7,521
1995-96	27.342	1,15,170	20.335	1,25,779
1996-97	33.906	1,85,381	20.265	1,56,334
1997-98	34.493	1,58,971	22.97	1,43,090
1998-99	39.808	1,48,764	23.772	1,22,760
1999-00	57.805	4,00,280	16.608	1,41,860
2000-01	74.097	6,59,320	9.267	1,20,930
2001-02	78.706	6,03,970	7.009	72,490
2002-03	81.99	7,61,950	6.74	82,060
2003-04	90.43	8,35,280	7.90	96,770
2004-05	95.86	11,68,060	8.87	1,49,500

Source:,

1. MoPNG, *Indian Petroleum and Natural Gas Statistics*, New Delhi, Economics and Statistics Division.
2. MoPNG, 2002, *Basic Statistics on Indian and Natural Gas*, New Delhi.
3. MoPNG, 2003, *Annual Report 2002-03*, New Delhi.
4. *TERI Energy Data Directory and Yearbook 2002-03*, New Delhi.

Persian Gulf nations (Bahrain, Iran, Iraq, Kuwait, Qatar, Saudi Arabia, United Arab Emirates) exported crude oil valued 20.2 billion dollars in year 2001 which decreased to 19.5 billion which dollars in the following year. In 2003 it reached 24.1 billion dollars (Table 4.6).

Organization of the Petroleum Exporting Countries (OPEC), which are eleven in number, i.e. Algeria, Indonesia, Iran, Iraq, Kuwait, Libya, Nigeria, Qatar, Saudi Arabia, UAE and Venezuela, exported crude oil valued 35.5 billion dollars in 2002 and 46.1 billion dollars in 2003 (Table 4.6).

Natural Gas and Pipelines*

Indian consumption of natural gas has risen faster than any other fuel in recent years. From only 0.6 trillion cubic feet (Tcf) per year in 1995, natural gas use was nearly 0.9 Tcf in 2002 and is projected to reach 1.2 Tcf in 2010 and 1.6 Tcf in 2015. A major development in December 2002 was the announcement by Reliance Industries of its discovery of a large amount of natural gas in the Krishna-Godavari Basin offshore from Andhra Pradesh along India's south-east coast. New reserves from this find are estimated at about 7 Tcf. Cairn Energy also reported finds in late 2002 offshore from Andhra Pradesh as well as Gujarat, which contain reserves estimated at nearly 2 Tcf. The main market impacts from the new finds will be on India's east coast, which currently lacks extensive natural gas infrastructure.

Even with these new reserves, India's domestic natural gas supply is not likely to keep pace with demand, and the country will have to import much of its natural gas, either via pipeline or liquefied natural gas (LNG). While EIA's current forecast in the International Energy Outlook 2004 predicts a

---

* EIA at website: www.eia.goe.gov/emeu/cabs/india.html.

Table 4.6: Value of Crude Oil Imports From Selected Countries, 1973-2005 (Billion Dollars)

Year	Persian Gulf Nations[2]	Selected OPEC 1[1] Countries					Selected Non-OPEC Countries							
		Kuwait	Nigeria	Saudi Arabia	Venezuela	Total OPEC[3]	Angola	Canada	Colombia	Mexico	Norway	United Kingdom	Total Non-OPEC	Total
1973	1.7	W	1.5	0.9	0.8	5.2	W	1.9	W	W	NA	NA	2.4	7.6
1974	4.4	W	3.3	1.9	1.3	11.6	0.2	3.3	NA	W	W	NA	4.1	15.6
1975	5.2	W	3.5	3.2	1.8	14.9	0.3	2.8	NA	0.3	0.1	W	4.1	19.0
1976	8.7	W	5.1	5.8	1.0	22.2	(s)	1.8	W	0.4	0.2	W	3.6	25.8
1977	12.2	W	6.3	6.9	1.2	29.6	0.1	1.4	NA	0.9	0.3	0.5	5.1	34.7
1978	11.3	W	4.9	5.8	0.8	27.1	(s)	1.3	NA	1.6	0.6	0.9	6.2	33.3
1979	15.3	W	9.0	9.3	1.9	39.7	0.3	2.0	NA	3.3	0.6	1.7	11.3	51.0
1980	16.9	W	11.4	13.6	1.5	47.5	0.5	2.2	NA	5.9	1.9	2.3	17.4	64.9
1981	15.1	NA	8.8	13.9	1.6	39.0	0.6	1.9	NA	5.8	1.6	5.0	19.5	58.5
1982	8.4	W	6.7	6.8	1.4	22.0	0.5	2.1	NA	6.7	1.3	5.5	20.2	42.2
1983	4.3	W	3.4	3.4	1.4	16.1	0.8	2.6	NA	7.2	0.7	4.1	19.1	35.2
1984	4.8	W	2.3	3.3	2.3	16.1	0.9	3.3	NA	6.5	1.2	4.1	19.7	35.8
1985	2.3	W	3.0	1.2	2.7	12.9	1.0	4.4	NA	6.7	0.3	2.9	18.3	31.2
1986	3.8	0.1	2.4	2.9	1.8	10.4	0.5	2.8	0.3	2.8	0.3	1.7	10.2	20.6

1987	6.0	0.5	3.7	3.9	2.8	15.5	1.2	3.8	0.8	3.7	0.5	2.1	14.7	30.1
1988	6.7	0.4	3.5	4.4	2.2	14.0	1.1	3.4	0.6	3.1	0.3	1.5	12.3	26.3
1989	11.0	1.0	5.6	7.1	3.0	21.9	1.9	3.9	0.9	4.3	0.9	1.1	15.8	37.7
1990	13.5	0.5	6.7	9.5	4.9	27.2	1.9	4.8	1.1	4.9	0.7	1.3	18.2	45.5
1991	11.0	(s)	5.3	10.7	3.9	22.3	1.8	4.7	0.9	4.4	0.6	0.8	15.7	38.0
1992	10.5	0.2	5.1	10.2	4.6	22.2	2.4	5.0	0.7	4.5	0.9	1.5	17.3	39.
1993	9.1	1.8	4.9	7.2	4.9	20.7	2.1	5.0	0.9	4.4	0.9	2.0	18.3	38.9
1994	8.8	1.6	3.9	7.2	5.0	19.7	1.9	5.3	0.8	4.8	1.2	2.4	19.4	39.1
1995	9.1	1.3	4.1	7.7	6.2	21.6	2.3	6.3	1.3	6.1	1.7	2.2	22.6	44.3
1996	11.1	1.8	4.8	9.4	8.9	25.3	2.8	7.8	1.8	8.7	2.3	1.6	30.5	55.8
1997	10.4	1.6	5.2	8.3	8.3	24.4	3.1	7.7	1.9	8.6	2.1	1.3	29.9	54.4
1998	8.3	1.2	3.6	5.7	5.1	17.4	2.3	5.4	1.7	5.3	1.1	0.8	20.2	37.6
1999	15.0	1.5	4.0	8.8	6.5	26.1	2.4	7.5	3.0	7.4	1.8	1.9	28.8	54.9
2000	23.6	2.5	9.6	14.8	11.7	45.4	3.2	13.2	3.5	12.5	3.3	3.1	46.0	91.4
2001	20.2	1.7	8.2	12.3	9.3	38.1	2.9	10.3	2.5	9.9	2.6	2.3	36.2	74.3
2002[R]	19.5	1.8	[R]5.7	13.7	9.6	[R] 35.5	[R] 3.0	[R] 12.1	[R] 2.2	[R] 12.1	[R] 3.4	3.9	44.3	[R] 79.8
2003[P]	24.1	2.0	9.5	17.2	11.2	46.1	4.0	15.1	1.8	14.8	1.8	3.9	51.2	97.3
2004	*32.1	3.2	*16.2	*20.3	16.0	*68.0	4.4	*20.4	2.0	*18.9	2.1	3.4	*65.2	*133.2
2005*	39.3	3.8	22.1	26.2	21.5	88.8	8.9	27.0	3.0	24.6	2.4	4.4	91.6	180.4

R=Revised. P=Preliminary. NA=Not available. (s)=Less than $0.05 billion. W=Value withheld to avoid disclosure of individual company data.

1. Organization of Petroleum Exporting Countries
2. Bahrain, Iran, Iraq, Kuwait, Qatar, Saudi Arabia, and United Arab Emirates.
3. Ecuador, which withdrew from OPEC on 31 December 1992, is included through 1992. In June 1996, OPEC retroactively ended Gabon's membership in OPEC effective 31 December 1994. However, data for Gabon are still included here for 1995.

Notes: Crude Oil imported volumes used to calculate values in this table are for the 50 states and the district of Columbia. Totals may not equal sum of components due to independent rounding

Web Page: http://www.eia.doe.gov/oil_gas/ info_glance/petroleum.html

Sources:

- 1973-1975, U.S. Department of the Interior, Bureau of Mines, *Petroleum Statement, Annual*, annual reports.
- 1976-1980, Energy Information Administration (EIA), *Petroleum Statement, Annual*, annual reports.
- 1981-2002, EIA, *Petroleum Supply Annual*, annual reports.
- *2003, EIA, Petroleum Supply Monthly* (February 2004).

4.8 per cent annual growth rate in natural gas consumption, this reflects a substantial downward revision from previous forecasts, which had projected consumption of as much as 2.7 Tcf per year by 2010. Problems with financing LNG import projects have dimmed some of the previous prospects for explosive growth in natural gas consumption in India, and helped to revive interest in pipeline import options. Financial problems in the power sector, the main consumer of natural gas, also have had a negative effect.

Most of India's current natural gas production takes place in the Mumbai High basin and the State of Gujarat. Current projects include enhancing natural gas production at the Tapti fields and recovering previously flared natural gas at the Mumbai High oilfield.

India is investing heavily in the infrastructure required to support increased use of natural gas. Gas Authority of India Limited (GAIL), a government-owned entity, is in the process of doubling the throughput capacity on its main Hazira-Bijaipur-Jagdishpur (HBJ) Pipeline. Work on the capacity expansion began in 2002, and will eventually raise the capacity of the line from about 1.1 billion cubic feet per day (Bcf/d) to 2.1 Bcf/d. GAIL also plans a new distribution network in West Bengal and a pipeline which would connect Kolkata with Chennai. Shell has signed a memorandum of understanding with the State government of Uttar Pradesh in northern India for the development of a natural gas distribution infrastructure.

India's Foreign Investment Promotion Board (FIPB) had approved 12 prospective LNG import terminal projects in the mid-to-late-1990s, but it was never considered likely that all would be built in the near future, as their combined capacity would have exceeded even the most optimistic demand projections. The Indian govenment froze approvals of new LNG terminals in 2001, and payment problems at the Enron-backed Dabhol Power Plant in Maharashtra led many to question the financial viability of some of the LNG import projects. Reforms currently being undertaken in the electric power sector may eventually change this situation.

The largest State sector projects are to be conducted by Petronet, a joint venture between ONGC, IOC, GAIL, the National Thermal Power Corporation (NTPC), and Gaz de France. Each of the State firms owns a 12.5 per cent stake, the Gujarat State government owns a 5 per cent stake, and the rest is owned by private investors, including a 10 per cent stake held by Gaz de France. Petronet plans two import terminals, one at Dahej and the other at Cochin. The import terminal at Dahej began operation receiving India's first cargo of LNG on 30 January 2004. The Dahej terminal had major advantages over some of the other proposed projects, being tied in with the main State-owned natural gas company, GAIL, and the existing HBJ pipeline network. It is unclear whether sufficient demand will exist to support a planned 2007 completion date for the Cochin import terminal.

Shell also has begun construction of its LNG import terminal at Hazira in Gujarat, and has contracted for LNG supplies from Oman. The facility was scheduled to begin operation in late 2004. Like the Petronet Dahej terminal, it is to be linked into existing natural gas pipelines.

The Dabhol LNG terminal was nearly finished at the time construction was halted in June 2001, and it will likely be completed eventually, since construction was about 90 per cent completed. Two American firms involved in the project, General Electric and Bechtel, purchased Enron's 65 per cent stake in the project. As of mid-2004, international arbitration was still pending over the financial terms of the project, mainly involving the government guarantees, and it was unclear when work on completing the facility would begin.

In the wake of the problems with Dabhol, firms backing several other LNG projects pulled out of India in the second half of 2001. Dhaksin Bharat Energy, a consortium including CMS Energy and Unocal, also announced the cancellation of its planned LNG project at Ennore. Total has suspended further action on its planned LNG import terminal at Trombay. These LNG projects were cancelled largely in response to the Indian government's decision not to extend sovereign payment guarantees to power projects which were to have been among their largest customers. Another proposed project at Kakinada on India's east coast might be jeopardized by cheaper natural gas supplies which will become available once Reliance Industries, new offshore finds are developed.

Aside from LNG imports, imports of natural gas by pipeline may eventually play a role in satisfying India's gas needs. One possibility would supply India with natural gas from Iran's huge South Pars field via a pipeline, either subsea or through Pakistan. Iran has discussed the proposal with India and Pakistan. Australia's Broken Hill Proprietary (BHP) is the main foreign backer of the idea. An offshore route bypassing Pakistan is under study by Snamprogetti of Italy. Pakistan had said in early 2001 that it would allow supplies to cross its territory, and Iran would bear the contractual responsibility for assuring gas supplies to India. With the recent thaw in India–Pakistan relations the idea is again gaining some interest. Supplies of LNG from Iran might also be an option in the future.

Another possible import route would link the natural gas reserves of Bangladesh into the Indian gas grid. Current proven reserves of natural gas in Bangladesh are at least 14 Tcf, but the foreign firms involved in natural gas exploration in Bangladesh, which includes Unocal, believe that reserves are higher. Shell, which backs exports to India, has estimated

Table 4.7: Natural Gas Demand and Supply in India

Year	*Production*		*Domestic*	*Demand*
	Onshore	*Offshore*	*Total*	*Total*
1990-91	3.916	14.082	17.998	12.77
1991-92	4.251	14.394	18.645	
1992-93	4.708	13.352	18.06	
1993-94	4.979	13.356	18.335	
1994-95	5.243	14.138	19.381	
1995-96	5.729	16.579	22.639*	20.93
1996-97	5.951	16.794	23.255*	
1997-98	6.618	18.102	26.401*	
1998-99	7.04	17.514	27.428*	
1999-00	7.207	17.774	28.446*	
2000-01	7.416	18.465	29.477*	27.86
2001-02	7.234	18.426	29.714*	28.04
2002-03	8.726	22.663	31.389	29.96
2003-04	8.973	22.989	31.962*	30.91
2004-05	8.977	22.8	31.777*	30.79

* Includes oil production through private/joint venture companies.

Sources:

1. MoPNG *Indian Petroleum and Natural Gas Statistics.* New Delhi: Ecomonics and Statistics Division.
2. MoPNG, 2002, *Basic Statistics on Indian and Natural Gas,* New Delhi.
3. MoPNG, 2003, *Annual Report 2002-03,* New Delhi.
4. *TERI Energy Data Directory and Yearbook 2002-03,* New Delhi.

Bangladeshi natural gas reserves at 38 Tcf, and a study by the U.S. Geological Survey put the country's probable reserves at 32 Tcf. Bangladesh has been reluctant to approve exports to India, however, until all questions about reserves and its domestic supply have been resolved. After years of delays, Unocal effectively shelved the project in March 2004.

Finally, a new natural gas find in Burma also has attracted interest as a potential source of supply for India. Indian companies ONGC and GAIL own a total of 30 per cent equity in the reserves, and the government of Bangladesh officials stated in June 2004 that they would be willing to consider a pipeline running across Bangladeshi territory from Burma (Myanmar) to West Bengal in India, provided agreement could be reached on terms and transit fees.

India's government has been considering reforms in its natural gas pricing mechanism, which is currently set by the government. Deregulation has been delayed several times, and buyers of natural gas from private sources such as the LNG terminal at Dahej pay prices much higher than those purchasing from the State-owned suppliers. With the shortage of natural gas and willingness of some consumers to pay more, deregulation would likely lead to higher prices if implemented.

Demand and Supply of natural gas in India is depicted in Table 4.7.

Maritime Trade, Commerce

MARITIME SECTOR

If measured by gross national product, energy resources, industrialization and share of world trade, India is one of the six largest countries of the Indian Ocean region. The other five countries are Australia, South Africa, Iran, Saudi Arabia and Indonesia.[22]

The importance of maritime infrastructure in facilitating international trade is well recognized. It is observed that about 95 per cent by volume and 70 per cent by value of the country's trade is carried on through maritime transport. Having regard to the current level of India's share in global merchandise trade at around 0.67 per cent,[23] the strengthening of the maritime infrastructure would have a favourable impact on the country's trade front and also on economic growth. The country's long coastline of around 7516.6 km spread on the western and eastern shelves of the mainland and also along the islands is a natural resource capable of being harnessed for the country's trade.

The maritime sector of the country encompasses ports (major and non-major), shipping (overseas and coastal), inland water transport, navigational aids besides trained manpower engaged in the operations of the maritime sector, on board and ashore. The entries relating to the development of maritime ports are in the Seventh Schedule of the Constitution of India.

SHIPPING

Shipping plays an important role in the transport sector of India's economy. About 95 per cent by volume and 70 per cent by value of the India's trade is carried on through maritime transport even though the capacity is woefully

---

22. R. N. Misra, *Indian Ocean and India's Security*, Mittal Publications, Delhi, 1986, p. 58.

23. *Draft Policy for Maritime Sector (Ports, Shipping: Inland Water Transport)*, Draft Report of Ministry of Shipping, New Delhi, August 2004, p. 1.

inadequate. The tonnage position at the beginning of Tenth Plan was 6.82 million GT. However, the tonnage position as on 31 December 2002 was 6.22 million GT with 584 ships. There has been improvement in the tonnage and the tonnage as on 31 March 2004 was 6.94 million GT with 639 vessels[24] (Table 4.9).

India's shipping fleet constitutes 1.27 per cent of world shipping tonnage and, at present, is ranked 17th maritime nation in the world in terms of GT and 15th position in terms of DWT (Dead Weight Tonnage).[25] The total tonnage under Indian Flag has remained stagnant since 1996 at around 6 to 7 million GRT (Table 4.9). Indian shipping sector facilitates not only transportation of national and international cargoes but also provides a variety of other services such as cargo handling services, ship building and repairing, freight forwarding, lighthouse facilities and training of maritime personnel. The importance of shipping can be gauged from the fact that the maritime trade is carried on through the shipping mode. In addition, shipping sector is an important foreign exchange earner; it also offers great potential for employment generation both at home and abroad on board and ashore. The sector needs focused policy support through simplification of procedures and providing cargo support to promote shipping and also to derive benefits of 100 per cent FDI permissibility.[26]

The share of Indian shipping in the carriage of general cargo was about 5.65 per cent, dry bulk cargo 7.89 per cent and POL and other liquid cargo 27.37 per cent. However, the overall share of Indian ships in the total overseas trade was

24. *Annual Report 2003-04*, Ministry of Shipping, Government of India, New Delhi, p. 5.

25. Ibid., p. 5.

26. *Draft Policy for Maritime Sector* (*Ports, Shipping & Inland Water Transport*), Government of India, New Delhi, op. cit., p. 31.

Table 4.8: Percentage Share of India/Foreign Flag Vessels in the Overseas Traffic Handled at Indian Ports During 2002-03(P)

Type of Cargo		*Indian Lines (%)*	*Foreign Lines (%)*
General Cargo			
	Loaded	5.61	94.39
	Unloaded	5.70	94.30
	Total	5.65	94.35
Dry Bulk Cargo			
	Loaded	5.36	94.63
	Unloaded	11.53	88.47
	Total	7.89	92.11
POL Product & Other Liquids			
	Loaded	10.41	89.59
	Unloaded	29.31	70.69
	Total	27.37	72.63
Grand Total			
	Loaded	5.95	94.05
	Unloaded	20.84	79.16
	Total	15.14	84.86

Note: The overseas traffic figures under India Flags/Foreign Flags furnished by some ports are provisional; also IF/FF-wise distribution of overseas cargo handled by NSICT of JNPT is not available.

Total overseas traffic handled by India Ports in 2002-03 (Provisional): (000 Tonnes)

	Loaded	*Unloaded*	*Total*
Major	93047	130734	223781
Minor	22487	51495	73982
Total	**115534**	**182229**	**297763**

IF : Indian Flag FF : Foreign Flag

NSICT : Nhava-Sheva International Container Terminal.

JNPT : Jawahar Lal Nehru Port Trust

Source : The information received from Major Ports/Minor Ports (State Govts)/Indian Ports Association.

around 15.14 per cent during 2002-03 (provisional).[27] Details are given in Tables 4.8 & 4.9 below.

The Shipping Corporation of India Ltd. (SCI) was formed on 02 October 1961 by the amalgamation of Eastern Shipping Corporation Ltd. (ESC) and Western Shipping Corporation of India Ltd. (WSC). Presently, Authorized capital of the SCI is Rs. 450 crore and subscribed and paid-up capital is Rs. 282.3 crore. The status of the SCI has changed from private limited company to public limited company with effect from 18 September 1992.

As on 31 March 2004, the SCI owned and operated 87 vessels of a total gross tonnage of 26.97 lakh GT (46.27 lack dead weight tonnage (DWT)). The highly diversified fleet of SCI includes Bulk Carrier, Crude & Product Tankers, Combination Carrier, General Cargo Vessels, Cellular Container Vessels, LPG/Ammonia Carriers, Phosphoric Acid/ Chemical Carriers, Offshore Supply Vessels and Passenger-cum-Cargo Vessels. In addition, it operates a leased vessel of 16,834 GT (26,450 DWT) and manages 41 vessels of a total gross tonnage of 1.19 lakh GT (0.66 lakh DWT) on behalf of various government organizations/departments. The highly diversified fleet of the SCI includes modern and fuel-efficient ships giving it a qualitative status as also a distinct competitive edge over other fleet owners.

The SCI has a consistent track record of making profits and has been earning substantial returns on its investment. For the year 2002-03, the gross earnings was Rs. 2,446 crore and the net profit after tax was Rs. 274 crore.[28]

---

27. *Annual Report 2003-2004*, Ministry of Shipping, Government of India, New Delhi, p. 15.

28. Ibid., p. 32.

The public sector SCI accounts for approximately 45 per cent of the country's tonnage. The rest is shared among 79 other shipping companies. The ten largest private shipping

Table 4.9: Indian Shipping Tonnage

Year	*Coastal*		*Overseas*		*Total*	
	Ships	*G.R.T.*	*Ships*	*G.R.T.*	*Ships*	*G.R.T.*
15.08.47	48	1,19,000	11	73,000	59	1,92,000
01.04.51	71	2,05,699	23	1,66,679	94	3,72,378
01.04.61	97	3,13,694	75	5,44,139	172	8,59,833
01.04.71	66	2,30,822	184	22,13,749	250	24,44,571
01.04.81	59	2,49,633	331	54,94,887	390	57,40,520
01.04.91	163	5,23,733	255	55,15,587	418	60,39,320
01.04.92	169	5,61,316	243	53,45,663	412	59,06,979
01.04.93	187	6,40,115	250	56,33,142	440	62,76,618
01.04.94	204	6,44,140	238	56,35,246	442	62,79,386
01.04.95	214	6,93,267	237	58,61,882	451	65,55,419
01.04.96	226	7,08,362	254	63,91,891	480	71,00,253
01.04.97	233	6,93,331	248	62,21,749	481	69,15,080
01.04.98	234	6,42,838	244	62,00,318	478	68,43,156
01.04.99	250	6,56,174	240	62,12,021	490	68,68,195
01.04.00	273	6,81,605	240	62,31,361	513	69,12,966
01.04.01	316	6,97,242	230	61,19,357	546	68,16,599
01.04.02	336	7,33,658	224	60,87,279	560	68,20,937
01.04.03	425	8,05,262	191	53,72,297	616	61,77,559
01.04.04	436	8,07,808	203	61,36,398	639	69,44,256
01.04.05	454	8,08,392	215	68,92,568	669	77,00,960

Source:

1. MoST (Ministry of Surface Transport), 1998, *Handbook of Management and Information*, New Delhi, p. 29. Transport Research Wing, Government of India, p. 52.
2. MoS (Ministry of Shipping), *Indian Shipping Statistics*, 2002, Government of India.

GROWTH OF INDIAN TONNAGE

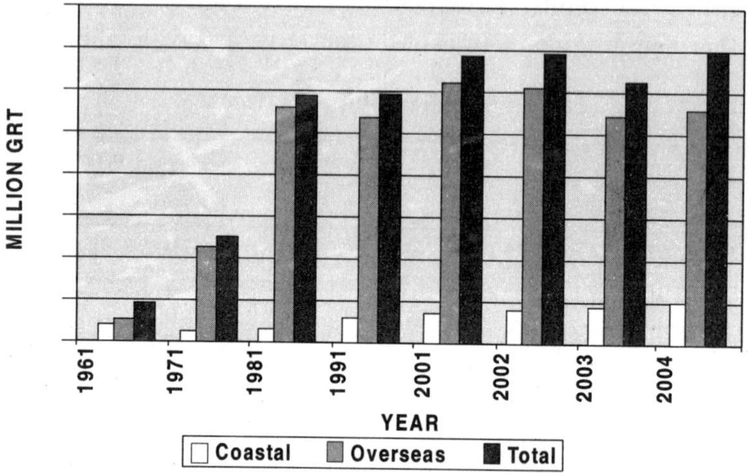

companies own a fleet of 115 ships, with a tonnage of 2.25 million GRT and the remaining companies own only 1.76 million GRT. The average age of the Indian fleet is 14.4 years and 18 years of world mercantile fleet. Nearly 15 per cent of the fleet is above 20 years old, 56 per cent between 11 to 20 years and only 29 per cent of the fleet is below 10 years.[29]

International Co-operation in Maritime Shipping

India contributes significantly towards international cooperation in maritime shipping by actively participating in the activities of various international bodies like International Maritime Organization (IMO), UNCTAD, International Labour Organization (ILO), etc. India also plays a significant role in the negotiations on maritime service sectors in the World Trade Organization (WTO).

---

29. Rahul Roy Chaudhary, *India's Maritime Security*, op. cit., p. 13.

In 1948, the UNs adopted a Convention establishing the IMO as first-ever international body devoted exclusively to maritime matters. The IMO is the UN System's regulatory agency for the maritime sector and its global mandate is "safer shipping and cleaner oceans."

Indian Ocean Memorandum of Understanding (IOMoU) — Port State Control

The first preparatory meeting on the developing of flag and port State capabilities in the Indian Ocean rim was held from 13 to 17 October 1997 at Mumbai. A draft memorandum drawn at this meeting was subsequently finalized between 1 and 5 June 1998, in Pretoria during a second preparatory and signatory meeting hosted by the Government of South Africa. The Secretariat of the MOU has been set up in India at Goa where the MOU was signed between 18 to 22 January 1999 and the first committee meeting was held from 22 to 24 January 1999. The 2nd and 3rd committee meetings were held at Mauritius from 1 to 6 December 1999 and in Australia from 30 October to 3 November 2000 respectively. The 4th meeting was held at Colombo in Sri Lanka in September–October 2001. The 5 meeting was held at Tehran from 28 to 31 October 2002. Presently the MOU has been signed by the eight countries including India.[30]

ENERGY SHIPMENTS

In 2002-03 sea borne imports of crude oil accounted for nearly 313.7 lakh MT, and 526.72 lakh MT in 2003-04. The share of imports of petroleum and petroleum products carried in Indian tankers is higher than that of dry cargo. India has 91 oil tankers for overseas and two crude oil carrier tankers for coastal areas. The vast majority, in terms of tonnage, belongs

30. *Annual Report 2003-04, Ministry of Shipping,* op. cit., p. 28.

to the SCI. The SCI's fleet of 31 crude oil tankers of 15.80 lakh GT (28.62 lakh DWT) has been maintaining continuous supply of crude oil to Indian refineries and is also engaged in the movement/storage of the indigenously produced crude on a market-related freight rate remuneration system. The SCI's 11 product tankers of 2.58 lakh GT (4.17 lakh DWT) are similarly engaged in the import as well as coastal movement of petroleum products and whenever opportunities arise, these vessels are employed in cross-trade.

Table 4.10: POL Handled at Major Ports (in MT)

Port	*1996-97*	*1997-98*	*1999-00*	*2000-01*	*2005-06*
Kolkata/Haldia	11.0	14.4	16.5	14.2	25.66
Kandla	25.1	29.0	34.6	25.1	24.29
Kochi	9.2	9.8	9.9	9.7	9.64
Chennai	12.5	11.6	10.2	8.9	13.21
Mormugao	1.2	1.1	1.1	1.1	0.83
Mumbai	18.7	16.7	16.8	15.6	27.78
New Mangalore	4.9	6.5	9.2	10.0	22.39
Paradip	1.7	1.7	2.2	2.2	0.91
Tuticorin	0.4	0.4	0.5	0.5	0.77
Vishakha-patnam	13.4	12.1	15.3	18.3	16.94
Total	98.1	103.3	116.3	105.6	142.42

Source: *TERI Energy Data Dictionary and Yearbook 2002-03*, New Delhi, p. 309. and "Industry Report-Shipping and Ports," ICRA Research Analysis, New Delhi, May 2006 (website : www.icra.in).

In 1995, as many as 3,810 oil tanker visits took place at Indian ports, comprising 2,295 visits on the west coast and 1,515 visits on the east coast; averaging over ten a day. On the west coast, Mumbai accounted for 788 tanker visits, Kandla for 642 and Vadinar for 114. On the east coast, Haldia accounted for 594 tanker visits, Chennai for 462 and Vishakhapatnam for 371.[31]

Petroleum, Oil and Lubricants (POL) handled at major ports are given in Table 4.10.

Security Concern Over Energy Shipment

A major challenge for India's maritime security is the assurance of sufficient and secure energy shipments from West Asia, with secure SLOCs in the Persian Gulf and the Arabian Sea, secure from both military and non-military threats and uncertainties particularly Pakistan. In addition, Indian offshore assets such as oil and gas terminals, submarine pipelines, etc. need to be secure all the time.

The term "SLOC security" has multiple meanings. To a military analyst, the SLOCs are related to the maritime instruments of power, and maritime geography becomes the pivot on which forces must be deployed. To a politician SLOCs signify the State of relations with countries located along the sea route traversed, while for an economist it is just the shortest and most economical travel distance between two destinations. Similarly, for some nations multilateral cooperation on SLOC security may mean a perceived intrusion into aspects of sovereignty. Thus the security of sea-lanes requires comprehensive strategies encompassing differing perceptions and national interests of concerned states.

PORTS

Ports provide an interface between the ocean transport and land-based transport. In the initial years, the traffic was being handled mostly at major ports. However, over the years, non-major ports have also witnessed growth in traffic. The growth

31. Rahul Roy Chaudhary, op. cit., p. 15.

in the cargo handled at Indian ports had increased from a level of 19.38 million tonnes (major ports) in 1950-51 to around 457.96 million tonnes (major and non-major ports) by 2003-04. The share of traffic at major and non-major ports stood at around 345 and 113 million tonnes respectively.[32]

At present the twelve major ports (Kolkata/Haldia, Paradip, Visakhapatnam, Ennore, Chennai, Tuticorin, New Mangalore, Cochin, Mormugao, Mumbai and Jawaharlal Nehru and Kandla) handle about 75 per cent of maritime cargo of the country. With infusion of new technology and capacity building, the congestion at Indian ports witnessed in the 1990s has reduced in some places, and operational efficiency has also improved leading to capacities being marginally ahead of demand. However, with the projected growth of traffic and growing containerization, there is need to expand the capacities in the sector through investment from both public and private sectors.

Among the major ports Kandla, Jawaharlal Nehru, Mumbai, New Mangalore, Mormugao and Cochin are situated on the western coast and Tuticorin, Chennai, Ennore, Visakhapatnam, Paradip, Kolkata/Haldia are situated on the eastern coast. Jawaharlal Nehru port, Mumbai is the latest big port equipped with most modern facilities. The ports of Mumbai and Cochin are natural seaports whereas the Kandla seaport is used in tides. Visakhapatnam is the deepest port of India among the seaports of the eastern coast. Chennai is the oldest seaport. Kolkata port is situated on the riverbank. In addition a major port at Ennore, 25 km north of Chennai has been constructed with ADB assistance and opreratiomalized. The responsibility for development and management of major

32. *Draft Policy for Maritime Sector (Ports, Shipping & Inland Water Transport)*, op. cit., p. 31.

ports rests with Port Trusts under the central government, while State governments administer the minor ports.

The major ports handled a total traffic of 344.55 million tonnes during the financial year 2003-04 as compared to 313.53 million tonnes for the financial year 2002-03. The Port-wise details are given in the Table 4.11.

Table 4.11: Traffic Handled at Major Ports (in million tonnes)

Port	*Actual 2002-03*	*Target 2003-04*	*Actual 2003-04*
Kolkata	7.20	7.50	8.69
Haldia	28.60	31.40	32.36
Paradip	23.90	26.30	25.31
Visakhapatnam	46.08	49.00	47.74
Chennai	33.69	36.60	36.71
Tuticorin	13.29	13.65	13.68
Cochin	13.00	13.50	13.57
New Mangalore	21.43	22.95	26.67
Mormugao	23.65	24.35	27.87
Jawaharlal Nehru	26.84	29.70	31.18
Mumbai	26.80	27.00	29.96
Kandla	40.63	41.50	41.52
Ennore	8.49	10.30	9.28
All Major Ports	**313.53**	**333.75**	**344.55**

Source. *Ministry of Shipping, Annual Report 2003-04*, Government of India, New Delhi.

The capacity of Indian ports increased from 20 million tonnes of cargo handling in 1951 to 344.55 million tonnes as on 31.03.2004.[33] It is proposed to be increased to 470 million tonnes by the end of Tenth Plan.

33. *Annual Report 2003-2004*, Ministry of Shipping, op. cit., p. 80.

The volume of traffic at major ports grew from 227.25 MT in 1996-97 to 281.13 MT in 2000-01, with the annual growth rate of port traffic during the Ninth Plan period (1997-2002) being 7.4 per cent. In 1997-98, traffic grew by 10.7 per cent to 251.70 MT (thereby exceeding the target of 237 MT), before remaining stagnant in 1998-99. In 2003-04 traffic at major ports was 313.53 million tonnes. The traffic of 344.55 MT in 2003-04 comprised 122.21 MT of POL (35.47 per cent), 58.88 MT of iron ore (17.09 per cent), 48.99 MT of coal (14.22 per cent), and 51.06 MT of containers (14.82 per cent). (Table 4.12).

In October 1994, under the chairmanship of Rakesh Mohan, Director General of NCAER (National Council of Applied Economic Research), a 17-member committee was constituted by the government. The committee handed over its report to the finance minister on 22 June 1996, which was released on 8 January 1997. The committee in its report had said that it was possible to increase the investment in basic infrastructure areas and provided two projections of estimated traffic — in five-year (2000-01) and ten-year (2005-06) time frames.[34] It estimated that traffic at ports would increase to 389.17 MT in 2000-01 and 652.61 MT in 2005-06. POL traffic would grow three times from 1996-97 (50.39 MT) to 142.72 MT in 2005-06 (comprising 21.87 per cent of traffic), exceeding coastal traffic by 2002-03. Also, container traffic would increase by five times to 108.08 MT in 2005-06, thereby effectively doubling its share of traffic from 8.72 per cent (20.94 MT) in 1996-97 to 16.56 per cent in 2005-06 (108.08 MT). Bulk traffic would continue to constitute the largest share of traffic in 2000-01 (137.13 MT/35.24 per cent) as well as 2005-06 (231.80 MT/35.52 per cent)

34. "Expert Group of Commercialisation of Infrastructure Projects," *The India Infrastructure Report: Policy Imperatives For Growth and Welfare*, New Delhi, 1996.

Table 4.12: Cargo Traffic Handled by Commodity at Major Ports (Million tonnes)

Commodity	*1996-97*	*1997-98*	*1998-99*	*1999-2000*	*2000-01*	*2002-03*	*2003-04*	*2004-05*	*2005-06*
POL	97.85	104.39	107.57	117.67	107.42	109.51	22.21	126.44	142.17
Fertilizer and raw material	9.93	12.41	12.56	13.85	13.21	8.54	7.51	9.68	12.20
Iron Ore	33.26	39.61	34.55	36.38	40.46	50.66	58.88	76.20	78.99
Coal	37.53	42.30	43.61	43.19	49.08	48.40	48.99	52.79	59.25
Containers	3.27	2.90	3.65	3.03	2.53	43.67	51.06	54.76	61.83
Others	45.41	50.04	49.81	57.87	68.43	52.76	55.90	63.88	68.98
Total	**227.25**	**251.65**	**251.75**	**271.99**	**281.13**	**313.53**	**344.55**	**383.75**	**423.41**

Source: *Annual Report 2003-04*, Ministry of Shipping, New Delhi and TERI *Energy Data Dictionary and Yearbook 2002-03*, New Delhi.

(Table 4.13). This report also emphasized that in order to create 353.55 MT of additional port capacity by 2005-06, investments of Rs. 25,400 crore would be required.[35]

Table 4.13: Projected Traffic in MT: 1996-2006
(Mohan Committee Report)

Year	*PO*	*Bulk*	*Non-POL*	*Container*	*Coastal Traffic*	*Total*
1996-97	50.39	78.58	23.28	20.94	67.01	240.20
1997-98	56.32	91.21	25.74	26.27	71.63	271.17
1998-99	62.94	105.49	28.24	32.71	76.63	306.01
1999-00	71.98	121.19	30.66	40.29	82.24	346.36
2000-01	82.15	137.13	32.65	48.68	88.56	137.24
2001-02	92.44	154.39	34.47	58.30	95.42	435.02
2002-03	104.02	172.12	35.89	68.88	103.09	484.00
2003-04	118.20	191.96	37.27	81.11	111.58	540.12
2004-05	130.28	211.47	38.05	94.02	121.03	594.85
2005-06	142.72	231.80	38.56	108.08	131.45	652.61

Source: *The India Infrastructure Report: Policy Implements of Growth and Welfare*, 1996, p. 209.

A major study on the future of ports was conducted by the Rail India Technical and Economic Service (RITES), in association with the consultancy services of Render, Palmer and Triton of the UK. An early draft of the report, titled "Prospective Plan for the Indian Port Sector: Vision 2020," apparently estimated traffic at ports growing to 415.4 MT in 2001-02 (as opposed to the Mohan Committee's 435.01 MT, and the Planning Commission's 423.9 MT), and to as much as

35. "Expert Group of Commercialisation of Infrastructure Projects," *The India Infrastructure Report: Policy Imperatives For Growth and Welfare*, New Delhi, 1996, p. 209, See also Rahul Roy Chaudhary, op. cit., p. 23.

1,273 MT in 2019-20. The container cargo would be 71.8 MT in 2006-07, 115.6 MT in 2011-12, 169.9 MT in 2016-17, and 208.1 MT in 2019-20. Meanwhile, POL traffic would not only escalate in terms of volume, from 199.2 MT in 2001-02 to 742.0 MT in 2019-20, but also as a share of traffic, from 47 per cent in 2001-02 to 58 per cent in 2019-20. This figure of traffic in 2019-20 has been accepted by the Ministry of Finance, which estimates port traffic in 2019-20 to be 1,200 MT.[36]

Table 4.14: Traffic, Capacity Projection of Ports in the Tenth Five Year Plan (in million tonnes)

Port	Traffic as on 31.03.07	Capacity as on 31.03.02	Capacity Addition on 31.03.2007	Planned Capacity augmentation by		
				New Scheme	Spillover of Ninth Plan	Improvement in productivity
Kolkata	21.40	9.20	-	-	-	-
Haldia	33.40	32.40	2.00	-	2.00	-
Paradip	28.90	37.45	0.60	0.60	-	-
Visakhapatnam	60.00	36.20	10.50	7.50	3.00	-
Chennai	40.00	27.87	4.20	-	4.20	-
Tuticorin	18.70	14.95	3.35	1.00	2.35	-
Kochi	17.20	14.40	13.50	13.50	-	-
New Mangalore	32.70	28.45	12.00	8.00	4.00	-
Mormugao	26.30	19.98	7.00	2.00	5.00	-
Mumbai	30.40	37.50	11.50	4.00	7.50	-
Jawaharlal Nehru Port	34.50	29.00	14.00	9.00	5.00	-
Kandla	51.00	41.00	19.55	-	19.55	-
Ennore	20.50	16.00	13.00	13.00	-	-
All Major Ports	415.00	344.40	126.20	58.60	52.60	15.00

Source: *Tenth Five year Plan 2002-2007*, New Delhi, Planning Commission, Government of India.

36. Rahul Roy Chaudhary, op. cit.

A Planning Commission document also noted that projected port traffic might reach 800-850 MT by 2006-07 and would require the creation of 300-400 additional berths to handle cargo, estimated to cost Rs. 40,000 crore.[37] The Commission also estimated that India's major ports traffic would be at 415 MT as on 31 March 2007 and the capacity would be increased from 344.40 MT (as on 31 March 2002) to 470.6 MT as on 31 March 2007. Port-wise details are depicted in Table 4.14.

Major Problems of Indian Ports

The major problem faced by Indian ports is low productivity. Both the average ship turnaround time (TRT) (the duration of the ship's stay in port) and the average pre-berth waiting time (PBWT) (the time of waiting before gaining entry into a berth), remain high. In 1998-99, the TRT was 5.9 days, and the PBWT was 2.1 days, thereby resulting in financial penalties to shipping ranging from $ 15,000 to $ 20,000 per day. That year, the output per ship berth day was 4,915 tonnes.

Indian ports are also far more expensive than others in handling containers. Container delays are estimated to cost $ 70 million a year. Also, the additional cost burden due to the use of second and third generation vessels has been estimated at $ 250 million a year. Only five of the country's twelve major ports — Mumbai, Kochi, Chennai, Kolkata/ Haldia, and Jawaharlal Nehru port (Mumbai) — have specialized container-handling facilities. Whereas the average ship turn around (ASTA) time for container ships in ports such as Singapore is only 6-8 hours, it is as high as 3.74 days at

37. Ministry of Surface Transport, *Report of the Working Group for Port Sector for the Ninth Five Year Plan*, Government of India, September 1996, pp. 206-07.

the Jawaharlal Nehru port, the country's most modern port. In terms of containers handled per crane hour, the average for Indian ports is 14 to 17 boxes, as against 25 to 27 for Singapore, 26 for Colombo, 28 for Hong Kong, and 27 to 30 for Kalang. Indian ports are dogged by problems of frequent breakdown of cargo-handling equipment (due to obsolescence and wrong specification), inadequate dredging and container-handling facilities, inefficient and non-optimal deployment of port equipment, poor coordination, labour-intensive methods of bulk handling of sensitive commodities, militant labour unions, and labour disputes. As much as 88 per cent of wharf cranes, 66 per cent of mobile cranes, and 31 per cent of fork lift trucks among the installed equipment at ports have passed their economic life.[38]

International Economic Associations

In 1997, India became a founding member of two regional international economic associations:

(1) IOR-ARC (Indian Ocean Rim — Association for Regional Co-operation)

(2) BIMST-EC (Bangladesh–India–Myanmar–Sri Lanka–Thailand — Economic Co-operation)

IOR-ARC (INDIAN OCEAN RIM — ASSOCIATION FOR REGIONAL CO-OPERATION)[39]

Members are Australia, Bangladesh, India, Indonesia, Iran, Kenya, Madagascar, Malaysia, Mauritius, Mozambique, Oman, Singapore, South Africa, Sri Lanka, Tanzania, Thailand, the United Arab Emirates, and Yemen. The Seychelles announced

38. Rahul Roy Chaudhary, op. cit., pp. 27-28.

39. Department of Foreign Affairs, Republic of South Africa, 2003, at website http://www.dfa.gov.za/foreign/multilateral/inter/iorarc.htm.

its withdrawal from the Association in July 2003. China, Egypt, France, Japan, and the United Kingdom are dialogue partners of the IOR-ARC.

On a visit to India in November 1993, the then Foreign Minister of South Africa, R. F. Botha, proposed the formation of an economic grouping of IOR countries, primarily involving India, Pakistan, South Africa, the Gulf states, and the East African states. This was followed in January 1995 by South African President Nelson Mandela's proposal to form an Indian Ocean "trading alliance," which could develop into a "trading bloc" among the rim countries.[40]

The Indian Ocean Rim defines a distinctive area in international politics consisting of coastal states bordering the Indian Ocean. It is a region of much diversity, in culture, race, religion, economic development, and strategic interests. The countries vary in the size of their populations, economies, trade, and technological development and in the composition of their GDP. A number of sub-regions are evident, for example, Southern and Eastern Africa, the Horn of Africa and the Red Sea, South Asia, South-East Asia, and Australasia. It also includes a number of regional organizations, such as ASEAN, GCC, SAARC, and SADEC.

For many centuries, the countries, economies and peoples of the Indian Ocean have been bound together in an informal co-operative economic community. Traders, seamen, fishermen, and pilgrims traversed the Indian Ocean and its numerous ports, enabling a vibrant trading network to emerge.

---

40. Burrows David, "The Indian Ocean Rim Initiative: A Comparative Indian and Southern African Perspective," *Strategic Analysis*, New Delhi, May 1997, p. 233.

After the Second World War, the decolonization process ended British hegemony in the Indian Ocean. Superpower rivalry in the region escalated due to the strategic importance of the area. The common historical experience of European imperialism had left a lasting impression on the leaders of states in the Indian Ocean region — a sense of shared identity. The rediscovery of the past littoral economic, social and cultural community, of an ocean-centric regional co-operative grouping serving as a bridgehead between Africa, Asia, and Australasia, seemed only natural.

In 1995, during a visit to India, President Nelson Mandela stated, "the natural urge of the facts of history and geography . . . should broaden itself to include the concept of an Indian Ocean Rim for socio-economic co-operation and other peaceful endeavours." "Recent changes in the international system demand that the countries of the Indian Ocean shall become a single platform."

The Indian Ocean is the world's third largest Ocean. It carries half of the world's container ships, one-third of the bulk cargo traffic, and two-thirds of the world's oil shipments. It is a lifeline of international trade and economy. The region is woven together by trade routes and commands control of the major sea-lanes. The Indian Ocean Rim constitutes between a quarter and a third of the world's population (close to two billion), which makes it a massive market. It is rich in strategic and precious minerals and metals and other natural resources, valuable marine resources ranging from food fisheries to raw material and energy for industries. It has abundant agricultural wealth in terms of the variety and mass of arable land and has significant human resources and technological capabilities. Many countries of the Rim are becoming globally competitive and are developing new capacities, which can be jointly harnessed through regional co-operation efforts.

On 29-31 March 1995, the Mauritius government convened a meeting to discuss the enhancement of economic co-operation among countries of the Indian Ocean Rim. Representatives from the governments, business sectors and academia, from Australia, India, Kenya, Mauritius, Oman, Singapore and South Africa, subsequently referred to as the "core group states" or M-7, attended the meeting. In a joint statement issued at the end of the meeting, the participants declared that they had agreed on "principles of open regionalism and inclusivity of membership, with the objectives of trade liberalization and promoting trade co-operation. Activities would focus on trade facilitation, promotion and liberalization, investment promotion and economic co-operation."

A tripartite Working Group (government, academic and private sector) met in Mauritius on 15–17 August of 1995. This meeting decided to create a second track process as complementary to an inter-governmental movement. A later meeting during September 1996 in Mauritius finalized a Charter for the creation of the IOR-ARC, and expanded the membership to include Indonesia, Malaysia, Sri Lanka, Yemen, Tanzania, Madagascar and Mozambique — known as the M-14.

On 6–7 March 1997, the IOR-ARC was formally launched in Mauritius as a fourteen-nation (which are Australia, India, Indonesia, Kenya, Madagascar, Malaysia, Mauritius, Mozambique, Oman, Singapore, South Africa, Sri Lanka, Tanzania and Yemen) intergovernmental association for economic co-operation in the IOR. This took place at the First IOR-ARC Ministerial Meeting, attended by ministers and representatives from its then fourteen member states. The Charter was formally adopted, and the Work Programme was endorsed during the meeting. The meeting was officially opened by the Prime Minister of Mauritius, Navinchandra Ramgoolam.

The main objectives of the meeting were to make the members conscious of the historical bonds created through millennia among peoples of the Indian Ocean with a sense of recovery of history; cognizant of economic transformation and speed of change the world over which is propelled significantly by increased intensity in regional economic co-operation; realize that the countries washed by the Indian Ocean in their diversity offer vast opportunities to enhance economic interaction and co-operation over a wide spectrum to their mutual benefit and in a spirit of equality; convinced that the Indian Ocean Rim, by virtue of past shared experience and geo-economic linkages among member states, is poised for the creation of an effective association and practical modalities of economic co-operation; and conscious of their responsibility to promote the welfare of their peoples by improving their standards of living and quality of life.

The major decision of the meeting was to set-up a Working Group (WG) chaired by Mauritius, comprising the representatives of the seven states, to formulate ideas for the establishment of an association for economic co-operation, as well as an Action Plan to achieve its objectives. The proposals of the business and academic groups to set-up networking mechanisms — the Indian Ocean Rim Business Forum (IORBF) and the Indian Ocean Rim Academic Group (IORAG) — were also welcomed. During the next two years, the IOR-ARC [initially called the Indian Ocean Rim Economic Association (IOREA)] began to take shape, through the painstaking deliberations of three WG meetings and the Second IGM.[41]

41. Rahul Roy Chaudhary, op. cit., p. 32.

The second biennial Council of Ministers Meeting was held in Maputo, Mozambique in March 1999. This meeting was critical for the future of the IOR-ARC, and ministers agreed to a realistic, outcomes-focused trade and investment agenda based on trade facilitation, trade liberalization, and economic and technical co-operation. It was agreed to establish a Working Group on Trade and Investment (WGTI). The ministers also decided to invite Bangladesh, Iran, Seychelles, Thailand and the UAE to join the Association, and to invite Egypt and Japan to participate as dialogue partners.

An extraordinary meeting of the IOR-ARC Ministerial Council took place in Muscat, Oman, in January 2000, designed to formally welcome the new members and dialogue partners in the IOR-ARC. This was also the first time that the WGTI met. At this meeting, the ministers adopted a trade and investment plan of action, which included agreement to compile compendia on customs regimes, quarantine and food inspection and investment regimes, to be completed before the next Ministerial Meeting in Oman in April 2001. The meeting also approved applications for dialogue partner status from China and the UK.

The third Ministerial Meeting of the IOR-ARC was held in Muscat, Sultanate of Oman, on 7 and 8 April 2001. This Council of Ministers (COM) meeting was immediately preceded by meetings of the Committee of Senior Officials (CSO), the Indian Ocean Rim Academic Group (IORAG), the Indian Ocean Rim Business Forum (IORBF) and the Working Group on Trade and Investment (WGTI). At this meeting France was admitted as a dialogue partner. During its meeting, the COM decided to endorse the recommendation of the CSO to establish a High Level Task Force (HLTF) to study the future direction of the Association, as well as a number of issues that had been hampering the Association in the achievement of its set goals.

The HLTF met on 22-23 October 2001 in Colombo, Sri Lanka, and presented its first report to the CSO meeting in Oman in May 2002. The HLTF report was considered and commended for approval to the COM. It was agreed that in order to expedite Ministerial approval of the HLTF report, an extraordinary COM meeting could be held on the margins of UNGA57 in New York in September 2002. However, due to unforeseen circumstances, the New York meeting was not able to approve the Report.

The 2003 meetings of the various components of the IOR-ARC were initially scheduled for March-April in Colombo, Sri Lanka, but they had to be postponed because of unexpected international developments.

Principles of the IOR-ARC

The Charter declares that the IOR-ARC seeks to build and expand understanding and mutually beneficial co-operation through a consensus-based, evolutionary and non-intrusive approach. There are no laws and binding contracts. Compliance with consensus-based decision remains without any rigid institutional structure to specify any rules and regulations.

Co-operation is based on principles of sovereignty, equality, territorial integrity, political independence, and non-interference in internal affairs, peaceful co-existence, and mutual benefit.

Membership is open to all sovereign states of the Indian Ocean Rim willing to subscribe to the principles and objectives of the Charter. The IOR-ARC is firmly based on the principle of open regionalism, as encouraged by the WTO.

Decisions on all matters and issues and at all levels will be taken on the basis of consensus.

The IOR-ARC explicitly excludes bilateral relations and other issues likely to generate controversy and be an impediment to regional co-operation.

Co-operation within the Association does not prejudice the rights and obligations of the member states within the framework of other economic and trade co-operation arrangements and will not apply automatically to member states of the Association. It does not seek to be a substitute for, but to reinforce, be complementary to and consistent with, the bilateral, plurilateral and multilateral rights and obligations of member states. Within the framework of the Association, member states will pursue measures to promote the achievement of its objectives, and will not take any action likely to prejudice its objectives and activities.

The work programmes of the Association will be undertaken by member states on a voluntary basis.

IOR-ARC Objectives

The main focus of the IOR-ARC is on economic co-operation and particularly on trade and investment. It is primarily an outward-looking forum for economic dialogue and co-operation. The open regionalism of the IOR-ARC has four components[42]:

(1) *Trade Liberalization*: Non-discriminatory basis towards members. A 2020 deadline to reduce tariffs to zero for all member countries of the IOR-ARC.

---

42. Department of Foreign Affairs, Republic of South Africa, 2003, op. cit., at website http://www.dfa.gov.za/foreign/multilateral/inter/iorarc.htm.

(2) *Trade and Investment Facilitation*: Sharing of information on trade finance, investment regime, intellectual property, procurement procedures, customs regulations, quarantine requirements, harmonization of standards, etc.

(3) *Economic and Technical Co-operation*: Identifying specific areas for economic and technical co-operation and building capacity for trade and investment co-operation.

(4) *Trade and Investment Dialogue*: Regular meetings of government officials, businessmen, and academics from the member states.

According to the Charter, the objectives of the Association are:

(i) To promote the sustained growth and balanced development of the region and of the Member States and to create common ground for regional economic co-operation;

(ii) To focus on those areas of economic co-operation which provide maximum opportunities to develop shared interests and reap mutual benefits. Towards this end, to formulate and implement projects for economic co-operation relating to trade facilitation, promotion and liberalization; promotion of foreign investment, scientific and technological exchanges, and tourism; movement of natural persons and service providers on a non-discriminatory basis; and development of infrastructure and human resources, as laid down in the Work Programmes of the Association;

(iii) To identify other areas of co-operation as may be mutually agreed;

(iv) To promote liberalization, to remove impediments to, and lower barriers towards, freer and enhanced flow of goods, services, investment and technology within the region;

(v) To explore all possibilities and avenues for trade liberalization with a view to augmenting and diversifying trade flows among Member States;

(vi) To encourage close interaction of trade and industry, academic institutions, scholars and peoples of the Member States without any discrimination among Member States and without prejudice to obligations under other regional economic and trade co-operation arrangements;

(vii) To strengthen co-operation and dialogue among Member States in international fora on global economic issues, and where desirable to develop shared strategies and take common position in the international fora on issues of mutual interest; and

(viii) To promote co-operation in development of human resources, particularly through closer linkages among training institutions, universities and other specialized institutions of the Member States.

IORBF (Indian Ocean Business Forum)[43]

In accordance with the tripartite nature of the Association, the IORBF, formed at the First IORI IGM (Indian Ocean Rim Initiative Inter-Government Meeting) as a networking mechanism, is a fundamental part of the IOR-ARC. Its Charter gives the IORBF, along with the IORAG, a major role in establishing priorities of economic co-operation, co-ordination

43. Rahul Roy Chaudhary, op. cit., p. 38.

of the Work Programme, and mobilization of resources for its financing. The IORBF/IORAG may meet together with the COM (Council of Ministers) and the CSO (Committee of Senior Officials) as mutually decided.

The IORBF has drawn up a Charter to define the contours of its activities. It has considered projects relating to standards, human resource development, and exchange of information with other business networks, including the Australian-origin "second track" IOR Consultative Business Network (IORCBN). At the First Ministerial Meeting eight projects were agreed similar to the projects of the Work Programme, with the exception of the IOR Chair and human resource development co-operation.

IORAG (Indian Ocean Rim Academic Group)

The IORAG may meet together with the COM and the CSO, or as often as mutually decided. It interacts with the CSO and the Secretariat in the consideration, formulation, and implementation of the policy and work programmes of the Association. The IORAG may draw upon other non-governmental regional academic networks, as necessary.

The IORAG was seen as part of a unique structure, created as an opportunity to build bridges and increase networking between the three tiers of government, private sector and academia, within the region.

Financial constraints faced by universities worldwide have hampered participation by academics in the IORAG. This issue has featured at all the meetings of the IORAG, and they have consistently called on member states to facilitate the participation by members of the academic group.

At the first meeting of the IORAG in March 1997 in Mauritius, the IORAG identified the following projects:

1. Chair and Associate Fellows in Indian Ocean Studies Investment Facilitation and Promotion (jointly with the IORBF),
2. Trade Promotion Programme (jointly with IORBF),
3. Development, Upgrading and management of Seaports: Maritime Transport Insurance and Re-insurance (jointly with IORBF),
4. Human Resource Development Co-operation (jointly with IORBF), and
5. Tourism promotion and Development.

At the second meeting in Mauritius in March 1998, as well as at the third meeting of the IORAG in Mozambique in March 1999, a number of new projects were added to the list. At the fourth meeting of the IORAG in Mozambique in July 2000, the meeting identified a list of impediments, operational matters, and suggestions for consideration by the COM.

The latest meeting of the IORAG took place in Oman in April 2001, immediately preceding the COM meeting, also in Oman.

India and IOR-ARC

Geographically India is situated at the centre of an inverted arc of the Indian Ocean Rim, which comprehends the importance of Indian Ocean and its littoral countries to India's foreign policy. Moreover India is the largest country among them regarding population and it shares the territorial and maritime boundaries with as many as ten countries, thereby having geo-strategic importance.

In view of economics, the relations of India's trade and investment with IOR-ARC member states are increasing. Its trade with IOR-ARC member states was of $ 16964.27 million (17.18 per cent of total trade) in 2001-02 and increased about 1 per cent in 2002-03, i.e. $ 21376.04 million (18.73 per cent) (Table 4.15).

India's export to states, which have become members of IOR-ARC increased from 18.65 per cent ($ 6194.86 million) of exports in 1998-99 to 22.17 per cent ($ 11688.82 million) in 2002-03 (Table 4.16), but its share of imports has decreased from 22.39 per cent ($ 9372.04 million) in 1998-99 to 15.81 per cent ($ 9711.52 millon) in 2002-03 but become 18.14 per cent in 2003-04 and 2004-05 respectively as shown in Table 4.17.

Among the IOR-ARC member states, Mauritius is the second largest source of foreign direct investments (FDI) into the country during 1991 to February 2003, accounting for Rs. 214 billion, followed by Australia and Malaysia in the eighth and tenth position, respectively.

According to the United Nations Conference on Trade and Development (UNCTAD) annual report 2004, in the duration of three years from 2001 to 2003 the world's FDI had decreased but India's FDI was less affected by it. India's FDI increased by 24 per cent from $ 344 million in 2002 to $ 426 million in 2003. It is also said in the report that India was in the fourth favourite place in Asia and tenth in the world in foreign investments. India was at par in Britain's investment in India with that of India in Britain. Therefore in UK, India had become second largest exporter of Asia and eighth of the world. In September 2004 at New York Stock Exchange Board, Dr Manmohan Singh, Prime Minister of India, stressed that India needed $ 15000 millions of foreign investment in the next four to five years.[44]

---

44. Dr Jayanti Lal Bhandary, "Videshi Nivesh aur Videshi Bazar," Article published in *Rajasthan Patrika*, 21 October 2004, p. 8.

Table 4.15: India's Trade with IOR-ARC Member States

Country	*1998-99*	*1999-2000*	*2000-01*	*2001-02*	*2002-03*	*2003-04*	*2004-05*
Australia	1,832.42	1,485.04	1,468.63	1,724.12	1,840.96	3,233.53	4,544.77
Bangladesh	1,058.04	714.46	1,015.55	1,061.30	1,238.05	1,818.38	1,690.49
Indonesia	1,014.37	1,279.27	1,310.00	1,570.52	2,206.93	3,249.29	3,950.34
Iran	632.85	1,241.51	438.20	536.85	913.03	1,184.94	1,641.60
Kenya	181.40	137.75	159.95	187.95	237.14	271.41	473.36
Madagascar	12.92	12.55	11.17	15.37	18.58	44.19	44.09
Malaysia	1,930.05	2,396.50	1,784.95	1,907.23	2,214.79	2,939.33	3,383.07
Mauritius	163.13	174.69	205.92	166.17	180.50	210.57	265.38
Mozambique	48.15	65.59	53.31	37.48	74.46	92.76	122.86
Oman	141.22	195.01	150.95	157.47	212.44	309.87	288.28
Seychelles	8.73	5.16	7.88	5.78	6.23	10.15	11.20
Singapore	1,901.69	1,833.02	2,341.03	2,276.40	2,856.39	4,210.22	6,652.01
South Africa	1,739.60	2,301 .12	1,332.58	1,793.84	2,577.46	2,438.55	3,181.70
Sri Lanka	474.80	543.50	685.15	698.27	1,011.81	1,513.94	1,791.58

Country	*1998-99*	*1999-2000*	*2000-01*	*2001-02*	*2002-03*	*2003-04*	*2004-05*
Tanzania	210.04	206.48	161.48	166.87	206.61	285.10	305.53
Thailand	594.11	775.60	868.05	1,056.22	1,090.20	1,440.74	1,767.27
UAE	3,588.83	4,085.98	3,256.51	3,406.88	4,284.47	7,185.46	11,988.98
Yemen	73 75	335.46	174.26	195.55	205.99	247.31	277.23
Trade with IOR-ARC Members	15606.10	17788.69	15425.57	16964.27	21376.04	30,685.74	42,379.74
Total Trade	75,607.44	86,560.55	95,096.75	95,240.01	114,131.56	141,992.58	195,053.38
Trade with IOR-ARC Members as percentage of Total Trade	20.64	20.55	16.22	17.81	18.73	21.61	21.73

Source: Ministry of Commerce & Industries, Government of India, Statistics of Foreign Trade of India, at Website: http://commerce.nic.in.

Table 4.16: India's Exports to IOR-ARC Member States

Country	*1998-99*	*1999-2000*	*2000-01*	*2001-02*	*2002-03*	*2003-04*	*2004-05*
Australia	387.41	403.28	405.87	418.02	504.18	584.30	720.25
Bangladesh	995.64	636.31	935.04	1,002.18	1,176.00	1,740.75	1,631.12
Indonesia	185.27	325.58	399.75	533.71	826.06	1,127.21	1,332.60
Iran	159.12	152.05	226.97	253.03	654.73	918.11	1,231.39
Kenya	145.2	116.73	140.93	156.01	203.59	229.48	426.64
Madagascar	9.92	9.17	10.79	13.17	14.63	39.14	36.12
Malaysia	321.69	447.09	608.15	773.69	749.37	892.77	1,084.06
Mauritius	161.12	170.77	199.75	162.91	164.36	203.02	258.20
Mozambique	22.79	31.89	32.04	30.87	46.68	69.14	81.30
Oman	118.55	132.77	144.62	148.99	198.61	258.99	267.67
SeycheHes	8.73	5.15	7.85	5.73	6.18	10.08	10.62
Singapore	517.53	672.71	877.11	972.31	1,421.58	2,124.84	4,000.61
South Africa	387.72	285.4	310.67	352.94	483.98	539.35	984.04
Sri Lanka	437.13	499.27	640.14	630.89	920.98	1,319.20	1,413.18
Tanzania	85.41	81.98	101.99	90.78	115.46	175.78	173.88

Country	*1998-99*	*1999-00*	*2000-01*	*2001-02*	*2002-03*	*2003-04*	*2004-05*
Thailand	321.00	449.59	530.12	633.13	711.2	831.69	901.39
UAE	1,867.59	2,082.74	2,597.52	2,491.79	3,327.48	5,125.61	7,347.88
Yemen	63.04	80.26	158.94	147.74	163.75	217.55	246.41
Exports to IOR-ARC Members	6194.86	6582.74	8328.25	8817.89	11688.82	16,407.01	22,147.36
Total Export	33,218.72	36,822.49	44,560.29	43,826.73	52,719.43	63,842.97	83,535.94
Exports to IOR-ARC Members as percentage of Total Imports	18.65	17.88	18.69	20.12	22.17	25.70	26.51

Source: Ministry of Commerce & Industries, Government of India, Statistics of Foreign Trade of India at Website: http://commerce.nic.in.

Table 4.17: India's Imports from IOR-ARC Member States

Country	*1998-99*	*1999-2000*	*2000-2001*	*2001-2002*	*2002-2003*	*2003-04*	*2004-05*
Australia	1,445.01	1,081.76	1,062.76	1,306.10	1,336.79	2,649.24	3,824.53
Bangladesh	62.40	78.15	80.51	59.12	62.05	77.63	59.37
Indonesia	829.10	953.70	910.24	1,036.81	1,380.80	2,122.08	2,617.74
Iran	473.73	1,089.46	211.23	283.82	258.30	266.83	410.21
Kenya	36.21	21.02	19.02	31.94	33.55	41.93	46.73
Madagascar	2.99	3.38	0.38	2.20	3.94	5.05	7.97
Malaysia	1,608.36	1,949.41	1,176.80	1,133.54	1,465.42	2,046.56	2,299.01
Mauritius	2.01	3.93	6.17	3.26	16.13	7.54	7.19
Mozambique	25.36	33.70	21.27	6.61	27.77	23.62	41.56
Oman	22.68	62.24	6.34	8.48	13.84	50.88	20.61
Seychelles	0	0.02	0.03	0.05	0.05	0.07	0.58
Singapore	1,384.16	1,160.31	1,463.91	1,304.09	1,434.81	2,085.38	2,651.40
South Africa	1,351.88	2,015.72	1,021.91	1,440.90	2,093.48	1,899.20	2,197.67
Sri Lanka	37.68	44.23	45.01	67.38	90.83	194.74	378.40
Tanzania	85.41	81.98	101.99	90.78	115.46	109.32	131.65

Country	*1998-99*	*1999-00*	*2000-2001*	*2001-2002*	*2002-2003*	*2003-04*	***2004-05***
Thailand	273.11	326.02	337.92	423.09	379.00	609.06	865.88
UAE	1,721.24	2,003.24	658.98	915.09	956.99	2,059.85	4,641.10
Yemen	10.71	255.20	15.32	47.81	42.24	29.76	30.82
Imports from IOR-ARC Members	9372.04	11163.47	7139.79	8161.07	9711.52	14,278.74	20,232.42
Total Imports	41858.00	49,738.06	50,536.46	51,413.29	61,412.13	78,149.61	111,517.44
Imports from IOR-ARC Members as percentage of Total Imports	22.39	22.44	14.13	15.87	15.81	18.27	18.14

Source: Ministry of Commerce & Industries, Government of India, Statistics of Foreign Trade of India at Website: http://commerce.r.ic.in.

BIMSTEC (Bangladesh–India–Myanmar–Sri Lanka–Thailand Economic Co-operation)[45]

BIMSTEC was established in June 1997, at the behest of Thailand. This five-member association essentially acts as a bridge between South Asia and South-East Asia, as it has two SAARC (South Asian Association for Regional Co-operation) members and three ASEAN (Association of South-East Asian Nations) members. All except Myanmar are members of the IOR-ARC. However, trade among BIMSTEC member states accounts for less than 3 per cent of their global trade.

The BIMSTEC Declaration emphasizes the need to establish a firm foundation for common action to promote sub-regional co-operation in the areas of trade, investment, technological exchange and other interrelated areas. Its aims and purposes include the creation of an enabling environment for rapid economic development, through the identification and implementation of specific projects in trade, investment and industry, technology, human resource development, tourism, agriculture, energy, and infrastructure and transportation; the acceleration of economic growth and social progress in the sub-region through joint endeavours in a spirit of equality and partnership; and the promotion of active collaboration and mutual assistance in the economic, social, technical and scientific fields.

At its inauguration, the Indian ministerial representative noted that the association would assist India in strengthening bilateral trade, investment, and technology links with the other members, while also progressing towards the formation of a larger Asian economic community. BIMSTEC could also play a pivotal role in preparing and enabling India's participation

---

45. Rahul Roy Chaudhary, op. cit., p. 44.

in major trans-Asian projects, such as for railways and highways.

In order to make optimum use of each state's complementarities, seven areas for co-operation were mooted: multi-modal transportation hubs, marine and land; the processing and marketing of marine products through triangular and quadrangular joint venture arrangements; collaboration in common agro-climatic horticulture and floriculture production, logistics and exports to third countries; development of tourism infrastructure and creation of tourism-cum-civil aviation circuits for intra-BIMSTEC marketing as well as global marketing; building communication and information technology webs; R&D collaboration and commercialization of technologies, including in areas such as non-conventional energy sources, space, and bio-technology; and, oil and natural gas exploration, development, and marketing.[46]

At the second BIMSTEC Ministerial meeting in April 2000, the trade and economic ministers of the Association agreed to work towards a regional free trade arrangement, to facilitate the movement of goods, services, technologies, capital and people, among member states.

India's economic aspect of maritime security continues to be an important factor, because of India's growing economic dependence on the sea. About 95 per cent in volume and 70 per cent in value of India's international trade is carried on the seas. This can be gauged from the nature and extent of its sea borne foreign trade; its energy demands such as crude oil, natural gas and petroleum products; shipping; and the

---

46. Opening statement of Saleen Iqbal Shervani, Minister of State, Government of India, on the occasion of the First Ministerial Meeting of BIMSTEC, Bangkok, 6 June 1997.

exploitation of minerals and other resources from the seabeds. The economic development of a State is closely linked to its trade and energy supply. Most of the trade of the Indian Ocean littorals and the South Asian states is sea borne. The disruption of energy flows in particular is a considerable security concern for littoral states, as a majority of their energy lifelines are sea-based. Since energy is critical in influencing the geo-political strategies of a nation, any turbulence in its supply has serious security consequences. Given the spiralling demand for energy from India, China and Japan, it is inevitable that these countries are sensitive to the security of the sea lines of communication (SLOCs) and choke points of the region. The prospects for sea borne trade are set to rise dramatically. Unfortunately, along with this rise in traffic, the variety and intensity of threats, including piracy, maritime terrorism, drug trafficking, gunrunning, smuggling, pollution, accidents and inter-State conflicts, are also expected to show a proportional rise.

5

Power Struggle in the Indian Ocean

Today's real borders are not between nations, but between powerful and powerless, free and fettered, privileged and humiliated. Today, no walls can separate humanitarian or human rights crises in one part of the world from national security crises in another.

— Kofi Annan, UN Secretary-General

THE Indian Ocean has been sharing its vital role in making the marine history of its surrounding nations for a long time. The Ocean not only washes the coastal lines of the Indian subcontinent but also influences the lands bordering its waters from the east, the west, and the south. Malaysia and Singapore, the gateway of the East are as much fed with its water as the eastern coastal lands of Africa and the Middle East. So, ranging from the whole eastern coastal lands of Africa, the Middle East, Pakistan, India, Burma, Sri Lanka and the countries of Malaysia and Indonesia, the impact of the Indian Ocean is of great significance on the life of the people of these lands. It not merely influences the economic, political, socio-cultural and military structure of these nations but also gives them an open outlet for their sea routes and ocean highways.

Britain was the main power to control for the first time the Indian Ocean for about two centuries. Indian Ocean is quite different from the Atlantic and the Pacific Oceans climatically. Being in tropical climate region, its water remains hot and shallow throughout the year and enables the vessels to move from east to west and from west to east. By the opening of the Suez Canal, which was constructed under the supervision of a French Engineer, Ferdinand de Lesseps in 1869,[1] Europeans became more interested to sail in the Indian Ocean through the Red Sea. Thus, it is the shortest route to the Asian countries, which are economic markets for European nations.

Since withdrawal of British troops from Malaysia and Singapore, a vacuum has been created in the Indian Ocean area where world powers are striving to fill up the gap. The British presence east of Suez enhanced the stability and security of the area bringing economic prosperity to the surrounding nations. Russians are widening their influence in the area. Simultaneously, China is desirous to have strong sea power to protect its entire coastline. Her deployment of North Sea Fleet mainly based at Tsingtao and Lushin; East Sea Fleet with main bases at Shanghai and Choushan and the South Sea Fleet based at Huangpu and Chanchiang[2] indicate her increasing naval capability.

Singapore is of vital significance for the nations having their trade outlet through this entrepot Port. It acts as lighthouse for the ships, which penetrate the main Indian Ocean waters passing through the Malaysia-Indonesian lands. The island controlled by the British power acted as a closed gate that might open according to her will. Now by the time it is free, it has become the keynote of Eastern and Western powers

---

1. "Declaration of the Indian Ocean as a Zone of Peace," Report of U.N. Secretary General, *Strategic Digest*, IDSA, New Delhi, June 1974, p. 29.

2 Harvir Sharma, "Power Struggle in The Indian Ocean," *Vikrant*, New Delhi, June 1972, p. 23.

maintaining a balance between the two. Hence, Japan, China, and Australia are more inclined to move through this way to open the gate. Indonesia acts as a bridge between the Indian and Pacific Ocean joining the Malaysian nations with Australia and New Zealand.

In the west, Mauritius is the key of the western waters of the Indian Ocean. The pear-shaped island (see Map of Mauritius) is the key to the Indian Ocean. In the past British and French felt its significance and they made it an important symbol of the Western Wall. With the withdrawal from this area and Mauritius being free, the conditions have changed. The island's relations with India are growing day by day. With the closure of the Suez Canal as a result of Arab-Israel conflict, the significance of the island has been felt much by U.S.A., U.K., Russia, China, France and India whose vessels are located there. Apart from this, on the African coast at Tanzania, the Chinese influence is growing rapidly. The interest of the superpowers in the Indian Ocean area is registered because of the following facts:

1. Firstly, brandishing armaments by these powers to feed the underdeveloped nations bordering the Indian Ocean waters at the diplomatic front;
2. To have trade relations with the concerned nations so as to make use of the raw materials;
3. To move the ships through the Indian Ocean to keep their economy strong; and
4. To establish naval bases with the alliance of the coastal powers.

In this struggle and approach, U.S.A., China, and Russia are the main figures that are striving towards the Middle-East, African coast and Arabian Sea waters respectively. "The

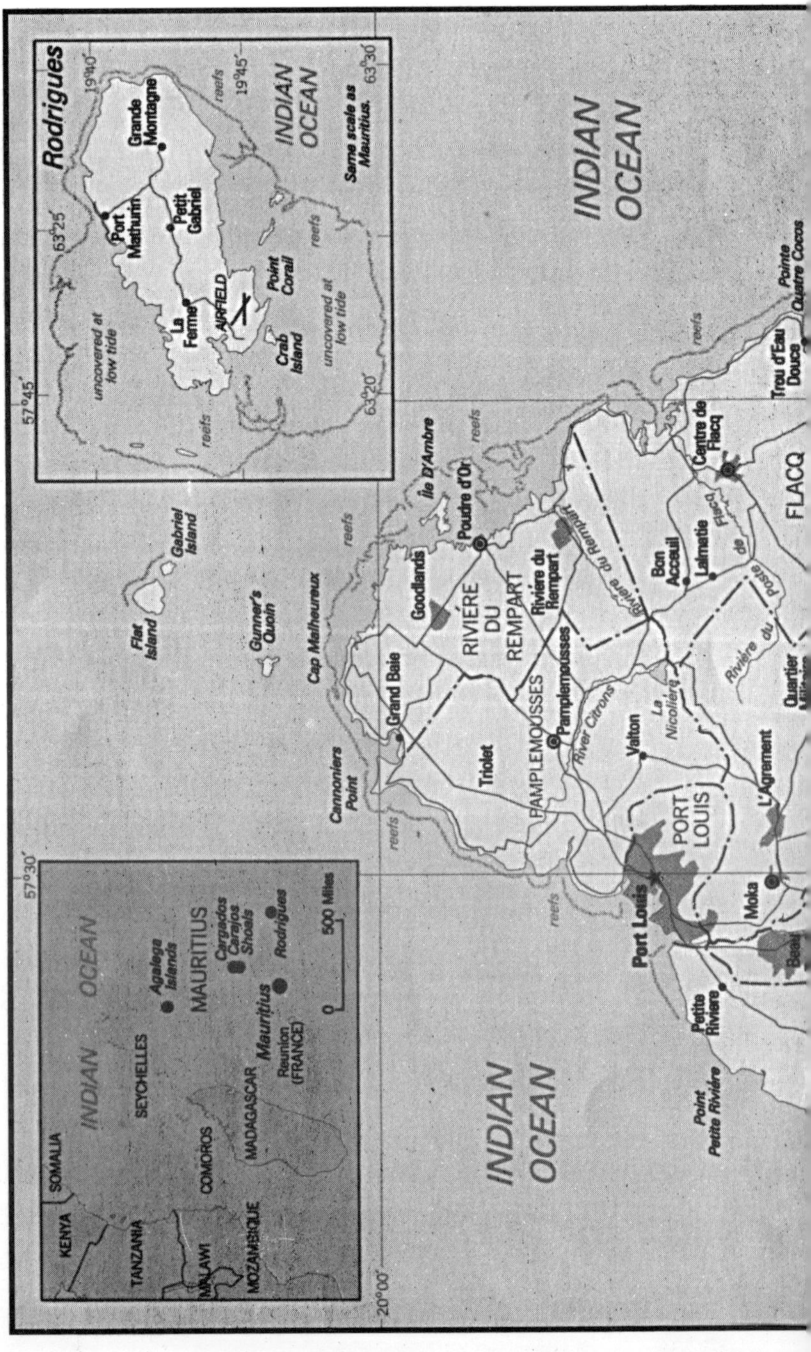

Rodrigues
Port Mathurin
Petit Gabriel
Grande Montagne
La Ferme
AIRFIELD
Point Corail
Crab Island
uncovered at low tide
reefs
INDIAN OCEAN
Same scale as Mauritius.
63°25'
63°20'
63°30'
19°40'
19°45'
57°45'
57°30'
20°00'
Flat Island
Gabriel Island
Gunner's Quoin
Cap Malheureux
Cannoniers Point
Grand Baie
Goodlands
Île D'Ambre
Poudre d'Or
RIVIÉRE DU REMPART
Rivière du Rempart
PAMPLEMOUSSES
Pamplemousses
Triolet
River Citrons
Vallon
La Nicolière
L'Agrement
PORT LOUIS
Port Louis
Moka
Petite Rivière
Point Petite Rivière
Bon Acceuil
Lalmatie
Centre de Flacq
FLACQ
Trou d'Eau Douce
Pointe Quatre Cocos
Rivière du Poste
INDIAN OCEAN
KENYA
SOMALIA
TANZANIA
MALAWI
MOZAMBIQUE
COMOROS
SEYCHELLES
MADAGASCAR
Reunion (FRANCE)
Mauritius
MAURITIUS
Agalega Islands
Cargados Carajos Shoals
Rodrigues
0
500 Miles

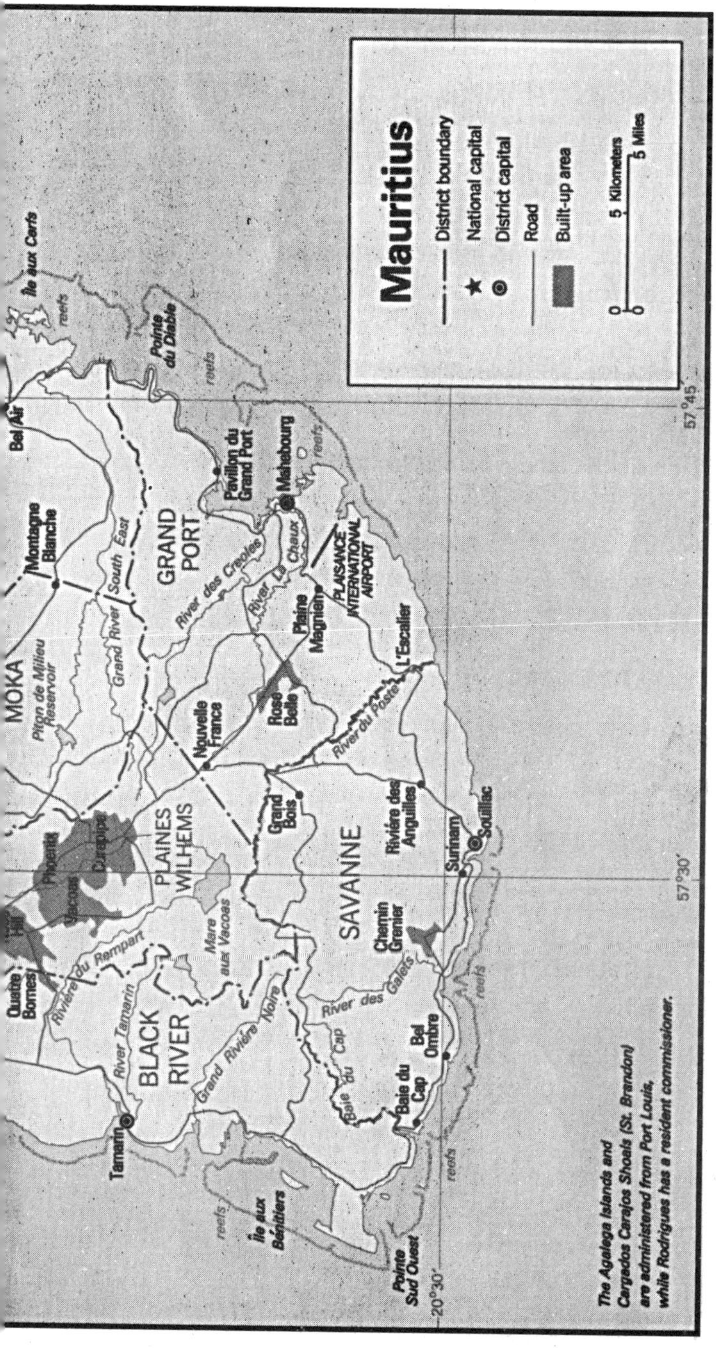

Map 5.1: Map of Mauritius

possibility of the presence of a very strong naval power like Russia on the Persian Gulf is in itself sufficient to revolutionize the strategy in respect of the Indian Ocean."[3] Indian Ocean as a huge pool is allowing the world powers to play their magnificent roles. For this, the eastern nations like, Japan, China and the Western countries of Britain, America and Russia are penetrating through the Indian Ocean waters to meet their necessary requirements. Hence, these powers have created a tension in this area making the Indian Ocean a bone of contention between the East and the West and consequently there is a tug-of-war and struggle among these rival nations.

Power Potential of Major Powers in the Indian Ocean Region

In view of India's Maritime security perspectives, it is important to bear in mind the presence of USA, China, Russia, France, Pakistan and Britain in Indian Ocean region.

UNITED STATES OF AMERICA (USA)

"The Sea-Power exercised in the Pacific and Indian Ocean is a major instrument of US Policy in Asia."[4] In terms of military bases and naval task forces, it has a very domineering capability in the region. Important reasons which could be attributed to its military presence and domineering capability in the region:

1. To protect US economic interest in the region. US depends on Indian Ocean region for as many as 18 critical minerals;[5]

---

3. K. Subrahmanyam, "Ebb and Flow of Power in Indian Ocean," *USI Journal*, New Delhi, January-March 1968, p. 11.
4. K.S. Sidhu, *The Role of Navy in India's Defence*, Harnam Publications, New Delhi, 1983, p. 59.
5. Manoranjan Bezboruah, *US Strategy in the Indian Ocean: the International Response*, New York, 1977, pp. 37-43.

2. To maintain balance of power;
3. To maintain freedom of seas through securing the air and lines of communication and various "choke points" of this ocean against harassment and interdiction. USA is trying to control the various choke points through various bordering states of these waterways by gaining local influence in those states, viz. Hormuz (Oman, Saudi Arabia and UAE), Bab-el-Mandeb (Somalia, Djibouti, Yemen, Arab Republic and Saudi Arabia), Cape Route (South Africa), Strait of Malacca (Indonesia, Malaysia and Singapore), Mozambique Channel through Mayotte.[6]
4. Maintaining sea-based nuclear deterrence;
5. Safeguarding the political, military and economic interests of its allies and "client states" in the region; and
6. To employ or threaten to employ force in support of US diplomatic objectives in the region.

Out of the above-stated reasons, countering and maintaining the strategic balance and threat to employ force in support of US diplomatic objectives in the region are the most important reasons for which America has deployed its military presence in the region.

The US fleet started cruising the Indian Ocean as early as 1963 with its task force of three to four destroyers and an aircraft carrier. US interests in the Indian Ocean started taking shape when US Navy planned to acquire six islands in the Indian Ocean including Diego Garcia[7] at the height of US-

6. Maj. C. James Wise, "Access to the Indian Ocean," *Military Review*, Kansas (USA), vol. LX, no. 11, November 1980, pp. 67-68.
7. Rear Admiral Gene La Recque, "Diego Garcia — Nuclear Dagger," *Chanakya Defence Annual*, Allahabad, 1984, p. 193.

Soviet Cold War and during the days of US policy of Sino-Soviet encirclement under Eisenhower doctrine. United States has also maintained a continuous presence of three combat vessels in the Persian Gulf ever since 1950s. It established a very low frequency communication base at North West Cape (Australia) which became operational in 1967. US fleet which has started cruising the Indian Ocean waters since 1963 was not liked by many littoral countries in the region. It also acquired naval communication-cum-staging facilities in the islands of BIOT as early as 1966. During this period, Americans also thought of stationing the "fast deployment logistic ships" in the Indian Ocean.[8] The deployment of their nuclear submarines fitted with long-range ballistic missiles in the Indian Ocean to maintain a reliable nuclear deterrence is now a well-established truth.

Deployment of US naval task forces of varying sizes was too regular since 1971. Their presence was too obvious at the time of Indo-Pak War 1971, Arab-Israel War 1973 and subsequent "oil crisis," and other regional crises like Iran-Iraq war. In the various conflict situations in the region their role was more interventionist than defending its own national interests.[9] The operational area of US Seventh Fleet was extended into the Indian Ocean after 1972. Since 1973, US Navy has been sending her carrier-led task forces to the Indian Ocean comprising seven to eight ships from its Seventh Fleet at every two to three months interval. According to an observer, between 1971 and 1979 the USA had sent 18 task forces to the region. This "show of flag" is a part of gunboat diplomacy

8. K. Subrahmanyam, *Self Reliance and National Resilience*, ABC Publishing House, New Delhi, 1975, pp. 89-90.

9. P.K.S. Namboodiri, Anand and Sreedhar, *Intervention in the Indian Ocean*, ABC Publishing House, New Delhi, 1982. p. 144.

assuring friends and warning foes at the crucial period. The US aircraft carrier "Constellation" with four escorts took part in "Midlink Exercises" in the Arabian Sea sponsored by the CENTO Powers in 1974. The increased naval presence (32 combat and support vessels) and proposal to create Fifth US Fleet in the Indian Ocean, obtain naval and other base facilities, and creation of Rapid Deployment Force in 1979 were under consideration.[10] On 20 February 1978, K. Brown, the US Defence Secretary, asserted that the USA could not be strong in Europe and weak in Asia and stressed that the opinion of the US policy and the American "obligation in this part of the world were firm." In 1979 the US Congressional Research Service prepared a report titled "United States Foreign policy objectives and overseas Military Installation," which clearly stated "The US has both a conventional and perhaps a strategic nuclear military interest in the Indian Ocean region."[11]

US Naval Fleets[12]

The Second Fleet is responsible in peacetime for training the Atlantic battle fleet in war-fighting skills, developing and evaluating new naval tactics and maintaining theatre battle group readiness. The Second Fleet operates primarily in the Atlantic Ocean from the North Pole to the South Pole and from the shores of the United States to the west coast of Europe. It also operates along both coasts of South America and part of the west coast of Central America. In all, it covers

---

10. Captain Andrew C.A. Jampoler, "America's Vital Interests," *Strategic Digest*, IDSA, New Delhi, vol. XI, no. 8, August 1981, pp. 650-56.
11. Lt Col (Retd) Dr Bhupinder Singh, *Indian Ocean and Regional Security*, BC Publishers, Patiala, September 1983, p. 101.
12. Downloaded from website http://en.wikipedia.org/US_NAVY.

more than 38 million sq miles. The US Second Fleet traces its origin to the reorganization of the Navy after Second World War in December 1945 and the formation of the US Eighth Fleet. In February 1950, the command was redesignated to its current title, US Second Fleet, and is a part of US Atlantic Command. Based in Norfolk, Virginia, the Second Fleet currently uses USS MOUNT WHITNEY (LCC 20) as the fleet flagship. The force consists of a balanced mix of capabilities including aircraft carriers, surface combatants, submarines, surveillance assets, amphibious forces, marine landing and mobile logistic units.

The main task of the Third Fleet is to patrol and to control the waters of the central and eastern Pacific. In peacetime the Third Fleet has no ARG and the carriers in the area are on their way to the Seventh Fleet or conduct training cruises after an overhaul for example. The Third Fleet Command Ship is the USS CORONADO (AGF 11), home ported in San Diego, CA. The Third Fleet was formed as a fighting force under Admiral "Bull" Halsey on 15 March 1943, and reconstituted in the Middle and Eastern Pacific on 1 February 1975.

The Fifth Fleet maintains a visible and powerful force to counter and deter threats to the Arabian [Persian] Gulf area. The Commander, US Naval Forces Central Command (NAVCENT) is the naval component commander for US Central Command responsible for combat operations in the Middle East. The Fifth Fleet was initially established on 26 April 1944 from Central Pacific Force, and disestablished after the war. Through the 1980s several frigate- and destroyer-type ships and minesweepers were assigned to the Middle East Force as well as support ships. After the 1990 Iraqi occupation of Kuwait, the largest armada since Second World War assembled in the Gulf in support of Operation Desert

Shield, and ultimately Operation Desert Storm in 1991. The Middle East Force found itself operating under operational control of US Naval Forces Central Command where it remained following the war. During Desert Storm in 1991, the Commander, Seventh Fleet served as naval component commander for Central Command. Since the Gulf War, NAVCENT fulfilled the roles of both a naval component command and as the fleet command. Ships from the East and West Coasts comprised the fleet, but it operated without a traditionally understood structure or number. By July 1995, the course of events made a new numbered fleet necessary. After a 48-year hibernation, the US Fifth Fleet was reactivated and it now cruises the Gulf. Commander, United States NAVCENT exercises command and control over all naval operations throughout the AOR from a headquarters located in Manama, Bahrain. Since naval forces routinely make up over 70 per cent of all US military presence in theatre, NAVCENT's location on the scene is an integral part of USCENTCOM's ability to successfully execute a theatre strategy. From major exercises to day-to-day real world operations such as enforcement of UN sanctions, NAVCENT plays a major role in maintaining stability and deterring aggression in the region. The vast majority of NAVCENT's operating forces are rotationally deployed to the region from either the Pacific Fleet or the Atlantic Fleet. These forces normally consist of an Aircraft Carrier Battle Group (ACBG), an Amphibious Ready Group (ARG), surface combatants, submarines, maritime patrol and reconnaissance aircraft, and logistics ships.

The Sixth Fleet, headquartered on the command ship USS LA SALLE (AGF 3), consists of approximately 40 ships, 175 aircraft and 21,000 people. The Sixth Fleet in the Mediterranean is the major operational component of Naval Forces Europe. The principal striking power of the Sixth Fleet resides in its aircraft carriers and the modern jet aircraft, its submarines, and its reinforced battalion of US Marines on board amphibious ships deployed in the Mediterranean. Commander, Sixth Fleet has both US national and NATO responsibilities. He reports to the Commander-In-Chief, US Naval Forces, Europe (CinCUSNavEur) in the US chain of command and to CinC South when the Sixth Fleet operates as part of NATO as StrikForSouth. The CinC Naval Forces Europe, based in London, is responsible for US naval operations in the European area, and also holds the NATO position of CinC Allied Forces Southern Europe, responsible to the NATO Supreme Allied Commander Europe. The CinC Naval Forces Europe does not have administrative responsibilities for support of US naval forces in Europe, which are under the cognizance of CinC Atlantic Fleet. The United States Sixth Fleet is operationally organized into task forces. Each task force is responsible to the Sixth Fleet Commander for specific functions related to assigned units. The Sixth Fleet Command Ship is the USS LA SALLE (AGF 3), forward deployed to Gaeta, Italy.

The Seventh Fleet, established 19 February 1943 from South-West Pacific Force, is the largest of the forward-deployed US fleets, with 50-60 ships, 350 aircraft and 60,000 Navy and Marine Corps personnel. Operating in the Western Pacific, Indian Ocean and Arabian Gulf — up to 11,000 miles from the west coast of the United States — the Seventh Fleet, with the support of its Task Force Commanders, performs three jobs. First, C7F can be assigned as a Joint Task Force commander in the event of a natural disaster or joint military operation. Second, C7F is the operational commander for all naval forces in the region. Finally, C7F is designated as the Combined Naval Component Commander for the defence of the Korean peninsula; in the event of hostilities, all friendly naval forces in the theatre would fall under C7F control. Of the 50-60 ships typically assigned to the Seventh Fleet, 18 operate from US facilities in Japan and Guam. These forward-deployed units represent the heart of the Seventh Fleet. The 18 permanently forward-deployed ships of the US Seventh Fleet are the centerpieces of American forward presence in Asia. They are 17 steaming days closer to locations in Asia than their counterparts based in the continental United States. It would take three to five times the number of rotationally based ships in the United States to equal the same presence and crisis response capability as these 18 forward-deployed ships. On any given day, about 50 per cent of the Seventh Fleet forces are deployed at sea throughout the area of responsibility. The Seventh Fleet Command Ship is the USS BLUE RIDGE (LCC 19), forward-deployed to Yokosuka, Japan.

US Bases

Out of the total 300 American overseas bases, 60 bases are located in western Europe, Mediterranean and Far East, and 80 air bases in different parts of the world including 25 in Asia and 12 in the Pacific Ocean.[13] Important bases in the region are:

1. **Australia:** In Australia there are 33 installations ranging from balloon launching stations to space tracking stations,[14] which have some military bearing. Out of those there are five major installations located at Woomera (Satellite tracking station) and Nurrunger complex. Other installations are located at Pine Gap

---

13. K. Subrahmanyam, "U.S. Bases: Pressure on Littoral States," *Link*, New Delhi, December 1982, p. 27.
14. J.P. Anand, "Big Powers And The Indian Ocean," *IDSA Journal*, vol. VIII, no. 4, April-June 1976, pp. 581-85.

(joint defence research facility), Alice Springs (joint defence space research facilities), and North-West Cape and newly constructed naval base at Cockburn Sound in south-west Australia. North-West Cape is a naval communication base suited to communicate with Polaris, Poseidon and Trident submarines located in the Ocean, whose number is not known.

2. **Africa:** (a) *South Africa*: The government has offered USA facilities at Simonstown base. A secret communication and surveillance station Advokaat at Silver mine (near Simonstown) for which NATO provided the equipment, monitors maritime and air traffic within the range of 5,000 nautical miles and passes on the information to Washington.[15] It is, however, presumed that due to political reasons the USA has not accepted this facility very openly.

   (b) Mombasa (Kenya) and Berbera (Somalia) as naval bases while Nairobi (Kenya) and Mogadishu (Somalia) as air bases.[16]

3. **Indian Ocean Islands and Island Republics:** Omega radio navigational station in Reunion Island, satellite tracking station at Mahe in Seychelles, Tracking and telemetry facility at Vacaos in Mauritius.

   Diego Garcia: This island is a British territory mostly populated by the US military — the British colony that has been colonized by the Americans.[17] Normally

15. *India Backgrounder*, New Delhi, 31 October 1977, pp. 879-80.
16. T. Michael Kaufman, "Build-up in Indian Ocean," *Strategic Digest*, IDSA, New Delhi, vol. XI, no. 61, June 1981, pp. 501-02.
17. T.T. Poulose, "Indian Ocean Politics," *Foreign Affairs Report*, 23(4), New Delhi, 18-19 April 1974, p. 64.

the island is home to about 1,700 military personnel and 1,500 civilian contractors. But only about 50 troops are British. The Navy and the Air Force use the island jointly. Though the Navy contingent is larger, the Air Force does the flying.

Diego Garcia is a narrow tropical jungle reef in the Indian Ocean, about 1,000 miles south of the southern India coast. Despite the tropical feel to the reef, this is no Margarita Ville. It's more of a stationary aircraft carrier. It is exclusively a military reservation located on a small host country atoll in the Chagos Archipelago.[18] A tropical footprint-shaped island just 7° south of the equator (see Map of Diego Garcia).

It is heavily vegetated. The island covers 6,720 acres in area with a maximum height of 22 ft and an average elevation of 4 ft above sea level. The shoreline is about 40 miles long and the island encloses a lagoon 6.5 miles wide and 13 miles long. In 1965, with the formation of the BIOT, Diego Garcia was under the administrative control of the British government of the Seychelles.[19] The main source of income is copra and coconut oil. It is 1,200 miles from Cape Comorin, 1,150 miles from Seychelles, 2,350 miles from Dar-es-Salem, 2,500 miles from Aden, 2,900 miles from Bahrain, 650 miles from Maldives, 2,250 miles from Singapore and 2,750 miles from North-West Cape.[20] The island has a good natural harbour in 140 ft deep lagoon protected on three sides

18. K.S. Sidhu, op.cit., p. 66.

19. *Motherland*, New Delhi, 24 June 1973.

20. S.K. Ghosh, "Diego Garcia and Arms Race in the Indian Ocean," New Delhi, March 1974, p. 4.

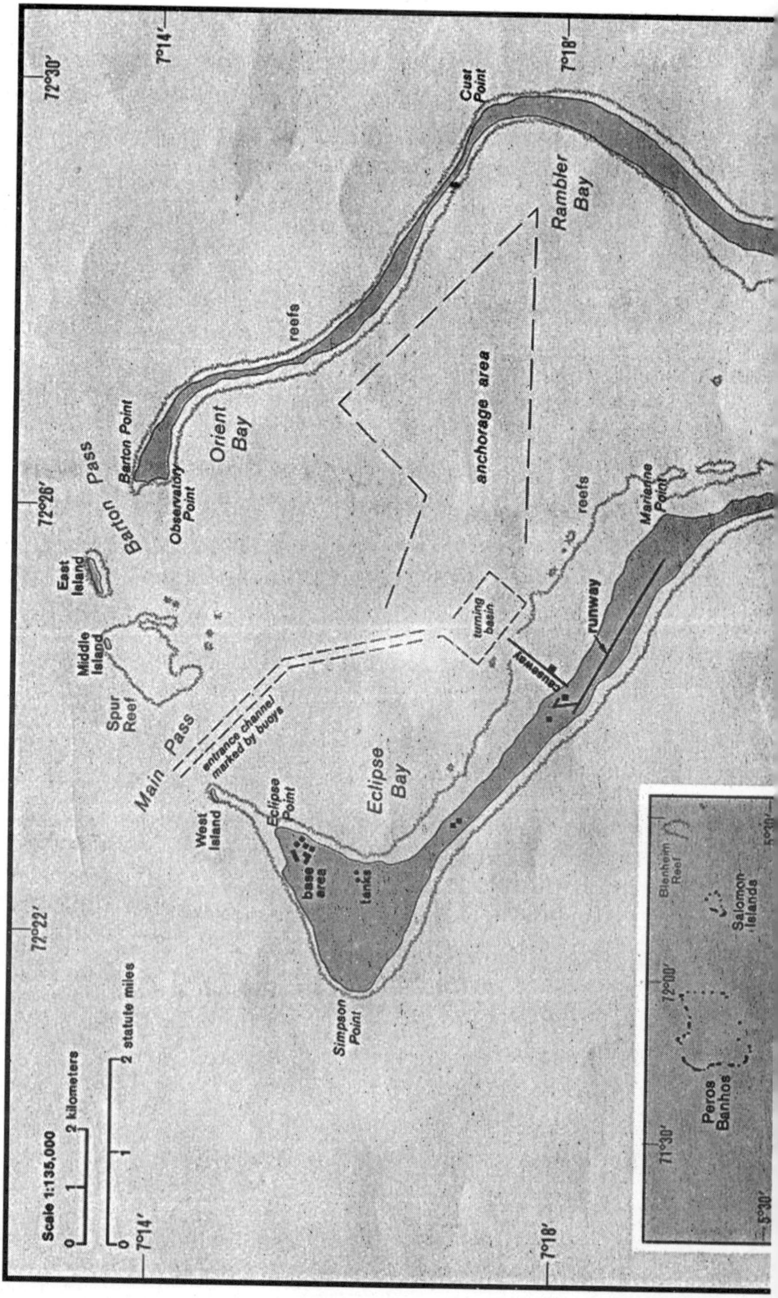
Scale 1:135,000
0 1 2 kilometers
0 1 2 statute miles
7°14′
7°18′
72°30′
72°26′
72°22′
Cust Point
Rambler Bay
reefs
anchorage area
Barton Point
Barton Pass
Orient Bay
Observatory Point
East Island
Middle Island
Spur Reef
Main Pass
entrance channel marked by buoys
turning basin
causeway
runway
Marianne Point
reefs
West Island
Eclipse Point
Eclipse Bay
base area
tanks
Simpson Point
Peros Banhos
Salomon Islands
Blenheim Reef
71°30′
72°00′
5°30′
5°20′

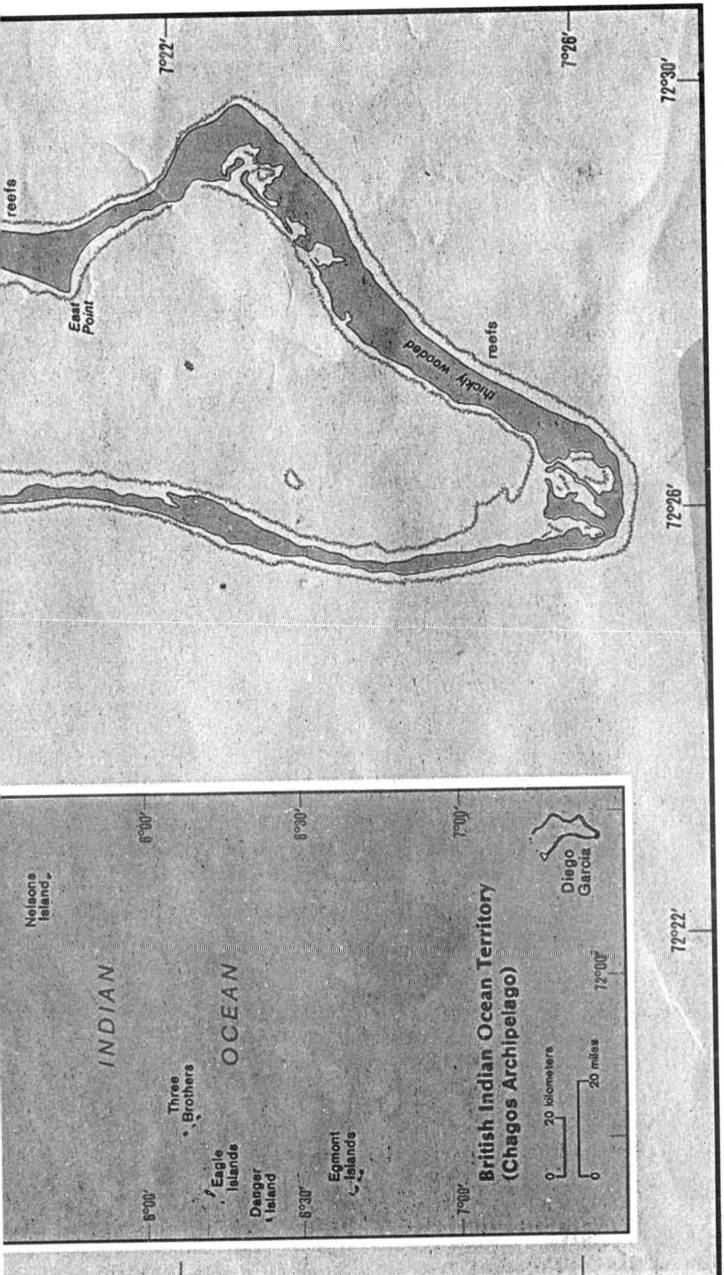

Map 5.2: Map of Diego Garcia

by coral formations, and there are proposals to increase the airfield parking area, to construct more living quarters to accommodate more personnel and to further deepen the lagoon along with the setting up of a nuclear base over there.[21] The proposed US spending of one billion dollars in four years starting from financial year 1981 would considerably enhance its power projection capability in the region especially in the Middle East which has been considered as the "region of vital US interests."[22]

4. **West Asia:** (a) Bahrain provided base facilities to the USA from 1971 to 1977. Its Mid-East Force was based on its harbours Al Jufeir (the former British naval base). Though US Navy had vacated this base in 1977 at the request of Bahrain Government, yet according to *Military Balance (1980-81),* the USA enjoys some port facilities there.

   (b) Masirah (Oman) provides important air base facilities to the USA. Besides, the US has developed some more air and naval facilities in Oman especially close to the mouth of the Gulf.

   (c) Dhahran (Saudi Arabia) is used as air base for B-52 nuclear bombers. Supply of sophisticated arms like AWACS (Airborne Warning and Control System) and F-15 fighter planes, and making available the services of 40,000 American experts to develop heavy military infrastructure has virtually made Saudi Arabia a "US protectorate."

---

21. K. Subrahmanyam, "The U.N. Report on the Indian Ocean," *Foreign News and Features*, New Delhi, 27 May 1974, p. 6.

22. *Strategic Digest*, IDSA, New Delhi, vol. XI, no.1, January 1980, p. 34.

(d) The USA has also access to the ports of the friendly countries such as Hodeida (North Yemen) and Port Sudan (Sudan) located in the Red Sea Region.[23]

(e) Since early 1980 the US has acquired two air bases in north Egypt and is developing a naval base at Ras Banas along the Red Sea.

(f) Israel has offered its military facilities to the US forces. Important among those are naval facilities at Sharm-Al-Sheikh and air facilities at Ovda and Remon in Negev desert.[24]

5. **South-East Asia** (a) *Thailand*: USA had seven air bases and a communication base at Ramsoon in Thailand which had been closed down by July 1976. The Takhii air base, however, is used by the USA for refuelling its aircraft.

(b) Subic Bay (naval base) and Clark (air base) in the Philippines are allowed to be used by the US, by its government through renewal of their agreement on January 1979. Subic Bay is also the headquarters of the US Seventh Fleet.[25]

---

23. K.S. Jawatkar, *Diego Garcia in International Diplomacy*, Popular Prakashan, Bombay, 1983, p. 280.

24. S. Raj Christopher, "US troops for Sinai: A part of R.D.F. strategy," *Strategic Analysis*, IDSA, New Delhi, vol. V, no. 7, October 1981, pp. 325-28.

25. K.R. Singh, *The Indian Ocean Big Power Presence and Local Response*, Manohar Publishers, New Delhi, 1972, p. 112. For renewal of agreement, see "The Philippines Role in Asian Strategy," *Conflict Studies*, London, The Institute for the Study of Conflict, no. 122, September 1980.

According to an Indian naval officer, "the United States is unquestionably the most dominant player in the Indian Ocean in modern history." The United States has the capability to project military power in the region and a well-defined strategy to pursue its policy of pre-eminence. The strategic frontiers of the United States extend to the Indian Ocean, the Persian Gulf region, Central Asia and Afghanistan, South-East Asia and China. The United States has overriding national security interests in the political and strategic stability of these regions due to the existence of oil, location of strategic choke points and the sea lanes of commerce. Lately Islamic fundamentalism and its offspring Jihadi terrorism have emerged as strategic challenges for USA.[26]

CHINA

China's aim is multipurpose to establish her presence in the Arabian Sea and the Bay of Bengal. For this she wants to prohibit America and Russia from penetrating through this Ocean. Apart from this, she wants to move closely with the East African countries, which are economically strong.

China has vital trading interests in IOR. She imports from IO countries US $ 36.2 billion worth of goods while exports goods worth 28.2 billion. Several IO rim countries such as Singapore, Malaysia, Indonesia, Thailand, India, Pakistan, Iran, UAE, Saudi Arabia, Israel, South Africa, Australia, are important trade partners of China. In view of the interdependent and beneficial relationship China has with IOR, emergence of dominant or hegemonic naval and military power may adversely affect China's IO trade. The proliferation of nuclear weapons and expansion of coastal states' naval

---

26. *India Defence: Her Strategic Frontiers*, at website http://www.saag.org.

strength especially that of South Asian states has worried the Chinese, and Beijing therefore has set about installing a naval and military communication base in Bay of Bengal.[27]

The Chinese People's Liberation Army-Navy (PLAN) is the second largest naval force in Asia, and the fifth largest in the world after the United States, Russia, Britain, and France, in terms of the combat tonnage of principal combatants. It includes one Xia-class nuclear-powered ballistic missile submarine (SSBN) armed with 12 nuclear-tipped CSS-N-3 submarine-launched ballistic missiles (SLBMs) (with a range of 2500 nm), 5 nuclear-powered submarines (SSN), over 50 diesel-electric boats, 18 destroyers, and 35 frigates. It has 260,000 personnel, including 25,000 naval air personnel. To date, the only other Asian naval force armed with nuclear mastheads is the Pacific Fleet of the Russian Navy.[28]

Since the mid-1980s, PLAN's strategic doctrine has dramatically changed, from "people's war" to one of "modem warfare under high-technology conditions on the high seas." This stress combined offshore operations and the projection of military power, as opposed to simply performing coastal functions. This has been due largely to ideological (island of Taiwan), political (South China Sea: aspirations as a global power), and economic (growing energy and food dependencies) factors. In effect, the navy, which used to be the least important among the PLA's branches, has now

27. V.S. Sheth, "Indian Ocean in the Globalization World," *Alternatives*, Turkish Journal of International Relations, volume 1, no. 4, Winter 2000 (website: http://www.alternatives journal.net/volume1/number4/sheth.htm).

28. V.P. Dutt, "China and the Indian Ocean," paper presented in the Seminar on The Indian Ocean as a Zone of Peace at International Centre, New Delhi, 1980.

attained greater importance than the other three armed services. Naval intelligence sources estimate that PLAN receives the highest amount of funding annually among the armed services, at 35 per cent of the defence budget. In comparison, the air force and army receive 29 per cent each, and the ballistic missile forces 7 per cent of the defence budget.[29]

In view of the dramatic transformation in doctrine, PLAN is currently attempting to develop an active "green water" capability in the early part of this decade. Concurrently, it is steadfastly planning for a "blue water" fleet in the longer term, possibly as early as 2010-15. This is expected to be focused on at least two operational aircraft carrier battle groups, one for the Indian Ocean and one for the Pacific. Each of these battle groups would comprise at least five principal surface combatants and two to three nuclear-powered submarines. The combat aircraft deployed on the carriers would primarily be based on Russian-supplied technology; with missile fits of European/US technology.

PLAN's expansion Programme is believed to be configured in three phases. Phase I, up to 2000, aimed to upgrade key equipment, increase its radii of action, establish a rapid reaction force, and provide blue-water training; Phase II, 2000-20, includes entering the Indian Ocean, operating task forces headed by carriers, and building new-generation ballistic and cruise-missile carrying nuclear submarines, surface warships, and aircraft. And Phase III, beyond 2020, is believed to comprise global operations.

PLAN has also been considerably improving its combat capabilities in terms of the late Deng Xiaoping's "Four

---

29. Rahul Roy Chaudhary, "The Indian Coast Guard in the 1990s," *Indian Defence Review*, New Delhi, October 1993, p. 66.

Modernizations" Programme. This necessitates improved firepower in an offshore conflict, the maintenance of effective control over SLOCs, and the conduct of warfare in waters "adjacent" to Chinese territory. In this respect, China's Laws of Territorial Waters and Contiguous Zone (1992) lay down sovereignty over the disputed Paracel and Spratly islands in the South China Sea.[30]

PLAN's assertive policy in the Taiwan Straits and the South China Sea has been prevalent for some time. In the case of Taiwan, this was most recently demonstrated in early 1996; while in the case of the South China Sea, this has been amply evident in differing degrees since the mid-1970s. In terms of the latter, China's claim to virtually the entire South China Sea directly involves South-East Asian countries such as the Philippines, Malaysia, Vietnam, and Brunei.[31] Prof. Vali rightly says: "The looming shadow of China extends over the Indian subcontinent and even far out into the Indian Ocean."[32] The Chairman of the International Relations Committee of the US Congress, Benjamin Gilman recently said in New Delhi that China's growing power poses a threat to India. Parliamentary standing committee on defence also in its report in 1995 had considered China as a potential security threat to India. The report stated that China "is likely to remain the primary security challenge to India in the medium and long term . . . despite warming relations."[33]

---

30. Rahul Roy Chaudhary, "India's Maritime Security", *Knowledge World*, New Delhi, June 2000, pp. 96-97.
31. Ibid., p. 97.
32. A. Ferenc Vali, *Politics of the Indian Ocean Region: The Balance of Power*, New York, 1976, p. 150.
33. P.M. Kamath, "China is India's Ultimate Threat," *Mid-Day*, 1 September 1997.

China's perceptions and equations with the major powers, especially Moscow and Washington, have been the most important external factor moulding its Indian Ocean vision and policy initiatives. While initially it was American containment that explained all their activities in the Indian Ocean, the Sino-Soviet split in the early 1960s made China suspicious of Moscow's initiatives and intentions in this region. For example, the Soviets supported the Suharto regime in Indonesia, established diplomatic ties with Singapore, encouraged Vietnam for peace talks with the US, supplied arms to Myanmar and mediated in the Indo-Pak conflict.

Thus, China accelerated its efforts towards engaging the states of the Indian Ocean and has since then been consolidating its access to the Indian Ocean through the Karakoram Highway and Karachi, through the China-Myanmar road to Myanmarese ports and through the Malacca Straits, especially once they have established their supremacy over the South China Sea.

Perceptions of India have been another factor. Chinese experts say that although India has since ancient times been a South Asian entity, it began looking beyond the subcontinent after the British expanded their empire into Afghanistan, Tibet, Myanmar and the Indian Ocean. They say this imperial thinking is reflected in India's desire to establish its pre-eminence in its peripheral regions like the Indian Ocean and it is this desire that makes New Delhi see China as a threat.

Chinese experts do seem to base their arguments on the security policies of Western powers that are rooted in Admiral Mahan's theory of maritime rights. According to this theory, the West will not tolerate the dominance of a nuclear power north of their major international sea lanes in the Indian Ocean. Therefore, China believes India could, in time, meet the same fate as Japan in 1945.

China can be seriously reckoned with as a great power in the Indian Ocean region. Bulk of its oil imports pass through this region which explains China's concerns about ensuring free access and maintaining a certain level of influence, an absolute prerequisite. However, its track record of conflicts, unduly assertive nature of its foreign policy and especially its fast growing capabilities, ensure that China is a factor of concern for countries of the Indian Ocean rim.

China's Indian Ocean policy has been clearly influenced by its ties with the other major powers, especially the two superpowers. As a result, while its interest in the Indian Ocean started partly as a reaction to its perception that increasing US presence there was aimed at encircling China, it was later to become equally suspect of Soviet expansion.

Among other regional powers like Japan, India, Australia, South Africa and so on, China's Indian Ocean policy has been most directly linked to its problems with the Indian Union. This theme that India is trying to have a hegemony in this region and that China will not allow India to treat the Indian Ocean as India's Ocean, has been the core of all its major arguments following the India–China war of 1962. Besides, China also suspected India of supporting superpower presence in the Indian Ocean as a means of countering China, thus hastening its recent rapprochement with both Moscow and Washington.[34]

China's evolution as a major power has witnessed a sharp increase in its bilateral interaction with countries in the IOR. There have been reports of China trying to obtain naval bases in some of these countries like Sri Lanka, Pakistan or Myanmar.

34. B. M. Jain, "India-China Relations: Issues and Emerging Trends," *The Round Table*, University of London, vol. 93, no. 374, April 2004, pp. 253-69.

China has also moved away from bilateral to multilateral forums like IOR-ARC, the Shanghai Five, APEC, etc. In addition to providing a forum for these neighbouring countries to try "congagement" (containment + engagement) of China, these fora also provide China acceptance of its rising profile in the region and of being a major player in Asian affairs.

Chinese Navy in the Indian Ocean

The opening of the Karkoram Highway, linking China with Pakistan over the 15,500 ft Khungreb Pass across Hunza and Gilgit helps China in finding an entry to the Indian Ocean water (Arabian Sea) than her opponent Russia. Due to this road, China has got an important outlet to the countries of the Middle East and Africa through Karachi port. Everyday more than 100 lorries are using this Sinkiang–Pakistan Highway carrying armaments and newsprint supplies for Pakistan. The road constructed with the help of China, has linked Urumchi (China Uranium Mine and Ore Processing Mills), Lop Nor (Weapon's Test Site), Lanchaw (Major Nuclear Development Center) and Paotow (Nuclear reaction for Research and Bomb Fuel Production Center) with Pakistan. The acquisition of an outlet to the Indian Ocean by China was not merely a misuse of the territory which was under illegal occupation of Pakistan but a danger to peace and security in the area, according to Indian official ources. On the other hand, China's activities on the island of Zanzibar on the eastern coast of Africa are of vital significance. In Africa, Zanzibar is the strategic island of China. From this Island, China Navy will control the first firing into the Indian Ocean waters of her Inter-Continental Ballistic Missiles. This is China's Indian Ocean base.[35]

35. Harvir Sharma, op. cit., p. 24.

The Indian Ocean, along with other sea lines of communications (SLOC), has attracted the attention of Chinese naval planners. The take-over of the Panama Canal by a private Chinese firm after the US withdrawal in 1999, reported Chinese threats to intervene in the Straits of Malacca, active Chinese role in the West Asian region (exemplified by the Sino-Egyptian agreement of May 2000 whereby Chinese ships can use facilities in Port Said, the gateway to Suez) and so on indicate the unfolding Chinese interest in sea lines of communications.

Beginning from the early 1980s, Chinese naval modernization underwent a sea change, partly with the changing perceptions about the value of the oceans. Generally, this period is considered the turning point in the history of the PLAN for the transition from coastal defence to that of offshore defence and blue water strategy of power projection on the high seas.

Whereas the unresolved territorial and sovereignty issues relating to Taiwan, Senkaku islands and the South China Sea islands are generally mentioned as critical hotspots for the armed forces, especially the PLAN, China has also rediscovered its maritime rights and interests.

1. With over 18,000 km of coastline and claims over millions of sq km of ocean, marine resources are abundant.
2. China has drilled around 400 oil wells and found over 100 oil-bearing structures in coastal waters.
3. The GDP of China's marine economy has grown at 22.24 per cent since 1990.

The output of maritime and oceanic products is planned to generate nearly 10 per cent of the country's total GDP by 2010.

Chinese Naval Preparations

1. With such territorial and maritime tasks cut out, there has been massive expansion in the modernization aspects of PLAN. Of particular significance are nuclear submarines and large surface vessels.
2. These comprise aircraft carriers.
3. Developing new types of nuclear powered ballistic missile submarines.
4. Type 094 SSBN with the enlarged JL-2 SLBM of 8,000 km range.
5. Two Sovremenny class destroyers are being inducted into PLAN, one has already joined the East Sea Fleet.
6. The enhanced Luhai class DDG has joined the South Sea Feet.[36]

China currently has the largest number of frigates in Asia. Besides re-establishing the Marine Corps in 1980; China is building amphibious vessels and transports for amphibious landing operations in the future. It is also building large replenishment vessels for logistics purposes. In the naval training programme, China has indicated one of its focuses would be in the southern regions of the country.[37]

Chinese Naval Exports

While China's naval arms exports in the earlier period were characterized either as outright gifts or on low and interest-free rates, in the recent period recipient countries pay in hard

---

36. Kang Wu, "China's Oil Market in 1998 and the Outlook to 2010," *Energy Advisory*, no. 225, East West Center, Hawaii, December 1998; Summary published in the *Middle Eastern Economic Survey*, 25 January 1999.

37. *Journal of Indian Ocean Studies*, August 2000.

currency and often at prevailing market prices. More significantly, large displacement vessels and submarines that can interdict sea-borne traffic and are offensive in nature are being offered for sale in this region. China has also undertaken costly infrastructure projects:

1. These include the proposed naval base in Gwadar in Pakistan.
2. Hiangyi, Sittwe and Mergui in Myanmar and naval surveillance facilities in Great Cocos Islands to monitor Indian ballistic missile tests.

China is a full-fledged nuclear power on India's northern borders with nuclear weapons aimed at all major Indian cities. Friends of China may argue that it has provided the guarantee of no first use of the nuclear weapons. But it will not prevent her from using the nuclear weapons to blackmail India.

China is developing naval facilities on the southern tip of Myanmar from which she can directly threaten eastern Indian states and Andaman & Nicobar Islands. When asked about Chinese navy activities in Indian Ocean, China's defence minister quipped, "it is Indian Ocean and not India's Ocean".[38]

However, Chinese entry into the region is at the most indirect, if the Bay of Bengal route through Myanmar and the Chinese influence in Singapore and hence to engage India at the Andamans are overlooked. More concretely, the PLAN still lacks credible sea denial capability. By 2020 China plans to deploy task forces consisting of two aircraft carriers, two SSBNs, six SSNs, 18 destroyers and about 30 frigates. China decided in 1999 that its SSBN fleet should be made part of routine patrolling by 2005, though given current limitations this may not be possible until 2010.

38. P. M. Kamath, op. cit.

RUSSIA

The geography of Russia necessitates a forward presence for their Navy. Russia stretches over 7000 miles from east to west and comprises 11 time zones. As a northern country, its fleet locations are distant from world shipping lanes, subject to icing and are vulnerable to choke points and blockades. It is this situation that causes Russia to have increased requirements for equipment, stores and ship repair facilities and therefore a need for forward base support facilities for its four fleets.

It is apparent that geography places Russia at a distinct maritime disadvantage compared to the United States. Russians must deal with often-inhospitable climates, restricted access to the world's oceans, and isolation from major sea lanes and strategically important regions. Its fleets are separated by thousands of miles of long, sinuous and vulnerable supply routes. Moreover, its somewhat limited access to foreign bases and reliance on the vagaries of Third World politics further impedes its naval strategies. All of these geographic liabilities are major determinates in the formulation and continued evolution of Russian naval strategies, out-of-area operations, and foreign policy.

Russian Naval Presence in the Indian Ocean

Russia's efforts in the area to capture the economic market and establish trade relations with the countries bordering the Indian Ocean are more than those of Western powers. Russians are digging a huge tunnel at the southernmost entry to the Red Sea away from the point of Horn of Africa and making some sort of Gibraltar fortress. In July 1970, a strategic highway was constructed linking Russia with the Indian Ocean across the country of Pathans via Pakistan. This route is shorter than the long sea route from Vladivostok. By this road, Soviet naval radio station is linked with the ammunition depot at Socatra. Besides this, Russia has got harbour facilities for her ships and landing facilities for her aircraft in Mauritius.

Russia is also facilitated by India by providing some facilities in the Andaman and Nicobar Islands and a supply depot at an east coast port. Towards Mediterranean lands from where Russia gets entry in to the Indian Ocean, she is careful to avoid a direct confrontation with the United States. Despite this Russia is feeding Algeria's armed forces with necessary defence equipments and materials since 1962. Till 1969, Russia had shipped arms to Algeria costing about 300 million dollars.[39]

Soviet naval force maintained an Indian Ocean presence for many years. It was formed to provide Russia a vehicle to respond in the area in the event the Suez Canal was closed, an act which would prevent timely response by units operating from the Mediterranean or Black Sea. The cost of maintaining facilities is high in the region and Russia (as well as any other nation) will always be at the mercy of political instability in the realm.

A distinct disadvantage the Indian Ocean Squadrons experienced was that units were at the extreme end of the Russian naval supply chain, with long lines from the Pacific or Black Sea Fleet bases. In addition there are numerous choke points along the way. In the west, these include the aforementioned Middle East choke points; while in the east, they include those noted in the section on the Pacific Fleet, as well as the more proximate restrictions through the Indonesian archipelago. Most significantly, this includes the dominant

39. K. Subrahmanyam, "Prospects for Disarmament," paper presented in the Seminar on the Indian Ocean as a Zone of Peace, International Centre, New Delhi, 1981, p. 4.

Strait of Malacca between the Malay Peninsula and the island of Sumatra, and the lesser Sundra and Lombock Straits, lying at the western and eastern ends, respectively, of Java. The US naval base at Diego Garcia at a central location in the Indian Ocean acts somewhat like a "control point" for all maritime forces operating in East Africa, South, and South-East Asia.[40]

The Russian Navy is conducting a large-scale exercise in the Indian Ocean the like of which has not been seen before. The core of the group are six battleships of the Black Sea Fleet, which many were ready to write off as a joke, led by the Black Sea Fleet Moskva missile armed cruiser. The battleships passed through the Suez Canal, where they had not been seen for the past 15 years, linking up, in the Arabian Sea, with a Pacific Fleet force, comprised of two large ASW ships, accompanied by a tanker. According to Black Sea Fleet Commander Adm. Vladimir Masorin, preparations took all of ten weeks "amid a financial crunch" with defence enterprises having to work on credit to get the warships ready for the exercise.[41]

Both groups set out on 6 April; the exercise was preceding satisfactorily, without mishap, which points to the proficiency of personnel. On 14 May, the naval exercise was combined with a command and staff field training exercise of strategic aviation. Two Tu-160 and four Tu-95MS bombers crossed the borders of several states and for the first time entered the air space over the Indian Ocean. Following target designation from the battleships, they hit two targets with precision-

40. R. N. Misra, *Indian Ocean and India's Security*, Mittal Publications, Delhi, 1986, p. 161.

41. "Indo-Russian relations: Continuing relevance," *News Online*, 10 May 2004 at website http:// news.indiamart.com

guided cruise missiles from a distance of approximately 3,000 km.[42]

The joint exercise of the two fleets and strategic aviation is designed to show the country and the world at large that Russia can defend its interests even far away from its borders, and that it has the necessary capability for this. South-East Asia and the Near East remains a zone of tension; this is where the main international terrorist bases are deployed, and so it is critical to be prepared for all contingencies.

The timing of such a large-scale and costly demonstration of flag was well chosen. Originally, the exercise was planned for February, but it was certainly not in Russia's interests to rattle the sabre in the area of the Iraq conflict. Now, amid a gradual revival of the Russian-US dialogue, somewhat frozen by the Iraq crisis, Russia is acting in Putin's trademark style. The exercise, as if by chance, coincided with the ratification of the strategic arms reduction treaty, the US pledge to abandon pressure on the "axis of evil" countries, and a new spiral in Russia-NATO co-operation. This is supposed to show that Russia is ready to co-operate with the West, but that it has its own interests and sufficient military capability to look after them.

True, this exercise is not only a demonstration of force. It is also a "casing out" of a potential theatre of operations, rehearsing interaction between various branches of service — the Navy, the Air Force, and the Space Forces. Yet another task is to practise action to counter large naval forces.

At present there is a large group of US and allied battleships in the Persian Gulf. So our servicemen have an

---

42. "Indo-Russian relations: Continuing relevance," *News Online*, 10 May 2004 at website http:// news.indiamart.com.

opportunity to hone their skills in target detection, EW and air-defence action. It will be recalled that on 24 April, a heavy military-purpose satellite lifted off from Baikonur with an area of responsibility in the Indian Ocean.

The next stage of the exercise will proceed together with Indian naval forces. In the second half of May the Russian battleships in the Arabian Sea are to team up with India's Western Fleet. Then they will move to the Bay of Bengal where they will continue the exercise with surface ships and submarines of the Indian Eastern Fleet. They will be looking for an enemy sub, represented by an Indian vessel. Then a rescue operation will be carried out. The Russian-Indian exercise will end with joint missile and artillery firing practice. Very close allies normally hold such large-scale manoeuvres with live firing. And this is further evidence that India is not simply the main buyer of Russian arms but also Russia's main strategic partner in the Asian region. Also, that the US presence in Afghanistan, Iraq, Georgia, and Central Asia could well be counterbalanced by Russian presence in the Indian Ocean.[43]

On 14 May 2004 Indian Foreign Minister Yashwant Sinha expressed his country's interest in joining the Shanghai Co-operation Organization. There is reason to say that a new, collective vector of force is emerging in the world, aimed to stabilize the existing world order.[44] India is a large and long-term market for Russia's defence exports and exports of oil and hydrocarbons. Russia has security and trading interests in the northern reaches of the Indian Ocean. A friendly India

43. For details see B.M. Jain, *India and Russia Pacific Affairs*, British Colombia University, vol. 76, no. 3, Fall 2003.

44. Viktor Miasnikov, "St. Andrew's Flag Flown in Indian Ocean," *The Moscow News*, N 5, 2005 (website: http://english.mn.ru/english).

straddling the Ocean rim is and would be a strategic asset to the Russian leadership.

FRANCE

France is only an extra-regional power, which maintains a standing force in the Indian Ocean. It has a distance of some 9,000 km, from its metropolitan borders. France is geographically present in the area in the Department of La Réunion, but also in six other groups, some of which are inhabited islands, others only rock. But whatever the importance of these territories may be, they carry with them a wide exclusive economic zone.

One may also note the deployment of the French Forces all over the world, and particularly in the Indian Ocean region, at strength of about 3,500 in La Réunion, Mayotte and Antarctica, and around 1,500 embarked on board the ships present in the Indian Ocean maritime zone.[45]

French Naval Forces Presence in the Indian Ocean

Two major factors which account for the deployment of French Naval Forces in the Indian Ocean are:[46]

(a) France has economic and political interests in the whole area.

1. The oil traffic, which follows two major routes flowing east and south bound from the Gulf, is of vital importance for the country's economy. Two-thirds of the whole Brent traffic passes in transit

---

45. Rahul Roy Chaudhary, op. cit., p. 114.

46. Le Capitaine de Frigate Alain Tual, Attaché de Defense, Ambassade de France, "French Naval Presence in the Indian Ocean," *African Defence Review*, Issue no. 19, 1994, website: http://www.iss.co.za/Pubs/ASR.

through the Indian Ocean and the Red Sea. Half of the world container ship traffic and one-third of the bulk carrier traffic flows through the Indian Ocean.

2. France is a state bordering on the south Indian Ocean through its overseas territories namely:
   - The Department of La Réunion;
   - The territorial community of Mayotte;
   - The scattered Islands in the Mozambique Channel; and
   - The French Austral and Antarctic Territories (TAAF).
3. Therefore, France has defence needs, sovereignty obligations and economic stakes in the contiguous Exclusive Economic Zones (EEZ). These cover 2,700,000 sq km, hence up to one-fourth of the French economic zones throughout the world.
4. France is a member of the Indian Ocean Commission (IOC), which is an organization for regional co-operation including France, Mauritius, the Seychelles, Madagascar and the Comoros.[47]

(b) France has ancient but lasting historical, cultural and defence ties in the whole area.

1. We keep alive privileged relationships with the countries with which we share a common history, language or culture.
2. France's international commitments with some of the countries bordering on the Indian Ocean,

---

47. J. P. Anand, "French Interest in Indian Ocean," *IDSA Journal*, New Delhi, October-December, 1979, pp. 185-86.

are a good illustration of its involvement in the area: defence agreements with Djibouti and the Comoros; military co-operation agreements with Saudi Arabia, Qatar, Madagascar, Mauritius, etc.

As a result of these international commitments France maintains six permanently deployed ships, the hard core of the French Indian Ocean Naval Forces, in that area. These are:

- A surveillance frigate in the southern zone;
- A light frigate in the northern zone;
- A fleet ocean patrol boat, operating in the economic zone of the French Austral and Antarctic Territories;
- Two support ships; and
- A light transport and landing ship.

Some smaller ships on station are dedicated to local commitments (patrol boats of 400 tons in Djibouti and Mayotte, and landing ship EDIC class in Djibouti.[48]

The total number of personnel working for the French Defence Department is 428,000, including 347,000 military professionals and 81,000 civilian personnel, in an all-volunteer force. The Army comprises 39 per cent (134,000 active military), Navy 12 per cent (43,000 active military), Air Force 17 per cent (61,000 active military), Gendarmerie (national police under military statute) 22 per cent, and joint services 10 per cent. The French Navy continues to patrol the Gulf of Aden and the Gulf of Oman. It has been monitoring commercial sea-lanes, detecting and boarding suspicious vessels, as well as escorting coalition boats through the area since December

48. Le Capitaine de Frigate Alain Tual, op. cit.

2001. France is the second largest contributor to the maritime task force in charge of this mission. 10,000 French forces are present in the Pacific region and the southern Indian Ocean, where they are controlling sea-lanes and protecting important areas for the preservation of natural wealth. They are also able to assist countries of the region ravaged by conflicts or natural disasters, such as the East Timor crisis or typhoons in Madagascar. French Army, Navy, and Air Force are involved in securing major public facilities, maritime approaches, and national airspace.[49]

PAKISTAN

Assisted by China and playing a puppet in the hand of United States, Pakistan is keen to penetrate through Indian Ocean. Pakistan is a developing country with limited resources but is being compelled to spend a fair amount of her earnings on maintaining a viable defence, owing to the plans and intentions of the neighbours. Pakistan is located in a hostile neighbourhood and has been the victim of aggression on five different occasions. In the last encounter Pakistan was split asunder by the military of the neighbour while the United Nations stood by helpless, as no national interests of the major world powers were involved. It must be realised that the burden of defence for all the countries of South Asia is damaging their economic and social progress. This burden will decidedly increase into the Indian Ocean region in the twenty first century. Genuine efforts should be made to curtail defence expenditure of all the states in South Asia.

Pakistan has one main seaport of Karachi, with a secondary one at Bin Qasim next door. By and large, both are using the

---

49. *National Defence*, Downloaded from the website of Embassy of France in the United States http://www.ambafrance-us.org, 3 February 2005.

same infrastructure. There are plans to build other ports along the coast further west, but this effort is hampered owing to paucity of funds. The port of Gwadar west of Karachi is being developed as a deep seaport but will take some time to complete and develop its potential. Its strategic location at the mouth of the Persian Gulf should be of some significant interest to all those nations whose economic and strategic interests require safe trading routes in and out of the Persian Gulf.

Pakistan Naval Presence in the Indian Ocean

The Pakistan Navy (PN), the second largest naval force in South Asia, will continue to strive to achieve qualitative parity *vis-à-vis* the Indian Navy (IN). The focus is on the acquisition of force multipliers such as missile-armed sub-surface forces as well as missile-armed maritime strike aircraft. Following the loss of two of its maritime strike aircraft in August and October 1999, the PN is expected to beef up its airborne maritime strike capability shortly. In the 1990s, the 26,000-man Pakistan Navy acquired sophisticated weapon systems from China, France, the US, the UK, and the Netherlands. In the first few years of the present decade, the PN is expected to acquire a number of weapon systems from China, France and Britain.[50]

In September 1994, Pakistan signed a naval arms deal worth $ 950 million with France. This was, by far, the largest naval arm deal ever signed by Pakistan. It comprised the acquisition of three advanced technology Agosta 90B submarines, a number of lethal anti-ship missiles and torpedoes to arm the boats, considerable technology transfers, and infrastructure development of the naval dockyard at Karachi

50. Rahul Roy Chaudhary, op. cit., p. 88.

(where the second and third boats are to be built). The Khalid, the first submarine of this class, launched in August 1998, was inducted into the PN in September 1999, and arrived in Karachi on 16 December 1999. Till September 1994, offers were being seriously considered from shipyards in France, Britain, Sweden, and China. Common elements of these offers were substantial technology transfer, and long-term credit facilities. The Khalid has been fully built at the French government-owned Direction des Constructions Navels (DCN) shipyard at Cherbourg. Although it was ready to sail for Pakistan in October 1999, the military coup in Islamabad on the 12th of the month delayed its departure for a few days (with the French Navy refusing to let it sail from Toulon). The second boat was to be assembled in Pakistan from three sections built at Cherbourg. These sections, two weighing 120 tonnes and the third 210 tonnes arrived by ship at Karachi on 20 May 1998. The third submarine is to be built fully at Karachi, using materials and equipment supplied by DCN. In April 1999, a Dutch-registered ship carried these items to Pakistan. The Pakistani naval chief, Admiral Abdul Aziz Mirza, had even planned for the commercial licensed production of three additional Agosta 90B submarines for export. This would effectively result in the maintenance of submarine construction facilities in Karachi for the production of additional boats for the PN.[51]

The Agosta 90B submarine is essentially a modernized version of the French Agosta-designed boat, incorporating new advances in endurance, acoustic discretion, propulsion and diving capability. The (Air Independent Propulsion) AIP

51. *The Statesman*, 10 December 1999.

is a non-nuclear auxiliary system which extends the submerged endurance of the submarine from three or four days to as much as two or three weeks.[52]

Pakistani submarine's single 200 kW closed-cycle steam turbine AIP is based on the French MESMA (Module d'Energie Sous Marine) system being developed by a consortium of companies comprising Bertin, DCN International, Framatome-Thermodyn, Technicatome, and Air Liquide of France, and E.N. Bazan of Spain.

The PN's SAMs are of Chinese origin. Moreover, virtually all of the Navy's patrol and coastal combatants are of Chinese origin, a number of which are armed with anti-ship missiles. It is also expected to acquire four modern frigates, and additional missile-armed patrol and coastal combatants from China shortly.

In May 1997 the PN commissioned the new Jinnah naval base at Ormara on the Makran coast, 200 km west of Karachi in Baluchistan province.[53] This is its second naval base after Karachi. A large portion of the navy's combat fleet is due to be shifted here, along with half its maintenance and repair facilities. It is also expected to serve as the main submarine base, including refit facilities. In addition, Pakistan is carrying out a major expansion of Gwadar port, about 300 km west of Karachi, with Chinese aid and technical (including design) assistance.[54] The port will subsequently be upgraded to a full-

52. Scott Richard, "Boosting the Staying Power of the Non-Nuclear Submarine," *Jane's International Defence Review*, November 1999, pp. 41-50.

53. Captain Asad Mansoor, "The Pakistan Navy — Custodian of the Country's Coastline," *Military Technology Special Supplement*, New Delhi, 1998, p. II.

54. *The Times of India*, 10 December 1999.

fledged naval base.

Pakistan is primarily a land-based power but she is also an important littoral state of the Indian Ocean. She cannot survive as a sovereign independent state by ignoring the sea, as some land-oriented military thinkers seem to advocate. She must take an active part in the Indian Ocean strategy by projecting her "military strength afloat", in maintaining viable and credible Naval forces capable of safeguarding the nation's vital interests during peace and war.

BRITAIN

Britain is vying with Russia by deploying naval forces and long-range maritime reconnaissance aircraft in the Indian Ocean. For this, she is trying to befriend the nations of South-East Asia, the Indian Ocean, and Persian Gulf and the Middle East. The British Foreign Secretary, Sir Alec Douglas Home, during his visit to India, said that British presence in the Ocean had greatly decreased after the Second World War due to the rapid decolonization of the region.

To safeguard her own economic and political interests in the region (in view of its old colonial connections), Britain, however, has maintained some low level military presence which cannot be claimed to deter the Soviet Union as claimed by some Western experts but it can certainly prove to be a useful supplement to the US presence in the region and serve the overall interests of US strategic posture in the region. A typical British point of view is: "the stability of the region has gone with the Europeans, largely with British dominance and the British responsibilities and interest did not end with the transfer of power." With the growth of regional navies and military power within the region Britain is apprehensive of a large number of conflicts in the region over a variety of issues.

It intends to reduce the intensity and frequency of those conflicts through diplomatic, economic and military means. It is also willing to play a development role in the region. Britain wants the sea communications free in Indian Ocean area and for that desires to meet with the five-power agreement with Australia, New Zeeland, Malaysia, and Singapore. As Britain had been getting all her oil from the Persian Gulf around the Cape of Good Hope, so Sir Alec expressed, "We must have a minimal naval presence."[55]

INDIA

The role that India has to play in the Indian Ocean area is crucially important. India has to feed the coastal area of the ocean with economic and military aid by exerting social and political influence. For that, she will have to become a self-dependent nation. Undoubtedly, India's location in South Asia hanging towards Indian Ocean compels her heartland to develop her economy in respect of civil and military requirements. For defence requirements India will have to produce new devices, new weapons (naval arms) for future use.

Subcontinental India has a coastline of 6,300 km with the island territories of Lakshadweep and Andaman and Nicobar islands adding another 1,200 km. When the new Law of the Sea is applied to the country's coastline, it gives India a staggering 2.2 million sq km of EEZ.[56] India's natural outlet is towards the sea, through which 95 per cent of its overseas trade passes. The country's sea lanes are economically important and serve as vital sea-borne trade routes through

55. Sharma Harvir, op. cit.

56. Sanhita Athawale, *India's Indian Ocean Islands*, ABC Publishing House, New Delhi, July 1991, p. 103.

the Indian Ocean. India's other maritime interests include high value assets in the form of offshore oil and the vast potential of minerals and seabed resources in the waters surrounding it. In addition, India has fishing interests in its EEZ, and the local shipbuilding industry has seen resurgence in recent years largely due to the Indian urge for self-reliance.

The growth of the IN has mainly been commensurate with the country's expanding maritime interests, and should be viewed in that light. The IN has come a long way since independence, when India inherited a modest collection of five frigates and six minesweepers. Rightly recognising the vital role the Navy would play in the maritime defence of the country, the development of the Navy started slowly and progressed gradually over the years.

The IN of today is a three-dimensional combat force which is capable of performing multifarious tasks. The teeth of the Navy are the ships, submarines and aircraft of its Western and Eastern fleets. The elements of the fleet include aircraft carriers, versatile missile destroyers, indigenous missile frigates and missile corvettes. The amphibious ships provide the Navy with a sealift capability. India operates a 130 ship navy, with 46,000 uniformed and 48,000 civilian personnel.

Present Indian Navy

Over the last three decades, the IN has established a capable in-house design organization which has designed a whole range of ships, including seaward defence boats, landing craft, landing ships, survey ships, corvettes and frigates. Particularly commendable achievements are the Godavari class frigates, the Khukri class corvettes and large 6,000 ton destroyers built and being built at Indian shipyards. The other indigenous construction programmes in India's shipyards include the Shishumar class SSK submarines, landing ships and missile vessels. As for the future, India has an on-going programme for the construction of frigates, corvettes, submarines and a fleet tanker to meet the force level requirements of the Navy. Keeping the considerable interests of the country and the prevailing environment in the Indian Ocean region in view, the requirement for a strong navy is evident.[57]

The Government of India proposes to buy 17 second-hand Sea Harriers from the Royal Navy of the UK. The Government has been collecting information whether there is surplus Fleet Air Arm Sea Harriers. Royal Navy Sea Harriers are said to cost $ 9 million each and they also suit Indian Navy's requirements. About 29 Sea Harriers are available for disposal. Indian Navy, at present, has 17 units of FRS 51 model. Indian Navy might consider going for total fleet replacement. Sea Harriers can also be used for operational roles. This will suit INS Viraat, as it can only carry Vertical/short take-off and landing aircraft of size of the Sea Harriers. These can also be deployed across the border.

It appears that the IN continues to have procurement problems with delays in both domestically produced weapons systems and foreign purchases; potentially impacting its self-envisaged roles of sea control and sea denial. Critical to New Delhi's push for blue water navy is the purchase of Russia's Admiral Gorshkov as a replacement for its ageing INS Viraat and possible further acquisition of additional carriers. With continuing slow procurement problems and the likely retirement of Viraat in 2007, further delays could mean gaps in operational coverage during a potential time of increased Chinese naval activity both in the South China Sea and in the

57. Vice Admiral Kailash Kumab Kohli, "Maritime Power in Peace and War — an Indian View," *Africa Security Review*, vol. 5, no. 2, 1996 (website: http://www.iss.co.za/Pubs/ASR/5No2/5No2/Contents.html).

Indian Ocean. A "banner year" for bilateral training exercises, 2003 was likely to be a model for future exercise planning. As a US partner in the war on terrorism, the IN did little that year other than bilateral training exercises to bolster anti-terrorism efforts.

The IN, the fifth largest in the world, was allocated approximately 18 per cent (US $ 3.57 billion) of the total defence budget in financial year 2003-04. It is struggling to find replacements for a fleet that is having vessels decommissioned due to old age faster than they can be replaced. Senior IN officers envisage that by 2010 the service will be a strategic force, centred on two aircraft carrier battle groups, nuclear-powered submarines and strategic bomber/ maritime strike aircraft, playing a dominant role in the Indian Ocean Region.

"The IN will principally be an ocean-going navy by the end of the decade, with few ships less than 1,200 tons," outlined a senior officer in *Mid-2003*. However, its strategic assets will determine its future role and power projection capability, particularly with regard to China, which the navy considers its principal adversary. India has a 5:1 advantage over the PN in terms of combat vessels, air assets and manpower and does not consider it a maritime threat; merely an "irritant" with limited sea denial capability. The IN is more concerned about having a strong presence in the eastern South China Sea to counter Beijing's growing influence in the Indian Ocean, Myanmar and on Pakistan's western seaboard, where China is helping to develop Gwadar port that will provide it access to the Persian Gulf.[58]

58. Lt. Gen. (Retd.) Sardar F.S. Lodi, *Indian Ocean and Our Security*, at website http://www.defencejournal.com/2000/mar/Indian-ocean.htm.

In military terms, the IN is one of the largest maritime forces in the region. India has played a crucial role in increasing maritime bonding by initiating numerous confidence building measures (CBMs). It conducts regular naval exercises with IOR and South-East Asian navies, and in 2004 held its second joint exercise with the Chinese People's Liberation Army Navy (PLAN).[59]

India has been spearheading a multilateral naval exercise, designated MILAN, since the mid-1990s. MILAN involves a series of exercises, includes participation from the Bay of Bengal rim states, and is conducted every year off the Andaman and Nicobar Islands. The MILAN series was institutionalized with the objective of achieving interoperability with ASEAN navies, allaying fears about the IN's growing influence in the Andaman Sea, and promoting goodwill between India and ASEAN countries. MILAN 2003, held in February, further highlighted India's commitment to this end. The exercise now includes navies from Myanmar, Singapore, Indonesia, Vietnam, Thailand, Malaysia and Australia.[60]

Maritime Doctrine

The naval doctrine was broader in scope, larger in spectrum and was less detailed than the army doctrine. The IN released the last official doctrine in April 2004.[61] While there are no records of any preceding doctrines from the Navy, there have

59. P.K. Ghosh, "Indo China Exercises: Unlikely Mates," *Asia Times Online*, website http://www.atimes.com, 19 November 2003.

60. Vijay Sakhuja, *"Naval Diplomacy: Indian Initiatives,"* Bharat Rakshak Monitor, New Delhi, Volume 6(1), July-August 2003.

61. "India's Army and Maritime Doctrines," Report of the Panel Discussion held at the Institute of Peace and Conflict Studies on 10 December 2004, Article No. 1589, New Delhi.

been strategy papers and directions from time to time.

The maritime doctrine has a twofold function. It is addressed to the navy as well as at the other two services. The doctrine emphasizes the navy's role in the overall defence framework. It sets out the issues applicable to the navy in general and also lays out the basic concepts and attributes of the maritime requirement. The point to emphasize here is that the maritime doctrine is not merely the naval doctrine, as the role of the navy goes beyond its functional military role into the realm of economics and diplomacy. The doctrine is meant to guide the IN and chart a path for its future developments with respect to force development and such issues. In Admiral Kothari's view, the perennial problem of the IN is that the seat of political power is New Delhi which is far removed from the seas and its general culture does not understand maritime issues.[62]

Sea Control and Sea Denial

The maritime doctrine remains important for laying the principle for sea-denial and sea-control. These are the two fundamentals of maritime security. Sea-control is an offensive posture where the seas are under one's control and this requires air-support. Sea-denial is a defensive strategy wherein extra regional powers should be denied access to the seas. This is achieved more through submarines. In fact, "Sea-Control" and "Sea-Denial" are two sides of the same coin. The India's objective should be to achieve sea-control; however, ground realities today are different.

The great oceans of the world have at least two or more

---

62. "India's Army and Maritime Doctrines," Report of the Panel Discussion held at the Institute of Peace and Conflict Studies on 10 December 2004, Article No. 1589, New Delhi

littoral states with both maritime and economic strength to provide a power-balance. But in the Indian Ocean it is only India among its littoral states which alone has the economic potential, military strength and the political will to dominate this vast expanse of water.

The maritime dimensions of India's security, the ability to confront a large, modern and powerful naval force of extra-regional powers and causing it to desist from actions inimical to India's strategic interests in the IOR would have to be provided for. Such a capability would necessarily be large, three-dimensional, modern and expensive but affordable through judicious planning by a rising great power. It would have to consist not only of a strong and modern navy, but also of the industrial, scientific and infrastructure strengths of the country in the full range of maritime applications such as shipbuilding, ports, fisheries, shipping, etc.; in other words, the totality of the nation's sea power. Admiral V. S. Shekhawat, in his intensive thematic presentation "Maritime Dimensions of India's Security — The Future"[63] shares the same view.

63. "Maritime Dimension of India's Security," *Strategic Affaires*, New Delhi, No. 0018, April 2001 (website: http://www.stratmag.com/issueApr-1/page06.htm).

6

Armaments and Armed Forces with Reference to the Indian Ocean

To be secure on land, we must be supreme at sea.

— Jawaharlal Nehru

INDIA has been exercising control over the export of material, equipment and technology of direct and indirect application to Weapons of Mass Destruction and the means of their delivery. In fact, the first control over exports of such materials was effected in 1947 in the context of control on export of monazite and thorium nitrate. India's first Prime Minister Pandit Jawaharlal Nehru set out the basis for future controls over strategic exports by noting at the time that the export was "not merely a financial matter. It has international implications. . . . It is desirable for the Government of India to prohibit the export of monazite and thorium nitrate from India (and) this would mean that any export would be in accordance with the explicit permission of the Government of India and subject to the conditions laid down."[1]

India's scientific, technological and industrial capabilities have matured to a stage where India is now a user and

1. "Disarmament," downloaded from the official website of Ministry of External Affairs, Government of India, New Delhi, at http:// meaindia.nic.in. on 21-11-2004.

producer of a range of dual-use materials, equipment and technologies. This maturation calls upon India to extend itself further as a responsible member of the international community with regard to uncontrolled proliferation of these dual-use products and technologies. India has therefore instituted a domestic regime to prevent the illegal export of dual-purpose items and technologies through the creation of laws and an inter-departmental administrative mechanism.

Near the end of Second World War, on 6 August 1945, the United States dropped the first atomic bomb on the Japanese city of Hiroshima. It followed with a second bomb on the city of Nagasaki on 9 August. According to US estimates, 60,000 to 70,000 people were killed by the Hiroshima bomb, called "Little Boy," and about 40,000 by the bomb dropped on Nagasaki, called "Fat Man."[2] These are the only times that a nuclear weapon has been used in a conflict between nations.

Although India first tested a nuclear explosive in 1974 (euphemistically called the PNE), for "peaceful nuclear explosive" it did not become a nuclear weapons state — in the sense of having the ability to deliver nuclear weapons until 1986-88 when, according to Dr. Sanjay Badri-Maharaj, author of *The Armageddon Factor*, a rudimentary delivery system was in place.[3] This presumably refers to a developmental delivery system based on the Mirage 2000 that began development in 1986, after an attempt to integrate a DRDO-developed nuclear bomb with the Jaguar fighter-bomber failed. This system provided India with a usable but limited nuclear weapons capability, but the weapon system did not actually enter service

2. *Microsoft Encarta Reference Library, 2004*, at website http://www.encarta.com.

3. *Indian Express*, 18 June 2000.

until it passed a full field drop test in May 1994 at Balasore, though most observers thought that this milestone had been passed years before.

Many developing countries are trying to exert greater control over the oceans close to their shores both by building up their own armed forces and by changing international law to protect their economic and security interests. This tendency is most obvious at the UN conference on the Law of the Sea, which has been meeting since 1974, but it is also reflected in proposals to establish zones of peace in the Indian Ocean and elsewhere. As has often been pointed out, the existing Law of the Sea, like other aspects of international law, was developed long before many of the Third World states became part of the international system. Consequently the Third World states went to the Law of the Sea conference determined to play an active, aggressive role in the formation of a new law in place of the old timeworn sparse rules which had left unlimited freedom to a few maritime powers to use and abuse the oceans according to their own selfish interests.[4]

The major thrust of the Third World countries was to gain control over the resources on the seabed along their coasts. A consensus emerged for the establishment of a 200 nautical miles (370 km/230 miles) economic zone round the coasts of maritime states in which they would have control over seabed resources and a great deal of control over the fishery resources above the seabed. The more difficult questions were how the 200 nautical miles limit should be measured, particularly round

4. R.P. Anand (ed.), "Winds of Change in the Law of the Sea," *International Studies*, Radiant Publisher, New Delhi, April-June 1977, p. 215. See also B. Sen, "Law of the sea: New Problems and New Solutions," *India International Center Quarterly*, New Delhi, January 1977.

islands and archipelagoes, and what should be done about the economic resources beyond the 200 nautical miles (370 km/230 miles) limit.[5]

The major maritime powers have accepted the notion of establishing such economic zones but they wish to reserve the freedom of the high seas both for their merchant and warships and the right of passage through straits, should the territorial sea be expanded to 12 nautical miles (22 km/14 miles) as most states want.[6] This is particularly important because the 130 areas, which were formerly part of the high seas, will become straits if the 12 nautical miles territorial sea becomes universal. The high seas freedoms stipulated in the 1958 convention on the Law of the Sea were the freedom of navigation and over-flight, the freedom to fish, the freedom to lay submarine cables and other generally recognized customary international freedoms.[7] Many Third World states are however, less than sympathetic towards these freedoms. As one Third World commentator wrote: "The smaller states are concerned about naval-military operations and manoeuvres, testing of rockets and missiles; using the high seas as a dumping ground, particularly for radioactive wastes; stationing and operation of submarines armed with nuclear missiles; the so-called data-gathering by electronic procedures along the coasts of other countries; and various other questionable activities. Moreover, freedom of the high seas came to be transformed into a licence

5. Uwe Jenisch, "The Law of the Sea and the Maritime Interests of the Federal Republic of Germany," *Aussen Politik*, 1976, no. 1, p. 13.

6. Ibid., p. 10. See also B.A. Lapointe, "Law of the Sea Advanced but Much Remain to be done," *International Perspectives*, November-December 1974, p. 21.

7. Report of the First UN Conference on the Law of the Sea, Geneva, 24 February to 27 April, 1958, London, HMSO, Cmnd, 584.

to over-fish and pollute.[8]

Consequently "most of the coastal states are seriously questioning the value of the doctrine of freedom of the seas, which, howsoever useful it might have been in the past, has become outdated and "tyrannical today."[9]

It is possible to conceive of an outcome to the Law of the Sea conference which would, therefore, restrict the entry and exit of ships into out of the Indian Ocean. If the conference had agreed on a 200 nautical miles territorial limit and had not made special provisions for passage through straits, the time and effort required by the Great Powers to pass their ships and boats into the Indian Ocean could have been greatly increased. From the Atlantic, the Ocean is entered round the Cape of Good Hope and, with a 200 nautical miles territorial limit; the South African Government could have made the entry of warships into the area a more burdensome business. Many states accept the right of innocent passage through their waters but some do not, and such passage requires that submarines should surface and there is no automatic right of military over-flight.[10] From the Pacific the Indian Ocean can be entered through a number of different straits of which the Straits of Malacca is the most important. The Government of Indonesia has already from time to time attempted to exert control over these Straits[11] but its right to do so could have been considerably strengthened by the Law of the Sea

8. R.P. Anand, op. cit., p. 209.

9. Ibid., p. 210.

10. D. O'Connell, "The Influence of Modern International Law on Naval and Civil Operations at Sea," The United States Naval Institute Proceeding, May 1977, p. 168.

11. Philip Towle, *Naval Power in the Indian Ocean: Threats, Bluffs and Fantasies*, Canberra, Australia, 1979, p. 54.

Conference. In the event it appears that, if agreement is reached at the Law of the Sea Conference, it is likely to protect the movement of ships of all sorts through the high seas and through straits joining one area of the high seas with another.[12] Nevertheless, it is fair to say that while, "the traditional prevailing philosophy was that of *mare liberum,* in which the seas were essentially free; current trends are towards the unilateral extension of claims and controls over the oceans in the direction of an increasingly closed sea, a *mare clausum.*"[13]

Moreover, observers have questioned whether a massive naval presence of offensive forces will henceforth be legally possible, other than in the territorial waters of already friendly and aligned states. . . . It is more likely that there will be an increased awareness among all major maritime powers that displays of naval force are less useful than in the past, and may become increasingly counter-productive, especially with respect to Third World countries.[14]

International law is thus altering in conformity both with movements in international opinion and with changes in military technology — the freedom to move warships across the high seas has been protected but is increasingly circumscribed both by law and international opinion. It is, moreover, perfectly possible that, as traffic on the oceans continues to increase, ships of all sorts will frequently be restricted to certain sea lanes.

---

12. Garry H. Knight, *"The Law of the Sea and Naval Missions,"* The United States Naval Institute Proceeding, June 1977, p. 38.
13. R. McGeehan, "Strategic and Security Implications of a New Ocean Regime," *Strategic Review,* IDSA, New Delhi, Winter 1977, p. 87.
14. Ibid.

It is against this background of growing interest in the law if the sea that those proposals for establishing an Indian Ocean Peace Zone (IOPZ) must be considered. On the one side, some of the developing countries near the Indian Ocean hope that they might obtain some of the benefits from establishing an IOPZ that they wanted but were likely to fail to achieve at the Law of the Sea Conference. Amerasinghe, the Sri Lankan representative at the UN who did so much to push the notion of a zone of peace in the Indian Ocean, was also for a long time the Chairman of the UN Conference on the Law of the Sea. On the other hand, the maritime powers are determined that the process of closing the world's oceans to their warships should not begin in the Indian Ocean. If a large oceanic area were closed to warships of the great powers, or if the littoral states could decide which warships should enter the area, this would completely change the law of the sea. A bilateral US-Soviet agreement to limit their naval or military presence in the Indian Ocean would not have the same effects on international law as an IOPZ adhered to and supported by a great number of states. It is precisely for this reason that the maritime powers have preferred this solution if they should decide, or be persuaded, to establish an arms control regime covering the Indian Ocean area.

After the Manila Treaty establishing SEATO was signed in September 1954, Nehru said, "We in India have ventured to talk about an area of peace. We have thought that one of the major areas of peace might be South-East Asia. The Manila Treaty rather comes in the way of that area of peace."[15] Nehru's comments reflected the Indian idea that military alliances, even if purportedly defensive, made an area inherently unpeaceful.

---

15. Rose, Bond, Wilcox, *Asia and the International System,* Winthrop Publishers, Cambridge, Mass., 1972, p. 68.

Indian spokesmen, such as Krishna Menon, also suggested that a zone of peace would involve the absence of nuclear weapons and that the states in the area should not be depend on military or economic aid from one of the main alliances. Mr Khrushchev gave a very different twist to the phrase when he called, at the 20th Congress of Soviet Communist party, for the establishment of a zone of peace combining the Third World and socialist bloc.[16]

The great powers are unlikely to invade the territory of a littoral state against the wishes of that state. On the other hand, littoral states might want to invite foreign naval forces to an area to give them support against threats from neighbouring states. There is some tendency in the West to play down littoral support for the IOPZ because it is widely known that many littoral states support the zone in public, while making it clear that they would be very concerned if it were ever realized. Others however have been more forthright. The Sri Lankan President, Junius Richard Jayawardene, has been quoted as saying "I don't know if we want the Americans to get out of the Indian Ocean. If there is a change in India and there is some threat to Ceylon we might need Diego Garcia."[17] Coming as it does from the leader of the state, which originated the IOPZ proposal, this carries particular weight. Nevertheless, it is too much to say, as some US writers have done, that the Indian Ocean has, for nearly five centuries, been accustomed to the presence of outside navies — Portuguese, Dutch, French and British. The idea of an external naval presence is, therefore, nothing new and

16. L.W. Martin (ed), *Neutralism and Non-Alignment*, The New States in World Affairs, Praeger, New York, 1962, p. XIX.

17. R.J. Hanks, "The Indian Ocean Negotiations, Rocks and Shoals," *Strategic Review*, IDSA, New Delhi, Winter 1978.

consequently requires little in the way of justification. Although much publicity has been given to the proposal, first mooted by the Sri Lanka government, of making the Indian Ocean a zone of peace, free of great power naval presence, the littoral countries of the Ocean have in fast become accustomed to the presence of foreign ships "in its waters and have come to accept the existence of these ships."[18]

The Indian Navy

The Indian Navy's responsibilities include a wide spectrum of the country's maritime interests. These include a coastline of 7600 km and an Exclusive Economic Zone (EEZ) of over two million sq km in which the country has sovereign rights to explore and exploit economic assets without encroachment or hindrance from others. The country's overseas trade is more than 300 million tonnes and almost all of it is carried across the seas, to and from twelve major ports, and dozens of smaller ones on either coast. India has island territories on both seaboards. To the east lie the Andaman and Nicobar Islands stretching 700 km from north to south and more than 1,100 km from the Indian mainland. The southernmost island is only 145 km from the Indonesian coast while in the north, Myanmar (Coco Islands) lies only 35 km away. In the west are located the Lakshadweep group of islands occupying a strategic location. India's merchant marine exceeds 7 million tonnes comprising nearly 450 ships. The country shares maritime boundaries with seven Indian Ocean littorals. More than 65 per cent of its oil and gas energy needs are met by import from across the seas.[19]

---

18. Alvin J. Cottrell and R.M. Burrell, "The Soviet Navy and the Indian Ocean," *Strategic Review*, New Delhi, Fall 1974.
19. *SP's Military Yearbook 2003-04,* at website http://www.guidepublications.com, New Delhi, p. 123.

Thus, India is truly a maritime nation and the sea is critical to its survival and prosperity. The Indian Navy ensures that these interests are adequately safeguarded in peace and in war. It is also one of the elements of the triad, which India seeks to develop to safeguard its interests as a nuclear weapon state.

The growth of Indian Navy in the last five decades has been quit remarkable. In a short span of less than fifteen years after Independence, it had growth into a credible force with capability to deploy in the high seas for fairly long periods. The plans catered for building a balanced force capable of meeting a wide variety of tasks, on the British model. These plans progressed reasonably well until the late 1980s by which time the navy had acquired a size and potential which invited worldwide comment. With two aircraft carriers, 18 submarines and an equal number of frigates and destroyers and a nuclear submarine on lease, the Indian Navy had come a long way from the few sloops and minesweepers that it had when the British left India. Several more ships were on order. This momentum was however severely shaken at this time due to financial constraints and the collapse of the erstwhile USSR, the major supplier of hardware. One of the two aircraft carriers had to be scrapped and other force levels declined. As a result of orders placed in the last few years, new acquisitions are now beginning to materialize but it will take many years for the navy to recover from the decline suffered in the 1990s.

A new dimension of the maritime environment is the increasing incidence of piracy at sea which is fast assuming the form of maritime terrorism. There is a close linkage between such piracy, the smuggling of drugs, gun running and movement of illegal human cargoes, all of which fuel and sustain terrorism. Supply of arms and ammunition to the LTTE throughout the Sri Lanka insurgency came from the sea and was, in turn, funded by the narcotics trade from Myanmar. Located between two major drug producing centres of the world, the Golden Triangle on the east and the Golden Crescent in the west, India is critically placed in the centre of this nefarious activity. Low profile forces such as maritime police and Coast Guard cannot cope with these menaces which are becoming more sophisticated and determined. With the Al-Qaeda network now beginning maritime terrorism, the Navy has to play a much more active and involved role in countering these new threats than it has done so far.

As India progress into the next century, there is a need for the navy to focus more on technology and modernization of systems and intelligence, surveillance and reconnaissance (ISR). Budgetary allocations of the last few years indicate a steady growth in the investment being made in the navy. Despite financial constraints, the navy's budget has grown nine times in the last sixteen years. This is still not enough to meet the needs of a service that requires growing, but, given the constraints, is an indication of the political awareness of this need. In the global war against terrorism, the Indian Navy has participated usefully in joint patrols in the Malacca straits in co-operation with warships of the US Navy, and such deployments are likely to become a regular feature.

STRATEGY AND DOCTRINE

The Indian Navy has a strength of some 95,000 personnel, including 40,000 civilians and over a hundred ships. It is organized into three regional commands which are:

Western Naval Command (WNC)

WNC's HQ is in Mumbai. The WNC is the sword arm of the Indian Navy, and naval operations conducted on the western seaboard is central to the outcome of any conflict at sea during war. The flotilla at the WNC is based under Flag Officer Maharashtra Area (FOMA) and provides naval defence in the sensitive north Arabian Sea. The WNC is equipped with submarine pens, a carrier dock and main dockyards. At Lakshadweep, in the Laccadive Islands, there is a patrol craft base. Shipbuilding facilities on the western seaboard include Mazagon Dock Ltd in Mumbai, Goa Shipyard Ltd and Cochin Shipyard Ltd in Kerala, which is India's largest dry repair dock.

Binaga Bay near Karwar (midway between Mumbai and Cochin) is the site for Project Seabird, a new naval base which will eventually become the WNC's headquarters. It is being developed to help relieve congestion at the naval base in Mumbai and will have facilities for the berthing and repair of the fleet and other strategic assets. Additional facilities such as naval air stations could also be provided within the base area. The first phase of the project is due for completion by 2005.[20]

Eastern Naval Command (ENC)

The ENC's HQ is in Vizag (Visakhapatnam). The ENC is a full-fledged operational command, whose primary role is to safeguard against aggression on the eastern front and provide security to Indian territory, ports, harbours, oil platforms and other maritime assets and resources in India's EEZ. Over 200 merchant ships, carrying vital cargo including 10 million barrels of crude oil, transit through the Malacca Straits every day. These vessels depend on the Indian Navy for their safe passage. The ENC also assists the Coast Guard in anti-poaching and search and rescue operations in these waters. Displaying a

20. "Western Naval Command" at website http://www.bharatrakshak.com/navy/wnc.html on 26 December 2004.

sustained presence of naval forces in the area of responsibility is thus another vital functional requirement of the ENC. The Command came into existence in June 1971 with the basing of a small naval force at Vizag and initially comprised the aircraft carrier INS Vikrant, a few escort ships and some amphibious ships. Today, the Fleet has metamorphosed into a composite force with multifarious capabilities which include guided-missile destroyers/frigates, missile corvettes, anti-submarine vessels, amphibious warfare ships and offshore patrol vessels. The ENC is also home for the Indian Navy's submarine arm, which includes a submarine base as well as a submarine training school. Shipbuilding facilities include the Garden Reach Shipbuilders & Engineers (GRSE) in Kolkata and Hindustan Shipyard Limited (HSL) in Vizag.[21]

Southern Naval Command (SNC)

The SNC's HQ is in Cochin (Kochi). The SNC is the Indian Navy's main training command and is equipped with professional naval establishments, a naval air station, and a ship repair yard. It is also home to INS Dronacharya, a trials establishment centre. It is here where naval variants of the Trishul SAM are tested. The base also undertakes training of naval and coast guard personnel in all aspects of naval missile and gunnery systems.[22]

Andaman & Nicobar Naval Command

The Andaman & Nicobar Command (ANC) HQ is at Port Blair. The ANC, which became operational on 8 October 2001, is an operational unified tri-command which is being used to

21. "Eastern Naval Command" at website http://www.bharat-rakshak.com/navy/enc.html on 26 December 2004.
22. "Southern Naval Command" at website http://www.bharat-rakshak.com/navy/snc.html on 26 December 2004.

monitor & counter military and terrorist activities in the Bay of Bengal and the adjoining waters. Lying 1,190 km east of Chennai, the ANC is also viewed as countering Chinese monitoring centres in Myanmar. Although operational, constructing & equipping the base will take longer. Command of the ANC will rotate among the three services.[23]

The Indian Navy is the world's seventh largest navy. India enters the twenty-first century with a small but formidable regional naval posture. Long considered a "blue water" navy, the Indian Navy faces major challenges as many of its major vessels near the end of their service lives.

In view of India's growing dependence on the sea and the evolving strategic environment in the Indian Ocean, the primary missions of the IN are expected to be:

- The security and stability of SLOCs in the Indian Ocean (especially the security of energy supplies from West Asia to India);
- The effective conduct of the surveillance of the extended maritime zones and to ensure the safety and security of India's maritime assets;
- To promote maritime and naval co-operation in the Indian Ocean;
- To defend the state from naval threats and challenges; and
- To deter the use of nuclear weapons.

The Indian Navy has four major roles for itself — sea-based deterrence, economic and energy security, forward

23. "Andaman & Nicobar Naval Command" at website http://www.bharat-rakshak.com/navy/anc.html on 26 December 2004.

presence, and naval diplomacy.[24] In terms of preventive sea-based deterrence and dominant manoeuvres, the IN aims to possess sufficient maritime power "not only to be able to defend and further India's maritime interests," but also "to deter a military maritime challenge posed by any littoral nation, or combination of littoral nations of the IOR, and also to be able to significantly raise the threshold of intervention or coercion by extra-regional powers."[25] For the mission of economic and energy security, the Indian Navy must be "equipped with the capability to carry out surveillance over vast tracts of the ocean, and must have the wherewithal in terms of ships, submarines, aircraft, and long-range precision munitions to be able to escort, support or rush to the assistance of commercial and energy assets in distress."[26]

The Indian Navy's Strategic Defence Review goes on to make the point that "though power projection may not be entirely necessary in India's present context, the requirement for "presence" in areas of interest, crisis or potential conflict would surface regularly, and the Indian Navy must be capable of fulfilling this role very effectively indeed."[27] It then notes that recently "the Indian Navy was conspicuous by its absence in hot-spots such as Aden and the Gulf, affecting both the progress of events ashore as well as evacuation of Indian nationals."[28] In terms of naval diplomacy, the SDR states, "in the multi-polar world, the scope for naval diplomacy has been considerably enhanced. The IN must be increasingly used to

---

24. "The Maritime Dimension — A Naval Vision," Indian Navy, *Strategic Defence Review*, New Delhi, 20 May 1998, pp. 34-35.

25. Ibid., p. 34.

26. Ibid.

27. Ibid., pp. 34-35.

28. Ibid., p. 35.

support national diplomatic initiatives in the region and beyond."[29] At the same time, it concludes, somewhat simplistically, "given the global, regional and military realities that India faces, and the enormity of its maritime interests and threats, it would suffice to state that India's maritime strategy should be to consolidate its maritime power over the next 25 years."[30]

The IN's SDR studiously refrains from using the term "blue water" navy, although it clearly implies such a force for the IN, especially when it emphasizes that the "aircraft carrier will be central to the concept of maritime operations in the twenty-first century."[31] There are differing views whether the IN today is truly a blue water force, especially as it actually spends a proportionately large part of its time on traditionally "brown water" tasks, the responsibility of the Coast Guard. It is perhaps inevitable that with such a perception of its own role, the IN advocates a review of the role and the requirement of the Coast Guard, recommending, as an interim step, manning "by naval personnel to a large extent," and winding up of the Coast Guard, placing special emphasis on the argument that "India just cannot afford the luxury of two maritime services under the same minister."[32]

If a blue water navy is broadly defined as one capable of operating independently at some distance from the coast, the IN clearly comes in the blue water league, more so with its continuing stress on carrier air operations, although not in

---

29. "The Maritime Dimension — A Naval Vision," Indian Navy, *Strategic Defence Review*, New Delhi, 20 May 1998, p. 35.
30. Ibid. pp. 33-34.
31. Ibid. p. 50.
32. Ibid. p. 47.

the league of some American, European, and Asian naval powers. In the absence of nuclear-powered submarines, the IN also emphasizes the concept of "balanced capabilities," rather than a "balanced fleet." In November 1999, Admiral Sushil Kumar, went a step further by advocating the departure from a "low-grade blue water" force to the development of a "full-fledged blue water" capability in the next ten years (presumably including the deployment of the first nuclear-powered submarine)."[33] The IN of 2010 will also need to be adequately armed and equipped to take advantage of the RNA underway, especially in terms of Information Technology (IT) and offensive and defensive IW. The IN has been working on these areas since late 1996. Subsystems for air, surface, and underwater platforms are being acquired. Larger financial investments on "force multipliers" are also being made. In 1998, the IN commissioned its first IW Air Squadron."[34]

The IN's formal doctrine, brought out for the first time by Admiral Sushil Kumar, in 2000, was expected to highlight three aspects of operations — naval diplomacy, rapid reaction manoeuvrability along with concentration of firepower, and land-attack capability to influence the war on land. The latter will go beyond the traditional confines of Indian naval missions, to actually enable the projection of military power deep inland from the sea. "Littoral warfare" and "joint operations" are expected to be the "mantra" of the Navy in the future. In this respect, naval submarines, surface ships, and aircraft are increasingly expected to deploy long-range land-attack weapons in the near future. Such missions would

33. *The Times of India*, 15 November 1999.

34. Rahul Roy Chaudhary, "Huge Demands Made on India's Depleted Navy," *Jane's Navy International*, Knowledge World, New Delhi, April 1999, p. 28.

also necessitate virtually real-time satellite imagery and communications, along with increased interaction with the Air Force and Army. Nonetheless, the possibility thereby of unleashing a nuclear attack by Pakistan or China (in reaction to a conventional Indian attack) would need to be factored into the calculation of such missions.

LEVELS OF THE NAVAL FORCE

For forty years, the Union Cabinet has not altered the officially sanctioned force level for the IN. Laid down in 1964 (in the aftermath of the 1962 Sino-Indian war), it stipulated a force of fifty-four principal combatants, comprising two aircraft carriers, twenty-eight destroyers and frigates, and twenty-four submarines,[35] a level not reached hitherto. In 1990, the IN, at its largest size ever, comprised only forty-four principal combatants. The next ten years saw a major setback to the modernization and expansion plans of the IN, due largely to the chaos that followed the disintegration of the Soviet Union, and the implications of the financial crisis in the country in 1991-92.

The chaos caused on the operational status of the Navy by the disintegration of the Soviet Union may well be gauged from the fact that in early 1995 twenty-five of the Navy's forty principal combatants were of Soviet origin; comprising fifteen conventional submarines and ten surface combatants. A number of corvettes, missile boats, land-based MR planes, and ship-based ASW helicopters were also built in the erstwhile Soviet Union. In addition, the missile systems aboard these vessels, as well as on Indian-built principal surface combatants, originated from the erstwhile Soviet Union. There thus ensued

35. Standing Committee on Defence, "Ministry of Defence: Demands for Grants, 1996-1997, First Report," *Eleventh: Lok Sabha*, Government of India, New Delhi, August 1996, p. 4.

a grave disruption of the transfer of much needed spare parts and sophisticated arms.

As a result of the financial crisis of 1991, defence expenditure, which was already decreasing from a high of 3.59 per cent of GDP in 1987-88, declined to as low as 2.17 per cent in 1996-97. Consequently, the IN's budget suffered. In effect, during the entire 1990s, the only naval arms acquired from abroad were three Type 877 EKM Kilo-class submarines, one Veer-class corvette, and one replenishment tanker from Russia; three Sea Harrier combat aircraft and an old Leaner-class training ship from Britain; and two patrol boats from Israel.[36]

While this may have been explained in terms of the IN's gradual, but painful, transition from a "buyers" to a "builders" navy, even the latter was inadequate, in terms of both the construction of warships as well as the number of orders placed for their acquisition. During the 1990s, only eighteen Indian-built warships were commissioned. In addition to the six warships acquired from Russia and Israel this totalled twenty-four warships commissioned in the 1990s, far less than the number of warships decommissioned. In effect, less than three warships were commissioned annually in the 1990s. Whereas the indigenously built destroyer Delhi was the first principal surface combatant to be commissioned (15 November 1997) into the IN after a gap of nearly ten years (since the commissioning of the ex-Soviet Ranvijay destroyer in January 1988), the Sindhurakshak was the first submarine to be acquired after three-and-a-half years (since the commissioning of the Indian-built Shankal HDW boat in May 1994).

---

36. Rahul Roy Chaudhary, "India's Maritime Security," Knowledge World, New Delhi, June 2000, p. 128.

If the Navy is required to maintain a fleet of 120 ships where the average lifespan per ship is about 20 years, then there will be a need for CCPA sanction at the average rate of six ships per year, just to meet the replacement programmes of the Navy. For the Navy to maintain force levels commensurate with increased responsibilities and consistent with the threat perceptions, there will be need to commission an average of eight ships per year to sustain the force levels.[37]

However, according to the Parliamentary Standing Committee on Defence, which receives briefs from the MOD, no major warship order was placed on Indian shipyards during the ten-year period 1986-96.[38]

The defence budget for 2003-04 was Rs. 65,300 crore (appx. US Dollar 13.60 billion at Rs.48 to a Dollar); of this the Navy's share was approx. Rs.13,595 crore (US Dollar 2.83 billion). Out of this, Rs.5,143 crore (US Dollar 1.07 billion) was for revenue expenditure and Rs.8,452 crore (US Dollar 1.76 billion) for capital account. The minimal increase in the defence budget, that year, was on account of Rs.9000 crore having been returned by the defence services from the last year's budget. The 2003-04 year's budget did not even cover military inflation which was nearly 3 to 4 per cent more than the wholesale price index based on inflation. The Finance Minister however stated that shortage of funds would not be allowed to hit the modernization plans of the armed forces and more money would be allotted if required.[39]

---

37. "Ministry of Defence — Demand for Grants," Fourth Report, *Tenth Lok Sabha*, Government of India, April 1995, p. 15.
38. "Ministry of Defence — Up gradation and Modernisation of Naval Fleet 1998-99," Third Report, *Twelfth Lok Sabha*, Government of India, 21 December 1998, p. 4.
39. *SP's Military Yearbook 2003-04*, Guide Publications, New Delhi, p. 128.

Orders for an aircraft carrier, to be built indigenously, were placed on the Cochin Shipyard in 1997 but progress has been slow, largely due to revision in staff requirements. It seems that the final go ahead has now been given for a 32,000 tonnes ship, which may be commissioned in 2012 or so. Meanwhile, despite an inter-governmental agreement having been signed five years ago for the purchase of the Russian aircraft carrier, Admiral Gorshkov, the final contract is still to be signed. The vessel would be gifted free but the cost of refitting and modernizing the ship before delivery is under discussion. It was reported that this deal could be finalized in the 2003-04 fiscal and the ship delivered by 2006. This platform will operate a mix of MiG-29K aircraft and Ka-28/3 1 ASW and AEW helicopters. Three frigates of the Talwar class (modified Krivak hull design) are being built in Russia. The first of these was to be delivered in 2002 but has been delayed. All three ships were likely to be inducted between 2003 and 2004. At the Mazagon Dock Ltd (MDL), six ships are on order. Three of these are of the project 15A design, which is follow-on to the Delhi class ship already built and delivered. The other three are of the Project 17 design which is said to incorporate several stealth features. These ships can be expected to be inducted in the next seven to twelve years. While the Talwar class frigates will be equipped with the 300 km 3M-54EI "Klub" missiles, all Indian built ships will be fitted with the Brahmos PJ-10 cruise missile, the first system being slated for retrofit in the destroyer Rajput during that ship's refit beginning in 2003. Meanwhile, the Klub system has already been fitted in four of the ten "Kilo" class submarines and all ten could be equipped in this manner by 2006. At the Garden Reach Shipyard in Kolkata, the second of the Brahmaputra class frigates, INS Betwa, got delayed and was expected to be commissioned in 2003 followed by Beas in 2005.[40] Unhappy with this delay, the Navy has decided to discontinue the frigates building programme at that yard. This may be a short-sighted step, as it will force acquisition of some ships from foreign sources for several years to come. Two more missile corvettes of the Khukri class, Kulish and Karmukh, have now been completed and a new design for a 1500 tonnes ship is being progressed. The same yard has also built three of four FACs of the Super Dvora class and the fourth is to be delivered shortly. It has already built several survey vessels and more are under construction.

As for submarines, two vessels of Project 75 design were ordered on MDL in 1997. Due to various difficulties, a suitable package for these boats could not be identified. There were also competing proposals on the design to be chosen consistent with the Navy's 30-year submarine plan. It has now been decided that MDL will build a series of boats with the Scorpene weapon package and AIP. At least six such boats may be built in the first lot and one or two may even be purchased outright. There are also plans to begin a second submarine production line where submarines, possibly of Russian design, could be built. This proposal is still to take concrete shape.

Project ATV, the indigenous nuclear powered submarine programme, is behind schedule but continues to move along. Several activities in Visakhapatnam, where the sections would be assembled, are not ready. A 2008 time frame of induction is being quoted. There are also reports that the development of a suitable missile system for the ATV is well advanced.

---

40. *SP's Military Yearbook 2003-04*, Guide Publications, New Delhi, pp. 128-29.

Meanwhile reports of the Navy leasing two Russian nuclear submarines have been in the air for some time.

Work on the new naval base in Karwar was progressing satisfactorily and the first usable facilities were expected to be available by 2005. Work on the two massive breakwaters is well advanced and dredging and associated works are ongoing.

In regard to Naval Aviation, the Navy has placed orders for the second lot of Ka-31 helicopters, and reportedly, for some more TU-142M MR/ASW aircraft. There are reports that some Tu-22 aeroplanes might be inducted, which would extend the Navy's reach very considerably. Induction of some Barak-M anti-missile systems is in progress. In an unfortunate accident, the Navy lost two IL-38 ASW aircraft during a fly past ceremony.

The Navy received its first HAL built Advanced Light Helicopter (ALH) Dhruv in 2002. Two ALHs are believed to be in service with the Navy.[41]

The major characteristic of the IN in 2010 would be its smaller size, although it would still remain a three-dimensional blue water force, with enhanced technological and qualitative superiority (with half its principal combatants only 5-8 years old). In this respect, the Navy's most recent Force Level Structure Document (FLSD) aims to technologically improve the war-fighting capabilities of the service, while at the same time reducing the total number of ships in the fleet to 125 (from 155 at present). Such a modern and sophisticated fleet is expected to revolve around two carrier task forces, one for each of the adjoining seas.

---

41. *SP's Military Yearbook 2003-04*, Guide Publications, New Delhi, p. 129.

Submarines

The submarine force comprises a mix of old and new Russian Foxtrot and Kilo boats, as well as four HDW Type 209/1500 boats, two of which were built indigenously at MDL, Mumbai. The Foxtrots were due for decommissioning.

To date, the submarine force is the only branch of the service to be dogged by a financial scandal. The allegation of a 7 per cent commission on the Rs.420 crore deals for four German HDW submarines in 1986 (including two built at MDL) continued to be investigated in 2000. In comparison, the eight Foxtrot and eight Kilo-class boats cost a total of Rs 1,194.31 crore (with the eighth Kilo costing Rs 120.26 crore).[42]

Naval Aviation is a vital arm of the IN for undertaking tasks such as maritime reconnaissance, fleet air defence, carrier-borne strikes against maritime targets, ships and shore-borne air anti-submarine warfare, Search and Rescue (SAR), etc. To undertake these tasks, a variety of aircraft and helicopters are employed by the Navy. Even with the scheduled commissioning of the tenth Kilo-class submarine in mid-2000, a serious shortfall in the submarine force was expected to take place in 2005 and 2010 (from 1995 levels), as there has been no indigenous construction for eight years (since the launch of the second HDW boat in 1992). The refit of the other ageing submarines is estimated to take as much as 60 per cent of the fleet off the water.[43] This resulted in an emergency order for two new Kilos (Type 877 EKM), at a cost of $190 million (Rs. 700 crore); with the ninth boat commissioned in December

42. *Report of the Comptroller and Auditor General (CAG), Union Government — Defence Services (Air Force and Navy)*, Government of India, New Delhi, No. 8 of 1997, p. 25.

43. Rahul Roy Chaudhary, "India's Maritime Security," op. cit., p. 132.

1997. To maintain a force level of twenty conventional submarines, at least one submarine a year needs to be constructed. As the acquisition of Amur-class vessels from Rubin of Russia has not yet been decided, a favourable alternative would be the lease of nuclear-powered cruise-missile submarines (SSGN) armed with land-attack missiles with a range of nearly 3,000 km

In a significant departure from the past, the tenth Kilo, Sindhushastra, will be the first submarine to be armed with tube-launched Klub high sub-sonic speed anti-ship missiles. These low-altitude cruise missiles, designed by the Novator Experimental machine Design Bureau at Ekaterinburg, have a range of over 300 km[44] They weigh 450 kg, and have a length of 6.2 m. Over half the Kilos are gradually to be retrofitted with these missiles. A land-attack variant of these missiles is also expected to be deployed at a later stage. In mid-1997, a Kilo-class boat, Sindhuvir, was sent to Russia for a two-year extensive mid-life refit, including the modernization of sensor and electronic warfare capabilities. Its torpedo tubes were also modernized to fire the Klub missile. The Sindhuvir rejoined the Visakhapatnam-based 11th submarine squadron in October 1999. It was shortly to be followed by two more boats; another submarine of this class is undergoing refit at the Hindustan Shipyard Limited (HSL) at Visakhapatnam. At the same time, the first Indian-built HDW submarine, Shalki, is undergoing a medium refit and modernization at MDL.

In the long term, the thirty-year submarine plan envisages the establishment of a second construction facility.

---

44. Sandeep Unnithan, "New Russian Missiles To Arm Navy," *Indian Express*, New Delhi, 3 October 1999.

DESTROYERS AND FRIGATES

The first two modern and technologically sophisticated indigenously constructed, 6,700-tonne Project 15 destroyers, Delhi and Mysore were commissioned on 15 November 1997 and 2 June 1999, respectively. The third ship of this class, the Mumbai, was expected to be commissioned in late 2000. The production of these ships was delayed by several years. Initially scheduled for commissioning during 1987-89, they underwent serious delays in finalizing designs (32 design changes till May 1994), as well as procuring essential equipment. As a result, the first two ships were delayed by 17 and 20 months respectively, from their contractual delivery schedules.[45] Built finally at a cost of Rs 697 crore (for the Delhi), they are armed with lethal Russian Kh-35 Uran anti-ship and SA-N-7 SAMs. In March 1986, the CCPA had sanctioned the construction of three more destroyers (Project 15A) at a cost of Rs 360 crore, but this was not implemented, as the Navy wished to redesign these ships (to make them smaller in size and provide enhanced technological capabilities). These three destroyers are being taken up for construction shortly at MDL. With at least two of these three ships, the destroyer force will stabilize at a higher level of seven in 2010 (in comparison to five in 1990).

Aircraft Carriers

Kiev Class: On 20 January 2004, India finally signed the deal to acquire the 44,900-ton Russian aircraft carrier, the Admiral Gorshkov, the replacement for the Vikrant. The Vikrant,[46] India's first aircraft carrier, had been commissioned in 1961.

---

45. *Report of the Comptroller and Auditor General (CAG)*, op. cit., no. 8 of 1998, p. 65.

46. "Gorshkow Deal Clinched Rs. 7,000 Crore Pact Includes 28 Mig-29K," *The Tribune*, Chandigarh, 21 January 2004, at website http://www.tribuneindia.com/2004/ 20040121/main1.htm.

Indian efforts to acquire its first carrier began in 1948, soon after Independence, when an expansion plan mooted the concept of two fleets on either ocean Hank, with a light carrier each. These were to be replaced later by two fleet carriers. Naval plans also called for the creation of 16 squadrons and two Fleet Replacement Units (FRU) for training — a total of 280 aircraft.[47] The government was however, reluctant to accept the proposal due to the huge outlay involved. It eventually agreed to the acquisition of one light carrier in 1955, followed by that of another, if available, in 1957.[48] Plans for a second carrier were later put on hold due to fund constraints A Fleet Air Arm was also approved in 1950. This called for the acquisition of a fighter and a strike squadron, with 16 aircraft each, for each carrier. However pilot training had already begun in 1948, with the help of the Royal Navy.[49] The IN had to wait till 1986 to obtain its long-sought-after second carrier with the acquisition of INS Viraat, formerly HMS Hermes. In this context, it is noteworthy that the Indian navy actually has more experience operating aircraft carriers than the Russian Navy.

The Admiral Gorshkov, formerly the Baku, was initially classified as an anti-submarine cruiser.[50] This classification was later changed to that of tactical aircraft-carrying cruiser.[51] Only

47. Satyindra Singh, *Blueprint to Blue water: The Indian Navy 1951-1965*, Lancer International, New Delhi, 1992.

48. Ibid., p. 129.

49. Ibid., p. 130.

50. Watson, Bruce W. and Susan M. Watson, *The Soviet Naval Threat to Europe: Military and Political dimensions*, Boulder Press; San Francisco and London, 1989, P. 57.

51. "Project 1143 Krechyets Kiev Class," at website http://www.globalsecurity.org/military/ world/Russia/1143.htm on 22 December 2004.

four ships of the type were built, the lead ship, the Kiev, launched in 1972. The Baku was the fourth and last Kiev class carrier. The Russian Navy retired it in 1994, after budget cuts made operations unsustainable.

The Gorshkov was named after Admiral Sergei Gorshkov, the father of the Soviet Union's blue water navy. Until he took over, the Soviet Navy had emphasized on submarine construction and ballistic missile deterrence. However, Soviet views on naval power were profoundly affected by the Soviet Union's inability to challenge the US Navy's blockade of Cuba during the 1962 Cuban missile crisis.[52] Soviet analysis attributed the humiliation to the weakness of their surface navy.[53] While nuclear submarines might have deterrent capability, they could not run blockades. Admiral Gorshkov felt that the Soviet Navy needed to project power on the world's oceans, to challenge US domination. During his 30-year stint as Commander-in-Chief of the Soviet Navy, he changed Soviet naval policy to favour the construction of large, powerful guided missile cruisers like the Sverdlov class and culminating in the Kirov class cruisers, instead of the corvettes and destroyers that were the staple earlier. The Soviet Navy also started a programme for the construction of aircraft carriers. The first ships of this type, the Moskva class helicopter cruisers, launched in 1965, operated only helicopters. The Kiev class, which followed, were the first Soviet ships to operate fighters. This

---

52. Donald Chipman, "Admiral Gorshkov and the Soviet Navy," at website http://www.air power. Maxwell.af.mil/airchronicles/aireview/1982/jul-aug/chip man. html

53. Frank Umbach, "The Maritime Strategy of Russia: The Gap Between Great Sea Power Ambitions and the Economic-Military Relation" at website http//www.dgap.org/text/Russia-maritime.

kind of incremental progress was typical of the Soviet development process. To operate from these ships, the Yakovlev aircraft design bureau developed the Yak-36 and Yak-38 fighters. While initially only VTOL (Vertical Takeoff and Landing) capable, a STOVL (Short Takeoff and Vertical Landing) capability was later built-up. Unlike the British Sea-Harrier, however, these aircraft had three engines, two for lift and one for forward flight. This made them considerably less flexible and versatile than the Harrier.

Operationalizing the Gorshkov: Before it can become operational, the Gorshkov will have to be refurbished. It has been lying alongside in Severodvinsk in the White Sea, near Arkhangelsk, since 1996. The various contracts concluded would cover the fitment of a ramp or ski-jump angled at 14.3°, various radar, avionics and landing systems and modifications to the ship to enable it to operate the MiG-29K, which has been selected by the Indian Navy.[54]

Indications are that the forward deck, which now houses launchers for the SS-N-12 Bazalt cruise missiles (SSMs) and the SA-N-9 Gauntlet SAMs will be cleared to fit the ski-jump on the forward flight deck.[55] This would create more space on deck to make it a true flat top. Blast deflectors and restraints to enable aircraft to run up to maximum power before take-off, will also need to be fitted. The angled deck will also incorporate arrester cables to enable the MiG-29K to land.[56]

---

54. "Gorshkov can be deployed only in 2008," *The Times of India*, 19 January 2004, at website http://www.defesanet.com.br/noticia./gorshkov.

55. Ibid.

56. "Kiev Class {Admiral Gorshkov}" at website http://www.bharat-rakshak.com./navy/gorshkov.html, on 22 December 2004.

According to one source, the forward deck runway could be 200m long with the landing runway being 198m long.[57]

The Kiev class was only the second generation of Soviet carriers. The Soviets were thus on a learning curve. This could account for the rather large island on the Gorshkov. This has a very large footprint, by western standards, and greatly reduces the area available on deck for aircraft operations.[58] Since the Gorshkov was originally designed to operate only the Yak-36 138 and helicopters, this did not matter very much then. Indeed, the new US carrier class, the CVN 21, due to enter service in the year 2014, is being planned with the island shifted aft and outboard and with a very small footprint, in order to increase deck operating and parking area.[59] Further, all operations not considered absolutely essential will be moved out of the island and below deck, to make it smaller. This includes the flag bridge; normally below the ship's bridge on the Nimitz class.[60] Reducing the island's size will also have the added benefit of reducing radar cross-section, with suitable redesign, for whatever that is worth. According to *Frontline* magazine, the installation of a power-type catapult on the Gorshkov is being considered.[61] The Nimitz class carriers of the US Navy use steam catapults, instead of hydraulic or

---

57. "Gorshkov Aircraft Carrier and MiG-29K Ship borne Fighter: Waiting for a Foreign Customer" at website http://www.vif2.ru/users/active/venik/gorshkov final.doc.
58. *Jane's Fighting Ships 1987-88*, Jane's Information Group, Surrey, UK, 1987, p. 568.
59. "New Carrier Age Takes Off," *Jane's Navy International*, Knowledge World, New Delhi, September 2002, p. 42.
60. Ibid.
61. John Cherian, "The Gorshkov Deal," *Frontline*, 21 January-13 February 2004.

explosive powered catapults. These are reportedly capable of accelerating a 20 tonne aircraft from 0 to 266 kmph in two seconds.[62] The new CVN 21 class will use electromagnetic aircraft launching systems (EMALS).[63] The fitment of a catapult on the angled deck would enable two aircraft to take off simultaneously, one using the catapult and the other, the ski-jump.

Once work is complete, the Gorshkov will have a maximum speed of 30 knots and an operational range of about 13,800 nautical miles (about 26,000 km) at 18 knots. It will carry a normal complement of 24 MiG-29K and six helicopters. The Ka-28 and Ka-31 helicopters have also been contracted. The Ka-28 helicopters will have an anti-submarine warfare (ASW) role. The Ka-31 is an early warning helicopter and will be used mainly to detect aerial threats. Eleven MiG-29s will remain on deck. The hangar can reportedly house either 13 fighters and six helicopters or ten fighters and 13 helicopters. The ship will thus be able to operate a maximum of 34 aircraft.[64]

Operating two fighters of different origin from a carrier is difficult. Imagine a carrier deployment with, say, fifteen MiG-29Ks and fifteen Sea-Harriers to the South China Sea for a period of two months, with each aircraft averaging three sorties a day. Assume an average consumption of 4,000 and 3,000 litres per sortie each for the MiG-29K and Sea-Harrier respectively. The Gorshkov carries 1,200 tonnes of aviation

62. Tom Harris, "How Aircraft Carriers Work" at website http://people.howstuffwork 5.corflI aircraft-carrier4.htm.

63. "New Carrier Age Takes Off," op. cit., p. 44.

64. "Gorshkov Aircraft Carrier and MiG-29K Ship borne Fighter: Waiting for a Foreign Customer" at http://www.vif2.ru/users/active/venik/gorshkovfinal.doc.

fuel (1.5 million litres).[65] However, another report indicates that the ship will carry 1,500 tonnes (1.9 million litres). It will also carry 260 tonnes of aircraft ammunition, bombs and missiles, etc. which also have to be provisioned for operations. Merely imagining the housekeeping requirements makes the mind boggle. Extended deployments presuppose sufficient tanker and replenishment at sea capabilities. This capability too needs to be built-up. As a point of interest, the Nimitz class carriers carry as much as 11.3 million litres on board, sufficient for 12 days operations.[66]

The choice of fighter aircraft to operate on the carrier is an issue which may be debated. The MiG-29K has been selected as the carrier aircraft. However, despite its undoubted capabilities, it will add another fighter type to the many that India already operates, and all that means a lot in terms of maintenance and spares problems. The Russian carrier, the Admiral Kuznetsov, operates the Su-33, a naval variant of the Su-30, which the IAF already operates. Navalizing an aircraft mainly involves modifying the undercarriage for the stresses of carrier landing, the fitment of a tail-hook, the strengthening of the hook attachment point and the incorporation of wing and stabilizer folding mechanisms to cater for cramped operating and storage areas. This has already been done for the Su-33. In fact, the aircraft has already had its fins clipped to reduce its height from 6.35m to 5.72m in order to enable it to be housed in the Kuznetsov's hangar.[67]

---

65. *Jane's Fighting Ships 1987-1988,* op. cit.
66. *Jane's Fighting Ships 2001-2002,* Jane's Information Group, Surrey, UK, 2001, p. 798.
67. *Jane's All the World's Aircraft 2001-2002,* Jane's Information Group, Surrey UK, pp. 440-41.

The other considerations are anti-corrosion measures for the airframe and the engines. However, these do not involve major redesign but merely need certain maintenance procedures and practices to be followed. The Su-30 is definitely the more capable aircraft (Table 6.1). It has greater range and endurance. This would give it the ability to range over greater expenses of ocean and enable the carrier to exercise greater sea control over vast swathes. The Su-30's superior radar (even more so in the MKIII version) would enable it to detect and attack targets in collaboration with the maritime reconnaissance aircraft. It has a greater payload. The Su-30 and the MiG-29K are about equal at the moment, in terms of manoeuvrability. However, the Su-30MKIII with its canards and thrust vectoring nozzles would be far more manoeuvrable.

Table 6.1: Comparison of MiG-29K, Su-30 & Su-33

Specifications	*MiG-29K*	*Su-30*	*Su-33*
1. Length	17.32m/14.13mm*	21.9m	21.185m
2. Wing Span	11.36m/5.80m**	14.7m	14.7m/7.4m**
3. Height	4.73m	6.4m	5.72m
4. Empty Weight	10,500kg	17,700kg	-
5. Normal T/o weight	16,800kg	24,900kg	25,000kg
6. Max All Up Weight	22,000kg	34,500kg	30,000kg
7. Max Payload	-	-	33,000kg
8. Hard Points	4,500kg	8,000kg	7,000kg
9. Ferry Range	9km	-	12km

* With radome folded

** with wings folded — including folded noseprobe

Source: Data from *Jane's All the World's aircraft 2001-2002* and "MiG-29K," *Brassey's World Aircraft and Systems Directory 1999/2000* and http://www.globalsecurity.org/military/ world/ russia/mig-29k.htm)

Centaur Class: INS Viraat R22 (former HMS Hermes R12) — 20 May 1987 is a vessel type aircraft. The vessel has been fitted with a 12°-ski jump to operate the Sea Harrier, a reinforced flight deck, 1.2 inches of armour over magazines and machinery spaces. The magazine capacity includes 80+ lightweight torpedoes. The vessel retains commando transport capability, for around 750 troops and carries four LCVP landing craft Displacement of the INS Viraat is 23,900 tons standard and 28,700 tons full load.

INS Viraat was originally commissioned in the Royal Navy, as HMS Hermes on 18 November 1959. In 1986, the IN purchased the vessel and gave it an extensive refit at the Davenport DY, which gave it a life-extension refit of 10 years. This refit included new fire control equipment, navigation radars and deck landing aids. Boilers were converted to take distillate fuel and the ship was given improved NBC protection. The engine room was flooded in September 1993, which put the vessel out of service for several months. By 1995, the vessel was back in service and had new search radar. In 1996, two Bofors 40mm guns were fitted in the starboard & forward bow and two AK-230 30mm gatling guns were also fitted in the CIWS (Close In Weapon Systems) role.

INS Viraat began another life-extension refit in July 1999, which will extend her serviceability to 2010. This refit included upgrading propulsion systems, a package of sensors to sound emergency alerts, a modern communication system, a long-range surveillance radar, new weapon systems, new hangar fire curtains, a revamped lift system to reduce reaction time in the event of an attack and a new flood alarm system. The vessel underwent sea trials in December 2000, missile trials in March/April 2001 and finally returned to service in early June 2001 after nearly two years in refit. The vessel took part in the International Fleet Review in Mumbai on 17 February 2001.

The Future Planning

The role of the IN is to ensure that India's maritime interests and security are adequately safeguarded. With the transformation that has taken place in the international political architecture, from the Cold War's clear bipolarity to the uncertain and undefined international order of today, and the emergence of terrorism at sea, the country needs to formulate more coherent and appropriate plans that will be able to cope with the developing challenges. Some of these are already beginning to be seen. The earlier concept of a "balanced" navy capable of doing everything needs readjustment given the high costs of naval hardware as also the revolution in technology which has made the battlefield much more dynamic. A "lean and mean" navy, which includes nuclear submarines to meet the country's strategic needs as well as lower threshold needs of maritime terrorism and peacetime policing is what the country needs as India progressed into the twenty-first century.

India's Nuclear Weapons Programme

Former Prime Minister Atal Behari Vajpayee said on Thursday, 14 May 1998 that, "India is now a nuclear weapons state. We have the capacity of big bomb now. Ours will never be weapons of aggressions."

India first tested a nuclear explosive in 1974 (euphemistically called the PNE, for "peaceful nuclear explosive"). In the 1960s India had sought security guarantees against the use of nuclear weapons but the countries India turned to were unable to extend to India the expected assurances. In 1961 India supported UNGA resolution 1653 of 24 November 1961, which called on the Secretary General to ascertain the views of member states on the possibility of convening a Special Conference for concluding a Convention on the Prohibition of Use of Nuclear Weapons. In 1978, India proposed negotiations for an international convention that would prohibit the use or threat of use of nuclear weapons. On 20 February 1999 Indian PM Atal Behari Vajpayee made history when he crossed over the Pakistani border by bus to meet Pakistani President Nawaz Sharif at Lahore, raising hopes that with the nuclear arsenals now out of their closets the two powers would back away from confrontational approaches. On 21 February 1999 the two prime ministers signed the "Lahore Declaration," committing the two nations to peacefully resolve their differences.

DELIVERY SYSTEMS

Agni

"Agni" is Hindi for "fire" and is also the name of the Hindu deity of fire. There is some question as to the operational status of the Agni-I. For many years the Agni-I programme has been described as a "technology demonstration," which was consistent with the design variations that were tried, and the employment of a solid/liquid fuel two-stage design that would be undesirable for operational use. However in August 2000 the US defense industry weekly *Defense News* quoted an unnamed senior scientist at DRDO as stating that India had 10 Agni-I missiles in service. He added that the unit cost of the Agni-I is about $ 5 million.

The Defense Research and Development Laboratory (DRDL) of Hyderabad developed Agni-I. The first member of the Agni family was successfully launched on 22 May 1989 from the Chandipur test facility about 250 km south-west of Kolkata at Balasore. The two-stage missile impacted 800 km downrange in the Bay of Bengal. The Agni-I has been tested at a maximum range of 1400 km The Agni-I first stage was based on the Indian Satellite Launch Vehicle (SLV-3) used in satellite launches since 1979. The specifications of Agni-I are in Table 6.2.

Table 6.2: Specifications of Agni-I

Length	18.4 m
Diameter	1.3 m
Weight	16,000 kg
Range	1500 km
Stages	Two stage, solid fuel (HTPB, hydroxyl-terminated poly-butadiene/oxidizer)
Guidance	Strap-down inertial; in-flight positioning update?
Payload	1000 kg; Re-entry vehicle has carbon-carbon composite heat shield; Thermonuclear warhead (200-300 kt), fission/boosted fission warhead (>15 kt).

Source: "Agni-I" at website http://nuclearweaponarchive.org/home.html

The medium range Agni-II system is the first true strategic missile (in the Indian context) deployed by India. The Agni-II is designed to be mobile. It was originally developed in a road-mobile configuration but its deployment is being conducted using a rail-mobile version. The Agni-II is an indigenously developed system, descended from the SLV-3 space launch vehicle via the Agni-I technology demonstrator. A pre-production road mobile Agni-II is said to have been made operational during the 1999 Kargil War. The Agni-II costs approximately Rs. 400 million per missile and is manufactured by a partnership of the DRDO and Bharat Dynamics Limited (BDL) in Hyderabad. It is expected that BDL will be manufacturing 10-12 missiles every year.

The Agni-II was test fired in April 1999 with a range of 2300 km; on its second test on 17 January 2001 it travelled

2200 km When the missile system is inducted, India will have the capability to strike at targets at least 2500 km away (up to 3000 km using specific payloads, according to some estimates).

Although the government has on several occasions stated that nuclear weaponization was now complete, the fact remains that the second Agni-II test occurred almost two years after the first and by all accounts more must take place before a true deployable arsenal is available.

In August 2000 Defence Minister George Fernandes stated that the Agni-II had "reached the point of operationalization." A DRDO scientist quoted in *Defense Weekly* reported in August 2000 at that time two pre-production Agni-II missiles were fully operational. He added that the unit cost of the Agni-II was about $ 8 million and that, if required, DRDO's missile research laboratory could produce, in collaboration with Bharat Dynamics Limited, up to 18 Agni-IIs a year. Following the second successful test of Agni-II, on 17 January 2001, Scientific Advisor to the Defence Minister V.K. Aatre said that the Agni-II missile would be inducted into the Indian Air Force by year's end. This test was the first time the Agni-II was test-fired in its final operational configuration.

The Agni-II can be launched in 15 minutes, as opposed to half a day for the Agni-I. It uses far more accurate navigational and guidance systems and is designed to operate on a highly mobile platform which lends flexibility and reduces vulnerability to strikes.

Given its range and India's geopolitical situation, most observers say that the Agni-II was developed as a deterrent against China (it has far more range than is required to cover Pakistan). If that is the case, India has some way to go since with its current range, the Agni-II can at best cover Chinese territory as far as the western cities of Chengdu and Kunming, if based in the central plateau of Bihar. Even if based in Assam, a somewhat improbable scenario, the missile would not be able to reach either Shanghai or Beijing. For this purpose, India is developing the Agni-III, a longer-range missile capable of reaching targets out to 3500 km and beyond. The first test of this vehicle, which would feature entirely new first and second stages, was likely to take place in 2001. Speaking to the Lok Sabha in February 2001 Defence Minister George Fernandes gave the time frame for induction as 2001-02. The Specifications of Agni-II are in table 6.3.

Table 6.3: Specifications of Agni-II

Length	20 m
Diameter	1.3 m
Weight	16,000 kg
Range	2500-3000 km
Stages	Two stage, solid fuel (HTPB, hydroxyl-terminated poly-butadiene/oxidizer)
Guidance	Strap-down inertial; in-flight positioning update
Payload	1000 kg; Manoeuvrable re-entry vehicle with carbon-carbon composite heat shield; Thermonuclear warhead (200-300 kt), fission/boosted fission warhead (>15 kt).

Source: "Agni-II" at website http://nuclearweaponarchive.org/home.html

A follow-on version to the Agni-II, to be called Agni-III, with a range of 3500 to 5000 km and a 1000 kg payload, is under development. This is expected to be the final variant in the Agni family. According to DRDO sources two approaches are under consideration — an enlarged solid fuel first stage with a 1.8 m diameter and 36 tonnes of propellant, or an added third stage to the existing Agni-II. The principal objective of the Agni-III would be to develop a missile capable of reaching China's capital of Beijing. The *Deccan Chronicle* reported on 23

September 2000 that Defence Minister George Fernandes had disclosed that the Agni-III had almost completed the development stage and was ready to be test fired soon. *Yahoo India News* reported a senior defence department official as saying India planned to build the third version of the Agni IRBM, but was yet to set a deadline for the project (8 February 2001). "Agni-III will obviously be of a higher range and better capabilities than its predecessor," said the official, who did not want to be identified. "But we have not set a date to test it," the official said on the sidelines of an aerospace conference in Bangalore.

Suriya

A higher performance missile in the ICBM class (the Suriya or Surya) with a range of over 6000 km has been discussed. It would be an entirely new development effort. "All technologies and industrial complexes are available for an ICBM. It will not take much time, should India decide on it."[68] He discounted speculation that the ICBM will be the derivative of the GSLV, India's latest space launch vehicle. "Cryogenic engines" (used for the GSLV) are good for satellite launch vehicles, not missiles. They require huge fuelling facilities, which can be detected by satellite.

Prithvi

Prithvi (Hindi for "Earth") is a single stage, road-mobile, short-range ballistic missile (SRBM). The missile's corrosive liquid fuel must be loaded immediately prior to launch, which is a serious disadvantage in the field. On the other hand, the ability to control the liquid fuel motor, including throttling it or shutting it down (difficult or impossible with solid fuel) gives

68. Dr. A.P.J. Abdul Kalam, Principal Scientific Advisor to the Prime Minister, *Hindustan Time*, 18 September 2000.

it great flexibility in range and trajectory, including in-flight manoeuvring. The liquid propellant also has higher performance than solid propellants, giving the Prithvi an unusually high payload for its size and range. The inertial navigation system has been reported to have a CEP (Circular Error Probability) equal to 0.01 per cent of its range, or 15 m for the Army version and 25 m for the Air Force version at maximum range (this is roughly comparable to an ICBM having a 1.5 km accuracy). The missile uses its manoeuvring capability to follow up to six different trajectories so as to avoid ABM interception, and confuse launch system counter targeting. Another defence measure the Prithvi has is the use of radar absorbing paint to reduce its radar signature.

The fact that both the Indian Army and the IAF operate versions of the Prithvi is the result of a turf war over control of ballistic missile systems, a scenario that has played out in many other nations. The outcome of this struggle was that the Army controls land-based missiles with a range of 150 km or less (a limit that was set by the initial range of the Prithvi) while longer-range missiles belong to the Air Force. The DRDO is attempting to increase the payload of the IAF version to 1000 kg, by using higher performance liquid propellants to generate more thrust-to-weight ratio. The missile carries both nuclear warheads and a variety of conventional payloads. A family of warheads has been developed, including high-explosive (HE), pre-fragmented unitary HE, incendiary, cluster munitions (bomblets), sub-munitions, and fuel-air explosives (FAE).

Prithvi SS-150, has been in serial production by BDL in Hyderabad since 1997, following a development programme that included 12 test flights.

Due to the limited strategic space of Pakistan (the Indus river valley where most major Pakistani cities are located runs close to the Indian frontier) the Prithvi has significant strategic value despite its short range. If it is deployed in states like Kashmir, Punjab and Gujarat which border Pakistan, it would place the capital of Islamabad, as well as the principal cities of Lahore and Karachi in its range, as well as many of Pakistan's strategic military installations.

In September 2000 *Defense News* reported that India would go ahead with full production of about 300 Prithvis for all three branches of the Indian defence forces. The decision, taken by Defence Minister George Fernandes on 25 August, was prompted by Pakistan's test-firing of its Ghauri-III IRBM 10 days earlier, on Independence Day, a senior Indian ministry official, who was not named, was quoted as saying.

Development of Prithvi: The Prithvi is a descendant of an earlier programme called "Project Devil," an attempt to reverse engineer the Soviet SA-2 liquid fuel surface-to-air missile by the DRDL at Hyderabad. This latter project, initiated under the leadership of Dr Basanti Dulal Nag Chaudhuri, was a failure and was cancelled in 1978; nonetheless valuable experience and technical skill was obtained which provided the basis for Prithvi.

Development was initiated in 1983 as part of the Integrated Guided Missile Development Programme (IGMDP) under the leadership of Dr Avil Pakir Jainulabdeen Abdul Kalam, the project manager for the successful SLV-3 programme. The Prithvi was intended to be a 150 km tactical missile and was first tested at Sriharikota on 22 February 1988.

In October 1995, 20 pre-production models of the initial Prithvi SS-150 (with a 150 km range) were secretly delivered to the Army to form the 333rd Missile Regiment based in

Secunderabad. At this time the Prithvi was not yet equipped with a nuclear warhead. The first deployment of Prithvi missiles (numbering less than a dozen) was at Jalandhar, about 200 km from the Pakistani border in May 1997 prior to its formal operational adoption. Integration and testing of a nuclear warhead was completed in 1997 on the Prithvi SS-150 before these were formally deployed in September 1997. Significantly in December 1998, the Army deployed the Prithvi in a major military exercise code-named Shiv-Shakti for the first time since its induction. According to Dr Sanjay Badri-Maharaj, during the 1999 Kargil War four nuclear-armed Prithvis were actually deployed for retaliatory strikes. Some units are reported to have been moved to at least two northern locations close to the Pakistani border.

The fourth test flight of the extended range SS-250 was launched on 16 June 2000 at the Interim Test Range (ITR) at Chandipur-on-Sea on the east coast of India. The liquid-propellant weapon carried multiple warheads over a range of 250 km At this point the SS-250 had not yet been inducted into service.

Jane's Missiles and Rockets reported on 9 August 2000 that John Pike of the Federation of American Scientists (FAS) has detected what he believes is the storage site for Indian's Prithvi missiles. An image of the Research Centre Imarat complex taken earlier that year by the Ikonos imaging satellite revealed an installation which Pike says "is probably the primary Prithvi garrison." The Imarat centre is associated with research and development of technologies for missiles and other advanced weapons. "Although it is reported that the 333rd Missile Group is headquartered in Secunderabad, it is evident that the military cantonment would be an inappropriate location for the actual missiles, given the urban congestion of the area," said Pike. The facility at the Imarat centre consists of three pairs of garages, each of which the FAS estimates to be large enough to house four vehicles, which suggests that each pair is used to house a battery of four launchers plus four support vehicles. The facility is surrounded by a security perimeter which incorporates a series of objects which may be guard houses. A nearby complex of buildings could be an administrative support facility for the Prithvi missiles, but "this complex is devoid of functional signatures that would support this interpretation, and is enclosed within a separate security perimeter that is suggestive of institutional associations unrelated to the Prithvi complex." The specification of Prithvi is in Table 6.4.

Table 6.4: Specification of Prithvi

Length	9 m
Diameter	1.1 m
Weight	4000 kg
Propulsion	Single stage, dual motor; liquid fuel-inhibited red fuming nitric acid (IRFNA) oxidizer; 50 per cent xylidene, 50 per cent triethylamine fuel
Guidance	Inertial
Versions	• SS-150 (Prithvi-1); Army version — range 150 km, payload 1000 kg • SS-250 (Prithvi-2); Air Force version — range 250 km, payload 500-750 kg • Dhanush ("Prithvi-3"); Naval version — range 350 km, payload 500 kg

Source: "Prithvi" at website http://nuclearweaponarchive.org/Home.html.

Dhanush

The Dhanush (Bow, as in "bow and arrow") is a derivative of the Prithvi programme adapted to naval use and given extended range. The first test firing was conducted on 10 April 2000 from the modified Sukanya class off-shore patrol vessel (OPV), INS Subhadra in the Bay of Bengal 20 km off Orissa state. It was only partially successful with the missile splashing down 25-30 km from its launch point. The launch platform used was a hydraulically stabilized, rail-mounted platform built on the helicopter deck of the Subhadra.

There is some question whether the Dhanush is really a Prithvi variant, or simply a new missile design in the same size class.[69] Dhanush is probably intended for deployment on a specialized ballistic missile submarine, either conventionally powered or the nuclear powered Advanced Technology Vessel (ATV). Neither is likely in the near future due to technical and financial constraints. The specifications of Dhanush are in table 6.5.

Table 6.5: Specificaton of Dhanush

Length	8.56 m
Weight	4000 kg
Range	350 km
Stages	Single stage, liquid fuel
Payload	500 kg; fission/boosted fission warhead (>15 kt)

Source: "Dhanush" at http://nuclearweaponarchive.org/home.html.

Sagarika

There have been conflicting reports about this programme since Clinton administration officials in the US reported on 27 April 1998 that India was developing a sea-launched ballistic missile with a 200-mile range intended for submarine deployment. More recent reports described Sagarika as

69. G.M. Hiranandani, *Transition to Triumph: Indian Navy 1965-1975*, Lancer Publication, New Delhi, 2000, p. 118.

submarine-launched cruise missile (SLCM) intended for the nuclear-powered submarine known as the ATV. The initial description of Sagarika as a ballistic missile may have been due to confusion with the Dhanush. Sagarika had been expected to enter service by 2002, but the programme has been troubled as has the ATV submarine itself. Work on an Indian nuclear powered submarine has proceeded fitfully and unsuccessfully for nearly 25 years.

The Brahmos Anti-Ship Missile

India and Russia have now jointly developed the Brahmos anti-ship missile, which is reportedly one of the most advanced in the world. The original Russian "Moskit" 3M82 missile (airborne version of 3M80 naval SSM, NATO SS-N-22 Sunburn), on which the Brahmos is based, was also tri-sonic, a design characteristically implemented essentially to defeat the Aegis class destroyers of the US Navy. These destroyers use a sophisticated, computerised threat evaluation and destruction system and are used for fleet defence. Soviet analysts deduced that these ships could be defeated by a very fast missile, which would hit the ship, before it had completed its "detect-launch-destroy" cycle.[70] Hence the "Moskit." Similarly, the Brahmos missile can hit ships up to 290 km away. As it travels at close to three times the speed of sound, any potential target would find it difficult to evade. Detection and counter-measures would also be difficult to implement, in view of the short reaction time afforded by its great speed. However, the standard version weighs about three tonnes and is over 8 m long. An airborne version is being developed. It is doubtful whether the weight can be reduced without affecting its capability.

70. "Moskit -SS-N-22-Sunburn" at website http:/www.fas./org/man/dod-101/sys/ missile/row/ moskit.htm.

DOCTRINE

India has a declared nuclear no-first-use policy and is in the process of developing a nuclear doctrine based on "credible minimum deterrence." In August 1999, the Indian government released a draft of the doctrine which asserted that nuclear weapons were solely for deterrence and that India would pursue a policy of "retaliation only." The document also maintained that India "will not be the first to initiate a nuclear first strike, but will respond with punitive retaliation should deterrence fail" and that decisions to authorize the use of nuclear weapons would be made by the prime minister or his "designated successor."

According to the NRDC, despite the escalation of tensions between India and Pakistan in 2001-02, India remains committed to its nuclear no-first-use policy. But an Indian foreign ministry official told *Defense News* in 2000 that a "no-first-strike policy does not mean India will not have a first-strike capability." India's interest in light weight weapon design can be surmised from BARC's acquisition in the 1980s of a vacuum hot pressing machine, suitable for forming large high-quality beryllium forgings, as well as large amounts of high purity beryllium metal. India is known to manufacture tritium, and may have developed designs for fusion-boosted weapons.

India has not signed the Comprehensive Test Ban Treaty (CTBT) or the Non-Proliferation Treaty (NPT). India is a member of the International Atomic Energy Agency (IAEA), and four of its 13 nuclear reactors are subject to IAEA safeguards. India has previously taken the position that a worldwide ban on nuclear testing and the production of fissionable material for weapons is called for. Except for China, which continues testing, there is now a *de facto* halt to testing worldwide, as well as the production of weapon-grade plutonium and uranium by the US and Russia. India has shown no interest so far in restricting its own activities despite these changes in the world situation. India has also rejected offers at bilateral negotiation with Pakistan, but in December 1988 the two nations signed an agreement prohibiting attacks on each other's nuclear installations and informing each other of their locations (though not their purposes).

Limited War[71]

Although the two major trends in US naval policy in the Indian Ocean — the ability to exercise military power against littoral states deep inland from the sea, as well as the capability to successfully maintain forward deployed forces — have major implications for India, the IN is clearly not expected to initiate warfare against American military or naval forces in the Indian Ocean, for prudent political and military reasons. Consequently, it is also not expected to realistically challenge its dominance in the area, nor provoke it into military action. At the same time, the IN would need to possess the ability to raise the costs of any American military and naval intervention against India in a worst-case scenario. Therefore, the development of even limited "sea denial" capabilities against US military forces at sea could assist an attempt to deter an attack of this nature in the first place.

"The IN must have sufficient maritime power not only to be able to defend and further India's maritime interests, but also to deter a military maritime challenge posed by any littoral nation, or combination of littoral nations of the Indian Ocean Region (IOR), and also to be able to significantly raise the

71. Rahul Roy Chaudhary, "India's Maritime Security," op. cit., p. 114.

threshold of intervention or coercion by extra-regional powers."[72] It states further, "Direct military intervention by stronger powers are only undertaken if the military potential of the targeted nation is totally asymmetric. Should it be possible for the target nation to be able to retaliate to cause significant losses, casualties or embarrassment, the strategy of intervention is not normally resorted to."[73]

Although the nuclear weapon tests of India and Pakistan in mid-1998 changed the nature and extent of possible naval warfare between the two countries, as had China's nuclearization in 1964, the new parameters of limited war at sea are still not clear. One needs to seriously "think through" the various theoretical and practical limitations of naval warfare in a nuclear weapon environment, before ascertaining the range of contingencies and options available to the IN in the next 15 to 20 years. This would essentially encompass the ability to deter credibly, failing which it would have to successfully wage war and prevail over an adversary below the threshold of nuclear warfare.

But first, we need to be clear as to how naval warfare has actually changed in the post-nuclear weapon environment of Southern Asia. It has done so in two ways: Firstly, by imposing constraints on the political objectives of warfare. Unlike India's political objectives during its war with Pakistan in 1971 — to intervene militarily in the then East Pakistan and stabilize the political situation on India's eastern borders — its political objectives in the future will never be as clear. They will not only be constrained by the threat of nuclear weapon

72. "The Maritime Dimension — A Naval Vision," *Strategic Defence Review*, Indian Naval Headquarters, Government of India, New Delhi, 1998, p. 34.

73. Ibid, p. 33.

employment by the adversary, but also based upon subjective perceptions of waging conventional warfare below the threshold of nuclear weapon retaliation. Secondly, by constraining the military objectives of warfare. The IN had no combat role in warfare till December 1971, due to geography (the 1947-48 India–Pakistan and 1962 Sino-Indian wars) and policy constraints (1965 India–Pakistan war). Its objectives in the 1971 war were fairly broad and all-encompassing — to take the offensive, attack Karachi, entice the Pakistani fleet to battle, and cut the sea lines of communications (SLOC) between West and East Pakistan.[74]

"The Navy should throw everything it had into battle, and our entire strategy from the very onset of hostilities should be one of 'bold offensive' . . . we must seek action, taking any risks that were necessary and destroy the enemy in his ports and sea."[75]

As a result, for the first time, the Navy was able to assist the successful attainment of the country's military objectives in warfare, as well as help bring the war to an early end, by cutting off the sea route of escape for some 90,000 Pakistani troops in the eastern sector.

In any future war, however, the IN clearly cannot take unacceptable risks in mounting a major offensive, and thereby possibly provoking nuclear weapon retaliation on Indian territory. This is bound to impose limitations on the nature and extent of naval warfare, especially in terms of attacking and destroying "high-value" objectives on land as well as at

---

74. G.M. Hiranandani (Retd.), *Transition to Triumph: Indian Navy 1965-1975*, op. cit.

75. Vice-Admiral N. Krishnan (Retd.), *No Way but Surrender: An Account of the Indo-Pakistani War in the Bay of Bengal, 1971*, Vikas Publisher, New Delhi, 1980, pp. 50-52.

port. The latter could include, for example, desisting from attacking with conventional weapons any nuclear-armed Pakistani surface or sub-surface naval combatant. In this context, it is important to note Pakistani thinking in extending the range of the 1,500 km "Ghauri" ballistic missile, by deploying them aboard warships.[76]

Arms Control and Disarmament

Russia agreed to sign up to the US-sponsored non-proliferation initiative provided it complied with international law and did not harm Moscow's commercial interests. Moscow said it had become the 15th founding member of the Proliferation Security Initiative (PSI) proposed by the US President, George W. Bush, describing it as "a potentially useful mechanism for combating the proliferation of WMD (weapons of mass destruction), including its new dimension — possible acquisition of WMD by terrorists."

However, Russia added two important qualifying clauses to its participation in the PSI which called for the seizure of missiles and other potential components of weapons of mass destruction while they were being transferred at sea or in the air. Moscow made it clear it would not grant the US a unilateral right to intercept suspicious vessels.

Pakistani Ballistic Missiles

The strategic competition with India has spurred Pakistani efforts to acquire ballistic missiles, which it claims to have done without assistance. Pakistan's missile industry includes a large solid rocket motor production complex and a ballistic missile test facility. Chinese and more recently North Korean

76. Vice-Admiral R.B. Suri (Retd.), "Shape and Size of the Indian Navy in the Early twenty-first century," USI Research Paper Number 1/97, May 1998, p. 33.

assistance has sustained these efforts. The specification of Pakistani missiles is in Table 6.6:

Table 6.6: Pakistani Ballistic Missiles

Designation	*Type*	*Range (km)*	*Payload (kg)*	*Fuel Type*	*First Launch*
Hatf-1	BRBM	60-100	500	Solid	Jan 1989
Hatf-2	BRBM	280	500	Solid	Jan 1989
Hatf-3 (Ghaznavi)	SRBM	290	NA	Solid	NA
Shaheen	IRBM	300	500	Solid	15 April 1999
Shaheen-I	IRBM	800	500	Solid	NA
Shaheen-II	IRBM	2,000	1000+	Solid	9 March 2004
Ghauri	IRBM	1,350-1,500	700	Liquid	6 April 1998
Ghauri–III	IRBM	2500 (Abdali)	1000+	Liquid	NA

BRBM — Battlefield Range Ballistic Missile

SRBM — Short Range Ballistic Missile

IRBM — Intermediate Range Ballistic Missile

Source:

1. "Pakistani Ballistic Missiles" at website http:/ www.pakistanidefence.com.
2. "Pakistan Missile Special Weapons Delivery Systems" at website http://www.fas .org.

Finally, the nuclear weapons are not the sole instruments of mass destruction. The manner in which the US conducted its wars in Korea and Vietnam cannot be ignored — the US took the war to civilians on an unprecedented scale. The UN charter clearly prohibits the deliberate targeting and destruction of civilian infrastructure but that was precisely what NATO and its allies did in Iraq and Yugoslavia. Sanctions alone have been responsible for over a million deaths in Iraq. The use of Depleted Uranium (DU) — (i.e. nuclear waste) —

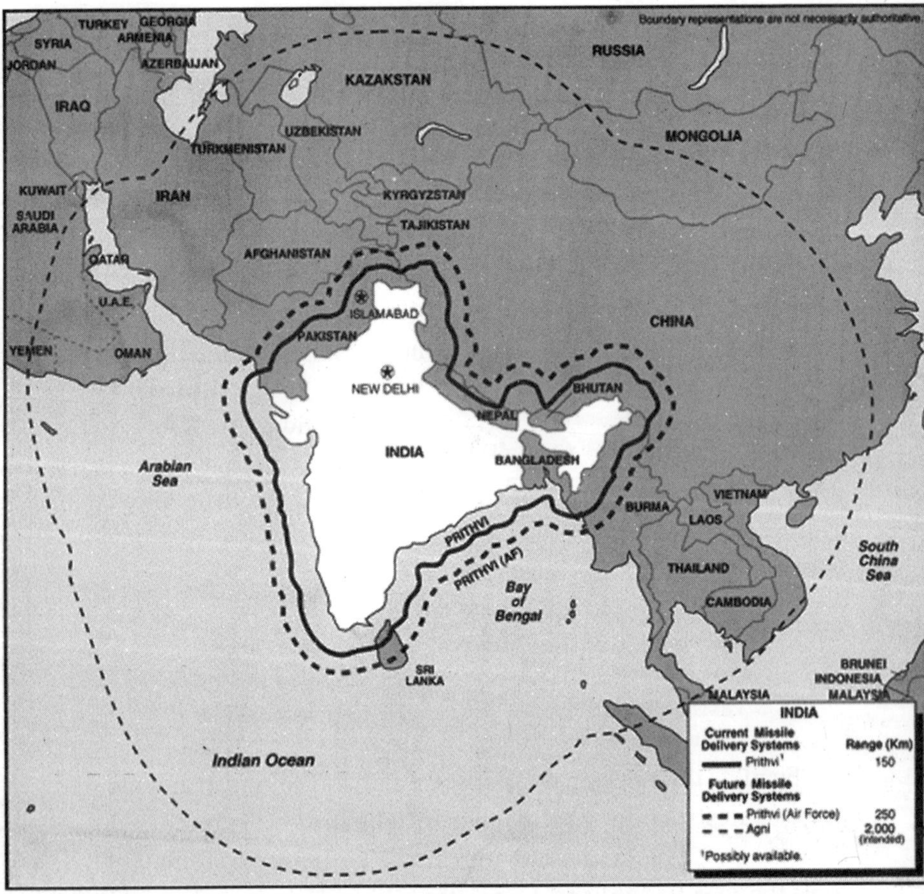

Source: "Indian Missile Programs — Special Weapons" at http://www.fas.org

Fig. 6.1: Ranges of India's Ballistic Missiles

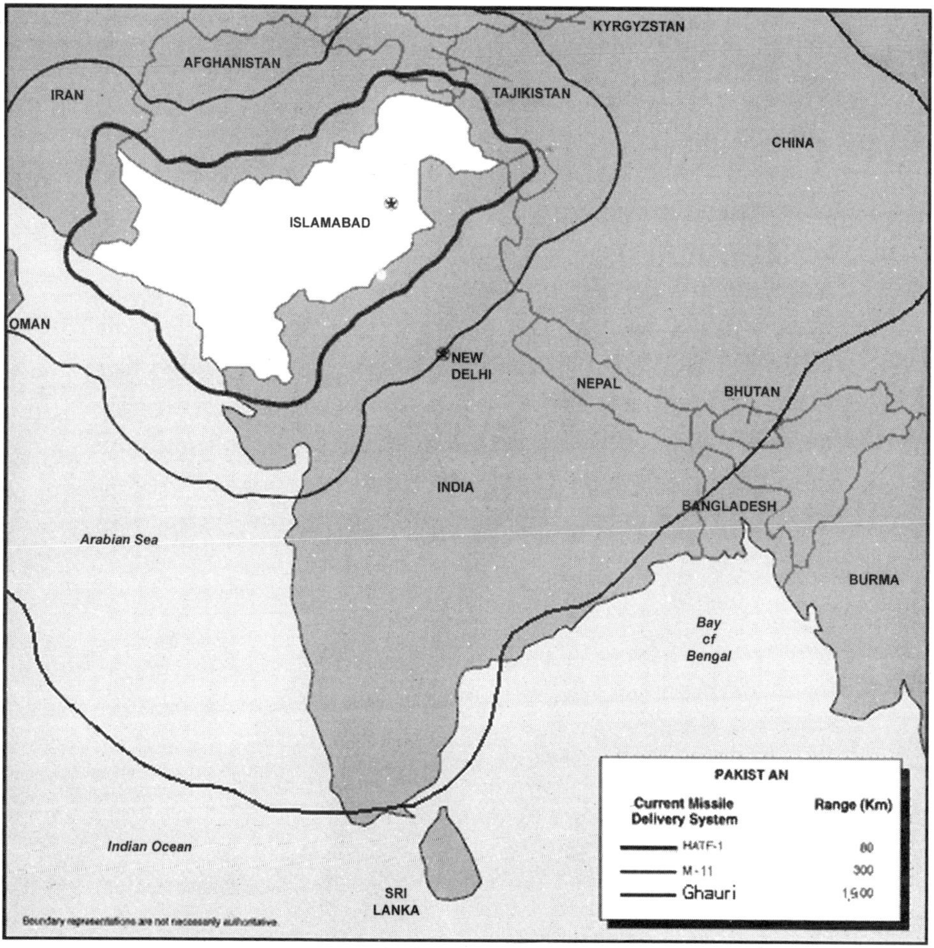

Source: "Pakistan Special Weapons Delivery Systems" at http://www.fas.org

Fig. 6.2: Ranges of Pakistan's Ballistic Missiles

in these wars has created deadly consequences for the people of Iraq and Yugoslavia. The US even refuses to endorse a convention to ban land mines. The struggle for nuclear disarmament is hence inseparable from the struggle against war and inhumane sanctions.

The collapse of the Soviet Union has led to a unipolar world. With their enormous and unprecedented concentration of economic and military power, the NATO powers are able to dominate the world. They are able to conduct one-sided wars and unilaterally impose military embargoes and unfair trade treaties. Such actions are increasing fears and tensions across the globe. The struggle for a more just and multi-polar world is, therefore, an important component in the struggle for world peace. To the extent India's nuclear tests contribute towards building a multi-polar world, they should be greeted with tolerance and understanding, rather than with fear and trepidation.

Indian Naval Ships

(fig. 6.3)

AIRCRAFT CARRIERS

INS Viraat

VIRAAT	
Displacement: (Tonnes)	Standard : 23900 Full load : 28700
Dimension	Length : 226.5 m Beam : 48.78 m Draught : 08.80 m
Speed (knots)	28
Max. Range	6500 miles at 14 knots
Complement	1350 (43 Officers)

Gorshkov

KIEV CLASS Admiral Gorshkov aircraft carrier	
Displacement: (Tonnes)	Full load : 28700
Dimension	Length : 130 m Beam : 23 m Draught : 5.7 m
Speed (knots)	30
Max. Range	15000 miles at 18 Knots

DESTROYERS

INS Mysore

TYPE 15 DELHI CLASS Delhi, Mysore, Mumbai	
Displacement: (Tonnes)	Full Load: 6200 6900 tones
Dimension	Length : 63 m Beam : 17 m Draught : 6.5 m
Speed Knot	28
Max. Range	5000 miles
Complement	350(40 Officers)

INS Rajput

RAJPUT CLAS S Rajput, Rana, Ranjit, Ranvir, Ranvijay	
Displacement: (Tonnes)	Standard : 3950 Full Load : 4974
Dimension	Length : 147 m Beam : 15.8 m Draught : 5 m
Speed Knot	35
Max. Range:	4000 miles at 18 knots 2600 miles at 30 knots
Complement	320 (35 Officers)

FRIGATES

GODAVARI CLASS Ganga, Godavari, Gomti

Displacement: (Tonnes)	Standard : 3600 Full Load : 3850
Dimension	Length : 126.4 m Beam : 14.5 m Draught : 4.5 m
Speed Knot	27
Max. Range	4500 mil es at 12 knots
Complement	313 (40 Officers including 13 Aircrew)

INS Godavari

MOD GODAVARI CLASS Brahmaputra, Betwa

Displacement: (Tonnes)	Full Load : 3850
Dimension	Length : 126.4 m Beam : 14.5 m Draught : 4.5 m
Speed Knot	In excess of 30 knots.
Max. Range	4500 miles at 12 knots
Complement	440-450 (incl. 40 officers + 13 aircrew).

INS Brahmaputra

TALWAR CLASS Talwar, Trishul, Tabar

Displacement: (Tonnes)	Standard : 3620 Full Load : 4035
Dimension	Length : 124.8 m Beam : 15.2 m Draught : 4.5 m
Speed Knot	30
Max. Range	4850 miles at 14 knots. 1600 miles at 30 knots.
Complement	180 (incl. 18 officers)

INS Talwar

NILGIRI CLASS Himgiri, Udaygiri, Dunagiri, Taragiri, Vindhyagiri

Displacement: (Tonnes)	Standard : 2682 Full Loa d : 2962
Dimension	Length : 113.38 m Beam : 13.1 m Draught : 4.27 m
Speed Knot	27-28
Max. Range	4000 miles at 12 knots
Complement	267 (17 officers)

INS Udaygiri

CORVETTES

KHUKRI CLASS	Khukri, Kuthar, Kirpan, Khanjar
Displacement: (Tonnes)	Full load : 1350
Dimension	Length OA : 91.1 m Beam : 10.5 m
Speed Knot	25
Complement	79 (10 Officers)

INS Khukri

KORA CLASS	Kora, Kirch, Kulish
Displacement: (Tonnes)	Full Load : 1350
Dimension	Length OA: 91.1 m Beam : 10.5 m
Speed Knot	25
Complem ent	134 (14 Officers)

INS Kulish

VEER CLASS	Veer, Nirbhik, Nipat, Nishank, Nirghat, Vibhuti, Vipul, Vinash, Vidyut, Nashak, Prahar
Displacement: (Tonnes)	Standard : 385 Full Load : 455
Dimension	Length OA: 56.1 m Beam : 11.5 m
Speed Knot	36
Complement	41 (5 Officers)

INS Nirghat

DURG CLASS	Vijaydurg, Sindhudurg
Displacement: (Tonnes)	Full Load : 660
Dimension	Length OA: 59.3 m Beam : 11.8 m
Speed Knot	33
Complement	42 (7 Officers)

INS Vijaydurg

ABHAY CLASS	Abhay, Ajay, Akshay, Agray
Displacement: (Tonnes)	Full Loa d: 485
Dimension	Length OA: 57.6 m Beam : 10.2 m
Speed Knot	32
Complement	32 (6 Officers)

INS Abhay

OFFSHORE PETROL VESSELS

(*fig*. 6.4)

SUKANYA CLASS Sukanya, Subhadra, Suvarna, Savitri, Sharada, Sujata

Displacement: (Tonnes)	Full Load: 1890
Dimension	Length OA: 101.1 m Beam: 11.5
Speed Knot	21
Complement	140 (15 Officers)

INS Subhadra

LANDING SHIPS

MAGAR CLASS (LST) Magar, Gharial

Displacement: (Tonnes)	Full Load: 5,655
Dimension	Length OA: 120 m Beam: 17.5 m
Speed Knot	15
Complement	136 (16 Officers)

INS Gharial

KUMBHIR (LST (M) Ghorpad, Shardul, Cheetah, Guldar, Kesari, Sharabh, Mahish, Kumbhir

Displacement: (Tonnes)	Standard: 1120 Full load: 1150
Dimension	Length OA: 83.9 m Beam : 9.7 m
Speed Knot	18
Complement	108 (12 Officers)

INS Mahish

MINESWEEPERS

PONDICHERRY CLASS Pondecherry, Porbandar, Bedi, Bhavnagar, Alleppey, Karwar, Ratnagiri, Cannanore, Cuddalore, Kakinada, Kozhikode, Konkan

Displacement: (Tonnes)	Full load: 804
Dimension	Length OA: 61 m Beam : 10.2 m
Speed Knot	16
Complement	82 (10 Officers)

INS Pondecherry

MISSILE BOATS

CHAMAK CLASS Chamak, Chapal

Displacement: (Tonnes)	Full load: 245
Dimension	Length OA: 38.6 m Beam : 7.6 m
Speed Knot	37
Complement	30

INS Chapal

Source: 1. Official Site of Indian Navy http://www.indianavy.nic.in
2. http://www.defenceindia.com/defenceind/indian_navy.html
3. http://www.bharat-rakshak.com/NAVY

Indian Submarine Arms

SINDHUGHOSH CLASS Sindhughosh, Sindhudhvaj, Sindhuraj, Sindhuvir, Sindhuratna, Sindhukesari, Sindhukirti, Sindhuvijay, Sindhurakshak, Sindhushastra

Displacement: (Tonnes)	Surface : 2300 Dived : 3100
Dimension	Length OA : 73 m Beam : 10 m
Diving Depth	300 M
Speed (knots)	17 Maximum
Complement	68 (incl. 07 Officers)
Range	600 0 nm snorting 400 nm dived
Weapons	21" Torpedo Tubes for Torpedoes, sub launched missiles and mines

502INS Sindhughosh

SHISHUMAR CLASS Shishumar, Shankush, Shalki, Shankul

Displacement: (Tonnes)	Surface : 1450 Dived : 1850
Dimension	Length OA : 65 m Beam : 08 m
Diving Depth	300 M
Speed (knots)	22 Maximum
Complement	36 (incl. 08 Officers)
Range	Varying from 8000 nm to 13,000 nm
Weapons	21" in dia Torpedo Tubes, Mining capabilities

INS Shishumar

FOXTROT CLASS Vela, Vagli

Displacement: (Tonnes)	Surface : 1952 Dived : 2475
Dimension	Length OA : 91.3 m Beam : 7.5 m
Diving Depth	250 M
Speed (knots)	Surface : 16 Dived : 15
Complement	75 (incl. 08 Officers)
Range	2,000 nm Surfaced and 380 nm Dived
Weapons	21" in dia Torpedo Tubes for Torpedoes and mines

INS Vela

Source: 1. Official Site of Indian Navy http://www.indianavy.nic.in
2. http://www.defenceindia.com/defenceind/indian_navy.html
3. http://www.bharat-rakshak.com/NAVY

7

Foreign Policy of India

The foreign policy of the noble Earl . . . may be summed up in two truly expressive words: 'meddle' and 'muddle.'

— Edward Geoffrey Smith Stanley
British Prime Minister

Only a successful foreign policy can help to reconcile, pacify, rally, and unite.

— Bernhard von Bülow
German statesman

INDIA's foreign relations reflect a traditional policy of non-alignment with the exigencies of domestic economic reform, development, and the fast-changing post-Cold War international environment. India's relations with the world have evolved considerably since the British colonial period (1757–1947), when a foreign power monopolized external relations and defence relations. On attaining independence in 1947, few Indians had experience in making or conducting foreign policy. However, the country's oldest political party, the Indian National Congress had established a small foreign department in 1925 to make overseas contacts and to publicize its freedom struggle. From the late 1920s on, Jawaharlal Nehru, who had the most long-standing interest in world affairs among Independence leaders, formulated the Congress stance on international issues. As a member of the interim government in 1946, Nehru articulated India's approach to the world.

As a Prime Minister Jawaharlal Nehru (1947–64) got domestic consensus on the definition of Indian national interests and foreign policy goals — building a unified and integrated nation-state based on secular, democratic principles; defending Indian territory and protecting its security interests; guaranteeing India's Independence internationally through non-alignment; and promoting national economic development unencumbered by over-reliance on any country or group of countries. These objectives were closely related to the determinants of India's foreign relations: the historical legacy of South Asia; India's geopolitical position and security requirements; and India's economic needs as a large developing nation. From 1947 until the late 1980s, New Delhi's foreign policy goals enabled it to achieve some successes in carving out an independent international role. By virtue of its size, population and military resources, India was pre-eminent in the South Asian region. However, relations with its neighbours, Pakistan in particular, were often tense and fraught with conflict. In addition, globally India's non-aligned stance was not a viable substitute for the political and economic role it wished to play.[1]

India's international influence varied over the years after Independence. Indian prestige and moral authority were high in the 1950s and facilitated the acquisition of developmental assistance from both East and West. Although the prestige stemmed from India's non-aligned stance, the nation was unable to prevent Cold War politics from becoming intertwined with inter-state relations in South Asia. In the 1960s and 1970s, New Delhi's international position among developed and developing countries faded in the course of

1. Downloaded from website: http://reference.allrefer.com/country-guide-study/india on 22 November 2004.

wars with China and Pakistan, disputes with other countries in South Asia, and India's attempt to balance Pakistan's support from the United States and China by signing the Treaty of Peace, Friendship, and Cooperation with the Soviet Union in August 1971. Although India obtained substantial Soviet military and economic aid, which helped to strengthen the nation, India's influence was undercut regionally and internationally by the perception that its friendship with the Soviet Union prevented a more forthright condemnation of the Soviet presence in Afghanistan. In the 1980s, New Delhi improved its relations with the United States, other developed countries, and China while continuing close ties with the Soviet Union. Relations with its South Asian neighbours, especially Pakistan, Sri Lanka, and Nepal, occupied much of the energies of the Ministry of External Affairs.

In the 1990s, India's economic problems and the demise of the bipolar world political system have forced New Delhi to reassess its foreign policy and to adjust its foreign relations. Previous policies proved inadequate to cope with the serious domestic and international problems facing India. The end of the Cold War gutted the core meaning of non-alignment and left Indian foreign policy without significant direction. The hard, pragmatic considerations of the early 1990s were still viewed within the non-aligned framework of the past, but the disintegration of the Soviet Union removed much of India's international leverage, for which relations with Russia and the other post-Soviet states could not compensate.

The challenges of India's foreign policy are manifold. Peace and security in our neighbourhood and in our region as a whole are uppermost in our mind. The combat against international terrorism presents an immense challenge. Energy security, creating favourable conditions for our economic development, coping with the consequences of instability or military conflict in the Middle East, the reform of the Security Council, promoting multi-polarity, finding an adequate response to doctrines diluting the principles of sovereignty and seeking to establish the right to intervene, promoting a more equitable equation between the developed and the developing world in the political, economic and technological domains are some of the challenges facing Indian foreign policy. The prospects by definition are a function of our success in meeting the challenges. On the whole, given India's geographical and demographic size, a huge and growing market, our human resources, the advances we are making in the knowledge economy, our steady economic growth, our desire to integrate ourselves more fully into the global market, and our democracy which gives us enormous resilience, our prospects are bright.[2] Thomas L. Friedman, contends that the "globalization system has replaced the cold war system."[3]

Today, the Cold War has ended. We are no longer faced with two opposing military alliances with their gigantic nuclear arsenals in a state of high alert. The threat perceptions of the NATO and Warsaw Pact forces as implacable adversaries, seen through an ideological prism, are a thing of the past. As profound changes have occurred between two former adversaries, there is hope that multilateral institutions like the UN would be revitalized to assume the mantle of collective security. New regional organizations, such as the OSCE and the ASEAN Regional Forum have emerged. Existing

2. Kanwal Sibal, Foreign Secretary of India, "Indian Foreign Policy: Challenges and Prospects," Presentation at Geneva Forum, Geneva, 23 January 2003 (website: http://www.meadev.nic.in/speeches/fs_Geneva.htm).

3. Joseph Nye, "Redefining the National Interest," *Foreign Affairs*, New Delhi, July–August 1999, p. 35.

organizations like NATO also are seeking to redefine their role in trying to tackle existing and future challenges.[4] This, we hope, is reflective of a new and co-operative spirit. It is natural that India's immediate neighbourhood should be a major priority in India's security considerations. A peaceful and constructive environment in our neighbourhood is vital for all of us if we are to achieve accelerated development for ourselves and for the region as a whole. The South Asian region accounts for roughly one-fourth of all humanity. If this region is to establish its rightful place in the community of nations, co-operation and mutual goodwill have to be firmly established as the basis of intra-South Asian relations. Given India's size and situation, it is natural for us to take the initiative in building up confidence and establishing co-operation in all facets of our relationships.

The security of a home lies not in the bricks and mortar used in its construction but, in the ultimate analysis, depends upon the goodwill and amity of its inhabitants. India's foreign policy, especially in the neighbourhood context, reflects this simple reality.

The "Gujral doctrine,"[5] as it has come to be termed, is based on five principles. First, with its neighbours like Bangladesh, Bhutan, Maldives, Nepal and Sri Lanka, India does not ask for reciprocity, but gives and accommodates what it can in good faith and trust. Second, we believe that no South Asian country should allow its territory to be used against the interests of another country of the region. Third, none

---

4. Speech of I.K. Gujral, Minister of External Affairs, Government of India, on "Defence and Security in the Post Cold War Scenario" delivered at the United Services Institution of India, New Delhi, 23 January 1997.

5. Ibid.

should interfere in the internal affairs of another. Fourth, all South Asian countries must respect each other's territorial integrity and sovereignty. And finally, they should settle all their disputes through peaceful bilateral negotiations. If these ideas are implemented, it will result in a positive impact on the security situation in the region and a fundamental recasting of South Asia's regional relationships and India's role in the world.

India's Relations with important Indian Ocean Rim Countries

AUSTRALIA

As members of the Commonwealth, India and Australia have a shared history and language, common democratic traditions, similar legal, financial and governmental structures and common interests as Indian Ocean littoral States. Australian reaction to our nuclear tests in 1998 caused a setback to our political relations. The relations are now back on track and have acquired a new momentum and vigour. From the Indian side the first important visit post-Pokhran II was that of Minister of Commerce Shri Murasoli Maran in April 2000 to lead the Joint Commion Talks followed by that of Minister of Textiles Shri Kashi Ram Rana in November 2000. In 2001 important bilateral visits were that of EAM and Raksha Mantri Shri Jaswant Singh in June 2001, Minister of Information Technology and Parliamentary Affairs Shri Pramod Mahajan in April 2001 and later as leader of a goodwill Parliamentary delegation of whips of different political parties in May 2001. The goodwill delegation included Minister of State for Parliamentary Affairs and Petroleum & Natural Gas, Shri Santosh Kumar Gangwar and Minister of State for Parliamentary Affairs and Railways, Shri O. Rajagopal. A large delegation of Members of Parliament and Assembly Speakers from different states led by Speaker of the Lok Sabha Shri G.M. Balayogi and Deputy Speaker of the Lok Sabha Shri P.M. Sayeed attended the 47th Commonwealth Parliamentary Association Conference in September 2001. Minister of Health and Family Welfare Dr C.P. Thakur led a 62-member delegation to the sixth International Conference on AIDS in Asia and Pacific held in Melbourne in October 2001. Other important visits included that of Governor of Andhra Pradesh Dr C. Rangarajan in October 2001 to render the Narayanan Oration at the ANU and Minister of Rural Development Shri M. Venkayya Naidu in November, 2001 to attend the Commonwealth Local Government Forum in Brisbane.[6]

Bilateral consultations at Secretary-level between the two countries were revived in New Delhi in February 2000 and were subsequently held in Canberra in April 2001. There were extensive discussions and exchange of views on bilateral relations and on important international and regional issues. India and Australia have also signed the following Agreements:

(a) Special Agreement on Co-operation in Science and Technology;

(b) Agreement for Avoidance of Double Taxation and Prevention of Fiscal Evasion; and

(c) Bilateral Investment Protection Agreement.

India-Australia relations continued to develop and diversify helped by high-level visits exchanged during the period. External Affairs Minister Shri Yashwant Sinha visited Australia between 27-30 August 2003 for the 3rd India-Australia

6. "Australia," *Foreign Relations,* Ministry of External Affairs, Government of India, New Delhi at website: www.meaindia.nic.in/foreignrelation. See also *Annual Reports of Ministry of External Affairs 2001-02*, pp. 14-15 and *2003-04*, p. 38.

Ministerial Framework Dialogue. Both Indian and Australian Ministers undertook a review of bilateral and regional issues, covering political, defence, economic, trade and strategic areas and agreed to set-up an expert group to prepare a roadmap for promoting trade and investment. Minister for Petroleum and Natural Gas Shri Ram Naik visited Australia from 26-27 June 2003 in connection with promoting Australian investment in the hydrocarbon sector in India. Shri Ramesh Bais, Minister of State for Mines, visited Australia from 9-19 September 2003. The visit was intended to expand co-operation in the field of mining and exploration between the two countries. The third meeting of the India and Australia Joint Working Group on Energy and Mineral was held in Canberra on 29-30 January 2003. An Australian naval ship HMS Adelaide visited Chennai and carried out joint naval exercise. The 3rd Round of India-Australia Strategic Dialogue, meetings of the two associated "Joint Working Groups on Counter-terrorism and Immigration and Defence" and the annual Senior Officials level meeting were held in New Delhi from 3-4 March 2004. Discussions were held on wide ranging topics pertaining to security-related matters and bilateral issues.[7]

BANGLADESH

India's relations with Bangladesh, influenced as they are by geographic proximity and historical legacy are extensive, wide-ranging and complex. The land boundary of more than 4000 km is India's longest with any neighbour. Cultural affinities with India in general and West Bengal in particular and ethnic linkages with our north-eastern states greatly enhance the level

7. "Australia," *Foreign Relations*, Ministry of External Affairs, Government of India, New Delhi at website: www.meaindia.nic.in/foreignrelation. See also *Annual Reports of Ministry of External Affairs 2001-02*, pp. 14-15 and *2003-04*, p. 38.

of people-to-people contacts. Relations are friendly and co-operative.[8] Elections to the 8th Jatiya Sangsad were held on 1 October 2001. The 4-party alliance led by Bangladesh Nationalist Party (BNP) came to power after winning the general elections with an impressive mandate. BNP Chief Begum Khaleda Zia took over as the prime minster on 10 October 2001. This was her second term as prime minister. Earlier she was prime minister from 1991-96.

India and Bangladesh interact regularly on various operational matters. Begum Khaleda Zia, Prime Minister of Bangladesh called on the Indian PM on 4 January 2002 at Kathmandu on the sidelines of the SAARC Summit. Various regional and bilateral issues were discussed during the meeting. Iqbal H. Mahmood, Bangladesh Minister of State for Power visited India from 5-8 March 2002 at the invitation of our Minister for Power. This was preceded by the visit of Shamsher Mubin Chowdhury, Foreign Secretary of Bangladesh on 18 February 2002. M. Morshed Khan, Bangladesh Foreign Minister paid an official visit to India on 16-17 June 2002. During the visit, he called on the Indian PM, Principal Secretary to PM & National Security Adviser and Leader of Opposition in addition to holding details talks with External Affairs Ministry.

The infrastructure links between India and Bangladesh are multi-modal in nature. There is a regular bus service between Kolkata and Dhaka. An Agreement was signed in July 2001 for a bus service between Agartala and Dhaka. There are three broad gauge and two metre gauge rail links and an agreement for starting a passenger rail service was signed in July 2001. The Inland Water Transit & Trade Protocol,

---

8. B.M. Jain, *India's Defence and Security: Intra Regional Dimension*, INA Shree Publishers, Jaipur, pp. 120-39.

operational since 1972, allows for carriage of goods by IWT mode. However, there is no arrangement for multi-modal transit of Indian goods through Bangladesh. Our bilateral trade ties is significant, officially India exported US $ 935.04 million in the period 2000-01 and imported US $ 80.51 million worth of goods during the same period. Major items of export from India are: food grains (this is sporadic, dependent on floods and can be very substantial as in 1990-91 and 1998-99, US $ 267 million and US $ 526 million respectively), cotton yarn, fabrics, made-ups, machinery, instruments, glass and glassware, ceramics and coal. Major items of import from Bangladesh are: raw jute, jamdani sarees, inorganic chemicals, leather, etc.[9]

India entered into an agreement with Bangladesh to extend a credit line of Rs. 200 crore to Bangladesh in June 1999. This credit line was utilized to import double-decker buses, railway locomotives and other related items. There are 28 Indian joint ventures in Bangladesh with an equity participation of US $ 16.6 million and seven wholly-owned subsidiaries with an equity of US $ 0.6 million in various areas such as textiles, building industry, chemicals, IT, automobile sector, etc.

The sixth Joint Economic Commission (JEC), headed by the respective Foreign Ministers, met after six years in Dhaka 14-15 July 2003. The Ministerial Level Joint Rivers Commission (JRC) was also held on 28-29 September 2003, after a gap of nearly three years. Another significant development in bilateral ties was the commencement of negotiations on the signing a bilateral Free Trade Agreement (FTA). These

---

9. "Bangladesh," *Foreign Relations,* Ministry of External Affairs, Government of India, New Delhi at website: www.meaindia.nic.in/foreignrelation. See also *Annual Reports of Ministry of External Affairs 2001-02*, p. 3 and *2003-04*, p. 12.

negotiations were conducted between the two countries from 20-22 October 2003. The implementation of the working of the Ganga Water Treaty, 1996 was also reviewed.[10]

DJIBOUTI

India's relations with Djibouti acquired a new momentum with the historic visit of President Ismail Oman Guellen to India from 18-23 May 2003. The Djibouti delegation included four Ministers (Foreign Affairs, Defence, Transportation and Education) and a 30-member business delegation.

A seven-member Djibouti Defence delegation led by General Fati Ahmed Houssein, Commander of Armed forces visited India in October 2003.[11]

ERITREA

India's relations with Eritrea remain cordial. An agreement for co-operation in agricultural research and education was signed between India and Eritrea when Minister of Agriculture of the State of Eritrea, Arefaine Berhe visited India at the invitation of our Minister of Agriculture in the month of June 2002.

Eritrea Foreign Minister Ali Said Abdella led a nine-member delegation (which included Cabinet Ministers for Education and Agriculture) to India from 7-12 May 2003.[12]

---

10. "Bangladesh," *Foreign Relations,* Ministry of External Affairs, Government of India, New Delhi at website: www.meaindia.nic.in/foreignrelation. See also *Annual Reports of Ministry of External Affairs 2001-02,* p. 3 and *2003-04,* p. 12.

11. "Djibouti," *Foreign Relations,* Ministry of External Affairs, Government of India, New Delhi at website: www.meaindia.nic.in/foreignrelation. See also *Annual Reports of Ministry of External Affairs 2001-02,* pp. 39-40 and *2003-04,* p. 57.

12. "Eritrea," *Foreign Relations,* Ministry of External Affairs, →

INDONESIA

India-Indonesia relations were marked by great warmth in the first decade or so after both became independent countries. Indonesians recognize the role played by India under Jawaharlal Nehru's leadership in ensuring the success of Indonesia's struggle against the Dutch effort to revive colonial rule between 1945 and 1949. There is some nostalgia in both countries about the special relationship, which existed in the 1950s between the charismatic leaders of the two countries: Nehru and Soekarno. When Soeharto came to power, the relations improved steadily after his state visit to India in December 1980.

After the July 1999 General Elections, when Indonesia became the third largest democracy, a new chapter had begun in the relationship between India and Indonesia. Since then the relationship had received a new dynamism and focus for greater economic and political interaction. Former President Abdurrahman Wahid visited India in February 2000. During the visit, it was agreed that India and Indonesia would exchange visits at the highest level to promote mutual understanding and bilateral relationship. Since the visit of Wahid to India in 2000 exchange of visits at the ministerial level between India and Indonesia increased. Pramod Mahajan, Minister for Information Technology and Parliamentary Affairs visited Jakarta in June 2000. Ram Naik, Minister for Petroleum and Natural Gas visited Jakarta in September 2000. The Indonesian Minister for Justice and Human Rights, Yusril Ihza Mahendra visited New Delhi as President's Special Envoy in

---

→ Government of India, New Delhi at website: www.meaindia.nic.in/foreignrelation/. See also *Annual Reports of Ministry of External Affairs 2001-2002*, p. 46 and *2003-2004*, p. 67.

September 2000. The Chief of Indonesian Navy also visited India in September 2000. The Indonesian Minister for Industry and Trade visited India in February 2002 to prepare for the visit by President of Indonesia, to India in April, 2002. Prime Minister Atal Behari Vajpayee visited Indonesia from 10 to 14 January 2001. Minister of State for External Affairs, Ajit Kumar Panja, Minister of State for Commerce and Industry, Omar Abdullah, Principal Secretary to Prime Minister, Brajesh Mishra and several other senior officials, accompanied the Prime Minister. 35 CEOs joined the PM's delegation for Joint Business Council Meeting co-ordinated by Federation of Indian Chamber of Commerce and Industry (FICCI), thereby highlighting commercial and economic aspects of our relationship.

President Megawati Soekarnoputri paid a State visit to India from 1-5 April, 2002. The people of India and Indonesia share a tradition based on common value inherited from history and culture of our two great countries. Stability, peace and prosperity in Indonesia are not only important for the Indonesian archipelago, but also for the entire region, including India. India strongly supports the territorial integrity and unity of Indonesia. The third summit-level meeting between Prime Minister Atal Behari Vajpayee and President Megawati Soekarnoputri in as many years took place in Bali on 8 October, 2003 on the margins of the second ASEAN-India Summit. A delegation led by Deputy Speaker, House of Representatives of Indonesia, Soetardgo Soerjogoeritno, visited India during 21-26 January 2003 to attend the International Parliamentary Conference in New Delhi marking the Golden Jubilee of the Indian parliament.

The 2nd bilateral Joint Consultative Forum Meeting was held in New Delhi on 1 December, 2003 co-chaired by Shri

R.M. Abhayankar, Secretary (ANA) on the Indian side and Makarim Wibisono, Director General for Asia, Pacific and African Affairs in the Ministry of Foreign Affairs, from the Indonesian side. Indonesian Air Chief, Chappy Hakim visited India from 4-7 February 2003 to attend the Aero India Show at Bangalore. Lt. Gen Shantonu Chaudhry, Vice Chief of Indian Army, visited Indonesia from 4-7 March 2004. The Second and Third Co-ordinated Joint Naval Patrolling Exercises between the Indian and Indonesian Navies were held in the Andaman Sea/Malacca Straits from 11 March to 8 April 2004 respectively. Exchange of goodwill visits by Naval ships was also intensified during the year.[13]

IRAN

The close and friendly relations existing between India and Iran gained further momentum in recent years by the high level visits at the political level. Institutional co-operation exists in the form of a Joint Commission headed at Foreign Minister's level. Several rounds of Strategic Dialogue at the level of Foreign Secretary/Deputy Foreign Ministers have been held since October 2001 in New Delhi and Tehran. There are several bilateral Joint Working Groups (JWG) on issues such as drugs trafficking, power, telecommunications, agriculture, etc. FICCI and the Iranian Chamber of Commerce, Industries & Mines (ICCIM) have set up a Joint Business Council. It has met several times. A Parliamentary Friendship group met for the first time in November 2003 on the sidelines of then Hon'ble Lok Sabha Speaker's visit to Iran.

---

13. "Indonesia," *Foreign Relations,* Ministry of External Affairs, Government of India, New Delhi at website: www.meaindia.nic.in/foreignrelation/. See also *Annual Reports of Ministry of External Affairs 2001-02*, pp. 16-17 and *2003-04*, p. 40.

Prime Minister Narasimha Rao paid a landmark visit in September 1993, as the first Indian PM to visit Iran since the Islamic Revolution in 1979. PM Vajpayee's visit to Iran in April 2001 was another important visit, which helped in fostering closer bilateral relations. The two sides signed a historic Tehran Declaration during the visit. President Seyyed Mohammad Khatami visited India (Delhi and Hyderabad) from 24-28 January 2003. He attended Republic Day 2003 as the Chief Guest. Eight agreements including the Delhi Declaration and a MoU on a Road Map to Strategic Cooperation were signed during the visit.

Iranian Minister for Oil visited India in January 2002. Secretary of Supreme National Security Council Hasan Rohani visited India in June 2002. Minister of State for External Affairs, Shri Omar Abdullah on 30 March to 1 April 2002 and Minister of Urban Development & Poverty Alleviation, Shri Ananth Kumar in April 2002 visited Tehran. India and Iran also agreed to explore opportunities of co-operation in agreed areas, including training and exchange of visits. Commander of Iranian Air Force Brig. Gen. Reza Pardis visited India from 4-10 May 2003. Two Iranian training ships "Lavan" and "Bander Abbas" made a goodwill visit to Mumbai from 5-10 March 2003.[14] Another Iranian naval ship "Tonb" visited Mumbai from 8-13 March 2004. Indian Ship "Krishna" visited Bandar Abbas from 14-17 October 2003. Foreign Minister Dr Kharrazi led the Iranian delegation to the 12th meeting of the Joint Commission held in New Delhi in May 2002. Indian Labour Minister Shri Sahib Singh Verma and Minister of State for External Affairs Shri Digvijay Singh visited Iran in January

14. "Iran," *Foreign Relations*, Ministry of External Affairs, Government of India, New Delhi at website: www.meaindia.nic.in/foreignrelation/. See also *Annual Reports of Ministry of External Affairs 2001-02*, p. 2 and *2003-04*, p. 22.

2003. National Security Adviser Shri Brajesh Mishra visited Iran in April 2003 and his counterpart Hasan Rohani returned the visit in February 2004. Judiciary Chief Ayatollah Shahroudi visited India in March 2004. Foreign Minister Dr Kharrazi visited India from 25-26 July 2004. Indian Chief of the Naval Staff Admiral Madhvendra Singh visited Iran at the invitation of his counterpart Commander of the Islamic Republic of Iran Navy Rear Admiral Mohtaj from 17-21 January 2003. During his visit, Chief of the Naval Staff visited the First Naval Region at Bander Abbas. Both sides reiterated the strategic importance of the Indian Ocean region and the need for close co-operation to ensure peace and stability in the region.[15]

KUWAIT

India and Kuwait continue to enjoy traditional friendly relations. Geographical proximity, historical trade links, cultural affinities and presence of a large number of Indian expatriates have all continued to sustain and nurture the longstanding relationship over the years. India has been a natural trading partner and a destination for higher learning. Until 1961, the Indian rupee was legal tender in Kuwait.

India and Kuwait have no bilateral problems. Both are members of NAM and share common perceptions on various regional and international issues. Both India and Kuwait have been co-operating with each other in regional and international fora and have been having high-level discussions and consultations with each other. Kuwait has been in favour of solution of Indo-Pak problems through bilateral discussions

---

15. "Iran," *Foreign Relations*, Ministry of External Affairs, Government of India, New Delhi at website: www.meaindia.nic.in/foreignrelation/. See also *Annual Reports of Ministry of External Affairs 2001-02*, p. 2 and *2003-04*, p. 22.

within the framework of agreements signed between the two Governments. On Arab-Israel issue also, Kuwait has been appreciative of India's principled stand in the matter. The Indian Secretary (ANA) visited Kuwait from 12-13 May 2003 and held meetings with Kuwaiti Minister of State for Foreign Affairs, Speakers of the Kuwait National Assembly, and Permanent Under Secretary in the Kuwaiti Foreign minister and Director General of Kuwait Fund for Arab Economic Development. Discussions focused on situation in Iraq, Indo-Kuwaiti Economic interest, etc. Minister of State for External Affairs, Shri Vinod Khanna visited Kuwait from 23-25 June 2003. During the visit, he met first Deputy Prime Minister and Foreign Minister and Speaker of the National Assembly of Kuwait. During this meeting bilateral relation, regional and international issues of mutual interest were discussed.[16]

MALAYSIA

In the early years of Malaysia's independence, its bilateral ties with India were extremely close and friendly. India was admired for its leadership of the decolonization movement (Pandit Nehru had visited Kuala Lumpur in 1946 and Penang in 1954). Malaysia extended diplomatic support to India during the Chinese invasion of 1962 (even setting up a "Save Democracy Fund"). During the Indo-Pakistan conflict of 1965, certain remarks in the United Nations by the Malaysian Representative provoked Pakistan to snap ties with Malaysia. The international context has changed with the normalization of Sino-Malaysian relations and the development of very close and friendly ties between Malaysia and Indonesia. The growth

16. "Kuwait," *Foreign Relations*, Ministry of External Affairs, Government of India, New Delhi at website: www.meaindia.nic.in/foreignrelation/. See also *Annual Reports of Ministry of External Affairs 2001-02*, p. 38 and *2003-04*, p. 55.

of Pan-Islamic sentiment in Malaysia engendered by the country's membership of the OIC and the growing influence within, of Islamic parties, was an additional element with a bearing on the Malaysian attitude on Indo-Pakistan issues. In the current context, Malaysia has remained neutral and avoided any public position on Kashmir, nor has it allowed Kashmir to become a media or public issue. However, it has gone along with the strong OIC resolutions on Kashmir, due to domestic Islamic pressure. Malaysia expressed concern over the nuclear tests conducted by India (and later by Pakistan) in May 1998. However, during their discussions they showed understanding to our security concerns.

Political relations were strained in the late-1970s by differing perceptions of the events in Indo-China, especially the Vietnamese invasion of Kampuchea in 1979. When India recognized the Heng Samarin regime in Kampuchea soon thereafter, Malaysia expressed "deep disappointment." Dr Mahathir, the then Deputy Prime Minister, shared the general perception of inadequate Indian attention to Malaysian concerns. Notwithstanding these vicissitudes, however, Indo-Malaysian relations continued to be, on the whole, close and friendly. In fact, the initiation of India's dialogue with the ASEAN was facilitated by Malaysia's chairmanship of the grouping. After reported initial reluctance, Malaysia went along with a Singaporean initiative to accept India as a Full Dialogue Partner of the ASEAN at the Bangkok Summit and supported India's participation in the ASEAN Regional Forum (ARF), which has provided both the countries another platform to exchange views on issues of mutual interest. As members of NAM, the Commonwealth, G-15 and G-77, India and Malaysia have co-operated on a range of international political and economic issues. Indian Ocean Rim Association for Regional Co-operation (IOR-ARC), is the new forum in which both India and Malaysia are members. Malaysia continues to benefit from ITEC and Commonwealth programmes. Since 1985, a series of India-Malaysia colloquiums between IDSA and the Malaysian Institute of Strategic and International Studies have provided a useful forum for informal and even semi-formal interaction.

In the larger context of Indo-Pakistan relations, Malaysia has tended to "box" the two countries and adopt an artificially "balanced" position *vis-à-vis* India irrespective of the intrinsic nature of our ties. Thus on Kashmir, while privately expressing "understanding" for the complicated situation, Malaysia has found it politic to go along with the strong OIC resolutions, and consider Kashmir a "disputed territory." At the OIC Extraordinary Summit Conference in Islamabad in March 1997, Deputy Prime Minister Anwar Ibrahim repeated the Malaysian call for an amicable solution to the Kashmir issue in accordance with the United Nations resolutions and the Shimla Agreement. It is to be noted that during his March 1997 trade promotion visit, Jammu and Kashmir Chief Minister Dr Farooq Abdullah was able to meet Foreign Minister Badawi and Economic Adviser to Government Tun Daim despite the Malaysian Foreign Office's reluctance to give any kind of official sanction to the visit. In March-April 1998 minor clashes took place between the Hindus and Muslims in the Penang state of Malaysia over the location of a temple. The matter was contained without any loss of life. However, lingering tensions still persist. The background to the problem seems to be that many temples are being illegally constructed and additional structures built without the approval of local authorities. During a meeting convened by the Malaysian Indian Congress (MIC) on 19 April 1998 it was discovered that the number of Hindu temples in Malaysia was closer to 20,000, out of which only 2,000 have been registered.

Government of India, while closely monitoring the situation, considered the communal problem to be an internal matter of Malaysia and did not comment.

The visit of former PM Shri V.P. Singh to Malaysia for the inaugural G-15 Summit in 1990, followed by a bilateral visit, added a new dimension to the relationship between the two countries. The warm and cordial rapport established between the leaderships in 1990 continued with meetings in 1991 between PM and Mahathir at Harare and Caracas, and has persisted since. During the visit in November 1992 of Minister of State, Shri Eduardo Faleiro, the establishment of an Indo-Malaysian Joint Commission at the Ministerial level was formalized and the first meeting of this Joint Commission was held. Several new areas of co-operation were identified which include Human Resource Development, health, diversification and broadening of trade relations, tourism, petroleum, chemicals and science and technology and enhanced co-operation in existing areas. Malaysian Minister of Primary Industries Dr Lim Keng Yaik visited New Delhi from 17-20 February 2003 in the context of palm oil export from Malaysia.

Minister for Shipping, Shri Shatrughan Sinha, visited Malaysia in connection with International Maritime Exhibition (INMEX 2004) held at Kuala Lumpur on 24-26 February 2004 and delivered an address at the inaugural function of the exhibition. India participated in the Langkawi International Maritime and Aerospace Exhibition 2003 (LIMA 2003) with Indian naval ships INS Delhi and INS Koro in October 2003. Indian Naval ships INS Rana and INS Kirch visited Port Klang on goodwill visit from 28 October to 1 November 2003.[17]

17. "Malaysia," *Foreign Relations*, Ministry of External Affairs, Government of India, New Delhi at website: www.meaindia.nic.in/foreignrelation/. See also *Annual Reports of Ministry of External Affairs 2001-02*, pp. 17-18 and *2003-04*, p. 41.

MAURITIUS

Mauritius has a special significance to India for historical, cultural and political reasons. Mauritius enjoys a strategic location in the south-western Indian Ocean. 68 per cent of its population is of Indian origin. India and Mauritius have very close and unique relations which encompass virtually all aspects of bilateral and multilateral relations characterized by common kinship, culture, religion and interests. Since Independence in 1968, Mauritius has enjoyed close political links with India.

The two sides have maintained a high momentum of bilateral high-level exchanges in line with excellent bilateral relations. This, in turn, has helped in further consolidation and diversification of bilateral relations. President Cassam Uteem visited India in December 1997 and Indian Vice-President Krishan Kant was Chief Guest at the 30 Anniversary Celebrations of Mauritian Independence in March 1998. Prime Minister Atal Behari Vajpayee visited Mauritius in September 1998 and Prime Minister Dr Navinchandra Ramgoolam returned the visit in October 1998. Prime Minister Vajpayee visited Mauritius again in March 2000 as Chief Guest at the 32nd Anniversary celebrations of Mauritius' Independence. Defence Minister George Fernandes visited Mauritius in September 2000. Prime Minister of Mauritius Rt. Hon'ble Sir Anerood Jugnauth paid a state visit to India in January 2001. The visit was followed by the historic visit of President Shri K.R. Naryanan to Mauritius in March 2001. It was followed, in quick succession, by the visits of Shri U.V. Krishnam Raju, the then Minister of State for External Affairs in April, 2001, Shri Manohar Gajanan Joshi, the Minister of Heavy Industries and Public Enterprises in April, 2001, Dr Murli Manohar Joshi, the Minister of Human Resource Development, Science and Technology and Ocean Development in October–November,

2001. The then President Cassam Uteem visited India as Chief Guest for the Republic Day celebrations in January 2002. Mr Paul Raymond Berenger, Deputy Prime Minister visited India in April 2002. India has signed agreements with Mauritius in Civil Aviation, Avoidance of Double Taxation, in Economic, Educational and Cultural Co-operation, Co-operation in Agriculture and Biotechnology. An umbrella agreement in Science and Technology was signed in January 1990. The 8th session of the Indo-Mauritius Joint Commission was held in Port Louis in February 1997. During the visit of Prime Minister Atal Behari Vajpayee in March 2000, agreements were signed for co-operation in Information Technology, in Ocean Science, in Trade and a Line of Credit was also granted. The newly appointed Prime Minister Paul Raymond Berenger paid an official visit to India, his first visit abroad after taking over as the Head of Government, from 19-24 November 2003. The following MoUs/Agreements were signed during that visit:

(1) Extradition Treaty,

(2) Agreement for co-operation in the Power Sector,

(3) Agreement for co-operation in the Hydrocarbon Sector,

(4) Agreement for purchase of a Dornier aircraft by Mauritius from HAL, and

(5) Cultural Exchange Programme.

Shri Jaya Krishan Cuttaree, Minister of Foreign Affairs, International Trade and Regional Cooperation of the Government of Mauritius visited India during 6-10 January 2004 to co-chair the India-Mauritius Joint Commission Meeting.[18]

18. "Mauritius," *Foreign Relations*, Ministry of External Affairs, Government of India, New Delhi at website: www.meaindia.nic.in/foreignrelation/. See also *Annual Reports of Ministry of External Affairs 2001-02*, pp. 44-45 and *2003-04*, p. 66.

MALDIVES

India-Maldives relations have been close, cordial and problem-free. India was among the first to recognize Maldives after its independence in 1965 and established diplomatic relations in 1972. A resident High Commissioner was appointed in 1980.

Relations between India and Maldives have been cemented through regular exchange of high level visits. The Indian Prime Minister visited Maldives from 22-25 September 2002 at the invitation of President Gayoom. During this visit the foundation stone for setting up of Faculty of Hospitality and Tourism Studies, a hotel management-training institute with Indian assistance of Rs. 23 crore (approx) was laid by Prime Minister and President Gayoom of Maldives jointly. Shri K.C. Pant, Deputy Chairman, Planning Commission visited Maldives in September 2003 during which an MoU on Planning was signed. Shri Yashwant Sinha, Minister of External Affairs visited Maldives in July 2002. The Indian External Affairs Minister met the Foreign Minister of Maldives, Fathulla Jameel on 21 Augest 2002 on the sidelines of SAARC Council of Ministers' Meeting held in Kathmandu.

India's relations with Maldives continued to be close and friendly with 2003-04 witnessing increased political and economic interaction. India and Maldives held the Joint Coast Guard exercise codenamed "DOSTI-V11" at Male from 23-27 February 2004. The exercise was aimed at strengthening defence co-operation between the two countries and also to promote interaction between Coast Guard Officers of the two countries in areas of search and rescue, pollution control (oil slick, etc.) and other related activities.[19]

19. "Maldives," *Foreign Relations*, Ministry of External Affairs, Government of India, New Delhi at website: www.meaindia.nic.in/foreignrelation/. See also *Annual Reports of Ministry of External Affairs 2001-02*, pp. 5 and *2003-04*, p. 24.

MYANMAR

India-Myanmar relations are rooted in shared cultural and religious ties. As the land of Lord Buddha, India remains a country of pilgrimage for the people of Myanmar. India and Myanmar also share a long land and maritime boundary. A large body of population of Indian origin lives in Myanmar.

India and Myanmar signed a Treaty of Friendship in 1951. In general, bilateral relations were close during the period U Nu was Prime Minister (1948-62). During the years Myanmar was ruled by Gen. Ne Win (March 1962–July 1988), bilateral relations were static but, on the whole, cordial. The Land Boundary Agreement and the Maritime Boundary Agreement were signed in 1967 and 1986, respectively. Since Independence of the two countries, leaders paid visits throughout the 1950s and in subsequent years. The last major visit from India was that of Prime Minister Rajiv Gandhi in 1987. During the preceding decade, India-Myanmar relations have developed and diversified satisfactorily. A number of agreements, including the Tripartite Maritime Agreement between India, Myanmar and Thailand determining the trijunction point in the Andaman Sea, the Border Trade Agreement, and the MoU on co-operation between the Civilian Border Authorities have been signed. During 2003, seven ministerial visits took place, with the Myanmar Foreign Minister visiting India thrice during the year. Seven Agreements were also signed. The highlight of 2003 was the official visit to Myanmar from 2-5 November 2003 of Shri Bhairon Singh Shekhawat, Vice-President of India. The Myanmar Minister for Energy, Brig-Gen. Lun Thi, visited India from 28-30 January 2004 at the invitation of Shri Ram Naik, Minister for Petroleum and Natural Gas.

Co-operation and exchanges in the defence sector continued through the mechanism of the biannual border liaison meetings. The highlight in this sector was the visit of Chairman of Chiefs of Staff Committee and Chief of Naval Staff of India Admiral Madhvendra Singh to Myanmar from 4-7 September 2003 and the visit of the Myanmar C-in-C Air Force Maj. Gen. Myat Hein to India From 31 August–5 September 2003.[20]

OMAN

India and Oman are linked by geography, history and culture. There is evidence of people-to-people contacts dating back to the Indus Valley Civilization and, in later times, links with the Gujarat and Malabar coasts. In recent years, India-Oman relations have been marked by regular high-level contacts, which have helped to foster close understanding and a shared vision to develop a partnership in the areas of politics, economics and culture. Prime Minister Shri Rajiv Gandhi visited Muscat in 1985 for the celebrations to mark the 15th anniversary of Sultan Qaboos's accession. Prime Minister Shri P.V. Narasimha Rao visited Oman in June 1993. This landmark visit launched a new era in bilateral relations between the two countries. Visit of Prime Minister Shri Atal Behari Vajpayee to Oman in August 1998 helped intensify the momentum in realizing a vision of substantial mutually beneficial economic and political interaction between India and Oman, which would give contemporary value to the historic ties.

The second meeting of the India-Oman Strategic Consultative Group was held in Delhi on 17 October 2003.

20. "Myanmar," *Foreign Relations*, Ministry of External Affairs, Government of India, New Delhi at website: www.meaindia.nic.in/ foreignrelation/. See also *Annual Reports of Ministry of External Affairs 2001-02*, pp. 5-6 and *2003-04*, p. 24.

The fourth meeting of the India-Oman Joint Commission was held in Muscat from 20-22 October 2003.[21]

QATAR

India has a long history of friendly relations with Qatar, marked by commercial ties and people-to-people interactions. The relationship today is rich, close and multi-dimensional. Qatar, like other countries in the Gulf, enjoys a prominent place in India's foreign policy perspective, particularly in view of its location and the enormous progress it has made on many fronts in the last few decades, and a number of steps have been taken to further strengthen and expand bilateral relations. These include exchanges of high level visits, co-operation in multilateral institutions, political consultations on bilateral, regional and international issues of mutual interest, and conclusion of some bilateral agreements to strengthen the legal and institutional basis of our co-operation, such as Agreements on Cultural and Technical Co-operation (1980), Economic and Technical Co-operation (1984) and Organization of Manpower Employment (1985). The visit to India of Sheikh Hamad Bin Khalifa Al-Thani, Emir of the State of Qatar, to India in April 1999 was a landmark event which effected a qualitative change in the bilateral relationship. The India-Qatar Joint Committee for Economic and Technical Co-operation met in New Delhi on 10-11 March 1999, after a gap of 11 years.

Deputy Prime Minister Shri Lal Krishna Advani visited Doha, Qatar from 20-22 January 2003. During the visit he called on Emir of Qatar Sheikh Hamad Bin Khalifa Al-Thani and Foreign Minister Sheikh Hamad Bin Jahor Al-Thani and

21. "Oman," *Foreign Relations*, Ministry of External Affairs, Government of India, New Delhi at website: www.meaindia.nic.in/foreignrelation/. See also *Annual Reports of Ministry of External Affairs 2001-02*, p. 38 and *2003-04*, p. 55.

discussed matters of mutual interest, particularly security-related issues.[22]

SAUDI ARABIA

Over the fifty years of our diplomatic relations, Indo-Saudi ties have seen a few ups and downs. The camaraderie of the 1950s and early 1960s saw the visits of Saudi King Saud (1955) and Indian Prime Minister Jawaharlal Nehru (1956). There was a lull in high-level bilateral exchanges in the 1960s and early 1970s following the Indo-Pak wars of 1965 and 1971. Later, the relationship reached its apogee with the visit of former Prime Minister Indira Gandhi in 1982, when the then Crown Prince Fahd led the Saudi leadership in emphasizing the high importance attached by the Kingdom to India's position in the region and its ties with India. The Joint Communiqué issued at the end of the visit noted that "the stability and security of the Gulf region and that of the Indian sub-continent were closely interlinked," and emphasized "the need and importance of closer and regular contacts as also of deeper and more diversified exchanges between India and Saudi Arabia as well as with other countries of the region."

The momentum generated by this visit could not be sustained during the 1980s, due to separate Cold War alignments and, specifically, differing perceptions relating to the situation in Afghanistan. However, in December 1994, relations were revived with the visit of then Finance Minister, Dr Manmohan Singh, for the meeting of the Indo-Saudi Joint Commission. The Saudi side signalled its interest in strengthening economic ties with India. At the political level,

22. "Qatar," *Foreign Relations*, Ministry of External Affairs Government of India, New Delhi at website: www.meaindia.nic.in/foreignrelation/. See also *Annual Reports of Ministry of External Affairs 2001-02*, p. 38 and *2003-04*, p. 56.

too, particularly following the meeting of Dr Manmohan Singh, with Crown Prince Abdullah, the visit led to a resumption of dialogue and frank exchanges on difficult issues.

The Saudi Assistant Foreign Minister, Dr Nizar Obeid Madani, visited India in February 2000. Madani stressed that the Kingdom was keen to strengthen bilateral relations and establish a framework for co-operation with India in different fields. Both sides agreed that bilateral Indo-Saudi ties were important to them and should not be held hostage to ties they might have with other countries. The two sides also agreed that ties in the energy sector should be substantially increased; other areas identified for bilateral co-operation were science and technology and defence. Defence co-operation is being promoted through visits of Indian naval ships to Saudi Arabia — Jubail in May 1998, and Jeddah in October 2000, and Jubail in March 2002. Again, political dialogue has been maintained at a high level by the visits to the Kingdom of Deputy Chairperson of the Rajya Sabha, Dr (Mrs.) Najma Heptulla, as Special Envoy of the Prime Minister, in January 2002, and that of Special Secretary (East) Shri R.M. Abhyankar, in February 2002. A high-level Saudi Business delegation led by Mr Abdul Rahman Al-Jerasy, Chairman of the council of Saudi Chambers of Commerce, visited India from 12-17 October 2003 to promote friendly ties and strengthen bilateral business relations with India.[23]

SEYCHELLES

Indo-Seychelles relations have been characterized by close friendship, understanding and co-operation. Diplomatic ties

23. "Saudi Arabia," *Foreign Relations*, Ministry of External Affairs, Government of India, New Delhi at website: www.meaindia.nic.in/foreignrelation/. See also *Annual Reports of Ministry of External Affairs 2001-02*, pp. 38-39 and *2003-04*, p. 56.

have been established since Independence, but the links go back even earlier. An Indian naval ship was one of those present, along with French, British and Iranian ships to welcome Independence of Seychelles on 29 June 1976. An Indian Mission was established in 1979 with our High Commissioner based in Dar-es-Salaam accredited to Mahe. The first resident High Commissioner was placed in 1987. The Joint Commission on Economic and Technical co-operation governs bilateral co-operation in various fields. The JCM has had several meetings so far.

Besides the JCM, we have a Cultural Agreement under which periodical CEPs are drawn up. The last CEP expired in 1993 and since then exchanges have taken place on an ad hoc basis. We also have an Air Services Agreement entered into in 1981. Direct air services between Mahe and Mumbai via Male was resumed with effect from 20 January 2002. A Trade Agreement was signed in 2000 under which a Committee was to be set-up to review trade and commercial ties. The Seychelles Chambers of Commerce and FICCI have also entered into an agreement in 2000 under which a Joint Business Council (JBC) has been set up.

Vice-President Shri Bhairon Singh Shekhawat paid an official visit from 8-12 September 2003 to Seychelles leading a delegation comprising the Minister of State for External Affairs, Shri Digvijay Singh and other senior government officials. During the visit, he held talks with Seychelles Vice-President Jemes Michel. The Indian delegation also met the minister for Foreign Affairs Jeremic Bounclame, Minister for Health, Patric Pillay and Minister for Environment, Ronnic Jumcau. Three MoUs were signed in the area of defence, health care, science and technology. The Indo-Seychelles Cultural Exchange Programme for the years 2003-05 was also signed. The Speaker of the National Assembly Francis MacGregor participated in the international Parliamentary Conference from 22-26 January 2004 in New Delhi to mark the Golden Jubilee of India's Parliament.[24]

The challenges to India's foreign policy in the new era are formidable. They relate to the world situations as well as to the geopolitical situation in our neighbourhood. These challenges can be understood only if we comprehend the full implications of these changes. They have been coming for a number of years — ever since the dissolution of the USSR. It's not just that one superpower remained but the use that the sole superpower made of its opportunities.

While the European countries became preoccupied with the tasks of economic reconstruction, the US establishment did not forget development of its military strength. The US led a revolution in military affairs (RMA) and its high-tech army, navy and air force left all other armies far behind. It was so far ahead of others that no other country or combination of countries could come anywhere near matching it. USA spends more money on its armed forces than the next defence-spending nine countries combined.[25]

India forgot the geopolitics of the region, certainly the geography of the war zone. It was not India but Pakistan which USA needed to operate against the Taliban and the Al-Qaeda in Afghanistan. India counted without hand; USA continued

24. "Seychelles," *Foreign Relations*, Ministry of External Affairs, Government of India, New Delhi at website: www.meaindia.nic.in/foreignrelation/Seychelless.htm. See also *Annual Reports of Ministry of External Affairs 2001-02*, p. 38 and *2003-2004*, p. 56.

25. V.P. Dutt, "India's Foreign Policy in the New Era," *World Focus*, New Delhi, vol. 25, no. 8, August 2004, pp. 3-5.

to assure India that Washington was opposed to all forms of terrorism, including in Kashmir, and kept pressing Pakistan to lower the terrorist campaign across the frontier, but only up to a point. India was slow to realize that America could not abandon Pakistan under the present circumstances and in the foreseeable future. In the process India became heavily dependent on the United States in its war on terrorism in Kashmir and elsewhere in India. The erosion of India's autonomy in foreign policy can be traced to these developments.

Its military muscle combined with the economic strength of the United States made it a power without peer. While American culture ruled the world, and many academicians and foreign policy elite members believed that it was the US soft power which made its dominance more acceptable, a new breed of US ruling elite emerged with greater reliance on the hard power of the United States. The historical experience of the world has been that whenever one country became too powerful, other powers tried to balance it either by banding together or by acquiring greater military strength. This had not happened in the case of the United States. The only power that tried to challenge the US supremacy, the Soviet Union, got dissolved in the process. Many Americans came to believe in US exceptionalism. What happened to others in history would not happen to the US, they believed.

A large number of the influential members of the various US administrations and academicians in the foreign policy elite were convinced that even though all the three elements were important in the maintenance of US dominance, the core reason related to "soft power" that others did not find threatening and, were, therefore, willing to acquiesce in it. It was equally clear that any effort to match to America militarily was prohibitively expensive. But the desire too was lessened because of America's adherence to international institutions and the international system.

Those were, however, precisely the targets of attack by the new "breed" in the ruling elite popularly described as the neoconservatives (neocons). The neocons exerted their influence through various layers of the present administration. The first and among the most important points of departure for the neocons was the military power of the United States. It had so far exceeded the others that USA no longer required their help to fight a war or achieve its objectives. In fact, the first requirement was to maintain and perpetuate that disparity. To that end one of the major proponents of the new line of thinking, Paul Wolfowitz, then defence aide to the then Defence Secretary, Dick Cheney, proclaimed the right to prepare a memorandum in 1991 itself that proclaimed the right to prevent any other country from achieving military balance with USA. The US should not tolerate any challenge in this area, the memo held.

This was the genesis of the doctrine of pre-emption which Bush adopted as his official policy subsequently. The second central point in the line of thinking of the neocons flowed from the first. Since the United States could wage a war or even two wars at the same time all by itself, it not only did not depend any more on the old alliance system, neither on the UN nor on the old political-legal institutions; they had actually, in their view, become a hindrance to the realization of its new objective. The principal objective was to substitute supremacy for hegemony. The goal: to reorder the map of the world, particularly all the way from Central Asia to the Middle East, in the American image and in the interests of the US. To achieve this, America was willing to go it alone, if necessary, or accept those who were willing to come on board. As Donald Rumsfeld put it: "It is the mission that decides the coalition, and not the coalition the mission."

India's foreign policy faces a dual challenge. The management of its relations with the US in this kind of international situation deepens its economic relationship with it and yet not lose its autonomy or succumb to the pressures that accompany closer ties with a hegemony. We have to learn how to develop our political and other contacts with USA, maintain the international coalition against terrorism, and yet retain our autonomy in foreign policy.

These are almost herculean tasks for India's foreign policy-makers. How to combine our struggle to secure a peaceful environment around us and simultaneously achieve a reasonable level of economic growth? In the final analyses, our role in the world would depend on our internal economic strength and our social cohesion, the nurturing and protection of our diversity and a sense of belonging for every citizen in the country. We can learn not only the positive lessons of China and other countries but also from the negative ones. Our growth should be such as not to split the country into irreconcilable social categories. It should not lead to what has been famously said: "the rich get richer while the poor get children." Our growth pattern must minimize the tension between wealth and democracy. All these are formidable challenges that will require all our accumulated and consensual wisdom.[26]

Kanti Bajpai said "it's truism that domestic politics affects foreign policy. What happens in internal politics reflects in various ways how one deals with external matters. The reverse

26. V.P. Dutt, op. cit., p. 5.

is somewhat less of a truism, namely, that foreign policy affects domestic politics. Truisms are obvious truths but no less true for all that. India's foreign relations have affected domestic arrangements and choices and will continue to do so."[27]

As in Kissinger's words, "Foreign policy must begin with some definition of what constitutes a vital interest — a change in the international environment so likely to undermine the national security, that it must be resisted no matter what form the threat takes or how ostensibly legitimate it appears. During its heyday, Great Britain would have gone to war to prevent the occupation of channel ports in the Low Countries even if they had been taken over by major powers governed by saints."[28]

Thus the inference may be drawn that domestic and foreign policy are inextricably linked with each other. At the same time boundaries between them are diminishing to a considerable extent. At times they are overlapping and at times they interact with each other. The foreign policy is very much dependent on domestic policy. If the domestic policy is dynamic and strong then the foreign policy will also be the same and vice versa. Hence it is clear that the domestic base of a nation muse be dynamic and strong. To compete internationally, India must have to think over some crucial key points which are political stability, internal economic

---

27. Kanti Bajpai, "*Foreign Policy Dilemmas*," downloaded from website: http://www.india-seminar.com/2002/519.htm on 5 February 2005.

28. Jaswant Singh, Deputy Chairman of Planning Commission and Member of Task Force on the National Security Council, "What Constitute National Security in a Changing World Order? — India's Strategic Thought," New Delhi, CASI Occasional Paper No. 6, June 1998, p. 26.

policy, infrastructural development, strong democratic institutions, longer term implications which will be very hazardous and horrendous, and improvement in communal harmony because India is a multi-cultural and multi-linguistic nation.

8

Maritime Strategy of India and Futuristic Directions

Our location on top of the Indian Ocean between the sea routes from the Cape of Good Hope and the Mediterranean and the energy sources of the Gulf to the strategic Malacca Straits gives us a vantage point and responsibility to safeguard the security of our energy supplies and shipping in the Indian Ocean region.[1]

— Pranab Mukherjee Defence Minister of India

Evolution of Maritime History of India

INDIA's maritime history predates the birth of Western civilzation. The world's first tidal dock is believed to have been built at Lothal around 2300 BCE during the Harappan Civilization, near the present day Mangrol harbour on the Gujarat coast.[2]

The influence of the sea on Indian kingdoms continued to grow with the passage of time. North-west India came under the influence of Alexander the Great, who built a harbour at Patala where the Indus branches into two just before entering

1. The Defence Minister of India said while addressing the Naval Commander's Conference at Delhi towards end of year 2004.
2. For Details see R.K. Pruthi, *Prehistory and Harappan Civilization*, APH Publishers, New Delhi, 2004. See Also P.C. Kashyap, *Surviving Harappan Civilisation*, Abhinav Publishers, New Delhi, 2001.

the Arabian Sea. His army returned to Mesopotamia in ships built in Sindh. Records show that in the period after his conquest, Chandragupta Maurya established an Admiralty Division under a Superintendent of Ships as part of his war office, with a charter including responsibility for navigation on the seas, oceans, lakes and rivers. History records that Indian ships traded with countries as far as Java and Sumatra, and available evidence indicates that they were also trading with other countries in the Pacific and Indian Oceans. Even before Alexander there were references to India in Greek works, and India had a flourishing trade with Rome. The Roman writer Pliny speaks of Indian traders carrying away large quantities of gold from Rome, in payment for much-sought exports such as precious stones, skins, clothes, spices, sandalwood, perfumes, herbs and indigo.

Trade of this volume could not have been conducted over the centuries without appropriate navigational skills. Two Indian astronomers of repute, Aryabhatta and Varahamihira, having accurately mapped the positions of celestial bodies, developed a method of computing a ship's position from the stars. A crude forerunner of the modern magnetic compass was being used around the fourth or fifth century CE called *Matsya Yantra*; it comprised an iron fish that floated in a vessel of oil and pointed towards north. Between fifth and tenth centuries CE, the Vijaynagara and Kalinga kingdoms of southern and eastern India had established their rule over Malaya, Sumatra and Western Java. The Andaman & Nicobar Islands then served as an important midway point for trade between the Indian peninsula and these kingdoms, as also with China.[3]

3. Indian Navy at website http://www.bharat-rakshak.com/Navy/History/1600s/overview.html on 5 January 2005.

In the period CE 984-1042, the Chola kings dispatched great naval expeditions which occupied parts of Burma, Malaya and Sumatra, while suppressing piracy by the Sumatran warlords. In CE 1292, Marco Polo described Indian ships as ". . . built of fir timber, having a sheath of boards laid over the planking in every part, caulked with oakum and fastened with iron nails. The bottoms were smeared with a preparation of quicklime and hemp, pounded together and mixed with oil from a certain tree which is a better material than pith."[4] The decline of Indian maritime power commenced in the thirteenth century, and Indian sea power had almost disappeared when the Portuguese arrived in India. The latter imposed a system of licence for trade, and set upon all Asian vessels not holding permits from them. A naval engagement in Bombay harbour in 1529 resulted in Thana, Bandora and Karanja agreeing to pay tribute to the Portuguese, and they held a grand naval review in 1531. They took complete control of the harbour in 1534.[5]

Genesis and Developments of Indian Navy

The Indian Navy has gone through various phases of developments from CE 1612 to present. These phases are:

- Indian Marine: 1612 to 1686
- Bombay Marine: 1686 to 1830
- Indian Navy: 1830 to 1858
- Her Majesty's Indian Navy: 1858 to 1863
- Bombay and Bengal Marine: 1863 to 1877

---

4. For Details see Clarence Dalrymple Bruce, *In the Footsteps of Marco Polo — Being the Account of a Journey Overland from Shimla to Peking*, Asian Educational Services, Delhi, Reprint 2000 (First published in London in 1907).

5. *"A Historical Overview,"* op. cit.

- Her Majesty's Indian Marine: 1877 to 1892
- Royal Indian Marine: 1892 to 1934
- Royal Indian Navy: 1934 to 1950
- Indian Navy: 1950 to Present

INDIAN MARINE (1612–1686)

The history of the Indian Navy can be traced back to 1612 when Captain Best encountered and defeated the Portuguese.[6] This encounter forced the British East India Company to maintain a small fleet at Swally, near Surat (Gujarat).[7] The First squadron of fighting ships arrived on 5 September 1612, forming what was then called the Indian Marine, also known as the Honourable East India Company's Marine, which played an important role in surveying the Arabian, Persian and Indian coastlines. In 1614, Indian Marine emerged victorious in the second sea battle against the Portuguese. In 1635, four pinnacles were built at Surat, Gujarat. It was the first record of ship building activity.

BOMBAY MARINE (1686–1830)

On 27 March 1668, Bombay was transferred to East India Company at a fee-favour rent of £ 10 per annum. So in 1686, the headquarters of Indian Marine was shifted to Bombay and the service christened Bombay Marine.

Bombay Marine force rendered unique service, fighting not only the Portuguese, Dutch and French, but also interlopers and pirates of various nationalities. In 1700 Maratha Admiral Kanhoji came to power, and established a formidable fleet. In

---

6. Pius Malekandthil, *Portuguese Cochin and the Maritime Trade and India 1500-1663*, Manohar Publisher, New Delhi, 2001, p. 112.
7. For details see H.S. Bhatia, *Genesis of British Power in India*, Deep and Deep Publishers, New Delhi, Reprint 2001.

1735 a dockyard was established at Bombay by Lowjee Wadia. In 1817 HMS Trincomalee was built at Bombay Dockyard. Today it is the world's oldest wooden sail ship still afloat in Portsmouth as TS Foudroyant. The Bombay Marine was involved in combat against the Marathas and the Sidis and participated in the Burma War in 1824.

INDIAN NAVY (1830–1858)

In 1830 the Bombay Marine was designated as Indian Navy. Over the next 15 years, the Company's ships were converted from sail to steam.

With the capture of Aden by the British and the institution of the Indus Flotilla, the Navy's commitments grew manifold, and its deployment in the China War in 1840 was adequate testimony to its proficiency. In the Persian War (1856), the naval part of the expedition was conducted by Indian Navy.

HER MAJESTY'S INDIAN NAVY (1858–1863)

In 1858 India came under the British Crown; therefore the Indian Navy was redesignated as Her Majesty's Indian Navy.[8]

BOMBAY AND BENGAL MARINE (1863–1877)

On 30 April 1863, Her Majesty's Indian Navy was reduced to non-combatant status and reorganized into Bombay and Bengal Marine. Marine Survey Department was started and manned by naval personnel.

HER MAJESTY'S INDIAN MARINE (1877–1892)

Service restored to combatant status and named Her Majesty's Indian Marine.

---

8. For details see H.S. Bhatia, *Genesis of British Power in India*, Deep & Deep Publisher, New Delhi, 2001.

ROYAL INDIAN MARINE (1892–1934)

In recognition of the services rendered during various campaigns, its title was changed to Royal Indian Marine in 1892, by which time it consisted of over 50 vessels. The Royal Indian Marine went into action with a fleet of minesweepers, patrol vessels and troop carriers[9] during the First World War (1914 to 1918), when mines were detected off Bombay and Aden, and the RIM was utilised mainly for patrolling, ferrying troops and carrying war stores to Iraq, Egypt and East Africa. The first Indian to be granted a commission was Sub-Lieutenant D.N. Mukherji who joined the Royal Indian Marine as an engineer officer on 6 January 1928.

ROYAL INDIAN NAVY (1934–1950)[10]

In 1934, the Royal Indian Marine was reorganized into the Royal Indian Navy. Naval HQ was established at Bombay under FOC RIN (Flag Officer Commanding Royal Indian Navy), and was presented the King's Colour in 1935 in recognition of its services.

Pre-Independence Plans for the Development of the Indian Navy

THE NAVY'S GROWTH DURING THE SECOND WORLD WAR (1939–1945)

Prior to the Second World War, Britain's Royal Navy was responsible for the overall maritime defence of India. For this purpose, the Royal Navy maintained:

(1) A Fleet based at Trincomalee in Ceylon.

(2) A Fleet at Singapore.

---

9. Raj Kumar Pruthi and Rameshwani Devi, *Armed Forces in British India*, 1998, pp. 280-86.

10. H.S. Bhatia, *End of British Power and Partition of India*, Deep & Deep Publisher, New Delhi, Report 2001, pp. 346-49.

(3) A Squadron at Bahrein.

The Royal Indian Navy (RIN) was responsible for coastal defence only. It had one naval base at Bombay and training establishments scattered in many regions of India. In September 1939, when the Second World War started, the RIN had only five sloops, one trawler, one survey ship and one patrol craft. It had 114 officers and 1732 ratings (sailors were called ratings).

During the war, the RIN underwent a phenomenal expansion. Thirty-one small vessels were immediately requisitioned to serve as minesweepers and patrol craft until newly built ships could enter service. The first Basset class trawler built in Garden Reach Workshop, Calcutta entered service in 1941 — it was followed by five more. The first Bangor class fleet minesweeper built in India entered service in 1943. Six new sloops came from Britain and were named after Indian rivers. Bathurst class minesweepers came from Australia. Numerous minor vessels like motor minesweepers, harbour defence motor launches and landing craft came from Britain, America and Australia. The naval base and naval dockyard at Bombay were modernized. Three new branches were created — Electrical, Education and Medical.

In 1945 when the war ended, the Navy had seven sloops, four anti-submarine frigates, eight corvettes, 14 minesweepers, 16 trawlers, one survey ship, two depot ships, 30 auxiliary vessels, 150 landing craft, 200 harbour craft and 45 harbour defence launches. The number of personnel had risen to 3014 officers and 27,433 ratings. Several new naval base establishments and training establishments had come up all along the west and east coasts.

BRITISH STRATEGIC PERCEPTIONS IN 1944

As Britain gradually reconciled itself to the inevitability of India becoming independent, the Commander-in-Chief of India assessed that the vital strategic interests of the British Commonwealth in the Indian Ocean were:

(a) Oil supplies,

(b) Control of the eastern and western approaches to India,

(c) Air communications to Iraq, Ceylon, Burma and Malaya, and

(d) Control of the seas and the island territories.

In his view, should India be unfriendly or liable to be influenced by a power such as Russia, China or Japan hostile to the British Commonwealth, Britain's strategic position in the Indian Ocean would become untenable and British communications with New Zealand and Australia most insecure.

THE PLAN FOR THE NAVY'S DEVELOPMENT IN 1944-45

As the Second World War neared completion, three separate studies emerged sequentially on the future development of the Navy.

The Godfrey Plan of 1944

This plan was prepared in April 1944 by Vice Admiral Godfrey, the Commander-in-Chief of the RIN, for submission to the Chiefs of Staff Committee. It had two phases. Phase I proposed the replacement of inefficient ships by modern frigates and sloops, acquisition of eight destroyers and training of personnel by 1947 to man a cruiser. Phase II envisaged the acquisition of aircraft carriers and submarines with associated training and maintenance facilities. The Committee viewed the RIN as a "Dominion Navy."

On 15 August 1947, India attained Independence and landed troops at Junagadh. In 1948 the RIN acquired the HMIS Delhi, formerly HMS Achilles, a cruiser. First major goodwill cruises went to East Africa, Seychelles and Mauritius. The prefix "Royal" was dropped on 26 January 1950 with India being constituted as a Republic. The first Commander-in-Chief of the Indian Navy was Admiral Sir Edward Parry, KCB.

Post-Independence Plan for the Development of the Indian Navy

After Partition in August 1947, the RIN comprised:

- Four Sloops (Kistna, Cauvery, Jumna, Sutlej),
- Two frigates (Kukri, Tir),
- One Corvette (Assam),
- Twelve coastal minesweepers (Orissa, Deccan, Bijnor, Kumaon, Khyber, Rohilkhand, Carnatic, Rajputana, Konkan, Bengal, Bombay, Madras). After the cyclone which hit Bombay in 1948, only Konkan, Bombay, Bengal and Madras remained in service. The remainder were so severely damaged that they had to be sold as scrap,
- One survey ship (Investigator), and
- Four trawlers, four motor minesweepers, one motor launch, four harbour defence motor launches and landing craft.

In August 1947, Rear Admiral JTS Hall, RIN, was appointed as India's first Flag Officer Commanding Royal Indian Navy. His Chief of Staff (now called the Vice Chief of the Naval Staff) was Commodore Martin H. St. L. Nott. These two far-sighted officers, guided by Rear Admiral Lord Louis Mountbatten, then Viceroy of India, and assisted by Cdr. (later

Admiral) A.K. Chatterji, the first Director of Naval Plans, the Staff Officer (Plans) Lt. Cdr. (later Vice Admiral) N. Krishnan, and Lt. Cdr. Y.N. Singh, the navy's first aviator, prepared an "Outline Plan for the Re-organization and Development of the Indian Navy." It visualized four essential roles for the Navy:

(1) To safeguard Indian shipping,

(2) To ensure that supplies could reach and leave by sea in all circumstances,

(3) To prevent an enemy landing on India's shores, and

(4) To support the Army in seaborne operations.

At the end of 1947, based on the above, a 10-year plan for the expansion of the Navy was submitted to the government and was approved in principle by the Defence Committee of the Cabinet in 1948 but without financial commitment.

DEVELOPMENTS IN THE INDIAN NAVY (1948–1950)

In 1948, Vice Admiral Sir Edward Parry succeeded Rear Admiral Hall as Commander-in-Chief and Chief of the Naval Staff of the Royal Indian Navy. He was able to tell the British Admiralty that India's Ministry of Defence did not want the Indian Navy to be just an adjunct of the British Navy but to be a real Navy capable of carrying out major operations of naval warfare.[11]

In 1949, the government approved only those proposals of the 10-year naval plan which related to the recruitment and training of personnel. The expansion of the Fleet, though restricted to one aircraft carrier, frigates, a survey ship and a

---

11. Rahul Roy Chaudhary, *Sea Power and Indian Security*, Brassey's, London, 1995, p. 29.

landing ship, did not exclude submarines. This setback was compounded by the difference in opinion between the Indian naval planners in Delhi and the British Admiralty. When Admiral Parry forcefully pressed the Admiralty to meet his plan requirements, the Admiralty told him that the primary function of the Indian Navy was the protection of the coastline and harbours of India and to perform specific functions in the defence of the British Commonwealth.

INDIAN NAVY (1950–2005)

In June 1950, former Prime Minister Jawaharlal Nehru sailed to Indonesia on INS Delhi. On 27 May 1951, Colours were presented to the Indian Navy by President Dr Rajendra Prasad. First Naval Air Station, INS Garuda, was inaugurated at Cochin on 11 May 1953, and No. 550 Squadron (consisting of Sea land and Firefly aircraft) commissioned. The first review of the Indian Fleet was by President Dr Rajendra Prasad on 10 October 1953 in which 25 warships, 7-yard craft and one merchant ship participated. On 2 October 1956 the First Indian Naval Officer was elevated to Flag Rank. On 28 August 1957, the Indian Navy acquired INS Mysore, formerly HMS Nigeria, a WW2 British Fiji Class cruiser. Parliament passed the Navy Act in December 1957.[12] On 22 April 1958, Vice Admiral R.D. Khatari became the first Indian Chief of Naval Staff. 300 White Tigers Squadron (consisting of Sea Hawk Aircraft) was commissioned in 1960.

On 16 February 1961, the Indian Navy acquired its first aircraft carrier — INS Vikrant R11 (formerly HMS Hercules). In March 1961, 310 Cobras Squadron (consisting of Alize

12. Leena Parmar, *Armed Forces and the International Diversities*, Pointer Publisher, Jaipur, 2002, p. 228.

aircraft) was commissioned. In December 1961, the Portuguese were evicted from Goa. The airfield at Dabolim was taken over by the Navy. In Delhi, there was difference of opinion between the ministries whether Goa should be developed solely as a mercantile port or whether the Navy's requirement to have a naval base half-way between Bombay and Cochin could be accommodated. This discussion continued until 1963. On 20 April 1964, Defence Minister Y.B. Chavan reviewed the Fleet. 31 warships, 12 yard craft and 9 merchant ships participated. The Indian Navy ensign was planted on the highest peak in the world in 1965, as Lt. Cdr. M.S. Kohli led the first successful Indian expedition to Mount Everest. On 10 February 1966, President S. Radhakrishnan reviewed the Fleet. INS Vikrant took part in the review for the first time.

On 8 December 1967, the Indian Navy's silent service (submarine arm) was born with the arrival of INS Kalvari — a Foxtrot Class submarine. On 15 March 1969, 321 Angels Squadron (consisting of Alouette helicopters) was commissioned. On 28 December 1969, President V.V. Giri reviewed the Fleet. 31 warships and 5 merchant ships participated. The submarine arm took part in the review.

The Indian Navy entered the missile era with the arrival of the first Osa-I Class missile boats from Russia in 1971. On 4 December 1971, the Indian Navy covered itself with glory during the Indo-Pak war. In commemoration, 4 December is celebrated as "Navy Day" every year, since that was when IN Osa-I Class missile boats successfully attacked Pakistan's naval port in Karachi. On 23 June 1972, first modern warship to be built in India, INS Nilgiri F33, was commissioned. 312 Albatross Squadron (consisting of Super Constellation aircraft) was commissioned in 1976. On 11 January 1976, President F.A. Ahmed reviewed the fleet. 48 warships and 5 merchant ships participated. The Nilgiri Class frigates took part in the review.

INS Udaygiri F35 participated in Queen Elizabeth's Silver Jubilee Coronation Review in 1977. On 1 October 1977, 315-Winged Stallions Squadron (consisting of IL-38 aircraft) was commissioned. INS Delhi was decommissioned after 30 years in Indian Naval service in 1978. On 30 September 1980, INS Rajput D51 was commissioned. It is the first guided missile destroyer in the Indian Navy. In 1981, the Indian Navy ensign flew in Antarctica. 333 Eagles Squadron (consisting of Ka-25 helicopters) was commissioned in 1981. In 1982, INS Mysore was decommissioned after 25 years in Indian Naval service. On 12 February 1984, President Giani Zail Singh reviewed the Fleet. Rajput class destroyers, Godavari class frigates and Sea Harrier aircraft took part in the review. On 26 November 1984, Southern Naval Command was presented Colours by President Giani Zail Singh. INS Godavari F20 represented India at the International Naval Review in New York In 1986.

On 5 April 1987, Eastern Naval Command received Colours from President Giani Zail Singh. On 12 May 1987, the Indian Navy acquired its second aircraft carrier — INS Viraat R22 (formerly HMS Hermes). Indian Navy participated in IPKF Operations in Sri Lanka in 1987. On 5 February 1988, at nuclear powered submarine, INS Chakra, obtained on lease for three years for training purposes from Russia, arrived in Vizag. In 1988, at the request of the Maldivian Government, the Indian Navy contained an incident of terrorism in Indian Ocean. Indian Naval vessels and aircraft located and apprehended the rebel vessel. On 15 February 1989, President R. Venkataraman reviewed the fleet. 86 Indian Naval warships including aircraft carriers, INS Vikrant and INS Viraat, a nuclear submarine, INS Chakra, were in the review lines. A fly past was also conducted by 39 aircraft.

In the spirit of international military co-operation, India had made moves in the early and mid-1990s to enhance joint-nation inter-operability. Indian naval exercises have taken place with ships from the Russian navy and those of Indian Ocean littoral states and other nations, including the United States. Naval headquarters is located in New Delhi. It is under the command of the Chief of Naval Staff — a full admiral. The Chief of Naval Staff has four principal staff officers: the Vice Chief of Naval Staff, the Vice Chief of Personnel, the Chief of Material, and the Deputy Chief of Naval Staff. Women were inducted into the Indian navy for the first time in 1992.

On 31 January 1997, INS Vikrant, India's first aircraft carrier was decommissioned after 36 years and 11 months in Indian Naval service. On 15 November 1997 pride of the Indian Navy, INS Delhi D61, was commissioned. INS Delhi became India's 75th indigenous vessel and was the first in the line of three Delhi class destroyers. On 2 June 1999, the second of the Delhi class destroyers, INS Mysore D-60, was commissioned. INS Mysore became India's 81st indigenous vessel. On 4 July 2000, INS Mysore represented India at the International Naval Review in New York. INS Mysore was among the foreign naval vessels reviewed by U.S. President William Jefferson Clinton. On 22 January 2001, the third of the Delhi class destroyers, INS Mumbai D62, was commissioned. On 15-19 February 2001, President K.R. Narayanan reviewed the naval flotilla at the International Fleet Review in Mumbai. Called "Bridges of Friendship" over 45 Indian naval warships, and another 25 foreign naval warships, participated. INS Viraat, the Delhi and Rajput class destroyers, the Godavari and Bramhaputra class frigates, the Shishumar and Sindhugosh class submarines were among the 45 Indian Naval warships which took part in the event. A fly past was also conducted by 60 aircraft from the Indian Navy's Air Arm.

In January 2002 the naval version of India's Trishul short-range surface-to-air missile (SAM) was successfully test-fired on two successive days from INS Dronacharya, the Indian Navy's shore-based missile testing facility at Cochin, southern India. The parliamentary defence committee urged the government in 2003 to finalize the Admiral Gorshkov carrier purchase immediately, as it would take 52 months after the contract is concluded with the Servmarsh dockyard at Sverdovesk, northern Russia, to resurrect the vessel — which was crippled by fire and abandoned for more than a decade. INS Shivalik, the first of three indigenously built 4,500-ton Project 17 stealth frigates was launched at MDL in April 2003.

By mid-2004 the navy claimed that it would finalize an eight-year deliberation to procure the Kiev-class Soviet aircraft carrier Admiral Gorshkov. Russia had offered the 44,500-ton carrier for the cost of its refit and the "interconnected" lease-purchase of two Russian Akula (Bars)-class Type 971 nuclear-powered attack submarines for around US $1 billion and four Tu-22M strategic bomber/maritime strike aircraft.[13]

The Making of the Modern Indian Navy

The making of the modern Indian Navy definitely has its roots in the RIN. The Indian Navy did inherit a lot from the Royal Navy in terms of force structuring, training, equipment, operational philosophy and the maritime orientation itself. With the Partition of India, the Indian Navy started its maritime saga with the world vintage ships. It is very necessary to understand the operating philosophy and the maritime doctrine that ought to serve as the foundation in force level structuring and planning.

13. Indian Navy at website http://www.flags.net/INDIA.htm.

The maritime doctrine of course was conceptualizd and released only very recently. It does not imply, though, that the Indian Navy operated without a doctrine or an operating philosophy. It is just that the formalization of the Maritime Doctrine was long overdue. It also shows the coming of age of the Indian Navy which did not hesitate to make the document public and allow a debate to develop on its understanding of the maritime scenario and its own role in shaping the maritime destiny of our nation. The Indian Navy not only needed to understand its own role as an instrument of State Policy but also was required to make a powerful statement of its growth, importance in the world arena and its operating philosophy.[14]

Organization of Indian Navy

Naval Headquarters is located at New Delhi with the Chief of Naval Staff (CNS ****) as the head. He has four Principal Staff Officers (PSOs) to assist him in his duties. These, along with their functions are listed below:

Vice Chief of Naval Staff (*VCNS* ***): He is the co-ordinating PSO and looks after policy, plans, weapons procurement, organization, hydrography and oceanography, acquisitions and construction, armaments, R&D, etc. He is assisted by the Controller of Warships Production & Acquisition (CWPA ***).

Deputy Chief of Naval Staff (*DCNS* ***): He is charged with all aspects of naval operations including surface, submarine, airborne and diving operations, intelligence, communications, tactics, oceanography and meteorology.

---

14. R.S. Vasan, Commodore (Retd.), *Mile Stone in the Growth of Indian Navy: Strategic Dimensions and their relevance in the IOR*, Paper No. 1270, South Asia Analysis Group at website http://www.saag.org/ on 26 February 2005.

Organization of Naval Headquarters (NHQ)

The schematic diagram showing NHQ organization is produced below, with expanded details on the following pages:

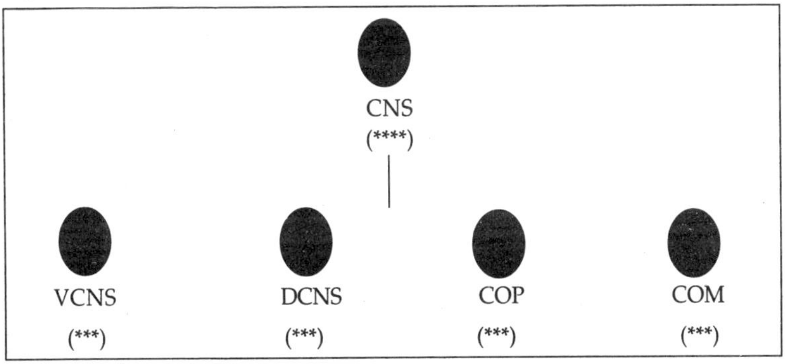

- Chief of the Naval Staff CNS (****)
  - Vice Chief of Naval Staff VCNS (***)
    - Controller of Warship Production & Acquisition CWPA (***)
      - Asst. Controller of Carriers Project ACCP (**)
      - Director General of Naval Design DGND (**)
        - Director Naval Design
        - Naval Construction
        - Engineering
        - Electrical Engineering
        - Special Design Gp
      - Asst. Controller of warship Production & Acquisition ACWPA (**)
        - Director Ship Acquisition (DSAQ)
      - Asst. Chief of Naval Staff Submarines (**)
        - Director Submarine Acquisition (DSMAQ)
        - Director Special S/M Design (DSSD)
      - Director of Contracts (Doc)
      - Director of Ship Production (DSP)
    - DG Project Seabird (**)
    - Chief Hydrographer (**)
    - SA to CNS
    - Director of Administration (DOA)
    - Director of Armament Inspection (DNAI)

Continued on Next Page

- Assistant Chief of Naval Staff (Policy & Plans)**
  - Director Naval Plans (DNP)
  - Director Staff Requirements (DSR)
  - Director of works (DW)
  - Project Director, Naval Academy (PD, NAVAC)
- Deputy Chief of Naval Staff DCNS (***)
  - Asst. Chief of Naval Staff (Info Warfare & Ops (**)
    - Director Naval Operations (DNO)
    - Director of Special Operations and Diving (DSOD)
    - Director of Oceanography + Meteorology (DNOM)
    - Director Naval Signals (DNS)
    - Director of Tactics (DOT)
  - Director of System Applications (DSA)
  - Director Naval Intelligence (DNI)
  - Asst. Chief of Naval Staff (Air) (**)
    - Director Naval Air Staff (DNAS)
    - Director Naval Air Material (DNAM)
    - Director of Aircraft Acquisition (DAA)
  - Asst. Chief of Naval Staff (Submarines) (**)
    - Director of Submarine Operations (DSMQ)
- Chief of Personel COP (***)
  - Controller of Personel Services CPS (***)
    - Naval Standing Establishment Committee (NSEC)
    - Director Non-Public Funds (DNPF)
  - DG Medical Services (Navy) (***)
  - Judge Advocate General (JAG)

Continued on Next Page

Continued on Next Page

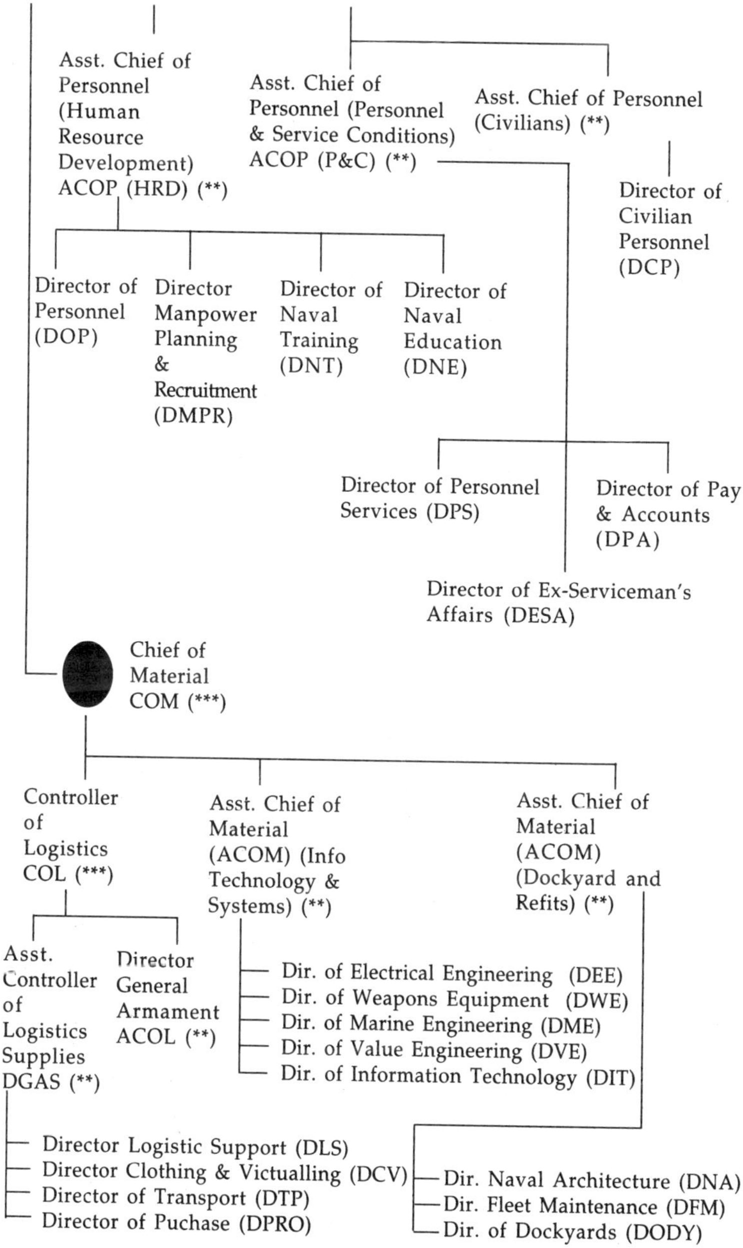
Asst. Chief of Personnel (Human Resource Development) ACOP (HRD) (**)
Asst. Chief of Personnel (Personnel & Service Conditions) ACOP (P&C) (**)
Asst. Chief of Personnel (Civilians) (**)
Director of Civilian Personnel (DCP)
Director of Personnel (DOP)
Director Manpower Planning & Recruitment (DMPR)
Director of Naval Training (DNT)
Director of Naval Education (DNE)
Director of Personnel Services (DPS)
Director of Pay & Accounts (DPA)
Director of Ex-Serviceman's Affairs (DESA)
Chief of Material COM (***)
Controller of Logistics COL (***)
Asst. Chief of Material (ACOM) (Info Technology & Systems) (**)
Asst. Chief of Material (ACOM) (Dockyard and Refits) (**)
Asst. Controller of Logistics Supplies DGAS (**)
Director General Armament ACOL (**)
Dir. of Electrical Engineering (DEE)
Dir. of Weapons Equipment (DWE)
Dir. of Marine Engineering (DME)
Dir. of Value Engineering (DVE)
Dir. of Information Technology (DIT)
Director Logistic Support (DLS)
Director Clothing & Victualling (DCV)
Director of Transport (DTP)
Director of Puchase (DPRO)
Dir. Naval Architecture (DNA)
Dir. Fleet Maintenance (DFM)
Dir. of Dockyards (DODY)

Chief of Personnel (*COP* ***): As his designation suggests, he is in-charge of human resources of the Navy, both service and civilian personnel, including their recruitment, terms and conditions of service, medical and legal affairs, education, training, and discipline.

Chief of Material (*COM* ***): He is charged with the tasks of providing material support for the Navy's ships, submarines and all associated equipments. He is also responsible for ensuring that the inventories in respect of provisioning of spares and consumables are adequate, as also clothing, victualling and supply. In the latter tasks, he is assisted by the Controller of Logistics (COL ***).

Indian Coast Guard (Bharatiya Tata Rakshak) [15]

It was constituted as an independent paramilitary service, under the Coast Guard Act to protect maritime and other national interests in the maritime zones of India, on 1 February 1978 (Coast Guard Day), covering an area of 2.8 million sq km The Coast Guard functions under the effective control of the Ministry of Defence. The force has effectively served national interests in high-risk areas. Coast Guard vessels and aircraft have been assisting the custom authorities in anti-smuggling operations. Special trawlers fishing illegally have been apprehended. They are also used in SAR operations, anti-pollution and other duties in maritime zones. It is also called Sea Police or Sea Patrol. Lawbreakers call them the White Elephant. Its responsibilities include:

- Enforcing the provisions of enactment in force in the maritime zones,

15. Downloaded from official website at www.indiancoastguard.com on 26 December 2004. See also website at www.bharat-rakshak.com/NAVY/Indian CoastGuard

- Assisting the customs and other authorities in anti-smuggling operations,
- To preserve and protect the marine environment and control marine pollution,
- Measures for safety of life and property at sea including aid to mariners in distress, and
- Ensuring the safety and protection of artificial islands, offshore terminals and other installations in MR zones.

The force has a strength of 4220 including 750 officers. The force is led by a Director General (Vice Admiral Arun Kumar Singh) and a Deputy Director General (Inspector General Prabhakaran Paleri). Its HQ is located at New Delhi and regional HQs are located at Mumbai, Chennai & Port Blair. It has two classes of vessels, which are Samar Class and Vikram Class.

Comparative Naval Strength

INDIAN NAVY

India is the largest country and the biggest economy in the Indian Ocean region with vast maritime interests, and therefore the Indian Navy must complement that status. At present India has 16 Submarines, 1 Carrier, 11 Destroyers, 9 Frigates, 16 Corvettes, 17 Patrol/Coastal Corvettes, 17 Mine Warfare Forces, 16 Amphibious and 23 Support & Miscellaneous craft as given below in the Table 8.1.

Table 8.1: Indian Navy

System	*Inventory*					
	1990	*1995*	*2000*	*2002*	*2005*	*2010*
Submarines	19	15	16	16	16	16
Carriers	2	2	1	1	1	3
Destroyers	5	5	8	8	11	14
Frigates	10	9	9	9	9	9
Corvettes	12	16	15	16	16	16
Patrol/Coastal Corvettes	10	17	14	17	17	17
Mine Warfare Forces	20	20	18	17	17	22
Amphibious	19	18	19	17	16	17
Support + Miscellaneous	15	18	21	23	23	23
Total	**112**	**120**	**121**	**124**	**126**	**137**

Source: http://www.globalsecurity.org on 12 January 2005.

PAKISTAN NAVY

The current status of delivery systems for Pakistani nuclear weapons is unclear. It is reported that Pakistan has developed and tested a nuclear weapon based on a Chinese design that was intended for delivery by an intermediate range missile. It is unclear whether Pakistan currently has the capability of delivering a nuclear weapon using missile systems. Since Pakistan probably had nuclear weapons prior to the availability of missile delivery systems, it is probable that the current Pakistani nuclear weapons inventory includes weapons designed for delivery using aircraft. In the event that Pakistan sought to deliver nuclear weapons using aircraft, one or more of the following aircraft types might be used for this purpose.

There are open-source reports suggesting that several of the A-5 Fantan have been equipped to deliver airdropped atomic weapons. Other reports have suggested that F-16 aircraft have practiced the "toss-bombing" technique that would be used to deliver nuclear weapons.

At present time in the Pakistan Navy there are 6 Submarines, 3 Midget Submarines, 1 Destroyer, 8 Frigates, 11 Missile Craft, 4 Patrol, 3 Mine Warfare, 12 Auxiliaries[16] as given below in the Table 8.2.

Table 8.2: Pakistan Navy

System	*Inventory*					
	1990	*1995*	*2000*	*2002*	*2005*	*2010*
Submarines	6	6	7	7	6	6
Midget Submarines	3	3	3	3	3	3
Destroyers	5	3	1	1	1	1
Frigates	10	8	8	8	8	8
Missile Craft	8	8	8	9	11	11
Patrol	17	5	4	4	4	4
Mine Warfare	3	3	3	3	3	3
Auxiliaries	11	11	12	12	12	12
Total	**63**	**47**	**46**	**47**	**48**	**48**

Source: http://www.globalsecurity.org on 12 January 2005.

CHINA NAVY

India has consistently viewed bilateral relations with China in a positive spirit. India seeks friendly, co-operative, good-neighbourly and mutually beneficial relations with China on the basis of the Five Principles of Peaceful Co-existence, mutual

16. Pakistani Aircraft at website http://www.fas.org/nuke/guide/pakistan/aircraft/

sensitivity to each other's concerns and equality. We remain committed to the process of dialogue to resolve outstanding differences and to build a long-term and constructive and co-operative relationship.[17]

Table 8.3: China Navy

System	*Inventory*					
	1990	*1995*	*2000*	*2003*	*2005*	*2010*
Submarines	93	69	66	68	72	51
Aircraft Carrier	-	-	-	-	-	1
Destroyers	18	18	19	21	24	23
Frigates	37	32	40	43	45	45
Guided Missile Boats	200	215	90	85	90	150
Torpedo Boats	190	120	16	15	9	-
Patrol Boats	440	440	221	234	238	248
Mine Warfare Forces	127	117	98	100	100	100
Amphibious Warfare Ships	36	36	26	33	33	50
Amphibious Warfare Craft	401	398	109	106	109	104
Surveillance	42	42	43	43	43	43
Support	166	173	155	133	134	135
Auxiliary, Merchant Marine Survey / Research / Exp	29	31	26	26	26	26
Total	**1779**	**1691**	**909**	**907**	**923**	**976**

Source: http://www.globalsecurity.org on 12 January 2005.

17. *"Foreign Relation,"* Ministry of External Affairs, 2003-04, Government of India.

China navy has recently completed the acquisition of a total of 21 Perry, Knox and La Fayette class frigates equipped with modern shipboard combat systems. This modernization programme has provided Taiwan with its greatest advantage relative to China in recent memory, though this advantage will erode over the next decade as Chinese naval modernization plans are eventually fulfilled. China allocated around 33 per cent of its defence outlay to navy.[18] At present the Chinese Navy has 72 Submarines, 24 Destroyers, 45 Frigates, 90 Guided Missile Boats, 9 Torpedo Boats, 238 Patrol Boats, 100 Mine Warfare Forces, 33 Amphibious Warfare Ships, 109 Amphibious Warfare Craft, 43 Surveillance, 134 Support ships, 26 Auxiliary, Merchant Marine (Survey/Research/Exp) as given in Table 8.3.

Maritime Co-operation in the Indian Ocean

Rear Admiral (Retd.) Raja Menon indicates measures that can be adopted to build confidence between India and Pakistan Navies. These steps range from ways to solve the maritime boundary issue to co-operation in fighting marine pollution and conducting hydrographic exercises. The five steps of confidence building steps are as follows:[19]

1. *The Signalling Stage*: Initiate communication between the navies.
2. *The Warming-Up Stage*: Build confidence through undertaking non-military ventures jointly.

---

18. News, "India concerned about Chinese navy's activities," New Delhi, 21 May 2003.
19. Rear Admiral K.R. Menon (Retd.), "Maritime Confidence Building in South Asia," Report No. 21, The Henry L. Stemson Center, Washington DC, 1996, pp. 75-85.

3. *The Handshake Stage:* Build confidence between the two navies.
4. *The Problem-Solving Stage:* Resolve outstanding disputes.
5. *The Final Nod Stage:* Initiate naval arms control.

Defence Budget

By analysing the chart "Trends of Defence Budget" given below, it is clear that India is increasing its expenditure on the armed forces year after year (Table 8.4). Proposing a 7.22 per cent increase in defence expenditure for 2005-06, India's Finance Minister P. Chidambaram pegged it at Rs.83,000[20] crore; this included Rs.34,375.14 crore for capital outlay on Defence Services and Rs.48,625.86 crore for the running expenses, against the last year's allocation of Rs.77,000 crore. Pakistan's

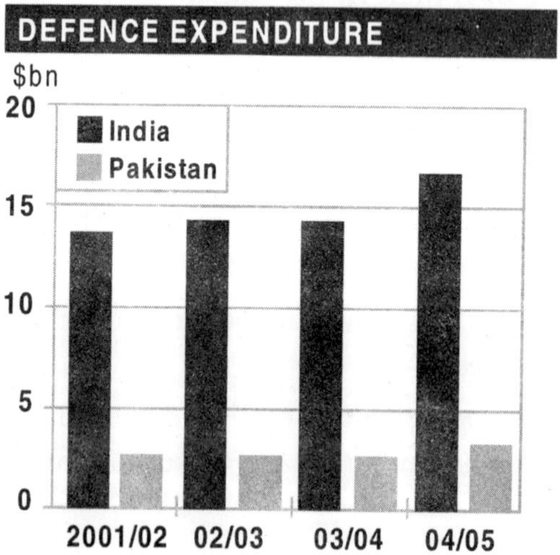

SOURCES: Indian Ministry of Finance & Pakistan Finance Ministry

20. Union Budget 2005-06, Ministry of Finance, Government of India, New Delhi.

defence budget was Rs.193,926 crore in financial year 2004-05, constituting 21.48 per cent of the total expenditure budget (Rs.902,770 crore).[21] India seems to be set to go ahead with acquisition of state-of-the-art weapons systems, major arms purchases, including hunter-killer "Scorpene" submarines from France, the long-range "Smert" rocket system from Russia,

Table 8.4: Indian Defence Budget (Rs. in Crores)

Year	*Total Expenditure Budget*	*Defence Expenditure Budget*	*Percentage of Total Expenditure Budget*
1996-97	204660	27798	13.58
1997-98	232176	35620	15.34
1998-99	267927	41200	15.38
1999-00	283882	45694	16.10
2000-01	338487	58587	17.31
2001-02	375223	62000	16.52
2002-03	410309	65000	15.84
2003-04	438795	65300	14.88
2004-05	505791	77000	15.22
2005-06	514344	83000	16.14

Source: Union Budget of various years at official website: http://indiabudget.nic.in

self-propelled artillery guns and low-level transportable radars, etc. Pakistani allocation includes Phalcon radar system from Israel and earmarked for the PAC-2 version of Patriot missiles, P-3 Orion maritime surveillance aircraft as well as

21. Report published by Finance Division on "Federal Budget in Brief 2004-05," Government of Pakistan.

possibly the latest version of the US F-16.[22]

India's defence spending is still low, only 2.5 per cent of the GDP, as compared with Pakistani and Chinese expenditures, 5 and 8 per cent of the GDP respectively.

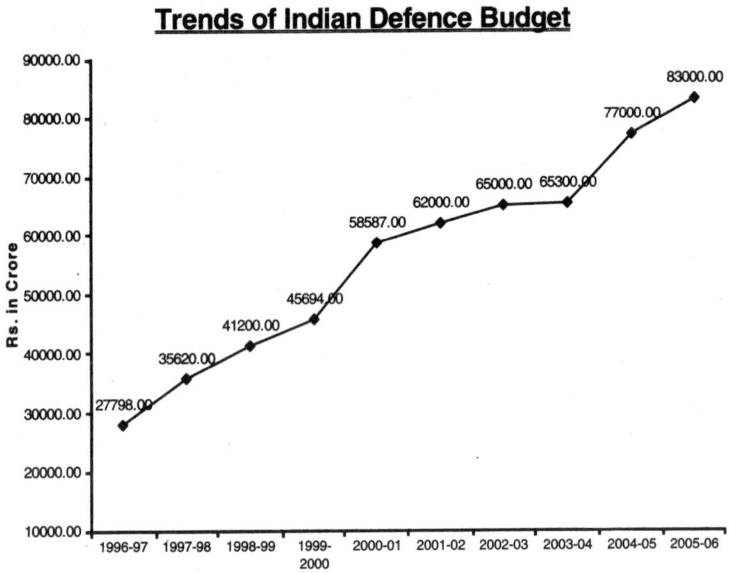

As the Indian budget is increasing year by year, the budget allocation to Army, Air Force and Navy also tends to rise as shown in Table 8.5 and Chart "Statistics of Indian Budget."

For financial year 2005-06 the budget allocation to Army, Air Force and Navy was Rs.40520.30, Rs.21797.76 and Rs. 14807.93 crore respectively, which had increased about 1 per cent as compared to previous year.

22. Vikram Sehgal, "India's Rising Defence Budget," *The News*, 10 March 2005. See Also B.K. Mathur, "Defence Budget 2005-06," *Central Chronicle*, 11 March 2005 at website centralchronicle.com.

Table 8.5: Budget Allotted to Army, Navy and Air Force

Year	*Total Defence Budget*	*Budget Allotted to Army*	*Budget Allotted to Navy*	*Budget Allotted to Air Force*
1997-98	35620	21335.93 (59.90)	4156.09 (11.67)	8763.23 (24.60)
1998-99	41200	24290.25 (58.96)	5976.07 (14.51)	9369.98 (22.74)
1999-00	45694	27646.09 (60.50)	6763.45 (14.80)	10235.66 (22.40)
2000-01	58587	34992.47 (59.73)	8228.05 (14.04)	14453.01 (24.67)
2001-02	62000	37498.19 (60.48)	9138.82 (14.74)	15172.72 (24.47)
2002-03	65000	38075.15 (58.58)	9872.02 (15.19)	15589.41 (23.98)
2003-04	65300	34604.29 (52.99)	11744.68 (17.99)	15409.45 (23.60)
2004-05	77000	36596.33 (47.53)	12861.38 (16.70)	23260.53 (30.21)
2004-05(I)	66000	35749.33 (54.17)	10367.61 (15.71)	15608.20 (23.65)
2005-06	83000	40520.30 (48.82)	14807.93 (17.84)	21797.76 (26.26)

Note:Percent of Total Defence Budget is shown in the bracket.(I) : Interim Budget

Source: Union Budget of various years at official website: http://indiabudget.nic.in

The trend line, shown in the Chart "Trends of Indian Naval Budget Allocation," depicts a steady rise in budget allocation. Indian Navy was allocated approximately 17.84 per cent (Rs.14,807.93 crore) of the total defence budget (Rs.83,000 crore) in financial year 2005-06, which was far less than for the Army and Air Force.

Hence the Naval arm was assigned a low priority in the allocation of budget even though it has proved to be the most innovative of the three services in the use of its equipment as demonstrated in the 1971 war when missile boats were towed to Karachi and used to attack the base there.[23]

23. *"Special Press Summary: Indian Navy 2003,"* A report prepared by Virtual Information Center, New Delhi, on 10 November 2003, p. 5.

Statistics of Defence Budget

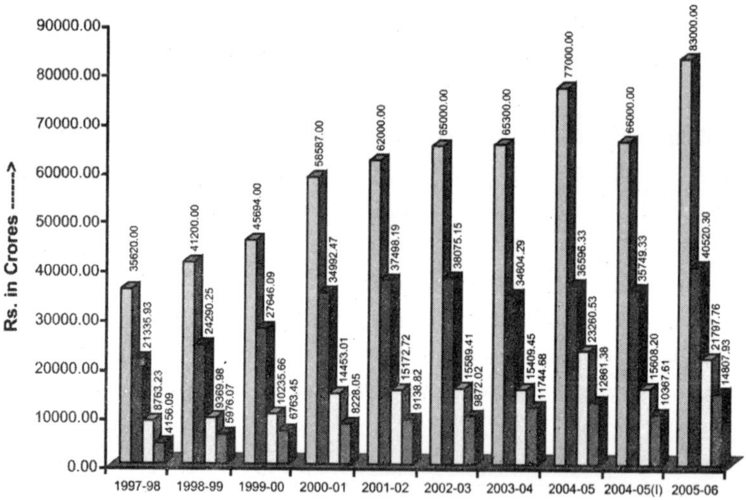

The Indian Navy is considered by many in the army to be the junior service. Consequently, it has been involved in some bitter intra-service rivalry largely due to the fact that it believes that India has been "land centric" for too long and has failed to grasp the imperative of guarding an approximately 7,600 km coastline, distant island territories, and about 2.2 million sq km exclusive economic zone (EEZ). It has also suffered from receiving less of the defence budget than other services.

Elements for Strong Maritime Power

There are some elements,[24] which play an important role in making India's maritime policy stronger:

1. To develop strong maritime power,
2. To make army training compulsory,

---

24. Ashok Kumar Singh, *Modern Strategic Thought (Machiavelli to the Nuclear Age) and National Security*, Prakash Book Depot, Barailly, 1992, p. 431.

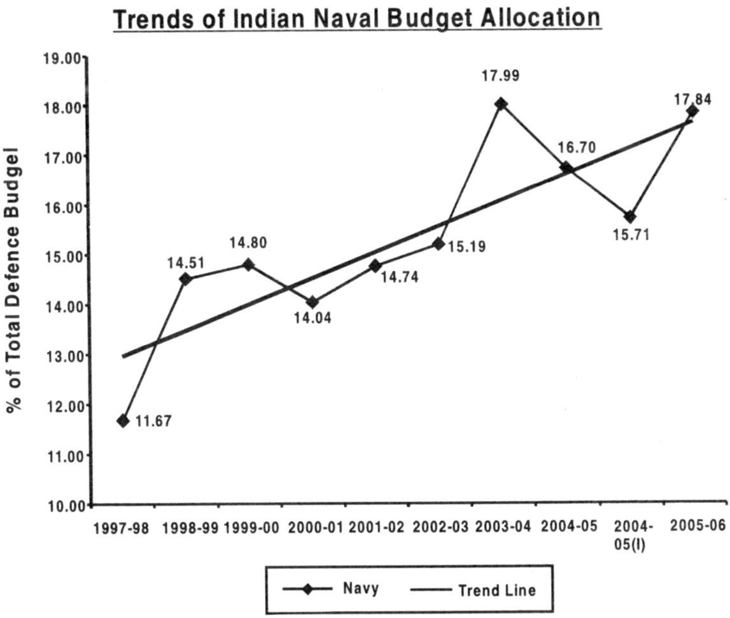

3. Improve foreign trade relations,
4. Scientific naval research,
5. Development of Air force and modernisation of Navy,
6. Development and modernization of ship constructing industries,
7. Co-operation between Naval force and other industries,
8. Security of boundary and frontiers,
9. Co-operation between Army, Air and Naval Forces,
10. Strong naval ports for the eastern, western and southern boundaries,
11. Progress of the fishery industries, and
12. Control on the Indian Ocean as an Indian Stream.

Futuristic Direction

We do have a professional Navy that has come of age and is ready to take on the responsibility in the Indian Ocean Region. The navy seems to have come to grips with the challenges of managing the quality of its manpower by pro-active policies and HRD initiatives. The navy is responsible for the defence and security of India's maritime interests and assets, both in time of war and peace.

The role of the Indian Navy is to ensure that India's maritime interests and security are adequately safeguarded. With the transformation that has taken place in the international political architecture, from the Cold War's clear bipolarity to the uncertain and undefined international order of today, and the emergence of terrorism at sea, the country needs to formulate more coherent and appropriate strategies that will be able to cope with the developing challenges. Some of these are already beginning to be seen. The earlier concept of a "balancing" navy capable of doing everything, needs readjustment given the high costs of naval hardware as also the revolution in technology which has made the battlefield much more dynamic. A "lean and mean" navy, which includes nuclear submarines and high quality surveillance and reconnaissance capability, is what the country needs as India progresses into the twenty-first century.

The simultaneous development of our ports, infrastructure, fishing, scientific and technological ability to harness the oceans assumes as much or even more importance in the present-day context. The Navy is not an end by itself but a means to fulfil national aspirations in the century of the seas. The Navy should continue to provide the security umbrella and also provide leadership role in the Indian Ocean Region with its potential and demonstrated strengths.

9

Conclusion

GEOGRAPHICALLY, Indian Ocean is a natural "transit lounge" for most of the traffic from the Atlantic to the Pacific and vice versa. Two key characteristics distinguish the Indian Ocean from the Atlantic and the Pacific: First, only one-fifth of the total trade is conducted among the countries of the Indian Ocean themselves, and 80 per cent of the trade is extra regional (for example, crude oil to Europe, the USA and Japan). In the Atlantic and the Pacific, the proportion is exactly vice versa. Second, contrary to the Atlantic and the Pacific as "open" oceans, the Indian Ocean can only be accessed through several choke points: from the west via Cape of Good Hope and the Straits of Madagascar, from the north via the Bab-el-Mandeb at the end of the Red Sea and the Straits of Hormuz at the exit of the Persian Gulf, from the east via the Straits of Malacca, the Sunda and Lombok-Straits and the Ombai-Wetar-Straits. Any disruption in traffic flow through these points can have disastrous consequences. The disruption of energy flows in particular is a considerable security concern for littoral states, as a majority of their energy lifelines are sea-based. Since energy is critical in influencing the geo-political strategies of a nation, any turbulence in its supply has serious security consequences. Given the spiralling demand for energy from India, China and Japan, it is inevitable that these countries are sensitive to the security of the sea lines of communication (SLOCs) and choke points of the region.

To recapitulate, the Indian Ocean is a region of vast political, cultural, religious and economic diversity, which has historically been united, in a sense, by the movement of people, goods and ideas, between Asia, Africa and Australasia. It carries a huge proportion of the world's shipping and trade; it contains the great trading sea-lanes linking Europe, the Gulf and Asia, and has very considerable energy reserves.

The focus on the Indian Ocean started during the period of Pharaos, 2300 BCE, but the strategic importance of it has gone up after the British withdrawal from the bases, in the region. This is evident from the increased maritime activity by the Americans, Soviet, British and French naval flotillas in this area. It seems the contending fleets will sail more and more to fill up the power vacuum created by British withdrawal. The modern history of the Indian Ocean is a history of perennial regional conflicts — a struggle for power in the Persian Gulf, a bitter conflict in South Asia (the Indo-Pakistani wars), wars and unrest in South-East Asia, and seemingly endless war at the Horn of Africa and in southern Africa.

The Indian Ocean region, the birthplace of maritime civilization, was considered as a playground of rich industrial European nations during the colonial era. With the commencement of decolonization in 1946, the euphoria of independence was overshadowed by the turbulence of internecine conflicts and inter-state wars that followed. During the Cold War era the two superpowers reinforced their maritime influence directly or indirectly through an impressive array of available port facilities in this region. History was repeating itself in an evolved form.

The period between the beginning of the Cold War (post-Second World War) to the post-Cold War brought lot of changes in the geo-strategic role of the Indian Ocean for big powers leading to changes in the perception of the regional power.

The post-Cold War era has heralded a socio-politico-strategic shift in thought. Globalization, specifically economics, today dominates strategic considerations. This has led to enhance maritime security concerns, since most regional trade is seaborne. The term "maritime security" is both multi-dimensional and multifaceted and involves military and non-military issues. These include naval threats and challenges (military security issues), arms trafficking and narco-terrorism as well as piracy (hard non-military security issues) along with shipping, fishing, seabed minerals and offshore oil and natural gas resources, vulnerability of sea-lanes of communication (SLOC), and illegal immigration. Moreover maritime security includes environmental protection, nuclear issues, and ballistic missile defence as also maritime management, as the seas are indivisible.

The other challenges in the maritime sphere call for more effective law enforcement and the maintenance of maritime order. The challenges are essentially part constabulary, part economic and part human welfare. Maritime crime has increased, which has opened avenues for maritime security co-operation. Opportunities have yet to be realized; hence the problems continue, as do the challenges in maintaining maritime order.

Very few nations in the world geographically dominate an Ocean area as India dominates the Indian Ocean from strategic and locational considerations. It definitely possesses the two main elements, geographical position and physical layout, which are the two basic constituents in the Mahan's concept of sea power. Its equidistant position from the two important sea-lanes, viz. Strait of Malacca and Bab-el-Mandeb, provides favourable strategic position in the region since its maritime trade heavily depends on these two straits. The logic of geography inevitably makes India a seafaring nation and the Indian Ocean is therefore, vital to her external political and economic relations and even to her very national existence.

India's security concerns are defined by a dynamic global security environment and the perception that South Asia region is of particular global security interest. The continuing presence of terrorist and fundamentalist forces in its neighbourhood has prompted India to maintain a high level of defence vigilance and preparedness to face any challenge to its security. The security challenges facing India are varied and complex. India's response to the threats and challenges has always been restrained, measured and moderate in keeping with its peaceful outlook and reputation as a peace loving country.

India is strategically located in relation to both continental Asia as well as the Indian Ocean region. India's geographical and topographical diversity, especially on its borders, poses unique challenges to the Indian armed forces in terms of both equipment and training. Its lengthy peninsular shape provides India a coastline of about 7600 km and an exclusive economic zone (EEZ) of over 2 million sq km. The island territories in the east are 1,300 km away from the main land, physically much closer to South-East Asia. The peninsular India is adjacent to one of the most vital sea-lanes stretching from the Suez Canal and Persian Gulf to the Straits of Malacca through which much of the oil from the Gulf region transits. This is an area that has attracted superpower rivalries in the past and continues to be a region of heightened activity by extra regional navies on account of current global security concerns.

India's size, strategic location, trade interests and a security environment that extends from the Persian Gulf in the west to the Straits of Malacca in the east and from the Central Asian Republics in the north to near the equator in the south, underpin India's security response. In view of this strategic spread, it is essential for the country to maintain a credible land, air and maritime force to safeguard its security interests. India's national security objectives should be:

- Defending the country's borders as defined by law and enshrined in the Constitution;
- protecting the lives and property of its citizens against war, terrorism, nuclear threats and militant activities;
- protecting the country from instability and religious and other forms of radicalism and extremism emanating from neighbouring states;
- securing the country against the use or the threat of use of weapons of mass destruction;
- development of material, equipment and technologies that have a bearing on India's security, particularly its defence-preparedness through indigenous research, development and production, *inter alia*, to overcome restrictions on the transfer of such items;
- promoting further co-operation and understanding with neighbouring countries and implementing mutually agreed confidence-building measures; and
- pursuing security and strategic dialogues with major powers and key partners.

One of the political aims of India is to protect her geo-political, economic and security interests in the maritime environment through the International Law of the Seas conferences sponsored by the United Nations and obtain for herself the legitimate share of the new oceanic wealth for peace and prosperity. The International Law of the Sea is of special importance to India being a maritime nation having a vast coastline with a large continental shelf and EEZ full of living and non-living resources and a large number of islands in the Bay of Bengal and the Arabian Sea.

The political aspect of maritime security includes the changes in International Law of the Sea (Freedom of the Sea), which came into force on 16 November 1994, and the Maritime Law. The third United Nations Convention on the Law of the Sea (UNCLOS III) approved a 12-nautical-miles (22.22 km) territorial limit for coastal nations and a 200-nautical-miles (370.40 km) EEZ, which includes control over fishing rights, marine environmental protection, scientific research and covers the full range of ocean law subjects, including rights on the high seas and rules governing seabed minerals development beyond national jurisdiction. In December 1982, India signed UNCLOS III and ratified it on 29 June 1995. This provided India a vastly extended area, about 2.2 million sq km, of sea over which it has varying rights and responsibilities, extensions on India's maritime zones.

India will continue to face many challenges in the Indian Ocean region, such as opposing the extra-regional military presence in the region, establishing her political and cultural links with the countries of the region, projecting her own image in a proper way as a regional power and making efforts to convert this region from low to high solidarity region through evolving an Indian Ocean Community.

Nations located in the periphery of the Indian Ocean are becoming aware of the potential danger as the fleets of the major powers continue policing the area due to their strategic, economic and trade interests. This is evident from the resolutions moved in the United Nations General Assembly and other international forums for making the Indian Ocean a Zone of Peace (IOZP). Most of the Indian Ocean countries, including India have supported the concept of zone of peace. The idea of zone of peace seeks to ensure that neither would the non-littoral states in future have permanent naval forces stationed in the Indian Ocean nor would they seek military bases in the region. Thus "Zone of Peace" means a geographical area from which the danger of war has been eliminated or reduced. The creation of a zone of peace requires co-operation and agreement among the states of the region to ensure conditions of peace and security in the area. But it is obvious that in the world in which the political, economic and strategic interdependence of all parts of the world is as great as now when no zone is completely out of danger of war. In a region like Indian Ocean, in which the local states are sovereign, armed and politically divided, there will remain the danger of war among the zonal powers themselves.

In other words, it includes prohibition of power rivalry, all forms of militarization such as construction of naval and military bases, military installations, logistical supply facilities, manoeuvres by the war ships, naval intelligence operations, disposition of nuclear weapon tests, etc. Warships, ships carrying war-like equipment and submarines should not halt while passing through the ocean except for emergency reasons. As a corollary to this, all arms race and arms build-up, offensive or defensive, should also be prohibited within the IOZP.

India's maritime boundary shares with seven states, which are Pakistan, Maldives, Sri Lanka, Indonesia, Thailand, Myanmar and Bangladesh whereas its land boundary shares with six states which are Pakistan, China, Nepal, Bhutan,

Myanmar and Bangladesh. This means India has maritime boundaries with a large number of states than that with which it shares land borders. In 1970, all of India's maritime boundaries were demarcated with considerable political and diplomatic efforts. This was necessary to peacefully resolve disputed and overlapping claims of maritime jurisdiction, arising from new EEZs and continental shelves allocated to shelves. Continuing dispute over the demarcation of maritime boundaries with Pakistan and Bangladesh is also an important consideration in view of political aspects. These disputes are to be solved. On the Sir Creek Dispute with Pakistan itself Islamabad and New Delhi could consider the options of short-term and medium- to long-term solutions. The issue is critical because the final delineation would determine the sea territory of both the countries. Indian Rear Admiral (Retd.) Raja Menon believes that, depending on the final decision, the gain or loss to either country could be about 250 sq miles of the ocean and ocean floor. So, Pakistan may not have wanted to consider the Indian offer for fear of losing territory. A demarcation, however, would help in avoiding serious incidents at sea.

The maritime dispute of India with Bangladesh is that both the countries continue to claim an island covering an area of about 3 sq km lying in the estuary of the Haribhanga and Raimongal rivers in the Bay of Bengal, known as New Moore or Purbasha in India, and South Talpatty in Bangladesh. Clearly, the delimitation of the India–Bangladesh maritime boundary is fraught with technical problems, with considerable economic consequences (oil rich Ganges–Brahmputra delta of the Bay of Bengal) for both countries. In view of possible Indian concessions, the actual maritime boundary could be adjusted in certain areas to favour India.

India's economic aspect of maritime security continues to be an important factor, because of India's growing economic dependence on the sea. About 95 per cent in volume and 70 per cent in value of India's international trade is carried on the seas. This can be gauged from the nature and extent of its seaborne foreign trade; its energy demands such as crude oil, natural gas and petroleum products; shipping; and the exploitation of minerals and other resources from the seabeds.

The economic development of a state is closely linked to its trade and energy supply. Most of the trade of the Indian Ocean littorals and the South Asian states is seaborne. The Indian Ocean will remain home to many choke points, such as the Straits of Hormuz, Straits of Malacca, Lombok and the Sunda Straits. Any disruption in traffic flow through these points can have disastrous consequences. The disruption of energy flows in particular is a considerable security concern for littoral states, as a majority of their energy lifelines are sea-based. India's international trade is overwhelmingly carried on the seas. Since energy is critical in influencing the geo-political strategies of a nation, any turbulence in its supply has serious security consequences. Given the spiralling demand for energy from India, China and Japan, it is inevitable that these countries are sensitive to the security of the SLOCs and choke points of the region.

The prospects for seaborne trade are set to rise dramatically. According to World Bank estimates, world seaborne trade is expected to reach 35,000 billion ton-miles in 2010, and 41,800 billion ton-miles in 2014. Unfortunately, along with this rise in traffic, the variety and intensity of threats, including piracy, maritime terrorism, drug trafficking, gunrunning, smuggling, pollution, accidents and inter-state conflicts, are also expected to show a proportional rise.

The importance of energy to India, China and Japan is extensive. These countries view SLOCs as their very lifelines. So first there is energy security. India has become one of the world's largest importers of petroleum products. At current levels of consumption, the oil import dependence of India is expected to reach 82.2 per cent by 2010 and 91.6 per cent by 2020. In the case of China it will be 61 per cent and 76.9 per cent, while for rest of South Asia it will be 95.1 per cent and 96.1 per cent respectively. For India, with nearly 89 per cent of its oil imports arriving by sea, it is imperative that the SLOCs be secure. This security angle is enhanced many fold, since most of the oil originates in West Asia, and the SLOCs pass through areas under the influence of India's adversary, Pakistan. As India's economy grows, its reliance on the Gulf for energy will increase. The US remains the principal external influence on the world's petroleum market. Hence India and the US have a common interest in ensuring a steady flow of oil from the Gulf and at reasonable prices.

Indian consumption of natural gas has risen faster than any other fuel in recent years. From only 0.6 trillion cubic feet (Tcf) per year in 1995, natural gas use was nearly 0.9 Tcf in 2002 and is projected to reach 1.2 Tcf in 2010 and 1.6 Tcf in 2015. Even with its new reserves, India's domestic natural gas supply is not likely to keep pace with demand, and the country will have to import much of its natural gas, either via pipeline or as liquefied natural gas (LNG). While EIA's current forecast in the *International Energy Outlook 2004* predicts a 4.8 per cent annual growth rate in natural gas consumption, this reflects a substantial downward revision from previous forecasts, which had projected consumption of as much as 2.7 Tcf per year by 2010.

The maritime sector will play a critical role in the transport sector of India's economy. It encompasses ports (major and non-major), shipping (overseas and coastal), inland water transport, navigational aids besides trained manpower engaged in the operations of the maritime sector, on board and ashore. About 95 per cent by volume and 70 per cent by value of India's trade is carried on through maritime transport even though the capacity is woefully inadequate. The tonnage position at the beginning of Tenth Plan was 6.82 million GT. However, the tonnage position as on 31 December 2002 was 6.22 million GT with 584 ships. There has been improvement in the tonnage and the tonnage as on 31 March 2004 was 6.94 million GT with 639 vessels. Ports provide an interface between the ocean transport and land-based transport. At present the 12 Major Ports (Kolkata/Haldia, Paradip, Visakhapatnam, Ennore, Chennai, Tuticorin, New Mangalore, Cochin, Mormugao, Mumbai and Jawaharlal Nehru and Kandla) handle about 75 per cent of maritime cargo of the country. The major problem faced by Indian ports is low productivity. Both the average ship turnaround time (TRT) (the duration of the ship's stay in port) and the average pre-berth waiting time (PBWT) (the time of waiting before gaining entry into a berth), remain high. Indian ports are also far more expensive than others in handling containers.

A maritime oceanic thread binds the littorals together; however, maritime co-operation and maritime issues have not attained the importance they deserve in this region. Indian Ocean is a lifeline of international trade and economy. It is rich in strategic and precious minerals and metals and other natural resources, valuable marine resources ranging from food fisheries to raw material and energy for industries, and has significant human resources and technological capabilities. IOR accounts for just eight per cent of world GDP and 12 per cent of world trade. Many countries of the IOR are becoming globally competitive and are developing new capacities, which can be jointly harnessed through regional co-operation efforts. So the Indian Ocean Rim Association for Regional Cooperation (IOR-ARC) was formed on 6-7 March 1997, in Mauritius. The mandate of this international body of littoral states was to boost economic co-operation amongst its member states.

An economic community comprising Bangladesh, India, Myanmar, Sri Lanka, and Thailand (BIMST-EC) was launched in June 1997. Accounting for less than 3 per cent of global trade, it has been overshadowed by a vigorous effort to vitalize the South Asian Association for Regional Cooperation (SAARC), and is also ill-equipped to handle maritime challenges.

In view of India's maritime security perspectives, it is important to bear in mind the presence of USA, China, Russia, France, Pakistan and Britain in the Indian Ocean region as the Indian Ocean has been sharing its vital role in making the marine history of its surrounding nations for a long time. The Ocean not only washes the coastal lines of the Indian sub-continent but also influences the lands bordering its waters from the east, the west, and the south. Malaya, and Singapore, the gateway of the East are as much fed with its water as the eastern coastal lands of Africa and the Middle East. So, ranging from the whole eastern coastal lands of Africa, the Middle East, Pakistan, India, Myanmar, Sri Lanka and the countries of Malaysia, and Indonesia, the impact of the Indian Ocean is of great significance on the life of the people of these lands. It not merely influences the economic, political, socio-cultural and military structure of these nations but also gives them an open outlet for their sea routes and ocean highways.

The Gulf with its oil resource will remain the hot spot in the region to ensure the transport of energy to Europe, Japan,

USA and industrializing China. Indian Navy will have to play a major part in this region keeping the Malacca Straits free of regional politics.

The US would remain unquestionably the most dominant player in the Indian Ocean in modern history. It has the capability to project military power in the region and a well-defined strategy to pursue its policy of pre-eminence. The strategic frontiers of US extend to the Indian Ocean, the Persian Gulf region, Central Asia and Afghanistan, South-East Asia and China. The US has overriding national security interests in the political and strategic stability of these regions due to the existence of oil, location of strategic choke points and the sea-lanes of commerce.

Over the last few years, China has been actively involved in developing economic, political and military relationship with Indian Ocean Rim (IOR) states. Since 1993, China has become a net importer of oil; not surprisingly, an increasing proportion of these imports in the future is expected to be sourced from West Asia, and transported through the Indian Ocean to China, via the eastern straits of the Indian Ocean. According to an important study on the outlook for China's oil market in 2010, its oil demand is projected to dramatically increase 300 per cent, from 2.1 million b/d in 1990 to as much as 6.3 million b/d in 2010. Domestic production will clearly not be able to keep pace with this growth in demand. China was expected to import 5.6 BCM of natural gas in 2005 and 11.6 BCM in 2010. China's Indian Ocean policy has been most directly linked to its problems with the Indian Union — its theme is that India is trying to become a hegemon in this region and that China will not allow India to treat the Indian Ocean as India's Ocean.

The maritime strategic focus after the Cold War and especially after 11 September has shifted to the Indian Ocean region, and Russia wants to register itself there and hence the Russian Navy is conducting a large-scale exercise in the Indian Ocean the like of which has not been seen before. The core of the group are six battleships of the Black Sea Fleet led by the Black Sea Fleet Moskva missile armed cruiser. The battleships passed through the Suez Canal, where they had not been seen for the past 15 years, linking up, in the Arabian Sea, with a Pacific Fleet force, comprised of two large ASW ships, accompanied by a tanker. India is a large and long-term market for Russia's defence exports and exports of oil and hydrocarbons. Russia has security and trading interest in the northern reaches of the Indian Ocean.

Another extra-regional power, which maintains a standing force in the Indian Ocean, is France. The French Indian Ocean squadron, deployed primarily in the south-western Indian Ocean, comprises approximately 15 warships and aircraft. French interests in the Indian Ocean include its overseas territories the Department of La Reunion, the territorial community of Mayotte, scattered islands in the Mozambique Channel, and the French Austral and Antarctic Territories; trade relations; links with neighbouring island and littoral countries; and defence arrangements with some states in the area.

The Pakistan Navy is the second largest naval force in South Asia. Pakistan is primarily a land-based power but she is also an important littoral state of the Indian Ocean. She cannot survive as a sovereign independent state by ignoring the sea, as some land-oriented military thinkers seem to advocate. Islamabad is poised to play a significant role in the Indian Ocean strategy by projecting her "military strength afloat," in maintaining viable and credible Naval forces capable of safeguarding the nation's vital interests during peace and war.

The Indian Navy has come a long way since Independence, when India inherited a modest collection of five frigates and six minesweepers. Rightly recognizing the vital role the Navy would play in the maritime defence of the country, the development of the Navy started slowly and progressed gradually over the years. The Indian Navy of today is a three-dimensional combat force which is capable of performing multifarious tasks. The teeth of the Navy are the ships, submarines and aircraft of its western and eastern fleets. The elements of the fleet include aircraft carriers, versatile missile destroyers, indigenous missile frigates and missile corvettes. The amphibious ships provide the Navy with a sealift capability.

Over the last three decades, the Indian Navy has established a capable in-house design organization which has designed a whole range of ships, including seaward defence boats, landing craft, landing ships, survey ships, corvettes and frigates. Particularly commendable achievements are the Godavari class frigates, the Khukri class corvettes and large 6000-ton destroyers built and being built at Indian shipyards. The other indigenous construction programmes in India's shipyards include the Shishumar class SSK submarines, landing ships and missile vessels. As for the future, India has an ongoing programme for the construction of frigates, corvettes, submarines and a fleet tanker to meet the force level requirements of the Navy. Keeping the considerable interests of the country and the prevailing environment in the Indian Ocean region in view, the requirement for a strong navy is evident.

It appears that the Indian Navy is likely to face procurement problems due to delay in both domestically produced weapons systems and foreign purchases; potentially impacting its self-envisaged roles of sea control and sea denial. Critical to New Delhi's push for blue water navy is the purchase of Russia's Admiral Gorshkov as a replacement for its aging INS Viraat and possible further acquisition of additional carriers. Pakistan has been critical of India's acquisition of Admiral Gorshkov, which in Pakistani perception would adversely affect the balance of power in the South Asian region. India has rejected such hypothetical and exaggerated threat pronounced by Pakistan. With continuing slow procurement problems and the likely retirement of Viraat in 2007, further delays could mean gaps in operational coverage during a potential time of increased Chinese naval activity both in the South China Sea and in the Indian Ocean.

The Indian Navy, the fifth largest in the world, was allocated approximately 17.8 per cent (Rs.14,307.93 crore) of the total defence budget in financial year 2005-06. Due to financial constraints, Indian Navy (IN) is struggling to find replacements for a fleet that is having vessels decommissioned due to old age faster than they can be replaced. Senior IN officers envisage that by 2010 the service will be a strategic force, centred on two aircraft carrier battle groups, nuclear-powered submarines (SSNs) and strategic bomber/maritime strike aircraft, playing a dominant role in the Indian Ocean region.

However, its strategic assets will determine its future role and power projection capability, particularly with regard to China, which the navy considers its principal adversary. India has a 5:1 advantage over the Pakistan Navy in terms of combat vessels, air assets and manpower and does not consider it a maritime threat; merely an "irritant" with limited sea denial capability. The Indian Navy is more concerned about having a strong presence in the eastern South China Sea to counter

Beijing's growing influence in the Indian Ocean, Myanmar and on Pakistan's western seaboard, where China is helping to develop Gwadar port that will provide it access to the Persian Gulf.

India has been spearheading a multilateral naval exercise, designated MILAN, since the mid-1990s. MILAN involves a series of exercises, includes participation from the Bay of Bengal rim states, and is conducted every year off the Andaman and Nicobar Islands. The MILAN series was institutionalized with the objective of achieving inter-operateability with ASEAN navies, allaying fears about the Indian Navy's growing influence in the Andaman Sea, and promoting goodwill.

The maritime doctrine has a twofold function. It is addressed to the Navy as well as at the other two services. The doctrine emphasizes the Navy's role in the overall defence framework. It sets out the issues applicable to the Navy in general and also lays out the basic concepts and attributes of the maritime requirement. The point to emphasize here is that the maritime doctrine is not merely the Naval doctrine, as the role of the Navy goes beyond its functional military role into the realm of economics and diplomacy. The doctrine is meant to guide the Indian Navy and chart a path for its future developments with respect to force development and such issues. In Admiral Kothari's view, the perennial problem of the Indian Navy is that the seat of political power is New Delhi which is far removed from the seas and its general culture does not understand maritime issues.

Arms limitation and disarmament through proper multilateral negotiation has been central to India's world-view. India continues to stress for a co-operative thrust to reduce the salience of nuclear weapons, by subscribing to political measures such as no-first-use, non-use against non-nuclear weapon states and a move away from deployment in hair trigger alert. India, as the only country to commit to no-first-use, believes that restraint on use of nuclear weapons will reduce their salience in strategic calculus and over time pave the way for their reduction and elimination.

The challenges and prospects for India's foreign policy are manifold. Peace and security in our neighbourhood and in our region as a whole are uppermost in our mind. The combat against international terrorism presents an immense challenge. Energy security, creating favourable conditions for our economic development, coping with the consequences of instability or military conflict in the Middle East, the reform of the UN Security Council, promoting multi-polarity, finding an adequate response to doctrines diluting the principles of sovereignty and seeking to establish the right to intervene, promoting a more equitable equation between the developed and the developing world in the political, economic and technological domains are some of the challenges facing Indian foreign policy. The prospects by definition are a function of our success in meeting the challenges. With India's geographical and demographic size, a huge and growing market, its human resources, the advances that India is making in the knowledge economy, its steady economic growth, its desire to integrate itself more fully into the global market and its democracy which gives enormous resilience, India's prospects are bright.

It is fairly obvious that a holistic approach to these varied economic, political and military issues can bring about an effective appreciation and understanding of the country's maritime security. As the varied dimensions of India's maritime security — economic, political, military, scientific, technological, and environmental — are becoming increasingly important for the development and stability of the country, it is imperative to deal with them in a comprehensive manner through the formulation of a national Maritime Security Policy (MSP). This would involve a sophisticated and complex development of economic, foreign and defence policies for the enhancement of co-ordination and co-operation among various IOR states, agencies and organizations involved. In effect, the critical requirement of a national maritime strategy needs to be met through the implementation of the MSP.

The maritime dimensions of India's security, the ability to confront a large, modern and powerful naval force of extra-regional powers and causing it to desist from actions inimical to India's strategic interests in the IOR would have to be provided for. Such a capability would necessarily be large, three-dimensional, modern and expensive but affordable through judicious planning by a rising great power. It would have to consist not only of a strong and modern navy, but also of the industrial, scientific and infrastructure strengths of the country in the full range of maritime applications such as shipbuilding, ports, fisheries, shipping, etc. — in other words, the totality of the nation's sea power.

It needs to be stressed that India's national security and defence is not solely the duty of the Indian Armed Forces. It is equally the responsibility of all its citizens. They must not only study these matters but also be alive to dangers to India's security, both from external and internal threats. As far as politicians and bureaucrats are concerned, their responsibility in this respect is far more important.

To achieve "tactical move" for the twenty-first-century India needs to develop strategically and in military terms, the following capabilities:

- Military preponderance in both the nuclear and conventional military fields. In terms of levels, it should have an overwhelming military superiority in South Asia and relative parity with China.
- India needs to develop "force projection" capabilities, especially naval and air. Sizeable air-mobile and naval task forces should be available for rapid deployment in India's area of interest and "areas of influence."
- India's naval power should be built to levels which would permit sea-denial if not sea-control in the entire Indian Ocean region.
- Nuclear deterrence strong enough to deter even major powers to attempt political or military coercion, i.e. development of an ICBM (intercontinental ballistic missile) and SLBM (submarine-launched ballistic missile) arsenal. India after fifty years of being a "soft state" needs to get into a resurgent mode befitting her size and resources. The time has come not only to have the will to build-up her power attributes but also to learn and have the will to use power.

Indian Ocean Rim countries and UN have unanimously decided to evolve scientific methods to prevent the Tsunami kind of tragedy in future. The USA and Japan have agreed to provide technological resources and expertise to deal with the crisis on a long-term basis. Tsunami-affected littoral states of Indian ocean, for instance Indonesia, Malaysia, Singapore, Thailand, Sri Lanka and India, must raise funds for R&D. Indian government is also serious about it and has committed itself towards developing adequate scientific and technological expertise to deal with such tragedies in future. And India has also called upon littoral states to co-operate in this enterprise.

As a whole, India's sea borders are vulnerable. The national leadership in this country has shown callous indifference to the country's maritime security issue in the past. It is worth pointing out that threats from the sea had not figured in the parliamentary debates and its various committees even once since Independence. Despite sixty years of Independence, the concept of national security is yet to take place. While the Army and the Air Force had received some degree of national attention, the Navy's profile was beyond the imagination of the people. Indian naval arm has been assigned a low priority in the allotment of defence budget. The Navy had always got the Cinderella treatment, whereas in the modern era of globalization in trade and commerce, the Indian Navy has assumed far greater importance then ever before. The Andaman and Nicobar Islands have so far remained open to hostile forces, and it is categorically important for the Navy to keep the sea-lanes free and secure. Strategic space in the seas and oceans around India is rich in minerals like hydrocarbons. Maritime nations are bound to start exploring the bottoms of the sea soon enough. Even land-locked nations will demand sea-space for exploration purposes and such moves may start breeding conflicts for the control of sea routes. Hence, the destiny of the world in the twenty-frist century will be decided by sea power.

Annexure 1

Findings

1. The warm rich embayed Indian Ocean of approximately 73.44 million sq km (28 million sq miles), covering roughly 21 per cent of the global ocean, 14 per cent of the total earth's surface and lapping the shores of three continents, is the third largest, after the Pacific and the Atlantic, but most strategic waterways encompassing 30 littoral countries, 6 island states and 12 land-locked countries. Moreover this region contains 1/3 of the earth's population, 1/4 of the landmass, 3/4 of strategic reserves of oil, iron ore and tin as also 70 per cent of world's disasters.
2. The geography of the Indian Ocean is the most dominant strategic factor for the IOR and the rest of the world.
3. Indian Ocean is one of the world's major storehouses of natural resources like minerals, hydrocarbons, raw materials, marine foods and agricultural resources (rubber, groundnut, rice, palm oil, sugar, cotton coffee and wheat). The oil wealth of the Indian Ocean region is around three-fourth of the world aggregate.
4. Over a quarter of the world's total oil supply passes through Hormuz Strait, which links the Persian Gulf to the Arabian Sea.

5. The Indian Ocean is the origin of maritime civilization.
6. The political aims of India are to protect her geo-political, economic and security interests in the maritime environment through the International Law of the Sea conferences sponsored by the United Nations.
7. India has become one of the world's largest importers of petroleum products. The ever-increasing demand for the import of Crude oil and Liquefied Natural Gas (LNG) is imperative for India's maritime security.
8. The peninsular India is a maritime nation, because it is sharing a vast coastline of about 7600 km with a large continental shelf and exclusive economic zone (EEZ) of about 2.2 million sq km, full of living and non-living resources and a large number of islands in the Bay of Bengal and Arabian Sea.
9. The third United Nations convention on the Law of the Sea (UNCLOS III) approves a 12-nautical-mile (22.22 km) territorial limit for coastal nations and a 200-nautical-mile (370.40 km) EEZ, which includes control over fishing rights, marine environmental protection, scientific research and covers the full range of ocean law subjects, including rights on the high seas and rules governing seabed minerals development beyond national jurisdiction.
10. India is facing many challenges in the Indian Ocean region because of opposing the extra regional military presence and superpower rivalry in the region, by supporting the United Nation concept of Indian Ocean as Zone of Peace (IOZP), which includes prohibition of arms race and power build-up, offensive or defensive.

11. In the absence of any other political issue, leaders of political parties tend to politicize national security issues and political parties have hardly discussed national security issues during Defence budget debates in Parliament.
12. The weakest link of India towards the movement of major power, is India's political governance and the quality of her polity. This can be improved by a conscious and deliberate effort of political leaders and bureaucrats.
13. In view of political dimension, continuing disputes over the demarcation of boundaries with Pakistan and Bangladesh are important considerations because the final delineation would determine the sea territories of both the countries.
14. About 95 per cent of volume and 70 per cent in value of India's international trade is carried on the sea; hence the economic dependence of India on the sea is increasing day by day. With this rise in traffic, the variety and intensity of threats, including piracy, maritime terrorism, drug trafficking, gunrunning, smuggling, pollution, accidents and inter-state conflicts, are also expected to show a proportional rise.
15. The present 12 major Indian ports handle about 75 per cent of maritime cargo of the country. The major problem faced by Indian ports is low productivity and infrastructure.
16. For India, the Indian Ocean region holds immense promise for political, economic and military co-operation, and the key role that maritime forces can play, makes the Indian Navy a key component of any

national strategy towards this region. In future it will be a model for the rest of the world.

17. Keeping in view the globalization of the world economy and its impact on the seaborne trade, energy imperatives and growing dependence on sea resources, it is concluded that the twenty-first century is going to be a maritime century.
18. Indian Navy is a catalyst for peace, harmony and tranquility in the Indian Ocean region across the spectrum of conflicts.
19. Indian Navy has been assigned a low priority in the allotment of defence budget and it has certainly been facing critical shortage of warships and submarines.
20. Beyond shortage of funds, the system did not allow for long-term planning for defence modernization, and decisions on acquisitions were not taken in time to enable actual procurement to take place.
21. Coastal and offshore resources as well as maritime trade are the principal contributors to the economies of most countries in the region.
22. Defence expenditure of Pakistan is 5 per cent and China spends 8 per cent, but India spends only 2.5 per cent of GDP on defence.
23. Maritime doctrine is meant to guide the Indian Navy and chart a path for its future developments with respect to force development and related issues.
24. The totality of the nation's sea powers is industries, scientific and infrastructure strength, maritime applications such as shipbuilding, ports, fisheries and shipping.

25. The country shares maritime boundaries with seven Indian Ocean littorals. More than 65 per cent of its oil and gas energy needs are met by imports from across the area.
26. By 2010, the Indian Navy will be a strategic force, centred on two aircraft carrier battle groups, nuclear-powered submarines and strategic bomber/maritime strike aircraft, playing a dominant role in the Indian Ocean Region.
27. The nuclear weapons are not the sole instruments of mass destruction. The struggle for nuclear disarmament is hence inseparable from the struggle against war and inhumane sanctions.
28. The challenges of India's foreign policy are manifold. The combat against international terrorism presents an immense challenge.
29. The current Indian Navy capability encompasses weapons, sensors and platforms of formidable range and capability. This capability will be further bolstered with the forthcoming induction of platforms such as the aircraft carrier Admiral Gorshkov with its integral MiG 29K fighters, and long range weapons like the Brahmos missile.
30. The force levels available are not adequate for the vast ocean areas, the dense shipping traffic and the maritime threats.

Annexure 2

Suggestions

1. There is a need for a National Maritime Policy to ensure that the management of Indian Ocean and coastal zones is politically correct, economically sustainable, socially responsible and culturally sensitive with a view to safeguarding our national interest at all times for comprehensive national security of India.
2. India is to maintain a credible and affordable defence. She must have to give attention in balancing of quantity and quality of the armed forces for betterment.
3. For declaring Indian Ocean as a Peace Zone, all littoral and hinterland countries of Indian Ocean should come forward with unanimity.
4. The countries should not allow any superpower to make its military base at any cost in the IOR.
5. Every littoral country should try for its political stability and to make its economy strong.
6. The stationing of atomic weapons must not be allowed on the bed and surface of Indian Ocean.
7. All littoral countries should constitute a tighter combined naval force by their joint efforts that should

be available in minimum of time to fight out any danger to the security of this area in an emergency.

8. All littoral countries should make arrangements for continuous patrolling of islands in their possession by using patrol boats.
9. Since India is a developing country amongst all countries situated in the lap of Indian Ocean, India should come forward responsibly and of course, continuously, to bring all littoral countries under one umbrella of unity.
10. Because twenty-first century is going to be a maritime century, it becomes important to emphasize on India's maritime security. Therefore it is necessary to increase the budget allotment to the navy, to make it better equipped and better armed.
11. A maritime council should be constituted with the Prime Minister as its head, putting all the ministers together, and it should meet at least twice a year to formulate, advance and also monitor the implementation of our Maritime Policy.
12. The government should implement the London Convention of 1972 protocol which proposes to control all sources of maritime pollution and prevent pollution of sea through regulation of dumping of waste material.
13. There should be a Defence University in India and introduction of "maritime studies" subject in Indian universities, particularly in Mumbai, Chennai and Kolkata, and for that matter, in Cochin and Goa, which are nearer to the sea.

14. We should encourage coastal shipping, which is much cheaper and much more environment-friendly.
15. A request to the government to have a comprehensive ocean policy and exploit the exclusive maritime zone of India, which consists of more than 3 million sq km.
16. India's political leaders need to get together and work out honestly away from the glare of publicity and arrive at a consensus on how India has to meet the security challenges.
17. India must identify and deal with countries willing to share their technologies.
18. India needs to develop her indigenous R&D capability of defence services.
19. Today there are a plethora of agencies dealing with maritime matters, which encompass a diverse range of activities like oil and natural gas, fisheries, excise and customs, immigration, pollution control, tourism, transport, infrastructure development and defence. So India needs to set up a central maritime board or any such organization to postulate policy, co-ordinate and manage all maritime activities.
20. National Security Council (NSC) ought to be set up under the constitutional provisions for making and developing Defence, National Security and Maritime policies. There should be a "Chief of Joint Staff Committee" over the heads of defence services for better co-operation and minimizing communication gap among them.
21. It is needed to concentrate upon the large merchant fleets, modern ports with good infrastructure, a vibrant, efficient and self-reliant shipbuilding industry

along with its supporting technical infrastructure which are some of the other vital elements of maritime power.

22. International maritime co-operation initiatives of Indian Navy should be tailored to the needs of the individual country and its strategic alignments, as also the capability of its navy.
23. The growing dimension of maritime interests in India's security concern requires credible sea power in the northern Indian Ocean at the very least and even beyond.
24. It is needed to enhance the Navy's "blue water" capability to balance the "brown water" units or smaller ships of limited capability.
25. Putting an exact number to our force level is not a very good way to plan. A better way is to survey the emerging maritime capabilities in the region, and to ensure that we have the entire range of forces/ capabilities that we need for ensuring the security of our interests. We have done this exercise, and have come up with a force structure for the future in the era of globalization.
26. India has to acknowledge that it is a "maritime nation" and need to look more seawards than inwards. Such a realization is especially vital for security plannings. Only then can we stake our claim to be a true maritime power.

Annexure 3

Resolution on The Adoption of the Indian Ocean Rim-Association for Regional Co-operation (IOR-ARC)

First Ministerial Meeting, Mauritius, 5–7 March 1997

We, Ministers and Representatives of:

Australia

The Republic of India

The Republic of Indonesia

The Republic of Kenya

The Republic of Madagascar

Malaysia

The Republic of Mauritius

The Republic of Mozambique

The Sultanate of Oman

The Republic of Singapore

The Republic of South Africa

The Democratic Socialist Republic of Sri Lanka

The United Republic of Tanzania

The Republic of Yemen;

HAVING met at Ministerial level in Mauritius on 5-7 March 1997;

RECALLING the Joint Statement issued at the first Inter-Governmental Meeting of the Indian Ocean Rim Initiative held in Mauritius on 31 March 1995, outlining the principles, objectives and areas of co-operation within the Indian Ocean Rim;

RECALLING also the report of the Chairman of the Second Inter-Governmental Meeting held in Mauritius on 10-11 September 1996;

Hereby adopt the Charter establishing the Indian Ocean Rim Association for Regional Co-operation (IOR-ARC) Annexed Hereto.

CHARTER OF THE INDIAN OCEAN RIM ASSOCIATION FOR REGIONAL CO-OPERATION (IOR–ARC)

Conscious of historical bonds created through millennia among peoples of the Indian Ocean and with a sense of recovery of history; cognizant of economic transformation and speed of change the world over which is propelled significantly by increased intensity in regional economic co-operation; realizing that the countries washed by the Indian Ocean in their diversity offer vast opportunities to enhance economic interaction and co-operation over a wide spectrum to mutual benefit and in a spirit of equality; convinced that the Indian Ocean Rim, by virtue of past shared experience and geo-economic linkages among Member States, is poised for the creation of an effective association and practical modalities of economic co-operation: and conscious of their responsibility to promote the welfare of their peoples by improving their standards of living and quality of life; the Governments of Australia, India, Indonesia, Kenya, Madagascar, Malaysia, Mauritius, Mozambique, Oman, Singapore, South Africa, Sri Lanka, Tanzania and Yemen hereby establish the Indian Ocean Rim Association for Regional Co-operation (IOR-ARC), with the following fundamental principles, objectives, areas of co-operation and institutional and financial structures and arrangements.

FUNDAMENTAL PRINCIPLES

The Association will facilitate and promote economic co-operation, bringing together representatives of government, business and academia. In a spirit of multi-lateralism, the Association seeks to build and expand understanding and mutually beneficial co-operation through a consensus-based, evolutionary and non-intrusive approach. The Association will apply the following fundamental principles without qualification or exception to all Member States:

(i) Co-operation within the framework of the Indian Ocean Rim will be based on respect for the principles of sovereign equality, territorial integrity, political independence, non-interference in internal affairs, peaceful co-existence and mutual benefit;

(ii) The Association will be open to all sovereign States of the Indian Ocean Rim which subscribe to the principles and objectives of the Charter and are willing to undertake commitments under the Charter;

(iii) Decisions on all matters and issues and at all levels will be taken on the basis of consensus;

(iv) Bilateral and other issues likely to generate controversy and be an impediment to regional co-operation efforts will be excluded from deliberations;

(v) Co-operation within the Association is without prejudice to rights and obligations entered into by Member States within the framework of the economic and trade co-operation arrangements and will not automatically apply to Member States of the Association. It will not be a substitute for, but seek to reinforce, be complementary to and consistent with their bilateral, plurilateral and multilateral obligations;

(vi) Within the framework of the Association, Member States will pursue adequate measures to promote the achievement of its objectives, and will not take any action likely to prejudice its objectives and activities; and

(vii) The Work Programmes of the Association will be undertaken by Member States on a voluntary basis.

OBJECTIVES

The objectives of the Association will be:

(i) To promote the sustained growth and balanced development of the region and of the Member States and to create common ground for regional economic co-operation;

(ii) To focus on those areas of economic co-operation which provide maximum opportunities to develop shared interests and reap mutual benefits. Towards this end, to formulate and implement projects for economic co-operation relating to trade facilitation, promotion and liberalization; promotion of foreign investment, scientific and technological exchanges, and tourism, movement of natural persons and service providers on a non-discriminatory basis; and development of infrastructure and human resources, as laid down in the Work Programmes of the Association;

(iii) To identify other areas of co-operation as may be mutually agreed;

(iv) Towards promoting liberalization, to remove impediments to, and lower barriers towards, freer and enhanced flow of goods, services, investment and technology within the region;

(v) To explore all possibilities and avenues for trade liberalization with a view to augmenting and diversifying trade flows among Member States;

(vi) To encourage close interaction of trade and industry, academic institutions, scholars and peoples of the Member States without any discrimination among Member States and without prejudice to obligations under other regional economic and trade co-operation arrangements;

(vii) To strengthen co-operation and dialogue among Member States in international fora on global economic issues, and where desirable to develop shared strategies and take common position in the international fora on issues of mutual interest; and

(viii) To promote co-operation in development of human resources, particularly through closer linkages among training institutions, universities and other specialized institutions of the Member States.

MEMBERSHIP

All sovereign States of the Indian Ocean Rim are eligible for membership. To become members, States must adhere to the principles and objectives enshrined in the Charter of the Association. Expansion of membership of the Association will be decided by Member States.

INSTITUTIONAL MECHANISM

There will be a Council of Ministers of the Association. The

Council will meet once in two years, or more often as mutually decided, for formulation of policies, review of progress of co-operation, decisions on new areas of co-operation, establishment of additional mechanisms as deemed necessary, and decisions on other matters of general interest.

There will be a Committee of Senior Officials of the Association composed of government officials of Member States. It will meet as often as mutually decided. It will review implementation of the decisions taken by the Council of Ministers; and in co-operation with the Indian Ocean Rim Business Forum (IORBF) and the Indian Ocean Rim Academic Group (IORAG) establish priorities of economic co-operation, develop, monitor and co-ordinate Work Programmes, and mobilize resources for financing of Work Programmes. The Committee will submit periodic reports to the Council of Ministers, and refer, as and when necessary, policy matters for the Council's decision.

There will be a Secretariat of the Association to co-ordinate, service and monitor the implementation of policy decisions and Work Programmes as laid down.

NATIONAL FOCAL POINTS

Each Member State of the Association will set up a tripartite National Focal Point for Indian Ocean Rim co-operation to co-ordinate and advance implementation of its activities and achievement of its objectives.

INDIAN OCEAN RIM BUSINESS FORUM (IORBF) AND INDIAN OCEAN RIM ACADEMIC GROUP (IORAG)

The Association includes bodies known as the Indian Ocean Rim Business Forum (IORBF) and the Indian Ocean Rim Academic Group (IORAG) in accordance with the tripartite nature of the Association. They may meet together with Council of Ministers and the Committee of Senior Officials as mutually decided. They may also meet as and when they deem it necessary. They will interact with the Committee of Senior Officials and the secretariat in the consideration, formulation and implementation of the policies and Work Programmes of the Association. The IORBF and the IORAG may draw upon non-governmental regional business and academic networks, as necessary.

FINANCIAL ARRANGEMENTS

Each Member State will contribute to the finances of the Association as decided. Adequate arrangements will be made by participating Member States for providing finances for implementing the Work Programmes. This will not exclude external sources of financing where appropriate.

The Member States will endeavour to promote the spirit of economic co-operation enshrined in the Charter of the Association.

Annexure 4

Declaration on the Establishment of the Bangladesh–India–Sri Lanka–Thailand Economic Co-operation (BIST-EC)

Bangkok, 6 June 1997

The Minister of State of Foreign Affairs of Bangladesh, the Minister of State for External Affairs of India, the Deputy Minister of Foreign Affairs of Sri Lanka and the Deputy Minister of Foreign Affairs of Thailand, acting on behalf of their respective Governments;

MINDFUL of the existence of mutual interests and common concerns among their countries and complementarities of their economies and convinced of the potential for strengthening further the existing bonds of friendship and co-operation;

DESIRING to establish a firm foundation for common action to promote sub-regional co-operation in the areas of trade, investment, technological exchange and other interrelated areas in a spirit of equality and partnership and thereby contribute towards peace, progress and prosperity in their common region;

CONSCIOUS that in an increasingly interdependent world, the cherished ideals of peace, freedom, and economic well-being are best attained by fostering greater understanding, good neighbourliness and meaningful co-operation among countries of the same sub-region already bound together by ties of history and culture;

CONSIDERING that countries share a primary responsibility for strengthening the economic and social stability of their sub-region and ensuring peaceful and progressive national development;

DO HEREBY DECLARE:

FIRST, the establishment of the Bangladesh–India–Sri Lanka –Thailand Economic Co-operation to be known as BIST-EC.

SECOND, that the aims and purposes of the BIST-EC shall be:

1. To create an enabling environment for rapid economic development through identification and implementation of specific co-operation projects in the sectors of trade, investment and industry, technology, human resource development, tourism, agriculture, energy, and infrastructure and transportation;
2. To accelerate the economic growth and social progress in the sub-region through joint endeavours in a spirit of equality and partnership;
3. To promote active collaboration and mutual assistance on matters of common interest in the economic, social, technical and scientific fields;
4. To provide assistance to each other in the form of training and research facilities in the educational, professional and technical spheres;
5. To co-operate more effectively in joint efforts that are supportive of and complementary to national development plans of Member States which result in tangible benefits to people in raising their living standards, including through generating employment

and improving transportation and communication infrastructure;

6. To maintain close and beneficial co-operation with existing international and regional organizations with similar aims and purposes; and
7. To co-operate in projects that can be dealt with most productively on a sub-regional basis among the BIST-EC countries that make best use of available synergies.

THIRD, the BIST-EC will observe the following principles in all its activities:

(a) Co-operation within the BIST-EC will be based on respect for the principles of sovereign equality, territorial integrity, political independence, non-interference in internal affairs, peaceful co-existence and mutual benefit; and

(b) Co-operation within the BIST-EC will constitute an additionality to and not be a substitute for bilateral, regional or multilateral co-operation involving the Member States.

FOURTH, that to carry out the aims and purposes of the BIST-EC, the following institutional mechanisms shall be established:

(a) Annual Ministerial Meetings, which shall be hosted by the Member States on the basis of alphabetical rotation;

(b) Senior Officials Committee, which shall meet on a regular basis as and when required;

(c) A Working Group, under the chairmanship of Thailand and having as its members the accredited Ambassadors to Thailand, or their representatives, of the other Member States, to carry on the work in between Annual Ministerial Meetings; and

(d) Specialized task forces and other mechanisms as may be deemed necessary by the Senior Officials to be co-ordinated by Member States as appropriate.

DONE in Bangkok on the Sixth Day of June in the Year One Thousand Nine Hundred and Ninety Seven.

For the People's Republic of Bangladesh
H.E. Mr. Abdul Hasan Chowdhury
Minister of State for Foreign Affairs

For the Republic of India
H.E. Mr. Saleem Iqbal Shervani
Minister of State for External Affairs

For the Democratic Socialist Republic of Sri Lanka
The Honourable D.P. Wickremasingh
Deputy Minister of Foreign Affairs

For the Kingdom of Thailand
H.E. Mr. Pitak Intrawaityanunt
Deputy Minister of Foreign Affairs

Bibliography

Primary Sources

(A) REPORTS, CONFERENCES AND SEMINARS

"Charting Co-operation and Challenges: Australia and the Indian Ocean Region," The Inaugural Indian Ocean Lecture Delivered by Penny Wensley, High Commissioner of Australia, in the Punjab University, Chandigarh, 17 November 2002.

"Declaration of the Indian Ocean as a Zone of Peace," Report of U.N. Secretary General, *Strategic Digest*, IDSA, New Delhi, June 1974.

Disarmament, downloaded from the official website of Ministry of External Affairs, Government of India, New Delhi, at website http://meaindia.nic.in. on 21 November 2004.

India Vision — 2020, Planning Commission, Government of India, New Delhi, January 2003.

"India's Army and Maritime Doctrines," Report of the Panel Discussion held at the Institute of Peace and Conflict Studies, New Delhi, 10 December 2004.

"Indian Foreign Policy: Challenges and Prospects," Presentations at Geneva Forum by Kanwal Sibal, Foreign Secretary of India, 23 January 2003.

Indian Hydrocarbon Vision — 2025, Ministry of Petroleum and Natural Gas, Government of India, New Delhi, April 2000.

Indian Ocean as a Zone of Peace, Lok Sabha Secretariat, Government of India, New Delhi, 1987.

Indian Ocean Problems, Foreign Affairs Report published by the Indian Council of World Affairs, New Delhi, 1974.

Indian Ocean Region: Malaysia's Perspective, Paper presented at the Indian Ocean Conference, Hawaii, 19 to 21 August 2003.

Indian Ocean Rim Association for Regional Co-operation, Department of Foreign Affairs, Republic of South Africa, 2003, at website http://www.dfa.gov.za/foreign/multilateral/inter/iorarc.htm.

Indian Ocean, Non-Alignment Movement, Resolution 102, Final Documents of the XIII Conference of Heads of States or Governments of the Non-Alignment Movement, Kuala Lumpur, 24 to 25 February 2003.

"Indian Ocean," *The World Factbook 2002 and 2003*, at website: //www.cia.gov/cia/publications/factbook/print/xo.html.

"National Defence," Downloaded from the website of Embassy of France in the United States http://www.ambafrance-us.org, 3 February 2005.

"Natural Gas Consumption and Prices," *Annual Energy Outlook 2004*, Energy Information Administration, at website http://www.eia.doe.gov.

Regaining Sri Lanka: Vision and Strategy for Accelerated Development, Government of Sri Lanka, December 2002.

The India Infrastructure Report: Policy Imperatives for Growth and Welfare, Expert Group of Commercialization of Infrastructure Projects, Government of India, New Delhi, 1996.

The Indian Ocean: A Conference Report, the Centre for Strategic and International Studies, George Town University, Washington DC, 1971.

The Indian Ocean: Its Political and Strategic Significance, Institute of International Studies, Barkeley, 1976.

Annual General Administration Report of Union Territory of Andaman and Nicobar 2002 to 2004, Administration of Andaman and Nicobar Islands, Government of India, Port Blair.

Annual General Administration Report of Union Territory of Lakshadweep 2002 to 2004, Administration of Lakshadweep, Government of India, Kavaratti.

Annual Report of International Federation of Red Cross and Red Crescent Societies on East Africa, The Horn, Great Lakes, & Indian Ocean Islands, Appeal No. 01.09/2000, Appeal Target: CHF 3,295000, May, 2001.

Annual Reports 2000-01, 2001-02 and 2003-04, Ministry of Shipping, Government of India, New Delhi.

Annual Reports 2000-01, 2001-02, 2002-03 and *2003-04,* Ministry of External Affairs, Government of India, New Delhi.

Annual Reports 2000-01, 2001-02, 2002-03 and *2003-04,* Ministry of Petroleum and Natural Gas, Government of India, New Delhi.

Annual Reports 2000-01, 2001-02, 2002-03 and *2003-04,* Ministry of Commerce & Industries, Government of India, New Delhi.

Annual Reports 2001-02 and *2003-04,* Ministry of Defence, Government of India, New Delhi.

Census of India, Government of India, New Delhi, 2001.

Draft Policy for Maritime Sector (Ports, Shipping: Inland Water Transport), Draft Report of Ministry of Shipping, Government of India, New Delhi, August 2004.

Economic Survey 2002-03 and *2003-04,* Ministry of Finance, Government of India, New Delhi.

Gazetteer of India 2003 and *2004,* Ministry of Education and Social Welfare, Government of India, New Delhi.

International Energy Annual 2001, Doe/Eia0219 (2001), Energy, Information Administration (EIA), Washington, DC, February 2003.

Lok Sabha Debates 1963, 1966, 1967, 1980, 2000, 2002, 2003 and *2004,* Government of India, New Delhi.

Ninth Five Year Plan 1997 to 2002, Planning Commission, Government of India, New Delhi.

Petroleum Supply Annual, Energy Information Administration, Volume 1, 2003, at website http://www.eia.doe.gov.

Report of IOR-ARC (Indian Ocean Rim Association for Regional Co-operation) Summit, held at Port Louis, Mauritius, 5 to 7 March 1997.

Report of OPEC (Organisation of the Petroleum Exporting Countries), Summit, held at Caracas, Venezuela, 27 to 28 September 2000.

Report of Tenth Conference of UNCTAD (United Nations Conference on Trade and Development), Help at Bangkok, Thailand, 12 to 19 February 2000.

Report of the Australia–India Security Roundtable, Chandigarh, 7 to 8 October 2003.

Report of the Comptroller and Auditor General (CAG) *on Union Government-Defence Services (Air Force and Navy)*, Government of India, New Delhi, no. 8, 1997.

Report of the First Ministerial Meeting of BIMST-EC, Bangkok, 6 June 1997.

Report of the Ninth ASEAN Summit, held at Bali, 6 October 2003.

Report of the Twelfth SAARC Summit, held at Islamabad, Pakistan, 2 to 4 January 2004.

Report of the Working Group for Port Sector for the Ninth Five Year Plan, Ministry of Surface Transport, Government of India, September 1996.

Report of World Trade Organisation 2003 (WTR-2003), Geneva, Switzerland.

Seminar on Indian Ocean and India's Security, Department of Defence Studies, Punjabi University, Patiala, 24 to 25 March 1982.

Seminar on Indian Ocean as a Zone of Peace, India International Centre, New Delhi, 27 to 30 December 1980.

Standing Committee on Defence, *Ministry of Defence — Demand for Grants*, Fourth Report, Tenth Lok Sabha, Government of India, April 1995.

Standing Committee on Defence, *Ministry of Defence — Demands for Grants*, First Report, Eleventh Lok Sabha, Government of India, New Delhi, August 1996.

Statistical Abstract 2002-03 and *2003-04*, Ministry of Planning, Government of India, New Delhi.

Statistics of Foreign Trade of India by Countries, DGC&I, Government of India, New Delhi, 2004.

Summary of Draft Policy For Maritime Sector, Port Shipping & Inland Water Transport, Ministry of Shipping, Government of India, August 2004.

Summary Record of Discussions of the Meeting on Important Issues Concerning Ministry of Shipping Taken by Secretary on 22 August 2003 in Transport Bhavan, New Delhi. (website http://shipping.nic.in)

Tenth Five Year Plan 2002 to 2007, Planning Commission, Government of India, New Delhi.

The Fifth Ministerial Conference of WTO, held at Mexican Beach Resort, Cancun, 10 September 2003.

Union Budget 1997-98, 1998-99, 1999-2000, 2000-01, 2001-02, 2002-03, 2003-04, 2004-05 and *2005-06*, Ministry of Finance, Government of India, New Delhi.

United Nations Environment Program (UNEP), *Management and Conservation of renewable Marine Resources in the Indian Ocean Region: Overview*, UNEP Regional Seas Reports and Studies, no. 60, Nairobi, 1985.

United Nations, *Declaration of the Indian Ocean as a Zone of Peace*, General Assembly, Twenty-Sixth Session, Resolution 2832, XXVI, 1971.

United Nations, *Declaration of the Indian Ocean as a Zone of Peace*, General Assembly, Supplement No.A/RES/36/90, 9 December 1981.

United Nations, *Declaration of the Indian Ocean as a Zone of Peace*, General Assembly, 81st Plenary Meeting, Supplement No.A/RES/47/59, 9 December 1992.

United Nations, *Final Act of the Third Convention on The Law of the Sea (UNCLOS III)*, 1982.

United Nations, *Report of Ad Hoc Committee on the Indian Ocean*, General Assembly, Fifty-Sixth Session, Supplement no. 29 (A/56/29), 2001.

United Nations, *Implementation of the Declaration of the Indian Ocean as a Zone of Peace*, General Assembly, Resolution 48/82, Supplement no. 49 at 92 (A/48/49), 1993.

United Nations, *Implementation of the Declaration of the Indian Ocean as a Zone of Peace*, General Assembly, Fifty-Sixth Session, Resolution 16, Supplement no. A/RES/56/16, 2001.

United Nations, *Report of Meeting of the Littoral and Hinterland States of the Indian Ocean*, General Assembly, Thirty-Fourth Session, Supplement no. 45 (A/34/45), 1979.

World Bank Report on *Global Economic Prospects 2004: Realising the Promise of Doha Agenda*, Washington DC, 3 September 2003.

(B) NEWSPAPERS, MAGAZINES, PERIODICALS AND YEAR BOOKS

Amrita Bazar Patrika, Kolkata.

Armed Forces Year Book, New Delhi.

Blitz Weekly, Mumbai.

Brassey Year Book, London.

Ceylon Daily (New), Colombo.

Chanakya Year Book, Allahabad.

Dainik Bhaskar, Jaipur.

Dawn, Karachi.

Economic Times, New Delhi.

Employment News, Ministry of Information & Broadcasting, Government of India, New Delhi.

Hindustan Times, New Delhi.

India Daily, New Delhi.

India Today, New Delhi.

Indian Express, New Delhi.

Janes Fighting Ships, London.

Military Balance, London.

Military Year Book, New Delhi.

Nav Bharat Times, New Delhi.

Outlook, New Delhi.

Patriot, New Delhi.

Punjab Kesri, New Delhi.

Sainik Samachar, New Delhi.

SIPRI Year Book, Stockholm.

SP's Military Year Book, New Delhi.

Strategic Analysis, New Delhi.

Strategic Digest, IDSA, New Delhi.

Strategy Week, Washington DC.

TERI Energy Data Dictionary and Year Book (TEDDY), New Delhi.

The Hindu, New Delhi.

The Observer, London.

The Statesman Year Book, New Delhi.

The Statesman, New Delhi.

The Times of India Directory and Year Book, New Delhi.

The Times of India, New Delhi.

The Tribune, Chandigarh.

UN Weekly News Letter, New Delhi.

UN Year Book, New York.

Yojana, Publication Division, Ministry of Information & Broadcasting, Government of India, New Delhi.

(C) WEBSITES

http://commerce.nic.in, Official website of Ministry of Commerce, Government of India, New Delhi.

http://indiabudget.nic.in, Official website of Ministry of Finance, Government of India, New Delhi.

http://meaindia.nic.in, Official website of Ministry of External Affairs, Government of India, New Delhi.

http://mod.nic.in, Official website of Ministry of Defence, Government of India, New Delhi.

http://petroleum.nic.in, Official website of Ministry of Petroleum and Natural Gas, Government of India, New Delhi.

http://shipping.nic.in, Official website of Ministry of Shipping, Government of India, New Delhi.

http://www.eia.doe.gov, Official website of Energy Information Administration (EIA), Washington DC.

http://www.idsa-india.org, Official website of IDSA, New Delhi.

http://www.imf.org, Official website of International Monetary Fund, Washington DC.

http://www.lib.utexas.edu/maps/index.html, website of Perry–Castaneda Library Map Collection, for Indian Ocean Maps.

http://www.saag.org, website of South Asia Analysis Group, New Delhi.

http://www.un.org, Official website of United Nations.

http://www.indiannavy.nic.in, Official website of Indian Navy

http://www.bharat-rakshak.com

http: //www. defesanet.com.br/noticia/gorshkov

http: // news.indiamart.com.

Secondary Sources

(A) ARTICLES

"Declaration of the Indian Ocean as a Zone of Peace: Report of the U.N. Secretary General," *Strategic Digest,* IDSA, New Delhi, vol. IV, no. 6, June 1974.

"Defence and Security in the Indian Ocean Area," A Study Group of the Indian Council of World Affairs, Asia Publishing House, New Delhi, 1974.

"Gorshkov can be deployed only in 2008," *The Times of India,* 19 January 2004, at website http: //www. defesanet.com.br/noticia/gorshkov.

India: Bilateral Treaties and Agreements, Policy Planning and Research Division, Ministry of External Affairs, Government of India, New Delhi, vol. I: 1947-52; vol. II: 1958-60; vol. III: 1953-57; vol. IV: 1961-63; vol. V: 1964-66; vol. VI: 1967-70; vol. VII: 1971-73, vol. VIII: 1974-75; vol. IX: 1978-80.

"Indo-Russian relations: Continuing relevance," *News Online,* 10 May 2004, at website http: // news.indiamart.com.

"The Maritime Dimension — A Naval Vision," Indian Navy, *Strategic Defence Review,* New Delhi, 20 May 1998.

Adie, W.A.C., "The Indian Ocean-Seen From Australia," *International Relations,* London, Fall and Autumn 1976.

Agwani, M.S., *"Gulf, Co-operation Council. Joint Action Plan," World Focus-33,* vol. 3, no.9, New Delhi, September 1982.

Ahmad, Samina, "Australia and the Indian Ocean," *Pakistan Horizon,* Islamabad, vol. 35, no. 3, 1982.

Alain Tual, Frigate Le Capitaine de, Attaché de Defense, Ambassade de France, "French Naval Presence in the Indian Ocean," *African Defence Review,* Issue no. 19, 1994, website: http://www.iss.co.za/Pubs/ASR.

Alam, Commodore Khurshed Mohammed, "Law of Sea and its Implications For Bangladesh," *BIISS Journal,* Islamabad, vol. 19(4), 1998.

Alexeyev, A. and A. Fialkovsky, "For A Peaceful Indian Ocean," *International Affairs,* Moscow, February 1981.

Alford, Jonathan, "Strategic Developments in the Indian Ocean Area," *Asian Affairs*, London, vol. 68, June 1979.

Allen, Calvin H., Jr., *Regional Co-operation and the Indian Ocean Rim*, Sixteenth Annual Meeting, Association of Third World Studies Inc., Central University, North Carolina, 8-10 October 1998.

Anand, J.P., "Africa and the Indian Ocean," *IDSA Journal*, New Delhi, 9(4), April-June 1976.

———, "Big Power and the Indian Ocean," *IDSA Journal*, 8(4), New Delhi, April-June 1976.

———, "Diego Garcia and Indian Ocean," *IDSA Journal*, New Delhi, 4(2), October 1971.

———, "Diego Garcia Base," *IDSA Journal*, New Delhi, July-September 1979.

———, "Indian Ocean," *IDSA Journal*, 9(4), New Delhi, April-June 1977.

———, "Indian Ocean-Strategic Significance of Island Republics *and* Territories," *IDSA Journal*, New Delhi, April-June 1983.

———, "Masirah Air Base," *Strategic Analysis*, *IDSA*, New Delhi, April 1977.

———, "Seychelles Group: A Profile," *IDSA Journal*, New Delhi, 11(3), January-March 1979.

———, "Sino-Soviet Rivalry in the Indian Ocean," *IDSA Journal*, New Delhi, April 1971.

Aneja, Atul, "Decks Cleared for Maritime Command in Andamans," *The Hindu*, New Delhi, 7 December 1998.

Ayesha Siddiqa-Agha, Security Analyst of Islamabad, Pakistan, *Maritime Cooperation Between India and Pakistan: Building Confidence at Sea*, Cooperative Monitoring Center Occasional Paper/18, SAND 98-0505/18, November 2000.

Ayoob Mohammad, "Super Power And the Third World: Prospects for the 1980s," *IDSA Journal*, 13(3), New Delhi, January-March 1981.

Bayne, M.G., "Indian Ocean Balance," *Asian Affairs*, California, USA, November 1979.

Beckman, Robert, *Issues of Public International Law relating to Piracy and Armed Robbery against Ships in the Malacca and Singapore Straits*, SSA/SILS Piracy Seminar, SILS, Singapore, 22 October 1999.

Bhandary, Jayanti Lal, "Videshi Nivesh aur Videshi Bazar," *Rajasthan Patrika*, Jaipur, 21 October 2004.

Bhattacharya, S. S., "Economic Interests of Big Powers in the Indian Ocean Region," *IDSA Journal*, 10(3), New Delhi, January-March, 1978.

———, Bhattacharya, S. S., "India's Maritime Boundaries," *Strategic Analysis*, 11(4), New Delhi, July 1978.

Bouchard, Christian, *The Case for Security and Strategic Matters in the Indian Ocean Regional Co-operation*, Quebec Observatory for the Indian Ocean (OQOI), Department of Geography, Laurentian University, presented at the CAAS-CASA Joint Conference: Oceans apart, World together: African and Asian Comparisons and Linkages, Halifax, 2 June 2003.

Brandon, John J., "Protect Asia's Shipping," *PacNet Newsletter*, 24 May 2002.

Burrel, R.M. and A. Cottrell, "Soviet U.S. Naval Competition in the Indian Ocean," *Orbis*, Winter *1975*.

Burrows, David, "Indian Ocean Rim Initiative: A Comparative Indian and Southern African Perspective," *Strategic Analysis*, New Delhi, May 1997.

Carter, Commander, Clarence Earl, *The Indian Navy: A Military Power At A Political Crossroads*, A Research Report, Air War College, Air University, AU/AWC/RWP 123/97-04, Maxwell Air Force Base, Alabana, 1 April 1996.

Chsri, P.R., "The Indian Ocean: An Indian Viewpoint," *Iranian Review of International Relations*, Tehran, no. 8, February 1976.

———, "The Indian Ocean: Strategic Issues," *International Studies, Quarterly Journal of School of International Studies*, JNU, New Delhi, vol. 8, no. 2, April-June 1979.

Chatterji, Admiral A.K. (Retd.), "Indian Navy in the Eighties," *The Chanakya Defence Annual*, Allahabad, 1978.

———, "What Constitutes A Danger," *The States*, 6(17), New Delhi, 21 June1975.

Chavan, Y.B., "Non Alignment and Indian Ocean," *Socialist India*, vol. 10 (22), New Delhi, 3 May 1975.

Chopra, Maharaj K., "Demilitarising the Indian Ocean," *USI Journal*, 107 (450), New Delhi, January-March 1978.

Chopra, Rear Admiral R., "India's Maritime Interests and the Offshore Development," *Sea Gull*, February-April 2000.

Chopra, S.K., "Sustainable Energy Security," *Yojana*, vol. 48, Published by the Ministry of Information and Broadcasting, Government of India, New Delhi, September 2004.

Christie, John, "The Gulf War," *Pacific Defence Reporter*, December 1983.

Dadwal, Ray Shebonti, *Geopolitics of Energy Security: India's Options*, Paper Presented at the First IDSA-ECSS (UAE) Seminar, New Delhi, 15 April 1999.

Das, D.P., "India and the Indian Ocean: A Study of Past and Future Strategy," *China Report*, January–April 1974.

Das, Vice Admiral P. S. (Retd.), "Indian Navy in the 21st Century," *SP's Military Year Book*, New Delhi, 1999.

David, Burrows, "The Indian Ocean Rim Initiative: A Comparative Indian and Southern African Perspective," *Strategic Analysis*, New Delhi, May 1997.

Dev, Rear-Admiral Krishan (Retd.), "Indian Shipping in the Global Context-A Neglected Industry," *Journal of Indian Ocean Studies*, 3 July 1997.

Forbes, Louis Vivian, "Pakistan's Claim to Maritime Space," *Indian Ocean Review*, December 1997.

Fuller, J., "Date Line Diego Garcia: Paved Over Paradise," *Foreign Policy*, Autumn 1977.

Ghorban, Narsi, "Middle East Natural Gas Pipeline Projects: Myth and Reality," *Iranian Review of International Affairs*, London, Fall 1996.

Ghosh, Cdr. P.K., "Indo China Exercises: Unlikely Mates," *Asia Times Online*, 19 November 2003, at website http://www.atimes.com.

———, *Maritime Security Challenges in South Asia and the Indian Ocean: Response Strate*, A paper prepared for the Center for Strategic and International Studies – American-Pacific Sealanes Security Institute conference on Maritime Security in Asia. Honolulu, Hawaii, 18 to 20 January 2004.

Ghosh, S. K., "Diego Garcia and Arms Race in the Indian Ocean," *Foreign News and Features*, New Delhi, 23 March 1974.

Ghoshal, Baladas, "What makes regionalism a success? ASEAN and IOR-ARC compared," Communication presented at the Inaugural

Conference of the Indian Ocean Research Group, Chandigarh, 18 to 22 November 2002.

Gogoi, K. Jayanta, "Border Trade and North East," *Yojana*, vol. 48, Published by the Ministry of Information and Broadcasting, Government of India, New Delhi, September 2004.

Gorshkov, S.G., "Navies in War and Peace," *US Naval Institute Proceedings*, New Delhi, vol. 100, January-November 1974.

Gupta, Anirudha, "Indian Ocean and the Indo-African Co-operation," *Man and Development*, Chandigarh, March 1980.

Gupta, Shishir, "Navy's Plans Run into Troubled Waters," *The Hindustan Times*, New Delhi, 14 December 1999.

Hass, Richard, "Naval Arms Limitation in the Indian Ocean," *Survival*, vol. XX, no. 2, IISS, London, March-April 1978.

Hossain, Ijaz, "Regional Co-operation in Natural Gas and Electricity," Paper Presented at a Workshop on Energy Security Issues and Implications for Asia, New Delhi, 19 January 1999.

Indian Naval Headquarters, "The Maritime Dimension — A Naval Vision (1998)," *Strategic Defence Review*, New Delhi, 20 May 1998.

Jain, B.M., "India and Russia Pacific Affairs," British Colombia University, vol. 76, no. 3, Fall 2003.

———, "India-China Relations: Issues and Emerging Trends," *The Round Table*, University of London, vol. 93, no. 374, April 2004.

———, *Security Dilemma of South Asia and India*, Proceedings of the Second International Symposium of Asian Studies, vol. IV, Honkong, 1988.

Jasjit Singh, "Indian Ocean-Geopolitics and Super-Power Rivalry," *Mainstream*, 27 October 1984.

Jayaneth, V., *The Political Dimensions*, at a Seminar Under the Joint auspices of the Jawahar Lal Nehru University, India International Center and the Friedrich Ebert Foundation, New Delhi, December 1995 at website: *http://www.india-seminar.com/2000/487/487 jayaneth.htm.*

Jayaramu, P.S., "India and the Indian Ocean," in Rama S. Melkote (ed.), *Indian Ocean: Issues for Peace*, 1995.

Kabir, Humayum Mohammed, "Bangladesh's Maritime Interests and Options," *BIISS Journal*, Islamabad, vol. 18(27), 1997.

Kerr, Alex, *The Indian Ocean Region: Resources and Development*, University of Western Australia Press, Australia, 1981.

Khanduri, Chandra B., "The Indian Ocean Strategy: A Reappraisal," *Indian Ocean and US-Soviet Détente*, Patriot Publisher, New Delhi, 1991.

Kohli, Admiral S.N., "Maritime Strategy and Force Level," *The Chanakya Defence Annual*, Allahabad, 1976.

———, Inaugural Address at International Seminar on "Indian Ocean," held at Allahabad University, 12 to 14 February 1983.

Komer, Robert W., "Maritime Strategy vs. Coalition Defence," *Foreign Affairs*, New York, vol. 60, Summer 1982.

Kumar, Chandra, "The Indian Ocean: Arc of Crisis or Zone of Peace?," *International Affairs*, vol. 60, Spring 1984.

Kumar, Palash, "Sir Creek Row Began Over Pile of Firewood," *Asian Age*, 10 November 1998.

Lauseig, Jérôme, "New Security Challenges in the Indian Ocean: Instigators, Flows and Factors of Instability," *African Security Review*, vol. 8, no.1, 1999.

Lehr, Peter, "The Challenge of Security in the Indian Ocean in the 21st Century: Plus ça change . . .?," Working Paper no. 13, Department of Political Science, University of Heidelberg, November 2002.

McPherson, Kenneth, "There Once was an Ugly Duckling or The Sad History of the Good Ship IOR-ARC," Communication presented at the Inaugural Conference of the Indian Ocean Research Group, Chandigarh, India, 18 to 22 November 2002.

Menon, Rear Admiral K.R. (Retd.), "Maritime Conflict Resolution and Confidence-Building in South Asia," *Indian Defence Review*, New Delhi, October-December 1995.

Mishra, K.P. "Developments in the Indian Ocean: The Littoral Response," *International Studies*, January-March 1975.

———, "Indian Ocean As a Zone of Peace: The Concept and Alternatives," *India Quarterly*, New Delhi, January-March 1977.

———, "International Politics and Security of the Indian Ocean," *International* Studies, January-March 1973.

———, "International Politics in the Indian Ocean," *Orbis*, Winter 1975.

———, "Peace Zone Concept: Far From The Goal," *World Focus*, New Delhi, January 1981.

———, "Vacuum of Power in the Indian Ocean," *Indian Journal of Politics*, New Delhi, 1977.

———, "Afro-Asian Ocean," *Seminar*, Serial 146, New Delhi, October 1971.

———, "Tension in the Indian Ocean," *Review of International Affairs*, Belgrade, 25(575), 20 March 1974.

Murthy, Gautam, "The Indian Ocean Rim Initiative," *Journal of Indian Ocean Studies*, vol. 3(2), 1996.

Nair, Bala Krishna N., "The Indian Presence in the Indian Ocean," *Journal of African Asian Studies*, vol. III, no. 1, Autumn 1969.

Nair, Vijai K., "No More Ambiguity: India's Nuclear Policy," Foreign *Service Journal*, October 2002.

Namboodiri, P.K.S., "India and the Security of Indian Ocean Island," *Strategic Analysis*, IDSA, New Delhi, vol. VI, no. 6, September 1982.

———, "India's Ocean Policy," *The Tribune*, 27 October 1979.

———, "New U.S. Moves in the Indian Ocean," *Foreign News and Feature*, New Delhi, 17 March 1979.

Narayanan, M.K., "National Security: The Internal Dimension," *RGICS Paper* no. 16, Rajiv Gandhi Institute for Contemporary Studies, New Delhi, September 1994.

Noorani, A.G., "India and the Indian Ocean," *Opinion*, vol. 14, no. 44, Bombay, February 1974.

———, "Indian Ocean: A Zone of Conflict," *Indian Express*, New Delhi, 12 July 1975.

Panikkar K. Madhu, "Islands in the Sun," *Indian Express*, New Delhi, 18 October 1977.

Polouse, T.T., "Indian Ocean Problems," *Foreign Affairs Reports*, New Delhi, 23(4), April 1974.

———, "Dangers of Nuclear Race in the Indian Ocean," *Weekly Round Table*, New Delhi, 9 June 1974.

———, "Indian Ocean; Peace Zone," *Seminar*, New Delhi, September 1974.

———, "Indian Ocean; Prospects of Nuclear Free Peace Zone," A Paper Presented in the Seminar on Indian Ocean, New Delhi, 18-19 February 1974.

Rajgharavn, Chakravarthi, "Forty Years After Bandung," UNDP: Special unit for Technical Co-operation among Developing Countries, *Co-operation South Journal*, no. 1, 1995.

Raju, Subramanyam A., "The Indian Ocean Commission and France," *Journal of Indian Ocean Studies*, March 1996.

Rama Rao, R., "A Strategic for the Indian Ocean," *Indian Foreign Reports*, New Delhi, 11(11), 15 March 1974.

Ramchandran, M., "India's Shipping Industry: Critical Issues," *Yojana*, New Delhi, January 1999.

Ray, Himanshu Prabha and Jean-Francois Salles, (ed.), *Tradition and Archaeology: Early Maritime Contacts in the Indian Ocean*, Proceedings of the International Seminar on "Techno-Archaeological Perspectives of Seafaring in the Indian Ocean, 4th cent. BC – 15th cent. CE." from 28 February to 4 March 1994, New Delhi, 1996.

Reddy, Vice Admiral Scott John, "Fifth Fleet, Arriving," *U.S. Naval Institute Proceedings*, July 1997,

Reddy, N.B.K. and Raza Moonis, "The Indian Ocean Region — Its Military and Other Resources," *Indian Journal of Defence Studies (IJDS)*, vol. 12, Allahabad, 1983.

Roy, Vice Admiral Mihir, "Maritime Security In South West Asia," *Journal of Indian Ocean Studies*, New Delhi at website: http://www.iips.org/roy_paper.pdf on 5 February 2005.

Roy Chaudhary, Rahul, "Huge Demands Made on India's Depleted Navy," *Jane's Navy International*, April 1999.

———, "IOR-ARC: The Indian Ocean Rim Association For Regional Co-operation," *Asian Defence Review*, Kuala Lumpur, 1997.

———, "Naval Co-operation: India and the Indian Ocean," in Sam Bateman and Stephen Bates (eds.), *The Seas Unite: Maritime Co-operation in the Asia Pacific Region*, Australian National University, Canberra, 1996.

———, "The Indian Coast Guard in the 1990s," *Indian Defence Review*, New Delhi, October 1993.

Sachdeva, Gulshan, "IOR-ARC at Crossroads," Communication presented at the Inaugural Conference of the Indian Ocean Research Group, Chandigarh, India, 18 to 22 November 2002.

Saigal, Commander Arun (Retd.), "International Year of the Ocean," *Maritime International*, March 1998.

Sakhuja, Vijay, "Indian Ocean and the Safety of Sea Lines of Communication," *IDSA Journal*, New Delhi, 18 July 2003, at website: www.idsa-india.org/an-aug-4.d.htm.

Santi, Sadiq Ali, "India and Indian Ocean," *Foreign Affairs Reports*, New Delhi, vol. 31, February 1982.

Sharma, Harvir, "Power Struggle in the Indian Ocean," *Vikrant Asia's Defence Journal*, Vikrant Press, New Delhi, June 1972.

Sharma, Lt. Col. Gautam, "Defence of Indian Ocean, Need For Naval Build Up," *The Tribune*, Ambala Cant., 15 February 1971.

Sharma, Rear Admiral O. P. (Retd.), "Delimitation of Maritime Boundary and the Question of Islands in Maritime International Law," *Sea Gull*, vol. 4(13), May-July 1998.

Sheth, V.S., "Indian Ocean in the Globalizing World," *Alternatives, Turkish Journal of International Relations*, New Delhi, vol. 1, no. 4, Winter 2002.

Sidhu, K.S., "China and the Indian Ocean," *Vikrant*, New Delhi, November 1977.

———, "Indian Ocean as a Zone of Peace — Need of Fresh Initiative," *Vikrant*, New Delhi, August 1979.

———, "Indian Ocean as a Zone of Peace," *The Economic Times*, Bombay, 23 November 1980.

———, "Stakes of Big Powers in the Indian Ocean," *Vikrant*, New Delhi, June 1977.

———, "U. S. Implications in the Indian Ocean," *Vikrant*, New Delhi, April 1978.

———, "Why India Should Strengthen her Navy," *Vikrant*, New Delhi, January 1979.

Singh, Jasjit, "Indian Ocean in Global Strategies: Some Perspectives," *IDSA Journal*, New Delhi, 1984.

Singh, Jaswant, Deputy Chairman, Planning Commission, Deputy Leader BJP, Member of Task Force on the National Security Council, "What Constitutes National Security in a Changing World Order? India's Strategic Thought," *CASI Occasional Paper*, no. 6, Philadelphia, Pennsylvania, USA, June 1998.

Singh, K.R., "Arms Proliferation in the Indian Ocean and its Implications," Paper prepared for International Seminar on Indian Ocean held at University of Allahabad, 12-14 February 1983.

———, "Indian Ocean; the need For a Community approach," *IDSA Journal*, New Delhi, April 1972.

———, "Nuclear Weapon Free Zone in South Asia," *India Quarterly*, 32(3), New Delhi, July-September 1976.

Singh, P.K., "Maritime Security of India," *USI Journal*, Oct-Dec., 1990.

Sinha, P.C., "Issue in Maritime Boundary Demarcation in South Asia: A Case Study of Bangladesh," *Journal of Indian Ocean Studies*, November 1995.

———, "Settlement of Maritime Claims by India: Issues and Options," *Sea Gull*, vol. 4(14), August-October 1998.

Subrahmanyam, K, "Nuclear Policy, Arms Control and Military Co-operation," paper presented at a conference on "India and the United States After the Cold War" sponsored by the India International Centre and Carnegie Endowment for International Peace, New Delhi, 7-9 March 1993.

———, and J. P. Anand, "Indian Ocean as an Area of Peace," *India Quarterly*, New Delhi, vol. XXVII, October-December, 1971.

———, and J.P. Anand, "Super-Powers Work off Their Rivalry in the Indian Ocean," Editorial, *Asia Research Bulletin*, Singapore, vol. 3, 28 February 1974.

———, "Arms Race in the Indian Ocean," *Foreign News and Features*, New Delhi, 25 November 1972.

———, "Ebb and Flow of Power in the Indian Ocean," *National Herald*, New Delhi, 22 August 1973.

———, "Indian Ocean and Disarmament Prospects," *Mainstream*, 19(19), 10 January 1981.

———, "Indian Ocean as a Zone of Peace," Paper for International Seminar on Indian Ocean held at University of Allahabad, 12-14 February 1983.

———, "Indian Ocean: Political and Psychological Tool," *Weekly Round Table*, New Delhi, 9 June 1974.

———, "Indian Ocean," *IDSA Journal*, New Delhi, vol. XIV, no. 3, January-March 1982.

———, "The Indian Ocean Politics," *Link*, New Delhi, 20 May 1973.

———, "Threat From the Seas," *The States*, New Delhi, 21 June 1975.

———, "U.N. Report on the Indian Ocean," *Foreign News and Features*, New Delhi, 27 May 1974.

———, "U.S. Surveillance of Indian Oceans," *Link*, New Delhi, July 1973.

Suri, R.B. (Retd.), "Shape and Size of the Indian Navy in the Early Twenty-First Century," *USI Research Paper*, New Delhi, no. 1/97, May 1998.

Tanham, George K., "Indian Strategic in Flux?," *Secure India*, Manohar Publishers, New Delhi, 1996.

Tanham, George K., "Indian Strategic Thought: An Interpretive Essay," *Secure India*, Manohar Publishers, New Delhi, 1996.

Tatsuo, Masuda, "IEA Emergency Preparedness and Energy Security in Asia," Paper presented at a workshop on energy security issues and implications for Asia, New Delhi, 18 January 1999.

The World Fact Book 2003, "Indian Ocean," Central Intelligence Agency, at website: http://www.cia.gov/cia/publications/factbook/ print/xo.html on 27 September 2004.

Thomson, George, G., "Problems in the Indian Ocean," *Pacific Community*, Tokyo, October 1971.

Turner, Stansfield, "U.S. Bases," Editorial, *Amrita Bazar Patrika*, 3 June 1977.

Unnithan, Sandeep, "New Russian Missiles to Arm Navy," *Indian Express*, New Delhi, 3 October 1988.

Wells, Sue, Dwivedi, S. N., Singh Samar, and Ivan, Robson, *Marine Region 10: Central Indian Ocean*, A Global Representative System of Marine Protected Areas, IUCNCNPPA, Gland, Switzerland, 1994.

White, John, Baker, "Power Balance in the Indian Ocean," *Navy International*, London, vol. 82, March 1977.

Wise, Major James C., "Access to the Indian Ocean," *Military Review*, vol. IX, no. 11, Kansas, U.S.A., November 1980.

(B) BOOKS

Aiyanger, Rangaswami, K.V., *Some Aspects of Ancient Indian Policy*, Eastern Book House, Patna, 1988.

Alam, Aftab, *U.S. Military Aid to Pakistan and India's Security*, Raj Publications, Delhi, 2001.

Ali, Shanti Sadiq and R.R. Ramchandani, *India and The Western Indian Ocean States Towards Regional Co-operation in Development*, Allied, New Delhi, 1981.

Appadorai, A and M.S. Rajan, *Domestic Roots of Indian Foreign Policy*, Oxford University Press, New Delhi, 1971.

———, *Indian Foreign Policy and Relations*, South Asian Publishers, New Delhi, 1985.

Athawate, Sanhita, *India's Indian Ocean Islands*, ABC Publishing House, New Delhi, July 1991.

Ayoob, Mohammed, *India and South-East Asia: Indian Perception and Policies*, Routledge, London, 1990.

———, *India, Pakistan and Bangladesh: Search for Relationship*, Indian Council of World Affairs, New Delhi, 1975.

Babbage, Ross and Sandy Gordon (eds.), *India's Strategic Future: Regional State or Global Power?*, St. Martin's Press, New York, 1992.

Badri-Maharaj, Sanjay, *The Armageddon Factor: Nuclear Weapons in the India-Pakistan Context*, Lancer Publications, New Delhi, 2000.

Bailey, Kathleen (ed.), *Weapons of Mass Destruction: Costs versus Benefits*, Manohar Publishers, New Delhi, 1994.

Bajpai, Kanti and Varun Sahni, *Secure and Solvent: Thinking About an Affordable Defence for India*, RGICS, Paper no. 11, Rajiv Gandhi Institute for Contemporary Studies, New Delhi, May 1994.

Bajpai, Kanti P. and Stephen P. Cohen (eds.), *South Asian Security after the Cold War: International Perspectives*, Westview Press, Boulder, Colorado, 1993.

Bajpai, Kanti P. and Amitabh Mattoo, *Securing India: Strategic Thought and Practice*, Manohar Publishers, New Delhi, 1996.

Bajpai, U.S., (ed.), *India and Its Neighbours*, Lancer International, New Delhi, 1986.

———, (ed.), *India's Security: The Politico-Strategic Environment*, Lancer Publishers, New Delhi, 1983.

Bakshi, S.R. (ed.), *Advanced History of Ancient India*, 2 vols., Anmol, New Delhi, 2003.

Ballard, G.A., *Rulers of the Indian Ocean*, B.R. Publishing Corporation, New Delhi, Reprint 2002.

Bandopadhyay, P., *International Law and Custom in Ancient India*, Kolkata, 1920.

Bandyopadhyaya, J., *The Making of India's Foreign Policy*, 2nd edn., Allied Publishers, New Delhi, 1987.

Banerjee, Dipankar (ed.), *Security Studies in South Asia: Change and Challenges*, Manohar Publishers, Delhi, 2000.

Basham, A.L., *The Wonder That Was India*, Sidgwick & Jackson, London, 1967.

Basrur, Rajesh M. (ed.), *Security in the New Millennium : Views from South Asia*, India Research Press, New Delhi, 2001.

———, *India's External Relations: A Theoretical Analysis*, Commonwealth Publications, New Delhi, 2000.

Beazley, K.C. and I. Clark, *Politics of Intrusion — The Super Powers and the Indian Ocean*, Sydney, 1979.

Bhagwati, Jagdish and T.N. Srinivasan, *India's Economic Reforms*, Ministry of Finance, Government of India, New Delhi, 1990.

Bhargava, M.L., *Indian Ocean Strategies: Though the Ages (with Rare and Antique Maps)*, Reliance Publishing, New Delhi, 1990.

Bhasin, V.K. (Capt.), *Super Power Rivalry in the Indian Ocean*, S. Chand & Company Ltd., New Delhi, 1981.

Bhatia, H. S. (ed.), *End of British Power and Partition of India*, Deep & Deep Publishers, New Delhi, 2001.

———, (ed.), *Genesis of British Power in India*, Deep & Deep Publishers, New Delhi, 2001.

Bidwai, Praful and Achin Vanaik, *South Asia on a Short Fuse: Nuclear Politics and the Future of Global Disarmament*, OUP New Delhi, 2002.

Bidwai, Praful, Anuradha Chenoy, Arun Ghosh, Muchkund Dubey, Seema Mustafa, S.P. Shukla, V. Sudershan and Achin Vanaik, *India Under Siege: Challenges Within and Without*, Wiley Eastern, New Age International, New Delhi, 1995.

Bindra, S.S., *India and Her Neighbours: A Study of Political, Economic and Cultural Relations and Interactions*, Deep and Deep Publication, New Delhi, 1984.

Bindra, S.S., *Indo-Bangladesh Relations,* Deep and Deep Publication, New Delhi, 1982.

Braan Dieter, *The Indian Ocean: Region of Conflict or Zone of Peace,* Oxford, 1983.

Bradnock, Robert, *India's Foreign Policy Since 1971,* Chatham House Paper, Council on Foreign Relations Press, New York, 1990.

Bruce, Robert H., (ed.), *The Modern Indian Navy and the Indian Ocean,* Centre for Indian Ocean Regional Studies, Curtin University of Technology, Perth, Australia, 1989.

Brun, Dieter, *Indian Ocean: Region of Conflict or Peace Zone,* Oxford University Press, New Delhi, 1983.

Burrel, R.M. and A. Cottrell (eds.), *Indian Ocean: Its Political, Economic and Military Importance*, New York, 1972.

Buzan, Barry and Gowher Rizvi, *South Asian Insecurity and the Great Powers,* Macmillan Press, London, 1986.

Chander, Prakash, *India and Pakistan: Unending Conflict*, APH Publishers, New Delhi, 2003.

Chandra, Satish (ed.), *Indian Ocean: Exploration in History, Commerce and Politics,* Sage Publications, New Delhi, 1987.

Chari, P.R. (ed.), *Perspectives on National Security in South Asia: In Search of a New Paradigm,* Manohar Publishers, New Delhi, 1999.

———, *Indo-Pak Nuclear Standoff: The Role of United States,* Manohar, New Delhi, 1995.

———, Sonika Gupta and Arpit Rajain (eds.), *Nuclear Stability in Southern Asia*, Manohar Publications, New Delhi, 2003.

Chattopadhyaya, Debi Prasad (ed.), *The Fundamental Unity of India — Radha Kumud Mookerji,* DC Publishers for Bharatiya Vidya Bhavan, New Delhi, 2003.

Chaudhari, Gen. J.N., *India's Problem of National Security in the Seventies,* United Service Institution of India, New Delhi, 1973.

Chengappa, Bidanda M., *India-China Relations: Post Conflict Phase to Post Cold War Period*, APH Publishers, New Delhi, 2004.

Chhibber, Bharti, *Regional Security and Regional Co-operation: A Comparative Study of ASEAN and SAARC*, New Century Publications, New Delhi, 2004.

Chibber, Aditya, *National Security Doctrine: An Indian Imperative,* Lancer International, New Delhi, 1990.

Chopra, J.K., *India as a Regional Power,* Sublime Publishers, Jaipur, 2000.

Chopra, Maharaj K., *India the Search for Power,* Lalvani Publishers, New Delhi, 1969.

Chopra, Surendra (ed.), *Studies in India's Foreign Policy,* G.N.D. University, Amritsar, 1980.

Chopra, V.D., *Strategic Importance, Indian Ocean and US-Soviet Détente,* Patriot Publisher, New Delhi, 1991.

Chopra, V.D., (ed.), *Indo–Russian Relations: Prospects, Problems and Russia Today,* Kalpaz Publication, New Delhi, 2001.

Chowdary, Bindu, *Global Security Through Strategic Nuclear Disarmament: The Super-Powers' Initiatives,* Aalekh Publications, Jaipur, 2004.

Cloughley, Brian, *A History of the Pakistan Army: Wars and Insurrections,* 2nd edn., Lancer Publication, New Delhi, 2002.

Cohen, Stephen P. (ed.), *Nuclear Proliferations in South: The Prospect for Arms Control,* Westview Press, Boulder, Colorado, 1991.

———, *India: Emerging Power,* Oxford University Press, New Delhi, 2001.

Cottrell, Alvin J. and R.M. Burrell (eds.), *The Indian Ocean: Its Political, Ecnomic and Military Importance,* Centre for Strategic and International Studies, Praeger Publishers, New York, 1972.

———, *Sea Power and strategy in The Indian Ocean,* Sage Publications, London, 1981.

Dasgupta, Jayant, *Japanese in Andaman and Nicobar Islands: Red Sun Over Black Water,* Manas Publishers, New Delhi, 2002.

Dikshitar, V.R. Ramachandra, *War in Ancient India,* Motilal Banarsidass, New Delhi, 1987.

Dixit, J.N., *Across Borders: Fifty Years of India's Foreign Policy,* New Delhi, 1998.

———, *India's Foreign Policy and Its Neighbours,* Gyan Publishing, New Delhi, 2001.

———, *India-Pakistan in War and Peace,* Books Today, Delhi, 2002.

Dowdy, William L. and Russell B. Trood (eds.), *Indian Ocean: Perspectives on a Strategic Area,* Himalayan Books, New Delhi, 1981.

Dutt, V.P., *India and the World*, Sanchar Publishing House, New Delhi, 1990.

Embree, Ainslie T. (ed), *Imagining India: Essays in Indian History*, Oxford University Press, New York, 1989.

———, (ed.), *India's Search for National Identity*, rev. edn., Chanakya Publications, New Delhi, 1987.

Frankel, Francine, *India's Political Economy 1947-77: The Gradual Revolution*, Princeton University, Princeton, 1978.

Furber, Hoden, Sinnappah Arasaratnam and Kenneth McPherson (ed.), *Maritime India*, Oxford University Press, New Delhi, 2004.

Galbraith, Peter, *United States Security Interests in South Asia*, Government Printing Office, Washington, DC, 1984.

Gananathan, V.S., *Geopolitics and India*, Puna Municipal Gazette, Pune, 1962.

Ganguly, Shivaji, *US Policy Towards South Asia*, Westview Press, Boulder, Colorado, 1990.

Ganguly, Sumit, *Origins of Wars in South Asia: Indo-Pakistani Conflict since 1947*, 2nd edn., Westview Press, Boulder, Colorado, 1994.

Ghosh, Ajoy, *Indo-Pak Conflict: Threat to South Asian Security*, Reference Press, New Delhi, 2003.

Ghosh, Partha S., *Co-operation and Conflicts in South Asia*, Manohar Publishers, New Delhi, 1989.

Ghosh, S.K., *Unquiet Borders*, Ashish Publishing House, New Delhi, 1993.

Gommans, Jos, Lennart Bes and Gijs Kruijtzer, *Dutch Sources on South Asia c. 1600-1825*, vol. 1, Manohar Publications, New Delhi, 2001.

Gopal, D. (ed.), *Australia: In the Emerging Global Order: Evolving Australia-India Relations*, Shipra, Delhi, 2002.

Gopal, Madan, *India as a World Power: Aspects of Foreign Policy*, Rajkamal Publication, Delhi, 1948.

Gupta, V.P. and Sneh Gupta, *Energy Patterns in India*, Aavishkar Publications, Jaipur, 2002.

Gupta, Ashin Das, *India and the Indian Ocean World: Trade and Politics*, Oxford University Press, New Delhi, 2004.

Gupta, Ashin Das and M.N. Pearson (eds.), *India and the Indian Ocean 1500-1800*, Oxford University Press, Calcutta, 1987.

Gupta, Partha Sarathi and Anirudh Deshpande (eds.), *The British Raj and the Indian Armed Forces 1857–1939*, Oxford University Press, New Delhi, 2002.

Gupta, Shekhar, *India Redefines Its Role: An Analysis of India's Changing Internal Dynamics and their Impact on Foreign Relation*, Adelphi Paper, no. 293, IISS, Oxford University Press, London, 1995.

Haas N. Richard, Arms Limitations in the Indian Ocean, *Survival*, London, March–April, 1978, p. 50.

———, *Conflicts Unending: The United States and Regional Disputes*, Yale University Press, New Haven, 1990.

Habibullah, Major General E. and Col B.K. Narayan, *Compulsions of Indian Security: A Plea for Geographic and Demographic Defence*, ABC Publishing House, New Delhi, 1984.

Haksar, P.N. (ed.), *Nehru's Vision of Peace and Security in the Nuclear Age*, Patriot Publishers, New Delhi, 1987.

———, *India's Foreign Policy and Its Problems*, Patriot Publishers, New Delhi, 1989.

Hardgrave, Robert L., *India: Government and Politics in a Developing Nation*, 5th edn., Harcourt Brace Jovanovich, New York, 1994.

Harrison, Selig S. and Geoffrey Kemp, *India and America After the Cold War*, Carnegie Foundation Endowment for International Peace, Washington, DC, 1993.

Harrison, Selig S. and K. Subrahmanyam (eds.), *Superpower Rivalry in the Indian Ocean: Indian and American Perspective*, Oxford University Press, New York, 1989.

Hart, D., *Nuclear Power in India*, Allen and Unwin, London, 1983.

Hazari, Lt. Gen. K.K. (Retd.), National Interest: Formulation of National Policy and Strategic Concept, *Indian Defence Review*, vol. 9 (2), April 1994.

Hoffman, Steven A., *India and the China Crisis*, Oxford University Press, New York, 1990.

Islam, Sirajul (ed.), *Banglapedia: National Encyclopedia of Bangladesh*, 10 vols, Asiatic Society of Bangladesh, Dhaka, 2003.

Iyer, Nandhini, *India and the Indian Ocean*, ABC Publishing House, New Delhi, 1985.

Jackson, Richard L., *The Non-Aligned, the UN and the Super Powers,* Praeger Publishers, New York, 1983.

Jackson, Robert, *South Asian Crisis: India–Pakistan–Bangladesh,* Chatto and Windus Publishers, London, 1975.

Jain, B.M. and Eva-Maria Hexamer (eds.), *Nuclearisation in South Asia,* Rawat Publishers, Jaipur & Delhi, 1999.

Jain, B.M., *India's Defence and Security: Intra-regional Dimension,* INA Shree Publishers, Jaipur, 1998.

———, *Nuclear Politics in South Asia,* Rawat Publications, New Delhi, 1995.

———, *South Asian Security: Problems and Prospects,* Radiant Publishers, New Delhi, 1985.

Jalan, Bimal (ed.), *The Indian Economy: Problems and Prospects,* Viking Press, New Delhi, 1992.

Jawli, Nandini, *Post-Cold War World Order: Issues, Problems and Trends,* Raj Publications, Jaipur, 2001.

Jayapalan, N., *Foreign Policy of India,* Atlantic Publications, Delhi, 2001.

Jayaramu, P.S., *India's National Security and Foreign Policy,* ABC Publishing House, New Delhi, 1987.

Jha, Nalini Kant (ed.), *South Asia in Twenty-First Century: India, Her Neighbours, and the Great Powers,* South Asian Publications, New Delhi, 2003.

Joeck, N. (ed.), *Strategic Consequences of Nuclear Proliferation in South Asia,* Frank Cass, London, 1986.

Johnson, B.L.C., *South Asia: Selective Studies of the Essential Geography of India, Pakistan and Ceylon,* Heineman Educational Books, London, 1989.

Joshi, Hargovind (ed.), *Defence: Administration in India,* Akansha Publication, New Delhi, 2002.

Kadian, Rajesh, *India and its Army,* Vision Books, New Delhi, 1990.

Kamala, M.K., *The UN Development Co-operation and the Third World: A Study with Special Reference to the UNDP and India,* Manak Publishers, New Delhi, 2002.

Kanju, N., *Indo-Pak: Nuclear Cold War,* Reliance Publishing, New Delhi, 2002.

Kapur, Ashok, *Indian Ocean: Regional and International Power Politics*, Praeger Publishers, New York, 1983.

Kapur, Ashok, Y.K. Malik, Harold A. Gould and Arthur G. Rubinoff, *India and the United States in a Changing World*, Sage Publications, New Delhi, 2002.

Kapur, H., *India's Foreign Policy 1947–1992: Shadows and Substance*, Sage Publications, New Delhi, 1994.

Kar, Lt. Col. H.C., *Military History of India*, Firma KLM Private Ltd., Calcutta, 1980.

Karnad, Bharat (ed.), *Future Imperiled: India's Security in the 1990s and Beyond*, Viking, New Delhi, 1994.

Kathpalia, Lt. General P.N., *National Security Perspectives*, Lancer International, 1986.

Kaul, Ravi, *India's Nuclear Spin-Off*, Chanakya Publications, Allahabad, 1974.

Kaushik, Devendra, *Indian Ocean — A Strategic Dimension*, New Delhi, 1983.

———, *Perspectives on Security in Indian Ocean*, New Delhi, 1987.

Kavic, Lorne J., *India's Quest for Security*, University of California Press, California, 1967.

Khanna, D.D. and P.N. Malhotra, *Defence Versus Development: A Case Study of India*, Indus Publishing, New Delhi, 1993.

———, *Strategic Environment in South Asia During the 1980s*, Naya Prakash, Calcutta, 1979.

Kohli, Admiral H.N., The Geopolitical and Strategic Considerations that Necessitate the Expansion and Modernization on the Indian Navy, *Indian Defence Review*, New Delhi, January 1989.

Kohil, S.N., *Sea Power and the Indian Ocean with Special Reference to India*, Tata McGraw Hills Publishing Co. Ltd., New Delhi, 1978.

———, *The Indian Ocean and India's Maritime Security*, United Service Institute, New Delhi, 1981.

Kumar, Satish (ed.), *India's National Security: Annual Review 2001*, Vikas Publishing, New Delhi, 2002.

Kux, Dennis, *Estranged Democracies: India and the United States 1941–1991*, Sage Publications, New Delhi, 1993.

Lal, Nand, *Indian Ocean and Peace Zone Politics*, Kanishka Publications, New Delhi, 1995.

Longer, V., *The Defence and Foreign Policies of India*, Oriental University Press, London, 1988.

Low, C.R., *History of Indian Navy*, 2 vols., Manas Publications, Delhi, 1985.

Mahan, Alfred Taylor, *The Influence of Sea Power upon History*, Boston, 1890.

Mahan, Alfred Taylor, *The Naval Strategy*, Boston, 1911.

Mahmud, S.F., *A Concise Histoy of Indo-Pakistan?*, Oxford University Press, Karachi, 1988.

Malekandthil, Pius, *Portuguese Cochin and the Maritime Trade of India 1500–1663*, Manohar Publishers, New Delhi, 2001.

Malik, Hafeez, *Dilemmas of National Security and Co-operation in India and Pakistan*, St. Martin's Press, New York, 1993.

Mansingh, Surjit, *An Overview of Indo-China Relations: From When to Where*, Indian Defence Review, New Delhi, 1992.

Marwah, Onkar and Jonathan D. Pollack, *Military Power and Policy in Asian States: China, India, Japan*, Westview Press, Boulder, Colorado, 1980.

Mathew, K. S. (ed.), *Mariners, Merchants and Oceans: Studies in History*, Manohar Publishers, New Delhi, 2004.

Mathews, Ron, *Defence Production in India*, ABC Publishing House, New Delhi, 1989.

Mathur, Anand, *Indo–American Relations: Foreign Policy Orientations and Perspectives of P.V. Narasimha Rao and Bill Clinton*, Scientific Publication, Jodhpur, 2003.

Matoo, Amitabh and David Cortright (eds.), *India and the Bomb*, Notre Dame University Press, South Bend, Indiana, 1996.

Melkote, Rama S. (ed.), *Indian Ocean: Issues for Peace*, 1995.

Menon, Raja, *A Nuclear Strategy for India*, Sage Publishers, New Delhi, Sage, 2000.

Mishra, K.P., *Quest for an International Order in the Indian Ocean*, Allied Publishers, Bombay, 1977.

———, *Foreign Policy of India*, Thomson Press, New Delhi, 1977.

Misra, R.N., *Indian Ocean and India's Security*, Mittal Publications, Delhi, 1980.

Mittra, Sang and S. R. Bakshi, *Administration of East India Company, 1740–1856*, Commonwealth Publishers, New Delhi, 2003.

Mohite, Dilip H. and Amit Dholakia (eds.), *India and the Emerging World Order: Foreign Policy and Security Perspectives*, Kalinga Publishers, Delhi, 2001.

Moorehouse, Geoffrey, *India Britannica*, Harper, New Delhi, 1983.

Mookerji, Radhakumud, *Indian Shipping: A History of the Sea-Borne Trade and Maritime Activity of the Indians from the Earliest Times*, Munshiram Manoharlal Publishers, New Delhi, first published in 1912, Reprint July 1999.

Moshaver, Ziba, *Nuclear Weapon's Proliferation in the Indian Subcontinent*, St. Martin's Press, New York, 1991.

Murthy, T.S., *India-China Boundary: India's Options*, ABC Publishing House, New Delhi, 1987.

Nagar, K.S. and Lt. Col. Gautam Sharma, *India's Security and Superpower Threats*, Reliance Publishing House, New Delhi, 1979.

Nair, Brig. V.K., *Nuclear India*, Lancer International, New Delhi, 1991.

Nambiar, O.K., *Sea Faring in the Indian Ocean*, Jeevan Publications, Bangalore, 1975.

Namboodiri, P.K.S. and G.C. Mirchandani, *Nuclear India: Technological Assessment*, Vision Books, New Delhi, 1981.

Namboodiri, P.K.S., J.P. Anand and Sreedhar, *Intervention in the Indian Ocean*, ABC Publishing House, New Delhi, 1982.

Nanda, B.R. (ed.), *Indian Foreign Policy: The Nehru Years*, University Press of Hawaii, Honolulu, 1976.

Nanda, Col. Ravi, *Evolution of National Strategy of India*, Lancers Books, New Delhi, 1987.

——, *India and the Emerging Multipolar World*, Lancers Publishers, New Delhi, 2001.

Narasaiah, M. Lakshmi, *Arms Race and Peace*, Discovery Publishing House New Delhi, 2004.

Nath, Maj, Gen. Rajendra, Shayan Kosia and Ashok Malik (eds.), *Indian Security: Threats and Strategies*, Panchanand Research Institute, Chandigarh, 1990.

———, *Military Leadership in India: Vedic Period to Indo-Pakistani Wars*, Lancer Books, New Delhi, 1990.

Naval Foundation, *Proceeding of the Seminar on the Indian Ocean: Challenges and Opportunities*, New Delhi, 1992.

Nayar, Lt. General V.K., *Threats from Within: India's Internal Security Environment*, Lancers Publishers, New Delhi, 1992.

Nehru, Jawaharlal, *India's Foreign Policy*, Publication Division, Ministry of Information and Broadcasting, Government of India, New Delhi, 1983.

Nehru, Jawaharlal, *The Discovery of India*, Oxford University Press, New Delhi, Reprint 2003.

Panikkar, K.M., *The Strategic Problems of the Indian Ocean*, Kitabistan, Allahabad, 1944.

———, *A Survey of Indian History*, Asia Publishing House, Mumbai, 1947.

———, *Asia and Western Dominance: A Survey of the Vasco Da Gamma Epoch of the Asian History 1498-1945*, Kuala Lumpur, The Other Press, 1993 (first published in 1953).

———, *Geographical Factor in Indian History*, Bharatiya Vidya Bhawan, Bombay, 1955.

———, *Problems of Indian Defence*, Asia Publishing House, Bombay, 1960.

Parmar, Leena, *Armed Forces and International Diversities*, Pointer Publishers, Jaipur, 2002.

———, *World Peace and Disarmament*, Pointer Publishers, Jaipur, 2003.

Pasha, A.K. (ed.), *India, Bahrain and Qatar: Political, Economic and Strategic Dimensions*, 1999.

Patasani, Prasanna Kumar (ed.), *India and Russia: Towards Strategic Partnership*, Samskriti Publications, New Delhi, 2002.

Pathak, K.K., *Nuclear Policy of India: A Third World Perspective*, Gitanjali Prakashan, New Delhi, 1980.

Patnaik, Ashutosh Prasad, *The Early Voyagers of the East: The Rise in Maritime Trade of the Kalingas in Ancient India*, Pratibha Prakashan, Delhi, 2003.

Patra, Saral (ed.), *Indian Ocean and Great Powers*, Sterling, New Delhi, 1979.

Poulose, T.T. (ed.), *Indian Ocean Power Rivalry*, Young India, New Delhi, 1974.

———, *Perspectives on India's Nuclear Policy,* Young India, New Delhi, 1978.

Prakash, Om (ed.), *Emergence of East India Company,* Anmol Publishers, New Delhi, 2002.

———, *Bullion for Goods: European and Indian Merchants in the Indian Ocean Trade, 1500-1800,* Manohar Publishers, New Delhi, 2004.

———, (ed.), *Portuguese in India,* Anmol Publishers, New Delhi, 2002.

———, *Bullion for Goods: European and Indian Merchants in the Indian Ocean Trade, 1500-1800,* Manohar Publications, New Delhi, 2004.

———, *Dutch in India,* Anmol Publications, New Delhi, 2002.

Prasad, Bisheshwar, *The Royal Indian Navy,* Orient Longmans, New Delhi, 1964.

Prasad, Rajendra, *India's Security in 21st Century: Challenges and Responses,* Dominant Publishers, New Delhi, 2002.

Press Institute of India, *Defence of India,* Vikas Publications, New Delhi, 1969.

Pruthi, R.K., *Prehistory and Harappan Civilization,* APH, New Delhi, 2004.

Pruthi, Rajkumar and Rameshwari Devi, *Armed Forces in British India,* Pointer Publishers, Jaipur, 1998.

Raghavan, V.R., *India's Security in the Emerging World Order,* Delhi Policy Group, 1995.

Rais, Raul B., *The Indian Ocean and the Superpowers,* Vistaar Publications, New Delhi, 1987.

Rajan, M.S. and Shvaji Ganguly (eds.), *Great Power Relations, World Order and the Third World,* Vikas Publishing House, New Delhi, 1981.

Ralhan, O.P. (ed.), *Agra: India and Pakistan Summit,* 2 vols., Anmol, New Delhi, 2002.

Rana, A.P. (ed.), *Four Decades of Indo-US Relations: A Commemorative Retrospective,* Har-Anand and USEFI, New Delhi, 1994.

Rao, General K.V. Krishna, *Prepare or Perish: A Study of National Security,* Lancers Publishers, New Delhi, 1991.

Rao, Ramakrishan and R.C. Sharma (eds.), *India's Borders: Ecology and Security Perspectives,* Scholar's Publishing Forum, New Delhi, 1991.

Rasgotra, M., V.D. Chopra and K.P. Mishra (eds.), *India's Foreign Policy in the 1990s*, Patriot Publishers, New Delhi, 1990.

Rashid, Harun Ur, *Foreign Relations of Bangladesh*, Rishi Publications, Varanasi, 2001.

Ray, Aniruddha, *The Merchant and the State: The French in India, 1666–1739*, Munshiram Manoharlal Publications, New Delhi, 2004.

Ray, Himanshu Prabha, *Archaeology of Seafaring: The Indian Ocean in the Ancient Period*, New Delhi, 1999.

Ray, Himanshu Prabha and Jean-Francois Salles (eds.), *Tradition and Archaeology: Early Maritime Contacts in the Indian Ocean*, Proceedings of the International Seminar held in New Delhi in 1994 from February 28–March 4 "Techno-Archaeological Perspectives of Seafaring in the Indian Ocean, 4th cent. BC–15th cent. CE.," New Delhi, 1996.

Riencourt, Amaury De, *The Soul of India*, rev., Honeyglen, UK, 1962.

Rikhye, Ravi, *The Militarisation of Mother India*, Chanakya Publishers, New Delhi, 1990.

Roy, Vice Admiral Mihir K., *War in Indian Ocean*, Lancer Publisher, New Delhi, 1995.

Roy Chaudhary, Rahul, *India's Maritime Security*, Knowledge World, New Delhi, June 2000.

Roy Chaudhary, Rahul, *Sea Power and Indian Security*, Brassey's, London, 1995.

Rudra, Kalyan, *India: New Security Challenges and Vulnerabilities*, The Bright Law House, Delhi, 2003.

Rumley, Dennis and Sajay Chaturvedi (eds.), *Geopolitical Orientations, Regionalism and Security in The Indian Ocean*, inaugural volume of the Indian Ocean Research Group (IORG), South Asian Publishers Pvt. Ltd., New Delhi, 2002.

Sarhadi, Ajit Singh, *Indian Security in Resurgent Asia*, Heritage Publishers, New Delhi, 1979.

Sen, Ayanjit (ed.), *India's Neighbours: Problems and Prospects*, Har-Anand, New Delhi, 2001.

Sen, Gautam (ed.), *India's Security Consideration in the Nuclear Age*, Atlantic Publishers, New Delhi, 1983.

Sengupta, Bhabani (ed.), *Regional Co-operation and Development in South Asia*, 2 vols., South Asian Publishers, New Delhi, 1986. Sage Publications, New Delhi, 1986.

Sengupta, Bhabani, *Nuclear Weapons? Policy Options for India*, Sage Publications, New Delhi, 1983.

Shankar, Mani, *Nuclear Weapons and Power Politics*, Commonwealth Publications, New Delhi, 2002.

Sharma, Dhirendra, *India's Nuclear Estate*, Lancers, New Delhi, 1976.

Sharma, R.C. and P.C. Sinha, *India's Ocean Policy*, Khama Publishers, New Delhi, 1994.

Sharma, S.R., *Foundations of Indian Foreign Policy*, Omsons Publications, New Delhi, 2002.

Sharma, Vyupakesh, *India's Role in South Asian Regional Co-operation*, Commonwealth Publishers, New Delhi, 1991.

Sharmasastry, R. (tr.), *Kautilya's Arthashashtra*, Mysore Printing and Publishing House, Mysore, 1967.

Shivam, Ravinder K., *India's Foreign Policy: Nehru to Vajpayee*, Commonwealth Publications, New Delhi, 2001.

Showers, Victor, *The World in Figures*, A Willy Inter-Science Publications, New York, 1973.

Siddiqi, M.A.H., *India in the Indian Ocean: A Geopolitical Study*, Rawat Publications, Jaipur, 1997.

Sidhu, K.S., *The Role of Navy in India's Defence*, Harman Publishers, New Delhi, 1983.

Singh, Air Commodore Jasjit (ed.), *India and Pakistan: Crisis of Relationship*, Lancers Publishers, New Delhi, 1990.

———*Maritime Security*, IDSA, New Delhi, 1993.

Singh, Gopal and S.K. Sharma (ed.), *Documents on India's Nuclear Disarmament Policy*, 3 vols., 2000.

Singh, K. K. (ed.), *Problems of Defence of South Asia and East Asia*, Rawat Publications, Jaipur, 1978.

Singh, K.R., *Indian Ocean: Big Power Presence and Local Response*, Manohar Publishers, New Delhi, 1972.

———, *The Politics of the Indian Ocean*, Thomson Press, New Delhi, 1974.

Singh, Lt. Col. Bhupinder, *Indian Ocean and Regional Security*, BC Publishers, Patiala, September 1983.

Singh, Mahavir, *Asia Annual — 2001*, Shipra, Delhi, 2001.

Singh, Mahesh Kumar, *India's Defence Strategy and Tactics: A Geographical Analysis*, Shree Publishing House, Delhi, 1984.

Singh, Maj. Gen. Sukhwant, *India's War Since Independence*, 3 vols., Vikas Publishing House, New Delhi, 1982.

Singh, Rishiraj, *Arms Control: The Politics of Disarmament*, Dominant Publishers, New Delhi, 2004.

Singh, S.K., J.N. Dixit, K.V. Rajan and C.V. Ranganathan, *External Affairs: Cross-Border Relations*, Roli Books, New Delhi, 2003.

Sinha, N.K. and Nisith R. Ray, *A History of India*, Orient Longman, Hyderabad, 1987.

Sinha, Sureshwar D., *Sailing and Soldering in Defence of India*, Chanakya Publication, New Delhi, 1990.

Sisson, Richard and Leo E. Rose, *War and Secession: Pakistan, India and the Creation of Bangladesh*, University of California Press, Berkeley, 1990.

Sondhi, M.L. and Ashok Kapur, *US and India: Changing Strategic Parameters*, Manak Publishers, New Delhi, 2002.

Sondhi, M.L. and K.G. Tyagi (ed.), *Asia-Pacific: Security, Globalisation and Development*, Manas, New Delhi, 2001.

Sondhi, M.L. (ed.), *How India & Pakistan Make Peace*, Manak Publications, New Delhi, 2001.

Spear, Percival, *A History of India*, vol. 2, Penguin, London, 1965.

Sridharan, K., *India's Maritime Heritage*, CBS Publishers, New Delhi, 2003.

Srivastava, M.P., *US National Missile Defense Strategy: Policy Documents*, Gyan Publishers, New Delhi, 2002.

Subrahmanyam, K., *Nuclear Policy, Arms Control and Military Cooperation*, paper presented at a conference on "India and the United States After the Cold War" sponsored by the India International Centre and Carnegic Endowment for International Peace, New Delhi, 7-9 March 1993.

———, *India's Security Perspectives*, ABC Publishing House, New Delhi,

1982.

———, *India and the Nuclear Challenge,* Lancer International, New Delhi, 1986.

———, *Nuclear Proliferation and International Security,* Lancer International, New Delhi, 1986.

Subramaniam, R.R., *India, Pakistan, China: Defence and Nuclear Tangle in South Asia,* ABC Publishing House, New Delhi, 1989.

Subramanian, Lakshmi (ed.), *The French East India Company and the Trade of the Indian Ocean: A Collation of Essays by Indrani Ray,* New Delhi, 1999.

Sury, M.M. (ed.), *India: Central Government Budgets 1947-48 to 2003-04,* New Century Publications, Delhi, 2003.

Thapar, Romila, *A History of India,* vol. 1, Penguin Books, London, 1987.

Thapar, Romila, *Cultural Pasts: Essays in Early Indian History,* Oxford University Press, New Delhi, 2000.

Thomas, Raju G.C. and Amit Gupta (eds.), *India's Nuclear Security,* Vistaar Publications, New Delhi, 2000.

———, *The Great Power Tangle and Asian Security,* Lexington Books, Lexington, 1983.

———, *Defence of India: A Budgetary Perspective of Strategy and Politics,* Macmillan, New Delhi, 1978.

———, *Indian Security Policy,* Princeton University Press, Princeton, New Jersey, 1986.

Toussaint, Auguste, *The History of Indian Ocean,* Routledge and Kegan Paul, Chicago, 1966.

Towle, Philip, *Naval Power in the Indian Ocean — Threats, Bluffs and Fantasies;* Canberra, 1979.

Upadhyaya, Chandralekha, *India's Foreign Policy: A Study in South Asian Perspective,* Independent Publication, Delhi, 2003.

Vali, Ference A., *Politics of the Indian Ocean Region: The Balance of Power,* Macmillan, New York, 1976.

Vasudevan, Hari, Shri Prakash and Mujib Alam (eds.), *The Global Politics of the Iraq Crisis and India's Options,* Aakar Publications, Delhi, 2004.

Venkatachar, C.S. (ed. by E.P.W. Costa), *Sea Power in the Indian Ocean,*

Eastern Economist Pamphlets, New Delhi, 1953.

Villiers, John Alan., *Monsoon Seas: The Story of the Indian Ocean*, McGraw Hill, New York, 1952.

Vohra, Dewan C., *India's Aid Diplomacy in the Third World*, Vikas, New Delhi, 1980.

Wolpert, Stanley, *Roots of Confrontation in South Asia: Afghanistan, Pakistan, India and the Superpowers*, Oxford University Press, New York, 1982.

Index